UTB 8231

Eine Arbeitsgemeinschaft der Verlage

Beltz Verlag Weinheim und Basel
Böhlau Verlag Köln · Weimar · Wien
Wilhelm Fink Verlag München
A. Francke Verlag Tübingen und Basel
Paul Haupt Verlag Bern · Stuttgart · Wien
Verlag Leske + Budrich Opladen
Lucius & Lucius Verlagsgesellschaft Stuttgart
Mohr Siebeck Tübingen
C. F. Müller Verlag Heidelberg
Ernst Reinhardt Verlag München und Basel
Ferdinand Schöningh Verlag Paderborn · München · Wien · Zürich
Eugen Ulmer Verlag Stuttgart
UVK Verlagsgesellschaft Konstanz
Vandenhoeck & Ruprecht Göttingen
WUV Facultas · Wien

Politische Ökonomie

Herbert Obinger, Uwe Wagschal, Bernhard Kittel
(Hrsg.)

Politische Ökonomie

Demokratie und wirtschaftliche Leistungsfähigkeit

Leske + Budrich, Opladen 2003

Gedruckt auf säurefreiem und altersbeständigem Papier.

Die Deutsche Bibliothek – CIP-Einheitsaufnahme
Ein Titeldatensatz für diese Publikation ist bei
Der Deutschen Bibliothek erhältlich

UTB-ISBN 3-8252-8231-7

ISBN 3-8100-3533-5

Satz: Leske + Budrich
Einbandgestaltung: Atelier Reichert, Stuttgart
Druck: DruckPartner Rübelmann, Hemsbach
Printed in Germany

Inhalt

Vorwort 1

Politische Ökonomie – eine Einleitung 3

Kapitel 1 *(Thomas Plümper)*
Die positive Politische Ökonomie demokratisch verfasster Staaten
Eine Einführung in Mikrofundierung und Modelle 9

Prolog 9
1. Einleitung: Metatheoretische Grundlagen der positiven Politischen Ökonomie 11
2. Nutzen und Zielfunktion der Individuen 13
3. Politische Einflussnahme 19
3.1. Wahlen 20
3.2. Lobbying 24
3.3. Aktives Wahlrecht und Parteimitgliedschaft 30
4. Maximierung der politischen Unterstützung: Die Entscheidungslogik der Regierung am Beispiel der Staatsausgaben und der Verteilung 34
4.1. Staatsquote 35
4.2. Umverteilung 37
5. Fazit 40
Epilog 42
Literatur 43
Anhang: Definition der verwendeten Parameter 45

Kapitel 2 *(Reimut Zohlnhöfer)*
Der Einfluss von Parteien und Institutionen auf die Wirtschafts- und Sozialpolitik 47

1. Einleitung 47
2. Die Parteiendifferenzhypothese 48
2.1. Parteiendifferenz durch Parteienwettbewerb: Die ursprüngliche Fassung der Parteiendifferenzhypothese und der Parteienwandel 48

2.2. Parteiendifferenz trotz Parteienwettbewerb: Eine alternative Begründung von Parteiendifferenzen 52
2.3. Zwischenfazit: Wollen Parteien einen Unterschied machen? 57
3. Können Parteien (noch) einen Unterschied machen? Parteiendifferenz, die Steuerbarkeit der Ökonomie und die Globalisierung 58
4. Der Entscheidungsprozess: Parteien, Parlamente, Präsidenten und andere Vetospieler 64
5. Institutionelle Beschränkungen jenseits des Entscheidungsprozesses: Der Einfluss von Föderalismus, Zentralbanken und europäischer Integration 69
6. Zusammenfassung 75

Literatur 76

Kapitel 3 *(Bernhard Kittel)*
Politische Ökonomie der Arbeitsbeziehungen:
Akteure, Institutionen und wirtschaftliche Effekte 81

1. Einleitung 81
2. Verbandsbildung 83
3. Strukturmerkmale des Verbandssystems 86
3.1. Die Handlungsfähigkeit von Verbänden 86
3.2. Die strategische Orientierung der Gewerkschaften 88
3.3. Makroökonomische Auswirkungen der Verbandsstruktur 90
4. Das Tarifsystem 95
4.1. Strukturmerkmale des Tarifsystems 95
4.2. Zentralisation des Tarifsystems 96
4.3. Koordination und Regierbarkeit des Tarifsystems 98
4.4. Makroökonomische Leistungseffekte von Tarifsystemen 100
5. Verbände und politische Konzertierung 102
6. Resümee und Ausblick 104

Literatur 105
Anhang A: Organisationsstruktur der Gewerkschaft und Tarifsystem 110
Anhang B: Modellspezifikation für Tabelle 2: Organisationsstruktur der Gewerkschaft 111

Kapitel 4 *(Herbert Obinger)*
Die Politische Ökonomie des Wirtschaftswachstums 113

1. Einleitung 113
2. Ökonomische Wachstumstheorien: ein Überblick 115
3. Politisch-institutionelle Erklärungsansätze des Wirtschaftswachstums . 118
3.1. Verteilungskoalitionen 118
3.2. Parteien 119
3.3. Interaktionen zwischen Parteien und Interessenorganisationen 121
3.4. Staatsstrukturen 123
3.5. Staatstätigkeit 124
3.6. Politische Instabilität 126

4. Forschungsstand ... 127
4.1. Verteilungskoalitionen ... 128
4.2. Parteien ... 130
4.3. Interaktionen zwischen Parteien und Interessenorganisationen ... 130
4.4. Staatsstrukturen ... 132
4.5. Staatstätigkeit ... 132
4.6. Politische Instabilität ... 133
5. Empirische Analyse ... 134
6. Politik und Wirtschaftswachstum im weltweiten Vergleich ... 139
6.1 Politische Regime und Wirtschaftswachstum ... 140
6.2. Politische Instabilität und Wirtschaftswachstum ... 140
6.3. Institutionenqualität und Wirtschaftswachstum ... 141
7. Zusammenfassung und Ausblick ... 142
Literatur ... 143
Anhang: Liste der Variablen ... 149

Kapitel 5 *(Klaus Armingeon)*
Die Politische Ökonomie der Arbeitslosigkeit ... 151
1. Einleitung ... 151
2. Arbeitsangebot, Arbeitsnachfrage, Arbeitslosigkeit ... 156
3. Funktionsstörungen des Arbeitsmarktes ... 159
4. Politik und Institutionen ... 163
5. Schluss ... 168
Literatur ... 171

Kapitel 6 *(Andreas Busch)*
Die politische Ökonomie der Inflation ... 175
1. Einleitung ... 175
2. Theorien zur Erklärung von Inflation ... 179
21. Historische Erfahrungen ... 179
2.2. Ökonomische Theorien ... 180
2.3. Soziologische Theorien ... 181
2.4. Politikwissenschaftliche Theorien ... 182
3. Zusammenfassung des Forschungsstandes ... 182
4. Ein politisch-institutionelles Erklärungsmodell ... 184
4.1. Die Rolle der Zentralbank ... 184
4.2. Streiktätigkeit ... 186
4.3. Fiskalpolitik und Inflation ... 187
4.4. Zusammenfassung ... 189
5. Entwicklung zur niedrigen Inflation seit 1985 ... 190
5.1. Auswirkungen der europäischen Integration ... 190
5.2. Geänderte wirtschaftspolitische Leitvorstellungen ... 191
5.3. Inflationsvarianz in der Währungsunion ... 193
6. Ausblick ... 194
Literatur ... 195

Kapitel 7 *(Markus Freitag)*
Politik und Währung. Politisch-institutionelle Weichenstellungen der Währungsentwicklung im internationalen Vergleich ... 199

1. Forschungsgegenstand ... 199
2. Theorien und Hypothesen zum Einfluss ökonomischer und politischer Größen auf die Entwicklung einer Währung ... 203
3. Forschungsstand ... 209
4. Empirische Befunde ... 211
4.1. Daten und Methode ... 211
4.2. Ergebnisse ... 214
5. Zusammenfassung und Ausblick ... 218

Literatur ... 221
Anhang: Datenbeschreibung ... 225

Kapitel 8 *(Christian W. Martin)*
Außenwirtschaft und Weltwirtschaft: Politisch-institutionelle Determinanten der Außenwirtschaftsorientierung in Entwicklungsländern ... 227

1. Einleitung ... 227
2. Determinanten der Außenwirtschaftsorientierung ... 230
2.1. Die Verteilungswirkung der Außenwirtschaftspolitik ... 230
2.2. Medianwähler-Ansatz und Außenwirtschaftsorientierung ... 233
2.3. Repräsentative Demokratie und Regierungshandeln ... 234
2.4. Interessengruppen und Außenwirtschaftsorientierung ... 237
3. Die Politische Ökonomie der außenwirtschaftlichen Öffnung ... 240
3.1. Krise und Öffnung ... 240
3.2. Der Einfluss internationaler Finanzinstitutionen ... 243
3.3. Demokratisierung und Öffnung ... 245
4. Empirische Evidenz ... 247
5. Fazit ... 252

Literatur ... 253
Anhang A: Deskriptive Statistiken ... 257
Anhang B: Länder-Sample ... 258

Kapitel 9 *(Uwe Wagschal)*
Die Politsche Ökonomie der Besteuerung ... 259

1. Einleitung ... 259
2. Die Politische Ökonomie der Besteuerung ... 263
2.1. Finanzwissenschaftliche Ansätze ... 263
2.2. Politisch-ökonomische Ansätze ... 264
2.3. Politikwissenschaftliche Ansätze ... 270
3. Forschungsstand ... 272
4. Empirische Ergebnisse ... 276
5. Zusammenfassung ... 284

Literatur ... 285

Kapitel 10 *(Uwe Wagschal)*
Wer ist Schuld an den Schulden?
Zur Politischen Ökonomie der Staatsverschuldung ... 289

1. Einleitung und Deskription ... 289
2. Theorieüberblick ... 294
2.1. Gegner, Befürworter und Grenzen der Staatsverschuldung ... 294
2.2. Neuere politisch-ökonomische Sichtweisen ... 296
3. Forschungsstand ... 305
4. Empirische Ergebnisse ... 308
5. Zusammenfassung und Forschungsausblick ... 317

Literatur ... 318

Kapitel 11 *(Thomas R. Cusack/Susanne Fuchs)*
Parteien, Institutionen und Staatsausgaben ... 321

1. Einleitung ... 321
2. Die Entwicklung der Staatsausgaben in den OECD-Ländern im Überblick ... 322
2.1. Die Entwicklung des öffentlichen Sektors in den letzten 100 Jahren ... 322
2.2. Die Ursachen des Wachstums des öffentlichen Sektors ... 323
2.3. Aktuelle Entwicklungen in den Staatsausgaben der OECD-Länder ... 328
3. Das Wachstum des öffentlichen Sektors nach dem Zweiten Weltkrieg: Einige zentrale politisch-institutionelle Argumente ... 330
3.1. Parteien und Ideologie ... 330
3.2. Institutionen ... 333
4. Institutionen und Parteien im budgetären Entscheidungsprozess ... 335
4.1 Ein Modell des Verhandlungsprozesses über Budgets ... 335
4.2. Operationalisierung und Messung von Ideologien und institutionellen Rahmenbedingungen ... 337
4.3. Ökonometrisches Modell und Schätzwerte ... 343
5. Schlussfolgerungen ... 348

Literatur ... 348
Anhang A: Datenquellen ... 353
Anhang B: Alternative Daten zu Tabelle 1 ... 353

Kapitel 12 *(Herbert Obinger/Bernhard Kittel)*
Parteien, Institutionen und Wohlfahrtsstaat:
Politisch-institutionelle Determinanten der Sozialpolitik in OECD-Ländern ... 355

1. Einleitung ... 355
2. Entwicklungsphasen des Wohlfahrtsstaates ... 357
3. Typen des Wohlfahrtsstaates ... 358
4. Theorien wohlfahrtsstaatlicher Expansion ... 361
5. Der Wohlfahrtsstaat in der Krise ... 363
6. Die Expansion der Sozialausgaben: Forschungsstand ... 366
7. Empirische Befunde ... 369

7.1. Langfristige Niveaueffekte ... 371
7.2. Kurzfristige Anpassungseffekte ... 373
7.3. Zusammenfassung der empirischen Befunde ... 376
8. Resümee ... 377

Literatur ... 379
Anhang: Liste der Variablen ... 384

Kapitel 13 *(Bernhard Kittel)*
Perspektiven und Potenziale der vergleichenden Politischen Ökonomie ... 385

1. Einleitung ... 385
2. Ergebnisse der vergleichenden Politischen Ökonomie: Zum Stand der Forschung ... 386
3. Potenziale und Probleme: Die Quantifizierung und Formalisierung der Politischen Ökonomie und ihre Grenzen ... 389
3.1. Probleme quantitativer Verfahren ... 390
3.2. Potenziale der Formalisierung ... 397
4. Perspektiven des politikwissenschaftlichen Zugangs zur Politischen Ökonomie ... 401
5. Resümee ... 407

Literatur ... 410

Glossar ... 415

Tabellen, Abbildungen, Anhänge ... 424

Autorenverzeichnis ... 428

Vorwort

Mit diesem Sammelband möchten die Autoren und Herausgeber zur Schließung einer Lücke in der deutschsprachigen Politikwissenschaft beitragen. In den angelsächsischen Ländern nimmt die Politische Ökonomie einen zentralen Platz sowohl in der Wirtschafts- wie auch in der Politikwissenschaft ein. Allerdings dringen dort Ökonomen zunehmend in traditionelle Arbeitsgebiete der Politikwissenschaft vor, ebenso wie sich Politikwissenschaftler für zuvor genuin ökonomische Fragestellungen, wie etwa die Determinanten der Arbeitslosigkeit, zu interessieren begonnen haben. Dieser Prozess hat wesentlich zur gegenwärtigen Diskussion über die Standortbestimmung des politikwissenschaftlichen Zugangs zu politisch-ökonomischen Fragen beigetragen. Im deutschsprachigen Raum ist die Untersuchung der Interaktionen zwischen Politik und Wirtschaft immer noch durch eine Abschottung der Disziplinen untereinander charakterisiert. Insgesamt gesehen werden die unterschiedlichen Stärken des jeweiligen Zuganges kaum wahrgenommen. Ein Ziel dieses Buches ist daher, die spezifischen Stärken des politikwissenschaftlichen Ansatzes zur Analyse des Verhältnisses von Politik und Wirtschaft besser sichtbar zu machen.

Dieser Band richtet sich an fortgeschrittene Studierende und an interessierte Fachkolleginnen und -kollegen, die sich einen kompakten Überblick über Theorien und Forschungsstand zum Einfluss politisch-institutioneller Stellgrößen auf die wirtschaftliche Leistungsfähigkeit demokratisch verfasster Industrieländer verschaffen wollen. Um den Zugang zum Themenfeld für Studierende zu erleichtern, werden zentrale Fachbegriffe in einem Glossar erläutert.

Die praxisbezogene Relevanz des Bandes resultiert aus dem zunehmenden gesellschaftlichen Bedarf nach einem Benchmarking der unterschiedlichen Wirtschafts- und Sozialpolitiken der westlichen Demokratien. Die Erkundung der politisch-institutionellen Rahmenbedingungen für wirtschaftlichen Erfolg und Misserfolg kann hierzu einen wichtigen Beitrag leisten.

Die inhaltliche Breite des Bandes ist nur möglich geworden, weil sich eine Gruppe von Politikwissenschaftlern, die politisch-ökonomische Fragestellungen von einem ähnlichen Standpunkt aus analysieren, die Arbeit geteilt hat. Da das Forschungsfeld, trotz der in der Einleitung angesprochenen Einschränkungen im Hinblick auf Forschungsperspektive und Methode, zu umfassend ist, um im Alleingang bearbeitet zu werden, haben die Herausgeber verschiedene Spezialisten für einzelne Politikfelder eingeladen, an diesem Projekt teilzunehmen. Wir danken daher in erster Linie den Autoren sowohl für ihre Beiträge als auch für ihre Bereitschaft, unseren Vorgaben zu folgen. Sie waren notwendig, um ein in sich kohärentes Werk zu erstellen. Wir haben uns bemüht, dennoch so viel Freiraum zu geben, dass auf die spezifischen Problemstellungen des jeweiligen Politikfeldes eingegangen werden konnte. Insofern sehen wir die kleinen Variationen zwischen den einzelnen Kapiteln als Indikator für die Diversität des Forschungsfeldes, die notwendig ist, um es lebendig zu halten. Selbstverständlich liegt die Verantwortung für jeden Beitrag beim jeweiligen Autor.

Um die inhaltliche und strukturelle Konsistenz der Beiträge zu optimieren, wurde am Zentrum für Sozialpolitik der Universität Bremen im Dezember 2001 eine zweitägige Arbeitstagung abgehalten, bei der die Beiträge vorgestellt und intensiv diskutiert wurden. Unser Dank geht diesbezüglich an die Universität Bremen, die diesen Workshop durch eine finanzielle Unterstützung möglich gemacht hat. Dank geht auch an Stephan Leibfried, der sich nicht nur als Diskutant am Workshop beteiligt hat, sondern auch Finanzmittel für die Beschäftigung wissenschaftlicher Hilfskräfte zur Verfügung gestellt hat. Ines Beyer, Julia Moser, Daniel de Olano und Peter Starke sei an dieser Stelle für ihre kompetente Mitarbeit herzlich gedankt. Die Beiträge von Bernhard Kittel entstanden während seiner Tätigkeit als wissenschaftlicher Mitarbeiter am Max-Planck-Institut für Gesellschaftsforschung, Köln.

H.O., U.W., B.K., im Mai 2002

Herbert Obinger, Bernhard Kittel, Uwe Wagschal

Politische Ökonomie – eine Einleitung

In Wahlkämpfen bildet die wirtschaftspolitische Kompetenz der einzelnen Parteien ein zentrales Thema. So lieferten sich Regierung und Opposition im Vorfeld der deutschen Bundestagswahl 2002 einen heftigen Schlagabtausch darüber, welche Partei den schlechten Leistungsausweis Deutschlands beim Wirtschaftswachstum sowie die persistente Massenarbeitslosigkeit zu verantworten habe und mit welchen wirtschafts- und sozialpolitischen Konzepten der Karren wieder flott gemacht werden sollte. Kaum reflektiert wurde dabei die – nicht nur aus politikwissenschaftlicher Sicht – spannende Frage, ob die Politik überhaupt Einfluss auf die makroökonomische Performanz nehmen kann. Reagieren die dominant privatwirtschaftlich organisierten, dezentral koordinierten und zunehmend miteinander verflochtenen Volkswirtschaften der „OECD-Welt" überhaupt auf politische Steuerungsimpulse?

Die Untersuchung dieser Frage legt unterschiedliche Antworten nahe, die zwischen einem festen Ja (sicher auch im Selbstverständnis der Akteure) und einem ebenso überzeugten Nein liegen (können). Es gibt zahlreiche Bespiele, wie Politik ziemlich rasch die wirtschaftliche Dynamik negativ beeinflussen kann. Der 1981 in Frankreich erfolgte Machtwechsel hin zu den Sozialisten ist wohl eines der bekanntesten Beispiele für Politikversagen, sodass sich die neue Linksregierung alsbald wieder gezwungen sah, einen Kursschwenk in der Wirtschaftspolitik zu vollziehen. Zudem zeigt der internationale Vergleich, dass zwischen den OECD-Ländern erhebliche Unterschiede im Hinblick auf die ökonomische Performanz bestehen. Die je nach Mode zu Modellnationen hochstilisierten ökonomischen „Musterschüler" sind es auch, die von der Opposition in den übrigen Ländern als Beleg für das wirtschaftspolitische Versagen der eigenen Regierung ins Feld geführt werden. Diese unterschiedlichen Leistungsprofile in Gestalt eines Nebeneinanders von Vollbeschäftigungsländern und Nationen mit chronischer Arbeitslosigkeit, Ländern mit hohem und niedrigem Wirtschaftswachstum, Schuldenmachern und Staaten mit Haushaltsüberschuss nähren den Verdacht, dass die ökonomische Leistungsfähigkeit der OECD-Demokratien eine politische Dimension besitzt. Diesem Thema ist vorliegendes Buch gewidmet.

Die Politische Ökonomie untersucht – ganz allgemein gesprochen – die Zusammenhänge zwischen Politik und Ökonomie. Damit befindet sie sich im interdisziplinären Raum zwischen der Wirtschafts- und der Politikwissenschaft, wodurch sie nicht nur von beiden Disziplinen profitiert, sondern auch Gegenstand von Kontroversen über Zugang, Theorien, Analyserahmen und Analysemethoden ist. Die Politische Ökonomie zerfällt in eine Vielzahl verschiedenster Subdisziplinen, die sich von unterschiedlichen Standpunkten aus mit überlappenden Fragestellungen beschäftigen. In der Wirtschaftswissenschaft finden wir die *public finance*-Schule, den *rational choice*-Ansatz, den *public choice*-Ansatz oder die Neue Makroökonomie; in der Politikwissenschaft stehen einander beispielsweise neoinstitutionalistische Ansätze, die Parteiendifferenztheorie und der integrative Ansatz der Schulen der vergleichenden Staatstätigkeitsforschung gegenüber.

Trotz der Vielzahl möglicher Standpunkte und der Multidimensionalität der Konfliktlinien in diesem Forschungsfeld lassen sich praktisch alle Diskussionen in drei Dimensionen verorten, in denen die zwei involvierten Disziplinen tendenziell, aber keineswegs zwingend, spezifische Standpunkte einnehmen. Diese drei Dimensionen werden durch die Unterscheidung zwischen (1) „normativem" und „positivem" Ansatz, (2) *rational choice* und historischen sowie kulturellen Ansätzen und (3) zwischen quantitativer und qualitativer Methode bestimmt.

Die Unterscheidung zwischen „normativen" und „positiven" Theorien kann als Kontinuum zwischen idealtypischen Polen des Forschungsziels gedacht werden. Die „normative" Theorie sucht, ausgehend von Prämissen über die „Natur" des Menschen, nach Formen des bestmöglichen Zusammenlebens in einer Gesellschaft. Die „positive" Theorie hingegen interessiert sich für die realweltlichen Zusammenhänge und versucht diese zu beschreiben und zu erklären. Je nach Schwerpunkt orientieren sich einzelne Studien eher an dem einen oder dem anderen Pol. In vielen klassischen Beiträgen zur Politischen Ökonomie aus ökonomischer Perspektive standen normativ geprägte Gesellschaftsentwürfe im Zentrum, mittlerweile dominiert jedoch eindeutig der positivistische Zweig, der ausgehend von formalen Modellen die Ableitung empirisch überprüfbarer Aussagen zulässt. Analog konzentrierte sich die normativ-ontologische Schule – als ältester Zweig der Politikwissenschaft – vornehmlich auf Fragen des „Seins" und „Sollens", insbesondere auf jene nach der besten Staatsverfassung und des „guten Regierens". Der derzeit dominierende empirisch-analytische Ansatz stellt dagegen den normativen Aspekt in den Hintergrund und versucht durch modellhafte Abstraktion, systematische Beschreibungen und Erklärungen der realen Welt zu generieren. Eine solche Analyse wird jedoch anschließend oft mit normativen Fragen konfrontiert.

Die zweite Dimension fokussiert auf die Forschungsperspektive der empirisch orientierten Politischen Ökonomie. Auf der einen Seite stehen Ansätze, die unter dem Titel der „positiven Politischen Ökonomie" die ökonomische Perspektive auf politische Phänomene zu übertragen versuchen. Ausgehend von der Annahme, dass politisches Handeln der ökonomischen Logik der Nutzenmaximierung folgt, werden Modelle entwickelt, mit denen politische Gleichgewichtssituationen analysiert werden. Hier ist darauf hinzuweisen, dass diese Auffassung von „positiver" Theorie formal in dem Sinn ist, dass sie ihre zumeist in der Tradition des methodologischen Individualismus stehenden Annahmen in Formeln gießt und ihre Erwartungen durch mathematische Ableitungen generiert. Der Begriff der „positiven" Theorie ist hier also wesentlich enger als in der vorigen Unterscheidung. Auf der anderen Seite stehen Ansätze, die die Ansicht vertreten, dass die ökonomische Entscheidungslogik zu kurz greift, um politische Entscheidungen zu verstehen und zu erklären. Die Machtverteilung sowie historische, kulturelle und soziale Kontextbedingungen sind aus dieser Perspektive zentrale Faktoren politischer Entscheidungen. Damit, so ihre Vertreter, seien wesentliche Voraussetzungen der individualistischen Rationalitätsannahme der ökonomisch inspirierten Modelle nicht plausibel, sodass die ökonomische Theorie der Politik politische Prozesse unzureichend abbilde.

Die dritte Dimension bezieht sich auf den methodischen Zugang, also die konkrete Form, in der Theorie und Empirie zueinander in Beziehung gesetzt werden. Die Entscheidung für den einen oder anderen Pol dieser Dimension sollte dem Gegenstand adäquat sein. Vielfach wird aber den qualitativen Verfahren pauschal explorativer Charakter zugeordnet, während die quantitativen Verfahren als theorietestend angesehen werden. Diese sowohl in der experimentellen Forschung als auch in der mit Umfragedaten hantierenden Sozialwissenschaft gängige Zuordnung ist aber in der Analyse von sozialen Makrophänomenen, die in der Politischen Ökonomie im Zentrum stehen, problematisch. Methodische Fragen sind daher Gegenstand intensiver Auseinandersetzungen in der Politischen Ökonomie, weil die methodische Stringenz unabhängig von dem Verfahren entscheidend für die Akzeptanz eines Inferenzschlusses von den Daten auf die Theorie ist.

Alle drei zentralen Dimensionen der Differenzierung sind heute noch weit davon entfernt, eine befriedigende Lösung gefunden zu haben. Sowohl Extrempositionen als auch Versuche, einen Mittelweg zu finden, haben ihre Meriten und es ist gerade das „Kräftemessen“ zwischen den Perspektiven, das dem Forschungsgebiet seine ungeheure Dynamik gibt. Die „positive“ Politische Ökonomie muss sich den Bedenken des kultur- und institutionenfokussierten Zugangs zur Politischen Ökonomie ebenso stellen, wie die aus der Rationalitätsannahme der ersteren hervorgehenden Modellerwartungen eine zentrale Herausforderung für die Erklärungsansprüche der letzteren sind. Die Diskussion der Frage, wie eine Gesellschaft ihre Ökonomie organisieren soll, zwingt die empirisch ausgerichtete Forschung, ihre eigenen normativen Prämissen offenzulegen und zu überdenken. Aber sowohl die normative als auch die positive Theorie werden durch die empirische Analyse dazu angehalten, die Realitätsnähe ihrer Annahmen fortwährend zu überprüfen. Und ob dies besser mittels quantitativer oder qualitativer Verfahren erfolgt, kann, wenn überhaupt, nur fallspezifisch entschieden werden.

Es ist nicht der Anspruch dieses Bandes, all diese Widersprüche aufzulösen. Ebensowenig ist es das Ziel, Position für eine der Extremperspektiven zu beziehen. Vielmehr geht es darum, der Vielfalt in einem überschaubaren, geordneten Rahmen Raum zu geben. Zur Reduktion der Komplexität haben wir zwei Analysekriterien festgelegt, die zum einen die Analyseperspektive und zum anderen die Analysemethode betreffen. Angesichts der Vielzahl möglicher und legitimer Standpunkte sind diese Kriterien letztlich willkürliche Festlegungen, die aus der Notwendigkeit geboren sind, Grenzen zu setzen. Die gewählten Grenzen erlauben, ein relativ homogenes Bild des derzeit von vielen als dominierend angesehenen Ansatzes zu erzeugen. Durch die Zusammenfassung der zentralen Aspekte eines Ansatzes wird es leichter, seine Meriten und seine Lücken zu verorten und damit dazu beizutragen, das Forschungsfeld weiterzuentwickeln.

Das erste Kriterium ist, dass der Schwerpunkt auf einem international vergleichenden, empirisch-analytischen Forschungsansatz liegt. Damit sind rein normative Theorieentwürfe und Analysen explizit ausgeklammert. Der Anspruch besteht vielmehr darin, theoriegeleitet durch den Vergleich verschiedener realweltlicher politischer Ökonomien wirtschaftspolitische Effekte politisch-institutioneller Faktoren aufzudecken. Entsprechend ist das primäre Ziel dieses Sammelbandes eine Bestandsaufnahme der Hypothesen, Methoden und aktuellen empirischen Befunde zum Einfluss der Politik auf die Ökonomie. Das Haupterkenntnisinteresse gilt dabei den politischen und institutionellen Einflussfaktoren auf die wirtschafts- und sozialpolitische Leistungsfähigkeit von demokratisch verfassten Industrienationen der „OECD-Welt". Speziell soll untersucht werden, ob die parteipolitische Färbung der Regierung, die institutionelle Fragmentierung des politischen Systems oder das System der Interessenvermittlung Niederschlag in der ökonomischen Performanz finden. Als Messlatte dienen hierzu zentrale makroökonomische Indikatoren, wie beispielsweise die Arbeitslosenquote oder die Inflationsrate, sowie fiskalische Kerngrößen der Staatstätigkeit, wie die Staatsausgaben oder die Staatsverschuldung eines Landes.

Das zweite Kriterium ist die methodische Einschränkung auf die quantitative Forschung. Entsprechend ist das sekundäre Ziel des Bandes die Sichtung des bislang erreichten Forschungsstandes dieses spezifischen Zugangs zur ländervergleichenden Forschung, der mittels quantitativ-statistischer Analyseverfahren versucht, generelle Zusammenhangshypothesen, die vielfach unabhängig von spezifischen, raum- und zeitbezogenen Bedingungen formuliert werden, empirisch zu überprüfen. Das Ausmaß, in dem es in den letzten zwei Jahrzehnten in der vergleichenden Politischen Ökonomie gelungen ist, diesen Anspruch einzulösen, liefert Hinweise auf jene Forschungsfragen und -methoden, die mittelfristig das Potenzial aufweisen, zur substanziellen Weiterentwicklung des Forschungsfeldes beizutragen.

Diese zwei Einschränkungen schneiden einen Bereich aus dem dreidimensionalen Gegenstandsraum heraus, der es durch weitgehende Konstantsetzung der Dimensionen des Forschungsziels und des methodischen Analysezugangs erlaubt, den Fokus auf die dritte Dimension zu legen. Welchen empirischen Erfolg weisen jene Erklärungsansätze auf, die sich stärker auf das *rational choice*-Paradigma beziehen und welches jene, die in der institutionellen oder kulturellen Tradition stehen? Diese Einschränkungen erlauben es somit auch, den relativen Erklärungsbeitrag verschiedener Faktoren im Vergleich zwischen Politikfeldern hervorzuheben. Dies ist ein wesentlicher Vorteil des hier gewählten Zugangs: Indem jedes Kapitel einen bestimmten makroökonomischen Leistungsindikator in den Mittelpunkt stellt, werden Unterschiede zwischen verschiedenen Bereichen der wirtschaftspolitischen Staatstätigkeit deutlich. Eine Hypothese, mit der sich bestimmte Dimensionen der Staatstätigkeit erfolgreich erklären lassen, erfährt ihre Grenze sobald sie in anderen Bereichen angewandt wird.

Der Inhalt des Buches ist in drei Teile gegliedert. Der erste Teil widmet sich den Akteuren der Wirtschaftspolitik. Thomas Plümper gibt aus der Sicht der „positiven" Politischen Ökonomie einen Überblick über Fragestellungen und aktuelle Entwicklungen innerhalb dieser Tradition. Politik gilt diesem Paradigma zufolge als Algorithmus zur Maximierung individuellen Nutzens, da Politikern unterstellt wird, zuallererst an der Maximierung ihrer Eigeninteressen – Wahlerfolg (votes) und Ämter (office) – interessiert zu sein. Aus der Grundannahme der Zweckrationalität individuellen Handelns, deren konkreter Inhalt in einer Nutzenfunktion näher spezifiziert wird, leitet die positive Politische Ökonomie zunächst Verhaltenserwartungen der Akteure und daraus folgend politische Gleichgewichte ab, die bestimmte politische Entscheidungen und somit bestimmte *outcomes* erwarten lassen. Den hier skizzierten Grundrissen einer ökonomischen Theorie der Politik wird im Beitrag von Reimut Zohlnhöfer die Perspektive der klassisch politikwissenschaftlichen Staatstätigkeitsforschung, die sich mit dem Einfluss von Parteien und Institutionen auf die Wirtschafts- und Sozialpolitik beschäftigt, gegenübergestellt. Aus diesem Blickwinkel heraus sind Parteien nicht nur an Stimmen- und Ämtermaximierung interessiert, sondern sie versuchen auch, politische Programme im Sinne ihrer Klientel zu verwirklichen (policy-Orientierung). Dabei sehen sie sich jedoch mit institutionellen und exogenen Handlungsschranken konfrontiert, welche ihr Tun und Lassen maßgeblich beeinflussen. Der Beitrag von Bernhard Kittel über Arbeitsbeziehungen schließt diesen ersten Block ab. Neben den Parteien sind die Tarifpartner zentrale Akteure, die in vielen Ländern kollektiv über wirtschaftspolitisch relevante Parameter, allen voran die Löhne, entscheiden.

Im Mittelpunkt des zweiten Teils steht zunächst die theoriegeleitete Erklärung der unterschiedlichen Performanz von Ländern der „OECD-Welt“ hinsichtlich zentraler makroökonomischer Größen. Herbert Obinger untersucht die politischen Determinanten des Wirtschaftswachstums, Klaus Armingeon konzentriert sich auf die Arbeitslosigkeit und Andreas Busch beschäftigt sich mit den Ursachen von Inflation. Markus Freitag ergänzt diesen Teil mit einem Beitrag über die politischen Grundlagen der Währungspolitik und Christian W. Martin untersucht die Determinanten außenwirtschaftlicher Öffnung.

Der dritte Teil des Bandes schließlich rückt den öffentlichen Sektor in die Mittelpunkt der Analyse. Uwe Wagschal analysiert die Staatseinnahmen und die Staatsverschuldung. Thomas R. Cusack und Susanne Fuchs untersuchen die politisch-institutionellen Determinanten der Staatsausgaben. Herbert Obinger und Bernhard Kittel widmen sich den politisch-institutionellen Bestimmungsfaktoren des Wohlfahrtsstaates, der in allen OECD-Demokratien die größte Ausgabenkomponente der öffentlichen Haushalte darstellt. Die gemeinsame Frage dieser Kapitel lautet, warum sich Umfang und Form staatlicher Intervention zwischen den westlichen Industrieländern unterscheiden und inwieweit hierfür politische Faktoren verantwortlich sind.

Alle Einzelbeträge, in denen makroökonomische Leistungsindikatoren und fiskalpolitische Indikatoren im Mittelpunkt stehen, folgen einer fünfstufigen Gliederung. Zunächst werden Indikatoren und Daten zur abhängigen Variable im Ländervergleich deskriptiv dargestellt. Im Anschluss daran folgt eine Bestandsaufnahme der wichtigsten Theorien zur Erklärung des Untersuchungsgegenstandes. Insbesondere wird dabei herausgearbeitet, welche Rolle politisch-institutionellen Einflussfaktoren im bestehenden Theoriekanon beigemessen wird. Im dritten Abschnitt wird der Forschungsstand präsentiert und diskutiert. Ziel dieses Abschnitts ist es, eine kompakte Übersicht über den *state of the art* zu liefern. Dabei wird verdeutlicht, wo Dissens herrscht und welche Befunde empirisch als mehr oder weniger gesichert gelten können. Im vierten Teil werden eigene empirische Ergebnisse vorgestellt und mit dem Forschungsstand kontrastiert. In diesem Abschnitt wird untersucht, welche Theorie besonders erklärungskräftig ist und welche politisch-institutionellen Einflussgrößen die politikfeldspezifische Performanz beeinflussen. Der abschließende fünfte Teil fasst die zentralen Befunde zusammen, benennt Forschungsdesiderata und gibt – darauf aufbauend – einen Ausblick auf zukünftigen Forschungsbedarf.

Als Verfahren der Datenanalyse werden je nach empirischer Problemstellung Korrelationen, Querschnittsregressionen oder kombinierte Zeitreihen-Querschnittanalysen eingesetzt. Der Untersuchungszeitraum umfasst je nach Datenlage die Periode von etwa 1960 bis Ende der 1990er Jahre. In den Vergleich werden zwischen 18 und 23 OECD-Länder einbezogen. Die Beiträge zur politischen Dimension des Wirtschaftswachstums und zur außenwirtschaftlichen Öffnung richten überdies den Blick auch auf Länder außerhalb der OECD-Welt.

Der Band wird durch einen Aufsatz von Bernhard Kittel abgeschlossen, der die Befunde der einzelnen Kapitel resümierend zusammenfasst und die Stärken und Schwächen des empirisch-analytischen Ansatzes in der vergleichenden Politischen Ökonomie selbstkritisch hinterfragt. Dieser Beitrag versucht überdies mögliche Perspektiven aufzuzeigen, in denen die Potenziale des politikwissenschaftlichen Zugangs zur Politischen Ökonomie weiterentwickelt werden können.

Kapitel 1
Die positive Politische Ökonomie demokratisch verfasster Staaten

Eine Einführung in Mikrofundierung und Modelle

Thomas Plümper

Prolog

Im 150sten Jahr ihres Bestehens geriet die Philipp Holzmann AG, eines der größten deutschen Bauunternehmen, an den Rand des Bankrott. In einer Ad-hoc-Mitteilung vom 15. November 1999 berichtete der Vorstand des Bauunternehmens überraschend über eine bedrohliche Illiquidität, die nur durch den Zufluss zusätzlicher Mittel in Milliarden-Höhe zu überwinden sei. Als die daraufhin mit den Gläubigerbanken und Kreditversicherern geführten Verhandlungen über die Aufnahme frischen Kapitals scheiterten, stellte der Vorstand am 23. November Antrag auf Eröffnung eines Insolvenzverfahrens.

Der mögliche Bankrott bedrohe allein bei Holzmann 28.000 Arbeitsplätze, bei den Zulieferern des Konzerns seien 40.000 weitere Arbeitsplätze indirekt in Gefahr. So argumentierten Arbeitgeber- und Arbeitnehmervertreter unisono. Da das deutsche Baugewerbe durch die Wachstumsschwäche Ostdeutschlands und den innereuropäischen Wettbewerb ohnehin arg gebeutelt worden war, wurden Forderungen nach privaten und öffentlichen Soforthilfen für das angeschlagene Bauunternehmen laut.

Angesichts wiederholter Blockaden des Autoverkehrs in der Frankfurter Innenstadt und anderen Städten und einer wohlwollenden Unterstützung der Rufe nach öffentlichen Hilfen in der Öffentlichkeit, ergriff der erst ein gutes Jahr zuvor in die Regierungsverantwortung gewählte Kanzler der rot-grünen Regierungskoalition, Gerhard Schröder, die Gelegenheit, sich zu profilieren. Durch die Ankündigung staatlicher Finanzhilfen gelang es Schröder, die beteiligten Gesprächspartner am 24. November 1999 erneut zu Verhandlungen zu bewegen. Nachdem der Bund eine Ausfallbürgschaft in Höhe von 100 Millionen DM und die bundeseigene Kreditanstalt für Wiederaufbau ein eigenkapitalersetzendes Darlehen von 150 Millionen DM in das marode Unternehmen eingebracht hatten, stimmten die Banken einem Sanierungskonzept zu.

Jenseits der tagespolitischen, medial aufbereiteten Diskussion existieren zwei Perspektiven zur Interpretation der Holzmann-Sanierung. Die erste Interpretation basiert auf der Idee des Marktversagens. In dieser Perspektive markiert die durch die Subventionen erfolgte Rettung des Holzmann-Konzerns einen Erfolg staatlicher Interventionen über die freien Marktkräfte. Zwar weist die Holzmann AG gegenwärtig nicht mehr 50.000, wie vor 1996, sondern lediglich noch 23.000 Arbeitsplätze auf, doch das Unternehmen besteht immerhin fort.[1]

Selbst angesehene Wirtschaftswissenschaftler schlossen sich der Auffassung an, dass staatliche Eingriffe unerwünschte Marktprozesse wohlfahrtssteigernd korrigieren können. Der Direktor des Münchener Ifo-Instituts, Hans-Werner Sinn, beispielsweise sagte dem in Berlin erscheinenden Tagesspiegel, wenn der Staat in die Wirtschaft eingreife, sei dies zwar wegen der Signalwirkung grundsätzlich problematisch. Im Falle Holzmann sei es aber – so Sinn – „richtig" gewesen. Immerhin hätten 17.000 Arbeitsplätze[2] und die Existenz vieler Zuliefer-Firmen auf dem Spiel gestanden.

Die klassische Politische Ökonomie vermag dieser Interpretation die Idee des Politikversagens entgegenzusetzen. In dieser Perspektive stellt der Konkurs Holzmanns eine natürliche Reaktion des Marktes auf eine sinkende Nachfrage nach Baudienstleistungen dar, durch welche der am schlechtesten gemanagte und am wenigsten profitable Wettbewerber aus dem Markt genommen wird. Auf diese Weise findet eine Konsolidierung der Branche statt. Folgt man nun der Politischen Ökonomie, so wurde durch die Rettung des Konzerns vor dem unmittelbaren Konkurs mittelfristig kein einziger Arbeitsplatz im Baugewerbe erhalten. Da erstens weder die Nachfrage nach Baudienstleistungen noch die davon unmittelbar abhängende Nachfrage nach Arbeit im Baugewerbe anstiegen, da zweitens die Preise für Baudienstleistungen konstant blieben und da drittens die durchschnittliche Arbeitsproduktivität ebenfalls nicht signifikant sank, *kann* die populäre politische Maßnahme keinen einzigen Arbeitsplatz gerettet haben. Statt dessen wurden die verbleibenden Arbeitsplätze lediglich in Richtung der Holzmann-Belegschaft umverteilt. Mit anderen Worten: Die Sanierung des Konzerns rief einen größeren Rückgang der Arbeitsplätze bei den direkten Konkurrenten beispielsweise Hochtief sowie bei den mittelständischen Bauunternehmen hervor und stellte eine wenig effiziente Umverteilungsmaßnahme zugunsten der Kreditoren und der Arbeitnehmer des Baukonzerns dar.

Wie lassen sich derartige wohlfahrtssenkende politische Handlungen in den scheinbar perfekt kompetitiven politischen Märkten der demokratisch verfassten Staaten erklären? Das Argument der Politischen Ökonomie lautet etwa folgendermaßen: Eine opportunistische Regierung verteilt Ressourcen von unorganisierten zu organisierten Interessen um, um auf diese Weise politische Unterstützung zu gewinnen (Olson 1965; Grossman/Helpman 1994; 2001). Die Regierung tauscht

1 Zwei Jahre später bereits wird deutlich, dass die ‚Rettung' Holzmanns nur vorläufiger Natur war. Wenn sich kein Unternehmen findet, dass den Konzern und dessen Schulden übernimmt, werden entweder neue Subventionen notwendig oder große Teile des Unternehmens werden liquidiert werden müssen.

2 Es muss an dieser Stelle unklar, aber auch unbedeutend bleiben, woraus die Diskrepanz der Zahlen resultiert.

somit die Wahlkampfunterstützung von Interessengruppen gegen Vergünstigungen, die für die Adressaten einen deutlichen Einkommensanstieg bedingen. Der scheinbar effiziente politische Markt in den Demokratien ist folglich nicht wirklich effizient, da einige Interessen über einen präferentiellen Zugang zum politischen System verfügen.[3] Häufig kommen diese Geschenke an Interessengruppen die Steuerzahler teuer zu stehen. Diese Politik ist dennoch für die Regierung rational, da sie ihre politische Unterstützung erhöht.

Um den Zustand des informierten Mutmaßens zu überwinden und fundierte Aussagen über die Richtigkeit der beiden Interpretationen machen zu können, sind eine Analyse der Arbeitsnachfrage im Baugewerbe über die Zeit sowie Kenntnisse der Markteintrittskosten zwingend erforderlich.[4] Dabei gilt: Nur wenn sich die kurzfristigen Nachfrageschwankungen im Markt für Baudienstleistungen als hoch erweisen, wenn die Markteintrittskosten prohibitiv ausfallen und gleichzeitig die Intervention zum Zeitpunkt eines vorübergehenden Nachfragerückgangs erfolgte, waren die staatlichen Markteingriffe als Maßnahme gegen Marktversagen gerechtfertigt. Fallen die kurzfristigen Nachfrageschwankungen oder die Markteintrittskosten dagegen gering aus, lässt sich die Reaktion der Schröder-Regierung ökonomisch nicht rechtfertigen.[5] Die akuten neuerlichen Liquiditätsengpässe des Holzmann-Konzerns sprechen eindeutig gegen die Marktversagens- und für die Politikversagenshypothese (siehe Epilog).

1. Einleitung: Metatheoretische Grundlagen der positiven Politischen Ökonomie

Dieser Beitrag verfolgt einen einfachen Zweck: Er will die Grundlagen der modellorientierten positiven Politischen Ökonomie vermitteln (und dabei etwaig bestehen-

3 Ich werde später zeigen, dass gesamtgesellschaftlich optimale Ergebnisse nur dann möglich sind, wenn alle oder kein Interesse organisiert sind.

4 Diese Auffächerung der Politischen Ökonomie zwischen Politikversagen und Marktversagen oder – anders ausgedrückt – zwischen wohlfahrtsmindernden und wohlfahrtssteigernden wirtschaftspolitischen Handlungen einer Regierung bildete stets die Bühne für ideologisch motivierte Debatten, unter denen die Politische Ökonomie immer wieder zu leiden hatte. In Deutschland galt der Begriff sogar lange Zeit als Label für marxistisch orientierte Sozialwissenschaftler. Doch die moderne Politische Ökonomie fragt weder nach der Dominanz der Märkte über den Staat oder der Herrschaft der Kapitals, noch wird die Notwendigkeit politischer Eingriffe *grundsätzlich* geleugnet.

5 Selbst wenn man der Politikversagenshypothese folgt, stellt die Rettung des Holzmann-Konzerns ein nachrangiges Beispiel dar. Andere Politiken, vor allem die Agrarpolitik, aber auch die Haushalts- oder Außenwirtschaftspolitik sind von einer größeren Bedeutung für die Wohlfahrt der Nationen (vgl. Obinger/Kittel; Cusack/Fuchs und Martin in diesem Band). Immerhin aber verdeutlichen einige lateinamerikanische Staaten, wie eine an klientelistischen Interessen und an der öffentlichen Meinung orientierte Wirtschaftspolitik zu einem dauerhaften wirtschaftlichen Niedergang führen kann.

de Berührungsängste zur mathematischen Formulierung von Annahmen und Ableitungen abbauen), um ein Instrumentarium zur Analyse politischer Anreiz- und Entscheidungsstrukturen zu vermitteln. Die der Modellorientierung zugrunde liegende Überlegung ist eine einfache: Es gibt unbestritten konsistente politikwissenschaftliche Erklärungen und Theorien, die ohne formales Modell auskommen, doch ein formales Modell erzwingt praktisch Konsistenz, da Inkonsistenzen offen zutage treten. Überspitzt ausgedrückt: Während nicht-formale Theorien konsistent sein *können*, *müssen* formale Theorien konsistent sein. Formale Modelle besitzen deshalb einen unschätzbaren Vorteil und – da jedes Axiom (und auch sein Gegenteil) mathematisch ausgedrückt werden kann – keinen Nachteil, sieht man von einigen Investitionen in die mathematischen Grundlagen ab.

Dieser Artikel ist so formuliert, dass, wenn man sich auf die Sprache einlässt und nicht um die Gleichungen herumliest, keine mathematischen Kenntnisse notwendig sind, die über Abiturmathematik hinausgehen. Dies liegt daran, dass theoretische Modelle in diesem Artikel im Hintergrund stehen und vor allem Grundannahmen diskutiert werden. Man darf diesen Artikel deshalb als Baukasten der positiven Politischen Ökonomie lesen. Wenn man ihn so versteht, hat er seinen Zweck erfüllt.

Inhaltlich betrachtet wird hier ausgehend von politischen Anreizstrukturen das mikroökonomische Instrumentarium vorgestellt und diskutiert, mit dem die klassische Politische Ökonomie analytisch operiert. Es mag Modelle geben, in denen andere Annahmen formuliert werden, doch mit den hier diskutierten Instrumenten lässt sich nahezu jedes Modell nachbauen. Dabei werden hier ausdrücklich nur Modelle diskutiert, die allgemein ‚anerkannt' sind und die sich in der theoretischen und empirischen Forschung bewährt haben. Diese, von verschiedenen Wissenschaftlern in unterschiedlichen Zusammenhängen und für voneinander abweichende Zwecke verwendeten Modelle werde ich – soweit möglich – in eine einheitliche Modellsprache ‚übersetzen'. Gelegentlich gehen einige Spezifika der ursprünglichen Modelle auf diese Weise verloren. Auf der Habenseite steht aber die Formulierung eines einheitlichen, dem heutigen Forschungsstand entsprechenden Grundmodells der modernen positiven Politischen Ökonomie.

Dieses Grundmodell ist – trotz der boomenden wissenschaftlichen Beschäftigung mit den Determinanten der Wahl politischer Instrumente und der in den anderen Beiträgen dieses Buches aufgezeigten analytischen Leistungsfähigkeit der Politischen Ökonomie – erstaunlich einfach. Obwohl die Anzahl der verfügbaren politisch-ökonomischen Theorien und Modelle kaum mehr zu zählen ist, variieren diese Modelle der Politik üblicherweise vier Grundelemente. Politische Ökonomie stellt somit, auch im Vergleich zu anderen Forschungstraditionen, ein sparsames und hochintegriertes Projekt dar. Diese Konzentration auf das Wesentliche bildet letztlich die Voraussetzung für die gegenseitige Befruchtung der Forschung über thematische Grenzen hinweg.

Ausgangspunkt des Grundmodells sind Individuen, die in Abhängigkeit von ihren Einkommensquellen, ihren Ressourcen und Opportunitäten über Präferenzen verfügen, aus der eine Nachfrage nach einer bestimmten Politik resultiert. Natürlich müssen die individuellen Präferenzen nicht ausschließlich aus der individuellen

Faktorausstattung und der sich daraus ergebenden Nutzenfunktion resultieren, sondern sie können auch ideologisch motiviert sein (Abschnitt 2). Diese Individuen verfügen über drei Möglichkeiten der politischen Einflussnahme. Sie können erstens wählen (Abschnitt 3.1). Zweitens sind sie in der Lage, Interessengruppen zu bilden, die dann in der politischen Arena lobbyieren (Abschnitt 3.2). Und drittens können sie einer Partei beitreten und Einfluss auf die Formulierung der Parteiprogramme und Regierungsentscheidungen nehmen (Abschnitt 3.3). Die Regierung nimmt die Präferenzen der Wähler, der Interessengruppen und der Parteimitglieder auf und aggregiert sie zu einer politischen Unterstützungsfunktion, um auf dieser Grundlage eine politische Entscheidung zu treffen und umzusetzen. Diese nur scheinbar einfache Logik wird am Beispiel der Staatsquote und deren Verteilung verdeutlicht (Abschnitt 4).

2. Nutzen und Zielfunktion der Individuen

Die überwiegende Mehrheit der politisch-ökonomischen Modelle baut auf Annahmen über die Interessen der Individuen auf. Diesen wird aus guten Gründen keine Präferenz für oder gegen Atomkraftwerke, Autobahnen oder die Fußballbundesliga außerhalb des Pay-TV unterstellt. Vielmehr wird angenommen, dass die Individuen entweder einen Nutzen aus dem Konsum unterschiedlicher Güter ziehen oder danach trachten, ihr individuelles Einkommen zu maximieren. Dabei fehlt es den ‚Individuen' an Individualität: Sie ‚agieren' rein mechanisch, vollständig prognostizierbar und weichen in ihrem Verhalten oftmals nicht voneinander ab. Und selbst wenn sie sich voneinander unterscheiden, dann wird dies nicht auf ihre individuellen Eigenschaften, sondern auf ihre Zugehörigkeit zu unterschiedlichen gesellschaftlichen Gruppen oder auf eine unterschiedliche Zusammensetzung ihres Einnahmeportfolios zurückgeführt.

Diese Verhaltensroboter der Entscheidungstheorie stoßen bei Vertretern der Modelle ablehnend gegenüber stehenden wissenschaftlichen Traditionen auf Befremden. Doch die stark vereinfachenden Modellannahmen sind aus mindestens zwei Gründen kaum verzichtbar: Zum einen sollen Modelle so *allgemein* wie möglich gehalten werden. Auch wenn es attraktiv erscheint, einzelne Handlungen oder soziale Phänomene wie die Kubakrise oder den Fall der Berliner Mauer auf Charaktereigenschaften Kennedys zurückführen zu können: Die positive Politische Ökonomie interessiert sich vornehmlich für Gesetzmäßigkeiten in politischen Entscheidungsprozessen und behandelt deshalb die Kubakrise als einen, wenngleich herausgehobenen Fall der Abschreckungstheorie oder der Konflikttheorie. Zum zweiten sollen wissenschaftliche Erklärungen und Modelle so *einfach* wie möglich formuliert werden. Wenn es möglich erscheint, die Individuen auf einfache Nutzenfunktionen zu reduzieren, sollte dieses hohe Abstraktionsniveau gewählt werden.[6]

---

6 Natürlich lassen sich individuelle Eigenheiten der Akteure modellieren. Doch derartige Annahmen machen das Modell oft wesentlich unhandlicher und entziehen das Modell einer em-

Die Grenzen der Komplexitätsreduktion werden nicht durch Eigenschaften der realen, beobachteten Welt bestimmt. Dass einige Individuen sich gelegentlich abweichend verhalten, spielt keine Rolle. Die Sozialwissenschaften zielen nicht auf die Erklärung des individuellen Verhaltens ab, sondern sie wollen soziale Phänomene erklären. Also bestimmt die Erklärungskraft der Theorie über die Grenze der Komplexitätsreduktion. Solange die zu erklärende Realität bestimmte Eigenschaften aufweist, die nicht zur Erklärungskraft des Modells beitragen, *müssen* sie ignoriert werden. Nur wenn bestimmte reale Eigenschaften erklärungsnotwendig sind, müssen sie in der Theorie berücksichtigt werden. Oder, wie Albert Einstein es einst formulierte: „Modelle sollen möglichst einfach sein, aber nicht einfacher".[7]

Eine auch in der Hinsicht der formalen Knappheit mittlerweile klassische Ausgangsannahme stellt die von Dixit und Stiglitz (1977) vorgeschlagene Nutzenfunktion dar, der zufolge der Nutzen der Individuen durch den Konsum einer größeren Anzahl an Gütern steigt. Individuen besitzen mit anderen Worten eine Präferenz für Varianz, wie in der folgenden Funktion zum Ausdruck kommt:

$$u^j = \sum_{k=1}^{K} c_k^{\theta} \quad , \qquad (1)$$

wobei c_k den Konsum des k-ten Gutes durch Individuum j bezeichnet und θ die Substitutionselastizität zwischen den vorhandenen Gütern misst. Diese Ausgangsannahme vermag bei aller Eleganz einen großen Teil des Verhaltens von Individuen zu erklären und sie besitzt einige bequeme mathematische Eigenschaften. Doch sie ist in der Ökonomie angemessener und daher weiter verbreitet als in der Politikwissenschaft, da sie wenig Raum für politische Handlungen lässt. Da Individuen per Annahme über eine gegebene Substitutionselastizität zwischen den Gütern verfügen, rufen politisch motivierte Eingriffe in das relative Preisgefüge der Güter eine Reduzierung des individuellen Nutzens hervor, da die Individuen wegen der Veränderung des relativen Preisniveaus die Zusammensetzung ihres individuellen Warenkorbes anpassen. Lediglich politische Maßnahmen, welche die Anzahl der verfügbaren Güter steigern, beispielsweise die Produktion öffentlicher Güter oder eine Subventionierung der Forschung und Entwicklung, wären potenziell wohlfahrtssteigernd.

Politisch-ökonomische Modelle, die auf einer Dixit-Stiglitz-Nutzenfunktion aufbauen, geben für die Wohlfahrtswirkung von politischen Markteingriffen ein negatives Ergebnis quasi vor, dass zudem direkt auf die Modellannahmen und nicht auf die Ableitungen zurückgeführt werden kann. Dennoch muss man diese Nutzenfunktion nicht einfach als untauglich verwerfen, man kann sie leicht erweitern und

---

pirischen Überprüfung, ohne die Reichweite und Erklärungskraft einer Theorie im gleichen Maße zu erhöhen. Allzu häufig erlauben Modelle, die komplizierte und facettenreiche Annahmen über die Nutzenfunktion der Individuen aufweisen, keine eindeutige Identifikation von Gleichgewichten. Die Prognosefähigkeit des Modells nimmt durch die Annäherung an die Realität nicht nur nicht zu, sie sinkt sogar.

7 Meist sind theoretische Arbeiten tatsächlich nicht einfach genug.

anpassen. In diesem Sinne unterscheidet die folgende Gleichung zwischen privatwirtschaftlich und staatlich hergestellten, möglicherweise ‚öffentlichen Gütern':

$$u^j = \ln\left(\sum_{k=1}^{K} c_k^\theta\right)^{1/\theta} + \ln\left(\sum_{o=1}^{O} c_o^\theta\right)^{1/\theta} \quad , \qquad (2)$$

In diesem Modell besitzt das repräsentative Individuum eine klare Präferenz für die Verteilung seines Einkommens auf den Konsum privater (k) und öffentlicher (o) Güter. Abweichungen von diesem (hier wegen der Annahme identischer Elastizitäten paritätischen) Verhältnis reduzieren den individuellen Nutzen. Sollte der Staat als Anbieter öffentlicher Güter zu wenig öffentliche Güter produzieren, senkt er den Nutzen der Individuen ebenso als wenn er zu viele öffentliche Güter produziert. Diese Modellannahme verdeutlicht somit auch die Intuition, derzufolge die Abwesenheit staatlicher Interventionen nicht zwangsläufig ‚optimal' für den aggregierten Nutzen der Bevölkerung sein müssen.

Aber auch die modifizierte Dixit-Stiglitz-Funktion bleibt analytisch eingeschränkt, da sie noch keine Modellierung innergesellschaftlicher Konflikte erlaubt. Die Individuen mögen unterschiedliche Warenkörbe wählen, aber sie sind sich stets dahingehend einig, dass die Politik die Anzahl der verfügbaren Güter erhöhen oder aber zumindest nicht senken sollte. Als Ergänzung oder Alternative zu diesen Annahmen existieren deshalb auch Modelle, welche die Betrachtung gesellschaftlicher Konflikte erlauben. In einem von Dani Rodrik (1995) als ‚Arbeitspferd' der Politischen Ökonomie bezeichneten und bereits auf den ersten Blick etwas komplizierteren Modell resultieren die Präferenzen der Individuen aus dem Einfluss politischer Maßnahmen auf ihr individuelles Einkommen. Die Individuen beziehen ein Einkommen aus ihrem Besitz an Produktionsfaktoren Arbeit und Kapital sowie aus den Einnahmen des Staates, die dieser aus Eingriffen in das Preissystem bezieht. Jedes Individuum wird staatliche Interventionen in dem Ausmaß begrüßen, wie die Einnahmen aus den staatlichen Eingriffen seinen individuellen Einkommensverlust überkompensieren. Dieses Modell spitzt die Verteilungs- und Effizienzwirkung politischer Eingriffe zu.

Eine hinreichend allgemeine Funktion für die Einkommen I des repräsentativen Individuums j lautet

$$I^j = s_L^j wL + \sum_k s_k^j \pi_k(p_k, w) + s_q^j \sum_k (p_k - p_k^*) m_k \quad , \qquad (3)$$

wobei s_L^j, s_k^j und s_q^j die jeweiligen Anteile des Individuums am Arbeitseinkommen, den Profiten der Industrie und der Nettorevenue der Regierungspolitik bezeichnet, m beziffert die relative Größe der Sektoren, k ist der dazugehörige Index des Sektors, w bezeichnet den Lohn, p das Preisniveau, p^* entspricht dem Marktpreis, der sich ohne politische Einflussnahme auf die Preise eingestellt hätte; $(p_k - p_k^*)$ bezeichnet die Auswirkungen der Eingriffe, die man als Steuer auf ein Gut begreifen kann. $\pi_k(p_k, w)$ beschreibt die Profite aus Sektor k, in dem Lohn w gezahlt wird, m_k beziffert die relative Größe des Sektors k.

Der Anteil der Individuen an den Nettoeinnahmen des Staates ist eine Funktion der von der Regierung gewählten Politiken q

$$s_q^j \sum_k \left(p_k - p_k^*\right) m = f\left(q_1, q_2, \ldots, q_n\right) = f(\mathbf{q}) \quad , \tag{4}$$

wobei der Vektor aller Politiken mit $\mathbf{q}$ bezeichnet wird. Der aus Marktstörungen resultierende Transfer von Renten an Individuen kann auf diesen Vektor an Politiken zurückgeführt werden. Es gilt folglich, wenn man der Einfachheit halber lediglich zwei politische Dimensionen, q_1 und q_2 unterscheidet,

$$\sum_k \left(p_k - p_k^*\right) m = \alpha^j q_1 + \left(1 - \alpha^j\right) q_2 \quad , \tag{5}$$

$0 \leq \alpha \leq 1$ stellt einen Gewichtungsparameter dar, welcher die Präferenz des repräsentativen Individuums j im Politikraum abbildet. Durch Einsetzen von Gleichung 5 in Gleichung 3 erhält man

$$I^j = s_L^j w L + \sum_k s_k^j \pi_k\left(p_k, w\right) + s_q^j \left[\alpha^j q_1 + \left(1 - \alpha^j\right) q_2\right] \quad , \tag{6}$$

Da die in einem Sektor gezahlten Löhne und Kapitaleinkommen von der wirksamen Nachfrage und diese wiederum vom Preisniveau der in diesem Sektor gezahlten Güter abhängen, resultieren die Auswirkungen staatlicher Eingriffe auf die Einnahmen der Individuen aus der Verwendung der vom Staat erhobenen Steuer.

In einem direkten Vergleich mit der Dixit-Stiglitz-Nutzenfunktion ergeben sich weitaus größere Spielräume, um Verteilungskonflikte zwischen gesellschaftlichen Gruppen – etwa zwischen unterschiedlichen Sektoren sowie zwischen den Beziehern von Kapitaleinkommen und Lohnempfängern – zu modellieren. Der analytische Nachteil dieses Modells für die Politikwissenschaft liegt allerdings ebenfalls auf der Hand: Da der Staat Einkommen lediglich umverteilt, trägt er nicht zur gesamtgesellschaftlichen Wohlfahrt bei. Er produziert nicht und schafft keinen Nutzen, sondern reduziert lediglich die gesamtgesellschaftliche Wohlfahrt durch seinen Eingriff in die effiziente Allokation des Marktes.

Eine Lösung für diese Problematik offerieren schließlich solche Modelle, die den Individuen Präferenzen über Politik unterstellen, ohne die wirtschaftlichen, sozialen oder ideellen Grundlagen dieser Präferenzen auszuweisen. Individueller Nutzen entsteht in diesen Modellen bereits dadurch, dass die Regierung unternimmt, was die Wähler von ihr erwarten. Warum dies so ist, bleibt dem Modell exogen, damit gehen die Grundlagen der politischen Willensbildung verloren.

Torsten Persson und Guido Tabellini (2000) – übrigens auch Gene Grossman und Elhanan Helpman (2001) – tragen die politischen Präferenzen α der Individuen i bezüglich der Politiken q_1 und q_2 auf jeweils einer Achse $[0,1]$ ab. Die Präferenzen der Individuen fallen somit zweidimensional aus.[8]

Persson und Tabellinis Nutzenfunktion lautet dementsprechend

$$u^j = \sum_{k=1}^{K} c_k^{\theta} + \zeta\left[\alpha^j q_1 + \left(1-\alpha^j\right)q_2\right], \quad (0 \leq \alpha \leq 1) \quad , \qquad (7)$$

wobei der Konsum der privaten Güter k die Haushaltsrestriktion für die Nachfrage nach den politischen Dienstleistungen q_1 und q_2 darstellt. Mit anderen Worten: Die Individuen bezahlen für die von der Regierung durch zwei Politiken angebotenen öffentlichen Güter durch einen Verzicht auf den Konsum privater Güter, wobei der Preis, den die Individuen letztlich zu zahlen bereit sind, aus dem Gewichtungsparameter $\zeta \geq 0$ resultiert. Individuen, deren ζ gegen ∞ strebt, nehmen jede Nutzeneinbuße für ‚ihre' Ideologie in Kauf.

Für alle Akteure steht das Kalkül unter einem Haushaltsvorbehalt. Es gelten

$$\sum_{k=1}^{K} c_k^{\theta} = y(1-\tau) \quad , \qquad (8)$$

und

$$q_1 + q_2 \leq \tau Y \quad , \qquad (9)$$

wobei $0 \leq \tau \leq 1$ die Steuerquote und Y das Bruttoinlandsprodukt darstellt (mit Y gleich der Summe der Individualeinkommen y^j). Typischerweise präferieren rein ideologisch getriebene Akteure $(\zeta \to \infty)$ eine Steuerquote von 100 Prozent, da sie keinen Nutzen aus dem Konsum privater Güter ziehen![9]

Die Gleichungen 8 und 9 beschreiben die Haushaltsrestriktionen der Individuen (wobei die Individuen ihre Einnahmen in Steuern und Konsum unterteilen – es wird folglich nicht investiert und gespart) und der Regierung. Die Regierung wiederum wandelt den gesamten Staatshaushalt in politische Maßnahmen um. Es gehen keine Ressourcen verloren.

Diese Ausgangsannahmen unterscheiden sich von denen des Grossman-Helpman-Modells (Gleichung 3) vor allem durch die Ausdifferenzierung der Politik. Für Individuen ist diese Aufsplitterung unbedeutend, da sich die Nutzenbestandteile der Politiken additiv verhalten. Jede beliebige Summe aus Politiken lässt sich als Vek-

---

8 Es existieren durchaus Modelle, in denen den Akteuren Präferenzen in lediglich einer politischen Dimension zugebilligt werden. Da diese Annahme ein Sonderfall der Annahme von Präferenzen über zwei Dimensionen darstellt, wird sie hier nicht behandelt. Und natürlich existieren auch Theorien, die den Individuen Präferenzen über n Dimensionen unterstellen. N-Dimensionalität ist kein Sonderfall, um dieses Papier nicht komplizierter als notwendig zu machen, wird dennoch davon abstrahiert.

9 Dieser hohe Wert verweist eher darauf, dass reine Ideologen nicht existieren als darauf, dass eine Modellannahme unplausibel ist.

tor beschreiben. Doch diese unscheinbare Annahme reichert das Modell um die Möglichkeit des politischen Wettbewerbs an, da unterschiedliche Parteien (A, B) voneinander abweichende Gewichtungsfaktoren $(\alpha^A \neq \alpha^B)$ aufweisen können und vermutlich tatsächlich auch aufweisen.

Außerdem reduziert diese Modellannahme die in der Politischen Ökonomie vorherrschende Fokussierung auf die Verteilungswirkung politischer Maßnahmen. Es erscheint in vielfacher Hinsicht ideologisch weniger vorbelastet, einen politischen Konflikt zwischen Gruppen mit unterschiedlichen politischen Präferenzen anzunehmen als von einem Verteilungskonflikt zwischen Rentenempfängern und Konsumenten oder verschiedenen Sektoren und Produktionsfaktoren auszugehen. Andererseits muss es jedoch umstritten bleiben, den Individuen eine generelle Präferenz für Umverteilung zu unterstellen, selbst wenn die betrachteten Akteure von den Umverteilungsmaßnahmen nicht profitieren, sondern vielmehr eine Nutzeneinbuße hinnehmen müssen. Im Persson-Tabellini-Modell wird diese Möglichkeit nicht ausgeschlossen, da die Präferenzen exogen gegeben sind.

Jenseits dieser Gefahr liegen weitere Nachteile dieses Konzeptes auf der Hand: Zum einen setzt die empirische Überprüfung der auf Präferenzen basierenden Erklärungen eine Erhebung nicht nur der Präferenzen, sondern auch der individuellen Substitutionselastizitäten voraus, um Aussagen über politische Veränderungen machen zu können. Zum zweiten geraten die Aussagen dieses Modells über politische Entscheidungen dann trivial, wenn man von vollständig opportunistischen Regierungen ausgeht. Da die Regierung in diesem Fall solche politische Maßnahmen ergreift, welche die Mehrheit der Wähler besser stellt, die Verteilung dieser Präferenzen aber per Annahme vorausgesetzt wird, ‚erklären' letztlich die Annahmen das politische Verhalten der Regierung.[10] Das Modell wird a-theoretisch.

Doch trotz der jeweiligen spezifischen Grenzen der Modelle und Ausgangsannahmen: Die einzelnen, in diesem Abschnitt diskutierten Nutzenfunktionen der Individuen besitzen für unterschiedliche Anwendungsfälle jeweils ihre Relevanz. Während das Grossman-Helpman-Modell (Gleichung 3) besser dazu geeignet scheint, die makroökonomischen Auswirkungen unvollständiger politischer Kontrolle der Regierung zu analysieren, kann das Persson-Tabellini-Modell (Gleichung 7) wesentlich zum Verständnis der Konsequenzen unterschiedlicher institutioneller Entscheidungsregeln beitragen. Die relativen Vorteile der Modelle ergeben sich aus den jeweiligen Annahmen über die exogen gegebenen, analytisch gehaltvollen Bestandteile des politischen Systems. Im Grossman-Helpman-Modell variiert der Einfluss der Interessengruppen auf die opportunistische Regierung. Je stärker dieser Einfluss, desto weiter entfernt sich die Politik vom sozialen Wohlfahrtsoptimum. Im Persson-Tabellini-Modell werden dagegen die politisch virulenten Präferenzen der Bevölkerung von der Regierung in politische Handlungen umgesetzt. Dabei

10 Letztlich erklären die Annahmen grundsätzlich und ohne Ausnahme die Ergebnisse der Modelle. Um nicht a-theoretisch zu sein, müssen Modelle deshalb über ein testbares Kausalmodell verfügen. Dies setzt einige mathematische Schritte und Ableitungen zwischen Annahme und Ergebnis voraus.

entscheiden die institutionell und konstitutionell bedingten Aggregationsregeln der individuellen Präferenzen über die sich im politischen System durchsetzende politische Handlungsoption.

Die Modelle sollten demnach nicht konkurrierend betrachtet werden. Zusammengenommen stellen sie einen hinreichend offenen Analyserahmen zur Verfügung, der den Einsatz politisch-ökonomischer Instrumente in vielen Anwendungsbereichen erlaubt.

3. Politische Einflussnahme

Je nachdem, welche Nutzenfunktion man den Individuen unterstellt, besteht das individuelle Ziel politischer Einflussnahme darin, die Regierung zu einer Senkung der Steuerbelastung, zu einem Markteingriff zugunsten einer Einkommensquelle, aus der das Individuum Einnahmen bezieht, oder zu einer Stärkung eines Ausgabenpostens entweder zu Lasten der Gemeinschaft der Steuerzahler oder zu Lasten eines zweiten Ausgabenpostens zu bewegen. Um diese Ziele zu erreichen, können die Individuen auf drei Instrumente der politischen Einflussnahme zurückgreifen: Wahlen, Lobbyismus und Parteimitgliedschaft. Da alle drei Instrumente mit Kosten verbunden sind, greifen die Individuen nur dann zu einem der Instrumente, wenn ihr erwarteter individueller Nutzen aus ihrer politischen Einflussnahme ihre individuellen Kosten übersteigt. Weil aber der Einsatz politischer Instrumente zwar individuelle Kosten verursacht, die jeweiligen Politiken jedoch keine individuell sondern lediglich kollektiv zuweisbare Erträge hervorrufen, entsteht ein Kollektivhandlungsproblem. Jedes Individuum kann durch wählen, lobbyieren und durch Mitgliedschaft in einer Partei Einfluss auf die Politik gewinnen.[11] Doch jedes Individuum würde seinen individuellen Nutzen maximieren, wenn andere Akteure seine Interessen wahrnähmen. Es stellt sich also nicht lediglich die Frage, warum Individuen wählen (Downs 1957), sondern auch, warum sie Lobbys bilden und Parteien beitreten oder diese gründen.

Das Paradox politischer Einflussnahme lässt unverständlich erscheinen, warum Individuen die mit der jeweiligen politischen Handlung verbundenen Kosten auf sich nehmen, obwohl bei einer großen Anzahl potenzieller Wähler, Lobbys und Parteimitglieder jedes einzelne Individuum nur einen geringen Einfluss auf die von der Regierung gewählte Politik besitzt (Downs 1957; Tullock 1967; Riker/Ordeshook 1968). Diese Frage lässt sich durch das stets im Verborgenen liegende Kosten-Nutzen-Kalkül der Individuen halbwegs zufriedenstellend beantworten: Auch wenn die individuell wahrgenommene politische Einflussnahme gegen Null geht, kann trotz des geringen individuellen Einflusses ein geringer individueller

---

11 Außerparlamentarische Opposition, also politische Einflussnahme durch Demonstration bis hin zum gewaltsamen Umsturz einer Regierung, wird hier nicht diskutiert.

Nettonutzen entstehen.[12] Die Wahlbeteiligung sollte dann um so höher ausfallen, je niedriger die Kosten (je kürzer der Weg zum Wahllokal, je geringer die Dauer des Wählens, je besser das Wetter, u.ä.) und je höher der erwartete Nutzen der einzelnen Stimme (je unähnlicher die Parteiprogramme, je knapper der erwartete Wahlausgang, usw.), ausfällt. Eine überzeugendere Erklärung für individuelle Wahlbeteiligung liefern Palfrey und Rosenthal (1985). Sie zeigen auf, dass kein Nash-Gleichgewicht in reinen Strategien existiert. Gehen nämlich alle Wähler von der Existenz prohibitiv hoher Kosten des Wählens aus, müssen sie zwangsläufig eine Wahlbeteiligung von Null annehmen. In diesem Fall aber wäre ihre Stimme die entscheidende und, insofern zwischen den Programmen der Parteien ein Unterschied besteht und die Kosten des Wählens überschaubar sind, wäre ihr individueller Nutzen aller Voraussicht nach positiv.

3.1. Wahlen

Wahlen bieten die offenkundigste und in den meisten Fällen auch einfachste Möglichkeit für die Individuen, politische Entscheidungen in ihrem Interesse zu beeinflussen. Demokratische Staaten garantieren das aktive Wahlrecht allen inländischen Bürgern, die über ein gewisses Mindestalter verfügen und nicht entmündigt wurden. Einige Staaten betrachten Wahlen sogar als rechtliche Verpflichtung und bestrafen die individuelle Stimmenthaltung.[13]

Die Individuen üben durch Wahlen einen zweifachen Einfluss auf die Wahl politischer Instrumente aus: Erstens erlauben Wahlen den Individuen, solche Parteien in die Regierungsverantwortung zu bringen, deren Parteiprogramme und Wahlplattformen ihren individuellen Interessen am ehesten entsprechen. Zweitens kann die Wahlbevölkerung unliebsam gewordene oder erfolglose Regierungen abwählen. Um den mit jedem Wahltermin neuerlich drohenden Verlust der Regierungsverantwortung zu vermeiden, sind die Regierungen stets versucht, politische Maßnahmen zu ergreifen, von denen sie sich eine Erhöhung ihrer politischen Unterstützung versprechen.

Diese konzeptionelle Unterschiedlichkeit der beiden Kanäle der Einflussnahme der Bevölkerung auf die Politik findet ihre logische Entsprechung in zwei unterschiedlichen Betrachtungsweisen der individuellen Wahlentscheidung: voraus- und zurückschauendes Wählen.

Vorausschauendes Wählen setzt voraus, dass Wähler ihre Wahlentscheidung von den Wahlversprechungen der Parteien abhängig machen. Dafür müssen die

---

12 In diesem Sinn beispielsweise interpretiert Aldrich (1993) Wählen als Niedrignutzen- und Niedrigkosten-Tätigkeit. Ähnliches gilt vermutlich auch für die Mitgliedschaft in Interessengruppen und Parteien, zumal diese oftmals zusätzlich zu den öffentlichen Gütern auch private Güter produzieren.

13 Aus Platzgründen gehe ich in diesem Abschnitt von einem repräsentativen politischen System aus, obwohl die Annahme direktdemokratischer Entscheidungen in der Politischen Ökonomie durchaus verbreitet ist.

Wähler den Parteiprogrammen und Wahlversprechen der Parteien keinen unbedingten Glauben schenken; sie müssen aber in der Lage sein, einen individuellen Erwartungsnutzen zu kalkulieren und diejenige Partei zu wählen, die ihnen den größten individuellen Nutzen zu versprechen scheint. Anthony Downs behauptet, Wahlverhalten sei zwingend vorwärtsschauend, da nur künftige Politiken durch die Wahlhandlung beeinflussbar seien und die Vergangenheit irrelevant sei:[14]

> „To ignore the future when deciding how to vote [...] would obviously be irrational, since the purpose of voting is to select a future government." (Downs 1957: 40)

Wenn sich die Wähler von Erwartungen leiten lassen, liegt die Vermutung nahe, dass sie die Parteiprogramme benutzen, um eine Grundlage für die Bildung eines individuellen Erwartungsnutzens der künftigen Regierungspolitik zu bilden. Doch diese Annahme wird von Downs zurückgewiesen. Nach seiner Auffassung besitzt die individuelle Stimme einen geringen Einfluss auf den Wahlausgang. Selbst der geringste Aufwand für das Sammeln von Informationen lohnt nicht. Es ist somit rational für den Wähler, uninformiert zu sein.

Diese Logik steht in einem deutlichen Kontrast zu den Modellen, die zurückschauendes Wählen annehmen. In diesen Modellen evaluieren die Wähler den Erfolg der Regierung während der letzten Wahlperiode und wählen sie immer dann ab (das heißt, sie wählen mit einer Wahrscheinlichkeit von $1+\omega$ eine der Oppositionsparteien), wenn die Leistung der Regierung hinter ihren Erwartungen zurückblieb (Rogoff/Sibert 1988). Da die Wähler über den Nutzen, den sie individuell aufgrund der Politik der letzten Amtsperiode gewonnen haben, perfekt informiert sind, kann in diesem Modell nicht sinnvoll von einem Informationsdefizit gesprochen werden.

Der vielleicht früheste Vertreter der These des zurückschauenden Wählens, V.O. Key, schreibt:

> „The patterns of flow of the major streams of shifting voters graphically reflect the electorate in its great, and perhaps principal, role as an appraiser of past events, past performance, and past actions. It judges retrospectively; it commands prospectively only insofar as it expresses either approval or disapproval of what has happened before." (Key 1966: 61)

Die Modelle des retrospektiven Wählens besitzen eine große Bedeutung in der Signalling-Literatur, in der Regierungen den Wählern ihre Kompetenz vermitteln. Solche Modelle sind von Rogoff und Sibert (1988) benutzt worden, um politische Konjunkturzyklen zu erklären. Rogoff (1990) argumentiert, Regierungen manipulierten den Konjunkturzyklus, um den Wählern ihre wirtschaftspolitische Kompetenz zu signalisieren. Während kompetente Regierungen einen kurzfristigen Anstieg der Beschäftigung durch eine dauerhaft moderate Erhöhung der Inflationsrate

14 Downs argumentiert nicht ganz konsistent. An anderer Stelle behauptet er nämlich, dass die Parteiprogramme in Zwei-Parteien-Systemen in Richtung der Präferenz des Medianwählers konvergieren. Wenn sich die Parteiprogramme jedoch nicht unterscheiden und bei gleichem Vertrauen in die Wahlversprechen auch die erwartete Regierungspolitik identisch sein sollte, liefern Parteiplattformen zumindest in Zwei-Parteien-Parlamenten dem Wähler keine Informationen, die er seiner individuellen Wahlentscheidung zugrunde legen kann.

erkaufen, müssen inkompetente Regierungen die Inflationsrate stark erhöhen, um selbst geringe Beschäftigungseffekte zu erzielen. Dieses Signal wird von den Wählern verstanden. Es führt jedoch nur dann zu einer Anhebung der politischen Unterstützung, wenn die Wähler die zurückliegende Leistung bewerten.

Zurückschauendes Wählen stellt in doppelter Hinsicht eine effiziente Lösung für die Wähler dar. Angesichts der mitunter hohen Kosten der Informationsgewinnung und der Unsicherheit, ob von der Wahlprogrammatik einer Partei auf ihre tatsächliche Regierungspolitik geschlossen werden kann, ist es für den Wähler erstens rational, kostenlos und allgemein verfügbare Informationen zur Grundlage der Wahlentscheidung zu machen. Die Leistung der aktuellen Regierung bietet sich hierfür an. Zweitens verdeutlicht der Wähler allen zukünftigen Regierungen seine Rolle als Prinzipal, der den Agenten, die Regierung, bei unzufriedenstellenden Leistungen auswechselt. Zurückschauendes Wählen erhöht auf eine günstige Weise die Wahrscheinlichkeit, mit der sich künftige Regierungen an den Präferenzen des Medianwählers orientieren. Gerade die Wähler in der Mitte des politischen Spektrums sollten deshalb zu zurückschauendem Wahlverhalten neigen, weil sie auf diese Weise die Durchsetzungschance ihrer Präferenzen erhöhen.[15]

Doch Wähler können neben Präferenzen über künftige oder zurückliegende Politiken auch über eine ideologische Grundhaltung verfügen, die – anders als politische Präferenzen – nicht variiert. Sie präferieren eine Politik q_A gegenüber einer Politik q_B, obwohl die Implementation von q_A gegebenenfalls zu Einnahmeeinbußen führt.[16]

Um diesen Sachverhalt möglichst einfach zu modellieren, entspreche der Nutzen der Individuen der bekannten Funktion aus dem Konsum der Summe der privaten Güter sowie dem Nutzenzugewinn durch die von der Regierung implementierten bereitgestellten (eindimensionalen) Politik q (siehe Gleichung 7). Allerdings wird der Nutzen des öffentlichen Gutes durch eine gegebenenfalls bestehende ‚Distanz' zwischen der von der Regierung gewählten Politik und der vom Individuum aus ideologischen Gründen präferierten Politik gemindert oder verstärkt. Es sei

$$u^j = \sum_{k=1}^{K} c_k^\theta + q^\gamma + \sigma^j, \quad \gamma < 1 \quad . \tag{10}$$

σ ist ein individueller Parameter, der negative und positive Werte annehmen kann. Positive Werte zeigen einen Bias *für* die Regierungspartei an, negative Werte einen Bias *gegen* die Regierungspartei. Je größer σ ausfällt, desto wahrscheinlicher stimmt das Individuum bei der nächsten Wahl für die Regierungspartei. Wenn $\sigma = 0$, ist

15 In der empirischen Literatur konnte am Beispiel der US-amerikanischen Wahlen ein starker Zusammenhang zwischen dem Wahlerfolg der Regierungspartei und der wirtschaftlichen Entwicklung vor den Wahlen nachgewiesen werden (Erikson 1989; Keech 1995).

16 Im Sinne des Erwartungsnutzensansatzes weist q_A dennoch den höheren Nutzen auf.

das Individuum ideologisch indifferent und seine Wahlentscheidung allein von der Politik abhängig.

Persson und Tabellini (2000: 54) unterscheiden nun verschiedene Dichtefunktionen innerhalb dreier gesellschaftlicher Gruppen (*J=P,M,H*), um Wahlverhalten bestimmen zu können (und um eine Umverteilung von den Rändern zur Mitte begründen zu können, siehe dazu Abschnitt 5). Unter einer Dichtefunktion kann man sich die Verteilung von individuellen Gewichtungsparametern innerhalb der jeweiligen Gruppe vorstellen. Hohe Gewichtungsparameter bedeuten, dass das Individuum seine ideologische Grundhaltung stark in seine Wahlentscheidung einfließen lässt, während Individuen mit einem geringen Gewichtungsfaktor eher die zurückliegenden politischen Ergebnisse oder den individuellen Erwartungsertrag des politischen Programms der Parteien berücksichtigen. Anders ausgedrückt: Die Dichtefunktion bezeichnet die relative Verteilung von Ideologen und Pragmatikern über verschiedene ideologische Grundhaltungen $-1 \leq \sigma \leq 1$, die wiederum als Präferenz zwischen den Aussagen in den jeweiligen Wahlplattformen (*h*) interpretiert wird:

$$\sigma^J = W^J(h_A) - W^J(h_B) \quad . \tag{11}$$

Die Indexe *A* und *B* bezeichnen die Parteien.

Die Wahrscheinlichkeit, mit der Partei *A* die Wahl gewinnt, entspricht folglich

$$v_A = \frac{1}{2} + \left(\mathbf{q}_A^E - \mathbf{q}_B^E\right) + \sum_J \mu^J \varphi^J \left[W^J(h_A) - W^J(h_B)\right] \quad , \tag{12}$$

wobei der Index E den Erwartungsnutzen aus dem Vektor der Politiken *q* bezeichnet, μ^J die jeweiligen Bevölkerungsanteile der Gruppen misst $\left(\sum_J \mu = 1\right)$ und φ^J die jeweilige gruppenspezifische Verteilung der Responsivität beziffert. Die Wahrscheinlichkeit, mit der Partei *B* die Wahl gewinnt, ist (bei zwei Parteien logischerweise) $1 - v_A$.

Tabellini und Persson behaupten:

> „As both individual utility and the distribution of ideological preferences are continuous functions, the probability of winning now becomes a smooth function of the distance between the two electoral platforms. In this sense, competition between the two candidates becomes less stiff than in the traditional [Downsian] model [...]. Hence, we should also expect equilibrium behavior to differ." (Persson/Tabellini 2000: 54)

Diese Aussage trifft jedoch nicht ohne weitere Annahmen zu. Wenn die Verteilung von ‚Ideologen' und ‚Pragmatikern' in allen gesellschaftlichen Gruppen identisch ist, fällt auch die Responsivität der Gruppen gegenüber den Ergebnisse der Regierungspolitik identisch stark aus. Damit aber existiert auch in diesem Modell ein eindeutiges Gleichgewicht, in dem beide Parteien A und B identische Plattformen offerieren (und der Einfluss der Ideologie auf Null sinkt, da σ nur dann ungleich Null ist, wenn die Plattformen differieren). Nur wenn die Responsivität der Gruppenmitglieder voneinander abweicht (oder wenn Parteiplattformen nicht konvergieren können), begründet das *probabilistic voting* Modell Gleichgewichte, die sich von den Prognosen des Medianwähler-Theorems unterscheiden. Solche Möglichkeiten, höhere Responsivität unterschiedlicher Gruppen zu begründen, bestehen freilich. Persson und Tabellini unterstellen zumindest, dass die ‚Gruppe der Reichen' zu relativ gemäßigten politischen Ideologien ($\sigma \to 0$), aber zu einer hohen Wahrscheinlichkeit von Wechselwählerverhalten neigen. Die ‚Gruppe der Armen' weist dagegen den geringsten Anteil an potenziellen Wechselwählern auf. Allerdings hängt auch in diesem Fall die Schlussfolgerung sehr direkt von den Annahmen ab. Immerhin wirkt es plausibel, dass Akteure, die sich deutlich als Wechselwähler kenntlich machen und ihre Präferenzen an die Parteien kommunizieren, einen größeren Einfluss auf die Politik nehmen können als ideologisch prädisponierte Wähler. Die künftige Forschung muss aber noch zeigen, auf welche Weise Wähler oder gesellschaftliche Gruppen den Parteien verdeutlichen, dass sie überdurchschnittlich stark zu wechselndem Wahlverhalten neigen.

3.2. Lobbying

Anders als der in demokratisch verfassten Staaten für das Individuum nahezu kostenfreie Wahlvorgang stellt die Bildung von Interessengruppen einen erheblichen individuellen Kostenfaktor dar. Ein Anreiz der Interessengruppen, durch Beeinflussung und Mobilisierung der Wähler, durch Finanzierung der Parteien und durch Weitergabe von Informationen und gegebenenfalls durch aktive Bestechung korrupter Politiker[17] Einfluss auf die Politik zu nehmen, besteht deshalb nur dann, wenn die Kosten der Lobbyingaktivitäten den erwarteten Gewinn aus einer Veränderung (oder der Verhinderung einer Veränderung) der Politik unterschreiten. Dies ist nur dann der Fall, wenn die Lobbyingaktivität einen signifikanten Einfluss auf die Politik ausübt.

Gleichzeitig muss aber auch der Nutzen, den die Regierung aus den Lobbyingaktivitäten zieht, höher ausfallen als ihre Unterstützung durch die Wähler, falls sich die Regierung für eine von der Lobby präferierte, relativ ineffiziente Politik entscheidet. Lobbying gerät deshalb um so kostspieliger, je unpopulärer die von der Interessengruppe gewünschte Politik bei den Wählern ausfällt (Endersby/Munger 1992; Stratmann 1992). Die Wahrscheinlichkeit, mit der eine Interessengruppe die Kosten des Lobbying trägt, steigt demnach mit zunehmendem Abstand ihrer Präferenz von der Präferenz des Medianwählers zunächst an und sinkt ab einer bestimmten Distanz wieder ab, da die Kosten zu stark steigen.

Warum aber kann Lobbying überhaupt erfolgreich sein? Immerhin setzt es logisch voraus, dass Regierungen entweder gegen eine Art ‚Bezahlung' oder lediglich durch die Weitergabe von Informationen von der Lobby an die Regierung eine Politik implementieren, die von den Interessen des Medianwählers abweicht. Würde die Politik nämlich von der Regierung ohnehin implementiert werden, dann

17 Vgl. ausführlicher dazu Potters/Sloof (1996: 407).

fielen selbst geringe Kosten des Lobbying für die Interessengruppe prohibitiv hoch aus. Die Interessengruppe besitzt nur dann einen Anreiz, ihre Interessen bei der Regierung geltend zu machen, wenn sie dadurch eine Veränderung der Politik erzielen kann.[18]

Um eine solche signifikante Änderung der Entscheidungsgrundlage der Regierung zu erreichen, kann eine Interessengruppe zwei Instrumente einsetzen: Die Weitergabe von Ressourcen (Parteispenden, Wahlkampfunterstützung, Korruption) sowie die Weitergabe von Informationen. Damit die Weitergabe von Informationen von der Interessengruppe an die Regierung zu einem Nutzenzuwachs der Regierung führt, muss die Regierung a) über unvollständige Informationen verfügen, b) annehmen, dass die Interessengruppe vollständigere Informationen als sie selbst besitzt und c) glauben, dass die Interessengruppe die Informationen wahrheitsgemäß kommuniziert oder zumindest eine in der Tendenz richtige Aussage macht. Problematisch erscheint vor allem die dritte Annahme. Wenn man die Logik der Weitergabe asymmetrischer Informationen jedoch als Gefangenendilemma interpretiert, dann gilt: Die Regierungen können der Interessengruppe um so eher glauben, je regelmäßiger wirtschaftspolitische Entscheidungen der Regierung den Nutzen der Mitglieder der Interessengruppe tangieren. Da die Regierung keine Information über die Richtigkeit der Auskunft der Interessengruppe besitzt, kann sie nur dann relativ sicher sein, keine irreführende Auskunft zu erhalten, wenn die Interaktion zwischen Interessengruppe und der Regierung dauerhaft und wiederholt stattfindet.[19]

Doch obwohl die Annahme iterierter Interaktionen zum Standard der Politischen Ökonomie gehört:[20] für das Verhältnis zwischen Interessengruppen und Regierungen erscheint sie immer dann wenig plausibel, wenn die Lobby politischen Einfluss auf eine sektoral bedeutsame Regulierung nehmen will und die Regierung die Regulierung nicht transaktionskostenfrei zurücknehmen kann. In diesem Fall fällt nämlich der Nutzen dieser Entscheidung für die Interessengruppe relativ zu anderen folgenden Entscheidungen der Regierung sehr hoch aus. Der Anreiz, in

---

18 Logisch betrachtet existiert exakt eine Konstellation, die dazu führt, dass eine Interessengruppe, welche die Präferenzen des Medianwählers teilt, ebenfalls lobbyiert: Wenn eine andere Lobby nämlich bereits die Regierung zu einer Abweichung von der vom Medianwähler präferierten Politik abgebracht hat, besteht für die Interessengruppe ein Anreiz zu gegengerichtetem Lobbying (*counteractive lobbying*).

19 Folgerichtig haben Grossman und Helpman (2001) ein *cheap talk* Modell von Joseph Farrell (1993) als Ausgangspunkt eines partiellen Gleichgewichtsmodells genutzt. Grossman und Helpman gehen davon aus, dass sich der Nutzen der Regierung aus dem Grad bemisst, zu dem die Regierung die optimale Politik wählt. Die optimale Politik ist der Regierung jedoch nicht bekannt. Eine besser informierte Interessengruppe kann der Regierung bessere Informationen zur Verfügung stellen, sie aber durch eine Fehlauskunft ebenfalls veranlassen, die von der Lobby präferierte Politik zu implementieren.

20 Grossman und Helpman (2001) diskutieren ein formales *cheap talk* Modell, in dem die Regierung ihre Erwartung bayesianisch erneuert.

diesem Fall durch falsche Signale die Politik in ihrem Sinne zu beeinflussen, ist für die Interessengruppe hoch.

Das zweite Instrument, mit dem Interessengruppen die Regierungspolitik beeinflussen, stellen Parteispenden dar. Mittels dieser Parteispenden wollen Lobbys die Regierungspolitik ‚kaufen'. Sie tauschen (finanzielle) Ressourcen gegen eine Veränderung der Politik in Richtung ihres Idealpunktes und weg von den Präferenzen des Medianwählers.

Hier operieren Lobbyingmodelle wiederum mit der bereits bekannten Denkfigur des rational uninformierten Wählers (Grossman/Helpman 2001). Dieser ist Wechselwähler, da er nicht oder nur geringfügig ideologisch prädisponiert ist. Er besitzt nur eine schwache Präferenz zwischen den jeweiligen politischen Plattformen der Parteien, die zur Wahl stehen. Es zahlt sich aus diesem Grund nicht aus, Informationen über die jeweiligen Programme und Qualitäten der Kandidaten einzuholen. Dennoch wird dieser Wähler von Informationen, die ‚unentgeltlich' zu ihm dringen, beeinflusst. Diese Eigenschaften machen die Gruppe der rational uninformierten Wähler zu den optimalen Zielen der Parteiwerbung und der Werbung der Interessengruppen.

Um diese Parteiwerbung zu finanzieren, bedarf es finanzieller Ressourcen. Diese werden den Regierungen von den Interessengruppen zur Verfügung gestellt, die dafür im Gegenzug politische Zugeständnisse erwarten. Regierungen ‚tauschen' (oder verkaufen) bei einigen Wählern unpopuläre Politiken gegen eine materielle oder immaterielle Unterstützung, die den unmittelbaren Stimmenverlust mindestens kompensiert.

Diese Annahmen weisen einige Konsequenzen auf: Zunächst wächst mit zunehmendem Anteil der rational uninformierten Wähler der Einfluss der Lobbygruppen auf die Regierung an (Dixit/Londregan 1996). In Ländern ohne freie Presse, in denen die Sammlung von Informationen teurer wird, besitzen Interessengruppen folglich auch dann ein relativ großes politisches Gewicht, wenn regelmäßig Wahlen stattfinden.

Auch die Abweichung der implementierten Politik von der Präferenz des Medianwählers nimmt mit dem Anteil der rational uninformierten Wähler an der Wahlpopulation zu. Mit zunehmendem potenziellen Einfluss der Lobbys steigt der Anreiz der Individuen, Lobbys zu gründen und in Lobbyingaktivitäten zu investieren. Je höher der Anteil der rational uninformierten Wähler an der wahlberechtigten Bevölkerung, desto intensiver fallen *ceteris paribus* die Lobbyingaktivitäten der informierten und interessierten Wähler aus. Andererseits besitzen diese Wähler keinesfalls gleichgerichtete Interessen. Wenn alle gesellschaftlich vertretenen politischen Interessen gleichermaßen stark in Lobbyingaktivitäten investieren, dann stellt Lobbying lediglich einen Ressourcentransfer an die Parteien dar, welcher die implementierte Politik nicht beeinflusst. Ein einfaches – vielleicht allzu einfaches – Lobbyingmodell besitzt folglich zwei Gleichgewichte, in denen eine opportunistische Regierung jeweils eine Politik wählt, die den Interessen des Medianwählers entspricht, ganz ohne Lobbying und mit dem Lobbying aller Interessengruppen:

„We immediately see that if all groups are organized, or no groups are organized, the equilibrium coincides with the utilitarian optimum." (Persson/Tabellini 2000: 60)

Dieses Ergebnis stellt jedoch ein reines Annahmenartefakt dar. Geht man nämlich – anders als Persson und Tabellini – nicht von einer transaktionskostenfreien Welt aus oder betrachtet man die Lobbyingtransfers an die Regierungen als ‚unproduktive' Renteneinnahmen, weisen die beiden Gleichgewichte unterschiedliche aggregierte Wohlfahrtsniveaus auf. Wenn man diese unrealistische Annahme aber aufgibt, wird Lobbying unmittelbar zu einem ‚Gefangenendilemma', indem alle Akteure (außer die Mitglieder der Regierung beziehungsweise die Parteien) besser gestellt werden, wenn niemand lobbyiert, aber jeder einzelne Akteur ein individuelles Interesse an Lobbying aufweist.

Die Aussage, die gewählte Politik q unterscheide sich in beiden Maxima nicht voneinander, trifft ebenfalls ausschließlich unter der unrealistischen Annahme zu, die Lobbyingaufwendungen seien über alle vorhandenen Präferenzen gleichverteilt. Investieren unterschiedliche Interessengruppen jedoch verschieden viele Ressourcen in ihre jeweiligen Lobbyingaufwendungen, verschiebt sich die von der Regierung implementierte Politik in Richtung der Interessen derjenigen Interessengruppen, die einen relativ höheren Lobbyingaufwand betreiben.

In der Mehrzahl der politisch-ökonomischen Arbeiten zu Lobbying wird realistischerweise davon ausgegangen, dass nicht alle Interessen in der politischen Arena repräsentiert werden. Da aber Koalitionsbildungsprozesse bislang nicht befriedigend modelliert wurden, verweisen die meisten Autoren auf Mancur Olsons grundlegende Arbeit zu Kollektivhandlungsprozessen (Olson 1965). In dieser Perspektive fällt es den Einkommensbeziehern aus unterschiedlichen Sektoren nicht gleichermaßen leicht, Lobbys zu gründen. Da Regierungen organisierte Sektoren besser stellen, weil sie aus unorganisierten Sektoren keine Unterstützung erhalten (Alt u.a. 1996), werden letztlich jene Sektoren begünstigt, die intern besser organisiert sind. Dabei müssen Lobbys zwei interne Kollektivhandlungs- und Organisationsprobleme überwinden (Breton 1996: 61). Während das erste Problem in dem Anreiz der Mitglieder zum Trittbrettfahren in der Interessengruppe besteht und die Individuen den Transfer von Ressourcen an die Lobby verweigern, resultiert das zweite Problem aus der notwendigen Delegation des Verhandlungsmandats. Wenn die Interessengruppe keine vollständig homogenen Interessen aufweist, kann der Verhandlungsführer von der Regierung individuelle Zugeständnisse aushandeln, die der Interessendurchsetzung der übrigen Mitglieder des Interessenverbandes zuwiderlaufen.

Pierre Salmon (1987) hat gezeigt, dass Regierungen Interessengruppen mit Ressourcen ausstatten, um diesen bei der Überwindung ihrer internen Kollektivhandlungsprobleme zu helfen. Anders ausgedrückt: Die Regierungen erheben Steuern, um diese Ressourcen den Lobbys zuzuweisen, die diese dann den Parteien und den Parlamentariern zur Verfügung stellen. Diese Praxis wirkt wie eine moderne Variante des feudalistischen Griffs in die Staatsschatulle. Albert Breton (1996: 63) vermutet jedoch einen Mechanismus, mit dem Regierungen einen kontinuierlichen Zustrom an Informationen über die Präferenzen der Interessengruppen sicherstellen.

Einfache Modelle begründen die Auswirkungen von Lobbyismus ausschließlich durch ihren Einfluss auf die Wahrscheinlichkeit, mit der die unterstützte Partei die Wahlen gewinnt. In dieser Perspektive legen die Parteien zunächst ihre künftige Regierungspolitik fest. Anschließend wählen die Lobbys die Partei, die sie unterstützen wollen, und bestimmen die Höhe ihrer Wahlkampfunterstützung. Die Wahrscheinlichkeit, mit der Partei A die Wahl gewinnt, kann dann direkt aus Gleichung 12 abgeleitet werden und lautet

$$v_A = \frac{1}{2} + \left(\mathbf{q}_A^E - \mathbf{q}_B^E\right) + \sum_J \alpha^J \theta^J \left[W^J(h_A) - W^J(h_B)\right] + \lambda (C_A - C_B) \quad , \tag{13}$$

mit $\lambda > 0$ als Gewichtungsfaktor für die Bedeutung der Differenz der Lobbyingtransfers an die Parteien A und B. Je größer λ ausfällt, desto stärker ist der Einfluss der relativen Lobbyingtransfers auf den Wahlausgang. Wenn der Lobbyingtransfer keinen Einfluss auf die von der Regierung gewählte Politik aufweist, sondern lediglich den Wahlausgang beeinflusst, nimmt die Interessengruppe nur Transfers an eine, die ihr ideologisch näherstehende Partei vor. Beeinflusst die Lobbyingtätigkeit dagegen auch die Präferenzen der Parteien und nicht nur den Wahlausgang, dann wird die Interessengruppe beide Parteien berücksichtigen.

Im Unterschied zu Gleichung 12 besitzt die Lobby plötzlich einen zusätzlichen Hebel: Sie beeinflusst die Ziele der Politiker. Aus dieser Annahme kann man nun unschwer den Nutzen ableiten, den eine Interessengruppe L aus der Vergabe von Wahlkampfunterstützung zieht:

$$U_L = v_A W^L(\mathbf{q}_A) - (1 - v_A) W^L(\mathbf{q}_B) - \frac{1}{2}\left[\left(C_A^L\right)^2 + \left(C_B^L\right)^2\right] \quad . \tag{14}$$

Die optimale Unterstützung der Interessengruppe für Partei A entspricht dann

$$\frac{\partial v_A}{\partial C_A^L}\left[W^L(\mathbf{q}_A) - W^L(\mathbf{q}_B)\right] - C^L \leq 0 \quad . \tag{15}$$

Die Unterstützung fällt erstens um so höher aus, je stärker der Nutzen der Mitglieder einer Interessengruppe davon abhängt, welche Partei die Regierung stellt. Die Parteien bekommen deshalb mehr Wahlkampfunterstützung, wenn ihre parteipolitischen Präferenzen stärker divergieren. Dies wirkt der Konvergenz der Politiken in Richtung der Präferenzen des Medianwählers entgegen. Zweitens steigt die Unterstützung mit der Nähe der eigenen Präferenzen zu dem Programm der zu unterstützenden Partei und somit mit dem Grad der ideologischen Übereinstimmung an. Und drittens steigt die Unterstützung mit zunehmender Differenz zwischen den Parteien A und B.

Kompliziertere Modelle unterstellen den Lobbyingaktivitäten einen Einfluss auf die Präferenzordnung der Parteien. Transfers der Interessengruppe an die Lobby erscheinen aus dieser Perspektive als Preis für politische Zugeständnisse. Die Regierungen passen ihre Politiken an.

Die Logik dieses Argumentes verdeutlicht ein Modell räumlicher Wahlhandlungen (*spatial voting*). Auf der x-Achse werden die Präferenzen der Akteure (Regierung und Interessengruppe) abgetragen, auf der y-Achse die politische Unterstützung der Interessengruppe an die Regierungsparteien.

Abb. 1: Politische Unterstützung und Interessengruppenpolitik

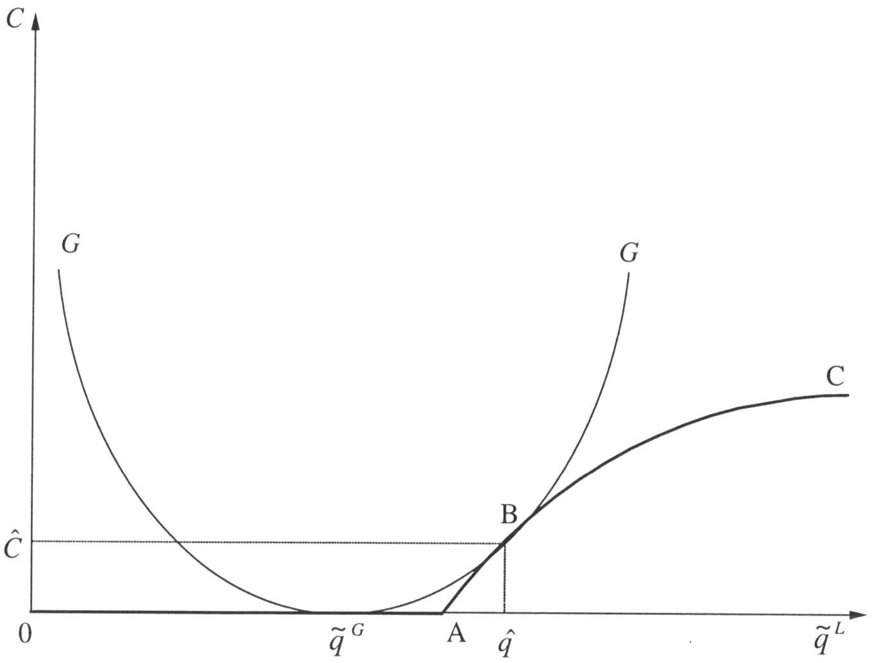

Abbildung 1 geht davon aus, dass die Regierung eine Politik $\tilde{q}^G$ und die Interessengruppe eine Politik $\tilde{q}^L \neq \tilde{q}^G$ präferiert. Die Funktion $\overline{GG}$ beschreibt die Indifferenzkurve der Regierung: Für Abweichungen vom Idealpunkt verlangt die Regierung eine politische Unterstützung durch die Interessengruppe in Höhe von c. Je stärker die von der Interessengruppe gewünschte Veränderung der Politik, desto höher muss die politische Unterstützung ausfallen, um die Regierung ‚umzustimmen'. Umgekehrt ist die Interessengruppe natürlich bereit um so mehr zu zahlen, je mehr die von der Regierung letztlich implementierte Politik ihren Idealvorstellungen entspricht. Die Funktion $\overline{ABC}$ beschreibt diese Indifferenzkurve. In der Abbildung sind die beiden Indifferenzkurven willkürlich so gewählt, dass sie sich in Punkt B lediglich berühren. Dieser Punkt beschreibt somit die einzige Einigungsmöglichkeit der Interessengruppe und der Regierung. B ist nicht paretodefizitär zu der Kombination $q = \tilde{q}^G \; und \; c = 0$. Wenn sich die beiden Kurven nicht berühren (etwa, weil die Akteure elastischer auf Abweichungen von ihren präferierten Politiken reagieren) wird die Interessengruppe keine Unterstützung leisten, und die Regierung wird die von ihr präferierte Politik implementieren. Aber natürlich können sich die beiden Kurven auch überschneiden. In diesem Fall beschreibt die Fläche zwischen den Kurven den Bereich, in dem eine Einigung zwischen Regierung und Interessengruppe zu Lasten des Medianwählers möglich ist.

Auch im Fall der Einflussnahme von Interessengruppen auf die jeweilige Regierung gilt wiederum, dass die in den Modellen identifizierten Wirkungsweisen, Informationen, Wahlkampfunterstützung und Korruption keinen Anspruch auf Exklusivität besitzen und sich nicht gegenseitig ausschließen. Dennoch erscheint ein Modell, das alle Kanäle der Einflussnahme gleichzeitig berücksichtigt, unsinnig, weil überkomplex.

3.3. Aktives Wahlrecht und Parteimitgliedschaft

Ein bedeutsamer Bestandteil demokratischer Freiheitsrechte besteht im Recht der Ausübung eines passiven Wahlrechtes. Individuen dürfen sich (unter bestimmten Bedingungen) selbst zur Wahl stellen oder eine Partei gründen beziehungsweise einer Partei beitreten. In diesem Forschungsgebiet weist die Politikwissenschaft erhebliche Defizite auf. Die Fragen, warum es Parteien gibt und wie sich die Parteibildung und individuelle Parteimitgliedschaft begründen und modellieren lassen, haben bislang vergleichsweise wenig Forschungsanstrengungen und noch weniger überzeugende Antworten hervorgebracht.

Die formal argumentierende Politikwissenschaft geht wegen der Schwierigkeit, welche die Erklärung der Koalitionsbildung macht, davon aus, dass sich nicht Parteien sondern lediglich Kandidaten zur Wahl stellen. Diese offenkundig falsche Annahme ist dann akzeptabel, wenn Parteien als homogener Block abstimmen. Das deutsche parlamentarische System mit seinem Fraktionszwang kann als Beispiel für eine vergleichsweise hohe Angemessenheit dieser Annahme gelten.

Timothy Besley und Stephen Coate (1997) haben ein Modell vorgeschlagen, in dem sich jeder Bürger zur Wahl stellen kann – es existieren keine Parteien und die Kür der Kandidaten hängt nicht von einer vorangegangenen Abstimmung ab. Die Aufstellung als Kandidat ist allerdings mit fixen Kosten ε verbunden, die man als Eintrittskosten in den politischen Markt betrachten kann. Das Einkommen der Kandidaten entspricht somit (vgl. Gleichung 8):

$$I^c = [y(1-\tau)] - \varepsilon \quad . \qquad (16)$$

Der siegreiche Kandidat erhält dafür die Gelegenheit, eine Politik zu implementieren, die seine Einnahmen maximiert:

$$I^c = \left[q^{-\alpha} \frac{y^c}{y} (1-\tau) \right] - \varepsilon, \quad 0 < \alpha \le 1, \quad y^c > y \quad . \qquad (17)$$

Den Wählern sind die politischen Präferenzen aller Kandidaten bekannt. Sie werden demnach einen Kandidaten wählen, der über eine ihnen vergleichbare Einkommensfunktion verfügt. Dem Kandidaten wiederum sind die Präferenzen seiner Mitbürger und somit seine Siegeschancen bekannt.

Dieses Modell besitzt multiple Gleichgewichte, die von der Anzahl der potenziellen Kandidaten, aber auch von der Reihenfolge abhängen, in welcher sich die Kandidaten aufstellen. Nominiert sich der Medianwähler als erstes, findet sich kein zweiter Kandidat, der gegen den Medianwähler antritt. Ein potenziell konkurrierender Kandidat besäße nämlich nur dann eine Siegeschance, wenn sich zugleich ein zweiter Kandidat aufstellen ließe, der auf der anderen Seite des politischen Spektrums weiter vom Mediankandidaten entfernt wäre, als er selbst es ist. Da die Siegeschancen dieses zweiten Kandidaten aber Null wären, würde sich auf der anderen Seite des politischen Spektrums niemand finden, und da der potenziell zweite Kandidat dies korrekt antizipieren würde, stellt er sich ebenfalls nicht auf.

Doch der Medianwähler kandidiert trotz seiner unübertrefflichen Siegeschance von 100 % nicht notwendigerweise. Er wird sich nur dann aufstellen, wenn er erwartet, dass ansonsten ein Kandidat gewönne, dessen präferierte Politik für ihn ein Einkommen bedeutete, welches kleiner ausfiele als sein maximales Einkommen abzüglich der Eintrittskosten in den politischen Markt. Die Ungleichung

$$I^j\left(q^j\right)-I^j\left(q^k\right)>\varepsilon \quad (18)$$

muss erfüllt sein.

Wenn der Medianwähler nicht kandidiert, kürt sich ein Kandidat im linken oder rechten Teil des politischen Spektrums. In diesem Fall macht es für einen zweiten potenziellen Kandidaten nur Sinn, sich aufzustellen, wenn seine Präferenzen auf der anderen Seite des politischen Spektrum näher am Medianwähler liegen. Dies wiederum wäre dem ersten Kandidaten von Anfang an bekannt. Er würde sich deshalb nur dann aufstellen, wenn er diese Option ausschließen kann. Im zweiten Gleichgewicht küren sich deshalb zwei Kandidaten rechts und links des Medianwählers, deren Einkommensgewinne jeweils exakt 2ε betragen.[21]

Wenn die Wähler die Einkommensfunktion neuer Kandidaten nicht kennen und sie den programmatischen Aussagen der neuen Kandidaten deshalb Glauben schenken müssen, während die Präferenzen der bereits früher in das politische System eingetretenen Kandidaten bekannt sind, steigt die Anzahl der möglichen Gleichgewichte stark an. Eine sehr interessante Konstellation geht von zwei bereits hinreichend lange aufgestellten Kandidaten *j* und *k* mit den Präferenzen $\tilde{q}^j$ und $\tilde{q}^k$ aus. Nun sei $\tilde{q}^j<\tilde{q}^k$ und $\left|\tilde{q}^j-\tilde{q}^m\right|>\left|\tilde{q}^k-\tilde{q}^m\right|$. *k* würde die Wahlen gewinnen, da die Distanz seiner Präferenzen zum Medianwähler kleiner ist. Unter diesen Bedingungen besteht für einen Kandidaten *n,* für den gilt $\left|\tilde{q}^j-\tilde{q}^n\right|<\left|\tilde{q}^k-\tilde{q}^n\right|$, ein Anreiz, sich aufstellen zu lassen

21 Weitere Gleichgewichte können entstehen, wenn die Politik nicht als eindimensional betrachtet wird oder die Auswirkung der Politik auf die individuellen Einnahmen nicht eingipfelig ausfällt.

und seine Präferenzen fälschlich als $\tilde{q}^k$ auszugeben, um dem wahrscheinlich siegreichen Kandidaten Stimmen wegzunehmen.

Doch trotz seiner interessanten strategischen Möglichkeiten bleibt das Modell als Beschreibung der Kandidatenkür stark eingeschränkt. Eine bedeutsame Einschränkung des Modells resultiert aus der Annahme vollständiger Autonomie der Regierung. Der in den Wahlen siegreiche Kandidat kann die Leitlinien der Politik exakt an seinen individuellen Präferenzen ausrichten. Praktiker sowie andere Modelle der Politischen Ökonomie verweisen darauf, dass Politik häufig aus der Kunst des Kompromisses zwischen konkurrierenden Interessen besteht. Dies würde Modelle nahe legen, die davon ausgehen, dass unterlegene Kandidaten einen Einfluss auf die Politikformulierung besitzen, der den Einfluss übersteigt, den sie besäßen, wenn sie nicht angetreten wären. Wenn dies zutrifft, besitzen auch solche Individuen einen Anreiz zu kandidieren, die keine Siegeschance besitzen.

Die Mehrzahl der politisch-ökonomischen Modelle ignoriert jedoch die Parteigründungsphase und nimmt Parteien als gegeben an. Zusätzlich wird ihre Anzahl häufig willkürlich auf zwei festgelegt. Ob sich hier eine amerikanische Betrachtungsweise durchsetzt oder ob die Begrenzung der Anzahl der Parteien dem Gebot der sparsamen Modellierung folgt, mag dahingestellt bleiben. In jedem Fall schränkt die Festlegung der Parteienzahl die Übertragbarkeit der Analysen auf politische Systeme mit Verhältniswahlrecht ein. Während das Mehrheitswahlrecht die Anzahl der Parteien im Parlament de facto begrenzt, weisen die Parlamente der Länder mit Verhältniswahlrecht häufig mehr als zwei Parteien auf. Diese Konstellation weist Folgen nicht nur für die politischen Programme der Parteien selbst, sondern auch für das Wählerverhalten auf.

Da die Existenz von mehr als zwei parteipolitisch festgelegten (und somit nicht perfekt opportunistischen) Parteien Koalitionen wahrscheinlicher macht, müssen die Individuen nicht nur Präferenzen über die Parteien selbst, sondern auch über mögliche Koalitionen bilden. Die Festlegung der Präferenzen selbst stellt für die überwiegende Mehrheit der Wähler sicherlich kein Problem dar, und doch ergeben sich Konsequenzen für das Wahlverhalten. Angenommen ein Individuum j besitzt die Präferenzordnung $\tilde{A}^j > \tilde{B}^j > \tilde{C}^j$ über die politischen Parteien A, B und C. Der Wähler erwartet jedoch eine Koalition zwischen B und C und zugleich einen Erfolg dieser Koalition $v_{B+C} > v_A$. In diesem Fall kann der Wähler durchaus aus strategischen Gründen entscheiden, Partei B zu wählen, um diese Partei in den Koalitionsverhandlungen zu stärken.[22] Strategisches Wählen setzt eine individuelle Erwartung über das Wahlverhalten aller anderen Wähler, aber natürlich nicht jedes einzelnen Wählers voraus.[23]

---

22 Ähnliche strategische Kalküle gewinnen an Bedeutung, wenn institutionelle Regeln wie die deutsche „5-Prozent-Hürde" existieren. Die üblichen ‚Leihstimmenkampagnen' der FDP zeigen dies deutlich.

23 Grossman und Helpman (2001: 47) haben unlängst gezeigt, dass die Theorie des strategischen Wählens keine eindeutigen Prognosen zulässt. Auch wenn diese Theorie für politische Systeme mit Mehrheitswahlrecht durchaus realistisch erscheint, sollte man nicht leichtfertig eine

Eine weitere Relevanz des Wahlrechts für die parlamentarisch vertretenen Interessen und die letztlich implementierte Politik ergibt sich bereits daraus, dass die politischen Plattformen der Parteien bei mehr als zwei im Parlament vertretenen Parteien nicht konvergieren (Sutton 1998). Um nicht an den Rändern politische Unterstützung an radikale Parteien zu verlieren, können die gemäßigteren Parteien sich nicht beliebig weit in Richtung der politischen Mitte bewegen. Sie müssen befürchten, ihre Zugewinne in der umkämpften Mitte an die radikalere Partei zu verlieren. Das Medianwählertheorem, die Hypothese, die Politik der Parteien konvergiere in Richtung der Präferenz des Medianwählers, verliert seine Gültigkeit (Grossman/Helpman 2001: 56).

Eine erste Möglichkeit, den europäischen Parteienwettbewerb zu modellieren ohne die gewollte Einfachheit des 2-Parteien-Ansatzes aufzugeben, besteht darin, die Annahme, Regierungen seien opportunistisch, durch die Annahme unterschiedlicher parteipolitischer Programme zu ersetzen. Dies mag als eine willkürliche Annahme erscheinen, doch selbst wenn dies so sei, wäre die Vorgehensweise durch die empirische Evidenz des europäischen Parteienwettbewerbs gedeckt. Eine zweite Option resultiert aus der Nachfrage der Parteien nach Wahlkampfunterstützung. Da die Lobbyingaktivitäten der Interessengruppen mit zunehmender ideologischer Distanz der konkurrierenden Parteien ansteigt, sollten sie mit steigendem Finanzbedarf der Parteien und mit einem zunehmenden Anteil ‚rational uninformierter' Wähler zunehmen. Mit anderen Worten: Wenn die Wähler ihren individuellen Nutzen aus unterschiedlichen Politiken nicht perfekt kalkulieren können, da sie die Kosten der Informationssammlung scheuen, wird es für die Parteien immer dann rational, stark differenzierende Wahlplattformen zu beziehen, wenn Lobbys mit unterschiedlichen politischen Präferenzen existieren.

Es gibt aber noch eine dritte Begründung für die Divergenz der Regierungspolitik unterschiedlicher Parteien. Diese resultiert ebenfalls aus dem Versuch der Individuen, Einfluss auf die Politik zu nehmen. Gehen wir von einem einfachen 2-Parteien-Modell ohne Lobbying aus. In diesem Fall – so Downs – konvergieren die Politiken der Parteien in Richtung der Präferenz des Medianwählers. Mit zunehmender Distanz individueller Präferenzen von diesem Medianwählergleichgewicht steigt der Anreiz für das Individuum, Einfluss auf die Politik zu nehmen. Um diesen Einfluss tatsächlich auch ausüben zu können, muss die Neumitgliedschaft des Individuums die Position des ‚Medianmitglieds' der Partei verändern. Geht man von lediglich einmaligen und fixen Beitrittskosten der Parteimitgliedschaft $p(\Phi)$ aus, so gilt

$$u^j(\Phi_A) = \nu_A\left(1-\vartheta^j\right)\left(\mathbf{q}^E_{A*} - \mathbf{q}_A\right) - p(\Phi) \quad . \qquad (19)$$

Der Nutzen eines repräsentativen Mitglieds a der Partei A resultierte dann aus der Wahrscheinlichkeit, dass A die Wahlen gewinnt (ν_A), der individuellen Responsivi-

prognosefähige Theorie für eine weniger prognosefähige Theorie aufgeben. Allerdings ist in diesem Forschungsgebiet in den nächsten Jahren mit Fortschritten zu rechnen.

tät des Individuums $(1-\vartheta^{j})$ sowie dem Einfluss der individuellen Parteimitgliedschaft auf die Präferenz des Medianparteimitglieds der Partei.

Diese Nutzenfunktion weist drei Konsequenzen auf: Erstens steigt der Beitrittsanreiz mit größerer Siegeschance an. Zweitens fällt der Einfluss jedes zusätzlichen Mitglieds mit einer zunehmenden Zahl an Parteimitgliedern geringer aus, da die Distanzen zwischen den individuellen Präferenzen abnehmen, und drittens sinkt der Anreiz mit zunehmenden Mitgliedskosten.

Wenn die Präferenzen der Parteien konvergieren, besitzt der Medianwähler kein Interesse, einer der beiden Parteien beizutreten. Welche Partei auch immer die Wahlen gewinnt, die Regierung wird die von ihm präferierte Politik durchführen. Dies gilt aber nicht für Individuen, deren Präferenzen von jenen des Medianwählers abweichen. Sie treten gerade in eine Partei ein, um eine Politik durchzusetzen, die ihren Interessen näher liegt als die Präferenzen des Medianwählers. Wird diese Abweichung groß genug, steigt auch für den Medianwähler der Anreiz, in eine Partei einzutreten.

4. Maximierung der politischen Unterstützung: Die Entscheidungslogik der Regierung am Beispiel der Staatsausgaben und der Verteilung

Die positive Politische Ökonomie geht von einer interdependenten Beziehung zwischen der Bevölkerung eines Landes und ‚ihrer' Regierung aus. Dieses Interaktionsverhältnis wird strategisch interpretiert: Der ‚Nutzen' eines Regierungsmitgliedes hängt von den Handlungen der Bevölkerung ebenso ab, wie der Nutzen der Bevölkerung von den Handlungen der Regierungen beeinflusst wird. Während die Regierung die Lebensqualität jedes einzelnen Individuums durch vielfältige Maßnahmen positiv oder negativ beeinflussen kann, besitzt die Bevölkerung den bestimmenden Einfluss über den Machterhalt der Regierung.

Um den Verlust der Regierungsverantwortung zu vermeiden, setzen Regierungen eine Vielzahl an Instrumenten ein, welche die individuelle und kollektive Wohlfahrt der Bevölkerung beeinflussen. Staaten haben Aufgaben übernommen, die darauf abzielen, die Gesellschaft und ihre Wirtschaft zu ordnen und zu organisieren sowie die gesamtgesellschaftliche Wohlfahrt zu fördern. Doch auch regulative Maßnahmen besitzen nicht nur eine Ordnungsfunktion, sie verteilen auch Wohlfahrt um. Auf den simpelsten Nenner gebracht, lässt sich Politik grundsätzlich auf die Effizienz- und die Umverteilungsproblematik reduzieren. Deren Gleichzeitigkeit bedingt einen politischen *trade-off*: Die Regierung muss entscheiden, welche Kombination aus Effizienz und Verteilung sie anstrebt. Dies geht nur, wenn die Regierung den jeweiligen Nutzen der beiden angestrebten Ziele ‚auf einen Nenner bringt'.

Dieses Problem stellt sich aber nicht nur in der realen Politik. Auch die modellorientierte Analyse politischer Entscheidungen und Handlungen muss den Nutzen in verschiedenen Dimensionen standardisieren. Die Politische Ökonomie hat für dieses

Problem mit der politischen Unterstützungsfunktion, in der jede Politik in der gleichen Währung, nämlich Wählerstimmen, beurteilt wird, eine vergleichsweise elegante Lösung gefunden.

Modelle, die eine politische Unterstützungsfunktion definieren, gehen von einer opportunistischen Regierung aus, die den Machterhalt sicherstellen will. Technisch betrachtet bedeutet diese Annahme, dass Politiker grundsätzlich einen höheren individuellen Nutzen erzielen, wenn sie die Regierungsgewalt ausüben als wenn sie in der Opposition sind oder einer gänzlich anderen Tätigkeit nachgehen. Dieser Nutzenvorteil existiert unabhängig von den politischen Freiheitsgraden der Regierung und folglich selbst unabhängig von der letztlich implementierten Politik. Es ist demnach am einfachsten, den Anreiz der Politiker als eine Kombination aus Einkommen und ‚Egorenten' (Grossman/Helpman 2001: 54) zu betrachten.

Die Wahrscheinlichkeit des Machterhaltes ergibt sich aus den von der Regierung gewählten politischen Instrumenten beziehungsweise aus der Wirkung dieser Instrumente auf die politisch einflussreichen Akteure.

Diese Wahl politischer Instrumente beinhaltet zwei miteinander verknüpfte Probleme: Effizienz und Verteilung. Die Festlegung der Interventionshöhe und die Festlegung der distributiven Wirkung staatlicher Interventionen dienen im Folgenden als Beispiele.[24]

4.1. Staatsquote

Das erste hier diskutierte Problem der Regierung besteht in der Festlegung der optimalen Besteuerung, die eine Funktion der Nachfrage der Individuen nach öffentlichen Gütern bei gegebenen individuellen Haushaltsrestriktionen darstellt.

In Anlehnung an Gleichung 7 sei

$$u^j = \sum_{k=1}^{K} c_k^\theta + s_q^j q^\alpha, \quad (0 \le \alpha \le 1) \tag{20}$$

wobei die Politik q die Bereitstellung eines öffentlichen Gutes darstellt, welches ohne staatliche Intervention nicht oder in unzureichendem Ausmaß produziert würde. Wie oben bereits eingeführt, sind die Haushaltsrestriktionen der Individuen und der Regierung

$$\sum_{k=1}^{K} c_k^\theta = y(1-\tau) \tag{8}$$

und

24 Regulative Politiken können primär unter Verteilungsgesichtspunkten diskutiert werden. Dennoch erfordert die Modellierung des strategischen Entscheidungsproblems in der Wahl von Regulierungen einige Anpassungen des Modells, die hier aus Platzgründen nicht diskutiert werden. Die bedeutendste Änderung stellt die Annahme mehrgipfeliger individueller Präferenzen dar.

$$q = \tau y - c^G , \tag{21}$$

mit $c^G = \tau y - q$ und $c^G \leq \tau y$ als Renteneinnahmen der Regierung beziehungsweise als Transaktionskosten des politischen Systems, der Administration.

Daraus ergeben sich die politischen Präferenzen eines Individuum

$$\tilde{q}^j = (y - \tau y)\frac{y^j}{y} + q^\alpha , \quad 0 < \alpha < 1 \tag{22}$$

wobei die *Tilde* Präferenzen des Individuums j über die Politik q angibt. Da der Nutzen aus der Bereitstellung öffentlicher Güter abnimmt, die Besteuerung mit steigendem Einkommen aber linear (bei einer konstanten Besteuerung, der sogenannten *flatrate*) oder exponentiell (bei einer progressiven Besteuerung) zunimmt, besitzen die Individuen eindeutige Präferenzen über das Ausmaß der Investition öffentlicher Güter sowie die Höhe der Besteuerung. Je höher das individuelle Einkommen, desto eher sind die Individuen gegen die Produktion öffentlicher Güter.[25] Aus Sicht dieses einfachen Modells hängt die politische Unterstützung der Regierung von der Wahl der Staatsquote ab, die vom Medianwähler präferiert wird. Das Modell impliziert eine sinkende Staatsquote (eine abnehmende Bereitstellung öffentlicher Güter) mit einem zunehmenden Anteil der Wähler, die ein überdurchschnittlich hohes Vorsteuer-Einkommen aufweisen.

Da der Medianwähler einen Konsum der Regierung von $c^G = 0$ bevorzugt, wird die Regierung keine Renteneinnahmen generieren, wenn der demokratische Wettbewerb vollständig effizient ist. Dieses Ergebnis verschwindet in einem Modell, in dem die Parteien keine vollständigen Substitute für die Wähler darstellen. Je höher der Anteil der ideologisch gebundenen Wähler an der gesamten Wahlbevölkerung und je ungleicher die Wähler mit ideologischen Bindungen auf die Parteien verteilt sind, desto größere Renteneinnahmen können sich Regierungen selbst gewähren, ohne einen Verlust an politischer Unterstützung zu erleiden (Polo 1998).

In der empirischen Forschung wurde dem Anstieg der Staatsausgaben bislang mehr Aufmerksamkeit gewidmet als dem Staatsausgabenniveau im internationalen Vergleich. Baumol (1967) erklärt diesen Anstieg mit einer preisinelastischen Nachfrage nach staatlich angebotenen öffentlichen Gütern. Da sich zudem in der Produktion dieser klassischen staatlichen Dienstleistungen ein geringerer Produktivitätsanstieg erzielen ließe als in der Produktion privater Güter, müsste die Staatsquote notgedrungen ansteigen. Diese These kann zwar den parallelen Anstieg des Dienstleistungssektors und des öffentlichen Sektors, nicht aber die hohe Varianz der Staatsausgaben im internationalen Vergleich erklären. Diese Unterschiede werden – so zumindest der *common wisdom* – durch die Anzahl der im politischen System direkt vertretenen Interessen beeinflusst: Je mehr Interessen im Parlament repräsentiert werden, desto höher fällt *ceteris paribus* die Staatsquote aus (Thornton/ Ulrich 1999). Grilli u.a. (1991) weisen eine abnehmende Haushaltsdisziplin in Ländern mit einer höheren Zahl von Parteien im Parlament nach. Offenkundig bringt

---

25 Einig sind sich die Individuen aber darin, dass der staatliche Konsum minimiert werden sollte.

die Zunahme der politischen Polarisierung eine Zunahme kostentreibender Koppelgeschäfte mit sich.

Persson u.a. (1998), Persson und Tabellini (1999) sowie Plümper und Martin (2001) präsentieren Modelle, in denen die Regierung zwei politische Instrumente besitzt, Transfers und die Bereitstellung öffentlicher Güter. Je stärker das politische Überleben der Regierung von speziellen Interessengruppen abhängt, desto höher ist der Anteil der direkten Transfers an den gesamten Staatsausgaben. In dem Modell von Plümper und Martin (2001) ergibt sich aus der Verteilungs- und Ausgabenlogik ein u-förmiger Zusammenhang zwischen der politischen Partizipation und den aggregierten Staatsausgaben. Dieses Modell suggeriert eine optimale Staatsquote, indem es unterstellt, dass staatliche Investitionen in öffentliche Güter sich zunächst förderlicher auf das Wirtschaftswachstum auswirken, als der durch die notwendige Besteuerung verdrängte Konsum und die verdrängten privaten Investitionen. Sowohl öffentliche als auch private Investitionen sind durch abnehmende Grenzerträge gekennzeichnet, wobei der Wachstumsbeitrag der öffentlichen Investitionen schneller abnimmt als derjenige privater Investitionen. Auf diese Weise ergibt sich ein optimales Niveau der Staatsausgaben.

4.2. Umverteilung

Die zuletzt diskutierten Modelle verweisen auf den engen Zusammenhang zwischen der Staatsquote und der Verteilung der Staatsausgaben auf unterschiedliche Politiken. Die Evaluation dieses Zusammenhanges bildet – neben der Endogenisierung von Parteimitgliedschaft und -bildung – eine der aktuellen Forschungsfronten.

Die Verteilung des Staatshaushaltes auf unterschiedliche Posten ist eng mit der Umverteilung gesellschaftlicher Wohlfahrt verbunden. Eine solche Umverteilung kann zweifellos ökonomisch und politisch rational sein. Um ökonomisch rational zu sein, muss die Umverteilung die wirtschaftliche Effizienz steigern. Die öffentliche Bereitstellung von Infrastrukturen, Ausgaben für Schulbildung und in Ausnahmefällen die Subvention von Forschung und Entwicklung stellt eine möglicherweise rationale Umverteilung dar. Umverteilung ist in Demokratien immer dann politisch rational, wenn die Anzahl der politisch relevanten Begünstigten die Anzahl der politisch relevanten Umverteilungsverlierer übersteigt. Diese Unterschiede markieren sicherlich das kontroverseste Gebiet der Politischen Ökonomie.

Das trotz seiner erst einige Jahre zurückliegenden Veröffentlichung bereits ‚klassische' parteipolitische Modell der Umverteilung stammt von Avinash Dixit und John Londregan (1996). Ihr Modell geht von Wählern und Parteien aus, die ideologische Präferenzen besitzen. Alle Wähler sind Mitglieder von ‚Gruppen', wobei das repräsentative Individuum aus der folgenden Gleichung Mitglied der Gruppe P ist.

$$u^P = -\frac{1}{2}(\tilde{q}^j - q_A)^2 + \frac{\varsigma}{1-\varsigma}\sum_{k=1}^{K} c_k^\theta \qquad (23)$$

Der erste Term beziffert – ganz wie in der hier üblichen Notation – die Distanz der ideologischen Vorlieben des Individuums zur Politik der Regierungspartei *A*, der zweite Term beziffert den Nutzen des Individuums aus dem Konsum einer Reihe von Gütern entsprechend der Dixit-Stiglitz-Nutzenfunktion aus Gleichung 1. Dieser Nutzen ist wie bereits oben angenommen strikt konkav $(0 < \theta < 1)$.

Der Konsum der Individuen hängt von ihrem Einkommen ab, welches sich zum einen aus ihrem Lohn und zum anderen aus Transfers der Regierung ergibt, wobei Transfers sowohl positive als auch negative Werte annehmen können:

$$c^P = y^j + \varpi l^P \quad . \tag{24}$$

$0 \le \varpi \le 1$ bezeichnet die Effizienz, mit der die Regierung Transfers an eine Gruppe vornehmen kann. Wenn $\varpi = 1$ gilt, dann fallen der Konsumverzicht durch Steuerzahlungen und der Konsumgewinn durch Transfers der Regierung an die Gruppe gleich hoch aus. Die Regierung ‚kennt' diese Gruppe perfekt. Ist ϖ klein, gehen viele Ressourcen verloren; die Regierung ‚kennt' die Gruppe schlecht.

Transfers werden an alle Gruppenmitglieder gleichermaßen vorgenommen. Die Regierung diskriminiert lediglich zwischen den Gruppen und nicht auch zwischen den Gruppenmitgliedern.

Setzt man nun Gleichung 24 in Gleichung 23 ein, so erhält man

$$u^{j,N} = -\frac{1}{2}(\tilde{q}^j - q_A)^2 + \kappa^P \frac{\varsigma}{1-\varsigma}\left(y^j + \varpi l^{j,P}\right)^{(\varsigma - 1/\varsigma)} \quad . \tag{25}$$

Da in der Downs-Welt die Wahlplattformen der Parteien konvergieren, unterscheiden sich die Parteien für den einzelnen Wähler lediglich noch in der Effizienz, mit der sie ihm Transfers zuweisen. Die Parteien unterscheiden sich folglich lediglich durch die Transferfunktion; sie ‚kennen' unterschiedliche gesellschaftliche Gruppen unterschiedlich gut. Die Wahrscheinlichkeit, mit der ein Individuum *j* der Gruppe *P* Partei *A* wählt, ist dann

$$v_A^{j,P} = \frac{1}{2} + \left(y^j + \varpi_A l^{j,P}\right)^{(\varsigma-1)/\varsigma} - \left(y^j + \varpi_B l^{j,P}\right)^{(\varsigma-1)/\varsigma} \quad . \tag{26}$$

Im Gleichgewicht nehmen beide Parteien deshalb unterschiedliche Transfers an die jeweiligen Gruppen vor. Dabei bekommen diejenigen Gruppen die höchste Transferleistung, welche die geringste Anzahl ideologisch prädisponierter Mitglieder aufweisen und welche von der Regierung am besten gekannt werden.

Umverteilung wird aber nicht lediglich durch Transfers an gesellschaftliche Gruppen vorgenommen, auch Interessengruppen reklamieren regulative Begünstigungen oder Ressourcen für sich. Die Kombination dieser beiden Theorieelemente kann relativ leicht vorgenommen werden. Angenommen, die Mitglieder einer Regierung erzielen durch ihre Regierungstätigkeit einen Nutzen. Um diesen Nutzen dauerhaft zu erzielen, müssen sie ihren Amterhalt sicherstellen. Diese Politiker sind zunächst rein opportunistisch und weisen keine parteipolitischen Präferenzen auf. Im Anschluss an Grossman und Helpman (1994; Mattli/Plümper 2002) sei die politische Unterstützung der Regierung eine Funktion der Unterstützung der Interessengruppe (c_l) und der Wähler W. Beide Funktionen sind in Abhängigkeit der Distanz der gewählten Politik von den Idealpunkten der Wähler konvex. Kleine Abweichungen führen zu geringfügigen Einbußen an Unterstützung, größere Abweichungen zu überproportional großen Einbußen.

Die Präferenzen des repräsentativen Wählers und der repräsentativen Interessengruppe spannen per Annahme das politische Spektrum auf. Anders ausgedrückt: Die von den Wählern beziehungsweise den Interessengruppen jeweils präferierte Politik ergibt sich im Anschluss an Gleichung 3 aus den jeweiligen Einnahmen

$$I^j = s_L^j wL + \sum_k s_k^j \pi_k(q_k, w) - s_q^j \sum_k (q_k - q_k^*) m_k \quad . \tag{3}$$

Interessendivergenzen entstammen zwei Quellen: Zum einen kann die Regierung zwischen Politiken abwägen, die zwischen Lohnbeziehern und Kapitalbeziehern diskriminieren. Zum anderen kann die Regierung Steuern erheben und Einkommen direkt umverteilen. Wenn die folgende Gleichung die Ressourcenbilanz darstellt

$$m_k = -\frac{\partial \mathbf{q}}{\partial q_k} V\mathbf{q}^{-1} \sum_j I^j - \frac{\partial \pi_k}{\partial \mathbf{q}_k} \quad , \quad \forall i. \tag{27}$$

wird die aggregierte Wohlfahrt des Landes maximiert, wenn

$$\max_p W^* \equiv \mathbf{q} \sum_j I^j \quad . \tag{28}$$

Markteingriffe des Staates verteilen nicht nur Einkommen um, sie reduzieren zugleich auch die Wohlfahrt des Landes:

$$\frac{\partial \pi_k}{\partial q_k} > 0 \quad . \tag{29}$$

Dennoch kann die Regierung ihre politische Unterstützung erhöhen. Die politische Unterstützung folgt

$$S_A(q) = \left[\sum_{l=1}^{n} C_l\right]^{\alpha} + \lambda [W(P)]^{\beta} \quad , \quad 0 < \alpha, \beta < 1 \tag{30}$$

wobei c_l die politische Unterstützung der Interessengruppe und W(P) die politische Unterstützung der Wähler (als Konsequenz der Einnahmen) beziffert. $\lambda \geq 0$ ist ein Gewicht, das niedrige Werte annimmt, wenn der Einfluss der Wähler im Vergleich zu den Interessengruppen gering ausfällt. Es nimmt hohe Werte an, wenn der Einfluss der Wähler relativ zu den Interessengruppen hoch ist. Da die aggregierte Wohlfahrt maximiert wird, wenn die Regierung den aggregierten Nutzen der Bevölkerung maximiert, steigt die Qualität der Regierungspolitik mit zunehmendem λ an.

Mögliche Gleichgewichte (Gleichgewichte aus *truthful strategies*) verlangen, dass die Konstellationen für die Regierung und die Lobbys pareto-optimal sind. Das heißt, keine einzige der Lobbys kann ihren Nutzen dadurch erhöhen, dass sie Lobbyanstrengungen erhöht oder senkt, und die Regierung kann nicht eine Lobby besser stellen, ohne eine andere schlechter zu stellen. Für solche Strategien gilt, dass der Grenznutzen der Lobbyinganstrengungen gleich dem Grenznutzen der politischen Unterstützungsfunktion ausfällt

$$\partial \sum_{l=1}^{L} C_l \cdot \frac{1}{\partial q} = \frac{\partial W(p)}{\partial q} \quad . \tag{31}$$

Können Politiker auch durch die Parteimitglieder abgesetzt werden (ohne dass die Partei die Regierungsverantwortung an die Opposition abgibt) und unterscheiden sich die Präferenzen der Parteimitglieder von denen des Medianwählers, ergeben sich zwei Konstellationen: Die aus Sicht der Regierung optimale Politik (die Politik, welche die politische Unterstützung entweder maximiert oder zumindest den Wahlsieg sicherstellt) kann innerhalb oder außerhalb des politischen Spektrums liegen, das von den Parteimitgliedern toleriert wird. Der erste Fall ist trivial. Im zweiten Fall aber kann die Regierung ihre politische Unterstützung nicht maximieren. Im für die Regierung ungünstigsten Fall existiert keine Politik, die ausreichend politische Unterstützung generiert und zugleich von den Parteimitgliedern toleriert wird.

5. Fazit

Die Politische Ökonomie beschreibt die reale Politik mitunter als schmutziges Geschäft: Politisch desinteressierte, opportunistische Politiker kleben an ihren Posten und Pöstchen und tauschen – um ihre Macht und Vergünstigungen dauerhaft sicherzustellen – politische Zugeständnisse gegen Unterstützung. Gleichzeitig aber verteilen sie die Steuergelder, die sie mit der linken Hand einnehmen, mit der rechten Hand als Wahlgeschenke an Wechselwähler und Parteimitglieder. Und trotzdem gilt auch für die Politische Ökonomie: Die Demokratie ist das schlechteste aller politischen Systeme, abgesehen von allen anderen. Dieses „Churchill-Theorem" ist eine der zentralen Aussagen der vergleichenden Politischen Ökonomie.

Dass Demokratien zwar die besten, aber keine perfekten politischen Systeme sind, resultiert aus dem in modernen Gemeinwesen unvermeidlichen Prinzipal-Agenten-Problem: Regierungen besitzen eine Handlungsautonomie, die sie im eigenen Sinn oder zum Vorteil einer Klientel und gegen die Interessen der Prinzipale, der Wähler, nutzen können. Dennoch – das ist das zweite fundamentale Ergebnis der Politischen Ökonomie – ist die Delegation politischer Handlungs- und Kontrollrechte eine effiziente Lösung.

Die moderne Politische Ökonomie erklärt Abweichungen des tatsächlich erreichten vom möglichen aggregierten Wohlfahrtsniveau durch drei beinahe beliebig miteinander zu kombinierende Theorieelemente: Asymmetrische Informationen zwischen Regierung und Wählern, parteipolitische Präferenzen der Regierung, die vom Willen des Medianwählers abweichen können, und Interessengruppen, welche die Regierung durch Informationen und Wahlkampfunterstützung beeinflussen.

Um die Auswirkungen dieser Einflussfaktoren beziffern zu können, bedarf es eines Referenzpunktes. In der reinen Theorie gelten der ,gutmütige' (benevolente) Diktator und der ,Medianwähler' als Referenzpunkte, wobei der gutmütige Diktator durchaus eine andere Politik wählen kann als der Medianwähler. Beiden Maßstäben liegt zwangsläufig ein normatives Werturteil zugrunde. Der ,gutmütige Diktator' basiert auf einem der Ökonomie entlehnten Effizienzkonzept, der Medianwähler greift ein der Politikwissenschaft nahestehendes demokratietheoretisches Gleichheitskonzept auf, in dem jedes mündige Individuum denselben potenziellen Einfluss auf die Politik besitzen sollte.

Welches Kriterium man auch immer wählt, spätestens bei der Übertragung auf die Empirie entsteht das Problem, wie man ineffiziente Politik beschreibt, wenn man keinen gutmütigen Labordiktator zur Verfügung hat und wenn man den Medianwähler bereits deshalb nicht nach seinen Präferenzen fragen kann, weil man den Medianwähler nicht kennt. Um die theoretischen Modelle empirisch testen zu können, muss aber entweder dem gutmütigen Diktator oder dem Medianwähler eine ,optimale Politik' zugeschrieben werden, an der die tatsächliche Politik gemessen werden kann. Ein solcher normativer Maßstab wird stets umstritten bleiben. Anerkannte Kriterien der Funktionsweise und Effizienz des politischen Systems stellen aber immerhin die wirtschaftlichen, sozialen und politischen Konsequenzen der institutionell vermittelten politischen Anreizstrukturen dar:[26]

> „The performance issues of central concerns are those regarding inflation, unemployment, and income growth. [...] Macroeconomic issues often are consensual, in that there is wide agreement on the desirability of income growth and on the undesirability of inflation and unemployment." (Keech 1995: 9)

Doch obwohl Bill Keech das Problem herunterspielt: Durch geeignete ,abhängige Variablen' wird das Problem der normativen Setzung nur teilweise gelöst. Ist eine Inflationsrate von 0,7 Prozent wirklich in jedem Fall ,besser' als eine von 1,3 Prozent? Gilt das auch unter der Bedingung steigender Arbeitslosigkeit? Und: Gilt das für den Medianwähler ebenso wie für den gutmütigen Diktator, oder akzeptiert der Medianwähler höhere Inflationsraten als der gutmütige Diktator?

---

26 Der zu verzeichnende Boom der Politischen Ökonomie während der zurückliegenden zwei Jahrzehnte resultiert auch aus der Wiederentdeckung ,des Politischen', der Verteilungsfrage und – allgemeiner – der Steuerungsfrage durch die Sozialwissenschaften.

So unbequem diese normativen Fragen auch sein mögen: Die Operationalisierung der formalen Modelle, die allein eine empirische Überprüfung erlaubt, erzwingt eine wie auch immer geartete Antwort auf diese Fragen. In Abwesenheit entsprechender Forschung („Was will der Medianwähler?") muss über diese Fragen zwangsläufig per Annahme entschieden werden, oder man geht von der Referenz des gutmütigen Diktators aus und unterstellt eine identische beste makroökonomische Politik mit niedriger Inflationsrate, hohen Wachstumsraten, niedrigen Haushaltsdefiziten und niedriger Arbeitslosigkeit weitestgehend ohne *trade-offs* zwischen den Zielgrößen.[27]

Die daraus resultierende Betrachtung institutioneller Anreizstrukturen durch die Linse ihres Versagens, hohe Inflation, Arbeitslosigkeit und niedrige Wachstumsraten, brachte die moderne Politische Ökonomie in den Verdacht, einen normativen Bias gegen staatliche Intervention aufzuweisen. Doch diese Kritik wird weder dem Facettenreichtum der theoretischen Modelle der positiven Politischen Ökonomie noch der Bandbreite der empirisch orientierten Literatur gerecht. Zwar wird Politikversagen als Abweichung der tatsächlichen wirtschaftlichen und sozialen Leistung einer Volkswirtschaft vom gesamtgesellschaftlich erwünschten makroökonomischen Ergebnis definiert. Ob diese Abweichung aber auf zu viel oder zu wenig oder falsche Staatstätigkeit zurückgeführt werden kann, bleibt zunächst unbeantwortet und ausgeklammert. Das heißt: Selbst wenn jeder einzelne Politik-Ökonom einen in den Annahmen verborgenen Bias besitzt, die Politische Ökonomie als Forschungsprogramm ist ohne Bias.

Epilog

Am schlechten Zustand der deutschen Bauindustrie hat die vorgebliche Sanierung Holzmanns nichts geändert. Dass das Angebot an Baudienstleistungen die Nachfrage übersteigt, lässt sich nicht durch einmalige Subventionen aus der Welt schaffen. Und so kam es, wie es kommen musste, aber aus Sicht Gerhard Schröders sicherlich nicht kommen sollte: Holzmann meldete im März 2002, also im Wahljahr, Konkurs an. Die Wiederwahlchancen Schröders sind dadurch reduziert worden, ohne dass die Koaltion aus SPD und Grünen die Wahl letztlich verlor. Nicht immer also zahlen sich opportunistisch motivierte Markteingriffe aus.

Literatur

Aldrich, John H., 1993: Rational Choice and Turnout, in: American Journal of Political Science 37, 246-278.

Alt, James/Frieden, Jeffrey/Rodrik, Dani/Rogowski, Ronald, 1996: The Political Economy of International Trade, in: Comparative Political Studies 29, 689-717.

27 In diesem Sinne hat sich die Politische Ökonomie erfolgreich damit befasst, den von der Philippskurve unterstellten *trade-off* zwischen Arbeitslosigkeit und Inflation zu negieren.

Baumol, William J., 1967: The Macroeconomics of Unbalanced Growth, in: American Economic Review 57, 415-426.

Besley, Timothy/Coate, Stephen, 1997: An Economic Model of Representative Democracy, in: Quarterly Journal of Economics 112, 85-114.

Breton, Albert, 1996: Competitive Governments, Cambridge.

Cornes, Richard/Sandler, Todd, 1986: The Theory of Externalities, Public Goods and Club Goods, Cambridge.

Dixit, Avinash/Londregan, John, 1996: The Determinants of Success of Special Interests in Redistributive Politics, in: Journal of Politics 58, 1132-1155.

Dixit, Avinash/Stiglitz, Joseph, 1977: Monopolistic Competition and Optimum Product Diversity, in: American Economic Review 67, 297-308.

Downs, Anthony, 1957: An Economic Theory of Democracy, New York.

Drazen, Allen, 2000: Political Economy in Macroeconomics, Princeton.

Endersby, James W./Munger, Michael C., 1992: The Impact of Legislator Attributes on Union PAC Campaign Contributions, in: Journal of Labor Research 13, 79-97.

Erikson, R., 1988: The Puzzle of Midterm Loss, in: Journal of Politics 50, 1012-1029.

Farrell, Joseph, 1993: Meaning and Credibility in Cheap Talk Games, in: Games and Economic Behavior 5, 514-531.

Grilli, Vittorio/Masciandaro, Donato/Tabellini, Guido, 1991: Political and Monetary Institutions and Public Financial Policies in the Industrial Countries, in: Economic Policy 13, 342-392.

Grossman, Gene/Helpman, Elhanan, 1994: Protection for Sale, in: American Economic Review 84, 833-850.

Grossman, Gene/Helpman, Elhanan, 2001: Special Interest Politics, Cambridge.

Keech, William, 1995: Economic Politics. The Costs of Democracy, Cambridge.

Key, V.O., 1966: The Responsible Electorate. Rationality in Presidential Voting, 1936-1960, Cambridge.

Ledyard, John D., 1982: The Paradox of Voting and Candidate Competition, in: *George Horwich* (Hrsg.), Essays in Contemporary Fields of Economics, Lafayette.

Mattli, Walter/Plümper, Thomas, 2002: The Demand-Side Politics of EU Enlargement, in: Journal of European Public Policy 9, 550-574.

Morton, Deborah, 1999: Methods and Models, Cambridge.

Olson, Mancur, 1965: The Logic of Collective Action. Public Goods and the Theory of Groups, Cambridge.

Palfrey, Thomas/Rosenthal, Howard, 1985: Voter Participation and Strategic Uncertainty, in: American Political Science Review 79, 62-78.

Persson, Torsten/Roland, Gerard/Tabellini, Guido, 1998: Comparative Politics and Public Finance, in: Journal of Political Economy 108, 1121-1162.

Persson, Torsten/Tabellini, Guido, 1999: The Size and the Scope of Governments, in: European Economic Review 43, 699-735.

Persson, Torsten/Tabellini, Guido, 2000: Political Economics. Explaining Economic Policy, Cambridge.

Plümper, Thomas/Martin, Christian, 2001: Political Participation, Government Spending and Economic Growth, in: American Political Science Association conference 2001, proceedings (erscheint in Public Choice).

Polo, Michele, 1998: Electoral Competition and Political Rents, IGIER, Bocconi University, Milan, working paper 144-1998.

Potters, Jan/Sloof, Randolph, 1996: Interest Groups, in: European Journal of Political Economy 12, 403-442.

Riker, H. William/Ordeshook, Peter C., 1968: A Theory of the Calculus of Voting, in: American Political Science Review 62, 25-42.

Rodrik, Dani, 1995: Political Economy of Trade Policy, in: *Gene Grossman/Kenneth Rogoff* (Hrsg.), Handbook of International Economics, Amsterdam, 1457-1494.

Rogoff, Kenneth, 1990: Equilibrium Political Business Cycles, in: American Economic Review 80, 21-36.

Rogoff, Kenneth/Sibert, Anne, 1988: Elections and Macroeconomic Policy Cycles, in: Review of Economic Studies 55, 1-16.

Salmon, Pierre, 1987: The logic of Pressure Groups and the Structure of the Public Sector, in: European Journal of Political Economy 3, 55-86.

Stratmann, Thomas, 1992: Are Contributions Rational? Untangeling Strategies of political Action Committees, in: Journal of Political Economy 100, 647-664.

Sutton, John, 1998: Technology and Market Structure, Cambridge.

Thornton, Marc/Ulrich, Marc, 1999: Constituency Size and Government Spending, in: Public Finance Review 27, 588-598.

Tullock, Gordon, 1967: The Welfare Costs of Tariffs, Monopolies, and Theft, in: Western Economic Journal 5, 224-232.

Anhang

Definition der verwendeten Parameter

u_j	individueller Nutzen des Individuums j
c_k	Konsum des k-ten Gutes
K	Anzahl aller verfügbaren (privaten) Güter k
O	Anzahl aller verfügbaren (öffentlichen) Güter o
I^j	Einkommen des Individuums j
$s^j s$	Anteil des Individuums j an einer spezifischen Einkommensquelle
L	Anzahl der Arbeitnehmer
w	Lohn
π_k	Profite in Sektor k
p_k	tatsächlicher Preis des Gutes k
p_k^*	Markträumender Preis des Gutes k
q	Politik in einem Politikfeld
$f(\cdot)$	Funktion von...
α^j	individueller Gewichtungsfaktor
τ	Steuerquote
y	Bruttoinlandsprodukt
A, B	Parteien
σ^j	parteipolitische Präferenz des Individuums j
P, M, H	gesellschaftliche Gruppen
W^J	Wohlfahrt der Mitglieder von Gruppe J
ν_A	Wahrscheinlichkeit, dass Partei A die Wahlen gewinnt
C_A	gesamte, von Lobbys an Partei A fließende Wahlkampfunterstützung
Φ	Parteimitgliedschaft
$p(\Phi)$	Kosten der Parteimitgliedschaft
c^G	Renteneinnahmen (Konsum) der Regierung
h_A	Aussage im Programm von Partei A
G	Regierung
l	direkter Vermögenstransfer der Regierung an eine Bevölkerungsgruppe
ϖ	Effizienz der Ressourcenweitergabe

Anmerkung: Gewichtungsfaktoren werden nicht berichtet

Reimut Zohlnhöfer

Kapitel 2
Der Einfluss von Parteien und Institutionen auf die Wirtschafts- und Sozialpolitik

1. Einleitung

Die Gemeinsamkeiten und Unterschiede in der Staatstätigkeit der marktwirtschaftlich verfassten Demokratien der OECD-Welt, insbesondere im unterschiedlichen Ausmaß staatlicher Interventionen in die Ökonomie, werden in der vergleichenden Policy-Forschung mit einer Vielzahl verschiedener theoretischer Ansätze zu erfassen versucht (vgl. als Überblick M. Schmidt 1993; 2000b). Aus einer politikwissenschaftlichen Perspektive am interessantesten sind dabei sicherlich die Versuche, Staatstätigkeit mit politischen Variablen zu erklären. Dabei kommt insbesondere der Frage nach dem Einfluss, den Parteien auf die Staatstätigkeit nehmen können, eine bedeutende Rolle zu. Daher nimmt auch dieser Beitrag die Parteiendifferenzhypothese zum Ausgangspunkt. Zunächst wird untersucht, inwieweit das theoretische Fundament dieses Ansatzes tragfähig ist. Dabei wird insbesondere der Frage nachgegangen, in welchem Verhältnis Parteiendifferenzen und Parteienwettbewerb zueinander stehen. Es werden zwei Ansätze vorgestellt, die sich im Wesentlichen darin unterscheiden, ob sie den Parteienwettbewerb für das Movens von Parteiendifferenzen halten oder ob die Orientierung an Stimmen und Policies als tendenziell entgegengesetzt konzeptualisiert wird. In einem nächsten Schritt werden dann zunächst die materiellen und anschließend die institutionellen Beschränkungen von Regierungen, die die Ökonomie zu steuern versuchen, diskutiert. Dabei wird es im Bereich der materiellen Restriktionen vor allem um die Diskussion über den Steuerungsverlust nationalstaatlicher Regierungen im Zeichen der Globalisierung gehen. Die institutionellen Beschränkungen werden einerseits im Zusammenhang mit Vetospielern im zentralstaatlichen Entscheidungsprozess, andererseits mit institutionellen Regelungen diskutiert, die der zentralstaatlichen Ebene durch Föderalismus, unabhängige Notenbanken oder die Integration in die Europäische Union bestimmte Kompetenzen vorenthalten. Eine knappe Diskussion der Ergebnisse schließt den Beitrag ab.

2. Die Parteiendifferenzhypothese

2.1. Parteiendifferenz durch Parteienwettbewerb: Die ursprüngliche Fassung der Parteiendifferenzhypothese und der Parteienwandel

Die Forschung hat sich der Frage, ob Unterschiede in der parteipolitischen Zusammensetzung von Regierungen zu feststellbaren Unterschieden in der Staatstätigkeit führen, mit den verschiedensten methodischen Zugängen und in diversen Politikfeldern genähert (vgl. nur Hibbs 1977; M. Schmidt 1982; 1996; Rothschild 1986; Budge/Keman 1990; Hicks/Swank 1992; Blais u.a. 1993; Klingemann u.a. 1994; Boix 1998; Verma 2000; Imbeau u.a. 2001; Huber/Stephens 2001). Die „klassische Formulierung“ (so M. Schmidt 1993: 374) der Parteiendifferenzhypothese stammt allerdings aus der Feder von Douglas Hibbs (1977). Deshalb soll auf seine Studie hier etwas detaillierter eingegangen werden.

Hibbs geht davon aus, dass die modifizierte Phillips-Kurve, die einen Zielkonflikt zwischen Vollbeschäftigung und Preisniveaustabilität postuliert, die Wirklichkeit angemessen beschreibt. Daher besteht prinzipiell für jede Regierung die Möglichkeit eines „Phillips-Kurven-Tradeoff“, also die Möglichkeit einer Wahl zwischen Arbeitslosigkeit und Inflation in der Weise, dass eine Regierung die Arbeitslosenquote auf Kosten einer steigenden Inflationsrate senken kann und vice versa. In einem nächsten Schritt versucht Hibbs nachzuweisen, dass bestimmte Klassen objektive (und subjektive) Interessen an bestimmten Punkten auf der Phillips-Kurve, also an bestimmten Kombinationen von Arbeitslosigkeit und Inflation, haben. So sei ein hoher Beschäftigungsstand für Arbeiter auch dann wünschenswert, wenn er mit einer höheren Inflationsrate erkauft werden müsse. Umgekehrt hätten Bezieher hoher Einkommen sowie Unternehmer eher ein Interesse an niedrigen Inflationsraten, und zwar auch auf Kosten steigender Arbeitslosigkeit.

Da diese Klassen mit ihren unterschiedlichen wirtschaftspolitischen Interessen die Wählerschaft unterschiedlicher Parteien bildeten, also Arbeiter linke, die obere Mittelschicht und Unternehmer rechte Parteien unterstützten, lasse sich erwarten, dass die jeweiligen Parteien, wenn sie an die Regierung gelangen, die jeweiligen Interessen ihrer Klientel umsetzen – dies umso leichter, als Hibbs davon ausgeht, dass die Austauschbeziehung zwischen Arbeitslosigkeit und Inflation nicht nur prinzipiell besteht, sondern dass sie auch von Regierungen ausgebeutet werden kann. Insofern wäre zu erwarten, dass unter linken Regierungen eine niedrige Arbeitslosenquote in Verbindung mit einer hohen Inflationsrate zu beobachten ist, während unter rechten Regierungen niedrige Inflationsraten mit hohen Arbeitslosenquoten auftreten. Dieses Muster findet Hibbs schließlich bei seiner Untersuchung von zwölf westlichen Ländern zwischen 1960 und 1969 bestätigt.

Hibbs' Studie ist nicht ohne Kritik geblieben. So konnte Manfred G. Schmidt (1982: 105-110) zeigen, dass die empirische Bestätigung der Parteiendifferenzhypothese für die Arbeitslosenquoten wesentlich darauf beruhte, dass Hibbs abweichende Fälle aus seinem Ländersample ausgeschlossen hatte. Auch das wirtschaftstheoretische Fundament der These war auf Sand gebaut: Nach neueren Erkenntnissen existiert nämlich keine langfristig ausbeutbare Austauschbeziehung zwischen Arbeitslosigkeit und Inflation, weil die Wirtschaftssubjekte ihre Erwartungen der höheren Inflationsrate anpassen und dadurch die Beschäftigungseffekte höherer Preissteigerungsraten, die gerade auf Reallohnverlusten der Arbeitnehmer beruhen, verloren gehen („Friedman-Phelps-Argument").

Obwohl somit Unterschiede in der Arbeitslosigkeit verschiedener Länder zumindest nicht unmittelbar mit der parteipolitischen Zusammensetzung ihrer Regierung in Zusammenhang gebracht werden können (vgl. auch Armingeon i.d.B.), schließt dies doch keineswegs aus, dass Parteien einen Unterschied machen können. Vielmehr lassen sich theoretisch durchaus eine Reihe von zu erwartenden Zusammenhängen aus den Arbeiten von Hibbs ableiten (vgl. Hibbs 1992: 362-363; M. Schmidt 1996: 156; 2002: 168): Innerhalb eines Elektorates gibt es demnach verschiedene soziale Gruppen mit klar voneinander unterscheidbaren wirtschaftspolitischen Interessen. Diese Interessen werden durch politische Parteien vertreten. Kommt eine Partei an die Regierung, so wird sie eine Politik durchsetzen, die den Interessen ihrer Klientel entspricht, wobei die Steuerungskapazität von Regierungen als verhältnismäßig groß eingeschätzt wird. Entsprechend lassen sich unterschiedliche (wirtschaftspolitische) Outputs und Outcomes zu einem erheblichen Teil auf unterschiedliche parteipolitische Zusammensetzungen der Regierungen zurückführen. Erwartet wird dabei konkret, dass linke Parteien eher und in höherem Ausmaß gewillt sind, in die Volkswirtschaft einzugreifen, während rechten Parteien eher eine Politik zur Stärkung der Marktkräfte unterstellt wird.

Wichtig ist, dass bei Hibbs somit das Auftreten von Parteiendifferenzen Hand in Hand mit dem Bestreben politischer Parteien geht, ihren Stimmenanteil bei Wahlen zu maximieren. Da die Wähler einer bestimmten Partei der gleichen Klasse angehören und sie entsprechend die gleichen objektiven wie subjektiven ökonomischen Interessen besitzen, wird diese Partei, wenn sie an die Macht kommt, Politiken durchführen, die den gemeinsamen ökonomischen Interessen ihrer Wählerschaft zugute kommen. Dies führt dazu, dass die Partei einerseits ihre Wiederwahl sichern kann, indem sie die Interessen der Wähler bedient, die sie ins Amt gebracht haben, und sie andererseits gleichzeitig eine Politik betreiben kann, die sich von der ihrer Konkurrenz deutlich unterscheidet, die ja andere Klassen und deren ökonomische Interessen vertritt.

Allerdings sind auch eine Reihe von Annahmen dieses allgemeineren Modells kritisiert worden. Die Annahme etwa, bestimmte Schichten oder Klassen hätten objektiv wie subjektiv klar voneinander abgrenzbare wirtschaftspolitische Interessen, die dazu führten, dass sie mehr oder minder geschlossen „ihre" Klassenpartei wählten, lässt sich so nicht halten. In einigen Ländern dominierten nämlich andere Konfliktlinien als die zwischen Kapital und Arbeit. Wo beispielsweise der Konflikt zwischen Staat und Kirche katholische Milieus und starke christdemokratische Parteien hervorgebracht hatte, wurde die Wahlentscheidung von katholischen Arbeitern eben nicht in erster Linie von ihren ökonomischen Interessen, sondern von ihrer religiösen Zugehörigkeit beeinflusst – mit der Folge, dass sich christdemokratische Parteien gegen die pauschale Zuordnung zu den rechten Parteien sperren, haben sie sich doch beispielsweise ähnlich den Linksparteien als starke Befürworter eines ausgebauten Wohlfahrtsstaates profiliert (Huber u.a. 1993; van Kersbergen 1995; Huber/Stephens 2001).

Hibbs' Ausgangspunkt lässt sich allerdings noch fundamentaler angreifen: Dahinter steckte nämlich noch die Vorstellung von der Massenintegrationspartei auf

Klassenbasis, die – fest eingebunden in bestimmte soziale Milieus – Interessenvertreterin dieser, und eben nur dieser gesellschaftlichen Klassen war. Entsprechend ging es für die Parteien im Wettbewerb um Wählerstimmen in dieser Phase auch nicht darum, Anhänger des politischen Gegners zur Stimmabgabe für die eigene Partei zu bewegen, sondern vor allem darum, die eigene Klientel möglichst geschlossen zur Stimmabgabe für ‚ihre' Partei zu mobilisieren (Katz/Mair 1995: 7). Häufige Machtwechsel waren daher nicht zu erwarten, verändert sich die sozialstrukturelle Zusammensetzung der Wählerschaft doch nur langsam. Mit der Erosion der sozialen Milieus nach dem Zweiten Weltkrieg kam es jedoch zu einer Öffnung der Parteien, die sich angesichts ihrer schrumpfenden Klientel bemühten, auch Wähler aus anderen Bevölkerungsgruppen anzusprechen: Die Massenintegrationswurde abgelöst von der Volkspartei (klassisch hierzu Kirchheimer 1965; umfassender zu diesen Wandlungen der Parteitypen Katz/Mair 1995; von Beyme 2000).[1]

Insbesondere von Otto Kirchheimer (1965) wurden aus der Lösung der Parteien von ihrer konfessionellen oder Klassenbasis und ihren Versuchen, die gesamte Wählerschaft anzusprechen, weitreichende Folgerungen für die Möglichkeiten unterschiedlicher Programmatik gezogen: Die Parteiprogramme würden immer vager, die Parteien konzentrierten sich auf eher unkontroverse Fragen, und wirkliche politische Alternativen würden nicht angeboten – mit der Folge, dass systematische Parteiunterschiede nicht zu erwarten seien. Ähnlich wie Anthony Downs (1968) in seiner ökonomischen Theorie der Demokratie kommt Kirchheimer zu dem Ergebnis, dass Parteien sich immer stärker, und womöglich bis zur Unkenntlichkeit, einander annähern.

Damit schoss er jedoch – wenigstens für seine Zeit – über das Ziel hinaus. Zwar schlug sich die Erosion der sozialen Milieus und die Orientierung der Parteien an größeren Segmenten der Wählerschaft in den meisten westlichen Demokratien in einer deutlichen Zunahme des cross-class-voting nieder (vgl. etwa Falter u.a. 1994). Auf der anderen Seite verschwanden aber die Unterschiede in den Wählerschaften der konkurrierenden Parteien keineswegs vollständig; vielmehr blieben bestimmte Wählerprofile der Parteien erhalten. Arbeiter wählten weiterhin mehrheitlich linke Parteien, Katholiken neigten in den meisten Ländern weiterhin stärker zur Wahl konservativer oder christdemokratischer Parteien (Dalton 1996: 167ff.; Lane/Ersson 1999: 91, 120).

Diese Tatsache kann leicht in die Parteiendifferenzlehre integriert werden, indem man die heterogene Zusammensetzung der Wählerschaft explizit in die Analyse einschließt, also unterstellt, dass Parteien bemüht sein müssen, die wirtschaftspolitischen Interessen aller ihrer Wählergruppen mehr oder weniger gleichmäßig zu berücksichtigen. Dies müsste dann allerdings dazu führen, dass die Unterschiede in Programmatik und Output zwischen zwei Parteien umso geringer ausfallen, je ähnlicher sich ihre Wählerschaften und je heterogener die wirtschaftspolitischen Interessen ihrer Klientel sind. Der Wandel von der Massenintegrations- zur Volkspartei

1 Wenn man Parteienwandel in dieser Weise als historischen Prozess der Abfolge unterschiedlicher Parteitypen, von der Honoratioren- über die Massenintegrations- zur Volkspartei und möglicherweise weiter zur Kartellpartei oder zur professionalisierten Wählerpartei, konzeptualisiert, stilisiert man natürlich. Worauf es aber ankommt, ist festzuhalten, dass in bestimmten Perioden bestimmte Parteitypen dominierten. Damit wird natürlich in keiner Weise bestritten, dass neben den jeweils dominierenden Typen auch andere weiterbestanden.

müsste dann zu einer programmatischen Annäherung der Parteien geführt haben, ohne dass allerdings programmatische Unterschiede gänzlich verschwunden wären.

Genau dies behaupten Parteienforscher nun auch für die Ära der Volksparteien: Statt alternativer Gesellschaftsentwürfe, wie noch im Zeitalter der Massenintegrationsparteien, böten sie nun unterschiedliche Lösungen zu einzelnen gesellschaftlichen Problemen an (von Beyme 2000: 193). Diese Aussage wird auch von der Forschung über Wahlplattformen im internationalen Vergleich gestützt, die nämlich die Erkenntnis zu Tage förderte, dass tatsächlich deutliche Unterschiede in den Wahlaussagen konkurrierender Parteien bestehen (Budge/Robertson 1987) – und diese Unterschiede auch in Policies umgesetzt werden (Klingemann u.a. 1994).

Allerdings feiert die Kirchheimer'sche These vom Ende parteipolitisch induzierter Unterschiede in der Staatstätigkeit in der neueren Parteienforschung fröhliche Urstände. Besonders prominent diskutiert wird in diesem Zusammenhang die These von Richard Katz und Peter Mair (1995), die eine neue Phase der Parteientwicklung ausgemacht haben wollen, die Ära der Kartellpartei.[2] Die Parteien dieses Typs sind dadurch gekennzeichnet, dass sie sich noch wesentlich stärker als die Volksparteien von ihrer gesellschaftlichen Basis abkoppeln und dem Staat zuwenden, von dessen Ressourcen sie in zunehmendem Maße abhängig sind. Um aber die staatlichen Privilegien, auf die sie angewiesen sind, abzusichern, müssen die etablierten Parteien eng kooperieren – sie bilden also ein Kartell, mit dessen Hilfe die Privilegien gesichert und Herausforderer benachteiligt werden. Diese enge Kooperation zwischen den wesentlichen Parteien bleibt Katz und Mair zufolge aber nicht auf die Sicherung von Privilegien beschränkt, sondern erstreckt sich auch auf die Staatstätigkeit. Daher schrumpfen die Unterschiede zwischen den Parteien weiter und beschränken sich im Wesentlichen auf „competing claims to efficient and effective management" (Katz/Mair 1995: 21): „the real substance of competition is evaporating" (Katz/Mair 1996: 530; ähnlich von Beyme 2000: 187).

Allerdings vermag diese Argumentation – abgesehen von empirischen Hinweisen darauf, dass es allenfalls sehr mäßige Trends in Richtung auf den Kartellparteien-Typus, geschweige denn schon wirkliche Kartellparteien gibt (Detterbeck 2002) – auch auf der theoretischen Ebene nicht restlos zu überzeugen (vgl. vor allem Kitschelt 2000). Es wird nämlich nicht recht klar, wieso die Kooperation der Kartellparteien über den Bereich der Privilegiensicherung hinausgehen sollte (von Beyme 2000: 191; Detterbeck 2002: 32). Gerade im Hinblick auf die Möglichkeit der Abwanderung unzufriedener Wähler, deren Zahl mit abnehmender Parteiidentifikation ja sogar zunimmt, zu potenziellen Herausforderern, die sich nicht dem Kartell anschließen möchten, schiene sogar eine Diversifizierung des programmatischen An-

2 Mit der These, dass ein neuer Parteityp die Volksparteien ablöse, stehen Katz und Mair freilich nicht allein – eher im Gegenteil. Dabei besteht allerdings noch eine Vielfalt von Begriffen zur Kennzeichnung dieser neuen Phase, von der Rahmenpartei über die Medienpartei bis zur professionalisierten Wählerpartei. Als Überblick vgl. von Beyme (2000). Auf der anderen Seite sind noch längst nicht alle Parteienforscher von der Existenz eines neuen Verlaufstyps überzeugt. Zum Stand der Diskussion über die These vom Entstehen der Kartellpartei vgl. Helms (2001). Der Vergleich von [illegible] Parteien aus vier Ländern in neun für die These von der Kartellpartei relevanten Dimensionen durch Detterbeck (2002) ergab ebenfalls nur bescheidene Hinweise darauf, dass sich die Parteien seit den 60er Jahren zu Kartellparteien gewandelt hätten. In keinem Fall ist jedoch davon auszugehen, dass eine solche Transformation bereits vollzogen ist.

gebots Erfolg versprechender. Auch ist weder die Entstehung noch der Bestand eines Parteienkartells auf der Policy-Ebene theoretisch plausibel (Kitschelt 2000: 168). Insofern liegt es näher, im Anschluss an Klaus von Beyme (1993) Parteien zwar einerseits als Teil der „politischen Klasse" zu betrachten, die gemeinsame Interessen an der Aufrechterhaltung staatlicher Privilegien hat, sie andererseits aber als Teil der „politischen Elite" zu sehen, als Teil derer Parteien unterschiedliche inhaltliche Konzepte durchzusetzen versuchen. Da die inhaltliche Politik demnach also von der so definierten politischen Elite bestimmt wird, muss die Entwicklung zur Kartellpartei, wenn es sie denn gibt, keineswegs zwangsläufig zum Verschwinden von Parteiendifferenzen führen. Vielmehr sind solche genau so lange und soweit zu erwarten, wie sich die Elektorate der Parteien voneinander unterscheiden.

2.2. Parteiendifferenz trotz Parteienwettbewerb: Eine alternative Begründung von Parteiendifferenzen

Eine alternative Begründung der Existenz von Parteiendifferenzen in der Ära der Volks- und Kartellparteien besteht darin, eine Partei als „eine Gruppe gleichgesinnter Bürger" zu betrachten, „die sich die Durchsetzung gemeinsamer politischer Vorstellungen zum Ziel gesetzt haben" (Schultze 2001: 350; ähnlich M. Schmidt 1995: 696). Während die bisher vorgestellten Überlegungen Parteiendifferenzen über die Interessen der Wähler begründeten, wird hier davon ausgegangen, dass die Mitglieder einer Partei bestimmte grundlegende Wertvorstellungen und Kausalannahmen darüber, wie sich diese Werte politisch verwirklichen lassen, teilen, die sich von den Wertvorstellungen und/oder Kausalannahmen anderer Parteien unterscheiden.[3] Insofern würden unterschiedliche Parteiprogramme dadurch zustande kommen, dass Parteien unterschiedliche Wertvorstellungen vertreten oder unterschiedliche Vorstellungen darüber haben, mit welchen Mitteln bestimmte Ziele zu erreichen sind, etwa weil sie unterschiedliche „Theorien" darüber haben, wie die Ökonomie „funktioniert".[4] So ließe sich beispielsweise argumentieren, bürgerliche Parteien hielten die Senkung von Unternehmenssteuern für das beste Instrument zur

3 Die Terminologie lehnt sich an die Beschreibung des Policy-Kerns einer Advocacy-Koalition bei Sabatier (1993: 131; 1998) an; in Sabatiers Ansatz selbst spielen Parteien keine Rolle, sodass er bei der hier interessierenden Fragestellung nur sehr begrenzt weiterhelfen kann. Der wichtigste Unterschied zwischen Parteien und Advocacy-Koalitionen für meinen Zusammenhang besteht darin, dass Advocacy-Koalitionen auf ein Politikfeld (ein „Policy-Subsystem") beschränkt sind, während Parteien Programmpakete zu den meisten Politikfeldern anbieten (müssen).

4 Eine ausführliche theoretische Herleitung von Parteiendifferenzen auf der Grundlage unterschiedlicher Ideen gibt es m.W. noch nicht. Sie wird allerdings in der einschlägigen Literatur, die meist auf eine explizite theoretische Fundierung der Parteiendifferenz verzichtet, offenbar wenigstens teilweise impliziert; und zwar vor allem dann, wenn Parteien unterstellt wird, sie verhielten sich nicht (nur) als Stimmenmaximierer, sondern versuchten (auch), bestimmte Policies durchzusetzen. Als Beispiel ließe sich die Mandatstheorie (Klingemann u.a. 1994) anführen, die unterstellt, Parteien böten bestimmte (Regierungs-)Programme an, für oder gegen die sich Wähler entscheiden können, wobei offen bleibt, nach welchen Kriterien die Wähler entscheiden; wichtiger ist für diesen Ansatz vielmehr, dass die Wähler überhaupt eine Wahl haben, sich die Programme der Parteien also unterscheiden.

Bekämpfung der Arbeitslosigkeit, weil dadurch Investitionen angeregt würden und in deren Folge Arbeitsplätze entstünden, während sozialistische Parteien eher auf antizyklische Fiskalpolitik setzten, um die Arbeitslosigkeit zu reduzieren. Insofern würden nicht in erster Linie unterschiedliche Interessen ihrer Wähler, sondern unterschiedliche Ideen die Parteienunterschiede hervorbringen, wenngleich natürlich beides nicht klar voneinander zu trennen ist.[5]

Gegen die Auffassung, Parteien vereinigten Bürger mit gleichen Vorstellungen und Werten lässt sich allerdings einwenden, dass die programmatischen Vorstellungen von Parteimitgliedern gerade bei größeren (Volks-)Parteien und bei Parteien, die sich hinter charismatischen Persönlichkeiten scharen, doch erheblich divergieren (Ware 1996: 5). Diesem Einwand kann mit dem Hinweis begegnet werden, dass Parteien, die sich um einen einzelnen Führer scharen, nicht den Regelfall in den OECD-Demokratien bilden und bei Volksparteien die programmatischen Unterschiede innerhalb der Parteien doch immerhin geringer sind als zwischen ihnen. Wenn man davon ausgeht, dass die Parteimitgliedschaft im Zeitalter der Massenintegrations- und zumindest teilweise auch noch der Volkspartei in erheblichem Ausmaß durch materielle Anreize und die Zugehörigkeit zu einem sozialen Milieu motiviert war (Kitschelt 2000: 164) – Anreize also, die in ihrer Bedeutung im Zeitverlauf abnehmen –, könnte man sogar argumentieren, dass der Anteil der programmatisch orientierten Parteimitglieder weiter zunehmen müsste und insbesondere ihr Anteil unter den engagierten Mitgliedern höher liegen sollte als unter allen Mitgliedern der Partei. Zudem sind, eben weil Parteien das ganze Spektrum politischer Themen abdecken müssen, nicht alle Mitglieder am gleichen Politikfeld interessiert. Es lässt sich vielmehr annehmen, dass sich Bürger für den Eintritt in die Partei entscheiden, die ihnen in dem Politikfeld programmatisch am nächsten steht, das für sie die größte Bedeutung hat, während sie in anderen – für sie persönlich aber eben weniger wichtigen – Politikfeldern vielleicht anderen Parteien den Vorzug geben würden. Aufgrund einer solchen innerparteilichen Domänenbildung sind also divergierende programmatische Vorstellungen innerhalb der Parteien mit Parteiendifferenzen zwischen Parteien durchaus vereinbar.[6] Allerdings muss sogleich eingeschränkt werden, dass wir derzeit noch zu wenig über innerparteiliche Willensbildungsprozesse und die Motive des Parteibeitritts wissen, um diese Annahmen systematisch empirisch überprüfen zu können.

Der eben vorgestellte Ansatz impliziert, dass Parteien das primäre Ziel haben, bestimmte Politiken durchzusetzen – eine Annahme, die empirisch durchaus gut belegt werden kann (Budge/Keman 1990). Allerdings sollte nicht übersehen wer-

---

5 Auch bei diesem Ansatz kann es zu einer Konvergenz der Parteiprogramme kommen, allerdings nicht, weil sich die Wählerschaften angleichen, sondern weil Parteien lernen, also erkennen, dass bestimmte Kausalannahmen in der Wirklichkeit nicht zutreffen. Im angeführten Beispiel würden sozialistische Parteien unter den Bedingungen offener Märkte beispielsweise erkennen können, dass Keynesianismus in einem Land nicht (mehr) die erhofften Beschäftigungserfolge bringt und auf dieses Instrument verzichten. Allerdings sollte die Lernfähigkeit und vor allem die Lernbereitschaft der Akteure nicht überschätzt werden (instruktiv hierzu vor allem Sabatier 1993), was dauerhaft bestehende Parteiendifferenzen nahe legt.

6 In der Tat sind beispielsweise die bürgerlichen Parteien in Deutschland durch eine mehr oder weniger explizite Arbeitsteilung zwischen verschiedenen Parteiflügeln oder innerparteilichen Vereinigungen gekennzeichnet (vgl. zusammenfassend R. Zohlnhöfer 2001: 44, 55).

den, dass in der Politikwissenschaft zwei oder sogar drei mögliche Annahmen über die Ziele von Parteien gemacht werden (vgl. von Beyme 2000: 25-26).[7] Parteien sind nämlich zumindest auch bestrebt, Wahlen zu gewinnen und an die Regierung zu gelangen. Gerade wenn sie ihre Programmatik politisch umsetzen wollen, müssen sie in Demokratien bekanntlich Wahlen gewinnen, sodass zu erwarten ist, dass sie auch darauf achten werden, wie bestimmte politische Entscheidungen ihre Wahlchancen verändern (Downs 1968; W. Zohlnhöfer 1999).

Die Auswirkungen des Parteienwettbewerbs hängen daher zunächst davon ab, inwieweit mit einem Thema Wähler mobilisierbar sind. Je größer die Bedeutung eines issues für die Wähler ist, desto stärker wirkt der Wettbewerb um Wählerstimmen auf die Entscheidungsfindung der (Regierungs-)Parteien. Für die Wirtschafts- und Sozialpolitik kann sicherlich durchgängig davon ausgegangen werden, dass sie eine hohe Bedeutung für die Wähler besitzt, sodass auch die in diesem Band untersuchten Politikfelder in erheblichem Maße von den Effekten des Wettbewerbs um Wählerstimmen geprägt worden sein könnten. Allerdings ist zu erwarten, dass etwa Fragen der Wechselkurs- oder Außenhandelspolitik weniger im Zentrum der öffentlichen Aufmerksamkeit stehen als die Reform des Wohlfahrtsstaates oder die Beschäftigungspolitik. Daraus folgt, dass die zuletzt genannten Bereiche stärker von den Effekten des Parteienwettbewerbs geprägt sein müssten als die zuerst genannten. Allerdings dürften die Länder bezüglich der Bedeutung, die der Parteienwettbewerb in unterschiedlichen Politikfeldern hat, in Abhängigkeit von den Parteiensystemen und anderen Kontextvariablen variieren (Kitschelt 2001: 278). Schließlich dürfte die Bedeutung des Parteienwettbewerbs auch von der Anzahl und Häufigkeit der Wahlen in einem Land abhängen. So sollten die Auswirkungen der Parteienkonkurrenz in Großbritannien geringer sein als in der Bundesrepublik, wo in einer Legislaturperiode der Bundesebene bis zu 16 Landtagswahlen stattfinden, die jeweils über die Zusammensetzung des Bundesrates mitbestimmen und gleichzeitig häufig als Stimmungstests für die Bundespolitik gewertet werden.

Welche Auswirkungen sind vom Parteienwettbewerb zu erwarten? Wenn Parteien sich nicht (mehr) auf die quasi-automatische Unterstützung bestimmter Bevölkerungsgruppen verlassen können oder die Mitglieder solcher Gruppen zu wenig zahlreich sind, um den Wahlsieg der Regierungspartei oder -parteien sicherzustellen, werden sie versuchen, den Wahlerfolg mittels ihrer Politiken zu gewährleisten. Daher werden sie bei Politiken, mit denen ein Großteil der Wähler mobilisierbar ist, bestrebt sein, Vorhaben durchzusetzen, die ihnen in dieser Hinsicht nützen, d.h., die sich mehrheitlicher Zustimmung unter den Wählern erfreuen (politics of credit-claiming). Dies gilt allerdings nur insoweit, wie diese Reformen auch mit der Programmatik der Regierungsparteien kompatibel sind. Wenn solche Maßnahmen mit der politischen Orientierung konkurrierender Parteien vereinbar sind, führt der

7 In der Regel werden drei unterschiedliche Ziele von Parteien genannt, nämlich Stimmenmaximierung, Ämtermaximierung und Policymaximierung (vgl. z.B. Müller/Strøm 1999; von Beyme 2000: 25-26). Im Folgenden soll aber vereinfachend nur von zwei unterschiedlichen Orientierungen ausgegangen werden, indem die Orientierung an Stimmenmaximierung und Ämtermaximierung zusammengefasst werden. Dies erscheint gerechtfertigt, denn die „Wählermaximierungs- und die Ämtermaximierungsparteien lassen sich kaum noch sinnvoll unterscheiden“ (von Beyme 2000: 25). Zudem hängen beide Orientierungen eng miteinander zusammen.

Parteienwettbewerb in diesen Bereichen entsprechend wenigstens tendenziell dazu, dass Parteidifferenzen verschwinden; ja, die Regierung wird bestimmte Programmpunkte der Opposition übernehmen, wenn sie ihren inhaltlichen Zielen nicht widersprechen und sie ihre Wiederwahlchancen zu erhöhen versprechen. Empirisch sind solche „Ansteckungseffekte" beispielsweise für die Entwicklung der Sozialausgaben nachgewiesen worden (Hicks/Swank 1992: 665; siehe auch Huber/Stephens 2001).

Allerdings wird sich die Politik einer Regierung nicht auf derartige Reformen beschränken (können). Dies vor allem deshalb, weil sich Parteien üblicherweise eben durchaus policy-orientiert verhalten. Daher werden sie auch Reformen durchzusetzen versuchen, die sie für politisch richtig halten, und zwar gegebenenfalls auch dann, wenn die Wählerschaft solchen Maßnahmen mehrheitlich kritisch gegenübersteht. Auch in solchen Fällen werden die Regierungsparteien jedoch darauf achten, durch das Vorhaben ihre Wiederwahl nicht zu gefährden. Daher werden (auch) an ihrer Wiederwahl interessierte Regierungsparteien in der Regel versuchen, zunächst nur mäßige Veränderungen durchzusetzen, da solche inkrementellen Reformen für die Wahlentscheidung der Bürger nicht bestimmend sein dürften und von ihnen insofern wenigstens keine negativen Wirkungen im Wettbewerb um Wählerstimmen befürchtet werden müssen.[8] Insofern ist zu erwarten, dass der Parteienwettbewerb auch in den Bereichen, in denen die Parteien ihre eigenen Prioritäten verfolgen, tiefgreifenden Strukturreformen und einer kohärenten „Politik aus einem Guss" eher entgegenwirkt.

Allerdings resultiert aus dem Parteienwettbewerb zugleich ein erheblicher Erfolgsdruck auf die jeweiligen Regierungsparteien, zumal dann, wenn die Opposition glaubhaft machen kann, bestimmte Probleme besser als die Regierung lösen zu können. Daher wird eine Regierung den gerade erörterten Überlegungen zum Trotz doch beginnen, weiterreichende Veränderungen zu erwägen und ggf. durchzusetzen, wenn sie mit einer Herausforderung konfrontiert ist, die sich mit vorsichtigen Reformen nicht bewältigen lässt, deren Fortbestehen aber ihre Wiederwahl gefährdet (W. Zohlnhöfer 1999).[9] Dabei ist zu erwarten, dass die Richtung, in die diese Veränderungen zielen, von der programmatischen Ausrichtung der Regierungsparteien abhängt. Demnach hinge es in erheblichem Umfang vom Problemdruck ab, ob

8 Reformen verursachen fast immer Kosten der Umstellung auf die neue Regelung. Diese Kosten dürften mit der Reichweite der Reform ansteigen (Scharpf 2000b: 769). Da diese Umstellungskosten meist unmittelbar sichtbar sind, während die Gewinne aus der neuen Regelung zunächst nicht konkret erfahrbar sind, dürfte eine weitreichende Reform stets mit elektoralen Risiken für eine Regierung verbunden sein. Gerade wenn eine bestehende Regelung zu *lock-in*-Effekten geführt hat, also in größerem Maße Ressourcen im Vertrauen auf das Weiterbestehen der Regelung investiert worden sind (*sunk costs*), dürfte es kaum mehr möglich sein, grundlegende Reformen durchzuführen. Vielmehr dürfte in solchen Fälle Pfadabhängigkeit dominieren (allgemein hierzu Pierson 2000).

9 Wann eine Herausforderung besteht, die die Wiederwahl einer Regierung gefährdet, ist abstrakt natürlich nicht anzugeben. Es ist davon auszugehen, dass bestimmte symbolische Grenzen über- oder unterschritten werden müssen, damit der Problemdruck in dieser Weise wahrgenommen wird. In der Bundesrepublik Deutschland war es beispielsweise das Überschreiten der 4-Millionen-Marke bei den Arbeitslosen im Winter 1995/96, das zu einer erheblichen Neuorientierung der Wirtschaftspolitik der christlich-liberalen Koalition trotz elektoraler Risiken führte (R. Zohlnhöfer 2001: 367). Diese symbolischen Grenzen variieren zudem im Zeitverlauf wegen eines Gewöhnungseffektes.

unter den Bedingungen des Wettbewerbs um Wählerstimmen weitreichende Politikinnovationen – und in deren Folge größere Parteiendifferenzen – zustande kommen. Andererseits könnte gerade eine solche Krisensituation, wenn sie als Scheitern der bisher verfolgten Politik wahrgenommen wird, auch die Lernwilligkeit der Akteure erhöhen (Hemerijck/Schludi 2000: 130-131), was eine Revision der bisherigen Politik und damit möglicherweise Konvergenz zwischen den Parteien bedeuten kann.

Parteien werden jedoch, wenn sie solche weiterreichenden und womöglich unpopulären Maßnahmen in Angriff nehmen (müssen), versuchen, ihre Verantwortung für diese Entscheidungen zu verschleiern (politics of blame avoidance; vgl. Weaver 1986). Insbesondere die Literatur zur wohlfahrtsstaatlichen Kürzungspolitik hat eine Reihe von Hypothesen darüber generiert, wie Parteien unpopuläre Politik durchsetzen können, ohne von den Wählern dafür bestraft zu werden. Bahnbrechend in dieser Frage war die Studie von Paul Pierson (1994) zur Kürzungspolitik in den Wohlfahrtsstaaten Großbritanniens und der USA unter Thatcher und Reagan. Er zeigte insbesondere, dass es bestimmte Eigenschaften der Programme waren, die eine Kürzung erleichterten oder erschwerten (vgl. dazu auch Swank 2001: 212ff.). Spätere Arbeiten verwiesen zusätzlich darauf, dass (über)große Koalitionen oder linke Parteien größere Chancen hätten, erfolgreiche Kürzungspolitik durchzusetzen (Ross 1997; 2000). Die Idee hinter dieser Argumentation ist, dass auf diese Weise die unpopuläre Kürzungspolitik praktisch aus dem Parteienwettbewerb herausgenommen wird, weil alle Parteien sich an ihr beteiligen bzw. linke Parteien geringere Sanktionen der Wähler fürchten müssen als ihre bürgerlichen Wettbewerber, weil sie glaubwürdig als Verteidiger des Wohlfahrtsstaates auftreten können und den Wählern so signalisieren, dass es keine Alternative zu den Kürzungen gibt, zumal den Wählern kaum elektorale Alternativen bleiben, die gegen Kürzungen des Sozialstaates eintreten.

In jüngster Zeit wird nun darauf hingewiesen, dass die Politik der Schuldvermeidung keineswegs von allen Parteien in allen Ländern in gleicher Weise verwendet werden kann, sondern dass unterschiedliche Konstellationen in den jeweiligen Parteiensystemen unterschiedliche Schuldvermeidungsstrategien möglich machen (Green-Pedersen 2001; Kitschelt 2001). Vor allem Kitschelts (2001) Beitrag verdient in diesem Zusammenhang Erwähnung, der vier Konstellationen herausarbeitet, bei denen der Parteienwettbewerb in Abhängigkeit von der Stärke einer liberalmarktwirtschaftlichen Partei, der Stärke einer Sozialstaatspartei der Mitte neben der Sozialdemokratie, der Existenz einer links-libertären Konkurrenz der Sozialdemokratie, der wichtigsten Dimension des Parteienwettbewerbs und innerparteilichen Variablen zu national ganz unterschiedlichen Opportunitätsstrukturen für Kürzungspolitik führt. Dies erklärt, warum Parteien der gleichen programmatischen Orientierung in Abhängigkeit von diesen Konstellationen unterschiedliche Politiken betreiben.

Diese Zusammenhänge sind bisher allerdings noch nicht systematisch auf ihre Erklärungskraft für die Gestaltung der Staatstätigkeit in westlichen Demokratien hin überprüft worden. Zu verweisen ist dabei lediglich auf eine Reihe vornehmlich qualitativer Studien, die sich meist mit den politischen Versuchen, sozialpolitische Kürzungsmaßnahmen durchzusetzen, beschäftigten (bahnbrechend Pierson 1994; vgl. daneben etwa Kitschelt 2001: 288-299; Green-Pedersen 2001; R. Zohlnhöfer 2000; 2001). Auch vereinzelte quantitative Studien haben sich mit dieser Thematik beschäftigt und signifikante Zusammenhänge festgestellt (z.B. Ross 1997; 2000), die allerdings empirisch umstritten bleiben (vgl. z.B. Obinger/Kittel i.d.B.). Ein Grund für die geringe Rolle, die der Parteienwettbewerb in der quantitativen Forschung bisher gespielt hat, mag in der Schwierigkeit liegen, diese Variable in solche Vergleichsdesigns zu integrieren, da eine unumstrittene Operationalisierung fehlt und keine verlässlichen Daten über die Intensität und die Richtung des Parteienwettbewerbs in einzelnen Ländern vorliegen. Dies führte selbst bei Wissenschaftlern, die diese Variable überhaupt zur Kenntnis nahmen, zum Verzicht auf ihre Einbeziehung (Huber u.a. 1993: 729). Die Tatsache, dass keine allgemeingültigen Annahmen darüber getroffen werden können, wie der Parteienwettbewerb in verschiedenen Parteiensystemen bei verschiedenen Politiken wirkt, sondern hierzu sehr differenzierte Aussagen über einzelne Perioden in einzelnen Ländern notwendig sind, erschwert darüber hinaus die Analyse. Möglicherweise bietet jedoch Kitschelts (2001) Vorschlag, unterschiedliche Konstellationen des Parteienwettbewerbs zu unterscheiden, einen Ansatzpunkt für zukünftige Studien in diese Richtung.

2.3. Zwischenfazit: Wollen Parteien einen Unterschied machen?

Der bisherige Überblick über die theoretischen Überlegungen zum Einfluss von politischen Parteien auf die Staatstätigkeit hat gezeigt, dass sich Parteiendifferenzen durchaus theoretisch begründen lassen. Dabei ist darauf hinzuweisen, dass sich die beiden vorgestellten Sichtweisen keineswegs ausschließen. So ist in der Tat plausibel, dass Parteien, die – in der Zeit der Massenintegrationsparteien – Ausdruck bestimmter sozialer Klassen waren, eben auch vorrangig die Interessen der Angehörigen dieser Klassen vertraten. Mit dem Abschmelzen der Milieus bewegten sich diese Parteien in die Mitte und öffneten sich für neue Wählerschichten. Diese Öffnung vollzog sich aber nicht als Bruch mit der alten Weltsicht, sondern als Wandel, d.h. bestimmte Werte und Vorstellungen über Wirkungszusammenhänge wurden aufrechterhalten, flossen in die reformierte Programmatik ein und blieben somit wirkungsmächtig, zumal ja auch die Kernklientel einflussreich blieb. So traten beispielsweise sozialdemokratische Parteien, auch nachdem sie sich für breitere Wählerschichten geöffnet hatten, weiterhin für ein stärkeres staatliches Engagement in der Ökonomie ein als ihre bürgerlichen Konkurrenten.

Doch die beiden Sichtweisen lassen sich nicht nur in eine historische Abfolge bringen, sie können auch komplementär gesehen werden (als gutes Beispiel vgl. Boix 1998). So werden Parteien, auch wenn man davon ausgeht, dass sie vornehmlich die Interessen ihrer Klientel vertreten wollen, nicht jeder Stimmung ihrer Wähler nachlaufen. Vielmehr können sie durchaus Ziele verfolgen, die im Interesse ihrer Wähler sind, und dabei auf Mittel zurückgreifen, die sie für angemessen halten, die aber gerade unter den eigenen Wählern äußerst unpopulär sind (Kitschelt 2000: 162).[10] In einem solchen Fall werden sie ebenfalls versuchen, die unpopulären Maßnahmen in einer Weise durchzusetzen, die die elektoralen Kosten minimiert.

10 Beispiele hierfür könnten Versuche einiger sozialdemokratischer Regierungen sein, den Wohlfahrtsstaat umzubauen: Dies ist keineswegs populär unter der Kernanhängerschaft dieser Parteien, wird von diesen aber für unumgänglich gehalten und könnte durchaus auch im objektiven Interesse ihrer Wähler liegen.

Auch wenn Parteien demnach durchaus einen Unterschied machen wollen, bedeutet dies noch nicht, dass sie auch einen Unterschied machen können. Vielmehr unterliegen sie Restriktionen, die es ihnen eben möglicherweise nicht ohne weiteres erlauben, ihre Vorstellungen unmittelbar umzusetzen. Diese Restriktionen, ohne deren Berücksichtigung die Erklärungskraft der Parteiendifferenzhypothese vergleichsweise begrenzt bleibt (Imbeau u.a. 2001), können materieller und institutioneller Art sein (vgl. M. Schmidt 1996) und werden in den folgenden Abschnitten behandelt.

3. Können Parteien (noch) einen Unterschied machen? Parteiendifferenz, die Steuerbarkeit der Ökonomie und die Globalisierung

In den vorangegangenen Abschnitten konnte gezeigt werden, dass Parteien grundsätzlich versuchen werden, Politiken durchzusetzen, die sich von den Politiken ihrer Konkurrenten systematisch unterscheiden. Damit ist aber noch keineswegs auch die prinzipielle Möglichkeit sichergestellt, dass Parteien, wenn sie sich programmatisch unterscheiden, ihre divergierenden Vorstellungen auch durchsetzen können. Dabei muss man keineswegs Luhmanns (1988) Steuerungsnihilismus teilen, um die Möglichkeiten von Regierungsparteien, ihr Programm durchzusetzen und die Wirtschaft (oder ein anderes gesellschaftliches Teilsystem) gezielt zu steuern, skeptisch zu beurteilen (vgl. als Überblick von Beyme 1997: 19-32). Gerade Hibbs' ursprüngliche Vorstellung, eine Regierung könne beliebige Punkte der Phillips-Kurve erreichen, zeugt von einer erheblichen Überschätzung der Steuerungsfähigkeit der Regierung, die heute wohl kaum mehr geteilt wird. Der Einfluss politischer Parteien auf makroökonomische Indikatoren kann in Volkswirtschaften, die im Wesentlichen privat- und marktwirtschaftlich organisiert sind, nur als begrenzt angesehen werden (M. Schmidt 1996: 166; Obinger i.d.B.), weil die Regierung weit davon entfernt ist, alle relevanten Parameter kontrollieren zu können.[11]

In den vergangenen zehn Jahren wurde nun aber von vielen Wissenschaftlern die These vertreten, dass diese ohnehin schon begrenzte Steuerungsfähigkeit der Regierung, und damit eben auch die Möglichkeit von Parteiendifferenzen, weiter geschrumpft sei durch die zunehmende Globalisierung oder Denationalisierung der Märkte. In der wirtschaftswissenschaftlichen Theorie wird aus dieser Entwicklung nämlich häufig gefolgert, dass diese Veränderungen zu Handlungszwängen für nationalstaatliche Wirtschaftspolitik führen (Siebert 1998; Theurl 1999; Simmons 1999; Schirm 1999; Scharpf 2000a). So müssten Regierungen mit günstigen Standortbedingungen um Investitionen konkurrieren. Daher avancieren Deregulierung und eine Senkung der Steuer- und Abgabenbelastung zu Imperativen für die Wirtschaftspolitik – bei deren Missachtung die Abwanderung von Produktion und Arbeitsplätzen droht. Insbesondere sei ein Steuersenkungswettbewerb zu erwarten, der zu einer Reduzierung der Steuern auf Kapitalerträge und Einkommen aus Un-

11 Schon die Restriktionsanalysen der 70er Jahre wiesen auf die Schwierigkeiten der Steuerbarkeit der Ökonomie hin (vgl. als Überblick Blanke u.a. 1975).

ternehmertätigkeit führe (Plümper/Schulze 1999). Auch die sozialen Sicherungssysteme gerieten zunehmend unter Druck, da ihre Finanzierung, insbesondere wenn sie zumindest teilweise über Beiträge seitens der Unternehmen erfolgt, nicht mehr sichergestellt werden könne (Kaufmann 1997: 118ff.; Rodrik 2000: 79ff.).[12] Ebenso erginge es nationalen Regulierungen (Kündigungsschutz, betriebliche Mitbestimmung etc.), soweit sie bei Unternehmen Kosten verursachen, die in anderen Ländern nicht anfallen (Scharpf 1999: 91ff.). Der Standortwettbewerb führe demnach dazu, dass „der Verteilungsspielraum der Regierungen, die Möglichkeit zur Redistribution und zur Finanzierung der sozialen Sicherung eingeschränkt wird" (Siebert 1998: 59).

Gleichzeitig verlieren dieser Argumentation zufolge klassische Instrumente der Wirtschaftspolitik zunehmend ihre Wirksamkeit. So komme es bei einer nationalen keynesianischen Nachfragestimulierung unter den Bedingungen offener Gütermärkte kaum zur angestrebten Ausweitung der heimischen Produktion und der Schaffung von Arbeitsplätzen, weil die Kaufkraftzunahme in erheblichem Ausmaß zu einer Erhöhung der Importe führe, sie also ins Ausland abfließt (Hirst/Thompson 1996: 143). Die Entwicklung der Finanzmärkte habe zudem zum Verlust der nationalen Zinssouveränität geführt (Scharpf 1987: 302), da ein Land nicht mehr autonom ein niedrigeres Zinsniveau als das Weltzinsniveau festlegen kann. „Wer nun die Zinsen unter das internationale Niveau senkt, schafft nicht mehr Arbeitsplätze, sondern treibt nur das Kapital aus dem Land" (Scharpf 1995: 215; ebenso Simmons 1999: 63).

Ebenso komme wirtschaftspolitischer Glaubwürdigkeit eine zunehmende Bedeutung zu (Freitag 2001). So würden alle Entwicklungen, in denen die Finanzmärkte ein Abwertungsrisiko sehen (z.B. Inflation, Außenhandelsdefizit, Budgetdefizit, kompetitive Abwertungen), mit einer Flucht aus der Landeswährung beantwortet (Huber/Stephens 1998: 374-375), da eine Abwertung dazu führe, dass auch das in dieser Währung angelegte Kapital an Wert verliert. Daher führe bereits die Erwartung einer Abwertung zu Kapitalflucht oder Investoren legten ihr Geld erst gar nicht in Weichwährungsländern an bzw. verlangten hohe Risikoaufschläge, sodass umgekehrt Regierungen ihr Augenmerk darauf lenken werden, solche Entwicklungen zu vermeiden. „Damit ist die nationale Stabilitätspolitik bei hoher Mobilität des Portfoliokapitals einer Kontrolle der Finanzmärkte unterworfen" (Siebert 1998: 44).

Träfe diese Argumentation in vollem Umfang zu, dürften Parteiendifferenzen wenigstens in der Wirtschafts- und Sozialpolitik nicht mehr vorkommen, denn die durch die Globalisierung entfesselten Marktkräfte müssten zu einer Konvergenz auf ein neo-liberales Modell führen. Sozialdemokratische Regierungen müssten von den postulierten Folgen der Globalisierung besonders negativ betroffen sein, weil bei ihnen der größte Anpassungsbedarf liegen müsste, da sie als wirtschaftspolitisch weniger glaubwürdig als ihre bürgerlichen Konkurrenten galten (Freitag 2001: 278, 281) und ihre klassischen Instrumente zur Durchsetzung einer Vollbeschäftigungspolitik stark an Wirksamkeit verloren haben sollen. Der von den Sozialdemokraten

---

12 Im Gegensatz dazu wird von anderen Wissenschaftlern aber auch die These vertreten, eine größere weltwirtschaftliche Verletzlichkeit erhöhe den Bedarf nach sozialer Sicherung (grundlegend hierzu Cameron 1978; kritisch zur Kompensationsthese Manow 1999).

(und Christdemokraten) stark ausgebaute Steuer- und Wohlfahrtsstaat mutiert in dieser Perspektive zu einem Hindernis für wirtschaftliche Entwicklung, während die durch die erhöhte Kapitalmobilität erzwungene Einkommensverteilung sozialdemokratischen Redistributionszielen diametral entgegensteht.

In Übereinstimmung mit diesen Erwartungen lässt sich seit Mitte der 90er Jahre bei den meisten sozialdemokratischen Parteien tatsächlich eine intensive Debatte um eine programmatische Neuorientierung beobachten. Eine zentrale Rolle in diesem Zusammenhang spielte dabei Anthony Giddens' (1999) Schrift über den „Dritten Weg", die eine Antwort nicht zuletzt auf die Herausforderungen der Globalisierung geben und zwischen Neoliberalismus und „alter Sozialdemokratie" die Mitte halten sollte. Dabei wurde auch die Revision einer ganzen Reihe von zentralen wirtschafts- und sozialpolitischen Forderungen der klassischen Sozialdemokratie vorgeschlagen (vgl. auch Merkel 2000a). Insofern lag die Schlussfolgerung nahe, die Sozialdemokratie bewege sich in zentralen wirtschaftspolitischen Fragen aufgrund der Zwänge der Globalisierung auf ihre bürgerlichen Konkurrenten zu, ja, sie habe im Wesentlichen die wirtschafts- und sozialpolitischen Positionen ihrer (christdemokratischen) Konkurrenz übernommen (Seeleib-Kaiser 2001). Freilich wird dies von Vertretern der Konzeption des „Dritten Weges" vehement bestritten, die in diesem Zusammenhang nicht zuletzt betonen, sozialdemokratische Ziele würden lediglich mit anderen Mitteln angestrebt (Merkel 2000a: 274). Hinzu kommt, dass der „Dritte Weg" keineswegs von allen sozialdemokratischen Parteien in gleicher Weise beschritten wird, sodass es bisher also nicht einmal innerhalb der Sozialdemokratie zu Konvergenz gekommen ist (vgl. Merkel 2000b).

Einwände gegen die These von der allgemeinen Konvergenz können jedoch auch wesentlich grundsätzlicher erhoben werden. So ist schon das Ausmaß an Globalisierung in verschiedenen wirtschaftlichen Bereichen unterschiedlich groß. Die Veränderungen beim internationalen Handel sind vergleichsweise gering, dagegen kommt ihnen im Bereich Produktion und ausländische Direktinvestitionen größere Bedeutung zu (Hirst/Thompson 1996), während der Wandel im Bereich der globalisierten Kapitalmärkte gegenüber dem Status quo etwa der 70er Jahre als äußerst weitreichend betrachtet werden muss (Simmons 1999; umfassender Zürn 1998: 77ff.). Weiterhin ist einzuschränken: Ob man den Außenhandel, die Bedeutung ausländischer Direktinvestitionen oder die Integration in die internationalen Finanzmärkte betrachtet – in allen Bereichen gab es auch zwischen den entwickelten OECD-Demokratien noch in den 90er Jahren erhebliche Unterschiede (Garrett/Mitchell 2001: 153-157). Hinzu kommt, dass die einzelnen Länder keineswegs gleich stark in allen Bereichen integriert sind: Die Korrelation zwischen dem Index der finanziellen Offenheit für die OECD-Länder und der Außenhandelsquote dieser Staaten beträgt den Daten von Garrett und Mitchell (2001: 156) zufolge -0,02 – es besteht in diesem Extremfall also überhaupt kein systematischer Zusammenhang zwischen Handels- und Finanzmarktintegration. Weiterhin ist zu beachten, dass die verschiedenen Länder aufgrund ihrer unterschiedlichen wirtschaftlichen und institutionellen Strukturen keineswegs in gleicher Weise verletzlich sind. Beispielsweise generieren verschiedene Wohlfahrtsstaatsregime (Esping-Andersen 1990) unter Globalisierungsbedingungen sehr unterschiedliche Problemlagen, die wiederum unterschiedliche Lösungen verlangen, sodass also auch ähnliche Herausforderungen zu divergierendem Anpassungsdruck und verschiedenen Anpassungsreaktionen führen können (Scharpf 2000a; Hemerijck/Schludi 2000).

Die Konvergenzthese leidet außerdem an dem theoretischen Defizit, dass selten klar wird, über welchen kausalen Mechanismus die vermeintlichen Globalisierungszwänge in nationale Politik umgesetzt werden (vgl. Theurl 1999; Schwartz 2001: 20-21; als Ausnahme: Hemerijck/Schludi 2000). In der Regel wird nämlich nicht nur von der unterschiedlichen Adaptionsnotwendigkeit verschiedener Länder, sondern auch vom nationalen politisch-institutionellen Handlungskontext abstrahiert. Es bleibt somit weitgehend ungeklärt, ob und in welcher Weise der nationale Handlungskorridor die Wahrnehmung von Handlungszwängen und die daraus folgende Politik und ihre Durchsetzbarkeit beeinflusst. Dies ist umso bedauerlicher, als die Globalisierungszwänge ja auch theoretisch keineswegs automatisch zu wirtschafts- und sozialpolitischen Kurskorrekturen führen; dazwischen steht vielmehr die Vermittlung durch den politischen Prozess (Theurl 1999: 41ff.; Swank 2001). Da die von den Globalisierungstheoretikern erwarteten Reformen, etwa Rückbau des Wohlfahrtsstaates, Deregulierung des Arbeitsmarktes und anderer geschützter Sektoren sowie Senkung insbesondere der Unternehmenssteuern, bei den Wählern in aller Regel nicht beliebt sind, werden Parteien, wenn sie – wie im vorangegangenen Abschnitt begründet – zumindest auch ihre Wiederwahl anstreben, solchen Reformen reserviert gegenüberstehen. Zudem können institutionelle Vetopunkte Gegnern solcher Reformen die Möglichkeit geben, Reformen zu verhindern, zu verzögern oder zu verwässern (vgl. den folgenden Abschnitt). Daher dürften die Einflüsse der Globalisierung vor allem dann wirkungsmächtig werden, wenn sie Regierungen vor wirtschafts- und beschäftigungspolitische Probleme stellen, die von diesen als Folgen der Globalisierung wahrgenommen werden und ihren Fortbestand oder ihre Wiederwahl in hohem Maße gefährden.[13] Bleiben die Wahrnehmungen (eines Teils) der Akteure mit Vetomacht dagegen von solchen „Zwängen" unbeeinflusst, ist auch nicht mit einer politischen Reaktion auf Globalisierung zu rechnen. Erst wenn und soweit sich aus dieser „Policy-Stabilität" möglicherweise negative ökonomische Resultate ergeben und diese von den Akteuren mit der wirtschaftlichen Denationalisierung in Zusammenhang gebracht werden, kommt es zu Anpassungsreaktionen (ähnlich Hemerijck/Schludi 2000).

Darüber hinaus sind die Effekte, die von integrierten Märkten beispielsweise auf die Finanz- oder Sozialpolitik ausgehen, empirisch keineswegs so eindeutig, wie es die Globalisierungstheoretiker nahe legen (siehe dazu ausführlicher Garrett/Mitchell 2001). Auffallend war in diesem Zusammenhang lange das „krasse Mißverhältnis zwischen theoretischen Arbeiten einerseits und fundierten ökonometrischen Analysen andererseits" (Schulze/Ursprung 1999: 84).[14] Die meisten vergleichenden Studien, die sich diesem Thema näherten, wiesen – trotz vielerlei Messprobleme im Detail – insgesamt darauf hin, dass viele der Globalisierungsentwicklung unterstellte Folgen (noch) nicht eingetreten sind (als Überblick Schulze/Ursprung 1999; Garrett/Mitchell 2001; Swank 2001). Eine allgemeine Tendenz zu starken Senkungen der Körperschaftsteuer beispielsweise konnten die entsprechenden Stu-

---

13 Daneben können die „Globalisierungszwänge" auch einer ohnehin liberalisierungsfreundlichen Regierung – im Sinne einer Strategie der *blame avoidance* – einen Vorwand und „Blitzableiter" für die eigentlich favorisierte Politik bieten.

14 Durch das umfassende Forschungsprojekt unter der Leitung von Fritz Scharpf und Vivien Schmidt (2000) ist diese Forschungslücke allerdings – wenngleich nicht mit statistischen Methoden – zumindest verringert worden.

dien nicht nachweisen (Wagschal 1999; Plümper/Schulze 1999: 451); allenfalls ein Steuerstruktureffekt ließ sich isolieren: So sind die Steuern auf den immobilen Produktionsfaktor Arbeit gestiegen, sodass sich das relative Gewicht der Kapitalbesteuerung verringert hat (Schulze/Ursprung 1999: 64; Ganghof 2000: 630). Andererseits sind auch diese Ergebnisse noch umstritten (vgl. jüngst beispielweise Garrett/Mitchell 2001). Ganz offensichtlich besteht in der Literatur noch alles andere als ein Konsens über die tatsächlich durch die Globalisierung hervorgerufenen Handlungsbeschränkungen für nationale Wirtschafts- und Sozialpolitik.

Ebenso unklar ist bislang noch, ob die Globalisierung tatsächlich Parteiendifferenzen unmöglich macht.[15] Diese Frage wird vor allem in Bezug auf die Chancen sozialdemokratischer Parteien diskutiert, ihre primären Ziele durchzusetzen. Eine Reihe von Studien stellt auf die Begrenzung der Möglichkeiten sozialdemokratischer Wirtschaftspolitik durch die Globalisierung ab, aus der sich ein gewisses Maß an wirtschaftspolitischer Konvergenz erwarten lässt. Nach Jonathon Moses (1994) etwa haben die sozialdemokratischen Parteien Skandinaviens durch die Globalisierung der Finanzmärkte und den Verlust autonomer Geldpolitik keine ausreichende Zahl an wirtschaftspolitischen Instrumenten mehr, um ihre Ziele erfolgreich verteidigen zu können: „the small social democracies are one tool too short for fixing the economy" (Moses 1994: 135). Zu ähnlichen Ergebnissen kommen Huber und Stephens (1998), die in ihrer Analyse der kleinen korporatistischen Länder Skandinaviens sowie Österreichs insbesondere auf den Verlust bestimmter angebotsseitiger Elemente der Modelle dieser Länder, etwa die steuerliche Begünstigung thesaurierter Gewinne, das niedrig gehaltene Zinsniveau, sowie die regelmäßigen Abwertungen, hinweisen. Im Gegensatz zu Moses sehen Huber und Stephens jedoch noch einen – wenngleich nunmehr begrenzteren – Raum für eine eigenständige sozialdemokratische Wirtschaftspolitik (vgl. auch Huber/Stephens 2001).

Eine etwas weniger pessimistische Position nimmt Thomas Oatley (1999) ein. Er verweist darauf, dass es nach den Standardlehrbuchmodellen der Makroökonomik offener Volkswirtschaften auch bei vollkommener Kapitalmobilität noch wirksame makroökonomische Politikinstrumente gebe, wobei es allerdings vom Wechselkursregime abhänge, welches Instrument angewendet werden kann: Bei flexiblen Wechselkursen sei Geldpolitik sehr wirksam, nicht jedoch die Fiskalpolitik, während es bei festen Wechselkursen gerade umgekehrt sei, hier also nur Fiskalpolitik, jedoch keine Geldpolitik angewendet werden könne. Oatley erwartet, dass sich gerade in den Bereichen, in denen die Instrumente besonders wirksam eingesetzt werden können, weiterhin Parteieneffekte manifestieren sollten. Um dies zu prüfen, müsse jedoch das jeweils herrschende Wechselkursregime in der Untersuchung konstant gehalten werden. Seine empirischen Ergebnisse stützen seine Erwartungen aber zumindest für die frühen 1990er Jahre, also die am stärksten „globalisierte" Periode, nur begrenzt. Dennoch hält er an der Möglichkeit parteipolitisch induzierter Unterschiede in der Wirtschaftspolitik auch unter den Bedingungen entgrenzter Kapitalmärkte, allerdings in Abhängigkeit vom Wechselkursregime, fest (Oatley 1999: 1023).

---

15 Ausgesprochen bedauerlich ist in diesem Zusammenhang, dass in den verdienstvollen Bänden von Scharpf und V. Schmidt (2000) die Einflüsse von Parteien nicht systematisch in die Untersuchung einbezogen worden sind.

Die Position, dass auch weiterhin Parteiendifferenzen in der Wirtschaftspolitik möglich seien, wurde noch dezidierter von Carles Boix (1998) vertreten: Er argumentiert, dass sowohl sozialdemokratische als auch konservative Parteien Wirtschaftswachstum anstrebten, allerdings auf unterschiedlichen Wegen. Konservative erwarteten ein höheres Wirtschaftswachstum durch das reibungslose Wirken des Marktmechanismus, weshalb sie auf staatliche Interventionen so weit wie möglich verzichteten. Diese Politik ginge allerdings auf Kosten der sozialen Gleichheit. Sozialdemokraten versuchten deshalb, mittels einer stärker interventionistischen Politik das gleiche Ziel bei geringerer Ungleichheit zu erreichen. Dies können sie jedoch nicht mehr mit keynesianischer Nachfragepolitik erreichen, sondern durch Investitionen in Bildung und Infrastruktur, die die Produktivität der Arbeitnehmer erhöhten. Da beide Ansätze, der sozialdemokratische wie der konservative, auf angebotsseitige Politikinstrumente setzten, die durch integrierte Märkte nicht entwertet würden, erwartet Boix auch unter Globalisierungsbedingungen weiterbestehende Unterschiede zwischen sozialdemokratischer und konservativer Wirtschaftspolitik.

Einen ebenso optimistischen Standpunkt vertrat Geoffrey Garrett (1998) in seiner vielzitierten Untersuchung von 14 Ländern, in der er zu zeigen versucht, dass die Globalisierung keineswegs eine genuin sozialdemokratische Wirtschaftspolitik unmöglich mache. Für wichtige wirtschaftspolitische Instrumente (Staatsausgaben, Steuersystem) kommt er zu dem Ergebnis, dass die Unterschiede zwischen sozialdemokratischen und bürgerlichen Regierungen nicht kleiner, sondern größer als im „goldenen Zeitalter der Sozialdemokratie" geworden seien. Auch bei der Zielerreichung habe man für diese Politik keinen Preis in Form einer insgesamt verschlechterten ökonomischen Performanz bezahlen müssen. Sozialdemokraten seien auch in der Globalisierungsperiode sehr erfolgreich bei der Bekämpfung der Arbeitslosigkeit gewesen, hätten dafür aber eine höhere Inflation in Kauf nehmen müssen.

Allerdings hat Garrett ein sehr eingeschränktes Verständnis von Sozialdemokratien: Er untersucht nämlich nicht die Performanz sozialdemokratischer Regierungen im engeren Sinne, sondern verwendet einen Index der left labor power. In diesen Index gehen einerseits standardisierte Werte für die parlamentarische Stärke und Regierungsbeteiligung sozialdemokratischer Parteien und andererseits für die Stärke der Gewerkschaftsbewegung, gemessen beispielsweise über den gewerkschaftlichen Organisationsgrad oder das Gewicht der Gewerkschaften des öffentlichen Dienstes, ein (Garrett 1998: 67). Damit bezieht sich Garrett aber ganz zentral auf ein spezifisches sozialdemokratisches Modell, nämlich den klassisch sozialdemokratischen Korporatismus schwedischer oder österreichischer Prägung.[16] Dies war offensichtlich eine entscheidende Weichenstellung, denn in einem jüngeren

16 Abgesehen vom Verständnis dessen, was Sozialdemokratie ausmacht, lassen sich noch einige weitere kritische Punkte gegen Garretts Studie vorbringen. So vermag weder die Länderauswahl noch die Untersuchungsperiode voll zu überzeugen. Es ist beispielsweise nicht unmittelbar einzusehen, warum zwar Länder wie Österreich und Dänemark, nicht aber die Schweiz oder Irland in die Untersuchung aufgenommen wurden. Auch der Verzicht auf die Länder der „südlichen" Sozialdemokratie (Spanien, Griechenland), die ja die gute Beschäftigungsbilanz der Sozialdemokraten gefährden könnten, wird nicht einmal begründet. Problematisch ist auch der Untersuchungszeitraum, der 1990 endet. Als Globalisierungsperiode werden die Jahre 1985 bis 1990 betrachtet. Es stellt sich die Frage, ob die Ergebnisse für die Phase der 90er Jahre, in denen die Finanzmarktintegration noch erheblich vorangetrieben wurde, in dieser Weise bestehen bleiben.

Aufsatz, der nicht mehr auf die left labor power, sondern die Regierungsbeteiligung sozial- und christdemokratischer Parteien abzielt, findet er gemeinsam mit Deborah Mitchell keine Parteieneffekte bei Staatsausgaben, Staatskonsum und Sozialversicherungstransfers (Garrett/Mitchell 2001; ähnlich Swank 2001: 225).

Allerdings misstrauen auch die Autoren selbst diesem neueren Ergebnis insoweit, als sie explizit ablehnen, daraus zu folgern, Parteien hätten keinen Einfluss auf die Sozialausgaben (Garrett/Mitchell 2001: 168). Eine Möglichkeit, diesen Befund zu erklären, ohne die Parteiendifferenzthese aufzugeben, ist folgende: Wenn es zutrifft, dass die Globalisierung divergierende Herausforderungen für unterschiedliche Wohlfahrtsstaatstypen mit sich bringt (Scharpf 2000a) und zusätzlich unterschiedliche Parteiensystemkonstellationen unterschiedliche Opportunitätsstrukturen für bestimmte Politiken bereitstellen (Kitschelt 2001), ist es ausgesprochen plausibel, dass unter diesen Bedingungen auch je unterschiedliche Anpassungspfade gewählt werden. Das heißt also, dass sich aufgrund der unterschiedlichen Wirkungen der Denationalisierung auf die Wohlfahrtsstaatsregime auch die Anpassungsreaktionen unterscheiden; und zwar auch dann, wenn die Anpassung in den verschiedenen Ländern von Parteien der gleichen Couleur durchgesetzt wird. Dies könnte dann dazu führen, dass in quantitativen Designs die Parteienunterschiede verloren gehen – und zwar auch dann, wenn es durchaus parteipolitische Unterschiede in den regimespezifischen Anpassungspfaden gibt, worauf qualitative Studien hinweisen (vgl. etwa Levy 1999; Merkel 2000b).

4. Der Entscheidungsprozess: Parteien, Parlamente, Präsidenten und andere Vetospieler

Die Policy-Forschung der letzten 15 Jahre hat nicht nur auf die materiellen Beschränkungen des Regierungshandelns und der Parteiendifferenzen hingewiesen, sondern auch politisch-institutionellen Grenzen, die dem Handeln von Parteien an der Regierung gesetzt sind, verstärkte Aufmerksamkeit gewidmet. Dabei geht es einerseits um Institutionen, die den Entscheidungsprozess in den einzelnen Ländern strukturieren, also darum, ob die Zustimmung bestimmter Akteure notwendig ist, um Reformen durchzusetzen. Andererseits müssen institutionelle Arrangements untersucht werden, die den zentralstaatlichen Regierungen bestimmte Kompetenzen oder Ressourcen vorenthalten, die stattdessen von subnationalen, supranationalen oder anderen weisungsunabhängigen Institutionen ausgeübt werden. Während auf die zuletzt genannten Arrangements im fünften Abschnitt dieses Beitrages eingegangen werden soll, wird es in diesem Abschnitt zunächst um die Institutionen gehen, die den Entscheidungsprozess auf zentralstaatlicher Ebene in unterschiedlichen Ländern prägen.

Es leuchtet unmittelbar ein, dass die Fähigkeit einer Partei, die von ihr vertretene Programmatik in praktische Politik umzusetzen, dadurch eingeschränkt werden kann, dass sie an andere Akteure Konzessionen machen muss – und diese Feststellung ist in einer Vielzahl von Studien empirisch belegt worden. Die empirische Demokratieforschung hat weiterhin gezeigt, dass eine reine, unbeschränkte Mehrheitsherrschaft nach dem Muster des Westminster-Modells (Lijphart 1999), wo eine Partei allein die Regierung stellen und ihre Politik durchsetzen kann, ohne an andere Akteure Zugeständnisse machen zu müssen, in der realen Welt kaum jemals vorkommt (Überblick bei M. Schmidt 2000a: 352). Vielmehr gibt es eine Vielzahl von Institutionen in einzelnen Ländern, die es einer Regierung mitunter erheblich erschweren können, ihre intendierte Politik auch durchzusetzen (vgl. z.B. Bonoli 2001: 240ff.). Genannt werden können in diesem Zusammenhang beispielsweise starke zweite Parlamentskammern, vor allem, wenn in ihnen andere Mehrheitsverhältnisse als in der ersten Kammer herrschen. Auch ein präsidentielles Regierungssystem mit seiner Trennung zwischen Exekutive und Legislative kann die Durchsetzung kohärenter Reformen erschweren. Ebenso werden in diesem Zusammenhang Referenden genannt (Wagschal 1997; Wagschal/Obinger 2000). Schließlich wird häufig auch das Wahlrecht einbezogen, das aber natürlich nicht unmittelbar die Durchsetzung von Reformen erschwert. Doch wächst mit der Anwendung des Verhältniswahlsystems die Wahrscheinlichkeit, dass zur Regierungsbildung Koalitionen gebildet werden müssen, was wiederum kohärente Reformen erschweren dürfte.[17]

In den meisten Arbeiten, in denen versucht wird, die Auswirkungen solcher institutionellen Vetopunkte auf die Staatstätigkeit zu messen, erfolgt diese Messung durch einen Additivindex der verschiedenen institutionellen Schranken gegen die Mehrheitsherrschaft (als Überblick und Kritik Kaiser 1998). Mit diesen Indizes gibt es jedoch mindestens drei Probleme: Erstens konnte bei einigen Institutionen zwischen den Forschern keine Einigkeit über ihre zu erwartende Wirkung hergestellt werden, etwa beim Wahlsystem.[18] Zweitens wurde nicht klar zwischen Institutionen, die den Entscheidungsprozess betreffen, und solchen, die sich auf die Kompetenz- und Ressourcenverteilung beziehen, unterschieden. Drittens schließlich sind diese Indizes nicht hinreichend sensibel für Veränderungen der Wirkungsweise von Institutionen, die mit unterschiedlichen Mehrheitskonstellationen einhergehen: So macht nicht die Existenz einer mächtigen zweiten Kammer oder eines Verhältniswahlsystems den entscheidenden Unterschied für die Politikformulierung; vielmehr kommt es vor allem darauf an, ob in der zweiten Kammer eine Mehrheit vorhanden ist, die von der der ersten abweicht, und ob das Wahlsystem zur Bildung von Koalitionen führt, und wie viele Parteien diesen Koalitionen angehören.

Diesen theoretisch wenig befriedigenden Zustand dürfte Tsebelis' (1995; 2000; 2002) Vetospieler-Theorem beendet haben. Nach Tsebelis ist ein Vetospieler ein individueller oder kollektiver Akteur, dessen Zustimmung für eine Abweichung vom Status quo notwendig ist. Das Konzept bezieht sich also ausschließlich auf den Entscheidungsprozess; dabei wertet Tsebelis unabhängig vom Systemtyp, der Zahl

17 Allerdings ist die Wirkung des Wahlsystems auf die Durchsetzbarkeit politischer Reformen nicht ganz unumstritten. Huber u.a. (1993: 721-722) argumentieren beispielsweise, dass die Wahl der Abgeordneten in Einerwahlkreisen die Fraktionsdisziplin schwäche, da die Abgeordneten letztlich auf die Unterstützung im Wahlkreis angewiesen seien und sich daher auch nicht von der Partei kontrollieren ließen. Daher gehen die Autoren davon aus, dass bei diesem Wahlsystem die Durchsetzung kohärenter Reformen erschwert werde. Gegen diese Argumentation ist aber einzuwenden, dass die niedrige Fraktionsdisziplin in den USA, die Huber u.a. zum Ausgangspunkt ihrer Überlegungen machen, eher dem präsidentiellen Regierungssystem, und nicht dem Wahlsystem geschuldet sein dürfte, während die relative Mehrheitswahl in Einerwahlkreisen auf der anderen Seite konzentrierend wirkt und somit die Wahrscheinlichkeit, dass Koalitionen gebildet werden müssen, verringert.

18 Siehe Fußnote 17.

der Parlamentskammern oder dem Typ des Wahlsystems schlicht die Akteure, deren Zustimmung zu einer Veränderung notwendig ist, und vereinfacht damit die Vielfalt der politischen Systeme erheblich.

Vetospieler können unterschieden werden in institutionelle und parteiliche Vetospieler (Tsebelis 2001: 2). Institutionelle Vetospieler sind Institutionen, deren Vetorechte in der Verfassung festgeschrieben sind, beispielsweise Parlamentskammern, deren Zustimmung für ein Gesetz notwendig ist. Das bedeutet zunächst, dass zweite Kammern danach untersucht werden müssen, ob sie tatsächlich ein Vetorecht besitzen. Für den deutschen Bundesrat gilt dies beispielsweise nur für Zustimmungsgesetze, nicht jedoch für Einspruchsgesetze, weil er bei letzteren eben gerade keine Vetomacht besitzt und deshalb nicht berücksichtigt werden muss. Innerhalb dieser Verfassungsorgane oder institutionellen Vetospieler kommen die parteilichen Vetospieler zum Zuge. Falls beispielsweise keine Partei allein über die Mehrheit im Parlament verfügt und es zu Koalitionen kommt, ist also jede Koalitionspartei als einzelner – parteilicher – Vetospieler zu werten.

Neben Parlamentskammern und Koalitionspartnern kommen als Vetospieler auch Präsidenten in Frage, wenn sie Vetorechte in der Gesetzgebung besitzen. Auch das Volk kann zum Vetospieler werden, wenn es – wie vor allem in der Schweiz, aber bei bestimmten Fragen beispielsweise auch in Australien oder Italien – die Möglichkeit hat, Gesetze per Referendum zu verwerfen. Schwieriger ist die Frage für Gerichte, vor allem Verfassungsgerichte, zu entscheiden, da diese zwar einerseits Gesetze ablehnen können, andererseits aber nicht von sich aus tätig werden dürfen und nur aus ganz bestimmten Gründen ihre Zustimmung verweigern dürfen. Dagegen kommen etwa Interessengruppen nicht als Vetospieler in Frage, weil sie keine formale Vetomacht haben.[19] Ihr Einfluss kann sich im Rahmen des Vetospielertheorems nur in der Position anderer – und zwar vermutlich vom Wahlerfolg abhängiger und insofern beeinflussbarer – Vetospieler geltend machen.

Welche Beziehungen bestehen nun zwischen Vetospielern und der Staatstätigkeit? Nach Tsebelis hängt die Möglichkeit einer Änderung des Status quo von drei Eigenschaften der jeweiligen Vetospieler ab: erstens ihrer Zahl, zweitens ihrer Kongruenz und drittens ihrer Kohäsion. Die Zahl der Vetospieler kann je nach Zeitpunkt und Politikfeld variieren. So variiert sie beispielsweise in Abhängigkeit von der Zahl der Parteien in einer Koalition. Nach Tsebelis – und in Übereinstimmung mit den oben angesprochenen Additivindizes – gilt, dass mit zunehmender Zahl von Vetospielern eine Veränderung des Status quo schwieriger wird.

Unter Kongruenz ist die Nähe bzw. Distanz der Policy-Positionen der einzelnen Vetospieler zu verstehen: Je weiter also z.B. zwei Koalitionspartner in einer Frage – oder allgemeiner: auf der Rechts-Links-Skala – voneinander entfernt sind, desto schwieriger wird es für sie sein, sich auf eine gemeinsame Position jenseits des Status quo zu einigen. Allgemeiner formuliert gilt demnach: Je geringer die Kongruenz zwischen den Vetospielern, desto unwahrscheinlicher wird eine Veränderung des Status quo. Wenn dagegen zwei institutionelle Vetospieler die gleiche Position vertreten, werden sie nur als einer gewertet (Tsebelis 1995: 313). Das bedeu-

19 Das gilt auch dann, wenn sich die Regierung verpflichtet, eine Regelung nur durchzusetzen, wenn sie die Zustimmung einer bestimmten Interessengruppe findet, da die Regierung die Verpflichtung nicht hätte eingehen müssen.

tet beispielsweise, dass eine zweite Kammer nicht als zusätzlicher Vetospieler gezählt wird, wenn ihre Mehrheit mit der in der ersten übereinstimmt, weil dann keine abweichenden inhaltlichen Positionen zu erwarten sind.

Das Kriterium der Kohäsion bezieht sich auf die Homogenität der Positionen innerhalb der Vetospieler, sofern sie kollektive Akteure sind. Hier unterstellt Tsebelis, dass es mit zunehmender Kohäsion schwieriger wird, sich vom Status quo zu entfernen. Zu dieser Einschätzung kommt er unter der Annahme, dass Entscheidungen innerhalb des Vetospielers mit Mehrheit getroffen werden (Tsebelis 1995: 299). Sollten Entscheidungen der kollektiven Akteure dagegen einstimmig fallen, dürfte im Gegenteil mit abnehmender Kohäsion eine Entfernung vom Status quo schwieriger werden, weil dann auch die Zustimmung des Individuums notwendig ist, das am meisten zu verlieren bzw. am wenigsten zu gewinnen hat (R. Zohlnhöfer 2001: 25; vgl. dazu auch die Überlegungen zu qualifizierten Mehrheiten bei Tsebelis 2000: 450ff.).[20] Die Kohäsion eines Vetospielers ist beispielsweise bei der Modellierung von innerparteilichen Flügeln oder Faktionen von Bedeutung. Einen Überblick über die Vetospielersituation in 21 OECD-Ländern zu Beginn des Jahres 2002 vermittelt Tabelle 1.[21]

Obwohl sich das Vetospielertheorem große Verdienste in der Weiterentwicklung der institutionenbezogenen Policy-Forschung erworben hat und es sich in einer Reihe von Studien, die sich auf die Gesetzgebungstätigkeit bezogen, empirisch bewährt hat (vgl. z.B. Kreppel 1997; Tsebelis 1999; Bawn 1999; R. Zohlnhöfer 2001), ist es doch nicht ohne Kritik geblieben, die eine Erweiterung nahe legt. Kritisiert wird vornehmlich, dass Tsebelis davon ausgeht, dass Vetospieler sich ausschließlich policy-orientiert verhalten (z.B. Scharpf 2000b: 781; R. Zohlnhöfer 2001: 35). Genau dies ist ja in der Dimension der Kongruenz angelegt. Tatsächlich können Vetospieler jedoch auch strategische Interessen verfolgen, die sie dazu verleiten, eine Einigung zu verhindern, die aufgrund der Policy-Positionen eigentlich möglich wäre.[22] Für diese Konstellation lässt sich Wagschals (1999) Unterscheidung von kompetitiven und koope-

20 Wenn innerhalb eines Vetospielers für die Veränderung des Status quo Einstimmigkeit erforderlich ist oder jedenfalls alle internen Gruppierungen zustimmen müssen, könnte man die einzelnen internen Vetogruppen ihrerseits ebenfalls als einzelne Vetospieler auffassen, anstatt die Dimension der Kohäsion heranzuziehen. Gegen diese Form der Modellierung spricht jedoch, dass damit die Anschaulichkeit verloren geht.

21 In einem neueren Beitrag hat Tsebelis (1999: 596-597) sein Theorem um zwei Gesichtspunkte erweitert, um es für eine quantitative Erklärung des Gesetzesoutputs in verschiedenen westeuropäischen Ländern zu verbessern. So sei erstens bei einem Regierungswechsel eine größere Veränderung des Status quo zu erwarten und zweitens müsse eine gewisse Mindestamtszeit einer Regierung gegeben sein, damit es überhaupt zu einer signifikanten Veränderung des Status quo kommen könne. Der erste Gesichtspunkt berücksichtigt also, dass sich bei einem Regierungswechsel die Vetospielerkonstellation ändert, sodass es dann auch wieder einen Zustand geben kann, der von allen Vetospielern dem Status quo vorgezogen wird; auf diese Weise wird also quasi die Parteiendifferenzhypothese ins Vetospielertheorem einbezogen, die ja gerade Ausgangspunkt der hier vorgelegten Überlegungen ist.

22 Ein Beispiel aus der deutschen Wirtschaftspolitik mag dies veranschaulichen: So scheiterte die geplante große Steuerreform der christlich-liberalen Koalition 1997 im Bundesrat, obwohl inhaltlich eine Einigung zwischen Regierung und oppositioneller Bundesratsmehrheit durchaus möglich gewesen wäre. Eine Einigung konnte aber nicht erreicht werden, weil sich alle beteiligten Parteien von einer Nicht-Entscheidung bessere Wahlchancen versprachen als von einer Einigung zu den Bedingungen des Gegenspielers (R. Zohlnhöfer 2001: 265).

rativen Vetospielern nutzen. Kooperative Vetospieler, etwa Koalitionspartner, sind prinzipiell an einer Einigung interessiert. Dagegen hängt bei kompetitiven Vetospielern, also etwa einer oppositionellen Mehrheit in einer zweiten Kammer, eine Zustimmung zu einer Änderung des Status quo zwar auch von inhaltlichen Erwägungen ab. Hinzu kommt für diese Akteure aber eine strategische, vom Parteienwettbewerb dominierte Orientierung, die auf die (wahlpolitischen) Konsequenzen einer Einigung bzw. Nicht-Einigung für die beiden Seiten abhebt. Insofern sollte eine Einigung zwischen kompetitiven Vetospielern ceteris paribus schwerer fallen als ein Kompromiss zwischen kooperativen Vetospielern.

Tabelle 1: Vetospieler in 21 OECD-Ländern (Stand: 1.1.2002)

	Regierungsparteien	starke zweite Kammer[a]	Mehrheitsverhältnisse in zweiter Kammer[b]	Kongruenz[c]	Präsident als Vetospieler	starke direkte Demokratie[d]
Australien	LP; NP	+	nü	8,11	–	(+)
Belgien	VLD; PRL-FDF-MCC; PS; Ecolo; SP; Agalev	+	ü	21,47	–	–
Dänemark	Venstre; KF	–	–	38,14	–	–
Deutschland	SPD; Grüne	+	nü	48,91	–	–
Finnland	SDP; KOK; VAS; VIHR; SFP	–	–	29,51	–	–
Frankreich	PS; PCF; Verts; MDC; PRS	–	–	19,57	–	–
Griechenland	PASOK	–	–	0	–	–
Großbritannien	Labour Party	–	–	0	–	–
Irland	FF; PD	–	–	14,82	–	–
Italien	FI; AN; Lega Nord; CCD/CDU; Nuovo PSI	+	ü	52,63	–	(+)
Japan	LDP; Komeito	+	ü	...[e]	–	–
Kanada	LP	–	–	0	–	–
Neuseeland	Labour; Alliance	–	–	11,55	–	–
Niederlande	PvdA; D66; VVD	+	ü	29,31	–	–
Norwegen	KFP; Höyre; Venstre	–	–	21,72	–	–
Österreich	ÖVP; FPÖ	–	–	15,28	–	–
Portugal	PS	–	–	0	–	–
Schweden	SAP	–	–	0	–	–
Schweiz	FDP; CVP; SVP; SPS	+	ü	52,12	–	+
Spanien	PP	–	–	0	–	–
USA	Republicans	+	nü	15,44	+	–

a In Anlehnung an Lijphart (1999: 212). Zweite Kammern, die bei Lijphart mindestens den Indexwert 3 erhalten, werden als stark betrachtet.
b ü = übereinstimmend, nü = nicht übereinstimmend
c Betrachtet wird der Abstand zwischen den programmatisch am weitesten entfernten Vetospielern (Koalitionspartner, Kammern, Präsident), gemessen anhand der Party-Manifesto-Daten von Budge u.a. (2001). Die Werte liegen zwischen 200 (maximale Distanz) und 0 (maximale Kongruenz). Es wurde die Variable „Right_Left" für die letzte verfügbare Wahl verwendet.
d auf zentralstaatlicher Ebene
e aufgrund der Neuformierung von Parteien keine Daten verfügbar

Im Zusammenhang mit der Bedeutung des Parteienwettbewerbs für die Wirkung von Vetospielern ist noch ein weiterer Punkt zu diskutieren: Tsebelis geht von policy-orientierten Vetospielern aus und kommt deshalb zu dem Schluss, dass eine Veränderung des Status quo umso leichter ist, je weniger Vetospieler zu berücksichtigen sind. Insofern ist zu erwarten, dass die regierende Partei in einem Westminstersystem zwar einerseits aufgrund der dort gegebenen hohen Machtkonzentration Reformen ohne größere Konzessionen durchsetzen kann; andererseits muss sie diese Reformen dann jedoch auch allein vor der Wählerschaft verantworten. Bei Politiken, die in der Wählerschaft nicht beliebt sind, könnte dies die Bereitschaft der Regierungspartei erheblich schmälern, solche Reformen in Angriff zu nehmen (Pierson 1994), während ein System mit vielen Vetospielern die Möglichkeit bietet, die Verantwortung für unpopuläre Reformen zwischen diesen Vetospielern zu verteilen und so möglicherweise auch ihre Akzeptanz zu erhöhen. Insofern ist für diese Policies kein linearer Effekt von Vetospielern zu erwarten: In Systemen mit wenigen Vetospielern können solche Reformen zwar leichter und in größerem Umfang durchgesetzt werden, beinhalten für den Reformer aber ein höheres elektorales Risiko; dagegen dürften Reformen in Systemen mit vielen Vetospielern zwar weniger elektorale Gefahren für die Regierungsparteien mit sich bringen, allerdings zum Preis, dass kaum sehr weitreichende oder einseitige Maßnahmen verabschiedet werden können (Bonoli 2001).

5. Institutionelle Beschränkungen jenseits des Entscheidungsprozesses: Der Einfluss von Föderalismus, Zentralbanken und europäischer Integration

Regierungsparteien können nicht nur durch Vetospieler im Entscheidungsprozess gehindert werden, ihre präferierte Politik durchzusetzen; vielmehr können ihnen auch bestimmte Kompetenzen und Ressourcen von der Verfassung oder anderweitig vorenthalten sein, ohne die sie ihre angestrebten Ziele nicht oder nur schwer erreichen können. Zu nennen sind in diesem Zusammenhang etwa föderalistische Arrangements, die subnationalen Gebietskörperschaften bestimmte Kompetenzen und Ressourcen reservieren, die Einbindung in supranationale Organisationen mit eigenständigen Rechtssetzungsbefugnissen, in erster Linie die Europäische Union, sowie von Weisungen der Regierung unabhängige Institutionen, denen einzelne Politikfelder übertragen sind, wobei hierbei vor allem unabhängigen Zentralbanken eine wichtige Rolle zufällt. Darüber hinaus ließen sich noch die Systeme der Lohnbildung nennen, die in den meisten Ländern auf Verhandlungen zwischen den Tarifparteien beruhen, die teilweise unter Hinzuziehung des Staates oder im Schatten seiner Hierarchie stattfinden (vgl. Kittel i.d.B.).

Wie sich Föderalismus auf die Staatstätigkeit auswirkt, ist bisher auch theoretisch noch nicht vollständig klar (Castles 2000: 193-194). Ein Grund hierfür dürfte in der Tatsache liegen, dass Föderalismus zwar unstreitig Einfluss auf die Staatstätigkeit ausübt, dieser Einfluss aber in Abhängigkeit vom Föderalismustyp und anderen Kontextbedingungen stark variiert (Pierson 1995; Obinger 2002).[23] Neben der

23 Unter den OECD-Ländern werden üblicherweise Australien, Deutschland, Kanada, Österreich, die Schweiz und die USA sowie seit 1993 Belgien zu den föderalen Ländern gezählt.

Existenz zumeist starker zweiter Kammern, die aber eher den zentralstaatlichen Entscheidungsprozess prägen und deshalb als Vetospieler in diesem Entscheidungsprozess zu konzeptualisieren sind,[24] besteht ein prinzipiell gemeinsames zentrales Merkmal föderaler Systeme darin, dass exekutive und legislative Kompetenzen zwischen Zentralstaat und Gliedstaaten verteilt sind. Allerdings müssen föderale Systeme danach unterschieden werden, ob die Aufgabenbereiche funktional nach Kompetenzarten verteilt werden (kooperativer Föderalismus), also der zentralstaatlichen Ebene die Gesetzgebungskompetenz in wesentlichen Teilen übertragen ist, während die Gliedstaaten die Ausführung übernehmen; oder ob die Kompetenzverteilung nach Politikfeldern erfolgt, die dann jeweils einer Ebene zur Gesetzgebung und Verwaltung übertragen sind (kompetitiver oder dualer Föderalismus). In beiden Fällen ergeben sich hieraus mitunter erhebliche Handlungsbeschränkungen für die zentralstaatliche Regierung (und die sie führenden Parteien), da im ersten Fall die Politikverflechtung (Scharpf u.a. 1976) häufige Verhandlungen zwischen den territorialen Akteuren erzwingt (Braun 2001: 626), während die Regierung beim dualen Föderalismus unter Umständen, nämlich wenn sie im fraglichen Politikfeld die Kompetenzen nicht besitzt, zur Untätigkeit verdammt ist oder sich erst in langwierigen Verhandlungen die entsprechenden Kompetenzen sichern muss. Dies kann erhebliche Auswirkungen auf die Staatstätigkeit haben, wie sich am Beispiel der zunächst nur äußerst langsamen Entwicklung der schweizerischen Sozialpolitik zeigen lässt. So konnten die sozialen Sicherungssysteme in der Schweiz nicht zuletzt deshalb erst später als in den meisten anderen westeuropäischen Ländern eingeführt werden, weil dem Bundesrat die Gesetzgebungskompetenz in diesem Bereich fehlte, die er sich erst mittels Verfassungsänderungen erkämpfen musste (Obinger 1998: 246-247).[25] Andererseits bieten gliedstaatliche Gesetzgebungskompetenzen den Parteien auch die Möglichkeit, innovative Politiken, die auf der Ebene des Zentralstaates aus Gründen des Parteienwettbewerbs oder der Mehrheitsverhältnisse (noch) nicht durchsetzbar sind, auf der „unteren“ Ebene auszuprobieren.

Die eigenen Gesetzgebungskompetenzen der Gliedstaaten können aber sogar dann noch Auswirkungen haben und den Handlungsspielraum der zentralstaatlichen Regierung einschränken, wenn der Bund das Recht zur Gesetzgebung inzwischen erhalten hat. Das gilt vor allem dann, wenn es auf der Ebene der Gliedstaaten vor der Übertragung der legislativen Kompetenzen auf den Bund bereits zu Regelungen gekommen ist, die zu mit hohen Kosten verbundenen Investitionen geführt haben. Dann wird die zentralstaatliche Gesetzgebung die gliedstaatlichen Regelungen auf die eine oder andere Weise berücksichtigen müssen (vgl. z.B. Pierson 1995: 456; Obinger 1998: 247-248).

Neben der Frage der Kompetenzverteilung und ihrer Wirkung auf die Staatstätigkeit ist jedoch auch die Frage der Ressourcenverteilung zwischen zentralstaatli-

24 Die Mitglieder der zweiten Kammern werden dabei in föderalen Staaten in der Regel direkt oder indirekt durch das Volk auf Basis der Gliedstaaten bestimmt; Ausnahmen hiervon sind vor allem Kanada, wo die Mitglieder der zweiten Kammer von der Bundesregierung ernannt werden, und – besonders folgenreich – die Bundesrepublik, wo die Bundesratsmitglieder von den Landesregierungen entsandt werden und es so bereits über die zweite Kammer zu einer Verflechtung zwischen Bundes- und Länderebene kommt.

25 Ähnliches lässt sich für die USA, Kanada und Australien zeigen (vgl. Obinger/Wagschal 2000: 372).

cher und gliedstaatlicher Ebene von erheblicher Bedeutung für die Auswirkungen des Föderalismus auf die (wirtschafts- und sozialpolitische) Staatstätigkeit. Francis Castles (2000: 192) hält diese Frage sogar für wichtiger als die der politischen Strukturen. So kontrollieren die Parteien, die die zentralstaatliche Regierung stellen, nur einen Teil der staatlichen Steuereinnahmen und des gesamtstaatlichen Budgets und sie können deshalb bestimmte Programme, die mit erheblichen zusätzlichen Ausgaben verbunden sind, nicht, oder wenigstens nicht alleine, durchsetzen. Hier kann erneut auf die Sozialpolitik verwiesen werden, die in den meisten föderalen Staaten, insbesondere in dualen Föderalismen, am kurzen Zügel geführt wurde.[26] Dies lag beispielsweise in Australien und der Schweiz nicht zuletzt an zunächst fehlenden steuerpolitischen Kompetenzen des Bundes (Obinger/Wagschal 2000: 372).

Doch die Tatsache, dass die zentralstaatlichen Regierungen föderaler Staaten über einen kleineren Anteil am gesamtstaatlichen Budget verfügen als die Regierungen von Einheitsstaaten, schränkt die Möglichkeiten der Bundesregierungen im Föderalismus noch auf andere Weise – und unabhängig vom Föderalismustyp – ein, und sie führt erneut zu der Erwartung, dass Föderalstaaten einen „schlankeren Staat" besitzen als Einheitsstaaten. Eine effektive Koordination der Wirtschaftspolitik dürfte im Föderalismus nämlich schwieriger zu erreichen sein als in Einheitsstaaten (vgl. Lancaster/Hicks 2000: 229). So tun sich zentralstaatliche Regierungen in föderalen Systemen beispielsweise schwer, eine aktive Fiskalpolitik durchzusetzen, weil es einerseits kaum möglich ist, kurzfristig alle Gebietskörperschaften auf einen gemeinsamen antizyklischen Kurs in der Finanzpolitik zu verpflichten, sodass also die antizyklische Nachfragepolitik hauptsächlich vom Zentralstaat zu tragen ist, andererseits aber der Prozentsatz, um den der zentralstaatliche Haushalt erhöht werden müsste, um eine gegebene Veränderung der gesamtwirtschaftlichen Nachfrage zu erreichen, in föderalen Systemen wesentlich höher liegt als in zentralisierten Staaten (Scharpf 1987: 264; Braun 2001). Allerdings ist hier einschränkend darauf hinzuweisen, dass Föderalismus und fiskalische Dezentralisierung zwar korrelieren, diese Korrelation aber keineswegs perfekt ist; vielmehr gibt es beispielsweise auch fiskalisch dezentralisierte Einheitsstaaten (Castles 2000: 179ff.; Keman 2000; Lijphart 1999: 189), für die dann aber die gleiche Logik gelten müsste.

Interessanterweise zeigt sich bei Untersuchungen zum Einfluss von Föderalismus und Dezentralisierung auf bestimmte makroökonomische Performanzindikatoren auch tatsächlich, dass sich zwar keine signifikanten Zusammenhänge zwischen diesen Variablen und Föderalismus, wohl aber ein Einfluss von fiskalischer (De-)Zentralisierung auf einige makroökonomische Größen findet (Castles 2000). Weiterhin ist bemerkenswert, dass die Ergebnisse der entsprechenden Analysen eher darauf hinweisen, dass föderale bzw. dezentralisierte Staaten tendenziell bessere makroökonomische Resultate erzielen als Einheitsstaaten (vgl. die Beiträge in Wachendorfer-Schmidt 2000). Dies scheint eher einer Lehrmeinung Recht zu geben, die Föderalismus als für die gesellschaftliche Wohlfahrt förderlich ansieht, weil sich durch den Föderalismus, speziell durch seine ausgabeneinschränkende Wirkung und den

26 Als Gegenbeispiele fungieren natürlich Deutschland und Österreich, die mit einem ausgebauten Sozialstaat ausgestattet sind, der von jeher auf der zentralstaatlichen Ebene angesiedelt war und überwiegend mit Sozialversicherungsbeiträgen finanziert wurde.

Wettbewerb zwischen den Gliedstaaten, die Marktkräfte besser entfalten können (Lancaster/Hicks 2000: 229).

Föderalismus kann weiterhin indirekte Effekte haben, indem er Einfluss auf die Akteurskonstellation in einem politischen System ausübt. Von zentraler Bedeutung ist dabei erstens, dass die Zahl der Akteure in föderalen Systemen schon dadurch höher als in Einheitsstaaten ist, dass die Gliedstaaten und ihre Regierungen eigenständig handeln und sogar institutionelle Eigeninteressen verfolgen können. Dadurch tritt neben die Frage nach dem Inhalt einer Regelung die Frage danach, wer welche Regelungs- und Verwaltungsbefugnisse erhalten soll, was erneut erhebliche Rückwirkungen auf die Staatstätigkeit haben kann (Pierson 1995: 455ff.). Zweitens modifiziert Föderalismus auch die Kräfteverhältnisse zwischen unterschiedlichen gesellschaftlichen Gruppen. Insbesondere Gewerkschaften und sozialdemokratische Parteien können hiervon benachteiligt sein. Dafür ist zum einen ein potenzieller Standortwettbewerb zwischen den Gliedstaaten verantwortlich, der – ähnlich dem weiter oben diskutierten, von der Globalisierung induzierten Standortwettbewerb – bestimmte Politiken mit der Abwanderung von Kapital und Arbeitsplätzen zu bestrafen droht; zum anderen kann Föderalismus aber auch zu einer Veränderung der Interessenkoalitionen führen, da die institutionelle Fragmentierung auf der Ebene der organisierten Interessen nachvollzogen wird: Statt zu Konflikten zwischen Unternehmern und Arbeitern kommt es dann beispielsweise zu Auseinandersetzungen zwischen armen und reichen Regionen (Pierson 1995: 452ff.; Swank 2001: 211).

Aber Föderalismus ist nicht die einzige Institution, wodurch Regierungen auch außerhalb des Entscheidungsprozesses in ihrer Handlungsfähigkeit eingeschränkt sein können. So können einzelne Politikfelder oder -instrumente der Verfügungsgewalt der Regierung, und damit mitunter eben auch der regierenden Parteien, entzogen und in die Verantwortung weisungsunabhängiger Institutionen gelegt sein (vgl. Thatcher/Stone Sweet 2002). Das klassische, wenn auch nicht das einzige Beispiel hierfür ist eine unabhängige Notenbank.[27] Die Unabhängigkeit der Zentralbank impliziert, dass die Regierungen mit der Geldpolitik einen Politikbereich nicht kontrollieren können, der von zentraler Bedeutung für das Erreichen ihrer stabilitätspolitischen Ziele ist. In aller Regel sind unabhängige Zentralbanken auf die Erreichung von Preisstabilität verpflichtet – ein Auftrag, den sie insgesamt sehr erfolgreich ausführen, ist doch die Inflationsrate in Ländern mit unabhängiger Zentralbank signifikant niedriger als in Ländern mit abhängiger Notenbank (vgl. Busch 1995; Anderson 2001).[28]

27 Es gibt eine Vielzahl weiterer Institutionen, die unabhängig von der Regierung bestimmte Bereiche regulieren, beispielsweise im Bereich der Telekommunikation. Ihre gesamtwirtschaftliche Bedeutung ist aber in keinem Fall vergleichbar mit der einer Zentralbank.

28 Einer anderen Sichtweise zufolge spielt die Unabhängigkeit einer Zentralbank dagegen kaum eine Rolle. Vielmehr hätten alle Zentralbanken – unabhängig vom Grad ihrer Autonomie – Präferenzen und Vorstellungen von der Funktionsweise der Ökonomie, die denen rechter Parteien entsprächen (Cusack 2001). Für meine Argumentation ist dieses Argument allerdings von begrenzter Bedeutung: Da unabhängige Zentralbanken unbestritten eine Politik der Preisstabilität verfolgen, die eher mit den Vorstellungen rechter Parteien korrespondieren, und rechte Parteien entsprechend auch abhängige Zentralbanken dazu veranlassen werden, eine solche Politik zu betreiben, bleibt nur der Fall, in dem linke Regierungen einer formal abhängigen Zentralbank gegenüberstehen. Cusack würde – im Gegensatz zum *mainstream* der Forschung – davon ausgehen, dass es in dieser Konstellation zu einem Konflikt

Allerdings ist für diese Erfolge in der Inflationsbekämpfung – wenigstens potenziell – ein Preis zu bezahlen: Da die Regierung die Geldpolitik nicht kontrolliert, kann sie diese auch nicht zu beschäftigungspolitischen Zwecken einsetzen. Damit sind die Handlungsoptionen einer Regierung, die sich ehrgeizige beschäftigungspolitische Ziele gesetzt hat, erheblich eingeschränkt. Wenn es gar zur Kollision von restriktiver Geld- und expansiver Lohnpolitik kommt, kann die Regierung mit den ihr verbliebenen Mitteln, etwa der Finanzpolitik, Vollbeschäftigung nicht mehr sicherstellen, wie Fritz Scharpf (1987) in seiner klassischen Studie zur sozialdemokratischen Krisenpolitik der 70er Jahre gezeigt hat (vgl. auch Hall/Franzese 1998; Iversen 1998). Insoweit ist also ihr Steuerungspotenzial erheblich verringert, zumal die Zentralbank durch ihre Zinspolitik in gewissen Grenzen Regierungen sogar zu einer restriktiveren Fiskalpolitik zwingen kann. Unter sonst gleichen Bedingungen dürfte also eine unabhängige Zentralbank die stabilitätspolitischen Unterschiede von Regierungen verschiedener parteipolitischer Couleur erheblich verringern.

Im Rahmen einer Diskussion institutioneller Beschränkungen jenseits des Entscheidungsprozesses ist schließlich auch die Europäische Integration zu diskutieren, die ebenfalls zumindest potenziell Parteiendifferenzen einschränken könnte. Dies gilt schon allein deshalb, weil die Verflechtung der Märkte innerhalb Europas im Vergleich zur Integration der Weltmärkte wesentlich stärker ausgeprägt ist. Dies ist darauf zurückzuführen, dass zwischen den Mitgliedstaaten der EG/EU ein Binnenmarkt besteht. So sind insbesondere die vier Freiheiten für Waren, Dienstleistungen, Arbeit und – von besonderer Bedeutung – Kapital seit 1993 vollständig zu gewährleisten. Dies hat – vom theoretischen Standpunkt betrachtet – die gleichen Folgen wie die Globalisierung: Standortwettbewerb mit Steuersenkungswettlauf, Kürzungsdruck auf den Wohlfahrtsstaat und Deregulierung. Allerdings wird, so jedenfalls die in der Literatur überwiegend anzutreffende Annahme, die Fähigkeit nationalstaatlicher Regierungen, eine eigenständige Wirtschaftspolitik zu betreiben, durch die europäische Einigung wegen der stärkeren Verflechtung „viel stärker beschränkt, als dies die Anpassungszwänge des globalen Wettbewerbs erfordern würden" (Scharpf 1999: 46), ja, der Binnenmarkt ist geradezu ein „Laboratorium der Globalisierung" (Kreile 1999: 608).

Doch die europäische Integration verschärft nicht nur die Zwänge der Standortkonkurrenz. Vielmehr wird die nationalstaatliche Handlungsfähigkeit auch durch zusätzliche Aspekte der Europäischen Integration eingeschränkt, die damit zu tun haben, dass die Mitgliedstaaten Kompetenzen an die Union abgetreten haben. Dies gilt besonders für den Bereich der Regulierung. Hier wird meist eine Asymmetrie zugunsten der marktschaffenden negativen Integration und zulasten der marktregulierenden positiven Integration konstatiert. Insbesondere durch die Rechtsprechung des Europäischen Gerichtshofs, aber auch durch die Politik der Europäischen Kommission, erhielt das Wettbewerbsrecht Vorrang vor nationalen Normierungen, die in der Perspektive des EuGH als Wettbewerbsbeschränkungen erscheinen. Dies führte dazu, dass die nationalen Regierungen unter Druck gerieten oder gar ge-

zwischen Geld- und Fiskalpolitik kommt. Für meine Argumentation bedeutet dies, dass die Geldpolitik generell, und nicht nur im Fall unabhängiger Notenbanken, der Kontrolle der Regierung entzogen wäre. Mit Beginn der Europäischen Währungsunion gilt aber ohnehin, dass nun die meisten Industrieländer unabhängige Notenbanken haben und insoweit bereits institutionell keine Chance parteipolitischer Unterschiede in diesem Politikfeld besteht.

zwungen wurden, Liberalisierungen durchzuführen und den staatlichen Einfluss zurückzunehmen – angefangen bei der Telekommunikation und dem Strommarkt über die Verkehrsmärkte bis hin zum vom EuGH erzwungenen Wettbewerb in Bereichen des Gesundheitswesens (Laaser/Soltwedel u.a. 1993; S. Schmidt 1998; Leibfried/Pierson 2000: 280ff.; Scharpf 1999: 60ff.).

Auch in anderen Bereichen lassen sich Einschränkungen der nationalstaatlichen wirtschaftspolitischen Entscheidungsfreiheit auf die EU zurückführen. Dies gilt in besonderer Weise für die Währungspolitik. So war es bereits für die Mitglieder im Europäischen Währungssystem nicht mehr ohne Zustimmung ihrer Partnerländer möglich, ihre Währungen abzuwerten, sodass kompetitive Abwertungen jedenfalls erschwert wurden. Zudem übernahm die D-Mark für das EWS die Rolle einer Leitwährung. Dies bedeutete, dass sich die übrigen Länder zwischen einer Anpassung ihrer Geldpolitik an die restriktive Politik der Bundesbank und einer eigenständigen Geldpolitik auch um den Preis wiederholter Abwertungen entscheiden mussten (Laaser/Soltwedel u.a. 1993: 25). Noch stärker als durch das EWS ist die geldpolitische Souveränität durch die seit 1999 bestehende Währungsunion von 12 EU-Ländern eingeschränkt. Dadurch stehen allen beteiligten Regierungen zwei wirtschaftspolitische Instrumente weniger zur Verfügung. Zum einen kann von diesem Zeitpunkt an eine Abwertung auch als ultima ratio bei asymmetrischen exogenen Schocks nicht mehr eingesetzt werden, zum anderen ist es den Regierungen in Zukunft auch theoretisch nicht mehr möglich, eine autonome Geldpolitik zu verfolgen. Die Geldpolitik ist vielmehr einer unabhängigen Zentralbank überantwortet, deren Konstitution vor allem bezüglich ihrer Unabhängigkeit und der Verpflichtung auf das Ziel der Preisstabilität jener der Deutschen Bundesbank nachgebildet ist.

Als weitere Einschränkung der wirtschaftspolitischen Handlungsfreiheit der nationalstaatlichen Regierungen können zudem die die Währungsunion begleitenden fiskalischen Regelungen gesehen werden. So schmälerte das fiskalische Konvergenzkriterium des Maastrichter Vertrages die haushaltspolitische Bewegungsfreiheit der Regierungen deutlich. Durch den 1997 beschlossenen Stabilitäts- und Wachstumspakt wurde der Versuch unternommen, diese Einschränkung stärker zu institutionalisieren, was den Druck auf die Regierungen der Mitgliedstaaten zusätzlich erhöhen sollte, eine orthodoxe Fiskalpolitik zu betreiben.

Auch wenn es bisher nur eine begrenzte Zahl empirischer Studien gibt, die die Effekte der europäischen Integration auf die nationalstaatliche Handlungsfähigkeit systematisch überprüfen (vgl. z.B. Enderlein 2001), lässt sich doch kaum bestreiten, dass sie die Wirksamkeit einiger wirtschaftspolitischer Instrumente durch die Verschärfung des Standortwettbewerbs, die Liberalisierung bisher geschützter Sektoren, die Verunmöglichung von Abwertungen, die Verpflichtung der Geldpolitik auf Preisstabilität und die Zügelung der Fiskalpolitik begrenzt. Damit muss in der Tendenz erneut eine Abschwächung möglicher Parteiendifferenzen erwartet werden. Auf der anderen Seite wird Europa von einigen Wissenschaftlern und Politikern aber auch als Chance begriffen, sich vor unerwünschten Folgen der Globalisierung zu schützen und in einigen Bereichen zu supranationalen Re-Regulierungen zu kommen. So wird in der Forschung bereits seit einiger Zeit darauf hingewiesen, dass die Europäische Integration keineswegs auf das Projekt der Marktschaffung begrenzt bleiben muss, sondern es auch ein (sozialdemokratisches) Gegenmodell eines regulated capitalism auf europäischer Ebene gibt (Genschel 1998; Hooghe/Marks 1999). Diskutiert werden solche Politiken beispielsweise bei der Harmonisierung der Steuerpolitik (Dehejia/Genschel 1999), der Beschäftigungs- (Aust 2000) und der regulativen Sozialpolitik (Falkner 2000). Insbesondere, als Ende der 90er Jahre die meisten europäischen Regierungen von sozialdemokratischen Parteien geführt wurden, wurde ein solches Modell auch unter parteipolitischen Aspekten diskutiert (vgl. z.B. Merkel 2000b: 117ff.). Da diese Politiken aber nur sehr langsam Gestalt gewinnen, ist es sicherlich noch zu früh, um entscheiden zu können, ob sich unterschiedliche parteipolitische Konstellationen im Europäischen Rat in unterschiedliche Policies übersetzen lassen und sich somit zukünftig Parteiendifferenzen womöglich auf supranationaler Ebene manifestieren.

6. Zusammenfassung

Die Ausgangsfrage des vorliegenden Beitrags war, welche politischen Variablen zur Erklärung der wirtschafts- und sozialpolitischen Staatstätigkeit in den OECD-Ländern beitragen können. Dabei wurde gezeigt, dass mit guten Gründen argumentiert werden kann, dass Regierungen unterschiedlicher parteipolitischer Couleur auch unterschiedliche Politiken verfolgen wollen: Ihre Wählerschaft hat unterschiedliche ökonomische Interessen und Parteien haben unterschiedliche Vorstellungen über wirtschaftspolitische Prioritäten und Wirkungszusammenhänge. Auf der anderen Seite sorgen die sich ähnlicher werdenden Wählerschaften und der Parteienwettbewerb, der außerhalb von Krisenzeiten eine Prämie für inkrementelle Reformen vergibt, dafür, dass die programmatischen Unterschiede der Parteien begrenzt bleiben.

Doch selbst wenn Parteien unterschiedliche Politiken verfolgen wollen, ist keineswegs gesichert, dass sie dies auch können. Insbesondere die ökonomische Denationalisierung, vor allem in Verbindung mit der Europäisierung, dürfte die Handlungsfreiheit der Regierungen in der Wirtschafts- und Sozialpolitik deutlich eingeschränkt haben, ohne den Parteien allerdings alle Möglichkeiten genommen zu haben, ihre jeweiligen Präferenzen umzusetzen. Da zudem die Herausforderungssituationen und Kontextbedingungen in unterschiedlichen Ländern sehr verschieden sind, ist keine einheitliche Reaktion auf gleichgerichtete Herausforderungen zu erwarten – auch nicht bei Parteien der gleichen Couleur. Schließlich können auch institutionelle Hindernisse die Parteien daran hindern, ihre Programme vollständig umzusetzen. Im Entscheidungsprozess können Vetospieler der Durchsetzung präferierter Politiken entgegenstehen und Gliedstaaten, supranationale Organisationen und weisungsunabhängige Institutionen können Kompetenzen oder Ressourcen besitzen, ohne die eine Regierung ihre Ziele ebenfalls nicht erreichen kann.

Insgesamt gibt es gute Gründe anzunehmen, dass die hier diskutierten politischen Variablen einen Einfluss auf die wirtschafts- und sozialpolitischen Outputs und Outcomes haben. Allerdings sollte der vorliegende Beitrag auch deutlich gemacht haben, dass diese Variablen nicht zu allen Zeiten und in allen Ländern in die gleiche Richtung wirken, sondern dass die Effekte einzelner Variablen abhängig sind von den jeweiligen Kontexten. Das macht die Analyse schwieriger, aber es bedeutet nicht, dass der Einfluss politischer Variablen nicht bedeutsam ist.

Literatur

Anderson, Liam, 2001: The Implications of Institutional Design for Macroeconomic Performance. Reassessing the Claims of Consensus Democracy, in: Comparative Political Studies 34, 429-452.

Aust, Andreas, 2000: „Dritter Weg" oder „Eurokeynesianismus"? Zur Entwicklung der Europäischen Beschäftigungspolitik seit dem Amsterdamer Vertrag, in: Österreichische Zeitschrift für Politikwissenschaft 29, 269-283.

Bawn, Kathleen, 1999: Money and Majorities in the Federal Republic of Germany: Evidence for a Veto Players Model of Government Spending, in: American Journal of Political Science 43, 707-736.

Beyme, Klaus von, 1993: Die politische Klasse im Parteienstaat, Frankfurt a.M.

Beyme, Klaus von, 1997: Der Gesetzgeber. Der Bundestag als Entscheidungszentrum, Opladen.

Beyme, Klaus von, 2000: Parteien im Wandel. Von den Volksparteien zu den professionalisierten Wählerparteien, Wiesbaden.

Blais, André/Blake, Donald/Dion, Stéphane, 1993: Do Parties Make a Difference? Parties and the Size of Government in Liberal Democracies, in: American Journal of Political Science 37, 40-62.

Blanke, Bernhard/Jürgens, Ulrich/Kastendiek, Hans, 1975: Kritik der Politischen Wissenschaft 2. Analysen von Politik und Ökonomie in der bürgerlichen Gesellschaft, Frankfurt a.M./New York.

Boix, Carles, 1998: Political Parties, Growth and Equality, Cambridge.

Bonoli, Giuliano, 2001: Political Institutions, Veto Points, and the Process of Welfare State Adaptation, in: *Paul Pierson* (Hrsg.), The New Politics of the Welfare State, Oxford/New York, 238-264.

Braun, Dietmar, 2001: Intergouvernementale Beziehungen und Fiskalpolitik in Bundesstaaten, in: Politische Vierteljahresschrift 42, 624-654.

Budge, Ian/Robertson, David, 1987: Comparative Analyses of Post-War Election Programmes: Do Parties Differ and How?, in: *Ian Budge/David Robertson/Derek Hearl* (Hrsg.), Ideology, Strategy and Party Change: Spatial Analyses of Post-War Election Programmes in 19 Democracies, Cambridge u.a., 388-416.

Budge, Ian/Keman, Hans, 1990: Parties and Democracy. Coalition Formation and Government Functioning in Twenty States, Oxford.

Budge, Ian/Klingemann, Hans-Dieter/Volkens, Andrea/Bara, Judith/Tanenbaum, Eric, 2001: Mapping Policy Preferences. Estimates for Parties, Electors, and Governments 1945-1998, Oxford u.a.

Busch, Andreas, 1995: Preisstabilitätspolitik. Politik und Inflationsraten im internationalen Vergleich, Opladen.

Cameron, David R., 1978: The Expansion of the Public Economy: A Comparative Analysis, in: American Political Science Review 72, 1243-1261.

Castles, Francis G., 2000: Federalism, Fiscal Decentralization and Economic Performance, in: *Ute Wachendorfer-Schmidt* (Hrsg.), Federalism and Political Performance, London/New York, 177-195.

Cusack, Thomas R., 2001: Partisanship in the Setting and Coordination of Fiscal and Monetary Policies, in: European Journal of Political Research 40, 93-115.

Dalton, Russell J., 1996: Citizen Politics. Public Opinion and Political Parties in Advanced Western Democracies, Chatham.

Dehejia, Vivek H./Genschel, Philipp, 1999: Tax Competition in the European Union, in: Politics and Society 27, 403-430.

Detterbeck, Klaus, 2002: Der Wandel politischer Parteien in Westeuropa. Eine vergleichende Untersuchung von Organisationsstrukturen, politischer Rolle und Wettbewerbsverhalten von Großparteien in Dänemark, Deutschland, Großbritannien und der Schweiz, 1960-1999, Opladen.

Downs, Anthony, 1968: Ökonomische Theorie der Demokratie, Tübingen.

Enderlein, Henrik, 2001: „Adapt a Winning Team!" Die Auswirkungen der Europäischen Wirtschafts- und Währungsunion auf Konjunkturzyklen und die wirtschaftspolitischen Institutionen: Österreich im Vergleich, in: Österreichische Zeitschrift für Politikwissenschaft 30, 257-274.

Esping-Andersen, Gøsta, 1990: The Three Worlds of Welfare Capitalism, Princeton.
Falkner, Gerda, 2000: EG-Sozialpolitik nach Verflechtungsfalle und Entscheidungslücke: Bewertungsmaßstäbe und Entwicklungstrends, in: Politische Vierteljahresschrift 41, 279-301.
Falter, Jürgen W./Klein, Markus/Schumann, Siegfried, [2]1994: Politische Konflikte, Wählerverhalten und die Struktur des Parteienwettbewerbs, in: *Oscar W. Gabriel/Frank Brettschneider* (Hrsg.), Die EG-Staaten im Vergleich. Strukturen, Prozesse, Politikinhalte, Opladen, 194-220.
Freitag, Markus, 2001: Politische Grundlagen glaubwürdiger Wirtschaftspolitik: Österreich und die Schweiz im internationalen Vergleich, in: Österreichische Zeitschrift für Politikwissenschaft 30, 275-290.
Ganghof, Steffen, 2000: Adjusting National Tax Policy to Economic Internationalization. Strategies and Outcomes, in: *Fritz W. Scharpf/Vivien Schmidt* (Hrsg.), Welfare and Work in the Open Economy. Vol. 2: Diverse Responses to Common Challenges, Oxford u.a., 597-645.
Garrett, Geoffrey, 1998: Partisan Politics in the Global Economy, Cambridge.
Garrett, Geoffrey/Mitchell, Deborah, 2001: Globalization, Government Spending and Taxation in the OECD, in: European Journal of Political Research 39, 145-177.
Genschel, Philipp, 1998: Markt und Staat in Europa, in: Politische Vierteljahresschrift 39, 55-79.
Giddens, Anthony, 1999: Der dritte Weg. Die Erneuerung der sozialen Demokratie, Frankfurt a.M.
Green-Pedersen, Christoffer, 2001: Welfare-State Retrenchment in Denmark and the Netherlands, 1982-1998. The Role of Party Competition and Party Consensus, in: Comparative Political Studies 34, 963-985.
Hall, Peter A./Franzese, Robert J., 1998: Mixed Signals. Central Bank Independence, Coordinated Wage Bargaining, and European Monetary Union, in: International Organization 52, 505-535.
Helms, Ludger, 2001: Die „Kartellparteien"-These und ihre Kritiker, in: Politische Vierteljahresschrift 42, 698-708.
Hemerijck, Anton/Schludi, Martin, 2000: Sequences of Policy Failure and Effective Policy Responses, in: *Fritz W. Scharpf/Vivien Schmidt* (Hrsg.), Welfare and Work in the Open Economy. Vol. 1: From Vulnerability to Competitiveness, Oxford u.a., 125-228.
Hibbs, Douglas A., 1977: Political Parties and Macroeconomic Policy, in: American Political Science Review 71, 1467-1487.
Hibbs, Douglas A., 1992: Partisan Theory after Fifteen Years, in: European Journal of Political Economy 8, 361-373.
Hicks, Alexander M./Swank, Duane H., 1992: Politics, Institutions, and Welfare Spending in Industrialized Democracies, 1960-82, in: American Political Science Review 86, 658-674.
Hirst, Paul/Thompson, Grahame, 1996: Globalization in Question, Cambridge.
Hooghe, Liesbet/Marks, Gary, 1999: The Making of a Polity: The Struggle over European Integration, in: *Herbert Kitschelt/Peter Lange/Gary Marks/John D. Stephens* (Hrsg.), Continuity and Change in Contemporary Capitalism, Cambridge, 70-97.
Huber, Evelyne/Ragin, Charles/Stephens, John D., 1993: Social Democracy, Christian Democracy, Constitutional Structure, and the Welfare State, in: American Journal of Sociology 99, 711-749.
Huber, Evelyne/Stephens, John D., 1998: Internationalization and the Social Democratic Model. Crisis and Future Prospects, in: Comparative Political Studies 31, 353-397.
Huber, Evelyne/Stephens, John D., 2001: Development and Crisis of the Welfare State. Parties and Policies in Global Markets, Chicago/London.
Imbeau, Louis M./Pétry, François/Lamari, Moktar, 2001: Left-Right Party Ideology and Government Policies: A Meta-Analysis, in: European Journal of Political Research 40, 1-29.
Iversen, Torben, 1998: Wage Bargaining, Central Bank Independence, and the Real Effects of Money, in: International Organization 52, 469-504.
Kaiser, André, 1998: Vetopunkte der Demokratie. Eine Kritik neuerer Ansätze der Demokratietypologie und ein Alternativvorschlag, in: Zeitschrift für Parlamentsfragen 29, 525-541.
Katz, Richard S./Mair, Peter, 1995: Changing Models of Party Organization and Party Democracy: The Emergence of the Cartel Party, in: Party Politics 1, 5-28.
Katz, Richard S./Mair, Peter, 1996: Cadre, Catch-All or Cartel? A Rejoinder, in: Party Politics 2, 525-534.

Kaufmann, Franz-Xaver, 1997: Herausforderungen des Sozialstaates, Frankfurt a.M.
Keman, Hans, 2000: Federalism and Policy Performance. A Conceptual and Empirical Inquiry, in: *Ute Wachendorfer-Schmidt* (Hrsg.), Federalism and Political Performance, London/New York, 196-227.
Kersbergen, Kees van, 1995: Social Capitalism. A Study of Christian Democracy and the Welfare State, London/New York.
Kirchheimer, Otto, 1965: Der Wandel des westeuropäischen Parteisystems, in: Politische Vierteljahresschrift 6, 20-41.
Kitschelt, Herbert, 2000: Citizens, Politicians, and Party Cartellization: Political Representation and State Failure in Post-Industrial Democracies, in: European Journal of Political Research 37, 149-179.
Kitschelt, Herbert, 2001: Partisan Competition and Welfare State Retrenchment. When do Politicians Choose Unpopular Policies?, in: *Paul Pierson* (Hrsg.), The New Politics of the Welfare State, Oxford/New York, 265-302.
Klingemann, Hans-Dieter/Hofferbert, Richard I./Budge, Ian, 1994: Parties, Policies, and Democracy, Boulder u.a.
Kreile, Michael, 1999: Globalisierung und europäische Integration, in: *Wolfgang Merkel/Andreas Busch* (Hrsg.), Demokratie in Ost und West, Frankfurt a.M., 605-623.
Kreppel, Amie, 1997: The Impact of Parties in Government on Legislative Output in Italy, in: European Journal of Political Research 31, 327-350.
Laaser, Claus-Friedrich/Soltwedel, Rüdiger u.a., 1993: Europäische Integration und nationale Wirtschaftspolitik, Tübingen.
Lancaster, Thomas D./Hicks, Alexander M., 2000: The Impact of Federalism and Neo-Corporatism on Economic Performance. An Analysis of eighteen OECD Countries, in: *Ute Wachendorfer-Schmidt* (Hrsg.), Federalism and Political Performance, London/New York, 228-242.
Lane, Jan-Eric/Ersson, Svante, [4]1999: Politics and Society in Western Europe, London u.a.
Leibfried, Stephan/Pierson, Paul, [4]2000: Social Policy. Left to Courts and Markets?, in: *Helen Wallace/William Wallace* (Hrsg.), Policy-Making in the European Union, Oxford, 267-292.
Levy, Jonah D., 1999: Vice into Virtue? Progressive Politics and Welfare Reform in Continental Europe, in: Politics and Society 27, 239-273.
Lijphart, Arend, 1999: Patterns of Democracy. Government Forms and Performance in Thirty-Six Countries, New Haven/London.
Luhmann, Niklas, 1988: Die Wirtschaft der Gesellschaft, Frankfurt a.M.
Manow, Philip, 1999: Sozialstaatliche Kompensation außenwirtschaftlicher Öffnung?, in: *Andreas Busch/Thomas Plümper* (Hrsg.), Nationaler Staat und internationale Wirtschaft, Baden-Baden, 197-222.
Merkel, Wolfgang, 2000a: Der „Dritte Weg" und der Revisionismusstreit der Sozialdemokratie am Ende des 20. Jahrhunderts, in: *Karl Hinrichs/Herbert Kitschelt/Helmut Wiesenthal* (Hrsg.), Kontingenz und Krise. Institutionenpolitik in kapitalistischen und postsozialistischen Gesellschaften, Frankfurt a.M./New York, 263-290.
Merkel, Wolfgang, 2000b: Die dritten Wege der Sozialdemokratie ins 21. Jahrhundert, in: Berliner Journal für Soziologie 10, 99-124.
Moses, Jonathon W., 1994: Abdication from National Policy Autonomy: What's Left to Leave?, in: Politics and Society 22, 125-148.
Müller, Wolfgang C./Strøm, Kaare (Hrsg.), 1999: Policy, Office, or Votes? How Political Parties in Western Europe Make Hard Decisions, Cambridge.
Oatley, Thomas, 1999: How Constraining is Capital Mobility? The Partisan Hypothesis in an Open Economy, in: American Journal of Political Science 43, 1003-1027.
Obinger, Herbert, 1998: Federalism, Direct Democracy, and Welfare State Development in Switzerland, in: Journal of Public Policy 18, 241-263.
Obinger, Herbert, 2002: Föderalismus und wohlfahrtsstaatliche Entwicklung. Österreich und die Schweiz im Vergleich, in: Politische Vierteljahresschrift 43, (235-271).
Obinger, Herbert/Wagschal, Uwe, 2000: Ökonomie, Institutionen und Politik: Determinanten der gebremsten Sozialstaatlichkeit im Überblick, in: *Herbert Obinger/Uwe Wagschal* (Hrsg.),

Der gezügelte Wohlfahrtsstaat. Sozialpolitik in reichen Industrienationen, Frankfurt a.M./ New York, 365-390.

Pierson, Paul, 1994: Dismantling the Welfare State? Reagan, Thatcher and the Politics of Retrenchment, Cambridge.

Pierson, Paul, 1995: Fragmented Welfare States: Federal Institutions and the Development of Social Policy, in: Governance 8, 449-478.

Pierson, Paul, 2000: Increasing Returns, Path Dependence, and the Study of Politics, in: American Political Science Review 94, 251-267.

Plümper, Thomas/Schulze, Günther G., 1999: Steuerwettbewerb und Steuerreformen, in: Politische Vierteljahresschrift 40, 445-457.

Rodrik, Dani, 2000: Grenzen der Globalisierung. Ökonomische Integration und soziale Desintegration, Frankfurt a.M.

Ross, Fiona, 1997: Cutting Public Expenditures in Advanced Industrial Democracies: The Importance of Avoiding Blame, in: Governance 10, 175-200.

Ross, Fiona, 2000: "Beyond Left and Right": The New *Partisan* Politics of Welfare, in: Governance 13, 155-183.

Rothschild, Kurt W., 1986: 'Left' and 'Right' in 'Federal Europe', in: Kyklos 39, 359-376.

Sabatier, Paul A., 1993: Advocacy-Koalitionen, Policy-Wandel und Policy-Lernen: Eine Alternative zur Phasenheuristik, in: *Adrienne Héritier* (Hrsg.), Policy-Analyse. Kritik und Neuorientierung, Opladen, 116-148.

Sabatier, Paul A., 1998: The Advocacy Coalition Framework: Revisions and Relevance for Europe, in: Journal of European Public Policy 5, 98-130.

Scharpf, Fritz W., 1987: Sozialdemokratische Krisenpolitik in Europa, Frankfurt a.M./New York.

Scharpf, Fritz W., 1995: Föderalismus und Demokratie in der transnationalen Ökonomie, in: *Klaus von Beyme/Claus Offe* (Hrsg.), Politische Theorien in der Ära der Transformation (PVS-Sonderheft 26), Opladen, 211-235.

Scharpf, Fritz W., 1999: Regieren in Europa. Effektiv und demokratisch?, Frankfurt a.M./New York.

Scharpf, Fritz W., 2000a: Economic Changes, Vulnerabilities, and Institutional Capabilities, in: *Fritz W. Scharpf/Vivien Schmidt* (Hrsg.), Welfare and Work in the Open Economy. Vol. 1: From Vulnerability to Competitiveness, Oxford u.a., 21-124.

Scharpf, Fritz W., 2000b: Institutions in Comparative Policy Research, in: Comparative Political Studies 33, 762-790.

Scharpf, Fritz W./Reissert, Bernd/Schnabel, Fritz, 1976: Politikverflechtung: Theorie und Empirie des kooperativen Föderalismus in der Bundesrepublik, Kronberg/Ts.

Scharpf, Fritz W./Schmidt, Vivien A. (Hrsg.), 2000: Welfare and Work in the Open Economy, Oxford.

Schirm, Stefan A., 1999: Krisen, Interessen und Instrumente. Zur Konzeption der Wirkungen globaler Märkte auf Staaten, in: Zeitschrift für Politikwissenschaft 9, 479-498.

Schmidt, Manfred G., 1982: Wohlfahrtsstaatliche Politik unter bürgerlichen und sozialdemokratischen Regierungen. Ein internationaler Vergleich, Frankfurt a.M./New York.

Schmidt, Manfred G., 1993: Theorien in der international vergleichenden Staatstätigkeitsforschung, in: *Adrienne Héritier* (Hrsg.), Policy-Analyse. Kritik und Neuorientierung, Opladen, 371-393.

Schmidt, Manfred G., 1995: Wörterbuch zur Politik, Stuttgart.

Schmidt, Manfred G., 1996: When Parties Matter: A Review of the Possibilities and Limits of Partisan Influence on Public Policy, in: European Journal of Political Research 30, 155-183.

Schmidt, Manfred G., [3]2000a: Demokratietheorien. Eine Einführung, Opladen.

Schmidt, Manfred G., 2000b: Die sozialpolitischen Nachzüglerstaaten und die Theorien der vergleichenden Staatstätigkeitsforschung, in: *Herbert Obinger/Uwe Wagschal* (Hrsg.), Der gezügelte Wohlfahrtsstaat. Sozialpolitik in reichen Industrienationen, Frankfurt a.M./New York, 22-36.

Schmidt, Manfred G., 2002: The Impact of Political Parties, Constitutional Structures and Veto Players on Public Policy, in: *Hans Keman* (Hrsg.), Comparative Democratic Politics, London, 166-184.

Schmidt, Susanne K., 1998: Liberalisierung in Europa, Frankfurt a.M./New York.
Schultze, Rainer-Olaf, 2001: Partei, in: *Dieter Nohlen* (Hrsg.), Kleines Lexikon der Politik, Bonn, 350-352.
Schulze, Günther G./Ursprung, Heinrich W., 1999: Globalisierung contra Nationalstaat? Ein Überblick über die empirische Evidenz, in: *Andreas Busch/Thomas Plümper* (Hrsg.), Nationaler Staat und internationale Wirtschaft. Anmerkungen zum Thema Globalisierung, Baden-Baden, 41-89.
Schwartz, Herman, 2001: Round up the Usual Suspects!: Globalization, Domestic Politics, and Welfare State Change, in: *Paul Pierson* (Hrsg.), The New Politics of the Welfare State, Oxford/New York, 17-44.
Seeleib-Kaiser, Martin, 2001: Ende oder Neubeginn der Sozialdemokratie, Bremen: Zentrum für Sozialpolitik (ZeS-Arbeitspapier 16/2001).
Siebert, Horst, 1998: Disziplinierung der nationalen Wirtschaftspolitik durch die internationale Kapitalmobilität, in: *Dieter Duwendag* (Hrsg.), Finanzmärkte im Spannungsfeld von Globalisierung, Regulierung und Geldpolitik, Berlin, 41-67.
Simmons, Beth A., 1999: The Internationalization of Capital, in: *Herbert Kitschelt/Peter Lange/-Gary Marks/John D. Stephens* (Hrsg.), Continuity and Change in Contemporary Capitalism, Cambridge, 36-69.
Swank, Duane, 2001: Political Institutions and Welfare State Restructuring. The Impact of Institutions on Social Policy Change in Developed Democracies, in: *Paul Pierson* (Hrsg.), The New Politics of the Welfare State, Oxford/New York, 197-237.
Thatcher, Mark/Stone Sweet, Alec (Hrsg.), 2002: The Politics of Delegation. Non-Majoritarian Institutions in Europe (Sonderheft von West European Politics), London.
Theurl, Theresia, 1999: Globalisierung als Selektionsprozeß ordnungspolitischer Paradigmen, in: *Hartmut Berg* (Hrsg.), Globalisierung der Wirtschaft: Ursachen – Formen – Konsequenzen, Berlin, 23-49.
Tsebelis, George, 1995: Decision Making in Political Systems: Veto Players in Presidentialism, Parliamentarism, Multicameralism and Multipartyism, in: British Journal of Political Science 25, 289-325.
Tsebelis, George, 1999: Veto Players and Law Production in Parliamentary Democracies: An Empirical Analysis, in: American Political Science Review 93, 591-608.
Tsebelis, George, 2000: Veto Players and Institutional Analysis, in: Governance 13, 441-474.
Tsebelis, George, 2002: Veto Players: How Political Institutions Work, Princeton University Press.
Verma, M.L., 2000: Do Political Parties Matter to Public Policies? Evidence from Select European Countries, in: Sociological Bulletin 49, 229-252.
Wachendorfer-Schmidt, Ute (Hrsg.), 2000: Federalism and Political Performance, London/New York.
Wagschal, Uwe, 1997: Direct Democracy and Public Policymaking, in: Journal of Public Policy 17, 223-245.
Wagschal, Uwe, 1999: Schranken staatlicher Steuerungspolitik: Warum Steuerreformen scheitern können, in: *Andreas Busch/Thomas Plümper* (Hrsg.), Nationaler Staat und internationale Wirtschaft, Baden-Baden, 223-247.
Wagschal, Uwe/Obinger, Herbert, 2000: Der Einfluss der Direktdemokratie auf die Sozialpolitik, in: Politische Vierteljahresschrift 41, 466-497.
Ware, Alan, 1996: Political Parties and Party Systems, Oxford.
Weaver, R. Kent, 1986: The Politics of Blame Avoidance, in: Journal of Public Policy 6, 371-398.
Zohlnhöfer, Reimut, 2000: Der lange Schatten der schönen Illusion: Finanzpolitik nach der deutschen Einheit, 1990-1998, in: Leviathan 28, 14-38.
Zohlnhöfer, Reimut, 2001: Die Wirtschaftspolitik der Ära Kohl. Eine Analyse der Schlüsselentscheidungen in den Politikfeldern Finanzen, Arbeit und Entstaatlichung, 1982-1998, Opladen.
Zohlnhöfer, Werner, 1999: Die wirtschaftspolitische Willens- und Entscheidungsbildung in der Demokratie. Ansätze einer Theorie, Marburg.
Zürn, Michael, 1998: Regieren jenseits des Nationalstaates. Globalisierung und Denationalisierung als Chance, Frankfurt a.M.

Bernhard Kittel

Kapitel 3
Politische Ökonomie der Arbeitsbeziehungen

Akteure, Institutionen und wirtschaftliche Effekte

1. Einleitung[1]

In der formal-deduktiv vorgehenden „positiven" Politischen Ökonomie bietet die Theorie relativ wenig Platz für eine aktive Rolle gesellschaftlicher Interessenverbände im politischen System. Ausgehend von der Frage, wie die politische Natur gesellschaftlicher Entscheidungen die Wahl bestimmter *policies* sowie deren wirtschaftliche Effekte beeinflusst, fokussieren sowohl die Politische Ökonomie als auch die *public-choice*-Literatur im engeren Sinn auf die formale Ausgestaltung des politischen Systems, wie sie insbesondere in der Verfassung niedergelegt ist. Zu Aspekten wie Wahlmodi, parlamentarisches Kammernsystem oder Föderalismus findet sich eine breite und inzwischen gut ausgebaute Literatur (siehe z.B. Drazen 2000; Mueller 1989; Persson/Tabellini 2000). Verbände werden hierbei als Lobby-Organisationen wahrgenommen, denen verschiedene Kanäle offen stehen, die im formalen politischen System getätigten Entscheidungen im Sinne ihrer partikularen Interessen zu beeinflussen. Zentrale Einflussmechanismen sind die Information politischer Entscheidungsträger sowie deren finanzielle Unterstützung (z.B. im Wahlkampf) als Gegenleistung für Entscheidungen, die die Interessen des Verbandes fördern (siehe z.B. Grossman/Helpman 2001; Potters/van Winden 1996). Aus der Perspektive des US-amerikanischen politischen Systems, das Vorlage für entscheidende Entwicklungsschritte der Politischen Ökonomie war, vermag diese eng an das pluralistische Politikverständnis gekoppelte Konzeption die Realität modellhaft adäquat abzubilden. Für die Funktionsweise europäischer politischer Systeme greift sowohl die Reduktion des Prozesses politischer Entscheidungsfindung auf den formalen Ablauf als auch die Konzeption von Verbänden als reine Lobby-Organisationen aber zu kurz.

Der Einfluss von Verbänden auf gesamtwirtschaftliche Entwicklungen steht hingegen zentral in der ökonomischen Arbeitsmarkt-Diskussion und der politikwissenschaftlichen Korporatismus-Diskussion. Derzeit fehlt noch eine explizite, theo-

1 Für Hinweise und Kommentare danke ich Klaus Armingeon, Bernhard Ebbinghaus, Herbert Obinger, Diana Schmidt und den Teilnehmern des Workshops „Staatstätigkeit in westlichen Industrieländern", 15.-16. Dez. 2001, Zentrum für Sozialpolitik, Universität Bremen. Franz Traxler danke ich für die Erlaubnis, die Daten des von ihm geleiteten *Internationalization, Labour Relations, Competitiveness* (ILC)-Projektes zu verwenden. Wesentliche Elemente des vorliegenden Beitrags wurden im Rahmen dieses Projektes entwickelt, siehe dazu Traxler u.a. (2001).

retisch fundierte Verknüpfung dieser zwei Forschungstraditionen mit der positiven Politischen Ökonomie. Es gibt jedoch eine Reihe von Theoriebausteinen, die durchaus das Potenzial besitzen, zu einer Integration der Verbändetheorie in den Kanon der Politischen Ökonomie beizutragen (van Winden 1999). So weit ist die Forschung im Bereich der Arbeitsbeziehungen jedoch noch nicht gediehen.

In diesem Kapitel wird der Stand der politisch-ökonomischen und soziologischen Verbändeforschung im Hinblick auf die Arbeitsmarktorganisationen gesichtet und zusammengefasst. Der Begriff „Arbeitsbeziehungen" bezeichnet die Gesamtheit der Beziehungen zwischen Arbeitnehmern und Arbeitgebern auf betrieblicher, sektoraler und nationaler Ebene (Müller-Jentsch 1997: 10). Dieses umfangreiche Forschungsgebiet wird in diesem Beitrag allerdings nur im Hinblick auf die für diesen Band interessantesten Dimensionen dargestellt. Zum einen konzentriert er sich auf die Ebene der nationalen Arbeitsbeziehungen. Daher stehen die Dachverbände der Arbeitnehmer und Arbeitgeber sowie ihr Verhältnis zum Staat im Mittelpunkt, während betriebliche oder sektorale Arrangements ausgeklammert bleiben.[2] Zum anderen interessiert hier die theoretische Fragestellung des Bestandes und des Effekts bestimmter Konstellationen sowie die empirische Exploration von daraus abgeleiteten Hypothesen mittels quantitativ-vergleichender Verfahren. Auf die Darstellung von Entwicklungen konkreter Verbände und Tarifsysteme wird verzichtet (siehe dazu überblicksmäßig z.B. Ebbinghaus/Visser 1997, sowie die Fallstudien in Ferner/Hyman 1998). Schließlich werden die Konzeption von Verbänden als Interessenorganisationen im politischen System sowie ihre Interaktion mit Akteuren, die nicht in das Tarifsystem im engeren Sinn involviert sind, nur überblicksmäßig gestreift.

Im folgenden zweiten Abschnitt werden verschiedene Erklärungsansätze der Bildung von Verbänden vorgestellt und aus diesen Ansätzen entwickelte Hypothesen in Bezug auf ihre Relevanz für die Analyse der gesamtwirtschaftlichen Effekte der Arbeitsbeziehungen untersucht. Im dritten Abschnitt werden verschiedene Dimensionen der Struktur von Verbänden der Arbeitnehmer und der Arbeitgeber, ihre Auswirkungen auf die Verbändestrategien, sowie die daraus folgenden Konsequenzen für die Lohnpolitik diskutiert. Der vierte Abschnitt untersucht Merkmale der Interaktion zwischen Gewerkschaften und Arbeitgeberverbänden in Tarifverhandlungen sowie deren lohnpolitische Auswirkungen. Anschließend werden die Arbeitsbeziehungen in ihren politischen Kontext gestellt. Die Interaktionen mit der Regierung sind Gegenstand des fünften Abschnitts. Der sechste Abschnitt fasst zusammen und wirft dabei als Ausblick ein kurzes Schlaglicht auf die Diskussion über die Anpassungsprozesse an die Europäische Wirtschafts- und Währungsunion (EWWU).

---

2 Diese Beschränkung impliziert auch, dass der Fokus auf gesamtwirtschaftliche Aspekte der Arbeitsbeziehungen, die leicht quantifizierbar sind, gelegt wird und daher stärker betriebliche Faktoren, wie z.B. die Flexibilisierung des Arbeitsverhältnisses, trotz ihrer makroökonomischen Auswirkungen nicht diskutiert werden.

2. Verbandsbildung

Verbände können als Subtypus kollektiver Akteure anhand ihrer Orientierung und ihrer Fähigkeiten beschrieben werden (Scharpf 2000).[3] Um die Frage der Orientierung beantworten zu können, müssen zunächst die Fähigkeiten eingeführt werden. Tarifverbände sind üblicherweise intern hierarchisch geschichtete und horizontal segmentierte Organisationen auf Basis freiwilliger Mitgliedschaft, die von einem Dachverband zusammengefasst werden. Die grundlegende Fähigkeit eines Verbandes ist zunächst seine Existenzbildung und Bestandserhaltung, die nicht als selbstverständlich angenommen werden können. Die einfachste, weil auf Zweckrationalität basierende Existenzbegründung ist, dass sich Individuen dann in Verbänden zusammenschließen, wenn sie gemeinsam mehr erreichen können, als einzeln möglich wäre, und durch die Institutionalisierung der Kooperation zusätzliche Nutzeneffekte erzielt werden. Dieses zweite Kriterium ist notwendig, weil sonst nicht begründbar ist, warum sich ein Zusammenschluss nicht auf temporäre Koalitionen oder strategische Bündnisse beschränkt, sondern die Aufgabe von eigenständiger Entscheidungsfreiheit zugunsten der Mitgliedschaft in einer Organisation gewählt wird, an die mit diesem Akt Handlungskompetenzen übertragen werden.

Schmitter und Streeck unterscheiden zwei Paare von je in einem Spannungsverhältnis zueinander stehender „Logiken", die den verbandlichen Zusammenschluss und seine Persistenz dirigieren. Zunächst steht dem Erfordernis der Rekrutierung und Erhaltung von Mitgliedern (*logic of membership*) das Erfordernis der Handlungsfähigkeit nach außen (*logic of influence*) gegenüber. Orthogonal dazu ergänzt die Dichotomie zwischen der Frage, wie ein Verband seine Ziele definiert (*logic of goal formation*), und dem Problem, wie ein Verband seine Ziele erreicht (*logic of efficient implementation*) die theoretische Konzeption der Handlungsparameter eines Verbandes zu einem zweidimensionalen Handlungsfeld (Schmitter/Streeck 1999: 19-24): Die Kreuzklassifikation der zwei Dichotomien ergibt vier Handlungsdimensionen eines Verbandes gegenüber seinen Mitgliedern – Partizipation, Repräsentation, Dienstleistungen und Kontrolle. Jeder dieser Dimensionen wird ein spezifischer Typ eines Gutes zugeordnet, dessen Erzeugung zur Sicherung dieser Handlungsdimension notwendig ist. In der obigen Reihenfolge sind dies solidarische, öffentliche, selektive und autoritative Güter (Schmitter/Streeck 1999: 20). Um gleichzeitig seinen Bestand zu sichern und Handlungsfähigkeit zu erzeugen, muss ein Verband organisatorische Eigenschaften in allen vier Dimensionen entwickeln.

Die Logik der Mitgliedschaft und die Logik des Einflusses stehen in einem partiellen Widerspruch zueinander: Je stärker spezifische Interessen aggregiert werden, um Relevanz im politischen System zu erreichen, desto weiter entfernt sich die Verbandsposition vom Idealpunkt des einzelnen Mitglieds. Zugleich wird es mit zunehmender Zahl von Mitgliedern immer schwieriger, spezifische Interessen wirkungsvoll in gesamtgesellschaftliche Entscheidungsprozesse einzubringen, weil sie weniger zielgerichtet formuliert werden können. Diese widersprüchlichen Anforde-

---

3 Zur Problematik der Verwendung von akteurstheoretischen Konzepten oberhalb der individuellen Ebene, zur Unterscheidung zwischen kollektiven und korporativen Akteuren als Typen „komplexer" Akteure sowie zu weiteren Differenzierungen siehe Scharpf (2000: 101-107).

rungen an die Verbandstätigkeit stehen im Mittelpunkt der Debatten in der Verbändeforschung.

Der zentrale Beitrag zur Theorie der Verbände in der *public choice*-Tradition ist die Theorie kollektiven Handelns von Olson (1998), mit der dieser der bis dahin verbreiteten gruppentheoretischen Annahme, Verbände ließen sich mit der Existenz gleichgearteter Interessen erklären (Truman 1958), die Grundlage entzogen wurde. Vielmehr sieht Olson die Existenz von Verbänden als erfolgreiche Überwindung eines Kollektivgutproblems. Die Kollektivgutproblematik besteht darin, dass die Bereitstellung eines Gutes, das allen – unabhängig davon, ob jemand zu seiner Herstellung beigetragen hat – zugänglich ist, aufgrund des Anreizes für jeden einzelnen, als Trittbrettfahrer vom Gut zu profitieren ohne einen Beitrag zu leisten, im Endeffekt nicht zustande kommt. Nach diesem Ansatz gelingt es, dann einen Interessenverband zu gründen und zu erhalten, wenn er eine beschränkte Größe hat, Mitglieder mit komplementären Interessen vereinigt und über Mechanismen verfügt, die das Kollektivgutproblem außer Kraft setzen. Solche Mechanismen können Sanktionen oder die Bereitstellung selektiver Güter durch den Verband sein.

Das Ziel von Verbänden ist es, Renten zugunsten der eigenen Mitglieder zu generieren, indem gesamtgesellschaftliche Umverteilungsmechanismen entsprechend ausgerichtet werden (Buchanan u.a. 1980). Da Umverteilung Gegenstand politischer Entscheidungen ist, die über die Gesetzgebung umgesetzt werden, zielt die Theorie kollektiven Handelns auf die Frage, wie durch Lobbyaktivitäten von Verbänden im Gesetzgebungsprozess gesamtgesellschaftlich suboptimale Ergebnisse erzeugt werden, die bestimmte, partikulare Interessen bevorzugen (siehe die Übersicht bei Mitchell/Munger 1991). Weil große, heterogene gesellschaftliche Gruppen wie Konsumenten oder, zumindest aus der Sicht Olsons, Arbeitnehmer nicht in der Lage sind, durchsetzungsfähige Verbände zu gründen, werden die Interessen von eng definierten Gruppen eher berücksichtigt. Je enger aber die in der politischen Entscheidung berücksichtigten Interessen definiert sind, desto weiter entfernt sich das Ergebnis vom gesamtgesellschaftlichen Optimum. Diese Sichtweise berücksichtigt allerdings nicht, dass die Durchsetzungsfähigkeit von großen, umfassenden Verbänden im politischen System aufgrund der besseren Ausstattung mit Ressourcen wesentlich höher ist als jene kleiner, partikularer Gruppierungen, wodurch den Schwierigkeiten der Organisation ein größerer Anreiz zur Organisation gegenübersteht (Traxler 1999a).

Die klassentheoretische Begründung der Existenz von Tarifverbänden stellt eine strukturell angelegte Asymmetrie zwischen Kapital und Arbeit in den Mittelpunkt (Offe/Wiesenthal 1980). Unternehmen verfügen über ihr Kapital und haben daher selbst ausreichende Ressourcen, um ihre Interessen sowohl als Arbeitgeber, als Anbieter auf Produktmärkten,[4] als auch – bei ausreichender Größe – als politischer Lobbyist individuell durchzusetzen. Am Arbeitsmarkt führt diese Kapazität zu einer Asymmetrie: Um ihr für den Lebensunterhalt notwendiges Einkommen zu erhalten, müssen Arbeitnehmer dazu beitragen, dass ihr Arbeitgeber weiterhin an

4 Auf kompetitiven Märkten haben Unternehmen die Möglichkeit, durch produktinnovationsinduzierte Preis- oder Kostenvorteile oder durch Umschichtung des Kapitaleinsatzes in andere Produktsparten ihren Profit zu maximieren; auf Monopolmärkten setzen sie die Preise selbst fest.

ihrer Tätigkeit Bedarf hat. Da der Arbeitgeber über den Weiterbestand und die Besetzung der Arbeitsplätze bestimmt, besteht zwischen ihm und den Arbeitnehmern eine Informationsasymmetrie, die sich als Machtasymmetrie äußert. Aus diesem Grund sind Arbeitnehmer stärker davon abhängig, ihre Interessen durch Verbandsbildung zu vertreten, zugleich ist es aber aufgrund ihrer Zahl und ihrer Interessenheterogenität wesentlich schwieriger, schlagkräftige Verbände zu bilden. Hieraus folge die Notwendigkeit einer ideologischen Fundierung gewerkschaftlicher Organisierung.

Die organisationstheoretische Perspektive greift das klassentheoretische Argument auf, endet aber bei entgegengesetzten Erwartungen hinsichtlich der Organisationsfähigkeit von Arbeitnehmer- und Arbeitgeberverbänden. Der einzelne Arbeitnehmer muss aufgrund seiner individuellen Machtlosigkeit die Gewerkschaftsstrategie als „Paket" akzeptieren. Da die Strategie weitgehend von der Gewerkschaftsführung festgelegt wird, ist die artikulierte Interessenheterogenität, mit der Gewerkschaften konfrontiert sind, gar nicht so groß. Im Gegensatz dazu können sich Unternehmen ein an ihren spezifischen Interessen orientiertes Paket von Verbandsmitgliedschaften zusammenstellen. Hieraus folgt – ebenso wie aus der Existenz eigener Ressourcen – eine wesentlich höhere Heterogenität von Interessen sowie eine geringere Verbandsbindung. Ursache der Heterogenität auf Unternehmerseite ist, dass jedes Unternehmen sowohl Produktmarkt- als auch Arbeitsmarktinteressen hat, während Arbeitnehmer Produktmarktinteressen nur über den Arbeitgeber vermittelt wahrnehmen.

Die organisationstheoretische Perspektive weiterverfolgend schlägt Traxler (1999a) einen ressourcenorientierten Ansatz vor, um Unterschiede der Verbandsbildung auf Arbeitgeber- und Arbeitnehmerseite zu erklären. Aus der Theorie kollektiven Handelns übernimmt er die Annahme, dass Akteure im Grundsatz individuelle Strategien gegenüber kollektiven vorziehen, weil sie auf diese Weise ihren Interessen genauer entsprechen können. Dies impliziert, dass kollektives Handeln als „Second-best"-Strategie aus der Unerreichbarkeit des Idealpunktes im Fall individuellen Handelns resultiert (Schmitter/Streeck 1999: 12). Durch die Kombination des klassentheoretischen und des organisationstheoretischen Beitrags können die unterschiedlichen Strategien von Arbeitgebern und Arbeitnehmern erklärt werden: Da Unternehmer auf eigene Ressourcen zurückgreifen können, werden sie eher individualistische Strategien verfolgen. Hieraus folgt, dass die einzelnen Unternehmer in einem stärkeren Wettbewerb und einem ausgeprägteren Konfliktverhältnis zueinander stehen als die Arbeitnehmer. Da Arbeitnehmer über wenige eigene Ressourcen verfügen, sind sie zur Artikulation auf die Bildung von Verbänden angewiesen. Aufgrund der großen Heterogenität der Interessen müssen sie sich dabei auf wenige, basale Interessen einigen, wodurch es dem Verband wiederum möglich wird, eine größere Gruppe anzusprechen. Unternehmer hingegen verfügen über mehr eigene Ressourcen und können ihre Verbandsmitgliedschaft daher von spezifischeren Interessen abhängig machen. Dies führt dazu, dass auf Unternehmerseite eher kleinere, partikularistisch orientierte Verbände zu finden sind. Die engere Ausrichtung von Unternehmerverbänden macht es zwar leichter, einen solchen zu gründen. Zugleich macht die größere individuelle Handlungsfähigkeit von Mitgliedsunternehmen es aber schwieriger, den Weiterbestand eines Verbandes sicherzustellen.

Ökonomische Gewerkschaftsmodelle gehen in der Regel von der Situation einer Gewerkschaft, eines Arbeitgebers und homogenen Arbeitnehmern aus (Farber

1985; Oswald 1985). Für Situationen, in denen mehrere Gewerkschaften inhomogene Gruppen von Arbeitnehmern gegenüber mehreren Arbeitgebern repräsentieren, wie in Europa üblich, gibt es derzeit allerdings noch keine allgemein anerkannten Modelle (Teulings/Hartog 1998: 155-160). Allgemein üblich ist jedoch die Annahme, dass Arbeitnehmer sowohl an Löhnen als auch an Beschäftigung interessiert sind (siehe dazu den Überblick bei Addison 1989). Diese Interessen werden in einer Nutzenfunktion der Gewerkschaft zusammengefasst, nach der das Ziel der Gewerkschaft durch den Nutzen aus Beschäftigung (Lohn) und dem Nutzen aus Nicht-Beschäftigung (Freizeit, Reservelohn) bestimmt wird.[5] Währenddessen maximiert die Nutzenfunktion der Arbeitgeber den Profit (Layard u.a. 1991: 100-101). Aus diesen zwei Zielfunktionen lässt sich eine Verhandlungslösung für die Lohnhöhe bestimmen, aus der sich die Beschäftigungsentscheidungen der Unternehmen ergeben.

Die zentrale Frage aus Sicht der Verbändeforschung ist, unter welchen Bedingungen die Lohndimension oder die Beschäftigungsdimension für die Gewerkschaft Vorrang hat. Zur Beantwortung dieser Frage wird auf zwei Analyserahmen rekurriert: Aus einer akteursorientierten Perspektive wird untersucht, wie spezifische institutionelle Rahmenbedingungen die Strategien von Gewerkschaften bestimmen. Dies ist Gegenstand des nun folgenden Abschnitts. In einer zweiten Perspektive, die das Tarifsystem zum Mittelpunkt der Analyse macht, wird der Fokus auf die Tarifverhandlungen gelegt und es werden Verhaltenserwartungen für bestimmte Verhandlungskonstellationen formuliert. Dies ist Gegenstand des nächsten Abschnitts.

3. Strukturmerkmale des Verbandssystems

3.1. Die Handlungsfähigkeit von Verbänden

Die Handlungsfähigkeit von Verbänden ist zum einen von den zur Verfügung stehenden Ressourcen abhängig. Zum anderen wird sie von der Struktur des Verbändewesens von „Kapital" und „Arbeit" beeinflusst. Letztere bezieht sich auf die konkrete Umsetzung der folgenden drei Erfordernisse in der Verbandsstruktur der beiden Kollektive: die Fähigkeit zur Rekrutierung von Mitgliedern, die Fähigkeit zur Vereinheitlichung der Mitgliederinteressen und die Fähigkeit, die Mitglieder auf das Verbandsziel hin zu verpflichten (siehe dazu Müller-Jentsch 1997: 119-137; Streeck 1992; Traxler 1999a).[6]

Die Rekrutierungsfähigkeit eines Verbandes ist als die Fähigkeit eines Verbandes definiert, den von ihm beanspruchten Bereich zu organisieren. Je höher der Anteil der potenziellen Verbandsmitglieder, die dem Verband tatsächlich angehö-

---

5 Die Frage der Aggregation dieser Nutzenfunktion aus den verschiedenen Interessen innerhalb eines Verbandes bleibt hierbei allerdings ausgeblendet. Siehe dazu zum einen die Diskussion um Demokratie in Gewerkschaften (Carew 1976; Oetjen 1994), zum anderen Ansätze zur Modellierung gewerkschaftlicher Entscheidungsprozesse anhand wahltheoretischer Konzeptionen in der Tradition der formalen politischen Theorie (Flanagan 1993).

6 Die beiden letzten Dimensionen bezeichnet Visser (1990) als horizontale und vertikale Integrationsfähigkeit.

ren, desto größer ist das Machtpotenzial des Verbandes nach außen: Die Legitimation, als Sprachrohr der gesellschaftlichen Gruppe zu fungieren, und die finanzielle Ausstattung für Arbeitskämpfe und politische Lobbytätigkeit steigt. Das Verhältnis der Anzahl der Verbandsmitglieder zur Gesamtzahl der Individuen im Rekrutierungsbereich des Verbandes wird als *Organisationsgrad* bezeichnet.

Die Vereinheitlichungsfähigkeit bezieht sich auf den beanspruchten Rekrutierungsbereich eines Verbandes. Um auf der nationalstaatlichen Ebene als politische Akteure relevant zu sein, müssen Dachverbände sowohl territorial als auch sektoral einen breiten Vertretungsanspruch erheben können (Traxler u.a. 2001: 39). Daher ist es relevant, ob sich ein Verband auf die umfassende Vertretung der Interessen einer kleinen Gruppe konzentriert oder versucht, ein relativ eng definiertes Interesse einer möglichst breiten Gruppe abzudecken. Betrachtet man diese beiden Konstellationen aus der Perspektive des Verbandssystems der Arbeitnehmer oder Arbeitgeber, dann lassen sie sich als Endpunkte eines Kontinuums auffassen, das die Vereinheitlichungsfähigkeit anhand eines verbandlichen *Konzentrations-* bzw. *Fragmentierungsgrads* abbildet.

Dies bedeutet: Je weniger gruppenspezifische Verbände in einem Land existieren, desto umfassender muss der Vertretungsanspruch jedes Verbandes sein. Doch die dadurch nahegelegte Operationalisierung anhand der Zahl der so definierten nationalen Dachverbände berücksichtigt weder die interne Fragmentierung von Verbänden, durch die existierende Interessengegensätze innerhalb eines Verbandes anstelle zwischen Verbänden zum Tragen kommen (Lange u.a. 1995), noch die Möglichkeit der Dominanz eines Dachverbandes bei Existenz anderer, aus der Perspektive der Relevanz im politischen System peripherer Dachverbände. Erstere Konstellation verringert die Vereinheitlichungsfähigkeit des Verbandssystems, zweitere vergrößert sie (Traxler u.a. 2001: 40). Entsprechend muss ein valides Konzentrationsmaß diese zwei Merkmale auch enthalten.

Die Verpflichtungsfähigkeit bezieht sich schließlich auf das Verhältnis zwischen dem Dachverband und seinen Mitgliedsorganisationen. Das Problem, unterschiedliche, teils gegenläufige Interessen innerhalb eines Verbandes aggregieren zu müssen, verstärkt sich mit zunehmender Konzentration des Verbandssystems. Vielfach äußert es sich in der internen Fragmentierung eines unitaristischen Verbandes. Die Anzahl der Mitgliedsorganisationen zeigt jedoch nur die potenzielle Existenz eines Defizits an Regierbarkeit auf. Sie sagt als solche noch nichts über die Möglichkeit aus, nachgelagerte Verbandseinheiten auf das Gesamtziel des Verbandes zu verpflichten. Relevant ist hier vielmehr die Machtverteilung zwischen Dachverband und Mitgliedsverbänden, wie sie mit dem Konzept der innerverbandlichen *Zentralisation* erfasst wird. Dieses beschreibt die formellen Rechte und Pflichten der verschiedenen Verbandsebenen (Dachverband, sektorale Ebene, Firmenebene) zueinander (Traxler u.a. 2001). Je mehr Rechte der übergeordneten Ebene zustehen, desto stärker ist ein Verband zentralisiert und desto eher ist der Dachverband in der Lage, die zentrale Strategie gegenüber partikularen Interessen nachgelagerter Ebenen durchzusetzen. Die konkrete Operationalisierung der drei zentralen Dimensionen der Verbandsstruktur sowie die empirischen Ausprägungen in 20 OECD-Ländern sind in Anhang A definiert und dargestellt.

3.2. Die strategische Orientierung der Gewerkschaften

Die strategische Orientierung eines Verbandes enthält zwei Komponenten: erstens die als Ergebnis des internen Willensbildungsprozesses gewonnenen *Verbandspräferenzen* mit den daraus abgeleiteten Zielen, zweitens die zur Umsetzung erforderlichen *Ressourcen.* Beide Elemente sind notwendig, da ein Verband ohne Festlegung einer kollektiven Präferenzordnung nicht zielorientiert handeln kann[7] und ohne Ressourcen nicht in der Lage ist, auf die Erreichung seiner Ziele hinzuwirken. In welchem Ausmaß die beiden Elemente im Verband generiert werden können, hängt von der Organisationsstruktur des Verbandes ab. Somit haben die im vorigen Abschnitt präsentierten Strukturcharakteristika Implikationen für die im Außenverhalten artikulierten Präferenzen und Durchsetzungschancen.

Zur Vereinfachung der Analyse erscheint es sinnvoll, die strategische Orientierung anhand von Gegensatzpaaren schematisch zu konkretisieren. Im Hinblick auf die dominante Präferenz eines Verbandes bietet sich im Anschluss an die Theorie kollektiven Handelns das Begriffspaar „partikular"/„universal" an. Als partikular soll eine Strategie dann gelten, wenn sie primär darauf ausgerichtet ist, die individuellen Präferenzen der Verbandsmitglieder durchzusetzen. Für Gewerkschaften wäre dies etwa eine Lohnmaximierungsstrategie, bei der Beschäftigung keine Rolle spielt. Auf Seite der Unternehmerverbände könnte eine partikulare Strategie zum Beispiel darauf ausgerichtet sein, bestehende Unternehmen durch Marktzugangsschranken vor Konkurrenz zu schützen. Eine universale Ausrichtung hat eine Strategie dann, wenn dem Verbandshandeln die Maximierung einer gesamtgesellschaftlichen Wohlfahrtsfunktion zugrunde gelegt wird. Universal ausgerichtete Gewerkschaften beziehen die Beschäftigungseffekte ihrer Lohnstrategie mit ein. Unternehmerverbände handeln mit universaler Orientierung, wenn sie zum Beispiel ihre Ressourcen dafür einsetzen, ein gemeinsames Ausbildungssystem zu errichten (siehe z.B. Crouch u.a. 2001; Streeck 1992).

Ressourcen zur Erreichung seiner Ziele generiert ein Verband aus den drei oben entwickelten Dimensionen: aus seiner Fähigkeit, Mitglieder an sich zu binden, sie im Hinblick auf das Verbandsziel zu motivieren und durch Aggregation ihrer Präferenzen nach außen Durchsetzungsfähigkeit zu gewinnen. Für diese Dimension bietet sich die Gegenüberstellung von „offensiv" und „defensiv" agierenden Verbänden an. Offensiv ist eine strategische Orientierung, wenn ein Verband seine Interessen mit hoher Konfliktbereitschaft vertritt. Bei einer defensiven Strategie dominiert die Konsensbereitschaft.

Obwohl die Strukturcharakteristika im vorigen Abschnitt als Kontinua eingeführt worden sind, ist es ohne Verlust an Aussagekraft sinnvoll, auch diese Variablen für den Zweck der theoretischen Analyse der Verhaltensimplikationen zu dichotomisieren. Die Fähigkeit zur Vereinheitlichung, Rekrutierung und Verpflichtung können also die Werte „niedrig" und „hoch" annehmen.

---

7 Das Problem der Bildung kollektiver Präferenzen aus individuellen Präferenzen ist eine zentrale Frage der *public choice*-Literatur sowie der formalen politischen Theorie. Siehe dazu Mueller (1989) und Ordeshook (1986).

Tabelle 1: Strategische Orientierung von Verbänden nach Strukturdimensionen

		Rekrutierungsfähigkeit (Organisationsgrad)	
Vereinheitlichungsfähigkeit (Konzentrationsgrad)	Verpflichtungsfähigkeit (Zentralisationsgrad)	niedrig	hoch
niedrig	Niedrig	partikular, defensiv	partikular, offensiv
	Hoch	partikular, offensiv	partikular, offensiv
hoch	Niedrig	universal, defensiv	universal, defensiv
	Hoch	universal, defensiv	universal, offensiv

Tabelle 1 fasst die aus diesen Überlegungen abgeleiteten strategischen Orientierungen verschiedener Konstellationen der drei Dimensionen der Organisationsstruktur von Gewerkschaften zusammen. Ist die Vereinheitlichungsfähigkeit niedrig (gemessen am Konzentrationsgrad des Verbandssystems einer gesellschaftlichen Gruppe bedeutet dies eine starke Fragmentierung der Verbände), dann ist davon auszugehen, dass sich jeder Verband auf die Vertretung sehr eng definierter Subgruppen konzentriert und daher eine partikularistische Orientierung wählt. Ob es einem solchen Verband gelingt, als relevanter Akteur im politischen System oder als Verhandlungspartner im Tarifsystem wahrgenommen zu werden, hängt von seiner Rekrutierungsfähigkeit ab. Je höher sein Organisationsgrad, desto eher wird er als Verhandlungs- oder Gesprächspartner akzeptiert und desto höher ist daher seine Chance, die von ihm vertretenen Interessen durchzusetzen. Da in fragmentierten Verbandssystemen ein höheres Maß an innerverbandlicher Homogenität besteht und es daher für die Mitglieder einfacher ist, sich auf eine gemeinsame Strategie zu einigen, hat das Problem der Interessenaggregierung an sich weniger Bedeutung. Dennoch ist zu erwarten, dass eine Gewerkschaft mit eng definierter Domäne dann als kollektiver Akteur offensiver agieren kann, wenn sie straffer geführt wird, weil auf eine beschränkte Zahl von gleichläufigen Interessen (in erster Linie der Lohn) einer kleinen Gruppe mit hoher Durchsetzungsfähigkeit fokussiert werden kann. Somit ist auch hier davon auszugehen, dass die Konfrontationsbereitschaft mit steigendem Zentralisationsgrad steigt. Hierbei sollte die Insiderorientierung mit sinkender Rekrutierungsfähigkeit der einzelnen Gewerkschaften steigen, weil in einem fragmentierten Verbändesystem die negativen Beschäftigungs- und Inflationseffekte einer Konfrontationsstrategie leicht externalisiert werden können und ein geringer Organisationsgrad eine offensive, lohnorientierte Strategie als Werbefaktor nahe legt. Das heißt, die Gewerkschaft verhält sich wettbewerbsorientiert und maximiert die Interessen der Insider, ohne die Kosten für Outsider in Erwägung zu ziehen.[8]

Anders stellt sich die Frage der strategischen Orientierung im Fall eines konzentrierten Verbändesystems. Dies lässt sich am einfachsten anhand eines Monopolverbandes nachvollziehen. Aufgrund der Heterogenität der Mitglieder muss der Verband ein ausdifferenziertes System der Interessenaggregierung und des Interessenausgleichs einrichten, um seinen inneren Zusammenhalt zu gewährleisten. Dies

8 Zur ökonomischen Insider-Outsider-Debatte siehe Lindbeck/Snower (2001).

impliziert eine Tendenz, Strategien zu verfolgen, die die Interessen möglichst vieler Mitglieder abdecken. Dies kann zum einen die Beschränkung der Verbandstätigkeit auf den gemeinsamen Nenner aller Mitglieder bedeuten, zum anderen führt dies aufgrund der Vielgestaltigkeit der vertretenen Interessen zur Maximierung einer allgemeinen Wohlfahrtsfunktion (Olson 1991). Beides lässt sich als universale Ausrichtung deuten.

Auch im Fall umfassender Verbände steigt die Durchsetzungsfähigkeit mit der Rekrutierungsfähigkeit. Ist ein Verband universal ausgerichtet, liegt sein Idealpunkt nahe dem gesamtgesellschaftlichen Optimum. Gelingt es ihm aber aufgrund mangelnder Konfliktfähigkeit, die in niedriger Rekrutierungsfähigkeit ihren Ursprung hat, nicht, sich als berücksichtigungswürdiger Akteur zu etablieren, so besteht – im Gegensatz zur partikularen Ausrichtung, bei der er durch das Artikulieren von Extrempositionen zumindest Gehör finden kann – für die anderen politischen Akteure keine Veranlassung, sich mit der Position des Verbandes auseinander zu setzen.[9] Somit bleibt die Konstellation hoher Vereinheitlichungsfähigkeit mit hoher Rekrutierungsfähigkeit: hier ist zu erwarten, dass sich ein Verband als durchsetzungsstarker, aber kompromiss- und damit paktfähiger Akteur etablieren kann. Allerdings setzt diese Akteurscharakteristik voraus, dass es der Verbandsleitung gelingt, vereinbarte Pakte im eigenen Verband auch durchzusetzen. Beides verlangt ein hohes Maß an Einschränkung der Autonomie der Mitgliedsverbände durch den Dachverband, das durch die Zentralisation von Entscheidungskompetenzen erleichtert wird. Daher ist ein Verband mit dieser Konstellation von Strukturmerkmalen nur dann stark, wenn er auch über eine hohe Verpflichtungsfähigkeit verfügt.

3.3. Makroökonomische Auswirkungen der Verbandsstruktur

In den letzten zwei Jahrzehnten entstand eine intensive und weit aufgefächerte Diskussion über die makroökonomischen Effekte der Struktur von Verbänden, wobei aus zwei Gründen besonderes Augenmerk auf die Gewerkschaften gelegt wurde. Zum einen ist die Bildung von Arbeitgeberverbänden eine sekundäre Reaktion der Unternehmer auf die gewerkschaftliche Organisation der Arbeitnehmer (Müller-Jentsch 1997: 167).[10] Zum anderen konzentrierte sich ein Großteil der Literatur auf die Frage, wie sich zwischenstaatliche Unterschiede des Wirtschaftswachstums, der Beschäftigung oder der Inflation erklären lassen. Da die wirtschaftswissenschaftliche Theorie einen unmittelbaren Zusammenhang zwischen der Lohnentwicklung, Wachstum und Beschäftigung postuliert (Carlin/Soskice 1990; Layard u.a. 1991: 19-20), lag es nahe, den Einfluss derjenigen Akteure auf makroökonomische Leistungsdaten zu analysieren, die die Lohnpolitik bestimmen.

9 Obwohl Verbände aus der Perspektive des Vetospieleransatzes formal keine Vetospieler sein können, weil sie keine verfassungsmäßige Rolle im Gesetzgebungsprozess spielen (Tsebelis 2000: 446, 449), erscheint es sinnvoll, diese Position als „absorbiert" – für das Verhandlungsergebnis irrelevant – zu bezeichnen.

10 Empirisch besteht überdies zwischen den Organisationsmerkmalen der Verbände von Kapital und Arbeit eine sehr hohe Korrelation (Traxler u.a. 2001: 35-101).

Nahezu alle Analysen gehen von einem linearen Zusammenhang zwischen den einzelnen Dimensionen gewerkschaftlicher Verbandsorganisation und den makroökonomischen Leistungsdaten aus. Hierbei bedienen sich die verschiedenen theoretischen Ansätze jeweils einer der drei Dimensionen verbandlicher Organisation, um eine Verhaltenshypothese abzuleiten und empirisch anhand des statistischen Zusammenhangs mit der jeweils im Zentrum stehenden Leistungsvariable zu überprüfen. Aus Sicht der Theorie kollektiven Handelns steht die Rekrutierungsfähigkeit als Quelle verbandlicher Macht, die das Funktionieren des Marktes behindert („Marktvermachtung", siehe dazu Siebert 1997; Weede 1990), im Zentrum. Diese Überlegung wird auf Gewerkschaften umgelegt, indem angenommen wird, dass mächtigere Gewerkschaften ihre Lohnforderungen besser durchsetzen können und daher der gewerkschaftliche Organisationsgrad positiv mit der Arbeitslosenquote korreliert sein müsse. Die Korporatismusliteratur hält dieser Position entgegen, dass stärker zentralisierte (Headey 1970) oder konzentrierte (Golden 1993) Gewerkschaften aufgrund des Problems der Aggregation individueller Präferenzen, das eine interne Aushandlung verschiedener, widersprüchlicher Strategien notwendig macht, eine weniger offensive Strategie wählen müssen. Daher sei zu erwarten, dass die Arbeitslosenquote mit zunehmender Zentralisation oder Konzentration der Gewerkschaften abnehmen müsse.

Die empirischen Untersuchungen kommen zu sehr unterschiedlichen und widersprüchlichen Ergebnissen, wobei die Proponenten der verschiedenen Ansätze jeweils ihre Thesen bestätigt sehen. In einem Gesamtresümee erweist sich keine der empirischen Beweisführungen für einen linearen Zusammenhang als eindeutig. Vielmehr hängen die gefundenen Zusammenhänge stark von der Untersuchungsperiode, der Länderauswahl und der gewählten Operationalisierung der Variablen ab (OECD 1997).

Eine Reihe von Studien aggregiert einzelne Elemente der drei Dimensionen der Verbandsorganisation, teilweise ergänzt um andere Faktoren, zu einem synthetischen Index der Gewerkschaftsorganisation und untersucht den statistischen Zusammenhang zwischen diesem Index und Indikatoren der makroökonomischen Leistungsfähigkeit (z.B. Bruno/Sachs 1985; Cameron 1984; Kenworthy 1995). Die Resultate sind jedoch ebenfalls keineswegs eindeutig, vor allem bei Betrachtung anderer Zeiträume als der 1970er oder der 1980er Jahre (Kenworthy 1995: 508-512; Traxler u.a. 2001: 253-259).

Der aus der modelltheoretischen Ableitung unterstellte unmittelbare Zusammenhang zwischen der Verbandsstruktur und makroökonomischen Leistungsindikatoren lässt sich empirisch somit nicht eindeutig belegen. Dies kann zum einen auf Daten- und Operationalisierungsprobleme sowie auf Zeitinkonsistenz zurückgeführt werden, zum anderen auf eine der Fragestellung nicht adäquate Modellspezifikation. Hier soll nur der zweiten Möglichkeit nachgegangen werden.

Zwei Merkmale der bisher angesprochenen Beiträge lassen vermuten, dass die Modellspezifikation tatsächlich eine Rolle spielen kann. Erstens ist die Wahl der abhängigen Variablen zu überdenken. Nicht nur der Zusammenhang zwischen der Verbandsstruktur und makroökonomischer Leistungsdaten ist empirisch unklar, sondern auch jener zwischen der Lohnentwicklung und den Leistungsdaten.[11] Wie

11 In periodenbereinigten Zeitreihen-Querschnittsregressionen (analog zum Modell in Anhang B) des Niveaus bzw. der jährlichen Veränderung der Arbeitslosenquote auf das Wachstum der

im Abschnitt 2 angeführt, unterstellen ökonomische Gewerkschaftsmodelle, dass die Gewerkschaft unmittelbar nur den Lohn beeinflussen kann, nicht aber die Produktions- und Beschäftigungsentscheidungen der Unternehmer. Dieser Mangel an unmittelbarer Zugriffsmöglichkeit lässt den statistisch nachweisbaren Zusammenhang zwischen Verbandsstrukturen und makroökonomischen Leistungsdaten unsicherer werden. Zudem ist zu berücksichtigen, dass, unter Voraussetzung der Annahme, dass wirtschaftspolitische Entscheidungen der Regierung messbare wirtschaftliche Auswirkungen haben (Schmidt 1996), die Regierungspolitik zusätzliche Varianz erzeugt, die den Nachweis eines Zusammenhangs erschwert. Daher erscheint es sinnvoll, vor der Analyse der makroökonomischen Effekte zunächst zu untersuchen, ob und inwieweit unterschiedliche Verbandsstrukturen tatsächlich einen Einfluss auf die Lohnentwicklung haben (Kenworthy 1995; Traxler/Kittel 2000). Als Indikator bieten sich die nominellen Lohnstückkosten an, weil Gewerkschaften, obwohl sie ein Reallohnziel haben, nur nominelle Löhne direkt beeinflussen können. Die Lohnstückkosten bereinigen die Löhne um Produktivitätszuwächse. Hohe Wachstumsraten der nominellen Lohnstückkosten können somit als Anzeichen einer offensiven Lohnpolitik interpretiert werden (Kittel/Traxler 1999).

Zweitens ist die Modellspezifikation der erklärenden Variablen zu revidieren. Wenn die oben diskutierten wechselseitigen Abhängigkeiten, Brems- und Verstärkereffekte zwischen den drei Dimensionen der Verbandsstruktur tatsächlich wirksam sind, dann kann die gefundene Ambivalenz der Ergebnisse auch auf das Negieren dieser Konditionalitäten bei der Schätzung eines linearen Zusammenhangs zurückzuführen sein. Erste Versuche, dieser komplexeren Hypothese mittels Interaktionsmodellen gerecht zu werden, stammen erst aus jüngster Zeit. So lassen sich Konditionaleffekte zwischen dem Konzentrations- und dem Zentralisationsgrad (Traxler u.a. 2001: 224-226) sowie zwischen dem Organisations- und dem Konzentrationsgrad unter Berücksichtigung der Konjunkturlage und der Politik der Zentralbank (Kittel 2000a) finden. Diese Modelle, die jeweils zwei Dimensionen der in Tabelle 1 dargestellten Dreifachinteraktion erfassen, erwiesen sich als erfolgreicher als bisherige einfache Modelle, erreichten aber auch keine überzeugende Prägekraft in Bezug auf die erklärte Varianz der abhängigen Variablen. Auch blieben die Ergebnisse in einigen Details ambivalent.[12]

Diese zwei Überlegungen wurden bei der Analyse, die Tabelle 2 zugrunde liegt, berücksichtigt: Die abhängige Variable ist die Wachstumsrate der nominellen Lohnstückkosten und die drei Variablen, die die Verbandsstruktur beschreiben, werden als Dreifachinteraktion konzipiert (siehe Anhang B). Die Felder der Tabelle 2 enthalten die auf Basis des Modells geschätzten Erwartungswerte des Wachstums

---

nominellen Lohnstückkosten ist der Koeffizient nahe Null sowie nicht signifikant und der Regressionskoeffizient kleiner als 0,01. Werden die Lohnstückkosten inflationsbereinigt gemessen, dann steigt der Koeffizient auf signifikante, aber negative Werte und der Regressionskoeffizient steigt auf 0,04 bis 0,06. Das negative Vorzeichen deutet allerdings eher auf einen lohndämpfenden Effekt hoher Arbeitslosigkeit als auf einen beschäftigungsdämpfenden Effekt hohen Lohnwachstums hin. Siehe dazu Blanchflower/Oswald (1994) und Teulings/Hartog (1998: 242-244).

12 In einer qualitativen Analyse des Konditionaleffekts des Organisations- und Konzentrationsgrades angewandt auf die tarifvertragliche Arbeitszeitpolitik in Österreich erwies sich der Ansatz durchaus als erklärungskräftig (Kittel 2000b).

der Lohnstückkosten (definiert als Abweichung vom Gesamtmittelwert) für die verschiedenen Konstellationen eines niedrigen und hohen Konzentrationsgrades, Organisationsgrades und Zentralisationsgrades. Die in Tabelle 1 zusammengefassten Verhaltenserwartungen sollten sich in unterschiedlichen Wachstumsraten der nominellen Lohnstückkosten manifestieren. Hierbei sollte eine partikularistische und/oder offensive Orientierung zu – relativ – höheren Wachstumsraten führen. Eine universale und/oder defensive Orientierung sollte den Lohnanstieg hingegen bremsen.

Tabelle 2: Strukturdimension der Gewerkschaft und das Wachstum der Lohnstückkosten: Schätzwerte auf Basis einer kombinierten Zeitreihen-Querschnittsanalyse 1974-1996

		Rekrutierungsfähigkeit (Organisationsgrad)	
Vereinheitlichungsfähigkeit (Konzentrationsgrad)	Verpflichtungsfähigkeit (Zentralisationsgrad)	niedrig	hoch
niedrig	Niedrig	- 3,60	2,81
	Hoch	3,32	3,17
hoch	Niedrig	- 2,47	- 1,15
	Hoch	- 1,55	- 0,52

Anmerkungen:
Die Werte sind Abweichungen vom Gesamtmittelwert der Wachstumsrate der Lohnstückkosten (der gegeben ist durch Setzung aller drei Dimensionen auf den Wert 0.5 auf einer 0-1 Skala), die im Modell entstehen durch einen Schritt von 0.2 nach oben oder unten auf den drei Dimensionen, unter Konstantsetzung aller Kontrollvariablen. Positive Werte deuten auf ein überdurchschnittliches, negative auf ein unterdurchschnittliches Wachstum der Lohnstückkosten hin.
Das zugrundeliegende Regressionsmodell ist im Anhang B wiedergegeben. Eine detaillierte Analyse der Signifikanz des Koeffizienten jeweils einer der drei interagierenden Variablen unter Konstantsetzung der anderen ergab, dass folgende Unterschiede in der Tabelle einen trotz der hohen statistischen Anforderungen an das Modell bei einer kleinen Zahl unabhängiger Beobachtungen akzeptablen t-Wert ($\geq |1,25|$) erreichten: KON bei ORG niedrig und ZEN niedrig; KON bei ORG niedrig und ZEN hoch; KON bei ORG hoch und ZEN niedrig; ORG bei KON niedrig und ZEN niedrig.

Die Schätzwerte in Tabelle 2 bestätigen die Erwartungen in vollem Ausmaß. Bei niedrigem Konzentrationsgrad ist der Lohnauftrieb überdurchschnittlich bis auf die Kombination eines niedrigen Organisationsgrades mit einem niedrigen Zentralisationsgrad, bei dem den Gewerkschaften keinerlei Ressourcen zur Durchsetzung ihrer Interessen zur Verfügung stehen. In den anderen drei Kombinationen zeigt sich die partikular-offensive Ausrichtung deutlich.

Bei hohem Konzentrationsgrad ist, wie zu erwarten, der Lohnauftrieb generell unterdurchschnittlich. Außerdem ist zu sehen, dass sowohl ein hoher Organisationsgrad als auch ein hoher Zentralisationsgrad dazu führen, dass die Lohnzurückhaltung abnimmt. Wenn alle drei Dimensionen hoch ausgeprägt sind, liegt der Lohnauftrieb nur mehr knapp unter dem Gesamtmittelwert. Aus dem Befund, dass die Effekte des Konzentrationsgrades substanziell und statistisch signifikant sind ($\alpha \leq 0.10$) oder diese Grenze nur knapp verpassen, lässt sich schließen, dass dieser Faktor das Gewerkschaftsverhalten am stärksten determiniert. Da der Organisationsgrad einen signifikanten Unterschied im Fall niedriger Konzentration und niedriger Zentralisation aufweist, ist er an zweiter Stelle zu nennen. Schließlich gelingt es über den

Zentralisationsgrad, noch feinere Unterschiede herauszuarbeiten, die jedoch übliche statistische Signifikanzniveaus nicht erreichen. Auch der Gesamteffekt des Interaktionszusammenhangs überzeugt nicht (F-Wert = 1,47, p = 0,19), trägt aber mit einem Prozentpunkt zur Verbesserung der Erklärungskraft (gemessen am korrigierten Regressionskoeffizient) eines rein ökonomischen Referenzmodells (Traxler u.a. 2001: 278) bei.[13] Dies ist aufgrund der komplexen Modellierung auf Basis einer äußerst kleinen Fallzahl, die dem Test zugrunde liegt, jedoch nicht verwunderlich. Zudem berücksichtigt das Modell zusätzliche politische Effekte (siehe Abschnitt 5) nicht.[14]

Somit ist festzuhalten, dass bei einer problemadäquaten Modellierung die erwarteten Zusammenhänge bei der empirischen Modellierung tatsächlich zu finden sind, auch wenn die Variation der wenigen Fälle etwas zu hoch ist, um in statistischen Signifikanztests überzeugend zu bestehen. Die Verbandsstruktur der Gewerkschaften bestimmt die Höhe des Lohnauftriebs in einem messbaren Ausmaß mit. Dieser Befund bestätigt für den Bereich der Gewerkschaften, dass Institutionen Verhaltensdispositionen prägen (March/Olsen 1989). Da alle drei Faktoren gleichzeitig wirken, ist aber unklar, welcher Effekt überwiegt. Mit Hilfe des Interaktionsmodells konnte gezeigt werden, dass primär der Konzentrationsgrad relevant ist, sekundär der Organisationsgrad und schließlich der Zentralisationsgrad eine Feindifferenzierung erlaubt. Mit zunehmendem Konzentrationsgrad sinkt die unidimensionale Ausrichtung auf Lohnmaximierung und es kommen gesamtwirtschaftliche Aspekte stärker ins Blickfeld der Lohnpolitik. Mit zunehmendem Organisations- und Zentralisationsgrad steigt die Durchsetzungsfähigkeit der Gewerkschaft sowohl nach innen als auch nach außen, so dass die durch den Konzentrationsgrad mitbestimmte strategische Orientierung leichter umgesetzt werden kann. Zugleich dürfte eine höhere Durchsetzungsfähigkeit auch im Fall hochkonzentrierter Gewerkschaften eine Prädisposition in Richtung einer offensiveren Lohnpolitik implizieren.

---

13 Dies ist zwar eine sehr bescheidene Zunahme des Regressionskoeffizienten, sie steht aber durchwegs in Einklang mit anderen Modellen, die in der vergleichenden politischen Ökonomie diskutiert werden. Siehe dazu Traxler u.a. (2001: 280).

14 Anzumerken ist weiterhin, dass die theoretisch abgeleiteten Verhaltensannahmen *ceteris paribus*-Hypothesen sind und für manche Länder besser und für andere schlechter zutreffen. Zum Beispiel weist die Kodierung in Anhang A Frankreich als Land mit niedrigem Organisationsgrad, niedriger Zentralisation und niedriger Konzentration aus, für die eine partikulardefensive Strategie unterstellt wird. Die Untersuchungsperiode ist jedoch von vielen unorganisierten Streiks gekennzeichnet, durch die die Gewerkschaften zu einem wesentlich offensiveren Verhalten gezwungen wurden als die theoretische Ableitung erwarten lässt (siehe Goetschy 1998). Ähnlich ist die Einordnung der USA in Anhang A als Land mit konzentrierten Gewerkschaften insofern problematisch, als dies nach den Operationalisierungsregeln zwar zutrifft, dies den betrieblichen Charakter der Tarifbeziehungen in den USA jedoch zu wenig berücksichtigt (siehe Freeman/Medoff 1984). Diese nicht-berücksichtigte Varianz vergrößert die Standardfehler der Koeffizientenschätzer.

4. Das Tarifsystem

4.1. Strukturmerkmale des Tarifsystems

Unter anderem wegen der konzeptionellen Schwierigkeiten bei der Suche nach empirisch gehaltvollen Modellen zur Erklärung gewerkschaftlicher Lohnpolitik wurde gegen Ende der 1980er Jahre ein neuer Weg eingeschlagen, mit dem makroökonomische Leistungseffekte aus der Perspektive des Tarifsystems erklärt werden (siehe dazu Flanagan 1999). Der Fokus wurde daher von der Analyse der Organisationsstruktur von Gewerkschaften auf die Koordinationskapazität des Tarifsystems verlagert: Da die Lohnbildung nicht unilateral durch die Gewerkschaft erfolgt, sondern Ergebnis von Verhandlungen zwischen Gewerkschaften und Arbeitgeberverbänden ist, sei daher das Gesamtsystem, insbesondere auch die Koordinierungsleistung der Arbeitgeberverbände zu berücksichtigen (Soskice 1990). Die Substitution der Verbandsstruktur durch eine Variable, die Unterschiede zwischen verschiedenen Möglichkeiten, Lohnverhandlungen zu führen, aufgreift, soll die empirische Vorhersagefähigkeit der Modelle verbessern. Dass hierbei dennoch deutlich Rekurs auf Strukturmerkmale der Verbände genommen wird, zeigt nicht nur der klassische Aufsatz, der diesen Diskussionsstrang eingeleitet hat (Calmfors/Driffill 1988), sondern auch die Konstruktion neuerer Indikatoren (Kenworthy 2001).

Neben Gewerkschaften und Arbeitgeberverbänden tritt bei der Betrachtung von Tarifsystemen als dritter Akteur der Staat ins Blickfeld (Crouch 1995; Traxler 1998). Der Staat schafft nicht nur die gesetzlichen Rahmenbedingungen, in die das Tarifsystem eingebettet ist und über die er die Anreizstruktur der Tarifparteien beeinflussen kann (Armingeon 1994). Auch ist die Regierung zum einen im Rahmen ihrer einkommens- und sozialpolitischen Zielsetzungen inhaltlich an der Ausgestaltung von Tarifverträgen interessiert und teilweise auch beteiligt (Dore u.a. 1994; Flanagan u.a. 1983), zum anderen verfolgt sie eigene politische Ziele außerhalb dieser Politikfelder, die Implikationen für die Handlungsoptionen der Tarifpartner haben und Koordinationsbedarf aufweisen (Ebbinghaus/Hassel 2000).

Die Konzeptualisierung des Tarifsystems erfolgt entlang der drei Dimensionen Zentralisation, Koordination und Regierbarkeit. Die Zentralisation des Tarifsystems bezieht sich auf die Ebene, auf der Tarifverträge vorrangig verhandelt und abgeschlossen werden. In der Regel wird zwischen zentralen, sektoralen und lokalen (betrieblichen) Verhandlungen unterschieden. Koordination verweist auf das Ausmaß, in dem Tarifverhandlungen verschiedener Wirtschaftssektoren aufeinander Bezug nehmen. Dies kann durch zentralisierte Verhandlungen erfolgen, setzt solche aber nicht voraus, wenn andere Mechanismen eine Koordination möglich machen. Die Regierbarkeit ist definiert als die Kapazität des Tarifsystems, zentrale Vereinbarungen gegenüber nachgeordneten Verhandlungsebenen durchzusetzen (Traxler/Kittel 2000: 1175). Eine hohe Regierbarkeit unterstützt somit die Koordination der Tarifpolitik.

4.2. Zentralisation des Tarifsystems

Der die Debatte auslösende Beitrag von Calmfors und Driffill (1988) setzt bei der Zentralisation des Tarifsystems an. Tarifverhandlungen auf Ebene der Dachverbände müssen die gesamtwirtschaftlichen Folgewirkungen des Tarifabschlusses berücksichtigen, weil diese nicht externalisiert werden können. Da eine zentrale Tarifvereinbarung für annähernd alle Wirtschaftssektoren bzw. Arbeitnehmer gilt, sind alle gleichermaßen von inflationären Effekten hoher Lohnsteigerungen betroffen. Es ist daher aufgrund der Internalisierung solcher Externalitäten für die Akteure in zentralen Verhandlungen rational, eine zurückhaltende Lohnpolitik durchzusetzen.

Sobald nicht mehr die Gesamtwirtschaft, sondern nur mehr ein beschränkter Bereich im Blickfeld der Tarifparteien steht, was im Fall sektoral oder regional (Calmfors 1993) strukturierter Tarifsysteme zutrifft, ändert sich die Anreizstruktur. Lohninduzierte Preiserhöhungen im eigenen Sektor wirken sich nur in geringem Maß auf die gesamtwirtschaftliche Inflationsrate aus, so dass der Reallohn im Sektor steigt, aber in jenen Sektoren, in denen eine geringere Lohnerhöhung ausgehandelt wurde, fällt. Daher haben alle Sektoren einen Anreiz, eine offensive Lohnpolitik zu betreiben, mit der die bestehenden Lohnrelationen erhalten werden. Aus diesem Koordinationsproblem folgt, dass sektoral organisierte Tarifsysteme mit einer Lohn-Preis-Spirale konfrontiert sind, die sich in der Realwirtschaft durch geringere Leistungsfähigkeit manifestiert.

Grundsätzlich sind dezentrale Tarifsysteme diesem Koordinationsproblem auch ausgesetzt. Jedoch sind die Verhandlungseinheiten zu klein, um ihre Lohnpolitik am Markt durchzusetzen. In kompetitiven Märkten kann eine Einzelfirma die Erfüllung von Lohnforderungen nicht auf die Preise überwälzen. Daher haben die Tarifverhandler die Wahl, höhere Löhne zu Lasten der Wettbewerbsfähigkeit des Unternehmens und damit auf Kosten der Beschäftigung durchzusetzen, oder marktkonforme Löhne zu akzeptieren. Aus den zwei Kausalmechanismen – Internalisierung der Externalitäten auf zentraler Ebene, Disziplinierung durch den Markt auf dezentraler Ebene – folgern Calmfors und Driffill, dass der Zusammenhang zwischen der Zentralisierung des Tarifsystems und dem Lohndruck hügelförmig (*hump-shaped*), bzw. je nach makroökonomischem Leistungsindikator U-förmig verläuft.

Trotz der modelltheoretischen Eleganz dieses Ansatzes konnte der „Calmfors-Driffill-Hügel" bei weiteren Untersuchungen jedoch empirisch nicht bestätigt werden (OECD 1997; Traxler u.a. 2001). Als Ursache wird gesehen, dass das Argument sich auf die gesamtwirtschaftliche Koordination bezieht, die Operationalisierung jedoch über die Zentralisation des Tarifsystems erfolgt (Soskice 1990). Weder impliziert ein zentrales Tarifsystem automatisch, dass es koordiniert ist, noch ist auszuschließen, dass stärker dezentralisierte (sektorale) Tarifsysteme ein funktionales Äquivalent zur zentralen Koordination entwickeln.

Zwei Ansätze reagierten auf diese Herausforderung. Zum einen wurde nach externen Faktoren gesucht, die die Anreizstruktur auf sektoraler Ebene beeinflussen. Da die Inflationsrate, abgesehen vom lohninduzierten Preisauftrieb sowie von unantizipierten Angebotsschocks, direkt nur durch die Zentralbank beeinflusst werden kann, bot sich die Analyse der Konditionaleffekte zwischen dem Tarifsystem und der Zentralbank an. Zum anderen wurden die Koordinationskapazitäten nichtzentralisierter Systeme detaillierter untersucht, indem die drei Dimensionen des Tarifsystems konzeptionell präziser gefasst wurden.

Die Abhängigkeit der Lohnpolitik von der Politik der Zentralbank wird über die wechselseitigen Verhaltenserwartungen der Akteure modelliert (Iversen 1999). Wenn die Tarifparteien erwarten können, dass die Zentralbank den lohninduzierten Preisauftrieb mittels einer „akkommodierenden", also „nachgiebigen", Geldmengen- und Wechselkurspolitik alimentiert, halten sich die realen Auswirkungen der Lohn-Preis-Spirale auf Wachstum und Beschäftigung in Grenzen. Müssen sie hingegen davon ausgehen, dass sich die Zentralbank ausschließlich an der Geldwertstabilität orientiert, drosselt die Lohn-Preis-Spirale mit jeder neuen Drehung die Wirtschaftsdynamik stärker. Als Ergebnis wirkt die dadurch steigende Arbeitslosenquote als „natürliche" Bremse auf Lohnforderungen, wodurch der Preisauftrieb wieder abgeschwächt wird.

Diese ökonomische Kausalitätskette berücksichtigen die Tarifparteien in den Verhandlungen. Während in dezentralen Tarifsystemen aufgrund der Machtlosigkeit des einzelnen Unternehmens im kompetitiven Markt das Problem nicht-marktkonformer Löhne im theoretischen Modell nicht auftreten kann, stehen die Akteure in sektoral organisierten Tarifsystemen sehr wohl vor der Frage, ob sie die negativen Externalitäten ihrer Lohnpolitik in Kauf nehmen wollen. Das heißt, sie orientieren sich an den Signalen, die sie von der Zentralbank bekommen (Hall/Franzese 1998): Ist diese nicht bereit, eine offensive Lohnpolitik abzufedern, dann besteht ein starker Anreiz, eine solche gar nicht zu versuchen. Dies wird durch eine weltmarktexponierte Stellung von im Tarifsystem zentralen Sektoren noch verstärkt (Crouch 1993).

An sich gilt diese Ableitung auch für die Akteure in zentral organisierten Tarifsystemen. Im Unterschied zu sektoralen Systemen ist die Anreizstruktur auf zentraler Ebene jedoch komplexer, weil die Gewerkschaft nicht nur die Interessen eines Sektors vertritt, sondern intern auch einen Ausgleich zwischen verschiedenen Sektoren bewerkstelligen muss. So wird das Prinzip der „solidarischen" Lohnpolitik im intersektoralen Gleichschritt zu einem zentralen Faktor in der Kalkulation von Dachverbänden. Während sich sektorale Gewerkschaften nach der Produktivitätsdecke strecken, versuchen zentrale Verhandler den Lohnsatz zu nivellieren, wodurch der aggregierte Lohnauftrieb verstärkt wird. Weiterhin ist damit zu rechnen, dass in jenen Sektoren, die eine überdurchschnittliche Produktivitätsentwicklung aufweisen, aufgrund von Effizienzlohnüberlegungen der Firmen zusätzlicher Lohndrift entsteht. Somit stellt eine nicht-akkommodierende Politik der Zentralbank ein zentral organisiertes Tarifsystem vor das Dilemma, eine produktivitätsorientierte Lohnpolitik mit Lohnsolidarität kombinieren zu müssen. Es lässt sich argumentieren, dass der Solidaritätseffekt überwiegt, weil sonst der Bestand des Dachverbandes in Gefahr gerät.

Aus diesen Überlegungen leitet Iversen (1999: 34-36) die Hypothese ab, dass der Zusammenhang zwischen der Zentralisation des Tarifsystems und dem Lohnauftrieb (und damit der Inflationsrate) einem „gespiegelten Hügel" gleicht. Der realwirtschaftliche Effekt ist aus dieser Perspektive komplexer als ursprünglich angenommen (Cukierman/Lippi 1999; Hall/Franzese 1998), weil sich der erwartete Effekt der Zentralbankpolitik umdreht, wenn der Blick von der sektoralen zur zentralen Ebene wechselt: Während eine zunehmend restriktive Geldpolitik den Lohndruck in einem sektoralen Tarifsystem senkt und daher über die Wachstumseffekte die Beschäftigung fördert, bremst das Fehlen einer akkommodierenden Haltung der Zentralbank die Wirtschaftsdynamik im Fall eines zentralen Tarifsystems, das aufgrund der internen Heterogenität weniger in der Lage ist, den Lohnauftrieb entsprechend zu drosseln (Iversen 1999: 32-34).

4.3. Koordination und Regierbarkeit des Tarifsystems

Die Koordinationskapazität eines Tarifsystems lässt sich untersuchen, wenn der Versuch einer unidimensionalen Konzeptionalisierung des Koordinationsausmaßes zugunsten eines mehrdimensionalen Ansatzes aufgegeben wird. Hierbei wird postuliert, dass im Tarifsystem drei Probleme gelöst werden müssen, um die Lohnpolitik zu koordinieren: die Kollektivierung der Verhandlungen, die Koordination zwischen verschiedenen Sektoren und die Koordination zwischen verschiedenen Verhandlungsebenen (Traxler/Kittel 2000: 1156-1158).

Kollektive Tarifverhandlungen sind Voraussetzung dafür, dass die Lohnbildung überhaupt als politischer Prozess der Aushandlung zwischen kollektiven Akteuren verstanden werden kann und eine gesamtwirtschaftliche Koordination als Ziel in Frage kommt. Wird der Lohn in Einzelvereinbarungen festgelegt, bestimmen Angebot und Nachfrage am Arbeitsmarkt sowie eventuelle gesetzliche Mindeststandards die Entlohnung (Nickell/Layard 1999). Von kollektiven Verhandlungen kann dann gesprochen werden, wenn die Lohnbildung auf der überbetrieblichen Ebene angesiedelt ist. Dies definiert die erste Unterscheidung zwischen unkoordinierten – rein betrieblichen – Tarifsystemen und Tarifsystemen mit Koordinationspotenzial.

Die Koordination zwischen verschiedenen Sektoren – horizontale Koordination – kann über verschiedene Mechanismen erfolgen (siehe zum Folgenden: Traxler/Kittel 2000: 144-162, 239-247). Zunächst ist zwischen freiwilliger und autoritativer Lohnfestlegung zu unterscheiden. *Autoritative Lohnfestlegung* beinhaltet, dass die Regierung über gesetzliche Regulierung in die Lohnbildung eingreift, indem sie zum Beispiel einen Lohnstopp verfügt. Hinsichtlich freiwilliger Koordination ist nach der Rolle der verschiedenen Akteure zu fragen. Daher findet man verschiedene Koordinationsmodi vor. Strukturell angelegt ist die gesamtwirtschaftliche Koordination im Fall zentraler Verhandlungen zwischen Dachverbänden. Als *zwischenverbandliche Koordination* wird der Fall bezeichnet, in dem die Dachverbände der Arbeitnehmer und Arbeitgeber die Lohnverhandlungen führen. Neben diesem Modus, der dem Konzept zentralisierter Lohnverhandlungen in der Tradition von Calmfors und Driffill (1988) entspricht, ist auch von Koordination zu sprechen, wenn ein Dachverband seine strategische Ausrichtung intern koordiniert. Dies wird *innerverbandliche Koordination* genannt. In der Praxis kommt es häufig vor, dass es den Dachverbänden der Arbeitnehmer und Arbeitgeber nicht gelingt, sich auf eine Lohnlinie festzulegen, weil zum Beispiel wenig Tauschmasse zur Verfügung steht. Dies ist Grundlage der Intervention des Staates als Mediator oder dritter Tauschpartner, der die Akkordierung erleichtert. Dieser Modus wird als *staatlich flankierte Koordination* bezeichnet.

Schließlich können sektorale Tarifsysteme koordiniert werden, indem die Tarifpartner ein System der *Lohnführerschaft* etablieren, bei dem sich alle Sektoren in ihrer Lohnpolitik an den Ergebnissen eines Leitsektors orientieren. Dieser Sektor ist ein gesamtwirtschaftlich bedeutsamer, weltmarktorientierter Industriebereich, der verbandlich gut organisiert ist und aufgrund seiner Stellung sowohl im Inland als auch am Weltmarkt nicht in der Lage ist, die Implikationen einer offensiven Lohnpolitik zu externalisieren. Ein solches System hat keinen Bedarf an zentraler Koordination, weil aufgrund von Sachzwängen für die Akteure auf sektoraler Ebene ein Anreiz zur (impliziten) Koordination besteht (Traxler/Kittel 2000: 1180-1181).

Diese fünf Koordinationsmodi repräsentieren verschiedene Möglichkeiten, das horizontale Koordinationsproblem zu lösen. Sie sind zunächst jedoch nur Möglichkeiten, die ein Gelingen der Koordination nicht implizieren. Während die autoritative Festlegung der Lohnpolitik keiner weiteren Umsetzung bedarf, ist die Orientierung an einem Leitsektor selbst ein Modus, der die Lösung des Koordinationsproblems auf dezentraler Ebene schon in sich birgt. Das vertikale Koordinationsproblem stellt sich somit dann, wenn die Akteure in einem Tarifsystem den Anspruch stellen, die Lohnpolitik zentral festzulegen, da sie dann die Einhaltung der Norm in nachgelagerten (sektoralen und betrieblichen) Verhandlungsarenen sicherstellen müssen (Moene u.a. 1993).

Da der innerverbandlichen Durchsetzung der Einhaltung zentraler Lohnleitlinien aufgrund der Freiwilligkeit der Verbandsmitgliedschaft enge Grenzen gesetzt sind, bedarf es externer Durchsetzungshilfen, die nur der Staat über seine Gesetzgebungsfunktion bereitstellen kann: die gesetzliche Erzwingbarkeit zentraler Tarifvereinbarungen und die gesetzliche Friedenspflicht während ihrer Geltungsdauer. Diese zwei Instrumente definieren die Regierbarkeit des Tarifsystems (Traxler/Kittel 2000: 1175). Sind sie vorhanden, lassen sich zentralisierte Tarifsysteme sowohl horizontal als auch vertikal koordinieren und eine gesamtwirtschaftlich orientierte Lohnpolitik durchsetzen.

Tabelle 3: Koordinationsfähigkeit von Tarifsystemen

	Regierbarkeit	
Tarifsystem	niedrig	hoch
Zwischenverbandliche Koordination	gering	hoch
Innerverbandliche Koordination	gering	hoch
Staatlich flankierte Koordination	gering	hoch
Lohnführerschaft	hoch	hoch
Autoritative Lohnfestlegung	hoch	hoch
Unkoordiniertes Tarifsystem	nicht relevant	nicht relevant

Hieraus lassen sich die in Tabelle 3 zusammengefassten Erwartungen ableiten. Die Koordinationsfähigkeit zentraler Tarifsysteme ist hoch, wenn sie auf gesetzliche Durchsetzungshilfen zurückgreifen können, die das System regierbar machen. Sind diese nicht vorhanden, müssen zentrale Vereinbarungen über unzureichend mit Sanktionsmitteln ausgestattete verbandsinterne Mechanismen durchgesetzt werden, die einem großen Risiko ausgesetzt sind, zu scheitern. Die horizontale Koordinationsfähigkeit ist bei niedriger Regierbarkeit daher gering. Lohnführerschaft ist in Folge des dezentralen Koordinationsmodus und der geringeren Anforderungen aufgrund der Nichtberücksichtigung des Solidaritätsziels nicht auf externe Durchsetzungshilfen angewiesen. Die Koordinationsfähigkeit sollte daher jedenfalls hoch sein, soweit dieser Modus institutionalisiert ist. Im Fall der autoritativen Lohnfestlegung ist eine hohe Koordinationsfähigkeit zu erwarten, weil eine gesetzliche Lohnleitlinie nicht an weitere Durchsetzungshilfen gebunden ist. Im Fall eines unkoordinierten Tarifsystems ist die Koordinationsfähigkeit irrelevant.

Im Ergebnis sollte der Lohnauftrieb bei geringer Koordinationsfähigkeit hoch sein und umgekehrt. Schließlich ist zu erwarten, dass erfolgreiche Koordination zu einem geringeren Lohnauftrieb führt als Verhandlungen in einem unkoordinierten System, weil ersteres besser in der Lage ist, sich makroökonomischen Entwicklungen rasch anzupassen (Teulings/Hartog 1998: 4-6).[15]

4.4. Makroökonomische Leistungseffekte von Tarifsystemen

Vor dem Hintergrund der verschiedenen Konzepte wurde in den letzten zehn Jahren eine kaum noch überschaubare Vielzahl von Indikatoren entwickelt, die jeweils spezifische Aspekte des Tarifsystems abbilden und die drei Dimensionen unterschiedlich gewichten (Kenworthy 2001). Hier wird die Darstellung auf die Effekte der kategorial unterschiedenen Koordinationsmodi des Tarifsystems auf die Entwicklung der nominellen Lohnstückkosten beschränkt. Da das Modell anderweitig ausführlich diskutiert worden ist (Traxler u.a. 2001: 241-243), reicht hier eine Kurzdarstellung. Tabelle 4 präsentiert eine Zusammenfassung der Ergebnisse. Die Einträge sind durchschnittliche Abweichungen der Wachstumsraten der nominellen Lohnstückkosten der 12 Koordinationsmodi vom periodenbereinigten Gesamtmittelwert. Positive Vorzeichen zeigen einen überdurchschnittlichen, negative einen unterdurchschnittlichen Lohnauftrieb an. Im Vergleich zu Tabelle 3 werden die Erwartungen im Wesentlichen bestätigt: Die Abhängigkeit zentraler Koordination von der Regierbarkeit des Tarifsystems ist deutlich und die relativ stärkere Lohnzurückhaltung in Systemen mit Lohnführerschaft ist ebenfalls zu beobachten.[16] Überdies deutet die Nähe des Mittelwerts unkoordinierter Systeme zum Gesamtmittelwert im Vergleich zu den sowohl koordinierten als auch regierbaren Systemen auf eine geringere Leistungsfähigkeit des freien Spiels der Kräfte am Arbeitsmarkt hin. Der überdurchschnittliche Lohnauftrieb im Fall autoritativer Lohnfestlegung mit niedriger Regierbarkeit lässt sich damit erklären, dass ein autoritativer Eingriff des Staates insbesondere dann erfolgt, wenn es durch freiwillige Koordinierung nicht gelingt, den Lohnauftrieb zu bremsen, so dass die autoritative Lohnfestlegung a priori mit größeren Problemen konfrontiert ist. Insgesamt ist die Erklärungskraft des Modells im Vergleich mit anderen Modellen relativ hoch (Traxler u.a. 2001: 280-281).

---

15 Da die Ableitung der Verhaltenserwartungen aus Merkmalen des Tarifsystems ohne Rekurs auf das Verhalten anderer politischer Akteure erfolgt, kann dieser Ansatz als eine Weiterentwicklung des Calmfors-Driffill-Modells, allerdings mit umgekehrtem Vorzeichen, gesehen werden.

16 Die geringere durchschnittliche Lohnzurückhaltung der Systeme mit Lohnführerschaft unter hoher Regierbarkeit ist auf Experimente mit Lohnführerschaft in einigen Ländern unter der Bedingung expandierender Weltmärkte (Crouch 1993; Traxler u.a. 2001: 252), sowie auf die Wirtschaftsprobleme Deutschlands in den 1990er Jahren zurückzuführen.

Tabelle 4: Tarifsysteme und das Wachstum der Lohnstückkosten: Schätzwerte auf Basis einer kombinierten Zeitreihen-Querschnittsanalyse 1974-1996

	Regierbarkeit	
Tarifsystem	niedrig	hoch
Zwischenverbandliche Koordination	1,18	- 3,24
Innerverbandliche Koordination	5,20	- 3,19
Staatlich flankierte Koordination	3,82	- 1,10
Lohnführerschaft	- 4,28	- 0,99
Autoritative Lohnfestlegung	3,63	- 0,29
Unkoordiniertes Tarifsystem	- 0,88	0,13

Anmerkungen:

Die Werte sind Abweichungen vom Gesamtmittelwert der Wachstumsrate der Lohnstückkosten (der als Mittelwert der Koeffizienten von Dummy-Variablen, die die 12 Koordinationsmodi repräsentieren, definiert ist) unter Konstantsetzung aller Kontrollvariablen. Positive Werte deuten auf ein überdurchschnittliches, negative auf ein unterdurchschnittliches Wachstum der Lohnstückkosten hin.

Das zugrundeliegende Regressionsmodell ist in Tabelle IV.12 in Traxler u.a. (2001: 242) wiedergegeben. Eine detaillierte Analyse der Signifikanz der Koeffizienten ergab, dass viele der Differenzen zwischen den 12 Koordinationsmodi statistisch signifikant sind, siehe Tabelle IV.13 in Traxler u.a. (2001: 244).

Unterlegt man den Koordinationsmodi das Zentralisationskonzept, dann zeigt sich, dass mit zunehmender Zentralisation die Koordinationsfähigkeit und damit die Fähigkeit zur Festlegung einer gesamtwirtschaftlich orientierten Lohnpolitik steigt, wenn die Durchsetzbarkeit von Vereinbarungen hoch ist (siehe Abbildung 1). Ist diese Bedingung nicht gegeben, dann bricht diese Fähigkeit ab, sobald eine zentrale Koordination versucht wird. Resultat ist ein durch lokale und sektorale Lohndrifts erzeugter Lohnauftrieb, der über der durch die Produktivitätsentwicklung abgedeckten Rate liegt.

Abb. 1: Zentralisation der Koordinationsmodi, Regierbarkeit und Lohnauftrieb

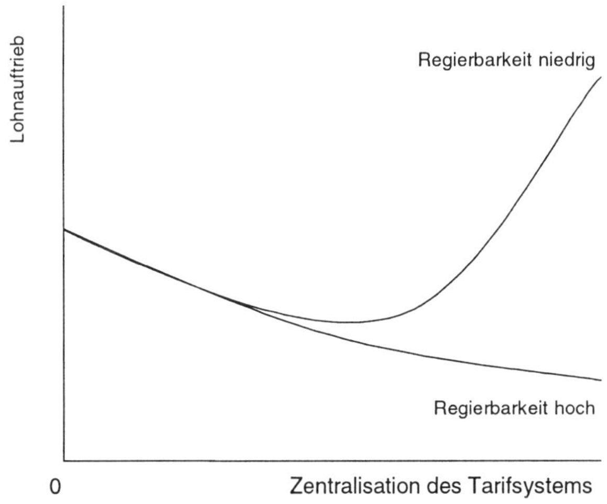

5. Verbände und politische Konzertierung

Gewerkschaften und Arbeitgeberverbände agieren nicht nur als Tarifparteien am Arbeitsmarkt, sondern ebenso als Lobbygruppen gegenüber dem Staat, unter anderem mit dem Ziel, die gesetzlichen Rahmenbedingungen des Arbeitsmarktes zu beeinflussen. Hierauf hat die Korporatismusliteratur schon frühzeitig aufmerksam gemacht und zwei Dimensionen verbandlicher Interessenpolitik definiert: die horizontale Dimension der Interessenintermediation zwischen den Verbänden, die in den Abschnitten 2-4 diskutiert wurde, und die vertikale Dimension der Konzertierung zwischen Staat und Verbänden (Czada 1994; Schmitter 1982; Williamson 1989). Die zweite Dimension ist Thema dieses Abschnitts. Konzertierung ist definiert als die maßgebliche und privilegierte Einbindung der Dachverbände von Kapital und Arbeit in die Politikformulierung in zentralen Bereichen der Wirtschafts- und Sozialpolitik (Lehmbruch 1984: 62).

Zu den Effekten dieser privilegierten Einbindung lassen sich auf Basis der in Abschnitt 2 diskutierten theoretischen Perspektiven zwei Erwartungen formulieren. Erstens gilt die partikularistische Orientierung von Interessenverbänden in der pluralistischen Theorieperspektive nicht nur als Quelle einer ineffizienten Ressourcenallokation am Arbeitsmarkt, sondern allgemein auch als Ursache suboptimaler makroökonomischer Leistungseffekte der politischen Intervention in wirtschaftliche Prozesse. Die Internalisierung externer Effekte durch umfassend organisierte Verbände ist hingegen die theoretische Grundlage der zweiten Erwartung: Aufgrund der Berücksichtigung der gesamtwirtschaftlichen Implikationen des eigenen Handelns beteiligen sich solche Verbände aus Eigeninteresse an der Steigerung der Effizienz durch Kooperation und konsensorientierte Konfliktaustragung. Diese zwei Arrangements – eine Vielzahl partikularer Verbände gegenüber einer kleinen Zahl umfassender und privilegiert in den politischen Entscheidungsprozess eingebundener Verbände – wurden als idealtypische Endpunkte verschiedener Korporatismusskalen operationalisiert (Lehmbruch 1984: 65-66; Siaroff 1999).

Auf dieser Basis entwickelten sich zwei Diskussionsstränge. Zum einen wird versucht, das Ausmaß der Kooperation zwischen Staat und Verbänden möglichst umfassend zu konzipieren und mittels eines synthetischen Indexes als Gesamteinschätzung zu erfassen. Grundlagen sind hierbei das Ausmaß an Korporatismus und Konsensdemokratie (Lijphart/Crepaz 1991) und das Ausmaß an institutionalisierter Kooperation in Wirtschaftsinstitutionen (Hicks/Kenworthy 1998; Siaroff 1999). Der umfassende Anspruch dieser Konzeptualisierungen lässt jedoch nur äußerst generelle Aussagen zu, da sie ein multidimensional angelegtes Konzept auf eine eindimensionale Skala reduzieren.[17]

Zum anderen gilt das Interesse der Einbindung von Verbänden in spezifische Politikfelder (Compston 1997; Traxler u.a. 2001: 75-79). Hier geht es um die Be-

17 Insbesondere vermischen diese Skalen in der Praxis die zwei Dimensionen verbandlicher Interessenpolitik, wodurch Elemente der horizontalen Interessenintermediation in die empirische Analyse der vertikalen Politikkonzertierung eingehen. Auch wenn es sowohl auf theoretischer wie auch auf empirischer Ebene eine Reihe von Verknüpfungspunkten zwischen den beiden Dimensionen gibt, müssen sie analytisch getrennt werden, weil sie sich auf unterschiedliche Problemlagen beziehen (verkürzt: zwischenverbandliche Tarifbeziehungen vs. Einbindung in die Gesetzgebung). Siehe u.a. dazu die umfassende Kritik bei Keman/Pennings (1995).

antwortung der Frage, ob, in welcher Form und in welchem Ausmaß Verbände an politischen Entscheidungen und ihrer Implementation beteiligt werden. Das Problem dieser Operationalisierungen ist jedoch, dass sie einerseits die Komplexität empirischer Zusammenhänge quantitativ zu erfassen suchen, damit aber andererseits entweder bei der Aggregation wiederum verkürzen oder Abstriche bei der Vergleichbarkeit sowohl zwischen Ländern als auch zwischen Politikfeldern machen müssen.

Im Gegensatz zur vergleichenden Analyse der Arbeitsbeziehungen ist die Analyse der politischen Konzertierung nicht nur mit einem wesentlich komplexeren Gegenstandsbereich konfrontiert. Es ist zudem auch schwieriger, nachprüfbare Hypothesen über die aggregierten Auswirkungen zu entwickeln, die über die Annahme hinausgehen, dass mit zunehmendem Einfluss oder mit zunehmender Einbindung politische Entscheidungen stärker in Richtung des Idealpunktes des Interessenverbandes orientiert werden. Immerhin konnte gezeigt werden, dass das Ausmaß der Beteiligung von Gewerkschaften an der Regierungspolitik negativ mit der Arbeitslosenquote und die Beteiligung der Arbeitgeberverbände negativ mit der Inflationsrate korreliert (Compston 1997; Traxler u.a. 2001: 227-229).

Einen ganz anderen Weg schlägt ein dritter Diskussionsstrang ein: Hierbei werden die Beziehungen zwischen der Regierung und den Verbänden als strategische Interaktion modelliert (Scharpf 1987). Der Angelpunkt dieser Analyse ist die ideologische Übereinstimmung zwischen der Regierung und den Gewerkschaften. Lange und Garrett (1985) untersuchen die wechselseitige Abhängigkeit der gewerkschaftlichen Durchsetzungsfähigkeit und der parteipolitischen Zusammensetzung der Regierung auf makroökonomische Effekte. Ähnlich wie Scharpf (1987) unterstellen sie, dass Gewerkschaften dann zu einer kompromissorientierten – und damit wachstumsfördernden – Politik bereit sind, wenn sie zum einen über eine ausreichende Strategiefähigkeit verfügen und zum anderen der Regierung vertrauen, dass diese eine arbeitnehmerorientierte Politik verfolgt. Dies, so wird unterstellt, ist der Fall, wenn die Regierung sozialdemokratisch geprägt ist. Ebenso wachstumsförderlich ist eine Konstellation, bei der schwache, nicht strategiefähige Gewerkschaften einer konservativen Regierung gegenüberstehen, während die entgegengesetzten Konstellationen wachstumshemmende Wirkungen haben. Trotz seines außerordentlichen Einflusses auf die akademische Diskussion, hat sich dieses Modell empirisch nur teilweise bestätigen lassen.[18]

Ein wesentlicher Grund für die Ambivalenz der Ergebnisse ist die Annahme, dass die ideologische Übereinstimmung zwischen Parteien und Gewerkschaften sowohl zeitkonsistent ist als auch zwingend Kooperation auslöst. Da beides nicht selbstverständlich ist (Keman 1997), wurde diese Annahme zugunsten einer spieltheoretischen Modellierung aufgegeben. Damit wurde auch die Operationalisierung der Regierungspolitik angepasst und die Fokussierung auf die ideologische Ausrichtung von Regierungsparteien wich der in Abschnitt 4.2 diskutierten Analyse der

18 Der Beitrag von Lange und Garrett (1985) hat eine breite Debatte in der vergleichenden Politischen Ökonomie ausgelöst, in der es um methodische Probleme und ihre Implikationen für die substanziellen Schlussfolgerungen ging. Siehe die Übersicht sowie Literaturangaben bei Collier (1993). Ein vorläufig abschließender Beitrag ist Garrett (1998). Siehe auch die kritischen Reanalysen bei Traxler u.a. (2001: 255-259).

Implikationen der Unabhängigkeit der Zentralbank für die Akteure im Tarifsystem (Cukierman/Lippi 1999; Hall/Franzese 1998; Iversen 1999).

6. Resümee und Ausblick

Arbeitnehmer- und Arbeitgeberverbände treten in der Politischen Ökonomie in zwei Rollen auf: Zum einen sind sie im politischen System Interessenorganisationen, die versuchen, wirtschafts- und sozialpolitische Entscheidungen zu beeinflussen. Zum anderen sind sie im Tarifsystem Verhandlungspartner, die über ihre Lohnpolitik eigenständig wirtschaftspolitische Entscheidungen setzen. Die erste Rolle wurde in Abschnitt 5 kurz beschrieben, die zweite Rolle stand in diesem Beitrag im Mittelpunkt des Interesses.

Für das Verständnis der institutionellen Grundlagen der strategischen Orientierung von Verbänden ist das Zusammenwirken verschiedener Strukturmerkmale des Verbandssystems relevant. Es hat sich gezeigt, dass durch die gleichzeitige Modellierung der Vereinheitlichungsfähigkeit (gemessen am Konzentrationsgrad), der Rekrutierungsfähigkeit (Organisationsgrad) und der Verpflichtungsfähigkeit (Zentralisationsgrad) Verhaltenserwartungen generiert werden können, die mit der empirisch vorfindbaren Evidenz in Einklang zu bringen sind. Mit zunehmender Vereinheitlichungsfähigkeit nimmt die gesamtwirtschaftliche Orientierung zu und mit zunehmender Rekrutierungs- und Verpflichtungsfähigkeit nimmt die Durchsetzungsfähigkeit nach außen zu.

Relevante Strukturmerkmale des Tarifsystems sind die Zentralisation und die Koordination der Verhandlungen sowie die Regierbarkeit des Systems. Zentral organisierte Tarifsysteme stehen vor dem Problem, dass gesamtwirtschaftliche Koordinationsbemühungen der Dachverbände, die sektorale Produktivitätsentwicklungen mit dem Solidaritätsprinzip vereinbaren müssen, durch Lohnoffensiven auf nachgelagerten Verhandlungsebenen unterlaufen werden können. Dies wird durch vom Staat bereitgestellte Durchsetzungshilfen – gesetzliche Erzwingbarkeit von Tarifvereinbarungen und Friedenspflicht – nachhaltig unterstützt. Hingegen erweist sich ein System der Lohnführerschaft, das als dezentraler Koordinationsmechanismus funktioniert, als flexibler, sobald es fest institutionalisiert ist. Umfassend koordinierte Tarifsysteme erweisen sich dabei als überlegen gegenüber nicht-koordinierten Tarifsystemen.

Die Entwicklung der akademischen Debatte verlief in beachtlicher Parallelität mit politischen Entwicklungen in den 1990er Jahren. Die monetaristische Wende im Laufe der 1980er Jahre hatte den Versuchen einer keynesianisch angeleiteten politischen Makrosteuerung der Wirtschaft enge Grenzen gesetzt (Hall/Soskice 2001; Hall 1986) und damit auf die Notwendigkeit der analytischen Berücksichtigung der Komplexität des Tarifsystems sowie der Interaktionen zwischen verschiedenen politischen Akteuren aufmerksam gemacht. Die Entscheidung der (meisten) Mitgliedsländer der Europäischen Union, die Geld- und Währungspolitik zu integrieren hat nicht nur weitreichende wirtschafts-, budget-, sozial- und tarifpolitische Folgen gezeitigt (Eichengreen 1998), sondern auch zu Anpassung und Umbau zentraler Institutionen in diesen Politikbereichen geführt (Enderlein 2002). Der durch die Konvergenzkriterien von Maastricht (Wyplosz 1997) bedingte restriktive Kurs sowohl der Geld- als auch der Finanzpolitik in allen europäischen Staaten hat einen außerordentlichen Anpassungsdruck in der Tarifpolitik ausgelöst. In manchen Ländern führte dies zu teilweise erfolgreichen Versuchen makroökonomischer Koordinierung (Ebbinghaus/Hassel 2000; Hassel 2000), die zwar als ein Wiederaufleben des Korporatismus gedeutet wurden (Schmitter/Grote 1997), jedoch im Gegensatz zu den 1970er Jahren von einer angebotsorientierten Wirtschaftspolitik und der Suche nach Möglichkeiten zur Umgestaltung des Wohlfahrtsstaates geprägt waren.

Die Debatte über den Anpassungprozess in den tarifpolitischen Institutionen fokussiert auf die Frage, welche Implikationen die Verlagerung der Geldpolitik auf die europäische Ebene hat. Da die Europäische Zentralbank (EZB) ihre Politik auf den europäischen Durchschnitt ausrichtet, kann sie nicht die Lohnpolitik in einem bestimmten Land anvisieren. Es ist nicht zu erwarten, dass es gelingt, die Tarifpolitik ebenfalls zu europäisieren (Streeck 1998). Die bisher koordinierten Tarifsysteme werden dadurch zu regional definierten intermediären Systemen, woraus von manchen die Befürchtung abgeleitet wird, die Anreizstruktur würde dadurch zugunsten einer offensiveren Lohnpolitik mit entsprechenden wirtschaftlichen Externalitäten geändert, weil der gesamtwirtschaftliche Bezugsrahmen wegfällt (Hall/Franzese 1998; Soskice/Iversen 1998). Andere leiten aus der Unmöglichkeit einer gesamteuropäischen Tarifpolitik die Annahme ab, dass der Druck auf die europäischen Tarifsysteme zunehmen wird, sich weiter zu dezentralisieren (Calmfors u.a. 2001). Zusätzliche Unterstützung erfährt diese Sichtweise durch verbreitete Versuche auf betrieblicher Ebene, das Tarifsystem zu unterlaufen, sowie durch Mitgliederverluste beider Tarifparteien in vielen europäischen Ländern, die bisher gut funktionierende Systeme der Interessenkoordination untergraben. Eine dritte Position erwartet hingegen eine weitere Verstärkung der nationalstaatlichen Koordinationsbemühungen (Crouch 2000), wobei die Regierbarkeit des Tarifsystems eine wichtige Voraussetzung des Gelingens ist (Traxler 1999b). Welche dieser Sichtweisen auch immer sich als korrekt herausstellen mag, aus allen geht hervor, dass die Bedeutung der Lohnpolitik in den kommenden Jahren zunehmen wird und daher die lohnpolitischen Akteure zunehmenden Einfluss auf die gesamtwirtschaftliche Performanz gewinnen werden. Somit ist mit einer Zunahme des Einflusses auf die politische Willensbildung zu rechnen. Ob dies im Rahmen einer koordinierten Strategie – eventuell auf Ebene der Europäischen Union (Falkner 1998) – erfolgt oder die Vorentscheidung wirtschaftspolitischer Strategien als „unintendierter Nebeneffekt" tarifvertraglicher oder betrieblicher Vereinbarungen „passiert", ist aus einer ergebnisorientierten Perspektive vielleicht nebensächlich, vom politikwissenschaftlichen Standpunkt aus allerdings von höchstem Interesse.

Literatur

Addison, John T., 1989: On Modeling Union Behavior, in: Ökonomie und Gesellschaft, Jahrbuch 7: Die Gewerkschaft in der ökonomischen Theorie, Frankfurt/M., 13-71.

Armingeon, Klaus, 1994: Staat und Arbeitsbeziehungen. Ein internationaler Vergleich, Opladen.

Blanchflower, David G./Oswald, Andrew J., 1994: The Wage Curve, Cambridge.

Bruno, Michael/Sachs, Jeffrey, 1985: Economics of Worldwide Stagflation, Cambridge, Mass.

Buchanan, James M./Tollison, Robert D./Tullock, Gordon (Hrsg.), 1980: Toward a Theory of the Rent-Seeking Society, College Station.

Calmfors, Lars, 1993: Centralisation of Wage Bargaining and Macroeconomic Performance: A Survey, in: OECD Economic Studies 21, 161-191.

Calmfors, Lars/Driffill, John, 1988: Bargaining Structure, Corporatism and Macroeconomic Performance, in: Economic Policy 6, 13-61.

Calmfors, Lars/Booth, Alison/Burda, Michael/Checci, Daniele/Naylor, Robin/Visser, Jelle, 2001: The Future of Collective Bargaining in Europe, in: *Tito Boeri/Agar Brugiavini/Lars Calmfors* (Hrsg.), The Role of Unions in the Twenty-First Century, Oxford.

Cameron, David R., 1984: Social Democracy, Corporatism, Labour Quiescence and the Representation of Economic Interests in Advanced Capitalist Countries, in: *John H. Goldthorpe* (Hrsg.), Order and Conflict in Contemporary Capitalism: Studies in the Political Economy of Western European Nations, Oxford.

Carew, Anthony, 1976: Democracy and Government in European Trade Unions, London.

Carlin, Wendy/Soskice, David, 1990: Macroeconomics and the Wage Bargain. A Modern Approach to Employment, Inflation, and the Exchange Rate, Oxford.

Collier, David, 1993: The Comparative Method, in: *Ada Finifter* (Hrsg.), Political Science: The State of the Discipline II, Washington D.C., 105-119.

Compston, Hugh, 1997: Union Power, Policy Making, and Unemployment in Western Europe, 1972-1993, in: Comparative Political Studies 30, 732-751.

Crouch, Colin, 1993: Industrial Relations and European State Traditions, Oxford.

Crouch, Colin, 1995: The State: Economic Management and Incomes Policy, in: *Paul K. Edwards* (Hrsg.), Industrial Relations, Oxford, 229-254.

Crouch, Colin, 2000: National Wage Determination and European Monetary Union, in: *Colin Crouch* (Hrsg.), After the Euro: Shaping Institutions for Governance in the Wake of European Monetary Union, Oxford, 203-227.

Crouch, Colin/Finegold, David/Sako, Mari, 2001: Are Skills the Answer? The Political Economy of Skill Creation in Advanced Industrial Countries, Oxford.

Cukierman, Alex/Lippi, Francesco, 1999: Central Bank Independence, Centralization of Wage Bargaining, Inflation and Unemployment: Theory and Some Evidence, in: European Economic Review 43, 1395-1434.

Czada, Roland, 1994: Konjunkturen des Korporatismus. Zur Geschichte eines Paradigmenwechsels in der Verbändeforschung, in: *Wolfgang Streeck* (Hrsg.), Staat und Verbände, Opladen, 37-64.

Dore, Ronald/Boyer, Robert/Mars, Zoe (Hrsg.), 1994: The Return to Incomes Policy, London.

Drazen, Allan, 2000: Political Economy in Macroeconomics, Princeton.

Ebbinghaus, Bernhard/Visser, Jelle, 1997: Der Wandel der Arbeitsbeziehungen im westeuropäischen Vergleich, in: *Stefan Hradil/Stefan Immerfall* (Hrsg.), Die westeuropäischen Gesellschaften im Vergleich, Opladen, 333-376.

Ebbinghaus, Bernhard/Visser, Jelle, 2000: Trade Unions in Western Europe since 1945, London.

Ebbinghaus, Bernhard/Hassel, Anke, 2000: Striking Deals: Concertation in the Reform of Continental European Welfare States, in: Journal of European Public Policy 7, 44-62.

Eichengreen, Barry, 1998: European Monetary Unification: A Tour d'Horizon, in: Oxford Review of Economic Policy 14, 24-40.

Enderlein, Henrik, 2002: Wirtschaftspolitik in der Währungsunion: Die Auswirkung des Beitritts zur Europäischen Wirtschafts- und Währungsunion auf Konjunkturzyklen und die wirtschaftspolitischen Institutionen der Mitgliedsländer, Dissertation, Universität Bremen.

Falkner, Gerda, 1998: EU Social Policy in the 1990s. Towards a Corporatist Policy Community, London.

Farber, Henry S., 1985: The Analysis of Union Behavior, in: *Orley Ashenfelter* und *Richard Layard* (Hrsg.), Handbook of Labor Economics, 2, Amsterdam, 1039-1090.

Ferner, Anthony/Hyman, Richard, 1998: Changing Industrial Relations in Europe, Oxford.

Flanagan, Robert J., 1993: Can Political Models Predict Union Behavior?, in: *Robert J. Flanagan/Karl Ove Moene/Michael Wallerstein* (Hrsg.), Trade Union Behavior, Pay Bargaining, and Economic Performance, Oxford, 5-61.

Flanagan, Robert J., 1999: Macroeconomic Performance and Collective Bargaining: An International Perspective, in: Journal of Economic Literature 37, 1150-1175.

Flanagan, Robert J./Soskice, David/Ulman, Lloyd, 1983: Unionism, Economic Stabilisation and Income Policies. European Experiences, Washington DC.

Freeman, Richard B./Medoff, James L., 1984: What Do Unions Do?, New York.

Garrett, Geoffrey, 1998: Partisan Politics in the Global Economy, Cambridge.

Goetschy, Janine, 1998: France: The Limits of Reform, in: *Anthony Ferner/Richard Hyman* (Hrsg.), Changing Industrial Relations in Europe, Oxford, 357-394.

Golden, Miriam, 1993: The Dynamics of Trade Unionism and National Economic Performance, in: American Political Science Review 87, 439-454.

Grossman, Gene M./Helpman, Elhanan, 2001: Special Interest Politics, Cambridge.

Hall, Peter A., 1986: Governing the Economy: The Politics of State Intervention in Britain and France, Cambridge.

Hall, Peter A./Franzese, Robert J., 1998: Mixed Signals. Central Bank Independence, Coordinated Wage Bargaining, and European Monetary Union, in: International Organization 52, 505-535.

Hall, Peter/Soskice, David (Hrsg.), 2001, Varieties of Capitalism. The Institutional Foundations of Comparative Advantage, Cambridge.

Hassel, Anke, 2000: Bündnisse für Arbeit: Nationale Handlungsfähigkeit im europäischen Regimewettbewerb, in: Politische Vierteljahresschrift 41, 498-524.

Headey, Bruce W., 1970: Trade Unions and National Wage Politics, in: Journal of Politics 32, 407-439.

Hicks, Alexander/Kenworthy, Lane, 1998: Cooperation and Political Economic Performance in Affluent Democratic Capitalism, in: American Journal of Sociology 103, 1631-1672.

IMF, 1997: International Financial Statistics Yearbook, Washington

Iversen, Torben, 1999: Contested Economic Institutions. The Politics of Macroeconomics and Wage Bargaining in Advanced Democracies, Cambridge.

Keman, Hans (Hrsg.), 1997: The Politics of Problem-solving in Postwar Democracies, London.

Keman, Hans/Pennings, Paul, 1995: Managing Political and Societal Conflict in Democracies: Do Consensus and Corporatism Matter?, in: British Journal of Political Science 25, 271-281.

Kenworthy, Lane, 1995: Unions, Wages, and the Common Interest, in: Comparative Political Studies 28, 491-524.

Kenworthy, Lane, 2001: Wage Setting Measures: A Survey and Assessment, in: World Politics 54, 57-98.

Kittel, Bernhard, 2000a: Trade Union Bargaining Horizons in Comparative Perspective: The Effects of Encompassing Organization, Unemployment and the Monetary Regime on Wagepushfulness, in: European Journal of Industrial Relations 6, 181-202.

Kittel, Bernhard, 2000b: Variationen der Arbeitszeitflexibilisierung in Österreich: Kollektivvertragliche Verhandlungshorizonte im Vergleich, in: Österreichische Zeitschrift für Politikwissenschaft 29, 449-464.

Kittel, Bernhard/Traxler, Franz, 1999: Disorganisierung als ultima ratio? Wettbewerbseffekte der Arbeitsbeziehungen im internationalen Vergleich, in: *Thomas Plümper/Andreas Busch* (Hrsg.), Nationaler Staat und internationale Wirtschaft. Anmerkungen zum Thema Globalisierung, Baden-Baden, 93-122.

Lange, Peter/Garrett, Geoffrey, 1985: The Politics of Growth: Strategic Interaction and Economic Performance in the Advanced Industrial Democracies, 1974-1980, in: Journal of Politics 47, 792-827.

Lange, Peter/Wallerstein, Michael/Golden, Miriam, 1995: The End of Corporatism? Wage Setting in the Nordic and Germanic Countries, in: *Sanford M. Jacoby* (Hrsg.), The Workers of Nations. Industrial Relations in a Global Economy, New York, 76-100.

Layard, Richard/Nickell, Stephen J./Jackman, Richard, 1991: Unemployment: Macroeconomic Performance and the Labour Market, Oxford.

Lehmbruch, Gerhard, 1984: Concertation and the Structure of Corporatist Networks, in: *John H. Goldthorpe* (Hrsg.), Order and Conflict in Contemporary Capitalism: Studies in the Political Economy of Western European Nations, Oxford, 62-79.

Lijphart, Arend/Crepaz, Markus M. L., 1991: Corporatism and Consensus Democracy in Eighteen Countries: Conceptual and Empirical Linkages, in: British Journal of Political Science 21, 235-246.

Lindbeck, Assar/Snower, Dennis J., 2001: Insiders versus Outsiders, in: Journal of Economic Perspectives 15, 165-188.

March, James G./Olsen, Johan P., 1989: Rediscovering Institutions. The Organizational Basis of Politics, New York.

Mitchell, William C./Munger, Michael C., 1991: Economic Models of Interest Groups: An Introductory Survey, in: American Journal of Political Science 35, 512-546.

Moene, Karl Ove/Wallerstein, Michael/Hoel, Michael, 1993: Bargaining Structure and Economic Performance, in: *Robert J. Flanagan/Karl Ove Moene/Michael Wallerstein* (Hrsg.), Trade Union Behavior, Pay-Bargaining, and Economic Performance, Oxford, 63-131.

Mueller, Dennis C., 1989: Public Choice II, Cambridge.

Müller-Jentsch, Walther, 1997: Soziologie der industriellen Beziehungen. Eine Einführung, Frankfurt/M.

Nickell, Stephen J./Layard, Richard, 1999: Labor Market Institutions and Economic Performance, in: *Orley Ashenfelter/David Card* (Hrsg.), Handbook of Labor Economics, 3C, Amsterdam, 3029-3084.

OECD, 1997: Economic Performance and the Structure of Collective Bargaining., in: *OECD* (Hrsg.), OECD Employment Outlook, 1997, Paris.

OECD, 1999: Economic Outlook, Paris.

Oetjen, Hinich (Hrsg.), 1994: Gewerkschaften und Beteiligung. Eine Zwischenbilanz, Münster.

Offe, Claus/Wiesenthal, Helmut, 1980: Two Logics of Collective Action, in: Political Power and Social Theory 1, 67-115.

Olson, Mancur, 1991: Aufstieg und Niedergang von Nationen. Ökonomisches Wachstum, Stagflation und soziale Starrheit, Tübingen.

Olson, Mancur, 1998: Die Logik des kollektiven Handelns. Kollektivgüter und die Theorie der Gruppen, Tübingen.

Ordeshook, Peter C., 1986: Game Theory and Political Theory. An Introduction, Cambridge.

Oswald, Andrew J., 1985: The Economic Theory of Trade Unions: An Introductory Survey, in: Scandinavian Journal of Economics 87, 160-193.

Persson, Torsten/Tabellini, Guido Enrico, 2000: Political Economics. Explaining Economic Policy, Cambridge, Mass.

Potters, Jan/van Winden, Frans, 1996: Models of Interest Groups: Four Different Approaches, in: *Norman Schofield* (Hrsg.), Collective Decision-Making: Social Choice and Political Economy, Dordrecht, 337-362.

Scharpf, Fritz W., 1987: Sozialdemokratische Krisenpolitik in Europa, Frankfurt/M.

Scharpf, Fritz W., 2000: Interaktionsformen. Akteurzentrierter Institutionalismus in der Politikforschung, Opladen.

Schmidt, Manfred G., 1996: When Parties Matter: A Review of the Possibilities and Limits of Partisan Influence on Public Policy, in: European Journal of Political Research 30, 155-183.

Schmitter, Philippe C., 1982: Reflections on Where the Theory of Neo-Corporatism Has Gone and Where the Praxis of Neo-Corporatism May Be Going, in: *Gerhard Lehmbruch/Philippe C. Schmitter* (Hrsg.), Patterns of Corporatist Policy-Making, London, 259-279.

Schmitter, Philippe C./Grote, Jürgen R., 1997: Der korporatistische Sysiphus. Vergangenheit, Gegenwart und Zukunft, in: Politische Vierteljahresschrift 38, 530-554.

Schmitter, Philippe C./Streeck, Wolfgang, 1999: The Organization of Business Interests. Studying the Associative Action of Business in Advanced Industrial Societies, in: MPIfG Discussion Paper 99/1.

Siaroff, Alan, 1999: Corporatism in 24 Industrial Democracies: Meaning and Measurement, in: European Journal of Political Research 36, 175-205.

Siebert, Horst, 1997: Labor Market Rigidities: At the Root of Unemployment in Europe, in: Journal of Economic Perspectives 11, 37-54.

Soskice, David, 1990: Wage Determination: The Changing Role of Institutions in Advanced Industrialized Countries, in: Oxford Review of Economic Policy 6, 36-61.

Soskice, David/Iversen, Torben, 1998: Multiple Wage-Bargaining Systems in the Single European Currency Area, in: Oxford Review of Economic Policy 14, 110-24.

Streeck, Wolfgang, 1992: Interest Heterogeneity and Organizing Capacity: Two Class Logics of Action?, in: *Wolfgang Streeck,* Social Institutions and Economic Performance. Studies of Industrial Relations in Advanced Capitalist Economies, London, 76-105.

Streeck, Wolfgang, 1998: The Internationalization of Industrial Relations in Europe: Prospects and Problems, in: Politics & Society 26, 429-459.

Teulings, Coen/Hartog, Joop, 1998: Corporatism or Competition? Labour Contracts, Institutions and Wage Structures in International Comparison, Cambridge.

Traxler, Franz, 1998: Der Staat in den Arbeitsbeziehungen. Entwicklungstendenzen und ökonomische Effekte im internationalen Vergleich, in: Politische Vierteljahresschrift 29, 235-260.

Traxler, Franz, 1999a: Gewerkschaften und Arbeitgeberverbände: Probleme der Verbandsbildung und Interessenvereinheitlichung, in: *Walther Müller-Jentsch* (Hrsg.), Konfliktpartnerschaft. Akteure und Institutionen der Industriellen Beziehungen (3. Aufl.), München/Mering, 57-77.

Traxler, Franz, 1999b: Wage-setting Institutions and European Monetary Union, in: *Gerhard Huemer/Michael Mesch/Franz Traxler* (Hrsg.), The Role of Employer Association and Labour Unions in the EMU. Institutional Requirements for European Economic Policies, Aldershot, 115-135.

Traxler, Franz/Kittel, Bernhard, 2000: The Bargaining System and Performance. A Comparison of 18 OECD Countries, in: Comparative Political Studies 33, 1154-1190.

Traxler, Franz/Blaschke, Sabine/Kittel, Bernhard, 2001: National Labour Relations in Internationalized Markets: A Comparative Study of Institutions, Change, and Performance, Oxford.

Truman, David B., 1958: The Governmental Process: Political Interests and Public Opinion, New York.

Tsebelis, George, 2000: Veto Players and Institutional Analysis, in: Governance 13, 441-474.

van Winden, Frans, 1999: On the Economic Theory of Interest Groups: Towards a Group Frame of Reference in Political Economics, in: Public Choice 100, 1-29.

Visser, Jelle, 1990: In Search of Inclusive Unionism, Deventer.

Weede, Erich, 1990: Wirtschaft, Staat und Gesellschaft. Zur Soziologie der kapitalistischen Marktwirtschaft und der Demokratie, Tübingen.

Williamson, Peter J., 1989: Corporatism in Perspective. An Introductory Guide to Corporatist Theory, London.

Wyplosz, Charles, 1997: EMU: How it Might Happen, in: Journal of Economic Perspectives 11, 3-22.

Anhang A:

Organisationsstruktur der Gewerkschaft und Tarifsystem

Land	Periode	Organisations-grad	Zentralisations-grad	Konzentrations-grad	Koordinations-modus
Deutschland	1974-76	36,6	0,55	0,95	ZK+HR
	1991-93	34,7	0,55	0,95	LF+HR
Frankreich	1974-76	22,8	0,36	0,66	AL+NR
	1991-93	10,5	0,36	0,48	AL+NR
Italien	1974-76	47,2	0,27	0,64	SK+NR
	1991-93	38,9	0,27	0,77	SK+NR
Niederlande	1974-76	38,4	0,73	0,90	AL+HR
	1991-93	25,6	0,73	0,93	SK+HR
Belgien	1974-76	51,9	0,36	0,91	SK+NR
	1991-93	50,5	0,36	0,91	SK+NR
Großbritannien	1974-76	48,3	0,41	0,90	UK+NR
	1991-93	36,1	0,41	0,93	UK+NR
Irland	1974-76	55,2	0,55	0,90	SK+NR
	1991-93	48,4	0,55	0,94	SK+NR
Dänemark	1974-76	67,4	0,27	0,81	AL+HR
	1991-93	75,8	0,27	0,87	SK+HR
Spanien	1974-76	–	–	–	–
	1991-93	15,8	0,27	0,88	IK+NR
Portugal	1974-76	52,4	0,55	0,86	AL+NR
	1991-93	30,3	0,55	0,51	SK+NR
USA	1974-76	22,7	0,45	0,92	UK+NR
	1991-93	15,9	0,45	0,91	UK+NR
Kanada	1974-76	34,7	0,36	0,19	AL+HR
	1991-93	35,4	0,36	0,43	UK+HR
Japan	1974-76	34,0	0,18	0,41	LF+NR
	1991-93	24,4	0,45	0,70	LF+NR
Australien	1974-76	50,6	0,59	0,73	AL+HR
	1991-93	39,0	0,59	0,92	SK+HR
Norwegen	1974-76	52,7	0,82	0,93	SK+HR
	1991-93	56,9	0,82	0,87	SK+HR
Neuseeland	1974-76	60,0	0,36	0,67	AL+HR
	1991-93	38,9	0,36	0,95	UK+HR
Schweden	1974-76	74,5	0,59	0,87	SK+HR
	1991-93	85,8	0,55	0,87	SK+HR
Finnland	1974-76	67,4	0,55	0,86	SK+HR
	1991-93	75,2	0,55	0,87	SK+HR
Schweiz	1974-76	32,4	0,45	0,87	IK+HR
	1991-93	25,7	0,45	0,89	IK+HR
Österreich	1974-76	53,5	1,00	0,99	IK+HR
	1991-93	45,5	1,00	0,99	LF+HR

Organisationsgrad = gewerkschaftlicher Netto-Organisationsgrad nach Ebbinghaus/Visser (2000) in Prozent der Beschäftigten

Zentralisationsgrad = Kontrolle des Dachverbandes über Mitgliedsorganisationen, Index, standardisiert auf einem theoretischen 0–1 Intervall mittels Division durch Maximalwert (0 = keine, 1 = umfassende Kontrolle)

Konzentrationsgrad = Zahl der Dachverbände × Zahl der Mitgliedsverbände des größten Dachverbandes × Kehrwert des Anteils des größten Dachverbandes an der Zahl der Gewerkschaftsmitglieder, Index, standardisiert auf einem theoretischen 0–1 Intervall mittels Division durch Maximalwert (0 = maximale Fragmentierung, 1 = maximale Konzentration)

Koordinationsmodus des Tarifsystems: ZK = zwischenverbandliche Koordination, IK = innerverbandliche Koordination, SK = staatlich flankierte Koordination, AK = autoritative Lohnfestlegung, LF = Lohnführerschaft, UK = unkoordiniertes Tarifsystem; NR = niedrige Regierbarkeit des Tarifsystems, HR = hohe Regierbarkeit des Tarifsystems

Quelle: ILC-Projekt (siehe Traxler u.a. 2001).

Anhang B:

Modellspezifikation für Tabelle 2: Organisationsstruktur der Gewerkschaft

	%Δ Nominelle Lohnstückkosten
Konzentrationsgrad (KON)	- 7,12*
	(3,77)
Organisationsgrad (ORG)	5,39
	(11,04)
Zentralisationsgrad (ZEN)	5,51
	(7,48)
Konzentrationsgrad × Organisationsgrad	- 12,23
	(28,23)
Organisationsgrad × Zentralisationsgrad	- 21,39
	(67,29)
Konzentrationsgrad × Zentralisationsgrad	- 17,89
	17,36
KON × ORG × ZEN	97,87
	(179,00)
Restriktivität der Zentralbank	- 11,01***
	(0,87)
Arbeitslosenquote	- 0,06
	(0,05)
Weltmarktorientierung	0,23
	(1,02)
%Δ BIP (real)	- 0,13
	(0,25)
%Δ Nominelle Lohnstückkosten (Vorperiode)	0,35**
	(0,16)
R^2 (korr.)	0,70
Anzahl Beobachtungen	138
Anzahl Koeffizienten	19

Die Werte sind Durchschnittswerte der Perioden 1974-76, 1977-79, 1980-82, 1983-85, 1986-90, 1991-93, 1994-96 für 20 OECD-Länder.

Konzentrationsgrad (KON): Anzahl der gewerkschaftlichen Dachverbände multipliziert mit der Anzahl der Mitgliedsverbände und dividiert durch den Anteil des größten Mitgliedsverbandes an den Gewerkschaftsmitgliedern (Traxler u.a. 2001). Der Konzentrationsgrad nimmt mit steigenden Werten zu.

Organisationsgrad (ORG): Gewerkschaftlicher Organisationsgrad nach Ebbinghaus/Visser (2000) in der Fassung von Traxler u.a. (2001). Der Organisationsgrad nimmt mit steigenden Werten zu.

Zentralisationsgrad (ZEN): Formale Macht des größten Dachverbandes gegenüber seinen Mitgliedsverbänden sowie der Mitgliedsverbände gegenüber lokalen Einheiten (Traxler u.a. 2001). Der Zentralisationsgrad nimmt mit steigenden Werten zu.

Restriktivität der Zentralbank: Indikator auf Basis der Wachstumsrate der Geldmenge, IMF, International Financial Statistics Yearbook, 1997. Positive Werte indizieren ein restriktives, negative ein akkommodierendes Geldregime.

Arbeitslosenquote: OECD Economic Outlook 1999.

Weltmarktorientierung: Anteil der Summe von Importen und Exporten am BIP, OECD Economic Outlook 1999.

%Δ BIP: Wachstum des Bruttoinlandsprodukts, OECD Economic Outlook 1999.

Quelle: Eigene Berechnung auf Basis der Daten von Traxler u.a. (2001). OLS-Schätzung mit Periodeneffekten (nicht ausgewiesen), panel-korrigierte Standardfehler in Klammern. Die ausgewiesenen T-Tests der Haupteffekte der interagierenden Variablen gelten nur für die Kombination, in der die anderen interagierenden Variablen auf den Nullpunkt (0,5 auf der Skala 0-1) gesetzt sind. Die T-Werte für andere Kombinationen sind von den Koeffizienten abhängig und werden, soweit sie signifikant sind, in der Fußnote zu Tabelle 2 erwähnt.

Herbert Obinger

Kapitel 4
Die Politische Ökonomie des Wirtschaftswachstums

1. Einleitung[1]

Unter Wirtschaftswachstum versteht man die jährliche Veränderungsrate des Bruttoinlandsprodukts (BIP). Das Bruttoinlandsprodukt bezeichnet den jährlichen Produktionsoutput einer Volkswirtschaft, genauer die preisbewertete Summe der im Inland innerhalb eines Jahres erzeugten Güter und Dienstleistungen. Je nachdem, ob der Produktionsausstoß zu laufenden oder konstanten Preisen eines Basisjahres bewertet wird, spricht man von nominellem bzw. realem Wirtschaftswachstum. Kurzfristig unterliegt das Wirtschaftswachstum konjunkturellen Schwankungen. Diese sind Gegenstand der Konjunkturtheorie. Zur Beantwortung der Frage, warum sich die Wachstumsraten zwischen Volkswirtschaften unterscheiden, richten Ökonomen ihr Augenmerk daher auf das mittel- und langfristige Wirtschaftswachstum. Typischerweise steht das durchschnittliche jährliche Wirtschaftswachstum über einen Zeitraum von zehn und mehr Jahren im Zentrum empirischer Analysen, um so den Einfluss von Konjunkturzyklen zu eliminieren. Zu Vergleichszwecken wird in der Regel das Bruttoinlandsprodukt pro Kopf zu konstanten und idealerweise auch zu internationalen Preisen herangezogen. Dadurch können die verzerrenden Effekte von unterschiedlichen Bevölkerungswachstumsraten und Preisniveaus eliminiert werden.

Tabelle 1 zeigt für 21 OECD-Länder das durchschnittliche jährliche reale Wirtschaftswachstum pro Kopf zu internationalen Preisen zwischen 1960 und 1998. Dreierlei sticht aus diesen Daten hervor. Erstens ist über den ganzen Berichtszeitraum hinweg (Spalte 6) eine beträchtliche Variation des Wirtschaftswachstums erkennbar. Länder wie Japan, Griechenland, Spanien und Portugal verzeichneten überdurchschnittlich hohe Wachstumsraten, während Nationen wie die Schweiz oder Neuseeland nur ein geringes Wirtschaftswachstum verbuchen konnten. Dies ist insofern relevant, als bereits kleine Unterschiede in den Wachstumsraten langfristig zu großen Variationen im Einkommensniveau gerinnen. Zweitens ist im Zeitverlauf eine deutliche Abflachung der nationalen Wachstumsprofile erkennbar, wenngleich die Wachstumsraten in den 1980er und 1990er Jahren in einigen Ländern wieder anziehen. Drittens verzeichneten in den 1970er Jahren alle Länder einen durch den ersten Ölpreisschock ausgelösten Wachstumseinbruch.

1 Ich danke Thomas Plümper, Philipp Rehm, Peter Starke und den Teilnehmern des Bremer Workshops für wertvolle Anregungen sowie Bernhard Kittel für Kommentare und die Bereitstellung von Daten.

Retrospektiv betrachtet sind die hohen Wachstumsraten zwischen 1950 und Mitte der 1970er Jahre ein historischer Sonderfall. Das enorme Wirtschaftswachstum dieser Phase ist maßgeblich auf die Restrukturierung der Volkswirtschaften im Zuge des Wiederaufbaus nach dem Zweiten Weltkrieg zurückzuführen (van Ark/Crafts 1996; Crafts/Toniolo 1996). Barry Eichengreen sieht die ökonomischen Ursachen des europäischen „golden age of economic growth" (Eichengreen 1994: 883) neben Catch-up-Effekten v.a. in hohen Investitionsquoten, hohem Exportwachstum und in der Lohnzurückhaltung. Dahinter ortet er jedoch neuartige innenpolitische und internationale politisch-institutionelle Weichenstellungen nach 1945. Innenpolitisch linderte makroökonomische Koordinierung in Gestalt des Tripartismus das Zeitinkonsistenzproblem einer einseitigen Lohnzurückhaltung der Arbeiterschaft (s. Abschnitt 3.3), während die soziale Marktwirtschaft als *commitment technology* hohe Investitionsquoten begünstigte. Außenpolitisch waren es die Gründung der EG[2] sowie internationale Abkommen wie das GATT, die über eine stärkere außenwirtschaftliche Öffnung ein Exportwachstum entfesselten.

Tabelle 1: Wachstum des realen BIP pro Kopf, 1960-98

Land	1960-70	1970-80	1980-90	1990-98	1960-98
Australien	3,22	1,65	1,75	2,27	2,22
Belgien	4,32	3,15	1,74	1,55	2,74
Dänemark	3,71	1,84	1,95	2,29	2,45
Deutschland	3,51	2,67	1,22	1,39	2,23
Finnland	4,39	3,06	2,68	1,04	2,88
Frankreich	4,46	2,61	1,82	0,98	2,54
Griechenland	7,04	3,75	1,08	1,52	3,41
Großbritannien	2,22	1,85	2,41	1,66	2,05
Irland	3,78	3,26	3,31	5,53	3,88
Italien	5,06	3,10	2,18	1,06	2,93
Japan	9,31	3,29	3,42	1,04	4,39
Kanada	3,24	2,77	1,59	1,04	2,21
Neuseeland	1,74	1,04	1,05	0,84	1,19
Niederlande	3,74	2,08	1,62	2,00	2,37
Norwegen	3,37	4,20	2,02	3,14	3,18
Österreich	4,11	3,51	2,07	1,43	2,84
Portugal	6,64	3,49	3,03	2,21	3,92
Schweden	3,88	1,62	1,70	0,69	2,04
Schweiz	3,10	1,06	1,42	-0,14	1,43
Spanien	7,81	2,67	2,55	1,93	3,81
USA	2,87	2,14	2,25	2,06	2,34

Anmerkung: BIP pro Kopf zu 1990 Geary-Khamis-Dollar. Quelle: Maddison (2001: Appendix C).

Eichengreens Sichtweise legt politische Einflüsse auf das Wirtschaftswachstum nahe. Ob diese Vermutung im OECD-Ländervergleich zutrifft, ist Gegenstand dieses Kapitels. Zunächst werden kurz die wichtigsten theoretischen Strömungen der ökonomischen Wachstumstheorie erläutert. Anschließend werden Forschungsstränge beleuchtet, die politische Effekte auf das Wirtschaftswachstum postulieren. Der vierte Abschnitt fasst den einschlägigen Forschungsstand zusammen, während im

2 Vanhoudt (1999) findet in seiner ökonometrischen Untersuchung keine Indizien, dass die Gründung der EG langfristige Wachstumsimpulse ausgelöst hat. Siehe auch Ziltener (2001).

fünften Teil eigene Ergebnisse vorgestellt werden. Anschließend werden in einem kurzen Überblick Befunde präsentiert, ob im weltweiten Vergleich, d.h. für ein *most dissimilar systems design*, das Wirtschaftswachstum eine politische Dimension besitzt. Der letzte Abschnitt rekapituliert, ob und inwieweit die Politik Einfluss auf das Wirtschaftswachstum nimmt.

2. Ökonomische Wachstumstheorien: ein Überblick

Mit Solow (1994) können in der Nachkriegszeit drei große Wellen innerhalb der ökonomischen Wachstumstheorie unterschieden werden. Am Beginn stand die in den 1930er und 1940er Jahren von Harrod und Domar entwickelte klassische Wachstumstheorie, die einen Versuch darstellte, das keynesianische Theoriemodell für die Erklärung der langfristigen wirtschaftlichen Entwicklung zu adaptieren. Im Harrod-Domar Modell stehen der Kapitalstock und die Investitionen in einer proportionalen Beziehung zum Output. Die Wachstumsrate ist das Produkt aus der Investitionsquote und der marginalen Kapitalproduktivität, die als konstant angenommen wird. Aus dieser „heroic assumption" (Domar 1946: 140) resultiert ein optimistisches Bild der politischen Machbarkeit von Wirtschaftswachstum. Die Investitionsquote stellt die entscheidende wachstumpolitische Schlüsselgröße dar, die von der Regierung über steuerliche Investitionsförderungen oder auch über den öffentlichen Sektor gesteuert werden kann.

Gegen diese optimistische Auffassung wandte sich die neoklassische Wachstumstheorie, die in den 1950er Jahren maßgeblich von Robert Solow und Trevor Swan formuliert wurde und die nach wie vor das Standardmodell ökonomischer Lehrbücher bildet. Kernelement dieses Ansatzes ist die Annahme fallender Grenzerträge des Kapitals: Je höher der Kapitalstock ist, desto geringer ist die Grenzproduktivität von Kapital. Aus dieser Eigenschaft der Produktionsfunktion wird ein Konvergenzprozess zu einem Wachstumsgleichgewicht (dem *steady-state*) abgeleitet. Konvergenz heißt, dass kapitalschwache ärmere Länder ein höheres Wachstum aufweisen sollten als reiche, kapitalgesättigte Volkswirtschaften. Die Ursache liegt darin, dass Kapital in die ärmeren Länder strömt, da dort aufgrund der Kapitalknappheit die Kapitalrenditen höher sind. Gleichzeitig können ärmere Länder vom Technologievorsprung der reichen Länder profitieren. Beides zusammengenommen sollte sich in hohen Wachstumsraten niederschlagen. Im *steady-state* beeinflusst hingegen lediglich der technologische Fortschritt das Wirtschaftswachstum, der jedoch nicht modellendogen erklärt wird. Überdies beeinflusst im Solow-Modell die Spar- bzw. Investitionsquote nur das Niveau des stationären Outputs, nicht jedoch die Wachstumsrate.

Das Solow-Modell geriet in den 1980er Jahren in die Kritik. Mit neuen Datensätzen konnte gezeigt werden, dass im weltweiten Vergleich – von einigen Ausnahmen wie den ostasiatischen Tigerstaaten abgesehen – kein *catch-up* ärmerer Länder stattgefunden hat (vgl. Maddison 2001). Dieser Befund einer fehlenden Konvergenz sowie die Kritik an dem im Solow-Modell exogen eingeführten technologischen Fortschritt lösten Mitte der 1980er Jahre mit der Neuen Wachstumstheorie eine dritte Theoriewelle aus. Im Mittelpunkt dieser theoretischen Neuorientierung steht vor allem eine endogene, humankapitalfundierte Erklärung des technologischen Fortschritts. Bahnbrechend waren hierfür die Arbeiten von Paul Romer

(1986, 1990) und Robert Lucas (1988). Zwei Annahmen prägen diese Schule. Zum einen wird der Kapitalbegriff um das Humankapital erweitert, zum anderen – und damit zusammenhängend – wird im Gegensatz zum neoklassischen Modell von konstanten oder mitunter steigenden Grenzerträgen ausgegangen. Die diesen Modellen gemeinsame Annahme nicht fallender Grenzerträge des Kapitals soll u.a. fehlende Konvergenz erklären, sodass zentrale Schlussfolgerungen des neoklassischen Modells in Frage gestellt werden. Innerhalb der Neuen Wachstumstheorie können zwei Strömungen unterschieden werden. Eine Gruppe von Arbeiten erklärt Wachstum durch technologischen Fortschritt in Folge von externen Effekten, die aus Investitionen in Humankapital oder durch *learning by doing* generiert werden. Die zweite Strömung deutet Wirtschaftswachstum als Produkt intendierter Forschungs- und Entwicklungsanstrengungen. Im Zentrum dieser Richtung steht ganz im Sinne Schumpeters wieder Innovation.

Aus der investitionsinduzierten Erklärung des technologischen Fortschritts sowie der partiellen Aufgabe fallender Grenzerträge wird eine beträchtliche Nähe zur klassischen Wachstumstheorie sichtbar. Wirtschaftswachstum ist über die Investitionen steuerbar, wobei die Neue Wachstumstheorie insofern eine Einschränkung vornimmt, als primär humankapitalbezogene Investitionen als wachstumsstimulierend eingestuft werden.

Trotz ihrer unbestrittenen Innovationen geriet die Neue Wachstumstheorie allerdings in jüngster Zeit auch in Kritik. Neben theoretischen Vorbehalten (Solow 1994: 49-50) erwiesen sich die getroffenen Erweiterungen nur eingeschränkt als tragfähig, um die Variation des Wirtschaftswachstums im internationalen Vergleich zu erklären:

> „Theories of basic technological change are most important for understanding why the world as a whole – and, more specifically, the economies at the technological frontier – can grow in the long run. But these theories have less to do with the determination of relative rates of growth across economies, that is, with the relations studied in cross-country or cross-region statistical analyses. It is surely an irony that one of the lasting contributions of endogenous growth theory is that it stimulated empirical work that demonstrated the explanatory power of the neoclassical growth model" (Barro 1997: x).

Gerade in den reichen Industrieländern der OECD-Welt hat sich das neoklassische Wachstumsmodell als erklärungskräftig erwiesen (Vanhoudt 1999; Karras 2001: 73). Dies unterstreicht ein Blick auf Abbildung 1, die das Wirtschaftswachstum in 21 OECD-Ländern zwischen 1960 und 1998 in Abhängigkeit von ihrem ökonomischen Entwicklungsniveau im Jahr 1960 abbildet. Gemäß der neoklassischen Wachstumstheorie erwarten wir ein höheres Wirtschaftswachstum in ehemals ärmeren Ländern. Diese Vermutung trifft in der Tat zu. Länder wie die USA, Neuseeland oder die Schweiz, die bereits relativ früh zu hohem Wohlstand gelangt sind, verzeichneten ein deutlich geringeres Wirtschaftswachstum als die ökonomischen Spätstarternationen in Südeuropa oder Japan. Das (logarithmierte) BIP pro Kopf im Jahr 1960 erklärt 78 Prozent (!) der Varianz des Wirtschaftswachstums pro Kopf zwischen 1960 und 1998.

Abb. 1: Wirtschaftswachstum 1960-1998 in Abhängigkeit des BIP pro Kopf 1960 in 21 OECD-Ländern

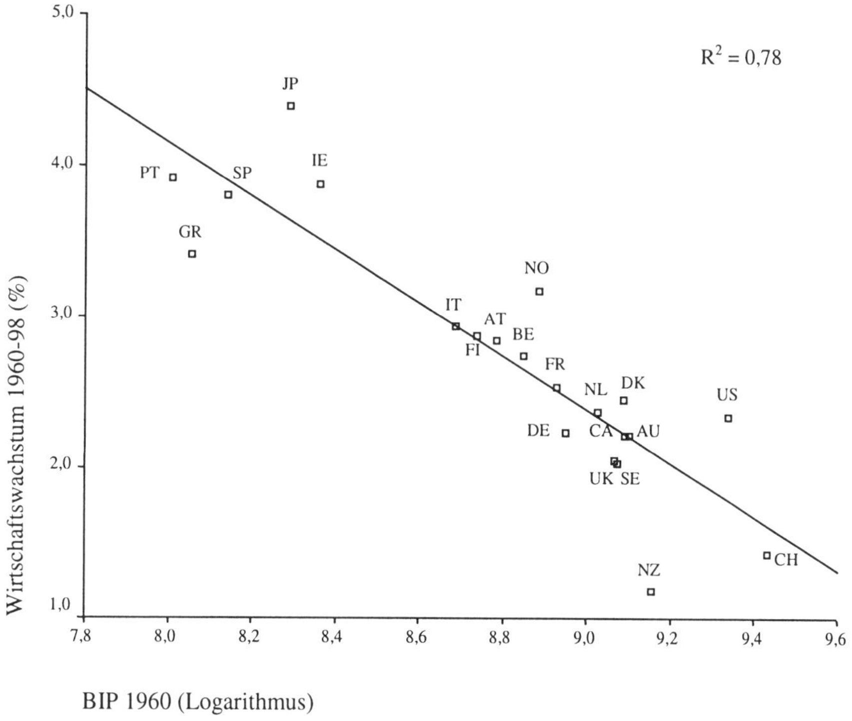

Die „OECD-Welt" gilt heute in der ökonomischen Literatur unbestritten als exklusiver Konvergenzklub, während hingegen im weltweiten Vergleich kein *unmittelbarer* Konvergenzeffekt sichtbar ist. Barro/Sala-i-Martin (1995) zeigen, dass der Konvergenzeffekt um so stärker ist, je ähnlicher sich Länder hinsichtlich ihrer politisch-institutionellen Basisstrukturen sind. Starkes *catch-up* findet sich zwischen europäischen Regionen, unter den US-Bundesstaaten und zwischen japanischen Präfekturen. Dowrick/Nguen (1989) bestätigen diesen Befund für die OECD-Länder. Insbesondere für die Zeit vor 1974 konstatieren sie einen rapiden ökonomischen Aufholprozess in vergleichsweise ärmeren Ländern, der – wenngleich auch in der Folgezeit weiterhin beobachtbar – im Zeitverlauf an Stärke verliert.

Allerdings könnte man nun argumentieren, dass die verbleibenden Varianzen hinsichtlich der Beschaffenheit der politischen Systeme zwischen den OECD-Ländern groß genug seien, um in der ökonomischen Performanz Niederschlag zu finden. Umgekehrt hieße dies, dass politische Variablen durchaus einen Erklärungsbeitrag für die von ökonomischem *catch-up* nicht erklärte Varianz der Wachstumsraten liefern könnten, sodass eine Öffnung der neoklassischen Wachstumstheorie in Richtung politisch-institutioneller Stellgrößen ihre Erklärungskraft noch weiter erhöhen könnte. Ob diese Vermutung zutrifft, ist Gegenstand der folgenden Abschnitte.

3. Politisch-institutionelle Erklärungsansätze des Wirtschaftswachstums

Während im weltweiten Vergleich die Erkundung politischer Einflüsse auf das Wirtschaftswachstum überwiegend eine Domäne der Ökonomen darstellt, steht der Zusammenhang zwischen Politik und ökonomischer Performanz im OECD-Raum ungleich stärker auch im Blickpunkt von politisch-ökonomischen und politologischen Arbeiten. Sechs Forschungsstränge kennzeichnen die einschlägige Literatur. Diskutiert werden wachstumspolitische Effekte von Verteilungskoalitionen, der parteipolitischen Zusammensetzung der Regierung, der Interaktion von Parteien und Verbänden, von Staatsstrukturen, der Größe des öffentlichen Sektors sowie der politischen Instabilität.

3.1. Verteilungskoalitionen

Urvater dieser Forschungsrichtung ist Mancur Olson (1982). Olson zeigt in seinen frühen Arbeiten (Olson 1968), dass kleine Gruppen mit homogener Interessenstruktur Organisationsvorteile besitzen und deshalb über die Bildung von Verteilungskoalitionen ihre Interessen schlagkräftig vertreten können. Dies betrifft in erster Linie die Produzenteninteressen der Arbeitgeber- und Arbeitnehmer. Diese Verteilungskoalitionen streben nach Renten auf Kosten des Allgemeinwohls. Der Staat wird gleichsam zu einem Beuteobjekt gut organisierter Interessengruppen. Letztendlich mündet diese selektive Interessenvermittlung in der Aushöhlung bzw. Ausschaltung des Wettbewerbs und führt zur Verteidigung bestehender Strukturen. Typische Ziele solcher Verteilungskoalitionen sind Preisregulierungen, Kartellbildung, die Errichtung von Marktzutrittsbarrieren oder rechtliche Überregulierung, wodurch die Rolle des Staates in der Wirtschaftspolitik verstärkt wird. Die daraus resultierenden Preisverzerrungen, die Aushöhlung des Wettbewerbs und die durch die hohe Status-quo-Orientierung dieser Interessengruppen ausgelöste Blockade von Innovation und technologischem Fortschritt lähmt die wirtschaftliche Dynamik und führt langfristig zu einer Wachstumsschwäche. Olson liefert mit dieser Analyse eine *politische* Interpretation für das Nachkriegswirtschaftswunder und das Abebben der Wachstumsdynamik im Zeitverlauf. Insbesondere in stabilen Gesellschaften können sich Verteilungskoalitionen ausbreiten und verfestigen. Der Zweite Weltkrieg bzw. die politische Transformation in den Verliererstaaten habe allerdings die tradierten Interessensysteme aufgebrochen und verkrustete Verteilungskoalitionen zerschlagen. Als Beispiele verweist Olson auf Deutschland und Japan. Im Zeitverlauf hat die Ausdifferenzierung und Verfestigung neuer Verteilungskoalitionen eine institutionelle Sklerose induziert, die sich in zunehmender Wachstumsschwäche manifestierte. Die stärksten Wachstumseinbußen verzeichneten stabile demokratische Gesellschaften, allen voran Großbritannien, wo die institutionelle Sklerose zur sprichwörtlichen *British disease* geführt hätte. Dies wurde dahin uminterpretiert, dass stabile Demokratien mit ihrer langen Tradition freier Organisierbarkeit von Interessen ein geringeres Wirtschaftswachstum aufweisen sollten als Länder mit kurzer Demokratieerfahrung. Das Alter der Demokratie wurde damit zu einer Schlüsselvariable bei der empirischen Überprüfung der Olsonschen Theorie. Olson relativiert seine

These jedoch dahingehend, dass umfassende Interessenorganisationen (*encompassing interests*) mit breiter Mitgliederbasis Anreize für ein gemeinwohlorientiertes Handeln besitzen, da hier die Anreize „dramatically different from those facing an organization that represents only a narrow segment of society" seien (Olson 1982: 48). Olson nennt als Beispiel Gewerkschaften mit hohem Organisationsgrad. Dieser Gedanke Olsons wurde von einer Forschungsrichtung aufgegriffen, die im Zusammenspiel zwischen politischen Parteien und Verbänden den entscheidenden Schlüssel zur Erklärung unterschiedlicher Wachstumsprofile zu erkennen glaubt (vgl. Abschnitt 3.3).

3.2. Parteien

Vertreter der Parteienherrschaftstheorie begreifen Staatstätigkeit als Resultat politischer Entscheidungen, insbesondere wird die parteipolitische Zusammensetzung der Regierung als entscheidende erklärende Variable für unterschiedliche Staatstätigkeitsprofile und -outcomes in Ländern auf ähnlichem ökonomischen Entwicklungsniveau angesehen. Frühe Arbeiten sahen Parteien als policy-orientierte Akteure, die die Präferenzen ihrer Klientel bei einer Regierungsbeteiligung in politische Maßnahmen transformieren. Parteien werden hier als ideologische *agents* ihrer als Prinzipal fungierenden Anhängerschaft interpretiert. Besondere Erklärungskraft besitzt die parteipolitische Färbung in ideologisch aufgeladenen Politikfeldern. Aber auch für die Wirtschaftspolitik bzw. für die Erklärung makroökonomischer *outcomes* wird ihre Gültigkeit behauptet (Hibbs 1977; Tufte 1978; Alesina/Rosenthal 1995). Diese Policy-Orientierung steht in striktem Gegensatz zu einer rein auf die Wiederwahl ausgerichteten Verhaltensmaxime von Politikern (so genanntes *office-seeking*), wie sie für die klassische Public-Choice-Tradition typisch ist (vgl. Plümper i.d.B). In einem Zweiparteiensystem würde dieses Verhaltensaxiom dazu führen, dass beide Parteien ein annähernd identisches, die Präferenzen des Medianwählers widerspiegelndes Programm anbieten würden. Politikkonvergenz und symbolische Politik wären die Folge, wodurch Parteieneffekte auf das Wirtschaftswachstum ausgeschlossen wären: „If programmatic political parties are rare and policy convergence is the norm, then one would not expect parties to generate distinctive policy perspectives, especially in areas like economic growth that involve consensual goals" (Jackman 1987: 255). Ungeachtet der Frage, ob Parteien office-orientiert, policy-orientiert oder möglicherweise gar beides sind, ist aus theoretischer Perspektive die Anwendbarkeit der Parteiendifferenzthese zur Erklärung unterschiedlicher Wachstumsraten kritisch zu hinterfragen. Zunächst dürften alle Parteien – mit Einschränkung vielleicht von ökologischen Parteien – ein möglichst hohes Wachstum anstreben. Wirtschaftswachstum ist einerseits eine notwendige Voraussetzung zur Realisierung kostspieliger parteienspezifischer Ziele wie soziale Sicherung, Bildung und Verteidigung. Andererseits reduziert eine gute ökonomische Performanz elektorale Risiken für die Regierung, da Arbeitslosigkeit und Einkommensausfälle für große Bevölkerungsteile die Wiederwahlchancen der Regierung mindern. Eine Null-Wachstumsstrategie kommt unter demokratischen Bedingungen wohl einem politischen Selbstmord gleich (von Weizsäcker 2000: 155). Damit gibt es sowohl für policy-orientierte als auch für office-orientierte Parteien inhärente Anreize, Wirtschaftswachstum zu forcieren, entweder um programmatische Ziele zu realisieren oder um Wiederwahlchancen zu erhöhen.

Davon zu unterscheiden ist die Frage, ob Parteien überhaupt in der Lage sind, makroökonomische *outcomes* gezielt zu steuern. Systemtheoretiker verneinen dies weitgehend und selbst führende Vertreter der Parteiendifferenztheorie haben eingeräumt, dass sich kapitalistische Ökonomien einer politischen Steuerung weitgehend entziehen (Schmidt 1996). Scharfe Munition gegen den Steuerungsoptimismus kommt auch von Seiten der Neuen Klassischen Makroökonomie (Lucas 1972). Ökonomische Planung sei kein Spiel gegen die Natur, sondern gegen rationale Wirtschaftssubjekte (Kydland/Prescott 1977). Unterstellt man den Wirtschaftssubjekten rationale Erwartungen, d.h. die volle Nutzung von Information, sowie völlig flexible Preise und Löhne, dann bleiben politische Manipulationen entweder wirkungslos oder richten mehr Schaden als Nutzen an. Damit stellt sich die grundlegende Frage, ob bei rationalen Erwartungen die klassischen Instrumente der Geld- und Fiskalpolitik überhaupt noch effektiv sind. Vertreter dieser Schule betonen stattdessen die Wichtigkeit einer konsistenten und glaubwürdigen Wirtschaftspolitik: Regelgebundene Wirtschaftspolitik anstelle diskretionärer Steuerung wurde als Devise ausgegeben: „[...] policymaker should follow rules rather than discretion" (Kydland/Prescott 1977: 487). Unterstellt man hingegen analog zur Neuen Keynesianischen Makroökonomie kurzfristige rigide Preise, so können selbst bei rationalen Erwartungen die traditionellen wirtschaftspolitischen Instrumentarien zumindest kurzfristig makroökonomische Effekte induzieren. Beispielsweise haben Alesina/Rosenthal (1995) für die USA gezeigt, dass selbst bei rationalen Erwartungen die Unsicherheit über Wahlausgänge zusammen mit unterschiedlichen Policy-Orientierungen der Parteien kurzfristig makroökonomische Zyklen induzieren können.

In der Zusammenschau dieser vielfältigen Kritik am Steuerungspotenzial politischer Parteien ist ein Zusammenhang zwischen Wirtschaftswachstum und der parteipolitischen Färbung der Regierung kaum zu erwarten. Dessen ungeachtet postulieren einige Forscher die Relevanz der Parteiendifferenztheorie für die Erklärung unterschiedlicher Wachstumsdynamiken (Tufte 1978; Whiteley 1986). Gerettet werden kann die Parteiendifferenztheorie etwa dann, wenn den Parteien unterschiedliche wachstumspolitische Strategien unterstellt werden, wie Wirtschaftswachstum angepeilt werden soll. Parteieneffekte wären dann sichtbar, wenn diese Politiken unterschiedliche *outcomes* implizieren würden. Das hierbei am häufigsten vorgebrachte Argument lautet, dass Linksparteien eher Umverteilung auf Kosten wirtschaftlicher Effizienz anvisieren (Lane/Errson 1986: 25; Crepaz 1996: 19-20). Demnach entscheiden sie sich im Interesse ihrer Klientel im Zielkonflikt zwischen Gleichheit und Effizienz (Okun 1975) für redistributive Politiken. Implizit wurde damit Linksparteien zumeist ein negativer Einfluss auf das Wirtschaftswachstum unterstellt. Diese Schlussfolgerung ist aber keinesfalls zwingend. Zwar führt diese Strategiewahl aus Sicht des ökonomischen Mainstreams infolge eines zunehmend aufgeblähten Steuer- und Wohlfahrtsstaates und dadurch ausgelösten Preisverzerrungen und Anreizblockaden langfristig zu Wachstumseinbußen. Andererseits kann (keynesianisch) dagegen gehalten werden, dass Umverteilung zugunsten einkommensschwacher Bevölkerungsgruppen aufgrund deren höherer marginaler Konsumneigung zumindest kurz- und mittelfristig ein konsumgetragenes Wirtschaftswachstum induziert. Noch weniger überzeugend ist die theoretische Argumentation von Whiteley (1986: 115), wonach Linksparteien wegen ihrer Bereitschaft zu mehr Staatsintervention in die Ökonomie ein *höheres* Wirtschaftswachstum als Rechtsparteien generieren. Boix (1998) sieht Parteieneffekte auch in der Angebotspolitik. Zwar favorisieren sowohl Links- als auch Rechtsparteien im Gefolge der beiden Ölkrisen eine angebotsorientierte Wachstumspolitik, allerdings unterscheiden sich die wachstumspolitischen Hebelpunkte. Laut Boix (1998: Kap. 2) bevorzugen bürgerliche Parteien Steuerkürzungen und eine Stärkung des privaten Sektors zur Stimulierung der Wirtschaft, Linksparteien hingegen eine Wachstumsstrategie, die öffentliche Investitionen und Humankapitalbildung in den Mittelpunkt rückt. Zugrunde liegt dieser unterschiedlichen Strategiewahl ein *employment-equality-trade-off*, den die Parteien im Sinne ihrer Anhängerschaft zu lösen versuchen:

> „[...] although always attempting to maximize growth, parties adopt distinctive economic strategies depending on their redistributive consequences. Partisan preferences vary with respect to the specific strategies that should be followed to foster economic growth precisely because the strategies affect differently the welfare of all social and economic strata and, more generally, have distinct consequences on the level of economic equality in a given country" (Boix 1998: 5).

Ein weiterer Ansatz, mit dem die Parteiendifferenzthese zur Erklärung verschiedener Wachstumsprofile nutzbar gemacht werden könnte, wäre ein parteipolitisches *signalling*. Demnach würde eine bestimmte parteipolitische Färbung der Regierung potenziellen Investoren die Ausrichtung künftiger Wirtschaftspolitik signalisieren und über den Kanal der hierdurch beeinflussten Investitionstätigkeit Wirtschaftswachstum auslösen oder dämpfen. So könnte die Machtübernahme einer Linkspartei potenziellen Investoren eine mittelfristig höhere Steuer- und Abgabenbelastung signalisieren, während die Regierungsübernahme einer bürgerlichen Partei eine Reduktion der Unternehmensbesteuerung wahrscheinlicher macht. Gegen diese Annahme sprechen jedoch die im Vergleich zu den langfristig angelegten Investitionsentscheidungen häufigen Regierungswechsel in Demokratien und die Unsicherheit des Wahlausganges. Hinzu kommt, dass die Regierungspolitik nur einen – und sicherlich nicht den wichtigsten – Parameter für unternehmerische Standortentscheidungen darstellt.

Aus theoretischer Perspektive liefert diese Zusammenschau der unterschiedlichen Facetten der Parteiendifferenztheorie somit wenige stichhaltige Argumente für einen spezifischen parteipolitischen Einfluss auf das Wirtschaftswachstum. Wirtschaftswachstum als politisches Ziel ist über die Parteigrenzen hinweg unstrittig, bestenfalls unterscheiden sich die wachstumspolitischen Strategien. Einschränkend kommt zudem hinzu, dass institutionelle Handlungsschranken, die den Aktionsradius von Parteien einengen können (Schmidt 1996), bislang ausgeblendet geblieben sind. Institutionelle Aspekte stehen jedoch im Mittelpunkt des dritten und vierten Forschungsstranges. Ein Forschungszweig, der die Institutionen des Verbändewesens und die daraus resultierenden Interaktionsformen zur Erklärung makroökonomischer Performanz in den Blick nimmt, wird im nächsten Abschnitt vorgestellt.

3.3. Interaktionen zwischen Parteien und Interessenorganisationen

Ein dritter Forschungsstrang sieht in den Interaktionen zwischen den Regierungsparteien und den Verbänden einen Schlüssel zur Erklärung unterschiedlicher Wachstumsprofile. Dieser Ansatz verknüpft die Parteiendifferenzthese mit Elementen aus Olsons ökonomischer Interessenvermittlungstheorie sowie neueren institutionenorientierten Ansätzen. Parteieneffekte sind demnach kontingent und variieren in Abhängigkeit von institutionellen Strukturen. Ideologisch unterschiedlich gefärbte Regierungen verfolgen zwar verschiedene wirtschaftspolitische Strategien und Ziele, Parteien erlangen aber erst im Verbund bzw. in Kooperation mit ihnen nahe stehenden Verbänden, d.h. in einem spezifischen institutionellen Gefüge, wirtschaftspolitische Gestaltungsmacht. Dieser Ansatz zur Erklärung des Wirtschaftswachstums in der OECD-Welt wurde erstmals von Lange und Garrett formuliert (1985) und seitdem von verschiedener Seite kontinuierlich weiterentwickelt bzw. verfeinert (Hicks 1988; Garrett/Lange 1989; Alvarez u.a. 1991; Garrett 1998). Zwei kohärente Konstellationen erweisen sich als Wachstumskatalysatoren, nämlich eine schwache politische Linke und eine fragmentierte Gewerkschaftslandschaft einerseits und eine starke Linkspartei im Verein mit umfassenden Gewerkschaften im Sinne von Olson andererseits. Die erste Konstellation steht für eine ungezügelte marktförmige Wachstumsdynamik, während die zweite eine kooperative Wachstumspolitik vorzeichnet. Starke und umfassende Gewerkschaften reduzieren das Trittbrettfahrerproblem und eröffnen die Möglichkeit der Implementierung einer *collective gain strategy* im Sinn einer gemeinwohlorientierten Politik (Lange/Garrett 1985: 798). Diese birgt allerdings für die Gewerkschaften Risiken in Gestalt des Zeitinkonsistenzproblems, wenn kooperatives Verhalten – etwa Lohnzurückhaltung – von der Regierung nicht belohnt wird. Eine Linksregierung reduziert dieses Risiko, da sie erstens von den Gewerkschaften politisch abhängig und überdies bestrebt ist, Lohnzurückhaltung mit (öffentlichen) Investitionen zu honorieren und die daraus resultierenden Wachstumsgewinne „sozial gerecht" zu verteilen. Insofern handelt es sich hier um eine synergetische Konstellation, die das Zeitinkonsistenzproblem reduziert und durch Kooperation eine günstige ökonomische Performanz erzielen kann. Dem Wirtschaftswachstum abträglich sind hingegen inkohärente Konstellationen, etwa wenn starke Linksparteien mit schwachen Gewerkschaften korrespondieren oder wenn eine Rechtsregierung starken Gewerkschaften gegenübersteht. Solche inkongruenten Paarkonstellationen bewirken eine ungünstigere makroökonomische Performanz, ausgelöst in erster Linie durch militante und konfliktbereite Gewerkschaften, die im Fall einer Rechtsregierung keinen Anreiz zu einer kooperativen Politik verspüren oder im Fall einer fragmentierten Gewerkschaftsstruktur hierzu nicht in der Lage sind.

Problematisch an diesem Ansatz ist aus theoretischer Perspektive, dass Gewerkschaften als ideologisch monolithischer Block und gewissermaßen als natürliche Verbündete von Linksparteien gesehen werden. Dies scheint gerade für christdemokratisch ausgerichtete Gewerkschaften unzutreffend zu sein. Schwerer wiegt, dass der kausale Zusammenhang zwischen den politisch-institutionellen Rahmenbedingungen und der ökonomischen Performanz zumindest für das Wirtschaftswachstum nicht durchgehend überzeugt. Obwohl zunächst für das Wirtschaftswachstum entwickelt, wurde dieser Ansatz auch zur Erklärung der Arbeitslosigkeits- und Inflationsperformanz angewandt (Alvarez u.a. 1991; Garrett 1998). Da der entscheidende kausale Faktor, über den das Zusammenspiel zwischen der parteipolitischen Färbung der Regierung mit den Arbeitsmarktinstitutionen die ökonomische Performanz beeinflusst, die Militanz der Gewerkschaften in der Lohnpolitik ist, ist ein Effekt auf die Inflationsrate und Arbeitslosenquote plausibel. Ungleich weniger trifft dies jedoch auf das Wirtschaftswachstum zu, da es sich bei der Wachstumspolitik um eine typische Querschnittsmaterie handelt. Aus wachstumstheoretischer Perspektive bildet Lohnzurückhaltung lediglich einen unter vielen Faktoren zur Erklärung des Wirtschaftswachstums. Relevanter sind diesbezüglich langfristig angelegte angebotsseitige wirtschaftspolitische Maßnahmen, insbesondere in den Bereichen der Steuer- und Technologiepolitik. Hierzu bedarf es aber nicht unbedingt kohärenter Konstellationen, sondern diese Bereiche sind typischerweise auch in jenen Ländern Domänen der Regierung, die Garrett als Musterländer des sozialdemokratischen Korporatismus sieht. So zeigt eine neue Studie zu Gesetzgebungsprozessen in Österreich, dass die Sozialpartner in den Bereichen der Steuer- und Bildungspolitik im Vergleich zur Regierung einen nachrangigen Einfluss ausüben (Tálos/Kittel 2001).

3.4. Staatsstrukturen

Der vierte Ansatz fokussiert auf potenzielle Wachstumseffekte von Staatsstrukturen. Im Mittelpunkt steht hier etwa der Einfluss der Demokratieform oder der institutionellen Fragmentierung des politischen Systems auf die ökonomische Performanz. Demokratieforscher argumentieren, dass die *rules of the regime*, die durch das konstitutionelle Design definiert werden, die makroökonomische Performanz beeinflussen (Lijphart 1994; Crepaz 1996: 5). Explizit nennt dieser Ansatz das Wahlrecht, das Regierungs- und Parteiensystem und das System der Interessenvermittlung. Crepaz interessiert sich insbesondere für den Zusammenhang zwischen Demokratieform und ökonomischer Performanz. Seine These lautet, dass Konkordanzdemokratien im Vergleich zu Mehrheitsdemokratien eine überlegene ökonomische Performanz aufweisen. Theoretisch gründet diese These auf drei Annahmen (Crepaz 1996: 7-12). Erstens besteht zwischen der Demokratieform und dem System der Interessenvermittlung eine systematische Komplementärbeziehung (Lijphart/Crepaz 1991). Konkordanzdemokratien – genauer die Beziehungen zwischen Legislative und Exekutive – korrespondieren mit einem korporatistischen System der Interessenvermittlung, welches von Teilen der politisch-ökonomischen Literatur als wachstumsfreundlich identifiziert wird. Zweitens generieren Konkordanzdemokratien „more stable, steady, continuous, and more predictable forms of government than majoritarian systems with alternating governmental responsibilities" (Crepaz 1996: 8). Mehrheitsdemokratien sind demnach anfälliger für stop-and-go-Politiken, wenn wirtschaftspolitische Maßnahmen der Vorgängerregierung schlagartig wieder zurückgenommen werden. Die Chancen, dass ein Regierungswechsel auch zu einem Politikwechsel führt, stehen in Mehrheitsdemokratien ungleich besser, da Alleinregierungen nicht durch einen Koalitionspartner in ihrem Handlungsspielraum begrenzt werden. Die daraus resultierende hohe Policy-Volatilität ist der ökonomischen Entwicklung abträglich, während die Koalitionsregierungen in Konkordanzdemokratien über geringere diskretionäre Zugriffsmöglichkeiten verfügen, sodass hier ein stetiger Politikstil dominiert, der die Glaubwürdigkeit der Wirtschaftspolitik erhöht. Drittens können Konkordanzdemokratien als *encompassing organisations* interpretiert werden. Konkordanzdemokratische Regierungen – also typischerweise Große Koalitionen, die eine breite Wählerbasis hinter sich scharen – besitzen höhere Anreize zum gemeinwohlorientierten Handeln, da sie einem höheren Responsivitätszwang unterliegen und daher weniger anfällig sind, Politik nur zugunsten der eigenen Anhängerschaft zu machen.

Alle drei Argumentationsstränge, über die ein Zusammenhang zwischen der Demokratieform und der ökonomischen Performanz hergestellt wird, sind jedoch umstritten. Sowohl Keman/Pennings (1995: 279) als auch Lane/Ersson (1997b) betonen, dass es sich bei Konkordanzdemokratien und Korporatismus um unabhängige Institutionen handelt, deren Effekt auf Policy-*Outcomes* unabhängig voneinander zu prüfen ist. Zweitens kann die höhere Policy-Stabilität in Konkordanzdemokratien wirtschaftspolitisch notwendige Reformen verzögern. Zugunsten der Konkurrenzdemokratie spräche dann deren schnellere und flexiblere Anpassungsfähigkeit an neue Rahmenbedingungen und Problemlagen, da langwierige Konsensbildungsprozesse nicht erforderlich sind. Gegen das dritte Argument spricht, dass die Wählerbasis einer Koalitionsregierung typischerweise kein monolithischer Block mit homogener Interessenlage ist, wie dies bei umfassenden Interessenverbänden der Fall ist. Olsons Argument zugunsten umfassender Organisationen geht ja davon aus, dass diese Anreize zur Internalisierung externer Effekte besitzen. Spätestens vor Wahlen sollten jedoch im Parteienwettbewerb klientelistische Tendenzen stärker in Erscheinung treten, da die Parteien zueinander in einem Konkurrenzverhältnis stehen und versuchen werden, die eigene Wählerbasis zu bedienen.

Ambivalente Positionen finden sich auch zum Einfluss der institutionellen Fragmentierung eines politischen Systems auf das Wirtschaftswachstum. Folgt man Tsebelis (1995, 2000), so würde ein politisches System mit vielen Checks and Balances bzw. vielen Vetospielern zu einer hohen Policy-Stabilität oder Reformträgheit führen und damit die wirtschaftspolitische Handlungsfähigkeit einer Regierung einschränken. Die entscheidende Frage ist, ob sich eine hohe Policy-Stabilität positiv oder negativ auf das Wirtschaftswachstum auswirkt. Einerseits könnte argumentiert werden, dass wirtschaftspolitisch notwendige Reformen durch politische Entscheidungsblockaden unterbleiben oder verzögert würden. Andererseits kann Reformträgheit aber gerade in der Wirtschaftspolitik von Vorteil sein. Dieser Interpretation zufolge sind institutionelle Effekte politikfeldspezifisch kontingent. Man könnte argumentieren, dass eine hohe Policy-Stabilität konstitutiv für Wirtschaftswachstum ist, weil Investoren nicht mit diskretionären Eingriffen in die wirtschaftspolitischen Spielregeln und überraschenden Kurswechseln in der Wirtschaftspolitik rechnen müssen. Vorhersehbarkeit ist etwa dann gegeben, wenn die Geldpolitik in die Hände einer unabhängigen Notenbank gelegt wird und dadurch politischen Zugriffen entzogen wird (vgl. Busch i.d.B. und Freitag i.d.B.).

Eine ähnliche These vertreten auch ökonomische Föderalismustheorien. Institutionelle Fragmentierung wird als wichtige Voraussetzung sicherer Märkte gesehen. Vertikale Machtteilung und horizontaler Wettbewerb hemmen diskretionäre Wirtschaftspolitik und dämmen Staatsintervention ein, sodass politische Zugriffschancen auf die Regulierung der Ökonomie verringert sowie wirtschaftliche Verfügungs- und Eigentumsrechte besser geschützt werden (Hayek 1976; Weingast 1993; Oates 1999). Mit dem Stichwort Staatsintervention ist bereits der fünfte Forschungszweig angesprochen, der die Rückkoppelungseffekte von Staatstätigkeit, insbesondere der Größe des öffentlichen Sektors, auf das Wirtschaftswachstum in den Mittelpunkt rückt.

3.5. Staatstätigkeit

Die Staatstätigkeitsforschung konzentriert sich auf die Auswirkungen und Rückkoppelungseffekte staatlicher Politik auf das Wirtschaftswachstum. Im Mittelpunkt der Forschung steht dabei die Größe des öffentlichen Sektors. Ihren Ausgangspunkt nahm diese Strömung mit dem Abebben der Wachstumsraten Mitte der 1970er Jahre. Wurde der Staat bis dahin im Rahmen des keynesianischen Nachkriegskonsenses als wirtschaftspolitischer Impulsgeber instrumentalisiert, da durch öffentliche Ausgaben Multiplikatoreffekte im privaten Sektor induziert werden konnten, so sah die monetaristische Gegenbewegung und die Neue Klassische Makroökonomie mit ihrem Paradigma der rationalen Erwartungen in der massiven Staatsintervention eine wesentliche Ursache für den Einbruch der Wachstumsdynamik bzw. die stagflationären Tendenzen im Gefolge der Erdölpreisschocks. Politisch steuerbare Zielgrößen, wie die Staatsquote und der Wohlfahrtsstaat als größter Ausgabenposten der öffentlichen Hand, rückten in den Brennpunkt der Kritik. Auf der Einnahmenseite spiegelte sich dies in Form wachsenden Widerstands gegen den Steuerstaat wider. Ein aufgeblähter Wohlfahrts- und Steuerstaat wurde als Mitauslöser der Wachstumsschwäche gesehen. Überregulierung und falsche Anreize würden die wirtschaftliche Dynamik bremsen (Lindbeck 1995; Weede 2000). Differenzierte Analysen weisen hingegen darauf hin, dass ein ausgebauter Wohlfahrtsstaat nicht notwendigerweise die wirtschaftliche Dynamik lähmt, maßgeblich seien vielmehr die konkreten Finanzierungs- und Organisationsprinzipien der sozialen Sicherungssysteme (Atkinson 1995).

Vertreter einer stärkeren Deregulierung beriefen sich dabei auch auf das neoklassische Wachstumsmodell, das in einer extremen Auslegung der Politik ohnedies langfristig keine Einflussmöglichkeiten auf die Wachstumsrate beimisst und folglich auch den Rückzug politischer Intervention aus der Wirtschaft legitimierte. Das Engagement der öffentlichen Hand würde lediglich ein *crowding-out* – die Verdrängung von privater Investitionstätigkeit – nach sich ziehen. Mit der Neuen Wachstumstheorie und ihrer Betonung von Forschung und Entwicklung gewann die Idee der Machbarkeit von Wachstum durch Staatsintervention jedoch wieder an Bedeutung. Durch öffentliche Förderung von Forschung oder durch Steuerentlastungen von Unternehmen könnten von der Regierung Wachstumsimpulse gesetzt werden. Demnach ist a priori auch kein klarer Effekt von der Staatsquote auf das Wirtschaftswachstum zu erwarten, sondern maßgeblich ist die Struktur der öffentlichen Ausgaben. Wachstumseffekte sind kontingent, je nachdem, ob investive Bereiche oder anreizverzerrende Elemente überwiegen. Mit Blick auf den Wohlfahrtsstaat gilt eine ähnliche Logik. Auch die Sozialpolitik besitzt einen wirtschaftlichen Wert, zumal dann, wenn sie zur Humankapitalakkumulation oder über Transferleistungen zur Glättung des Lebenseinkommens und damit als automatischer Stabilisator zur Nachfragesicherung beiträgt. Der Wohlfahrtsstaat wirkt überdies als Produktivitätspeitsche, die den technologischen Fortschritt vorantreibt (ZeS 1998: 14). Schließlich produziert der Staat öffentliche Güter, die vom privaten Sektor nicht oder in zu geringem Umfang bereitgestellt würden. Mit Blick auf die Neue Wachstumstheorie kann etwa auf eine staatlich geförderte Grundlagenforschung verwiesen werden. Allerdings verneinen Kritiker der Neuen Wachstumstheorie die These, dass mit gezielten Forschungsanstrengungen Wachstumsimpulse freigesetzt werden können (Arnold 1999).

Insgesamt sind aus theoretischer Perspektive keine klaren Effekte von aggregierten Größen wie der Staats- oder der Sozialleistungsquote auf das Wirtschaftswachstum zu erwarten. Es gibt überzeugende Argumente von Befürwortern und Gegnern, die dem Umfang des öffentlichen Sektors positive und negative Wirkungen auf die Wachstumsdynamik beimessen. Es ist daher plausibel anzunehmen, dass sich der Nettoeffekt nicht signifikant von Null unterscheidet.

3.6. Politische Instabilität

Politische Instabilität manifestiert sich in zwei Formen, nämlich entweder in Gestalt von Konflikten wie Bürgerkriegen, Staatsstreichen, Attentaten, Streiks und Demonstrationen oder in Gestalt häufiger Regierungswechsel. Beide Formen politischer Instabilität – so das Standardargument – erzeugen Unsicherheit für Investoren und vermindern dadurch die politische Glaubwürdigkeit und Reputation eines Landes. Gerade Kapitalakkumulation als Kernelement von Wirtschaftswachstum erfordert jedoch stabile politische Rahmenbedingungen, da langfristig angelegte Investitionsentscheidungen ein hohes Vertrauen in ein politisches System bzw. eine hohe Glaubwürdigkeit politischer Akteure voraussetzen.

Allerdings muss im Hinblick auf wachstumsrelevante Effekte politischer Instabilität zwischen den unterschiedlichen Formen politischer Instabilität differenziert werden. Unbestritten ist, dass schwere Konflikte mit hoher Gewaltintensität aufgrund der Vernichtung von Human- und Sachkapital die ökonomische Entwicklung bremsen. Überdies führen massive politische Konflikte wie Kriege oder Putsche oft zur Erosion bzw. zum Zusammenbruch der öffentlichen Ordnung. Zu den typischen Begleiterscheinungen derartiger Ausprägungen politischer Instabilität zählen etwa der Verlust des staatlichen Gewaltmonopols, die Aushöhlung der Rechtsstaatlichkeit und als Folge fehlender Rechtssicherheit typischerweise auch unsichere wirtschaftliche Verfügungs- und Eigentumsrechte.

Im Hinblick auf die Regierungs- oder Regimestabilität kann zwar argumentiert werden, dass die Machtwechselfrequenz politische Unsicherheit erzeugt (Alesina u.a. 1992: 4), dies ist jedoch keineswegs zwingend der Fall. Bueno de Mesquita (2000) sieht in politischer Instabilität sogar eine Quelle für Wirtschaftswachstum. Regierungsstabilität im Sinne langer Amtszeiten der politischen Eliten findet sich typischerweise in Autokratien, wo das Überleben der Elite nur von einer kleinen Gruppe abhängt, deren Loyalität durch die Verteilung von Renten gesichert wird. Das politische Überleben demokratisch legitimierter Eliten hängt im Vergleich dazu von einem ungleich größeren Personenkreis ab, dessen politische Unterstützung durch die Produktion öffentlicher Güter „erkauft" wird.

> „In a democracy, the value of individual private goods is small because they must be divided among so many people and thus leaders do not enjoy the same loyalty from their backers. Consequently, they must compete over the provision of successful policies; they do not have a sufficient loyalty advantage through cronyism and corruption. The consequence is that democrats work harder at producing effective policies, enjoy less loyalty, and so get turned out of office *more frequently* than their counterparts" (Bueno de Mesquita 2000: 16, eigene Hervorhebung).

Häufige Machtwechsel führen dieser Interpretation zufolge keineswegs zu einer schlechten Wachstumsperformanz, sondern sind vielmehr Ausdruck des Elitenwettbewerbs in Demokratien, der zu effizienten Policies führt.

Ein weiteres Argument, das gegen wachstumsdämpfende Effekte politischer Instabilität spricht, stammt von Olson (1982). Gerade stabile Demokratien sind anfällig für die Ausformung von Verteilungskoalitionen mit all den bereits diskutierten Konsequenzen für das Wirtschaftswachstum (vgl. Weede 1996: 218).

4. Forschungsstand

Empirische wirtschafts- und politikwissenschaftliche Arbeiten zur politischen Dimension des Wirtschaftswachstums wurden erstmals in den frühen 1980er Jahren unternommen und haben sich mittlerweile explosionsartig vermehrt. Tabelle 2 fasst den Forschungsstand chronologisch und kompakt zusammen. Die Ergebnisse werden in den nächsten Abschnitten für die einzelnen Forschungsstränge gesondert knapp zusammengefasst.

Tabelle 2: Forschungsstand zum Einfluss politischer Variablen auf das Wirtschaftswachstum in OECD-Ländern

Autor(en)	Zeitraum	N	Politische Variable	Signifikanter Effekt
Choi (1983)	1950-73	18	Institutionelle Sklerose	Negativ
Pryor (1983)	1950-75	19-29	Institutionelle Sklerose	Kein Effekt
Saunders (1985)	1960-81	20/21	Staatsquote	Negativ (1960-73), kein Effekt (1975-81)
Lange/Garrett (1985)	1974-80	15	Interaktion Regierung-Gewerkschaften	Starke Linksparteien und umfassende Gewerkschaften (positiv)
Friedland/Sanders (1985)	1962-83	12	Politische Kräfteverhältnisse, Wohlfahrts- und Steuerstaat	Parteien (kein Effekt), Transfers an Haushalte (positiv), Staatsproduktion und Steuerbelastung (negativ)
Korpi (1985)	1950-73	17/18	Sozialtransfers	Positiv
Weede (1986a)	1960-82	19	Verteilungskoalitionen, öffentlicher Sektor	Alter der Demokratie (negativ), öffentlicher Sektor (negativ)
Lane/Ersson (1986)	1961-70, 1971-83, 1960-81	13-24	Diverse	Institutionelle Sklerose (negativ), ansonsten keine Effekte politischer Variablen
Jackman (1987)	1974-80	15	Interaktion Regierung-Gewerkschaften	Kein Effekt
McCallum/Blais (1987)	1960-83	17	Interessengruppen, Wohlfahrtsstaat	Negativ (Interessengruppen), kurvilinear (Wohlfahrtsstaat)
Hicks (1988)			Interaktion Regierung-Gewerkschaften	Positiv
Jackman (1989)	1974-80	15	Interaktion Regierung-Gewerkschaften	Kein Effekt
Hicks/Patterson (1989)	1974-80	15	Interaktion Regierung-Gewerkschaften	Positiv
Bornschier (1989)	1955-80	18	Massenproteste	Negativ
Castles/Dowrick (1990)	1960-85	18	Staatsquote	Kein Effekt, positiver Effekt von Teilkomponenten (Sozialtransfers), Verteilungskoalitionen (negativ)
Alvarez u.a. (1991)	1967-84	16	Interaktion Regierung-Gewerkschaften	Starke Linksparteien und umfassende Gewerkschaften (positiv)
Beck u.a. (1993)	1971-84	16	Interaktion Regierung-Gewerkschaften	Starke Linksparteien und umfassende Gewerkschaften (positiv)
Weede (1996)	1960-85	18	Massenproteste, Alter der Demokratie, Staatsquote	Negativ (nicht robust)
Crepaz (1996)	1956-90	18	Konkordanzdemokratie, *popular cabinet support*, parteipolitische Färbung der Regierung, Staatsquote	Konkordanzdemokratie und *popular cabinet support* (kein Effekt), Linksparteien und Staatsquote (negativ)

Autor(en)	Zeitraum	N	Politische Variable	Signifikanter Effekt
Lane/Ersson (1997a)	1960-83, 1985-94	13-24	Verteilungskoalitionen, Diverse	Verteilungskoalitionen [negativ (1960-83), kein Effekt (1985-94)]
Mendoza u.a. (1997)	1965-91	18	Durchschnittlicher effektiver Steuersatz	Kein Effekt auf Wachstumsrate, negativ auf Investitionen
Garrett (1998)	1966-90	14	Interaktion Regierung-Gewerkschaften	Positiv
Hicks/Kenworthy (1998)	1960-89	18	Korporatismus, *firm-level-cooperation*, Parteien, Verteilungskoalitionen	*Firm-level cooperation* und Linksparteien (positiv), Christdemokratische Parteien, Verteilungskoalitionen (negativ)
Castles (1999b)	1960-92	20/21	5 Dezentralisierungsindikatoren	Dezentralisierung (positiv), Föderalismusdummy nicht signifikant
Kunz (2000)	1979-95	19	Staatsstrukturen, Verteilungskoalitionen	Verteilungskoalitionen (negativ), Mehrheitsdemokratie (positiv), Staatsstrukturen (kein Effekt)
Keman (2000)		18	Föderalismus, Dezentralisierung	Positiver Effekt auf ökonomisches Entwicklungsniveau
Scruggs (2001)	1974-80/84 1985-95	15/16	Interaktion Regierung-Gewerkschaften, Konkordanzdemokratie	Starke Linksparteien und umfassende Gewerkschaften (positiv), kein Effekt von Konkordanzdemokratien
Obinger (2001a)	1984-94, 1960-94	21	Verteilungskoalitionen, Parteien, Staatsstrukturen, Demokratieform	Kein Effekt
Padovano/Galli (2001)	1950-90	23	Grenzsteuersatz	Negativ
Schneider/Wagner (2001)	1961-95	14	Korporatismus, Vertrauen	Positiv
Herce u.a. (2001)	1970-94	12	Sozialausgaben	Positiver Effekt in 7 Ländern
Rehm (2002)	1973-97	17-23	Staatsstrukturen, Verteilungskoalitionen, Demokratieform	Kein Effekt

4.1. Verteilungskoalitionen

Kurz nach Erscheinen von Olsons Klassiker (1982) wurde die These von der abträglichen Wirkung von Verteilungskoalitionen auf das Wirtschaftswachstum ersten empirischen Tests unterzogen. Der Forschungsstand zeigt kein einheitliches Bild. Dies mag daran liegen, dass Verteilungskoalitionen schwierig zu operationalisieren sind. Choi (1983) entwickelt als erster einen Index der institutionellen Sklerose. Dieser Index misst die Dauer politisch stabiler Rahmenbedingungen, die theoriegemäß die Ausdifferenzierung von Verteilungskoalitionen fördern. In diesen Index fließen die Anzahl der Jahre seit der *consolidation of modern leadership* ein, wobei Anpassungen für politische Umbruchssituationen vorgenommen werden, da diese zur Transformation bestehender Verteilungskoalitionen beitragen. Choi (1983: 71) zeigt im Querschnittsvergleich, dass sich dieser Index signifikant negativ auf das Wirtschaftswachstum auswirkt. Seine Befunde „support strongly Olson's theory of the political economy of comparative growth" (Choi 1983: 71).

Allerdings saß Choi – wie auch einige andere frühe Studien – einer Scheinkorrelation auf, da das Startniveau des BIP pro Kopf aus der empirischen Untersuchung ausgeklammert wurde. Stattdessen wurde nur der Choi-Index oder das Alter der Demokratie als unabhängige Variable in das Modell aufgenommen. Beide Indikatoren korrelieren jedoch sehr stark mit dem ökonomischen Entwicklungsniveau. So führen mit den USA, Großbritannien, Kanada und der Schweiz jene Länder den Choi-Index an, die bereits sehr früh ein hohes ökonomisches Entwicklungsniveau erreicht hatten. Zudem handelt es sich um alte Demokratien. Demgegenüber bilden typische ökonomische Spätstarter wie Japan, Finnland, Österreich und Irland die Schlusslichter des Choi-Index (Choi 1983: 71). Somit wurde von jenen Studien, die nicht das ökonomische Entwicklungsniveau in ihr Modell einbezogen haben, nicht ein Bremseffekt von Verteilungskoalitionen gemessen, sondern ökonomisches *catch-up*, und es wurde nicht Olsons ökonomische Theorie der Interessenvermittlung bestätigt, sondern das neoklassische Wachstumsmodell. Auf diese Fehlspezifikation haben Abramovitz (1983: 80) und Pryor (1983: 93) frühzeitig hingewiesen. Pryors eigene empirische Ergebnisse belegen, dass bei Einbeziehung des ökonomischen Entwicklungsniveaus eine wachstumshemmende Wirkung institutioneller Sklerose nicht nachgewiesen werden kann. Die einzige Variable, die einen signifikanten Einfluss auf die Wachstumsraten ausübt, ist das Pro-Kopf Einkommen am Beginn der Untersuchungsperiode (Pryor 1983: 96). Dieser Analyse zufolge prägt damit lediglich *catch-up* die Variation der Wachstumsraten im internationalen Vergleich. Selbst bei Einschluss ehemaliger Ostblockländer in das Sample finden sich keinerlei Anzeichen, dass politische Faktoren die Wachstumsperformanz beeinflussen. Pryor schließt aus seinen Ergebnissen, dass Olsons Sicht des Wirtschaftswachstums stark verkürzt ist: „Olson appears to have a monotheistic view toward economic growth; [...] Most economists [...] are polytheists since they have been betrayed too often by premature monotheism" (Pryor 1983: 102). Ebenfalls keine empirischen Anhaltspunkte zugunsten der Olson-Hypothese finden Wallis/Oates (1988) für die US-Bundesstaaten. Im Gegensatz zur Ausgangsthese, wonach sich institutionelle Sklerose mit zunehmendem Alter der Staaten verfestigt, finden die Autoren, dass ältere Bundesstaaten eher ein höheres Wirtschaftswachstum aufweisen. Allerdings wurde auch in dieser Studie das ökonomische Entwicklungsniveau am Beginn der Untersuchungsperiode nicht konstant gehalten.

Demgegenüber finden einige Studien, die den Effekt des ökonomischen Entwicklungsniveaus kontrollieren, Anhaltspunkte zugunsten der empirischen Tragfähigkeit der Olsonschen Theorie. Lane/Ersson (1986, 1997a) bestätigen für den Zeitraum zwischen 1960 und 1983 den wachstumsdämpfenden Effekt von Verteilungskoalitionen, während für den Zeitraum zwischen 1985 und 1994 dieser Bremseffekt nicht mehr nachgewiesen werden kann (Lane/Ersson 1997a: 168). Weede (1986a) findet sowohl in Querschnitts- als auch in gepoolten Regressionsanalysen einen signifikanten negativen Effekt des Demokratiealters auf das Wirtschaftswachstum. McCallum/Blais (1987) testen mit drei verschiedenen Indikatoren die Olson-These. Zwei dieser Indikatoren, der Index nach Choi und der Organisationsgrad der Gewerkschaften, erweisen sich dabei als signifikante Wachstumsbremsen.

Castles/Dowrick (1990: 197) konstatieren auf Basis des Choi-Index ebenfalls einen wachstumsdämpfenden Effekt, obwohl Castles/Dowrick (1990: 181, FN 9) die Validität dieses Indikators anzweifeln. Kunz (2000) verwendet die Mitgliedschaft in Berufsverbänden als Gradmesser für Verteilungskoalitionen und findet für den Zeitraum zwischen 1985 und 1995 einen negativen Effekt auf das Wirtschaftswachstum, nicht jedoch für den Zeitraum zwischen 1979 und 1985. Dieser Befund weist damit genau in die entgegengesetzte Richtung von den empirischen Ergebnissen von Lane/Ersson. Hicks/Kenworthy (1998) bestätigen sowohl für das Alter der Demokratie als auch für eine kurvilineare Spezifikation des gewerkschaftlichen Organisationsgrads Olsons These einer wachstumshemmenden Wirkung institutioneller Sklerose.

4.2. Parteien

Friedland/Sanders (1985) gehören zu den Ersten, die untersuchten, ob unterschiedliche parteipolitische Kräfteverhältnisse in der ökonomischen Performanz Niederschlag finden. Im Mittelpunkt stand dabei das kurzfristige Wirtschaftswachstum über einen Zeitraum von maximal drei Jahren. Die Autoren operationalisieren die politische Machtverteilung über den Sitzanteil von Linksparteien im Parlament und finden in ihrer zwölf Länder umfassenden Untersuchung, dass „political partisanship is not in itself a determinant of national economic performance. The partisan coloration of the regime alone is not a determinant of the business climate" (Friedland/Sanders 1985: 431). Allerdings finden Friedland/Sanders Anhaltspunkte für einen politischen Konjunkturzyklus. Auch Lane/Ersson (1986, 1997a) und Obinger (2001a) finden keinerlei empirische Belege, dass die parteipolitische Färbung der Regierung systematisch die Wachstumsperformanz beeinflusst. Über verschiedene Zeiträume hinweg bleibt der Einfluss einer linksgerichteten Regierung stets insignifikant. Crepaz (1996) findet hingegen einen signifikanten Bremseffekt von Linksparteien auf die Wachstumsrate. Zum genau gegenteiligen Befund kommen Hicks/Kenworthy (1998: 1655). Demnach erzielen sozialdemokratische Regierungen ein höheres Wirtschaftswachstum, während christdemokratische Regierungen das Wachstum sogar dämpfen, sofern Japan im Sample enthalten ist.

4.3. Interaktionen zwischen Parteien und Interessenorganisationen

Lange und Garrett (1985) bestätigen in ihrer Analyse der Wachstumsperformanz von 15 Ländern zwischen 1974 und 1980 ihre These, wonach starke Linksparteien im Zusammenspiel mit umfassenden Gewerkschaften ein höheres Wirtschaftswachstum erzielen konnten. Vorsicht ist allerdings aus mehreren Gründen angebracht. Erstens verwenden Lange und Garrett relative Wachstumsraten, indem sie das durchschnittliche Wirtschaftswachstum im Untersuchungszeitraum in Relation zum Wachstum zwischen 1960 und 1973 setzen. Zweitens ist die Fallauswahl kritisch zu hinterfragen. Neben der Schweiz und Neuseeland fehlen mit Irland und den südeuropäischen Ländern Staaten, die in diesem Zeitraum ein hohes Wirtschaftswachstum erzielten und auf die diese Bedingungen nicht zutreffen. Drittens ist der Untersuchungszeitraum zu kurz, um die Effekte von Konjunkturzyklen und länderspezifische Idiosynkrasien auszuschalten. Am problematischsten ist jedoch, dass die Autoren abgesehen von der Abhängigkeit von Erdöl keinerlei ökonomische Kontrollvariablen verwenden und damit ökonomische Performanz ausschließlich auf politisch-institutionelle Gegebenheiten zurückführen. Ein solches Vorgehen ist nicht nur aus theoretischer Perspektive verkürzt oder gar naiv, sondern es stellt sich damit auch die Frage nach der Robustheit der empirischen Befunde. Eine Replik ließ auch nicht lange auf sich warten. Jackman (1987) zeigt in seiner Reanalyse, dass die Befunde von Lange und Garrett maßgeblich vom Ausreißer Norwegen determiniert wurden, dessen Nordseeölvorkommen dafür verantwortlich war, dass in Norwegen als einzigem Land des Samples das Wirtschaftswachstum in der Untersuchungsperiode höher war als im Zeitraum zwischen 1960 und 1973: „[...] when Norway is excluded, the Lange-Garrett model fails completely" (Jackman 1987: 251). Überdies handle es sich bei dem von Lange und Garrett postulierten Zusammenhang zwischen Linksparteien und dem Wirtschaftswachstum um eine Scheinkorrelation. Auch McCallum/Blais (1987: 9) zeigen, dass dieser Interaktionsterm nicht durchgängig signifikant ist. Hicks (1988) bekräftigt hingegen die empirischen Befunde des Lange-Garrett-Modells, indem er eine Reihe von Kontrollvariablen, so auch ökonomisches *catch-up*, in sein Modell integriert. Auch Hicks/Patterson (1989) bestätigen die Robustheit des ursprünglichen Lange-Garrett-Modells. Jackman (1989) verstärkt hingegen seine Kritik noch weiter. Die empirischen Befunde von Garrett/Lange und jene von Hicks seien nicht robust, da die Schätzungen außerordentlich sensitiv auf einzelne Fälle reagieren. Neben Norwegen betrifft dies auch Österreich (Jackman 1989: 655). Hicks Modell sei überdies insofern problematisch, als er bei einer Fallzahl von 15 Ländern nicht weniger als elf unabhängige Variablen verwendet. Es ist – so seine Schlussfolgerung – nicht die parteipolitische Zusammensetzung der Regierung, sondern es sind eher spezifische Policies, die die Wachstumsperformanz beeinflussen. Allerdings schießt Jackman in seiner Kritik auch über das Ziel hinaus, da sein Vorwurf, dass Hicks mit dem Startniveau des BIP pro Kopf eine „irrelevant variable" (Jackman 1989: 651) verwendet, im Lichte einer wachstumstheoretischen Fundierung unhaltbar ist. Korrekt ist sein Einwand (Jackman 1989: 652), dass Länder wie die Schweiz und Neuseeland nicht in die Analyse einbezogen wurden. Dies wäre insofern wünschenswert, als offenkundig die empirischen Befunde bei einer derart geringen Fallzahl erheblich von einzelnen Fällen beeinflusst werden.

Angeregt durch diese Kritik haben Garrett und Lange zusammen mit verschiedenen Koautoren den empirischen Test ihres Modells verfeinert. Mit einem gepoolten Datensatz, der nun auch einige ökonomische Kontrollvariablen enthält, konnten sie ihre Thesen erneut bestätigen (Alvarez u.a. 1991). Allerdings enthält dieses Sample wiederum nur 16 Länder und als abhängige Variable wurde die jährliche Veränderung des Wirtschaftswachstums verwendet (Alvarez u.a. 1991: 545). Damit werden weder Konjunktureffekte eliminiert, noch können Aussagen darüber gemacht werden, warum sich die Wachstumsraten im Niveau unterscheiden. Zudem fehlt eine Variable, die Catch-up-Prozesse sichtbar machen bzw. kontrollieren könnte. Garretts (1998: 113-117) Befunde, die methodisch weitgehend auf der Vorgehensweise in Alavarez u.a. (1991) aufbauen und erneut den Schubeffekt des sozialdemokratischen Korporatismus bestätigen, basieren schließlich nur mehr auf einem Vergleich von 14 Ländern. Neben den Antipoden fehlen Irland, die Schweiz und die südeuropäischen Länder. Aus wachstumstheoretischer Sicht ist dieses Modell erneut fehlspezifiziert, da er die zeitversetzte Wachstumsrate und nicht eine Niveauvariable verwendet. Allerdings findet auch Scruggs (2001) einen Schubeffekt kongruenter Interaktionsformen auf das Wirtschaftswachstum, obwohl sein Modell durch Einbeziehung des Startniveaus des BIP pro Kopf potenzielle Catch-up-Effekte kontrolliert. Keine empirische Bestätigung für die Lange-Garrett-These finden Hicks/Kenworthy (1998: 1651, FN 11). Auch neokorporatistische Institutionen üben laut diesen Autoren keinen signifikanten Einfluss auf das Wirtschaftswachstum aus. Zum gleichen Befund gelangen Lane/Ersson (1997a: 165). Hicks/Kenworthy (1998: 1655) zeigen hingegen, dass Kooperation auf Unternehmensebene signifikant mit höheren Wachstumsraten zusammenhängt. Dies widerspricht wiederum den Befunden von Scruggs (2001).

4.4. Staatsstrukturen

Castles (1999b) testet mit Hilfe von fünf Dezentralisierungsindikatoren den Einfluss dezentraler bzw. föderaler Staatsstrukturen auf die ökonomische Performanz in 21 OECD-Ländern. Drei Indikatoren (der Grad der fiskalischen Dezentralisierung, der fiskalische Zentralisierungsgrad und der fiskalische Schwierigkeitsgrad einer Nachfragesteuerung) deuten darauf hin, dass das Wirtschaftswachstum pro Kopf zwischen 1960 und 1992 in dezentralen Staaten signifikant höher war. Auch der Vetospielerindex von Huber u.a. (1993) erwies sich als wachstumsrelevante Schubkraft (Castles 1999b: 40-41). Je stärker der Leviathan gezügelt wird, desto besser war also in der OECD-Welt die Wachstumsperformanz. Lediglich eine Föderalismusdummy lieferte keine signifikanten Befunde, wenngleich das Vorzeichen ebenso in die „richtige" Richtung zeigte. Allerdings verzerren in diesen Regressionen Extremfälle wie Japan oder Neuseeland die Befunde. Klammert man diese Länder aus, erweist sich nur mehr der fiskalische Zentralisierungsgrad als signifikante Einflussgröße. Keman (2000: 220) findet einen positiven Effekt föderaler Staatsstrukturen und fiskalischer Dezentralisierung auf das Wohlstands*niveau.*

Die Vermutung von Crepaz (1996), wonach Konkordanzdemokratien sich positiv auf das Wirtschaftswachstum auswirken, findet in seinen empirischen Untersuchungen keine Bestätigung (Crepaz 1996: 20). Mit dem Startniveau des BIP fehlt im Modell jedoch eine zentrale Schlüsselvariable, sodass diese Befunde m.E. nicht valide sind. Scruggs (2001) findet mit Hilfe eines wachstumstheoretisch besser fundierten Modells ebenfalls keinerlei Anzeichen für einen Einfluss von Konkordanzdemokratien auf die ökonomische Entwicklung. Lane und Ersson (1997b: 23) schließen aus bivariaten Korrelationen, dass weder Korporatismus noch die Konkordanzdemokratie eine bessere Wirtschaftsleistung erzielen. Ein analoges Bild ergibt sich auch auf Basis einer multiplen Regressionsanalyse (Lane/Ersson 1986, 1997a: 165). Kunz (2000) identifiziert für den Zeitraum zwischen 1985 und 1995 die Konkordanzdemokratie sogar als Wachstumsbremse. Demnach verfügen Konkurrenzdemokratien über einen effizienteren Regelungsmechanismus zur Stimulierung wirtschaftlicher Leistungsfähigkeit (Kunz 2000: 216). Keman (2000) konstatiert keinen Effekt der Demokratieform auf das ökonomische Entwicklungsniveau.

4.5. Staatstätigkeit

Kein klares Bild zeigt der Forschungsstand auch in der Frage, welchen Einfluss der öffentliche Sektor auf das Wirtschaftswachstum ausübt. Crepaz (1996) identifiziert eine hohe Staatsquote als Wachstumsbremse. Erich Weede (1986a) und McCallum/Blais (1987: 7) bestätigen diesen Befund. Keine Effekte finden hingegen Lane/ Ersson (1986, 1997a: 165-166). Zu differenzierten Befunden gelangen Friedland/ Sanders (1985). Öffentliche Transfers an Haushalte wirken wachstumsstimulierend, während Subventionen an Unternehmen und öffentliches Unternehmertum das Wachstum bremsen. Ebenfalls negativ schlägt sich eine hohe Steuerbelastung der Haushalte zu Buche. Positive Effekte zeitigt die Ausweitung der Geldmenge, ohne Effekt auf das kurzfristige Wachstum bleibt hingegen das Budgetdefizit. Auch die Studie von Saunders (1985) gelangt zu inkonsistenten Ergebnissen. Für den Zeitraum zwischen 1960-73 findet er einen negativen Einfluss einer hohen Staatsquote auf das Wirtschaftswachstum, während dieser für die Periode zwischen 1975 und 1981 insignifikant wird (Saunders 1985: 11-15). Allerdings wurden diese Schätzungen ohne das ökonomische Entwicklungsniveau am Beginn der Untersuchungsperiode durchgeführt. Ebenso differenziert sind die Befunde von Castles/ Dowrick (1990). Auch diese Autoren desaggregieren die öffentlichen Ausgaben in verschiedene Komponenten. In ihrer ökonometrisch aufwendigen Untersuchung finden Castles/Dowrick keine schlüssigen und eindeutigen Anhaltspunkte, dass ein hoher Staatskonsum das mittelfristige Wirtschaftswachstum dämpft. Vielmehr kommen sie zu dem Schluss, dass gewisse Teilkomponenten der öffentlichen Ausgaben wie Sozialtransfers sogar wachstumsstimulierend wirken. Dieser Schubeffekt eines ausgebauten Wohlfahrtsstaates wird von der Untersuchung von McCallum/Blais (1987: 9-10) bestätigt, allerdings finden die Autoren auch empirische Anhaltspunkte dafür, dass dieser Effekt nicht-linear ist. Herce u.a. (2001) zeigen wiederum, dass der Effekt ausgebauter Sozialstaatlichkeit – gemessen an der Sozialleistungsquote – länderabhängig ist. Die Autoren finden für sieben von zwölf Ländern einen Schubeffekt des Wohlfahrtsstaates auf das Wirtschaftswachstum. Zu diametral entgegengesetzten Ergebnissen gelangt Erich Weede, der einen negativen Effekt einer hohen Sozialtransferquote ausmacht (Weede 1986a: 209-210).

Ebenfalls in keine eindeutige Richtung zeigen jene empirischen Studien, die den Einfluss der Steuerbelastung auf das Wirtschaftswachstum messen. Mendoza u.a. (1997) finden keinerlei Belege dafür, dass die Höhe der effektiven durchschnittlichen Steuersätze das Wirtschaftswachstum beeinflusst, wenngleich sich ein Bremseffekt auf die Investitionen feststellen lässt. Demgegenüber finden Padovano/Galli (2001: 49) einen negativen und signifikanten Zusammenhang zwischen den effektiven Grenzsteuersätzen und dem Wirtschaftswachstum. Bei den Grenzsteuersätzen handelt es sich zwar aus theoretischer Sicht um das relevante Maß zur Abschätzung eines Steuereffekts auf das Wirtschaftswachstum, allerdings sind Grenzsteuersätze nicht beobachtbar und müssen daher geschätzt werden, wodurch die Validität der empirischen Befunde fragwürdig ist.

4.6. Politische Instabilität

Für die OECD-Länder existieren nur wenige Untersuchungen zum Einfluss politischer Instabilität auf das Wirtschaftswachstum. Der Grund hierfür liegt darin, dass es sich um politisch vergleichsweise stabile Länder handelt, die in den letzten Jahrzehnten untereinander in keinerlei kriegerische Auseinandersetzungen verwickelt waren. Staatsstreiche waren lediglich in südeuropäischen Ländern wie Griechenland zu beobachten, d.h. just in den Ländern, deren Wachstumsraten nach dem Zweiten Weltkrieg überdurchschnittlich hoch waren. Aufgrund der relativ geringen Konfliktneigung innerhalb der „OECD-Welt" wird der Effekt dieser Form politischer Instabilität typischerweise anhand eines *most dissimilar cases design* untersucht (vgl. Abschnitt 6). Eine Ausnahme bildet jedoch die Studie von Bornschier (1989). Sein Ausgangspunkt ist die These, dass eine hohe Legitimität der bestehenden sozialen Ordnung (*social order*) sich positiv in der wirtschaftlichen Entwicklung niederschlägt. Dabei handle es sich um ein politisch erzeugtes Gut, das einen territorial abgegrenzten Nutzen und einen nationalen Konkurrenzvorteil generiert. Bornschier operationalisiert Legitimität negativ, nämlich über die nationale Häufigkeit von Massenprotesten wie Unruhen, Demonstrationen und politisch motivierten Streiks (Bornschier 1989: 221). Im empirischen Test bestätigt sich seine These. In instabilen Ländern, d.h. in Staaten mit zahlreichen Massenprotesten, war das Wirtschaftswachstum über den Zeitraum zwischen 1955 und 1980 signifikant geringer als in stabilen Ländern. Weede (1996) weist allerdings in einer Replik auf diesen Aufsatz darauf hin, dass dieser Befund nicht hinreichend robust ist.

Auch hinsichtlich der Regierungsstabilität lässt ein erster Blick auf die Wachstumsraten in stabilen und instabilen Ländern keine signifikanten Zusammenhänge erwarten. Während Italien ein relativ hohes Wachstum seiner Volkswirtschaft erlebte, verzeichnete die extrem stabile Schweiz nur ein mäßiges Wirtschaftswachstum.

5. Empirische Analyse

Wie die letzten Abschnitte deutlich gemacht haben, zeigt der Forschungsstand zum Einfluss politischer Stellgrößen auf das Wirtschaftswachstum alles andere als ein homogenes Bild. Gegenstand dieses Abschnitts ist die Überprüfung des Einflusses einer Reihe von politisch-institutionellen Variablen auf das Wirtschaftswachstum zwischen 1960 und 1998. Hierzu zählen u.a. Staatsstrukturen, die parteipolitische Färbung der Regierung, die Interaktion zwischen Linksregierungen und Gewerkschaften, Indikatoren für Verteilungskoalitionen und Interessenvermittlungssysteme, Demokratieindikatoren, Indikatoren für politische Instabilität sowie Maßzahlen, die die Größe des öffentlichen Sektors abbilden. Messung und Datenquellen der Variablen werden im Anhang erläutert.

Die empirische Überprüfung erfolgt in zwei Schritten. In einem ersten Schritt werden Querschnittsregressionen für den gesamten Untersuchungszeitraum (1960-1998) gerechnet. Um die temporale Stabilität der Parameter zu testen, wird in einem zweiten Schritt der Untersuchungszeitraum in zwei Subperioden aufgespalten. Als Cut-off-Punkt wird der erste Ölpreisschock herangezogen, da alle OECD-Länder Mitte der 1970er Jahre einen Wachstumseinbruch verzeichneten. Die beiden Subperioden umspannen daher den Zeitraum zwischen 1960 und 1975 bzw. 1975 und 1998. Die Untersuchung umfasst die in Tabelle 1 dargestellten Länder.

Die abhängige Variable ist das durchschnittliche jährliche reale Wirtschaftswachstum in den angegebenen Zeiträumen, ausgedrückt zu internationalen Preisen. Mit Blick auf die unabhängigen Variablen steht mit dem Startniveau des BIP eine

Mastervariable zur Verfügung, die für sich allein genommen den Großteil der Varianz der Wachstumsraten im Querschnitt erklärt. Zu diesem Basismodell werden aus pragmatischen Gründen[3] jeweils drei verschiedene politisch-institutionelle Variablen hinzugefügt, die untereinander gering korreliert sind. Die Limitierung der unabhängigen Variablen erfolgt deshalb, um das Verhältnis zwischen Freiheitsgraden und Regressoren nicht übermäßig zu strapazieren.

Tabelle 3 fasst die empirischen Ergebnisse für den gesamten Untersuchungszeitraum zusammen. Die zentrale Einflussgröße des Wirtschaftswachstums in der OECD-Welt ist das ökonomische Entwicklungsniveau am Beginn der Untersuchungsperiode. Alle fünf Spezifikationen untermauern die Catch-up-Hypothese der neoklassischen Wachstumstheorie – abzulesen am negativen und hoch signifikanten Koeffizienten des ökonomischen Startniveaus. Im Hinblick auf die politisch-institutionellen Einflussgrößen sind die Befunde ernüchternd. Zunächst können keine Parteieneffekte identifiziert werden. Der Effekt des Kabinettssitzanteils von bürgerlichen Parteien unterscheidet sich nicht signifikant von null. Der Effekt von Linksparteien ist zwar negativ und auf dem 10%-Niveau signifikant (1), dieser verschwindet jedoch, wenn andere Regressorenkombinationen verwendet werden. Gleiches gilt für Lijpharts Index des Interessengruppenpluralismus, der hier als Richtschnur für den Verbreitungsgrad von Verteilungskoalitionen verwendet wurde. In Gleichung 1 ist der entsprechende Koeffizient zwar negativ und signifikant, dieser erweist sich jedoch bei Heranziehung alternativer Kontrollvariablen als fragil. Ebenso fragil sind die Koeffizienten verschiedener Staatsstrukturindikatoren. Der in Spezifikation 3 signifikante Schmidt-Index ist ebenso wenig robust wie der Föderalismus-Unitarismus-Indikator von Lijphart, der sehr sensitiv gegenüber verschiedenen Kontrollvariablen reagiert. Durchwegs insignifikant bleibt hingegen der Staatsstrukturenindex von Huber u.a. (1993). Die Vorzeichen der drei Koeffizienten deuten jedoch darauf hin, dass institutionell fragmentierte politische Systeme tendenziell ein höheres Wirtschaftswachstum aufweisen.

Eindeutig keinen Effekt übt die Demokratieform auf die Wachstumsraten aus. Sowohl Lijpharts Konkordanzdemokratieindikator als auch die Anzahl der Regierungsparteien sind nicht signifikant, und die Vorzeichen der Koeffizienten weisen sogar in gegenläufige Richtungen.

Kein Effekt zeigt sich auch im Hinblick auf die Größe des Kabinetts, den Fraktionalisierungsgrad des Parteiensystems sowie den Index von Alan Siaroff, der den Grad wirtschaftlicher Koordinierung abbildet. Insignifikant sind zudem sämtliche Indikatoren zur Messung politischer Instabilität. Sowohl die durchschnittliche Kabinettsstabilität, gemessen an der Regierungsdauer auf Tagesbasis, die durchschnittliche Anzahl jährlicher Kabinettsumbildungen als auch die Zahl der Streiktage pro 1000 Arbeiter sind nicht signifikante Einflussgrößen, obwohl die Vorzeichen in die gleiche Richtung weisen. Die einzige Variable, die einen robusten und signifikanten Effekt auf das Wirtschaftswachstum ausübt, sind die Bildungsausgaben (vgl. Gleichung 3). Dieser Effekt wird jedoch maßgeblich von den südeuropäischen Ländern erzeugt. Werden

3 Selbstverständlich wurden die unabhängigen Variablen jeweils einzeln und in verschiedensten Kombinationen getestet. Die hier gewählte Darstellungsweise einer Kombination von drei untereinander schwach korrelierten politischen Variablen mag atheoretisch anmuten, dient jedoch ausschließlich dazu, Platz zu sparen.

diese aus dem Sample ausgeschlossen, so ist auch diese Variable nicht mehr signifikant.

Tabelle 3: Determinanten des Wirtschaftswachstums 1960-98

	1	2	3	4	5
Konstante	20,31**	19.09**	24,10**	19,18**	19,8**
	(10,57)	(8,45)	(11,85)	(8,81)	(8,31)
BIP	-1,89**	-1,89**	-2,64**	-1,88**	- 1,92**
1960 (log)	(-9,04)	(-7,31)	(-9,83)	(-7,92)	(-8,01)
Linksregierung	-9,43E-03	-	-	-	-
1960-98	(-2,04)				
Interessengruppenpluralismus	-0,224*	-	-	-	-
1945-96	(-2,35)				
Zahl der Regierungsparteien	-6,53E-02	-	-	-	-
1960-98	(-0,68)				
Bürgerliche Regierung	-	4,22E-03	-	-	
1960-98		(0,93)			
Konkordanzdemokratie	-	0,13	-	-	-
1945-96		(1,42)			
Staatsstruktur	-	2,49E-02	-	-	-
(HRS-Index)		(0,44)			
Staatsstruktur	-	-	0,178*	-	-
(Schmidt-Index)			(2,88)		
Siaroff-Index	-	-	8,32E-03	-	-
1960-94			(0,12)		
Bildungsausgaben	-	-	0,273**	-	-
(∅ 1960/74/93)			(3,58)		
Föderalismusgrad	-	-	-	9,80E-02	-
1945-96				(1,17)	
Kabinettsgröße	-	-	-	5,48E-04	-
1960-98				(0,02)	
Kabinettsstabilität	-	-	-	1,85E-04	-
1960-98				(0,47)	
Fraktionalisierungsgrad	-	-	-	-	1,37E-03
1960-98					(0,09)
Kabinettsumbildungen	-	-	-	-	-8,26E-02
1960-98					(-0,14)
Streiktage	-	-	-	-	- 5,13E-04
1960-Mitte 1990er Jahre					(-1,37)
R^2	0,846	0,818	0,895	0,807	0,811
N	21	21	21	21	21

*= signifikant auf dem 5%-Niveau, **= signifikant auf dem 1%-Niveau; t-Statistik in Klammer. Anmerkung: Für Griechenland, Spanien und Portugal beziehen sich die Daten zur parteipolitischen Zusammensetzung der Regierung auf die Phase nach der Redemokratisierung.

Zusätzlich zu den in Tabelle 3 dargestellten Ergebnissen wurde mit verschiedenen Indikatoren der Effekt der Größe des öffentlichen Sektors auf das Wirtschaftswachstum getestet. Weder die Staatsquote, die Sozialtransfer- und Steuerquote noch der Anteil der Sozialbeiträge am BIP oder die Unternehmenssteuerquote üben einen signifikanten Effekt auf das Wirtschaftswachstum aus. Die entsprechenden Vorzeichen sind zumeist zwar negativ, aber die Koeffizienten sind weit entfernt von gängigen Signifikanzniveaus.

Ein fast identisches Bild zeigt sich für das „goldene Zeitalter“ des Wirtschaftswachstums, nämlich die Periode zwischen 1960 und 1975 (Tabelle 4). Erneut erklärt ökonomisches *catch-up* den Großteil der Varianz der Wachstumsraten, und wiederum bleiben die getesteten politischen Einflussgrößen ohne statistische Bedeutung. Obwohl Gleichung 1 den Pluralismusindex von Lijphart als signifikante Bremskraft ausweist, ist dieser Koeffizient nicht robust. Wie aus Spezifikation 3 ersichtlich ist, sind nunmehr auch die Bildungsausgaben nicht mehr signifikant, da die südeuropäischen Länder nicht im Sample enthalten sind. Keine andere Variable steht in einem statistisch signifikanten Zusammenhang mit dem Wirtschaftswachstum. Die Vorzeichen der meisten Koeffizienten decken sich jedoch mit denen der langfristigen Untersuchung.

Tabelle 4: Determinanten des Wirtschaftswachstums 1960-75

	1	2	3	4	5
Konstante	31,79**	34,39**	33,15**	33,25**	33,57**
	(8,24)	(8,50)	(5,81)	(6,84)	(5,71)
BIP 1960 (log)	-2,98**	-3,50**	-3,51**	-3,31**	-3,43**
	(-6,53)	(-7,41)	(-5,29)	(-6,18)	(-5,54)
Linksregierung	-1,71E-02	–	–	–	–
1960-75	(-2,06)				
Interessengruppenpluralismus	-0,487*	–	–	–	–
1945-71	(-2,54)				
Zahl der Regierungsparteien	-0,129	–	–	–	–
1960-75	(-0,77)				
Bürgerliche Regierung	–	-1,33E-04	–	–	–
1960-75		(-0,02)			
Konkordanzdemokratie	–	0,14	–	–	–
1945-71		(0,82)			
Staatsstruktur	–	0,10	–	–	–
(HRS-Index)		(1,07)			
Staatsstruktur	–	–	9,02E-02	–	–
(Schmidt-Index)			(0,64)		
Siaroff-Index	–	–	0,137	–	–
1960-75			(0,89)		
Bildungsausgaben	–	–	0,176	–	–
(∅ 1960/74)			(0,87)		
Föderalismusgrad	–	–	–	0,14	–
1946-71				(1,00)	
Kabinettsgröße	–	–	–	6,25E-03	–
1960-75				(0,16)	
Kabinettsstabilität	–	–	–	-5,40E-04	–
1960-75				(-0,80)	
Fraktionalisierungsgrad	–	–	–	–	3,85E-03
1960-75					(0,16)
Kabinettsumbildungen	–	–	–	–	0,75
1960-75					(0,80)
Streiktage	–	–	–	–	-8,78E-04
1960-75					(-1,02)
R^2	0,830	0,810	0,709	0,771	0,710
N	19	21	18	19	18

*= signifikant auf dem 5%-Niveau, **= signifikant auf dem 1%-Niveau; t-Statistik in Klammer.
Anmerkung: N=18 (=ohne Griechenland, Spanien und Portugal); N=19 (=ohne Spanien und Portugal).

Tabelle 5: Determinanten des Wirtschaftswachstums 1975-98

	1	2	3	4	5	6
Konstante	22,59**	20,53**	32,62**	19,79**	23,51**	21,38**
	(3,83)	(3,06)	(5,16)	(3,23)	(4,07)	(4,03)
BIP 1975 (log)	-2,08**	-2,03*	-3,53**	-1,92**	-2,22**	-2,12**
	(-3,40)	(-2,79)	(-4,81)	(-2,98)	(-3,68)	(-3,77)
Linksregierung 1975-98	-1,09E-02 (-1,55)	–	–	–	–	–
Interessengruppen-pluralismus 1971-96	-0,249 (-1,64)	–	–	–	–	–
Zahl der Regierungsparteien	-7,99E-02 (-0,53)	–	–	–	–	–
Bürgerliche Regierung 1975-98	–	6,43E-03 (0,94)	–	–	–	–
Konkordanzdemokratie 1971-96	–	0,169 (1,21)	–	–	–	–
Staatsstruktur (HRS-Index)	–	2,30E-02 (0,25)	–	–	–	–
Staatsstruktur (Schmidt-Index)	–	–	0,254* (2,39)	–	–	–
Siaroff-Index 1974-94	–	–	8,41E-03 (0,07)	–	–	–
Bildungsausgaben (∅ 1974/93)	–	–	0,328** (2,94)	–	–	–
Föderalismusgrad 1971-96	–	–	–	8,94E-02 (0,66)	–	–
Kabinettsgröße 1975-98	–	–	–	3,12E-04 (0,57)	–	–
Kabinettsstabilität 1975-98	–	–	–	-3,13E-03 (-0,10)	–	–
Fraktionalisierungsgrad 1975-98	–	–	–	–	-3,32E-03 (-0,16)	–
Kabinettsumbildungen 1975-98	–	–	–	–	-0,281 (-0,35)	–
Streiktage 1975-Mitte 1990er Jahre	–	–	–	–	-1,06E-03 (-2,00)	–
Gewerkschaftlicher Zentralisationsgrad x Linksregierung	–	–	–	–	–	3,06 (1,19)
Gewerkschaftlicher Zentralisationsgrad (standardisiert)	–	–	–	–	–	1,74 (1,49)
Linksregierung (standardisiert)	–	–	–	–	–	-1,47 (1,46)
R^2	0,448	0,415	0,600	0,372	0,471	0,535
N	21	21	21	21	21	20[a]

*= signifikant auf dem 5%-Niveau, **= signifikant auf dem 1%-Niveau; t-Statistik in Klammer.
Anmerkung: a=ohne Griechenland.

Ein interessantes Bild zeigen die Befunde der Analyse der Periode zwischen 1975 und 1998 (Tabelle 5). Der Catch-up-Effekt wird schwächer und die von den einzelnen Spezifikationen erklärte Varianz nimmt im Vergleich zum Zeitraum zwischen 1960 und 1975 deutlich ab. Zwar ist das ökonomische Startniveau erneut die Mastervariable des Modells, der Konvergenzeffekt ist nun aber deutlich schwächer, da sich die Wachstumsraten unabhängig vom ökonomischen Entwicklungsniveau zum

Teil stärker auseinander entwickelt haben (vgl. Tabelle 1). Dieser Befund eines abflauenden Catch-up-Effektes deckt sich mit den Ergebnissen von Dowrick/Nguen (1989). Hinsichtlich der politisch-institutionellen Variablen zeigt sich das gewohnte Bild: Beide in Tabelle 5 als signifikant ausgewiesenen Variablen sind entweder fragil oder sensitiv gegenüber Ländereffekten, während der überwältigende Teil der unabhängigen Variablen insignifikant bleibt. Dies gilt auch für das Lange-Garrett-Modell, welches aus mangelnder Datenverfügbarkeit nur für diesen Zeitraum einer empirischen Prüfung unterzogen werden konnte. Der Regressionskoeffizient des Interaktionsterms sowie die beiden Interaktionsvariablen weisen zwar das erwartete Vorzeichen auf, der Interaktionseffekt ist jedoch nicht signifikant (Gleichung 6). Anzumerken ist dabei, dass das hier verwendete Sample mehr Länder umfasst als dies in den Originalstudien der beiden Väter dieses Modells der Fall war. Dieser Befund unterstreicht damit die gegen das Lange-Garrett-Modell vorgebrachte Kritik, wonach dessen empirische Tragfähigkeit maßgeblich vom Ein- und Ausschluss bestimmter Länder in die Untersuchung abhängt.

6. Politik und Wirtschaftswachstum im weltweiten Vergleich

Während sich für die OECD-Länder, d.h. für ein *most similar systems design*, kaum Anzeichen für eine politische Dimension des Wirtschaftswachstums finden (vgl. auch Rehm 2002), so zeigt sich ein anderes Bild, wenn in den Vergleich so genannte Entwicklungs- und Schwellenländer einbezogen werden (*most dissimilar systems design*). Durch dieses Vergleichsdesign wird eine höhere Variation hinsichtlich der politisch-institutionellen Basisstrukturen erzeugt, wodurch Effekte einer Reihe weiterer politischer Faktoren untersucht werden können, die sich mangels hinreichender Variation im *most similar systems design* einer empirischen Überprüfung entziehen.

Angestoßen wurde diese Forschung durch den empirischen Befund, dass im weltweiten Vergleich – entgegen den Prognosen der neoklassischen Wachstumstheorie und entgegen der empirischen Evidenz für die OECD-Welt – kein *unmittelbarer* Konvergenzprozess sichtbar ist. Es war daher nahe liegend, dass die großen Unterschiede in den nationalen Wachstumsraten möglicherweise von den jeweiligen politischen Gegebenheiten mit determiniert werden. Tatsächlich stellt sich eine so genannte *konditionale* Konvergenz dann ein, wenn verschiedene Umweltparameter wie beispielsweise die Schulbildung oder die politische Stabilität konstant gehalten werden (Barro 1991; Barro/Sala-i-Martin 1992, 1995).

Aus Platzgründen soll hier nur ein kurzer Überblick über wichtige Befunde der einschlägigen Forschung gegeben werden. Der Schwerpunkt dieser Arbeiten liegt in drei Themenfeldern, nämlich (1) dem Einfluss von politischen Regimen im Sinne eines Demokratie-Autokratie-Vergleichs, (2) dem Einfluss der politischen Stabilität und (3) dem Einfluss der Qualität von Institutionen auf die ökonomische Entwicklung.

6.1 Politische Regime und Wirtschaftswachstum

Im Zentrum der politisch-institutionell orientierten Wachstumsforschung stand lange Zeit die Frage, ob Demokratien oder Autokratien ein höheres Wirtschaftswachstum generieren. Aus theoretischer Perspektive kann diese Frage nicht eindeutig geklärt werden. Demokratien werden sowohl positive als auch negative Effekte auf das Wirtschaftswachstum attestiert (vgl. Sirowy/Inkeles 1990; Przeworski/Limongi 1993; Obinger 2001b). Wenig überraschend kommt auch die überwältigende Mehrzahl der empirischen Studien zu dem Schluss, dass sich Demokratien und Autokratien hinsichtlich ihrer Wachstumsperformanz nicht signifikant voneinander unterscheiden (zuletzt: Durham 1999; Przeworski u.a. 2000; als Überblick: Sirowy/Inkeles 1990; Przeworski/Limongi 1993; Obinger 2001b). Allerdings wurde in den meisten Untersuchungen ein linearer Regimeeffekt unterstellt. Die wenigen Untersuchungen, die nicht-lineare Effekte testen, deuten hingegen darauf hin, dass Demokratie und Wirtschaftswachstum in einer invers u-förmigen Beziehung zueinander stehen (Barro 1996; Obinger 2000; Plümper/Martin 2001; Plümper 2001). Demnach würde der Übergang von der Autokratie zur Demokratie Wachstumsimpulse freisetzen, während das Überschreiten eines bestimmten Schwellenwertes im Demokratisierungsniveau mit einem rückläufigen Wachstum einhergeht.

Trotz der im Demokratie-Autokratie-Vergleich im Durchschnitt ähnlich hohen Wachstumsraten zeigt sich, dass Autokratien extreme Unterschiede im Hinblick auf ihre Wachstumsprofile aufweisen. Demgegenüber stellen – gemessenen an den klassischen Regimeindikatoren – die voll entwickelten Demokratien eine in sich relativ homogene Gruppe dar. Im Gegensatz zu den autokratischen Staaten finden sich innerhalb der reifen Demokratien weder Länder mit schrumpfender Ökonomie, noch Wachstumswunderländer wie die ostasiatischen Tigernationen.

6.2. Politische Instabilität und Wirtschaftswachstum

Politische Instabilität wird in der Literatur auf zwei Arten operationalisiert (Alesina/Perotti 1994: 355). Einerseits wird auf die Zahl von Regime- bzw. Regierungswechseln fokussiert, andererseits wird politische Instabilität über das Ausmaß bzw. die Häufigkeit gewaltsamer Konflikte abgebildet. Dabei deuten vor allem die empirischen Befunde der zweiten Forschungsrichtung auf signifikante Zusammenhänge zwischen politischer Instabilität und der ökonomischen Entwicklung hin. Ein gemeinsamer Nenner dieser Studien besteht darin, dass lediglich hochgradige politische Instabilität die ökonomische Entwicklung bremst. Demnach dämpfen nur gewaltintensive Konflikte wie Revolutionen, Staatsstreiche oder Kriege das Wirtschaftswachstum, während punktuelle gewaltsame Ereignisse wie Attentate oder politische Protestformen wie Streiks oder Demonstrationen keine signifikante Wirkung entfalten (vgl. Barro 1991; Brunetti 1997; Obinger 2000; Fosu 2001). Dies erscheint insofern plausibel, als punktuelle Konfliktformen wie Demonstrationen oder auch Attentate sich typischerweise auf bestimmte Städte oder Regionen konzentrieren und sich dadurch wohl kaum nachhaltig auf die nationale makroökonomische Performanz auswirken. Demgegenüber handelt es sich bei Kriegen üblicherweise um flächendeckende Konflikte, während Putsche zwar regional begrenzt, jedoch naturgemäß gegen das Machtzentrum gerichtet sind und daher eine nationale Dimension besitzen.

Jene Studien, die politische Instabilität mittels der Regierungswechselfrequenz messen, kommen zu ambivalenten Befunden (Alesina u.a. 1992; Siermann 1997). Gerade die häufigen Machtwechsel in Demokratien müssen aufgrund der geordneten Spielregeln der Machtübergabe nicht notwendigerweise politische Instabilität oder Unsicherheit für Investoren implizieren. Dieser durch jüngste Arbeiten von Bueno de Mesquita (2000) auch theoretisch unterlegte Umstand könnte erklären, warum Studien zum Einfluss von Regierungswechseln auf das Wirtschaftswachstum zu konfligierenden Ergebnissen gelangen.

6.3. Institutionenqualität und Wirtschaftswachstum

Am homogensten sind die Befunde bezüglich der institutionellen Qualität im Sinne effizienter ökonomischer Institutionen. Im Gegensatz zur friktionslosen Lehrbuchwelt ist die reale Welt durch Unsicherheit, unvollständige Information und damit durch Transaktionskosten charakterisiert. Institutionen können zur Lösung dieser Unvollkommenheiten beitragen. Institutionen werden dabei als „humanly devised constraints that structure political, economic and social interaction" interpretiert, wobei zwischen formellen Beschränkungen (z.B. Gesetzen, Regeln, Verfassungen) und informellen Beschränkungen (z.B. kulturellen Verhaltensnormen) differenziert werden kann (North 1991: 97, 1994: 360). Unter Institutionen sind Regelsysteme zu verstehen, die Handlungsverläufe wie Tausch- und Produktionsprozesse strukturieren (North 1992: 40), wobei die Ausgestaltung dieses Möglichkeitsraumes unterschiedliche Handlungsbeschränkungen sowie Transaktionskosten festlegt, die wiederum mit unterschiedlichen Anreizwirkungen für das wirtschaftliche Handeln verbunden sind. Die Theorie der *property rights* betont in diesem Zusammenhang die wichtige Rolle individueller Handlungs-, Verfügungs- und Nutzungsrechte und die davon ausgehenden Anreizwirkungen auf wirtschaftliche Aktivitäten. Unzureichend abgegrenzte und rechtsstaatlich nicht durchsetzbare Eigentumsrechte, Korruption oder eine ausufernde Bürokratie drängen die Menschen in die Illegalität bzw. Schattenwirtschaft (de Soto 2000). Institutionen sind dann ineffizient, wenn der Staat nicht in der Lage ist, gesellschaftlich optimale Eigentumsrechte zu schaffen, oder wenn Unsicherheit darüber besteht, welche Regeln der Staat in Zukunft schaffen und durchsetzen wird. Der Grad institutioneller Ineffizienz bestimmt gleichzeitig die Qualität ökonomischer Institutionen (Kobler 2000: 5).

Die Institutionenordnung wird heute einhellig als ein zentrales (politisches) Funktionserfordernis erfolgreicher und nachhaltiger ökonomischer Entwicklung identifiziert (North 1992; Clague 1997; de Soto 2000). Qualitativ hoch entwickelte Institutionen im Sinne entwickelter Eigentums- und Verfügungsrechte fördern nicht nur die Investitionstätigkeit, sondern wirken – wenngleich schwächer – auch unmittelbar auf das Wirtschaftswachstum (Aron 2000: 128).

Empirische Studien untermauern eindrucksvoll die Bedeutung effizienter Institutionen für wirtschaftlichen Erfolg. Diese Arbeiten basieren zumeist auf Daten internationaler Ratingagenturen zum länderspezifischen Investitionsrisiko, die den Entwicklungsstand der Rechtsstaatlichkeit, das Enteignungsrisiko, Regierungswillkür oder die Verbreitung von Korruption abbilden. Je höher die Rechtsstaatlichkeit entwickelt ist, je geringer die Wahrscheinlichkeit ist, dass die Regierung wirtschaftliche Kontrakte überraschend aufkündigt oder Enteignungen durchführt, je leistungsfähiger die Bürokratie ist und je geringer gesellschaftliche Problemlagen wie die Korruption verbreitet sind – kurz: je besser *property rights* garantiert und durchgesetzt werden können –, desto höher ist das Wirtschaftswachstum (Knack/Keefer 1995; Knack 1996; Keefer/Knack 1997; Sachs/Warner 1997; Dawson 1998; Obinger 2000; Kobler 2000). Effiziente, d.h. qualitativ hoch entwickelte Institutionen, sind also eine notwendige Voraussetzung zur Nutzung der aus der ökonomischen Nachzüglerposition herrührenden potenziellen Wachstumsvorteile ärmerer Länder. Ökonomisches *catch-up* ärmerer Nationen ist damit umso stärker, je besser Institutionen in Gestalt von *property rights* entwickelt sind (Keefer/Knack 1997: 596). Umgekehrt formuliert: Institutionelle Defekte zeichnen maßgeblich für die empirisch manifeste Kluft zwischen reichen und armen Nationen verantwortlich (de Soto 2000).

7. Zusammenfassung und Ausblick

Ausgehend von einer knappen Übersicht über ökonomische Wachstumstheorien versuchte dieses Kapitel zu erkunden, ob eine Öffnung der wirtschaftswissenschaftlichen Wachstumstheorien in Richtung politischer und institutioneller Erklärungsansätze eine umfassendere Erklärung der Wachstumsperformanz von 21 OECD-Ländern liefern kann als eine rein ökonomische Betrachtungsweise. In der politikwissenschaftlichen und politisch-ökonomischen Literatur wird diesbezüglich eine Reihe von potenziellen Einflussgrößen namhaft gemacht. Sie reichen von der parteipolitischen Färbung der Regierung bis hin zur institutionellen Verkrustung des politischen Systems. Im theoretischen Teil wurden die einzelnen Forschungsstränge kritisch beleuchtet, und es wurde gezeigt, dass vielleicht mit Ausnahme der Theorie der Verteilungskoalitionen kaum eindeutige und konsistente Kausalzusammenhänge zwischen den einzelnen politischen Variablen und dem Wirtschaftswachstum formuliert werden können. Die Auswertung von 32 einschlägigen empirischen Studien zeigte folglich auch alles andere als ein einheitliches Bild.

Die politische Dimension des Wirtschaftswachstums ist am stärksten im weltweiten Vergleich sichtbar. Auch wenn der Demokratie-Autokratie-Vergleich keinen signifikanten linearen Zusammenhang zwischen dem Regimetyp und der ökonomischen Entwicklung offen legen konnte, so zeigt sich im Lichte des Forschungsstandes, dass Formen gravierender politischer Instabilität, ineffiziente Institutionen im Sinne schwach entwickelter *property rights* und fehlender Rechtssicherheit sowie eine mangelnde rechtsstaatliche Einhegung von Herrschaft der ökonomischen Entwicklung im Wege stehen. Ohne Rückgriff auf das Fehlverhalten politischer Akteure in Gestalt von Korruption und kleptokratischen Machenschaften sowie institutionellen Ineffizienzen kann nicht hinreichend erklärt werden, warum einige rohstoffreiche Länder mit an sich günstigen ökonomischen Entwicklungsperspektiven von einer Wachstumskatastrophe in die nächste schlittern.

Wesentlich weniger Einfluss haben politisch-institutionelle Faktoren im Vergleich der OECD-Staaten. Dies liegt in erster Linie daran, dass die angesprochenen wachstumshemmenden Faktoren in allen OECD-Staaten weitgehend abwesend sind oder zumindest auf ein handhabbares Maß zurückgedrängt wurden. Im empirischen

Teil wurden für drei unterschiedliche Untersuchungszeiträume mehr als 20 mögliche Einflussfaktoren getestet. Keine einzige Variable steht mit dem Wirtschaftswachstum in einem signifikanten und robusten Zusammenhang. Vielmehr prägte in den letzten vier Jahrzehnten der von der neoklassischen Wachstumstheorie prognostizierte ökonomische Aufholprozess ökonomischer Spätstarternationen die Wachstumsprofile in den Industrieländern. Die Zusammenschau der empirischen Ergebnisse führt zu dem Schluss, dass die ökonomische Entwicklung in den etablierten OECD-Demokratien weitgehend unabhängig von politischen (Makro-)Faktoren verlief. Im OECD-Ländervergleich – d.h. in einem *most similar systems design* – bleiben institutionelle Charakteristika wie die Demokratieform, die Fragmentierung der Staatsstrukturen, Verteilungskoalitionen oder die parteipolitische Zusammensetzung der Regierung ohne Einfluss. Dies ist insofern wenig überraschend, als es aus theoretischer Perspektive schwierig ist, diese Variablen mit dem Wirtschaftswachstum in einen eindeutigen Kausalzusammenhang zu bringen. Hoch aggregierte Größen wie die Staats- oder die Steuerquote stehen ebenfalls mit dem Wirtschaftswachstum in keinem signifikanten Zusammenhang. Zumindest für politische Makrovariablen kann damit festgestellt werden, dass die Wachstumsperformanz in der OECD-Welt keine politische Dimension besitzt. Relevant dürften hingegen nationale Policies sein (vgl. als Überblick Ahn/Hemmings 2000; Bassanini u.a. 2001) Hier gilt es allerdings zu bedenken, dass es sich bei der Wachstumspolitik um eine typische Querschnittsmaterie handelt, wo mehrere Politikfelder – zu denken ist hier etwa an die Ordnungs-, Technologie-, Industrie-, Bildungs- und Steuerpolitik – ineinander greifen. Dies impliziert wiederum wohl national unterschiedliche Politikpakete, sodass es keinen Königsweg zu ökonomischem Erfolg gibt. Die politisch-institutionell ausgerichtete Forschung sollte sich daher künftig verstärkt diesen nationalen Konfigurationen zuwenden. Zu untersuchen wäre etwa der Zusammenhang zwischen den *varieties of capitalism* (vgl. Hall/Gingerich 2001; Hall/Soskice 2001; Kitschelt u.a. 1999) oder den nationalen Innovationssystemen und der Wachstumsperformanz. Der Fokus auf einzelne politische Makrovariablen greift für die Erklärung der nationalen Wachstumsprofile in der OECD-Welt jedenfalls zu kurz.

Literatur

Abramovitz, Moses, 1983: Notes on International Differences in Productivity Growth Rates, in: *Dennis C. Mueller* (Hrsg.), The Political Economy of Growth, New Haven, 79-89.

Ahn, Sanghoon/Hemmings, Philip, 2000: Policy Influences on Economic Growth in OECD Countries: An Evaluation of the Evidence, OECD Econonomics Department Working Papers No. 246, Paris.

Alesina, Alberto/Ölzer, Sule/Roubini, Nouriel/Swagel, Phillip, 1992: Political Stability and Economic Growth, NBER Working Paper No. 4173, Cambridge, MA.

Alesina, Alberto/Perotti, Roberto, 1994: The Political Economy of Growth: A Critical Survey of the Recent Literature, in: World Bank Economic Review 8, 351-371.

Alesina, Alberto/Rosenthal, Howard, 1995: Partisan Politics, Divided Government, and the Economy, Cambridge.

Alvarez, Michael E./Garrett, Geoffrey/Lange, Peter, 1991: Government Partisanship, Labor Organization, and Macroeconomic Performance, in: American Political Science Review 85, 539-556.

Ark, Bart van/Crafts, Nicholas (Hrsg.): 1996, Quantitative Aspects of Post-War European Economic Growth, Cambridge.

Armingeon, Klaus/Beyeler, Michelle/Menegale, Sarah, 2000: Comparative Political Data Set 1960-1998, Institut für Politikwissenschaft der Universität Bern.

Arnold, Lutz, 1999: Does Policy Affect Growth?, in: Finanzarchiv 56, 141-164.

Aron, Janine, 2000: Growth and Institutions. A Review of the Evidence, in: The World Bank Research Observer 15, 99-135.

Atkinson, Anthony B., 1995: The Welfare State and Economic Performance, in: National Tax Journal 48, 171-198.

Barro, Robert J., 1991: Economic Growth in a Cross Section of Countries, in: Quarterly Journal of Economics 106, 407-443.

Barro, Robert J., 1996: Democracy and Growth, in: Journal of Economic Growth 1, 1-27.

Barro, Robert J., 1997: Determinants of Economic Growth. A Cross-Country Empirical Study, Cambridge/London.

Barro, Robert J./Sala-i-Martin, Xavier, 1992: Convergence, in: Journal of Political Economy 100, 223-251.

Barro, Robert J./Sala-i-Martin, Xavier, 1995: Economic Growth, New York.

Bassanini, Andrea/Scarpetta, Stefano/Hemmings, Philip, 2001: Economic Growth: The Role of Policies and Institutions. Panel Data Evidence from OECD Countries, OECD Econonomics Department Working Papers No. 283, Paris.

Beck, Nathaniel/Katz, Jonathan N./Alvarez, R. Michael/Garrett, Geoffrey/Lange, Peter, 1993: Government Partisanship, Labor Organization, and Macroeconomic Performance: A Corrigendum, in: American Political Science Review 87, 945-948.

Boix, Charles, 1998: Political Parties, Growth and Equality. Conservative and Social Democratic Economic Strategies in the World Economy, Cambridge.

Borner, Silvio/Paldam, Martin (Hrsg.), 1998: The Political Dimension of Economic Growth, Houndmills.

Bornschier, Volker, 1989: Legitimacy and Comparative Economic Success at the Core of the World System: An Exploratory Study, in: European Sociological Review 5, 215-230.

Brunetti, Aymo, 1997: Politics and Economic Growth. A Cross-Country Data Perspective, Paris.

Bueno de Mesquita, Bruce, 2000: Political Instability as a Source of Growth, Essays in Public Policy No. 99, Hoover Institution on War, Revolution and Peace, Stanford University.

Busch, Andreas/Plümper, Thomas (Hrsg.), 1999: Nationaler Staat und internationale Wirtschaft, Baden-Baden.

Castles, Francis G., 1999a: Comparative Public Policy: Patterns of Post-war Transformation, Cheltenham.

Castles, Francis G., 1999b: Decentralization and the Post-war Political Economy, in: European Journal of Political Research 36, 27-53.

Castles, Francis G./Dowrick, Steve, 1990: The Impact of Government Spending Levels on Medium-Term Economic Growth in the OECD, 1960-85, in: Journal of Theoretical Politics 2, 173-204.

Choi, Kwang, 1983: A Statistical Test of Olson's Model, in: *Dennis C. Mueller* (Hrsg.), The Political Economy of Growth, New Haven, 57-78.

Clague, Christopher (Hrsg.), 1997: Institutions and Economic Development. Growth and Governance in Less-Developed and Post-Socialist Countries, Baltimore/London.

Crafts, Nicholas F./Toniolo, Gianni (Hrsg.), 1996: Economic Growth in Europe Since 1945, Cambridge.

Crepaz, Markus M.L., 1996: Consensus Versus Majoritarian Democracy. Political Institutions and Their Impact on Macroeconomic Performance and Industrial Disputes, in: Comparative Political Studies 29, 4-26.

Curtis, D.C.A./Murthy, K.S.R., 1999: Restructuring and Economic Growth in OECD Countries: 1964-1992, in: Eastern Economic Journal 25, 17-30.

Dawson, John W., 1998: Institutions, Investment, and Growth: New Cross-Country and Panel Data Evidence, in: Economic Inquiry 36, 603-619.

De Soto, Hernando, 2000: The Mystery of Capital. Why Capitalism Triumphs in the West and Fails Everywhere Else, London.

Domar, Evsey D., 1946: Capital Expansion, Rate of Growth, and Employment, in: Econometrica 14, 137-147.
Dowrick, Steve/Nguen, Duc-Tho, 1989: OECD Comparative Economic Growth 1950-85: Catch-Up and Convergence, in: American Economic Review 79, 1010-1031.
Durham, J. Benson, 1999: Economic Growth and Political Regimes, in: Journal of Economic Growth 4, 81-111.
Eichengreen, Barry, 1994: Institutional Prerequisites for Economic Growth: Europe After World War II, in: European Economic Review 38, 883-890.
Fosu, Augustin Kwasi, 2001: Political Instability and Economic Growth in Developing Economies: Some Specification Empirics, in: Economics Letters 70, 289-294.
Friedland, Roger/Sanders, Jimy, 1985: The Public Economy and Economic Growth in Western Market Economies, in: American Sociological Review 50, 421-437.
Garrett, Geoffrey, 1998: Partisan Politics in the Global Economy, Cambridge.
Garrett, Geoffrey/Lange, Peter, 1989: Government Partisanship and Economic Performance: When and How Does ,Who Governs' Matter?, in: Journal of Politics 51, 676-693.
Hall, Peter A./Gingerich, Daniel W., 2001: Varieties of Capitalism and Institutional Complementarities in the Macroeconomy: An Empirical Analysis. Paper prepared for presentation to the Annual Meeting of the American Political Science Association, San Francisco, California, August 30, 2001.
Hall, Peter A./Soskice, David (Hrsg.), 2001: Varieties of Capitalism. The Institutional Foundations of Comparative Advantage, Oxford.
Hayek, Friedrich A., 1976 [1939]: The Economic Conditions of Interstate Federalism, in: *Friedrich A. Hayek* (Hrsg.), Individualism and Economic Order, London/Henley, 255-272.
Herce, José/Sosvilla-Rivero, Simón/de Lucio, Juan José, 2001: Growth and the Welfare State in the EU: A Causality Analysis, in: Public Choice 109, 55-68.
Hibbs, Douglas A., 1977: Political Parties and Macroeconomic Policy, in: American Political Science Review 71, 1467-1487.
Hibbs, Douglas A., 1992: Partisan Theory after Fifteen Years, in: European Journal of Political Economy 8, 361-373.
Hicks, Alexander M., 1988: Social Democratic Corporatism and Economic Growth, in: Journal of Politics 50, 677-704.
Hicks, Alexander/Patterson, William David, 1989: On the Robustness of the Left Corporatist Model of Economic Growth, in: Journal of Politics 51, 662-675.
Hicks, Alexander/Kenworthy, Lane, 1998: Cooperation and Political Economic Performance in Affluent Democratic Capitalism, in: American Journal of Sociology 103, 1631-1672.
Huber, Evelyne/Ragin, Charles/Stephens, John D., 1993: Social Democracy, Christian Democracy, Constitutional Structure, and the Welfare State, in: American Journal of Sociology 99, 711-749.
Jackman, Robert W., 1987: The Politics of Economic Growth in the Industrial Democracies, 1974-80: Leftist Strength or North Sea Oil?, in: The Journal of Politics 49, 242-256.
Jackman, Robert W., 1989: The Politics of Economic Growth. Once Again, in: Journal of Theoretical Politics 51, 646-661.
Karras, Georgios, 2001: Long-Run Economic Growth in Europe: Is It Endogenous or Neoclassical?, in: International Economic Journal 15, 63-76.
Keefer, Philip/Knack, Steven, 1997: Why Don`t Poor Countries Catch up? A Cross National Test of an Institutional Explanation, in: Economic Inquiry 35, 590-602.
Keman, Hans, 2000: Federalism and Policy Performance, in: *Ute Wachendorfer-Schmidt* (Hrsg.), Federalism and Political Performance, London, 196-226.
Keman, Hans/Pennings, Paul, 1995: Managing Political and Societal Conflict in Democracies: Do Consensus and Corporatism Matter?, in: British Journal of Political Science 25, 271-281.
Kitschelt, Herbert/Lange, Peter/Marks, Gary/Stephens, John (Hrsg.), 1999: Continuity and Change in Contemporary Capitalism, Cambridge.
Knack, Steven, 1996: Institutions and the Convergence Hypothesis: The Cross-national Evidence, in: Public Choice 87, 207-228.
Knack, Steven/Keefer Philip, 1995: Institutions and Economic Performance: Cross-country Tests Using Alternative Institutional Measures, in: Economics and Politics 7, 207- 227.

Kobler, Markus, 2000: Der Staat und die Eigentumsrechte. Institutionelle Qualität und wirtschaftliche Entwicklung, Tübingen.

Korpi, Walter, 1985: Economic Growth and the Welfare State: Leaky Bucket or Irrigation System, in: European Sociological Review 1, 97-118.

Korpi, Walter, 2000: Welfare States, Economic Growth, and Scholarly Objectivity, in: Challenge 43, 49-66.

Kunz, Volker, 2000: Kulturelle Variablen, organisatorische Netzwerke und demokratische Staatsstrukturen als Determinanten der wirtschaftlichen Entwicklung im internationalen Vergleich, in: Kölner Zeitschrift für Soziologie und Sozialpsychologie 52, 195-225.

Kydland, Finn E./Prescott, Edward C., 1977: Rules Rather than Discretion: The Inconsistency of Optimal Plans, in: Journal of Political Economy 85, 473-491.

Lane, Jan-Erik/Ersson, Svante, 1986: Political Institutions, Public Policy and Economic Growth, in: Scandinavian Political Studies 9, 19-34.

Lane, Jan-Erik/Ersson, Svante, 1997a: Comparative Political Economy. A Developmental Approach, London/Washington.

Lane, Jan-Erik/Ersson, Svante, 1997b: The Institutions of Konkordanz and Corporatism: How Closely Are They Connected?, in: Swiss Political Science Review 3, 5-29.

Lange, Peter/Garrett, Geoffrey, 1985: The Politics of Growth: Strategic Interaction and Economic Performance in Advanced Industrial Democracies, in: Journal of Politics 47, 792-827.

Levine, Ross/Renelt, David, 1992: A Sensitivity Analysis of Cross-Country Growth Regressions, in: American Economic Review 82, 942-963.

Lijphart, Arend, 1994: Democracies: Forms, Performance, and Constitutional Engineering, in: European Journal of Political Research 25, 1-17.

Lijphart, Arend, 1999: Patterns of Democracies. Government Forms and Performance in Thirty-Six Countries, New Haven/London.

Lijphart, Arend/Crepaz, Markus M.L., 1991: Corporatism and Consensus Democracy in Eighteen Countries: Conceptual and Empirical Linkages, in: British Journal of Political Science 21, 235-246.

Lindbeck, Assar, 1995: Harzadous Welfare-State Dynamics, in: American Economic Review, Papers and Proceedings 85, 9-15.

Lucas, Robert E., 1972: Exspectations and the Neutrality of Money, in: Journal of Economic Theory 4, 103-124.

Lucas, Robert E., 1988: On the Mechanics of Economic Development, in: Journal of Monetary Economics 22, 3-42.

Maddison, Angus, 2001: The World Economy, Paris.

Mankiw, N. Gregory/Romer, David/Weil, David N., 1992: A Contribution to the Empirics of Economic Growth, in: Quarterly Journal of Economics 107, 407-437.

McCallum, John/Blais, André, 1987: Government, Special Interest Groups, and Economic Growth, in: Public Choice 54, 3-18.

Mendoza, Enrique G./Milesi-Ferretti, Gian Maria/Asea, Patrick, 1997: On the Ineffectiveness of Tax Policy in Altering Long-Run Growth: Harberger's Superneutrality Conjecture, in: Journal of Public Economics 66, 99-126.

Mueller, Dennis C. (Hrsg.), 1983: The Political Economy of Growth, New Haven.

North, Douglass C., 1991: Institutions, in: Journal of Economic Perspectives 5, 97-112.

North, Douglass C., 1992 [1990]: Institutionen, institutioneller Wandel und Wirtschaftsleistung, Tübingen.

North, Douglass C., 1994: Economic Performance Through Time, in: American Economic Review 84, 359-368.

Oates, Wallace E., 1999: An Essay on Fiscal Federalism, in: Journal of Economic Literature 37, 1120-1149.

Obinger, Herbert, 2000: Politische Regime, politische Stabilität und Wirtschaftswachstum, in: Schweizerische Zeitschrift für Politikwissenschaft 6, 1-26.

Obinger, Herbert, 2001a: Verteilungskoalitionen und demokratische Staatsstrukturen als Determinanten der wirtschaftlichen Entwicklung?, in: Kölner Zeitschrift für Soziologie und Sozialpsychologie 53, 137-149.

Obinger, Herbert, 2001b: Demokratie und Wirtschaftswachstum. Theoretische Ansätze und empirische Befunde des quantitativen internationalen Vergleichs, in: Zeitschrift für Internationale Beziehungen 8, 321-344.

Okun, Arthur M., 1975: Equality and Efficiency: The Big Tradeoff, Washington, D.C.

Olson, Mancur, 1968: Die Logik des kollektiven Handelns. Kollektivgüter und die Theorie der Gruppen, Tübingen.

Olson, Mancur, 1982: The Rise and Decline of Nations. Economic Growth, Stagflation, and Social Rigidities, New Haven/London.

Olson, Mancur, 1983: The Political Economy of Comparative Growth Rates, in: *Dennis C. Mueller* (Hrsg.), The Political Economy of Growth, New Haven, 7-52.

Padovano, Fabio/Galli, Emma, 2001: Tax Rates and Economic Growth in the OECD Countries (1950-1990), in: Economic Inquiry 39, 44-57.

Plümper, Thomas, 2001: Die Politik wirtschaftlichen Wachstums in autoritären Staaten, in: Politische Vierteljahresschrift 42, 79-100.

Plümper, Thomas/Martin, Christian: 2001: Political Participation, Government Spending, and Economic Growth, unv. Manuskript, Universität Konstanz.

Pryor, Frederic L., 1983: A Quasi Test of Olson's Hypotheses, in: *Dennis C. Mueller* (Hrsg.), The Political Economy of Growth, New Haven, 90-105.

Przeworski, Adam/Limongi, Fernando, 1993: Political Regimes and Economic Growth, in: Journal of Economic Perspectives 7, 51-69.

Przeworski, Adam/Alvarez, Michael/Cheibub, José Antonio/Limongi, Fernando, 2000: Democracy and Development: Political Institutions and Well-being in the World 1950-1990, New York/Cambridge.

Rehm, Philipp, 2002: Do Institutions Matter? Wirtschaftswachstum und politische Institutionen, Magisterarbeit an der Fakultät für Sozial- und Verhaltenswissenschaften der Eberhard-Karls-Universität Tübingen.

Romer, Paul M., 1986: Increasing Returns and Long-Run Growth, in: Journal of Political Economy 94, 1002-1037.

Romer, Paul M., 1990: Endogenous Technological Change, in: Journal of Political Economy 98, 71-102.

Sachs, Jeffrey D./Warner, Andrew M., 1997: Fundamental Sources of Long-Run Growth, in: American Economic Review 87, 184-188.

Sala-i-Martin, Xavier X., 1997: I Just Ran Two Million Regressions, in: American Economic Review, Papers and Proceedings 87, 178-183.

Saunders, Peter, 1985: Public Expenditure and Economic Performance in OECD Countries, in: Journal of Public Policy 5, 1-21.

Scharpf, Fritz W., 1987: Sozialdemokratische Krisenpolitik in Europa, Frankfurt a. M./New York.

Schmidt, Manfred G., 1996: When Parties Matter: A Review of the Possibilities and Limits of Partisan Influence on Public Policy, in: European Journal of Political Research 30, 155-183.

Schmidt, Manfred G., 2000: Demokratietheorien, Opladen.

Schmidt, Manfred G./Hardt, Freia/Gohr, Antonia/Jochem, Sven/Siegel, Nico/Obinger, Herbert/Wagschal, Uwe/Zohlnhöfer, Reimut, 2000: Die parteipolitische Zusammensetzung von Regierungen in 23 OECD Demokratien 1945-2000, unpublizierter Datensatz, Zentrum für Sozialpolitik Universität Bremen.

Schneider, Friedrich/Wagner, Alexander F., 2001: Institutions of Conflict Management and Economic Growth in the European Union, in: Kyklos 54, 509-532.

Schneider, Gerald/Plümper, Thomas/Baumann, Steffen, 2000: Bringing Putnam to the European Regions. On the Relevance of Social Capital for Economic Growth, in: European Urban and Regional Studies 7, 307-317.

Scruggs, Lyle, 2001: The Politics of Growth Revisited, in: The Journal of Politics 63, 120-140.

Siaroff, Alan, 1999: Corporatism in 24 Industrial Democracies: Meaning and Measurement, in: European Journal of Political Research 36, 175-205.

Siermann, Clemens L. J., 1997: Politics, Institutions and the Economic Performance of Nations, Cheltenham.

Sirowy, Larry/Inkeles, Alex, 1990: The Effects of Democracy on Economic Growth and Inequality: A Review, in: Studies in Comparative International Development 25, 126-157.

Solow, Robert M., 1994: Perspectives on Growth Theory, in: Journal of Economic Perspectives 8, 45-54.

Tálos, Emmerich/Kittel, Bernhard, 2001: Gesetzgebung in Österreich, Wien.

Temin, Peter, 1997: The Golden Age of European Growth: A Review Essay, in: European Review of Economic History 1, 127-149.

Traxler, Franz/Blaschke, Sabine/Kittel, Bernhard, 2001: National Labour Relations in Internationalized Markets: A Comparative Study of Institutions, Change, and Performance, Oxford.

Tsebelis, George, 1995: Decision Making in Political Systems: Veto Players in Presidentialism, Multicameralism and Multipartyism, in: British Journal of Political Science 25, 289-325.

Tsebelis, George, 2000: Veto Players and Institutional Analysis, in: Governance 13, 441-474.

Tufte, Edward R., 1978: Political Control of the Economy, Princeton.

Vanhoudt, Patrick, 1999: Did European Unification Induce Economic Growth? In Search of Scale Effects and Persistent Changes, in: Weltwirtschaftliches Archiv 135, 193-220.

Wallis, John Joseph/Oates, Wallace E., 1988: Does Economic Sclerosis Set in with Age? An Empirical Study of the Olson Hypothesis, in: Kyklos 41, 397-417.

Weede, Erich, 1986a: Catch-up, Distributional Coalitions and Government as Determinantes of Economic Growth or Decline in Industrialized Democracies, in: British Journal of Sociology 37, 194-220.

Weede, Erich, 1986b: Verteilungskoalitionen, Staatstätigkeit und Stagnation, in: Politische Vierteljahresschrift 27, 222-236.

Weede, Erich, 1996: Legitimacy, Democracy, and Comparative Economic Growth Reconsidered, in: European Sociological Review 12, 217-225.

Weede, Erich, 2000: Asien und der Westen. Politische und kulturelle Determinanten der ökonomischen Entwicklung, Baden-Baden.

Weingast, Barry R. 1993: Constitutions as Governance Structures: The Political Foundations of Secure Markets, in: Journal of Institutional and Theoretical Economics 149, 286-311.

Weizsäcker von, C. Christian, 2000: Die Logik der Globalisierung, Göttingen.

Whiteley, Paul, 1986: Political Control of the Macro-Economy. The Political Economy of Public Policy Making, London.

ZeS (Zentrum für Sozialpolitik) 1998: Thesen zur Sozialpolitik in Deutschland, ZeS-Arbeitspapier 5/1998, Bremen.

Ziltener, Patrick, 2001: Wirtschaftliche Effekte der Europäischen Integration. Theoriebildung und empirische Forschung, Köln: MPIfG Working Paper 01/7.

Zohlnhöfer, Werner, 1982: Wachstumsminderung durch Mißachtung von Funktionsbedingungen der Marktsteuerung, in: *Werner Zohlnhöfer* (Hrsg.), Wachstumsminderung und soziale Gerechtigkeit, Limburg, 91-114.

Anhang

Liste der Variablen

Variable	Beschreibung	Quelle
LogBIP	Log. BIP pro Kopf zum Beginn der Untersuchungsperiode in Geary-Khamis-Dollar 1990	Maddison (2001)
Linksregierung	Prozentueller Kabinettssitzanteil (auf Tagesbasis) von sozialdemokratischen, grünen und kommunistischen Parteien im jeweiligen Untersuchungszeitraum.	Schmidt u.a. (2000)
Interessengruppenpluralismus	Index des Interessengruppenpluralismus (Index 1945-71 = 2*Index45-96 – Index71-96)	Lijphart (1999: 313)
Zahl der Regierungsparteien	Anzahl der an der Regierung beteiligten Parteien (Periodendurchschnitt)	Schmidt u.a. (2000)
Bürgerliche Regierung	Prozentueller Kabinettssitzanteil (auf Tagesbasis) von bürgerlichen Parteien (christdemokratische, rechte, konservative, liberale Parteien sowie Parteien der nicht-christlichen Mitte) im jeweiligen Untersuchungszeitraum.	Schmidt u.a. (2000)
Konkordanzdemokratie	Exekutive-Parteien-Index (Index 1945-71 = 2*Index45-96 – Index71-96)	Lijphart (1999: 312)
Staatsstruktur (HRS-Index)	Institutionelle Fragmentierung des politischen Systems nach Huber u.a. (1993), erweitert von Manfred G. Schmidt	Schmidt (2000: 352, Spalte 3)
Staatsstruktur (Schmidt-Index)	Institutionelle Fragmentierung des politischen Systems nach Manfred G. Schmidt	Schmidt (2000: 352, Spalte 1)
Gewerkschaftlicher Zentralisationsgrad (standardisiert)	*union concentration* 1975 = (number of union confederations x number of affiliates of the largest union confederation)/percentage of the largest union confederation's share in total membership. Die Variable wurde auf den Bereich 0-1 standardisiert und zentriert.	Traxler u.a. (2001)
Linksregierung (standardisiert)	Prozentueller Kabinettssitzanteil von sozialdemokratischen, grünen und kommunistischen Parteien 1975-98, standardisiert auf den Bereich 0-1 und zentriert	Schmidt u.a. (2000)
Siaroff-Index	Korporatismusgrad	Siaroff (1999)
Bildungsausgaben	Bildungsausgaben in% des BIP	Castles (1999a: 177)
Föderalismusgrad	Föderalismus-Unitarismus-Index (Index 1945-71 = 2*Index 45-96 – Index 71-96)	Lijphart (1999: 312)
Kabinettsgröße	Anzahl der Minister im Kabinett (Periodendurchschnitt)	Schmidt u.a. (2000)
Kabinettsstabilität	Regierungsdauer eines Kabinetts in Tagen (Periodendurchschnitt)	Schmidt u.a. (2000)
Fraktionalisierungsgrad	Rae-Index	Armingeon u.a. (2000)
Kabinettsumbildungen	Anzahl der Kabinettsumbildungen (Periodendurchschnitt)	Armingeon u.a. (2000)
Streiktage	Streiktage pro 1000 Beschäftigte	Armingeon u.a. (2000)
Wirtschaftswachstum	Durchschnittliches jährliches Wirtschaftswachstum pro Kopf in Geary-Khamis-Dollar 1990	Maddison (2001)

Klaus Armingeon

Kapitel 5
Die Politische Ökonomie der Arbeitslosigkeit

1. Einleitung[1]

Arbeitslosigkeit liegt vor, wenn eine Person, die für den Arbeitsmarkt zur Verfügung steht, eine zumutbare Beschäftigung sucht, sie aber nicht findet. Arbeitslosigkeit hat Folgen für die staatliche Politik, indem sie Aufgaben, Kosten und Probleme schafft. Zu den Aufgaben gehören beispielsweise die staatliche Arbeitsvermittlung und jene Maßnahmen, die im Rahmen der aktiven Arbeitsmarktpolitik Arbeitslose für neue Stellen qualifizieren. Bei den Kosten sind in erster Linie die Belastungen für staatliche Budgets zu nennen, die von den Zahlungen der Arbeitslosengelder herrühren. Zu den typischen politischen Problemen der Arbeitslosigkeit gehört die Differenz zwischen den Erwartungen der Bevölkerung in Demokratien an eine politisch bewirkte Vollbeschäftigung und der tatsächlichen Arbeitslosenquote. Da politische Parteien häufig mit dem Anspruch auftreten, die Beschäftigung zu regulieren, kann Arbeitslosigkeit auch als Politikversagen interpretiert und bei Wahlen entsprechend quittiert werden. Die Geschichte zeigt, dass unter spezifischen Voraussetzungen die Arbeitslosigkeit noch weit dramatischere Folgen haben kann: Die sozialen Folgen der Unterbeschäftigung und die mangelnde Abfederung durch eine großzügige Arbeitslosenunterstützung haben den Aufstieg des deutschen Nationalsozialismus wahrscheinlich begünstigt.

Aber Arbeitslosigkeit hat nicht nur politische Folgen. Sie ist selbst auch ein Ergebnis der Strategien von Staat und Verbänden. Dies ist zunächst nicht selbstverständlich, weil der Arbeitsvertrag zwischen Arbeitgebern und Arbeitnehmern abgeschlossen wird und mithin ein Ergebnis einer zweiseitigen Abmachung im ökonomischen Subsystem des Arbeitsmarktes ist: Der Arbeitnehmer bietet seine Arbeitskraft zu bestimmten Bedingungen an, zu denen es für den Arbeitgeber vorteilhaft ist, den Arbeitssuchenden einzustellen. Wenn der Arbeitgeber keine zusätzlichen Arbeitskräfte braucht, weil er nicht mehr Produkte verkaufen kann, wird kein neuer Arbeitsplatz geschaffen und bei fallendem Absatz werden Arbeitsplätze abgebaut. Ebenso wenig wird ein Anstellungsverhältnis zustande kommen, wenn die geforderten Löhne so hoch sind, dass sich die (Weiter-)Beschäftigung für das Unternehmen nicht rentiert. Damit scheint das Problem der Arbeitslosigkeit auf den ersten Blick ein Thema zu sein, das ausschließlich in das Gebiet der Wirtschaftswissenschaften fällt. Diese untersuchen den Zusammenhang zwischen ökonomischen Va-

---

1 Ich bedanke mich bei Jan Zutavern für die zuverlässige und aufmerksame Mitarbeit.

riablen wie Löhnen, Preisen, Beschäftigung, Nachfrage und Angebot. Auf den zweiten Blick wird jedoch ersichtlich, weshalb die Sozialwissenschaften und insbesondere die Politikwissenschaft wichtige Ergänzungen zur wirtschaftswissenschaftlichen Forschung über Arbeitslosigkeit bieten kann. Zunächst sind die Beziehungen zwischen Arbeitnehmern und -gebern durch Verbände (Gewerkschaften, Arbeitgeberverbände), Institutionen (z.B. Gremien der Tarifverhandlungen) und Regeln (z.B. über Entlassungen und Einstellungen) geprägt. Darüber hinaus nimmt der Staat Einfluss auf die Lohnkosten der Unternehmen, indem er Steuern und Abgaben erhebt. Die Höhe des Produktlohnes ist also auch politisch bestimmt. Ferner üben staatliche Sicherungssysteme wie die Arbeitslosenversicherung Anreize auf Arbeitnehmer aus. Der wirtschaftliche Zwang, rasch eine neue Stelle anzunehmen, ist desto größer, je geringer die Lohnersatzleistungen ausfallen und je kürzer sie gewährt werden. Wenn Arbeitslosigkeit durch mangelnde Nachfrage entsteht, kann der Staat über seine Fiskalpolitik Nachfrage generieren oder über die Geldpolitik verbesserte Investitionsmöglichkeiten der Unternehmen schaffen. Ein weiterer Hebel der staatlichen Beeinflussung der Arbeitslosenquote ist die Regulierung des Arbeitsangebots, indem beispielsweise die Zuwanderung von Fremdarbeitern geregelt oder der frühe Ausstieg aus dem Arbeitsleben sozialpolitisch abgefedert wird. Politisch-institutionelle und ökonomische Gründe der Arbeitslosigkeit spielen mithin zusammen. Der Arbeitsmarkt im engeren Sinne ist von einem Bedingungsgeflecht umlagert, das politisch bestimmt ist. Auf dieses Bedingungsgeflecht konzentriere ich mich im vorliegenden Bericht. Gefragt wird, mit welchen auf Institutionen und Politik bezogenen Argumenten die zeitliche und internationale Variation der gesamtwirtschaftlichen Arbeitslosenquote erklärt werden kann.

Die politischen Folgen der Arbeitslosigkeit werden hier ebenso wenig behandelt wie die rein ökonomischen Zusammenhänge, beispielsweise zwischen den Variationen von Löhnen und Arbeitslosigkeit. Mein Ansatz ist der herkömmlichen Politischen Ökonomie zuzuordnen. Der Gegenstand dieses Ansatzes sind die Wechselwirkungen zwischen Politik und Wirtschaft. Ich setze mich damit von einem engen Verständnis der Politischen Ökonomie ab, derzufolge politische Prozesse mit den Theorien und Axiomen der Volkswirtschaftslehre angemessen erklärt werden können (vgl. für eine derartige Engführung Persson/Tabellini 2000 und die Beiträge von Martin und Plümper i.d.B.). Ferner lege ich auch keinen Wert auf die Entwicklung von Modellen wirtschaftlicher Vorgänge, so lange damit kein weitgehender Erklärungsanspruch realer Phänomene verbunden ist. Vielmehr bewerte ich die Güte einer Erklärung anhand der Plausibilität ihrer Kausalannahmen sowie der mit einer möglichst kleinen Anzahl von Variablen erklärten Varianz der unabhängigen Variablen.

Bei der folgenden Darstellung von Hypothesen interessieren mich die politischen und institutionellen Bestimmungsgründe der Arbeitslosigkeit. Zur Überprüfung der entsprechenden Theorien und Hypothesen eignet sich der internationale Vergleich besonders gut, weil sich politisch-institutionelle Variablen stärker zwischen Nationen als zwischen kürzeren Zeiträumen in einem Lande unterscheiden. Aus diesem Grund wird im Folgenden gefragt, wie die Unterschiede des Ausmaßes der Arbeitslosigkeit zwischen 22 wirtschaftlich hoch entwickelten und etablierten Demokratien erklärt werden können. Ich werde versuchen, empirische Belege für die drei leitenden Thesen dieses Beitrages zu mobilisieren:

(1) Arbeitslosigkeit ist das Resultat von zwei weitgehend voneinander unabhängigen, international sehr unterschiedlich ausgeprägten und der politischen Steuerung nur bedingt zugänglichen Prozessen: der Veränderung des Arbeitskräfteangebots und der Nachfrage nach Arbeit. Die Bewertung der Arbeitsmarktpolitik eines Landes darf sich nicht nur auf die Arbeitslosenquote stützen, sondern muss die unterschiedlichen Herausforderungen auf der Angebots- und Nachfrageseite mit einbeziehen. Nationale Eigentümlichkeiten spielen auf beiden Seiten eine Rolle. Und ebenfalls nicht gering zu werten sind Glück – beispielsweise eine stagnierende oder rückläufige Erwerbsbevölkerung in wirtschaftlichen Krisenzeiten – und Pech. Das eindrucksvollste Beispiel sind die Folgen des Zusammenbruchs der Sowjetunion, die für Finnland den Verlust von 20% aller Arbeitsplätze in der ersten Hälfte der 1990er Jahre bedeuteten. (2) Der zweiten These zufolge gibt es keine einzelne Variable, die systematisch und stark über alle untersuchten Länder hinweg mit der Arbeitslosenquote variiert. Weder die institutionellen Rigiditäten des Arbeitsmarktes noch Konkordanz oder Korporatismus sind die Beelzebuben des Arbeitsmarktes. Es gibt sehr viele Wege oder Kombinationsmöglichkeiten von Arbeitsmarktpolitiken die zu Erfolg oder Massenarbeitslosigkeit führen. (3) Die dritte These ist eine Schlussfolgerung aus den beiden ersten: Der Erfolg der Arbeitsmarktpolitik hängt nicht nur von den ausgewählten Politiken, sondern ganz besonders von deren Kombination ab. In effizienten Arbeitsmarktregimen gelingt es den Akteuren, Bündel von kohärenten oder konzertierten Politiken zu schnüren. Wenn dies nicht gelingt, besteht die Gefahr, dass sich einzelne Politiken in ihren angestrebten Wirkungen nicht verstärken und schlimmstenfalls konterkarieren.

Die Arbeitslosigkeit wird als prozentualer Anteil der Arbeitslosen an den Erwerbspersonen berechnet. Sie entwickelt sich im Untersuchungszeitraum 1960-2000 im Durchschnitt von 22 OECD-Ländern (vgl. die Liste der Länder in Tabelle 1) folgendermaßen (Abbildung 1): Bis Mitte der 1970er Jahre besteht nur ein geringes Ausmaß an Unterbeschäftigung. Im Gefolge des Ölpreisschocks von 1973 wird die Arbeitslosenquote nach oben getrieben. 1984 wird ein vorläufiger Höchststand erreicht. Bis 1990 geht die Arbeitslosenquote wieder etwas zurück, um anschließend auf einen neuen Höhepunkt im Jahr 1994 zu klettern. Von dort sinkt sie erneut ab und erreicht Ende der 1990er Jahre wieder den Stand zu Beginn der Dekade, nämlich sechs Prozent.

Bei der Interpretation dieser Daten sind zwei wichtige Einschränkungen zu machen. Die benutzten Daten sind – soweit möglich – standardisierte Arbeitslosenquoten (d.h. prozentuale Anteile der gemeldeten Arbeitssuchenden an den Erwerbspersonen), wobei die nationalen Berechnungsmethoden so weit als möglich durch die Statistiker der OECD harmonisiert wurden. Dies schließt dennoch Fehlmessungen nicht aus, weil es beispielsweise schwierig sein kann, zu definieren, wer arbeitslos ist und wie groß die Gruppe der Erwerbspersonen ist. Bei weitergehenden statistischen Auswertungen lohnt es sich deshalb, Kriterien wie Signifikanzniveaus einzuführen, um nicht Fehlschlüsse aufgrund nicht-systematischer Messfehler zu ziehen. Aber selbst ein signifikanter Koeffizient kann in die Irre leiten, wenn systematische Messfehler vorliegen; beispielsweise wenn systematisch die italienische Arbeitsmarktstatistik qualitativ weniger gut ist als die schweizerische Statistik. Für solche Messfehler gibt es Hinweise. Viele – und darunter besonders die ausgefeilten – Methoden und Techniken der Arbeitsmarktanalyse setzen freilich qualitativ hochstehende Datenqualität voraus. Deshalb ist gegenüber den Befunden solcher Analysen Skepsis angebracht, auch wenn Koeffizienten signifikant, robust und eindrücklich sind. Zuweilen könnte es sich als vorteilhaft herausstellen, wenn einfache Auswertungsstrategien mit geringeren Ansprüchen an die Datenqualität verfolgt werden und wenn nur ganz besonders robuste Befunde interpretiert werden. Aus diesen Gründen beschränke ich mich im Folgenden auf einfache bivariate Analysen und als Entscheidungskriterium benutze ich die statistische Signifikanz ($p < 0{,}05$); erst wenn die Irrtumswahrscheinlichkeit geringer als fünf Prozent ist, werden die Koeffizienten in diesem Beitrag interpretiert.

Abb. 1: Durchschnittliche Arbeitslosenquote in 22 OECD-Ländern 1960-2000

Anmerkung: Soweit verfügbar, handelt es sich bei diesen Zahlen um Arbeitslosenquoten, die von der OECD für den internationalen Vergleich standardisiert wurden.

Quellen: OECD: Historical Statistics, Employment Outlook, Economic Outlook, Labour Force Statistics, website, Paris: OECD, verschiedene Jahre.

Die zweite wichtige Einschränkung bezieht sich auf Unterschiede zwischen nationalen Arbeitslosenquoten. Die externen Schocks, wie die Ölpreiserhöhung schlagen zwar in fast allen Nationen auf den Arbeitsmarkt durch, aber in unterschiedlicher Weise und mit unterschiedlichen Folgen. Externe und interne Faktoren, die Arbeitslosigkeit verringern oder erhöhen, spielen in national spezifischer Weise zusammen. In der Tabelle 1 sind die Arbeitslosenquoten am Ende der Vollbeschäftigungsperiode (1974) und am Ende des ersten Nachkriegsanstiegs der Quote (1983) abgetragen.

Die Zahlen für 1990, 1994 und 2000 wurden gewählt, weil es sich hierbei um Tiefst- (1990), Höchst- (1994) und Endstände (2000) im letzten Jahrzehnt handelt.

Tabelle 1: Arbeitslosenquoten in OECD Ländern, 1974, 1983, 1990, 1994, 2000

Land	1974	1983	1990	1994	2000
Australien	2,6	10,0	7,0	9,8	6,6
Belgien	3,7	11,0	6,7	10,0	7,0
Dänemark	3,5	9,0	7,7	8,2	4,7
Deutschland	1,6	5,7	5,6	8,4	8,1
Finnland	1,7	5,4	3,2	17,4	9,8
Frankreich	2,8	8,1	9,0	12,3	9,5
Griechenland	2,1	7,9	7,0	9,6	11,1
Großbritannien	2,9	11,1	7,1	9,6	5,5
Irland	5,3	13,9	13,4	14,3	4,2
Italien	5,3	7,5	9,1	11,4	10,5
Japan	1,4	2,7	2,1	2,9	4,7
Kanada	5,3	11,9	8,1	10,4	6,8
Luxemburg	0,1	3,5	1,7	3,2	2,2
Neuseeland	0,1	5,7	7,8	8,1	6,0
Niederlande	2,7	9,7	6,2	7,1	2,8
Norwegen	1,5	3,5	5,3	5,5	3,5
Österreich	1,1	3,8	3,2	3,8	3,7
Portugal	1,7	8,3	4,6	7,0	4,2
Schweden	2,0	3,7	1,8	9,8	5,9
Schweiz	0	0,9	0,5	3,8	3,0
Spanien	2,6	17,5	16,2	24,1	14,1
USA	5,6	9,6	5,6	6,1	4,0
Mittelwert	2,53	7,75	6,31	9,22	6,27
Variationskoeffizient	0,67	0,57	0,52	0,58	0,50

Quelle: siehe Abbildung 1.

Arbeitslosigkeit variiert beträchtlich zwischen den Ländern. Und diese Variation unterscheidet sich nur wenig zwischen den Messzeitpunkten, wie der Variationskoeffizient anzeigt. Im Jahr 2000 verzeichneten die Niederlande einen Wert von unter 3%, während in Griechenland, Italien oder Spanien die Unterbeschäftigung drei bis vier mal so hoch lag. Die Inspektion der Daten zeigt jedoch auch eine beträchtliche Stabilität der Rangordnung: Länder ändern in der Regel ihre relative Position im internationalen Vergleich nur wenig. Hiervon gibt es selbstverständlich Ausnahmen. Dazu gehört Irland, das in den 1990er Jahren eine Tradition massiver Arbeitslosigkeit beenden kann und auf ein Niveau konvergiert, wie es in der Schweiz oder Japan zu finden ist. Und trotz solcher einzelner Veränderungen gibt es erhebliche Hinweise auf zeitliche Stabilität. Zwischen den einzelnen Messzeitpunkten besteht einen hohe und signifikante ($p < 0,01$) Korrelation der Arbeitslosenquoten (1974/1983: 0,66; 1983/1990: 0,87; 1990/1994: 0,74; 1994/2000: 0,79). Die Arbeitslosenquoten des Jahres 2000 korrelieren noch immer signifikant ($p < 0,05$) mit den Quoten des Jahres 1983 ($r = 0,43$) und erst mit dem Beginn der 1980er Jahre geht der Korrelationskoeffizient so weit zurück, dass die Höhe der Arbeitslosenquote der Vergangenheit nicht mehr stark mit jener der Jahrhundertwende zusammenhängt. Auch dieser Befund stützt die Beobachtung, dass der prinzipiell hoch volatile Arbeitsmarkt von zeitlich relativ beständigen institutionellen Bedingungen umgeben ist, die das langfristige Niveau der Arbeitslosigkeit mitbestimmen. Für die vorliegende Untersuchung folgt daraus, dass der internationale Vergleich des Niveaus der Arbeitslosenquote nur Sinn macht, wenn der Wert zu Beginn einer Untersuchungsperiode systematisch in die Analyse einbezogen wird oder wenn der Zeitraum so groß ist, dass der Startwert nicht mehr mit dem Endwert korreliert. Bezogen auf die 22 untersuchten Länder würde dies bedeuten, die Unterschiede der Arbeitslosenquoten im Jahre 2000 mit den verschiedenen ökonomischen, sozialen und politischen Erklärungsgrößen des Zeitraums seit Mitte der 1970er Jahre zu erklären. Allein aus methodischen Gründen ist dies ein schwieriges und annahmenreiches Unterfangen. Deshalb untersuche ich in diesem Beitrag die Bestimmungsgründe der Veränderungsrate der Arbeitslosigkeit in den 1990er Jahren: Zwischen 1990 und 1994 stiegen in den untersuchten Ländern die Arbeitslosenquoten um durchschnittlich knapp drei Prozentpunkte und in den folgenden Jahren fielen sie durchschnittlich auf ein um drei Prozentpunkte tieferes Niveau. Von diesem Rückgang waren allerdings Japan und Griechenland nicht betroffen.

Die Beschränkung auf die 1990er Jahre liegt nahe, weil die Bedingungen der Beschäftigungspolitik einem vielfach dokumentierten Wandel unterlagen. In den 1970er und teilweise in den 1980er Jahren konnten Arbeitsplatzverluste durch staatliche Wechselkurs-, Fiskal- und Geldpolitik vermindert werden. Wenn die Gewerkschaften zu hohe Löhne durchsetzten oder Unternehmen aufgrund verminderter Nachfrage Arbeitsplätze abbauen wollten, so konnte die Geldpolitik dies teilweise auffangen, weil sie sich anpasste und damit höhere Inflation zuließ. Eine andere Möglichkeit war die Erhöhung der Nachfrage durch den Staat, der diese über zunehmende Verschuldung finanzierte. Eine zweite Strategie bestand in der Wechselkurspolitik. Durch Abwertungen der nationalen Währungen konnten die Exportchancen verbessert und damit zusätzliche Arbeitsplätze geschaffen werden. Beide Strategien ließen sich in den 1990er Jahren nur noch mit hohen Nebenkosten verfolgen. Wenn Regierungen und Nationalbanken Preissteigerungen zuließen, so war dies nicht nur bei Kandidaten und Mitgliedern der Währungsunion der Europäischen Union mit Sanktionen behaftet. Mindestens ebenso so bedrohlich wurden die Folgen der in diesem Zeitraum vollendeten Liberalisierung der Kapitalmärkte. Die Kapitalmobilität ermöglichte es den Kapitalbesitzern, bei drohender Inflation das Kapital in andere Länder abzuschieben. Und schließlich wurde die Möglichkeit der Wechselkursvariation in Europa entscheidend eingeschränkt. In den 1990er Jahren war die Beschäftigungspolitik bei steigender Arbeitslosigkeit auf sich selbst angewiesen und hatte die früheren Gehilfen der Geld-, Fiskal- und Wechselkurspolitik verloren.

2. Arbeitsangebot, Arbeitsnachfrage, Arbeitslosigkeit

Die Arbeitslosenquote ist der Quotient aus der Differenz zwischen der Zahl der Erwerbspersonen (Erwerbstätige plus Arbeitslose) und der Erwerbstätigen einerseits und der Zahl der Erwerbspersonen andererseits. Häufig wird Arbeitslosigkeit mit dem Rückgang der Zahl der beschäftigten Arbeitnehmer (den Arbeitsstellen) gleichgesetzt. Dies ist freilich häufig nicht der Fall. Die Arbeitslosigkeit kann steigen, weil die Zahl der Erwerbspersonen – beispielsweise durch Einwanderung oder verstärkte Frauenberufstätigkeit – anwächst, während die Zahl der Arbeitsstellen gleich bleibt oder sogar steigt. Umgekehrt kann eine geringe Arbeitslosenquote gemessen werden, wenn viele Arbeitsstellen wegfallen, aber der Rückgang der Erwerbspersonen stark ist. Sinnvollerweise wird man deshalb den Erfolg einer eng definierten staatlichen Arbeitsmarktpolitik an der Veränderung der Beschäftigung (‚Jobs') messen (Scharpf 2001). Dagegen lassen sich jedoch drei Argumente anführen: Zum einen ist die Arbeitslosenquote eine politisch prominente Kenngröße. Regierungen beanspruchen häufig, die Arbeitslosigkeit zu senken und die Bevölkerung sieht darin auch eine staatliche Verantwortung. Die politischen Ansprüche auf erfolgreiche wirtschaftliche Steuerung lassen sich gut an der Entwicklung der Arbeitslosenquote überprüfen. Zum Zweiten haben Regierungen die Möglichkeit, den Arbeitsmarkt zu entlasten, indem sie auch die Entwicklung des Arbeitsangebots regulieren. Dies kann beispielsweise durch eine Verlängerung der Pflichtschulzeit, verschärfte Einwanderungsgesetze oder durch Möglichkeiten der Frühverrentung geschehen. Insofern ist die Entwicklung der Arbeitslosenquote ein guter Indikator für die staatliche Arbeitsmarktpolitik im weiteren Sinne, die sowohl auf der Angebots- als auch der Nachfrageseite ansetzt. Und schließlich gibt es noch ein drittes wirtschaftswissenschaftliches Argument für die Analyse der Arbeitslosenquote. Auf einem funktionierenden Markt gleichen sich Nachfrage und Angebot aus. Wenn zu wenig Arbeit bei einem gegebenen Angebot nachgefragt wird oder wenn bei konstanter Nachfrage das Angebot steigt, liegt eine Störung des Marktmechanismus vor. Dies kann geschehen, weil die Arbeitnehmer nicht bereit oder in der Lage sind, ihre Lohnansprüche so weit zu reduzieren, dass es für Unternehmer wieder attraktiv wird, Einstellungen vorzunehmen. Andererseits können sich Arbeitgeber scheuen, neue Kräfte für die temporäre Produktion einer größeren Menge von Produkten einzustellen, weil restriktive Entlassungsregeln eine flexible Anpassung an die Marktlage verhindern. Ferner kann das Spiel der Marktkräfte gestört sein, weil das Arbeitsangebot nicht zur Arbeitsnachfrage passt, beispielsweise weil in Hamburg ein Unternehmen auf einem leeren regionalen Arbeitsmarkt Mitarbeiter sucht, während in Stuttgart zahlreiche Lohnabhängige auf der Straße stehen, aber nicht bereit sind, nach Hamburg umzuziehen. Ein ähnlicher *mismatch* liegt vor, wenn ein Unternehmen Informatiker sucht, während die Arbeitssuchenden ganz andere Qualifikationen aufweisen.

In der Tabelle 2 ist die als Prozentpunktdifferenz gemessene Veränderung der Arbeitslosenquote abgetragen. Zu jeder Veränderungsrate wird angegeben, wie sich das Arbeitsangebot und die Arbeitsnachfrage entwickelten. Der entsprechende Wert gibt an, um wie viel Prozent sich die Erwerbsbevölkerung bzw. die Beschäftigung am Ende der jeweiligen Periode im Vergleich zum Wert zu Beginn verändert hat. Spalten 3-5 informieren über die Periode des Anstiegs der Arbeitslosigkeit von 1990 bis 1994, Spalten 6-8 enthalten Daten zum Rückgang der Arbeitslosigkeit zwischen 1994 und 2000 und in den Spalten 9-11 wird die gesamte Untersuchungsperiode verglichen. Die Länder sind nach ihrem Arbeitsmarktregime gruppiert. Auf diese Klassifizierung wird im Schlusskapitel näher eingegangen; aus Gründen der Darstellungsökonomie wird diese Spalte aber bereits an dieser Stelle der Tabelle 2 zugefügt.

Die zentrale Datenquelle ist die OECD. Sie hat für 1990 Werte für die alte Bundesrepublik und für 1994 und 2000 Daten für das vereinigte Deutschland ausgewiesen. Deshalb macht die Analyse der Veränderungswerte von Erwerbsbevölkerung und Beschäftigung im Fall Deutschlands keinen Sinn in Bezug auf unsere Fragestellung.

Aus diesem Grund wird, soweit nicht anders angegeben, bei Mittelwert- und Korrelationsberechungen mit diesen zwei Variablen der Fall Deutschlands ausgeschlossen.

Tabelle 2: Veränderung von Arbeitslosigkeit (dU), Arbeitsangebot (dA) und Arbeitsnachfrage (dN)

Arbeitsmarktregime		1990-1994			1994-2000			1990-2000		
	Land	dU	dA	dN	dU	dA	dN	dU	dA	dN
	Australien	2,8	3,3	1,0	-3,2	10,9	14,7	-0,4	14,7	15,9
	Japan	0,8	4,1	3,3	1,8	1,8	-0,1	2,6	6,0	3,2
	Luxemburg	1,5	10,9	10,1	-1,0	19,2	19,2	0,5	32,3	31,2
1	Norwegen	0,2	0,4	0,6	-2,0	9,3	12,1	-1,8	9,7	12,8
	Österreich	0,6	10,0	8,7	-0,1	0,7	0,6	0,5	10,9	9,3
	Schweiz	3,3	2,6	-0,8	-0,8	1,2	3,1	2,5	3,8	2,3
Mittelwert Regime 1		1,5	5,2	3,8	-0,9	7,2	8,3	0,6	12,9	12,4
	Dänemark	0,5	-4,6	-4,9	-3,5	2,7	7,3	-3,0	-2,0	2,0
	Finnland	14,2	-4,5	-18,0	-7,6	4,8	13,7	6,6	0,1	-6,7
2	Irland	0,9	7,5	5,4	-10,1	21,9	37,1	-9,2	31,1	44,5
	Italien	2,3	-6,7	-5,9	-0,9	3,7	4,5	1,4	-3,2	-1,6
	Niederlande	0,9	4,5	5,8	-4,3	10,5	14,9	-3,4	15,5	21,6
Mittelwert Regime 2		3,8	-,75	-3,5	-5,3	8,7	15,5	-1,5	8,3	12,0
	UK	2,5	-1,6	-4,5	-4,1	3,4	8,1	-1,6	1,7	3,2
	Kanada	2,3	2,7	,2	-3,6	9,2	13,7	-1,3	12,1	14,0
3	Neuseeland	0,3	7,3	7,0	-2,1	9,6	12,2	-1,8	17,6	20,1
	USA	0,5	4,8	3,6	-2,1	7,4	9,9	-1,6	12,6	13,8
Mittelwert Regime 3		1,4	3,3	1,6	-3,0	7,4	11,0	-1,6	11,0	12,8
	Belgien	3,3	2,7	-1,0	-3,0	1,6	3,3	,3	4,3	2,3
	Deutschland	2,8			-0,3	2,5	3,0	2,5		
	Frankreich	3,3	2,0	-1,6	-2,8	3,8	7,6	0,5	5,9	5,9
4	Griechenland	2,6	4,8	1,9	1,5	5,8	4,1	4,1	10,9	6,1
	Portugal	2,4	-2,6	-5,0	-2,8	6,1	10,2	-0,4	3,3	4,7
	Schweden	8,0	-6,0	-12,0	-3,9	3,5	5,9	4,1	-2,7	-6,9
	Spanien	7,9	2,4	-6,5	-10,0	8,2	22,8	-2,1	10,7	14,9
Mittelwert Regime 4		4,3	0,6	-4,1	-3,0	4,5	8,1	1,3	5,4	4,5
Mittelwert: alle Regime		2,9	2,1	-0,6	-3,0	6,7	10,4	0	9,3	10,1

Anmerkungen:
Arbeitsmarktregime: (1) Informell konzertiert, (2) paktiert, (3) liberal-kohärent, (4) blockiert.

dU: Prozentpunktdifferenz der Arbeitslosenquote am Ende der Periode abzüglich des Wertes am Anfang der Periode.

dA: Prozentuale Veränderung der Zahl der Erwerbspersonen am Ende der Periode im Vergleich zum Beginn der Periode.

dN: Prozentuale Veränderung der Zahl der Erwerbstätigen am Ende der Periode im Vergleich zum Beginn der Periode.

Quellen: dU, dA, dN: siehe Abbildung 1; Arbeitsmarktregime: vgl. Schlussabschnitt.

Tabelle 2 zeigt, dass in allen untersuchten Ländern die Arbeitslosenquote 1994 höher liegt als 1990. Die durchschnittliche Differenz beträgt fast drei Prozentpunkte. Besonders dramatisch ist der Anstieg um 14 Prozentpunkte in Finnland; es folgen sodann Schweden und Spanien. In Österreich, den Niederlanden, Dänemark, Norwegen, Japan, Neuseeland, Irland und den USA ist der Zuwachs hingegen gering. Im Durchschnitt ist jedoch die Zahl der Arbeitsplätze kaum zurückgegangen; in der Hälfte der Länder ist sie sogar gestiegen. Die höhere Arbeitslosenquote erklärt sich vielmehr durch den Zuwachs der Erwerbsbevölkerung, der nicht vom Arbeitsmarkt aufgenommen werden konnte. Dies bezieht sich auf die Mittelwerte der Ländergruppen; zwischen den einzelnen Nationen gibt es teilweise erhebliche Unterschiede.

In der anschließenden Phase des Rückgangs der Arbeitslosigkeit sinkt die Erwerbslosenquote um durchschnittlich drei Prozentpunkte. Nur Japan und Griechenland hatten noch eine leicht steigende Quote, während in den Niederlanden, Finnland, Irland, Spanien und dem Vereinigten Königreich diese Kennziffer um mindestens vier Prozentpunkte schrumpfte. Die Zerlegung dieser Veränderungen in die Komponenten des Angebots und der Nachfrage zeigt, dass im Durchschnitt weiterhin die Erwerbsbevölkerung wuchs, aber noch stärker gelang es jetzt, zusätzliche Arbeitsplätze zu schaffen. Irland ist in diesem Zusammenhang ein bemerkenswerter Fall. Die Zahl der Jobs nahm um mehr als ein Drittel zu und der Umfang der Erwerbsbevölkerung stieg um ein Fünftel. Aber auch in Australien, Kanada, Luxemburg, den Niederlanden, Finnland und Spanien betrug die Zuwachsrate der Arbeitsplätze mindestens 14 Prozent.

Zwischen den Veränderungen der Arbeitslosenquoten besteht eine signifikante negative Korrelation (-0,47). Dort wo die Rate besonders stark gestiegen ist, fiel sie im Anschluss auch wieder häufig in ausgeprägter Weise. Aber keineswegs sind alle Länder wieder am Ende der Untersuchungsperiode auf dem Niveau angekommen, von dem aus sie 1990 gestartet waren (Spalten 9-11). Schweden, Finnland und Griechenland erfuhren eine Erhöhung der Erwerbslosigkeit; in Dänemark, Irland und den Niederlanden sanken die Quoten unter die Startwerte. Ausgeprägt sind auch die Unterschiede der Veränderungen der Komponenten. In Belgien, Dänemark oder dem Vereinigten Königreich sind Beschäftigung und Erwerbsbevölkerung im Vergleich zu Luxemburg oder Irland stabil. Hinter einem ähnlichen Rückgang der Arbeitslosenquote verbergen sich ganz unterschiedliche Bewegungen auf der Nachfrage- und Angebotsseite, wie die Fälle Dänemark und Niederlande zeigen.

3. Funktionsstörungen des Arbeitsmarktes

Wie können diese internationalen Unterschiede in der Veränderung der Arbeitslosenquoten und ihren Komponenten erklärt werden? Die gleichsinnige Entwicklung der Arbeitslosenquoten im Untersuchungszeitraum legt es nahe, dass diese Synchronisation durch die internationale Verflechtung der Volkswirtschaften verursacht wurde. Freilich besteht keine signifikante Korrelation der Veränderungsraten der Erwerbslosigkeit und ihrer Komponenten mit der außenwirtschaftlichen Einbindung eines Landes. Diese Einbindung wurde als der durchschnittliche Anteil der Importe und Exporte am Bruttosozialprodukt im Zeitraum 1990-99 gemessen. Man kann also nicht argumentieren, die unterschiedlichen Veränderungen ließen sich linear auf die unterschiedlich enge Verknüpfung der nationalen Ökonomie mit dem Weltmarkt zurückführen. Der Befund deutet damit darauf hin, dass sich die Schocks und die Vorteile der weltwirtschaftlichen Entwicklung national unterschiedlich auswirken.

Welche anderen Variablen bieten sich noch als Erklärungsgrößen für die unterschiedlichen Veränderungsraten von Arbeitslosigkeit und ihrer Komponenten an? Die Volkswirtschaftslehre führt Arbeitslosigkeit auf konjunkturelle Probleme oder auf Funktionsstörungen auf den Arbeits- und Gütermärkten zurück (vgl. Franz 1999, 2000). Zumindest in weiten Teilen Europas seien die Funktionsstörungen die bedeutenderen Ursachen der Arbeitslosigkeit (siehe die Diskussion dazu in Nickell/-Layard 1999). Diese Störungen könnten in drei Gruppen eingeteilt werden: (1) All jene Strukturen, die verminderten, dass sich Löhne flexibel an die Nachfrage anpassen können. Dazu gehörten beispielsweise flächendeckende und langfristige Tarifverträge ohne Öffnungsklauseln, zentralisierte Lohnverhandlungen oder starke Gewerkschaften, die zur ‚Marktvermachtung' beitrügen. In diesem Zusammenhang wird häufig argumentiert, die Gewerkschaften würden die Interessen der Arbeitsplatzbesitzer vertreten (und deshalb Lohnflexibilitäten zugunsten der Arbeitssuchenden verhindern) und sie würden dabei von den Unternehmern unterstützt. (2) Eine zweite Gruppe von Variablen, die hohe Arbeitslosigkeit erklären kann, sind falsche Anreize. Diese können beispielsweise von hohen Lohnersatzleistungen für Arbeitslose ausgehen. Arbeitnehmer haben wenig Anreize, eine bezahlte Tätigkeit anzunehmen, wenn die Zahlungen der Arbeitslosenversicherung in der gleichen Größenordnung liegen, wie das erzielbare Arbeitsentgelt. Aber auch Kündigungsschutzregeln können die Arbeitslosigkeit erhöhen. Unternehmer müssen befürchten, dass sie eingestellte Arbeitnehmer im Falle eines Geschäftsrückgangs aufgrund der gesetzlichen oder tarifvertraglichen Regelungen nicht mehr oder nur sehr schwer entlassen können. Deshalb neigen sie dazu, Einstellungen zu vermeiden, soweit die vorhandenen Aufträge durch Überstunden der derzeit Beschäftigten erfüllt werden können. (3) Arbeitslosigkeit entstehe schließlich auch durch *mismatch*, d.h. die fehlende Entsprechung von Angebot und Nachfrage. Die OECD hat solche Funktionsstörungen des Arbeitsmarktes ausführlich untersucht und eine Reihe von Vorschlägen aufgestellt, wie diese Mängel zu beseitigen seien. Die Dezentralisierung und Flexibilisierung der Tarifpolitik gehört hierzu wie der Abbau von Kündigungsschutzregeln und der Reduktion der Zahlungen der Arbeitslosenversicherung. Und schließlich könne *mismatch* vermindert werden, wenn eine aktive Arbeitsmarktpolitik Mobilität, Weiterbildung, Umschulung und Erhaltung des Humankapitals der Arbeitnehmer fördert (OECD 1994a, 1994b).

Die empirischen Befunde über die Zusammenhänge von solchen Funktionsstörungen des Marktes und der Arbeitslosigkeit sind jedoch keineswegs eindeutig und hängen von einer Reihe von Rahmenbedingungen ab. In einer neueren Bestandsaufnahme kommt die OECD beispielsweise zu dem ernüchternden Schluss, Kündigungsschutzregelungen hätten „little or no effect on overall employment" (OECD 1999a: 50). Diese Schlussfolgerung wird auch von den in Tabelle 3 dargestellten Korrelationsanalysen bestätigt. Es findet sich kaum ein systematischer und signifikanter Zusammenhang zwischen den vermuteten Funktionsstörungen des Arbeitsmarktes und der Entwicklung von Arbeitslosigkeit und Beschäftigung im internationalen Vergleich. Dieser Befund wird auch weitgehend von der neueren empirisch orientierten wirtschaftswissenschaftlichen Forschung gestützt. Zwar seien Gewerkschaften und Sozialabgaben noch Kandidaten für eine Erklärung der unterschiedlichen Arbeitslosenquoten, aber ‚time spent worrying about strict labor market regulations, employment protection and minimum wages is probably time largely wasted' (Nickell/Layard 1999: 3080).

Tabelle 3: Korrelate der Veränderung von Arbeitslosigkeit und Beschäftigung

	1990-1994		1994-2000		1990-2000	
	dU	dN	dU	dN	dU	dN
Ausgaben Aktive AMP 1990	[0,32]	[–0,43]				
Ausgaben Aktive AMP 1994			–0,57	[0,16]	[0,02]	[–0,26]
Veränderung Teilzeitarbeit 1990-1994	[0,01]	[0,24]				
Veränderung Teilzeitarbeit 1994-2000			[–0,11]	[–0,04]		
Veränderung Teilzeitarbeit 1990-2000					[–0,13]	[0,36]
Ausmaß Teilzeitarbeit 1994	[–0,23]	[–0,13]				
Ausmaß Teilzeitarbeit 2000			[0,59]	[0,02]	[–0,31]	[0,23]
Höhe Lohnersatzleistungen ca. 1991	[0,13]	[–0,11	[–0,41]	[0,23]	[–0,25]	[0,10]
Höhe Lohnersatzleistungen ca. 1997 (Ehepaar, 2 Kinder)			[–0,27]	[0,18]	[0,07]	[0,03]
Kündigungsschutzregeln, Ende 1990er Jahre	[0,24]	[–0,30]	[0,20]	[–0,29]	[0,43]	[–0,40]
Lohnungleichheit Anfang 1990er Jahre)	[–0,35]	[0,47]	[0,19]	[0,08]	[–0,31]	[0,41]
Steuerkeil	[0,40]	–0,51	[–0,07]	[–0,29]	[0,33]	–0,49
Nettoorganisationsgrad 1995	0,52	–0,63	[–0,40]	[0,09]	[0,20]	[–0,34]
Zentralisierung des Tarifvertragswesens 1990	[0,23]	[–0,20]	[–0,39]	0,47	[–0,08]	[0,22]
Deckungsgrad der Tarifverträge 1990	[0,33]	[–0,17]	[–0,20]	[0,12]	[0,15]	[0,02]
Korporatismus (Siaroff) Mitte 1990er	[0,13]	[–0,08]	[0,19]	[–0,28]	[0,32]	[–0,23]
Sitzanteil linker Parteien 1990-1994	[0,08]	[0,06]				
Sitzanteil linker Parteien 1995-2000			[0,14]	[–0,33]	[0,02]	[–0,27]
Soziales Kapital: Interpersonales Vertrauen ca. 1990	[0,24]	[–0,31]	[–0,26]	[0,16]	[–0,06]	[–0,10]
Soziales Kapital: Verbandsmitgliedschaften ca. 1993	[0,07]	[–0,11]	[0,03]	[–0,06]	[0,10]	[–0,09]
Regierungsform: Konsensusdemokratie 1971-96	[0,27]	[–0,38]	[0,02]	[–0,24]	[0,29]	[–0,41]
Regierungsform: Vetopunkte, 1971-1996	[–0,13]	[0,20]	[0,17]	[–0,18]	[0,02]	[0,04]

In Klammern: Korrelationskoeffizienten, die nicht auf den 0,05-Niveau signifikant sind.
Operationalisierung und Quellen:

dU: Prozentpunktdifferenz der Arbeitslosenquote am Ende der Periode abzüglich des Wertes am Anfang der Periode, Quelle: vgl. Abbildung 1.

dN: Prozentuale Veränderung der Zahl der Erwerbstätigen am Ende der Periode im Vergleich zum Beginn der Periode, Quelle: vgl. Abbildung 1.

Ausgaben Aktive Arbeitsmarktpolitik (in % des Bruttosozialprodukts): OECD (1996, 1997).
Teilzeitarbeit: Teilzeitarbeitsstellen in % aller Arbeitsstellen: OECD (verschiedene Jahre).

Höhe Lohnersatzleistungen (Bruttoleistungen in % des bisherigen Bruttoverdienstes), ca. 1991, summarischer Index: OECD (1994b, Chapter 8, 175).

Höhe Lohnersatzleistungen (in % des bisherigen Nettolohnes), ca. 1997, Ehepaar mit 2 Kindern: OECD (1999b).

Kündigungsschutzregeln: Index für die Schwierigkeit von Kündigungen (*improved index*), summarischer Index, Ende 1990er Jahre: OECD (1999a: 66).

Lohnungleichheit (Anfang 1990er Jahre): Einkommensverhältnis Dezil 5 (mittleres Einkommen) zu Dezil 1 (niedriges Einkommen): Jochem/Siegel (2000).

Steuerkeil (Anteil an Steuern und Sozialabgaben an den Gesamtlohnkosten) für alleinstehende Arbeitnehmer ohne Kinder mit zwei Drittel des Durchschnittslohns: Jochem/Siegel (2000).

Nettoorganisationsgrad (erwerbstätige Gewerkschaftsmitglieder in % aller Arbeitnehmer), Irland und Japan Bruttoorganisationsgrad 1995: Traxler u.a. (2001). Daten für die Schweiz (Nettoorganisationsgrad): Ebbinghaus/Visser (2000: 694).

Deckungsgrad der Tarifverträge (Arbeitnehmer, deren Arbeitsbedingungen durch Tarifverträge geregelt werden in % aller Arbeitnehmer), 1990: Traxler (1994), OECD (1994c: 167-194), ergänzt mit ILO (1997).

Korporatismus: Index der *integrated economies* Siaroff (1999).

Zentralisierung des Tarifvertragswesens, 1990: Index von Franz Traxler und Bernhard Kittel. Kenworthy (2000).

Sitzanteil linker Parteien: Anteile der sozialdemokratischen und anderen linken Parteien an den Regierungssitzen. Armingeon u.a. (2002).

Soziales Kapital: Interpersonales Vertrauen (ca. % der Befragten, die den Mitmenschen vertrauen), berechnet aus dem European Value Survey. Gabriel/Brettschneider (1994), Freitag (2001:102), Newton (1999: 169-187).

Soziales Kapital: Mitgliedschaft in Vereinen, Verbänden und Freiwilligenorganisationen (in % der Befragten), ca. 1993: Freitag (2001).

Regierungsform: Konsensdemokratie. Indikator von Armingeon (2002), im Anschluss an Lijphart (1999).

Regierungsform: Vetopunkte. *Federal-Unitary*-Dimension von Lijphart (1999).

Dies bedeutet keineswegs, dass diese Bestimmungsgrößen prinzipiell keinen Effekt haben. Vielmehr liegt die Vermutung nahe, dass diese Strukturen und Politiken mit verstärkenden und gegenwirkenden anderen Einflussgrößen national spezifisch so kombiniert sind, dass sich keine überragende Wirkung einzelner Variablen der ökonomischen Arbeitsmarktforschung im internationalen Vergleich der 1990er Jahre ausmachen lässt. So könnte es sein, dass Erfolge der Arbeitsmarktpolitik in Finnland auf das Lockern der dortigen Kündigungsschutzregeln zurückgeht (OECD 1999a: 52), während in den Niederlanden die massive Ausbreitung der Teilzeitarbeit besonders wichtig war (Schmid 1997; Visser/Hemerijck 1997) und in Dänemark die beschäftigungsfreundlichen Steuerreformen und die Dezentralisierung der Lohnverhandlungen einen großen Beitrag zum arbeitsmarktpolitischen Erfolg dieses Landes geleistet haben (Benner/Bundgaard Vad 2000; Iversen 1999).

Schließlich kann den mit Funktionsstörungen des Arbeitsmarktes operierenden Erklärungen vorgeworfen werden, sie wären einseitig an Beschäftigung und Arbeitslosigkeit orientiert. Die größte Herausforderung, die die Arbeitsmärkte in den 1990er Jahren jedoch zu bewältigen hatten, war nicht die Erhaltung bestehender Arbeitsplätze, sondern die Schaffung neuer Jobs, um die stark steigende Zahl der Erwerbsbevölkerung ins Arbeitsleben zu integrieren. Eine alternative Strategie besteht in der Reduktion des Arbeitsangebots. Ein verbreitetes Muster ist hierbei die Frühverrentung, die allerdings zumindest erhebliche Finanzierungsprobleme der

Sozialversicherungen generiert (Ebbinghaus 2001). In der Schweiz wurde die Arbeitslosenquote über lange Zeit hinweg vor allem über die Regulierung der Zahl der ausländischen Arbeitnehmer gesteuert (Schmidt 1995; Armingeon 1999; Bonoli/Mach 2000). Und schließlich sind Verlängerungen der Pflichtschulzeiten oder die Verkürzung bzw. Abschaffung der allgemeinen Wehrpflicht weitere ent- oder belastende Maßnahmen der Arbeitsmarktpolitik. Die Problematik der Verkürzung der Analyse der Arbeitslosigkeit auf die Prozesse auf dem Arbeitsmarkt im engeren Sinne zeigt sich besonders deutlich bei der Frauenerwerbsarbeit. Es sind wahrscheinlich nicht nur rein ökonomische Überlegungen, die Frauen zunehmend für die Erwerbsarbeit motivieren. Vielmehr stehen dahinter auch staatliche Politiken, die Erwerbsarbeit und Kinderbetreuung möglich machen sowie Veränderungen der Rollenzuschreibungen der Geschlechter (Daly 2000). Der Anstieg der weiblichen Erwerbstätigkeit lässt sich somit auch mit dem Wachstum von zusätzlichen Stellen aufgrund der Flexibilisierung der Arbeitsbedingungen (beispielsweise Ausweitung der Teilzeitarbeit) und der staatlichen Intervention (beispielsweise der Schaffung zusätzlicher Arbeitsstellen im öffentlichen Dienst) erklären. Aber ebenso wichtig können Reformen der Besteuerung von Ehepaaren, des Kinderkrippenwesens oder der Altenbetreuung sein. All diese verschiedenen Maßnahmen beeinflussen in ihrer je spezifischen Kombination den Zustrom zum Arbeitsmarkt und schaffen so unterschiedliche Herausforderungen für die arbeitsmarktpolitischen Akteure bei der Senkung der Arbeitslosenquote.

Schließlich darf nicht vergessen werden, dass ein Teil der Arbeitsmarktprobleme durch Prozesse erzeugt wird, die sich der Einflussnahme der nationalen Politik weitgehend entziehen und denen nicht immer nur wirtschaftliche Motive zugrunde liegen. Ein eindrückliches Beispiel ist die finnische Arbeitsmarktkrise der frühen 1990er Jahre, die durch den Zusammenbruch der Sowjetunion verursacht wurde.

Aus diesen Gründen haben Hypothesen über die internationale Variation der Arbeitslosigkeit, die mit wenigen unabhängigen Variablen arbeiten, von vorneherein geringe Erklärungschancen. Eine Alternative besteht darin, die Rahmenbedingungen der Variation der abhängigen Variablen stärker konstant zu halten. Dies wäre beispielsweise – wie häufig in der ökonomischen Forschung – der Verzicht auf international vergleichende Analysen. Ebenso ist es sinnvoll, nicht die Steuerung der Arbeitslosigkeit selbst zu analysieren, sondern deren Komponenten, also die Entwicklung der Nachfrage und des Angebots unter Einbeziehung der Matching-Strategien auf dem Arbeitsmarkt. Damit können jedoch nur noch Teilantworten auf die politisch relevante Frage gegeben werden, was Regierungen tun können, um ihren Anspruch der Reduktion der Arbeitslosigkeit einzulösen.

4. Politik und Institutionen

Politik und Institutionen stehen im Mittelpunkt der vergleichenden sozialwissenschaftlichen Arbeitsmarktanalysen. Freilich erklärt nur eine kleine Zahl solcher Studien die internationalen Variationen der Arbeitslosenquote. Andere Studien konzentrierten sich beispielsweise auf einzelne Prozesse am Arbeitsmarkt (Schmid 1994; Schmid u.a. 1996), auf die Entstehung von einzelnen Arbeitsmarktpolitiken wie der aktiven Arbeitsmarktpolitik (Janoski 1994, 1996), auf die Beschäftigungsregime, die einzelnen Typen des Wohlfahrtsstaats entsprechen (Esping-Andersen 1990, 1996, 1999), oder auf die Beschäftigung anstelle der Arbeitslosigkeit als zu erklärende Variable (besonders Scharpf 2000, 2001). Allerdings sind die zwei zuletzt genannten Forschungslinien – wohlfahrtsstaatstypische Beschäftigungsregime und Determinanten der Beschäftigungspolitik – eng mit der Fragestellung nach den Ursachen unterschiedlicher Arbeitslosigkeit verbunden, so dass sie im Folgenden referiert und anhand der Arbeitsmarktentwicklungen in den 1990er Jahren untersucht werden sollen.

Die vergleichenden sozialwissenschaftlichen Studien haben fünf Gruppen von unabhängigen Variablen in den Mittelpunkt gestellt: (a) Soziale Integration, (b) politische Kräfteverhältnisse zwischen ‚links' und ‚rechts', (c) Regierungsform, (d) Institutionen des Arbeitsmarktes, insbesondere Gewerkschaften und Korporatismus und (e) die Interaktionen von Politik, Institutionen und exogenen Herausforderungen.

(a) *Soziale Integration*: In Ländern, in denen die soziale Integration stark ausgeprägt ist, seien die Chancen der erfolgreichen Bekämpfung der Arbeitslosigkeit besonders gut, weil soziale Kontakte die Suche nach neuen Arbeitsstellen erleichterten. Netzwerke reduzierten Suchkosten, verbesserten Informationsflüsse, brächten solidarische Unterstützung der Arbeitssuchenden durch ihr soziales Umfeld zustande, verhinderten gesellschaftliche Marginalisierung der Stellenlosen und machten Strategien der Ausnutzung der Arbeitslosenversicherung weniger attraktiv. Die Grundüberlegung dieser Argumente ist im Rahmen der Debatte über das ‚soziale Kapital' entwickelt worden (Putnam 1993, 2000). In einigen soziologischen Untersuchungen wurden Hinweise auf solche Wirkungsweisen des Sozialkapitals auf dem Arbeitsmarkt gefunden. Markus Freitag hat in einem Vergleich der Schweizer Kantone ebenfalls Belege für diese Auswirkung des Sozialkapitals erbracht (Freitag 2000). Benutzt man die gebräuchlichen Indikatoren für Sozialkapital – interpersonales Vertrauen und Mitgliedschaft in Vereinen, Verbänden und Freiwilligenorganisationen – so ergeben sich im Rahmen meiner Vergleichsanlage für die 1990er Jahre keine signifikanten Korrelationen mit den Veränderungsraten der Arbeitslosenquote und der Beschäftigung (Tabelle 3).

Auch dieses Ergebnis bedeutet nicht, dass Sozialkapital unwichtig für die Arbeitsmarktentwicklung ist; vielmehr müssen offensichtlich die Kontextbedingungen identifiziert werden, unter denen es den erwarteten Zusammenhang mit der Arbeitslosenquote geben könnte.

(b) *Politik/Politische Kräfteverhältnisse*[2]: Ältere sozialwissenschaftliche Analysen der Arbeitsmarktpolitik vermuteten einen Zusammenhang zwischen der parteipolitischen Zusammensetzung der Regierung und der Stärke der organisierten Arbeiterbewegung. Je stärker die Linke (sozialistische, sozialdemokratische, kommunistische Parteien) in der Regierung politisch vertreten sei, desto höher würde das Vollbeschäftigungsziel gewichtet (Korpi 1991; Hibbs 1977). Daran wurde kritisiert,

2 Ich gehe an dieser Stelle nicht auf die Theorie des politisch-ökonomischen Zyklus ein, der zufolge Regierungen aus Wiederwahlinteressen vor der Wahl die Ökonomie so manipulieren, dass die Arbeitslosenquote zurückgeht. Diese früheren Befunde konnten in der neueren Forschung nicht mehr bestätigt werden (Alesina u.a. 1997).

auch in konservativen Staaten – wie der Schweiz und Japan – würde Vollbeschäftigung erfolgreich angestrebt (Schmidt 1982b, 1988).

Die parteipolitische Hypothese der Arbeitsmarktforschung ging davon aus, dass Regierungen zur Erreichung des Vollbeschäftigungsziels andere makroökonomische und fiskalische Größen weitgehend beliebig manipulieren könnten: Regierungen könnten zwischen Preissteigerung und hohem Beschäftigungsstand wählen und sie könnten Wechselkurse, staatliche Verschuldung und Zinssätze zur Wirtschaftssteuerung nahezu beliebig benutzen. Spätestens in den 1990er Jahren waren freilich die Voraussetzungen solcher Arbeitsmarktstrategien häufig nicht mehr gegeben. Mit dem Einschwenken aller Regierungen in etablierten OECD-Ländern auf einen Pfad der Preisstabilität und mit der wechselseitigen Bindung der Währungen bis hin zur Währungsunion verlor die Arbeitsmarktpolitik einen beträchtlichen Teil ihres früheren Instrumentariums. Dies schließt nicht aus, dass sozialdemokratische Parteien den Anspruch auf Vollbeschäftigung erheben und dass sie dessen Umsetzung besten Willens anstreben. Allerdings fehlen ihnen wichtige Mittel, diese Ziele zu erreichen. Ähnlich wird auch in der wirtschaftswissenschaftlichen Forschung argumentiert, die ebenfalls eine stärkere Orientierung linker Parteien an der Vollbeschäftigung nachweist. Allerdings könnten sozialdemokratische Parteien das Niveau der Arbeitslosigkeit durch Fiskalpolitiken nicht langfristig und dauerhaft senken (Alesina u.a. 1997).

Die in Tabelle 3 abgetragenen Ergebnisse der Korrelationsanalysen von parteipolitischer Zusammensetzung der Regierung und der Entwicklung von Arbeitslosigkeit und Beschäftigung stimmen mit diesem Forschungsbefund überein: Die politische Kräfteverteilung zwischen sozialistischen/sozialdemokratischen und bürgerlichen Parteien erklärt für sich alleine in keiner signifikanten Weise die Variation der unabhängigen Variablen (vgl. auch Castles 1999: 227-247).

(c) *Regierungsform*: Eine Annahme der Debatte über Effekte verschiedener Regierungsformen lautete, Wettbewerbsdemokratien könnten entschlossener und konsistenter auf ökonomische Probleme reagieren als Konkordanz- oder Konsensusdemokratien. Dagegen wären Länder benachteiligt, in denen aufgrund der gesellschaftlichen Segmentierung nicht die Möglichkeit bestünde, eine Westminster-Demokratie aufzubauen und die deshalb konkordanzdemokratische Regierungsformen wählen müssten. Der Preis für diese Form der Verhandlungsdemokratie sei der politische Immobilismus in der ökonomischen Krise. Dafür hat die vergleichende Forschung keine überzeugenden Belege gefunden. Andererseits ließ sich auch nicht die These stützen, Konkordanzdemokratien seien der Wettbewerbsdemokratie bei der Herstellung von Beschäftigung überlegen (vgl. Anderson 2001; Armingeon 2002; Lijphart 1999).

Ein ähnliches Argument lässt sich auch aus der Diskussion über Vetospieler oder „Nebenregierungen" (Colomer 1996) ableiten. Wenn verschiedene politische Akteure sich gegenseitig blockieren können, besteht besonders in Krisensituationen die Gefahr, dass nicht konsistent, rasch und entschlossen auf ein Arbeitsmarktproblem reagiert wird. Zur Überprüfung dieser Hypothesen wurde ein Indikator für Konsensusdemokratie über einen längeren Zeitraum (1971-96) im Anschluss an Lijphart (1999) berechnet (Armingeon 2002); der Indikator der Nebenregierungen entspricht der *federal-unitary*-Dimension von Lijphart (1999). Wie schon in Bezug auf das langfristige Niveau der Arbeitslosigkeit (Armingeon 2002) finden sich auch für die Veränderungsraten der Arbeitslosigkeit und der Beschäftigung keine starken empirischen Belege für die Behauptung, zahlreiche Nebenregierungen oder die Konsensusdemokratie hätten systematisch schlechtere Folgen für den Arbeitsmarkt als unitarische Wettbewerbsdemokratien.

(d) *Institutionen des Arbeitsmarktes/Gewerkschaften und Korporatismus*: Während in der herkömmlichen ökonomischen Forschung Gewerkschaften zur Marktvermachtung und damit zu gestörten Arbeitsmärkten beitragen, wurde in neueren Studien ein konträres Argument vorgetragen. Dem liegen mindestens zwei zentrale Überlegungen zugrunde. Die erste geht im Anschluss an Mancur Olson von der Vorstellung von ‚umfassenden Verbänden' aus (Olson 1982). Wenn Verbände so groß sind, dass sie keine Chance mehr haben, die Kosten ihrer verbandsegoistischen Strategien zu externalisieren, werden sie bei ihrer Politik das Gemeinwohl aus rationalen Motiven berücksichtigen. Beispielsweise wird eine große Gewerkschaft die Folgen überzogener Lohnpolitik für die Preisentwicklung antizipieren, während ein kleiner Verband hoffen darf, dass von dem auf wenige Arbeitnehmer begrenzten Abschluss keine preistreibenden Wirkungen ausgehen können. Das zweite Argument bezieht sich auf Vorteile, die Gewerkschaften aus einer Kooperation ziehen. Ihre Lohnmäßigung und ihr Verzicht auf Arbeitskämpfe wird durch einen hohen Beschäftigungsstand, politische Gegenleistungen und/oder Organisationshilfen belohnt (Lehmbruch/Schmitter 1982; Lehmbruch 1979; Streeck 1981). Die These der korporatistischen Gewerkschaften, die durch ihre Mäßigung und ihre Kooperation zu einer hohen Beschäftigung beitragen (vgl. Schmidt 1982a), ist in der Literatur vielfach modifiziert und geprüft worden. Die empirischen Belege sind höchst uneinheitlich (OECD 1997: Kapitel 3). Auch einer neueren Untersuchung gelang es nicht, mit verfeinerten Methoden auf der Basis von differenzierten Modellen und sehr guten Daten einen systematischen und starken Zusammenhang zwischen der Veränderung der Arbeitslosenquote und den Strukturen des Lohnverhandlungssystems nachzuweisen (Traxler u.a. 2001: 253-284). Die Befunde der vorliegenden Untersuchung stimmen damit überein (Tabelle 3).

(e) *Interaktionen*: Diese Befunde über die geringe empirische Angemessenheit einfacher bivariater Modelle weisen auf komplexere Zusammenhänge hin. So kann es beispielsweise, Schmidt zufolge, zwei Wege zu geringer Arbeitslosigkeit geben (Schmidt 1988): einen konservativen – wie in der Schweiz und Japan – und einen korporatistischen, wie in den 1970er und 1980er Jahren in Skandinavien. Aufgrund der Erfahrungen der 1990er Jahre wäre diese Darstellung noch um einen dritten angelsächsischen Weg (USA, Großbritannien) zu ergänzen.

Einen wichtigen Beitrag zu solchen arbeitsmarktrelevanten Interaktionen von politischen Kräfteverhältnissen, Institutionen und Politiken lieferte Scharpf in einer bahnbrechenden vergleichenden Analyse sozialdemokratischer Wirtschaftspolitik (Scharpf 1987). Er argumentierte, zu einer erfolgreichen keynesianischen Kooperation bedürfe es nicht nur einer Regierung, die das Ziel der Vollbeschäftigung anstrebe. Vielmehr müsste sie ferner über ein Budget verfügen, dessen Größe es erlaubt, einen ausreichenden Nachfrageimpuls auszulösen. Darüber hinaus müssten sowohl die Politik der Gewerkschaften als auch die Geldpolitik der Zentralbank mit der Regierungspolitik koordiniert werden, um mit politischen Mitteln die Arbeitslosigkeit zu senken. Freilich war in den 1990er Jahren die keynesianische Option unter den Bedingungen der internationalen Mobilität des Kapitals, den Vorgaben der

EU für die Mitgliedsländer der Währungsunion und der Enttäuschung der meisten westlichen Regierungen über die geringe Wirksamkeit und die großen Nachteile der globalen Nachfragesteuerung nur noch schwer greifbar. Deshalb ist dieses Modell zur Erklärung der jüngsten Entwicklungen der Arbeitslosenquoten kaum geeignet. Aber es hat eine Reihe von Weiterentwicklungen und Aufdatierungen erfahren. Der Beitrag von Torben Iversen (1999, 2000) ist in diesem Zusammenhang hervorzuheben. Für den Zeitraum 1973-1993 gäbe es Iversen zufolge zwei Wege zu relativ niedriger Arbeitslosigkeit. Der skandinavische Weg beruhe auf zentralisierten und starken Gewerkschaften, die mit der (häufig sozialdemokratischen) Regierung kooperieren und einer Zentralbank, die Inflation zulasse, wenn die Gewerkschaften im Rahmen und in der Folge der solidarischen Lohnpolitik eine expansive Lohnpolitik betreiben. Der zweite Weg würde in Kontinentaleuropa beschritten. Dort orientierten sich Zentralbanken an der Preisstabilität und ‚überzogene' Lohnsteigerungen führten aufgrund dieser Inflexibilität der Zentralbank unmittelbar zu weniger Beschäftigung und mehr Arbeitslosigkeit. Deshalb mäßigten sich in den meisten Ländern Kontinentaleuropas die nur schwach zentralisierten Gewerkschaften und erreichten dort trotz unabhängiger und nicht-akkommodierender Zentralbank einen relativ hohen Beschäftigungsstand. Unvorteilhaft sei schließlich ein stark dezentralisiertes Lohnverhandlungssystem (USA, Kanada, Frankreich, Großbritannien, Italien). Es produziere aufgrund der ausschließlichen Ausrichtung der Gewerkschaftsführer auf die Interessen ihres kleinen Mitgliederkreises (Iversen 1999: 25) oder aufgrund der ‚Unverständlichkeit' der Signale der preisorientierten Zentralbank bei lokal operierenden Verhandlungsführern (Hall/Franzese 1998) Lohnanstiege, die zu Arbeitsplatzverlusten führten. Die Grundpfeiler des skandinavischen Modells würden jedoch wegbrechen: Die solidarische Lohnpolitik sei aufgrund der Modernisierung der gewerkschaftlichen Mitgliederstruktur nicht mehr gut legitimierbar und in einem Zeitalter der unbeschränkten Kapitalmobilität seien inflationäre Politiken nur noch mit großen Nebenkosten verfolgbar. Aus diesen Gründen, so lässt sich folgern, führt nur noch der Weg von schwach zentralisierten Lohnverhandlungssystemen mit unabhängiger Zentralbank zu niedrigen Arbeitslosenquoten. Diese These passt freilich schlecht zu dem Verlauf der Arbeitslosenquoten in den 1990er Jahren. In der Gruppe dezentralisierter Gewerkschaftsbewegungen finden sich Länder mit niedrigen (UK, USA) und mittleren Zuwachsraten der Arbeitslosigkeit (Italien, Frankreich). Länder mit denselben Institutionen der Lohnverhandlungen und derselben Unabhängigkeit der Nationalbanken erfuhren einen extrem unterschiedlichen Verlauf der Arbeitslosenquoten (Deutschland, Niederlande). Und auch in Skandinavien – das ähnliche Verhandlungssysteme hat – unterschieden sich die Entwicklungen der Arbeitslosenquote deutlich.

Ein zweites und wichtiges Argument über Interaktionen wurde von Fritz W. Scharpf (1999, 2000, 2001) im Anschluss an Gøsta Esping-Andersen vorgetragen (1990, 1999). Esping-Andersen zufolge gehen wohlfahrtsstaatliche Systeme mit spezifischen Beschäftigungsmustern einher. Von zentraler Bedeutung ist in diesem Zusammenhang der Wandel zur Dienstleistungsgesellschaft: Nur dort können zusätzliche Arbeitsstellen entstehen. Soweit es sich um Stellen im öffentlichen Sektor handelt, müssen sie aus Steuereinkünften finanziert werden und bedingen deshalb eine große und eher wachsende Steuerbelastung. Dies ist der ‚skandinavische' Weg. Arbeitsstellen im privaten Dienstleistungssektor setzen eine geringe Belastung mit Steuern und Sozialabgaben voraus, damit Bürger diese Dienstleistungen nachfragen. Besonders bei niedrigproduktiven Tätigkeiten, die von Arbeitnehmern mit geringer Qualifikation ausgeführt werden, dürfen Lohnkosten und Nettolöhne nur wenig auseinander klaffen, wie dies beipielsweise in den USA der Fall ist. Der kontinentaleuropäische Wohlfahrtsstaat besteuert jedoch den Faktor Arbeit hoch und finanziert damit ein System der statussichernden Sozialversicherung und insbesondere der Reduktion des Arbeitsangebots durch Frühverrentungen. Dieses Finanzierungsmodell des Wohlfahrtsstaates treibt einen großen Keil zwischen Lohnkosten und Nettolöhne, der sich im privaten Dienstleistungssektor beschäftigungshindernd auswirkt. Aus politisch-institutionellen Gründen sei in Kontinentaleuropa ein grundsätzlicher Politikwechsel kaum möglich. Weder die Option des US-Arbeitsmarktregimes noch jene des skandinavischen Modells ist greifbar. Der europäische Wohlfahrtsstaat schaffe ein hohes Niveau der Langzeitarbeitslosigkeit von gering qualifizierten Arbeitnehmern (Scharpf 2001: 279).

In der Tat lassen sich vielfach Belege finden, dass der kontinentaleuropäische Steuerkeil zusätzliche Beschäftigung im Dienstleistungssektor behindert (Jochem/-Siegel 2000; Alber 2000: 555). Freilich sind die Folgen dieses Zusammenhangs für die Entwicklung der gesamtwirtschaftlichen Arbeitslosenquote aus mindestens zwei Gründen weniger eindeutig. Die Studie von Alber (2000) zeigt, dass sich Beschäftigungsregimes auch innerhalb eines Wohlfahrtsstaatstypus beträchtlich unterscheiden. Die enge Koppelung zwischen der Art eines Wohlfahrtsstaates und seiner Beschäftigungsstruktur ist also nicht gegeben. Zum Zweiten ist der Dienstleistungssektor und der dortige Anteil von Niedriglohngruppen sicherlich eine wichtige Stellgröße für die Entwicklung von Arbeitslosigkeit und Gesamtbeschäftigung. Allerdings können diese problemverschärfenden oder problemmindernden Entwicklungen im Dienstleistungssektor durch andere national spezifische Entwicklungen in diesem Sektor oder in anderen Sektoren konterkariert oder verstärkt werden, so dass der Zusammenhang zwischen dem Steuerkeil und der gesamtwirtschaftlichen Arbeitslosigkeit nicht mehr nachzuweisen ist. Diese Interpretation wird durch die fehlenden statistischen Zusammenhänge zwischen den Veränderungswerten der Arbeitslosigkeit und der Höhe des Steuerkeils gestützt. Selbst wenn die kontinentaleuropäischen Staaten die Kraft zum Übergang zum amerikanischen Arbeitsmarktregime hätten, wäre demnach zweifelhaft, ob sich auch das in den Vereinigten Staaten beobachtete Beschäftigungswachstum unter den politisch-institutionellen Rahmenbedingungen der kontinentaleuropäischen politischen Systeme einstellen würde. Hervorzuheben ist jedoch, dass der Steuerkeil (für alleinstehende Arbeitnehmer mit 2/3 des Durchschnittseinkommens) eine der wenigen Variablen ist, die in der erwarteten Richtung für 1990-94 und 1990-2000 (aber nicht für 1994-2000) mit der Beschäftigungsveränderung korrelieren.

5. Schluss

In diesem Beitrag wurde der Frage nachgegangen, welche Erklärungsstärken politisch-ökonomische und sozialwissenschaftliche Theorien der Arbeitslosigkeit und Beschäftigung im internationalen Vergleich der Veränderungen von Arbeitslosenquoten in den 1990er Jahren haben.

Das zentrale Ergebnis der statistischen Überprüfung der verschiedenen Hypothesen im Rahmen einer einfachen bivariaten Untersuchungsanlage zeigt zunächst einen ernüchternden Befund: Die unabhängigen Variablen der wirtschaftswissenschaftlichen Forschung erweisen sich als nahezu ausnahmslos erklärungsschwach. Dies ist angesichts der Popularität dieser Argumente in der politischen Debatte – beispielsweise die behauptete Beschäftigungsfeindlichkeit von restriktiven Kündigungsschutzregeln oder hohen Zahlungen der Arbeitslosenversicherungen – bemerkenswert. Das Ergebnis kann kaum auf die Forschungsanlage der Studie zurückgeführt werden, weil auch andere Analysen zu ähnlichen Schlüssen kommen (Scharpf 2001) – darunter nicht zuletzt die Studien der OECD (1999a). Ein Nicht-Ergebnis ist freilich auch für die meisten der sozialwissenschaftlichen Hypothesen über die Wirkungen von Institutionen und Politik zu melden. Auch dies scheint kein Artefakt der Untersuchungsanlage zu sein, weil ähnliches auch in anders angelegten Analysen entdeckt wurde (Castles 1999: 241). Muss damit das Thema der Arbeitslosigkeit für die Sozialwissenschaften abgeschrieben werden? Oder bleibt ihr nur noch der Rückzug auf eine extrem eng verstandene Politische Ökonomie, bei der theoretisch elegante Modelle in der Tradition der Volkswirtschaftslehre entwickelt werden, die keinen großen Erklärungswert für realweltliche Phänome des Arbeitsmarktes haben, noch ihn beanspruchen? Mindestens drei Gründe sprechen meiner Meinung gegen diese analytische Resignation.

Zunächst ist festzuhalten, dass in diesem Bericht kaum signifikante bivariate Korrelationen zwischen Veränderungswerten der Arbeitslosigkeit und den unabhängigen Variablen gefunden werden konnten. Dies schließt noch nicht aus, dass stärker elaborierte, multivariate Modelle doch signifikante Effekte produzieren können. Und die statistischen Befunde dieser Studie entwerten noch nicht jene Analysen, die Zusammenhänge mit (langfristigen) Niveauwerten nachweisen. Diese Studien vermögen desto mehr zu überzeugen, je länger ihr Untersuchungszeitraum ist, weil dann die Korrelation des End- oder Durchschnittswerts mit dem Startwert geringer wird. Je kürzer hingegen der Untersuchungszeitraum ist, desto stärker wirken sich die Ausgangswerte auf die abhängige Variable aus. Sie sind deshalb systematisch zu kontrollieren, indem sie entweder zur erklärenden Variable werden oder indem sie – wie in diesem Beitrag – vom Endwert abgezogen werden. Beides richtet die Fragestellung nicht mehr direkt auf das Niveau der Arbeitslosigkeit aus, sondern auf deren Veränderung. Analysen, die auf langfristigen Durchschnittswerten von Niveaudaten beruhen, können nur dann überzeugen, wenn davon ausgegangen wird, dass sich der Wirkungskontext der Arbeitsmarktpolitik im Untersuchungszeitraum nicht ändert. Genau dies ist jedoch für die 1990er Jahre nicht gegeben.

Die Komponentenanalyse der Arbeitslosigkeit hat deutlich gemacht, dass eine bestimmte Arbeitslosenquote aus sehr verschiedenen Entwicklungen auf der Angebots- und Nachfrageseite entsteht. Politische Akteure sind auf beiden Seiten mit Veränderungen konfrontiert, die sie nicht oder kaum steuern konnten. Der finnischen Arbeitsmarktpolitik ist der Zusammenbruch der Sowjetunion nicht als Versagen anzulasten und die Trends der nationalen Fertilitätsziffern sind direkter politischer Steuerung nicht zugänglich. Und schließlich kann der Arbeitsmarktpolitik Schützenhilfe aus weit entfernten Politikfeldern zukommen. So hat beispielsweise die USA im internationalen Vergleich ein rigides Strafrecht, das zu einer hohen Rate der in Gefängnissen festgehaltenen Straftätern führt. Von 150 Einwohnern der USA sitzt einer im Gefängnis (Der Bund, 12.4.2002). Indem zahlreiche potenzielle Arbeitnehmer mit eher unterdurchschnittlicher beruflicher Qualifikation und Karrieremotivation für den Arbeitsmarkt nicht zur Verfügung stehen, wird der Arbeitsmarkt auf der Angebotsseite wesentlich entlastet. Die Akteure der Arbeitsmarktpolitik haben unterschiedliche Chancen auf diese vielfältigen Entwicklungen auf der Angebots- und Nachfrageseite zu reagieren, und die Arbeitslosenquote ist nur das Resultat dieser Entwicklungen und Reaktionen. Deshalb ist der arbeitsmarktpolische Erfolg eines Landes nicht umstandslos an der Arbeitslosenquote abzulesen. Dennoch bleibt diese ein wichtiger Indikator, weil die Politiker und Verbandsführer beanspruchen, diese Kennziffer gezielt beeinflussen zu können.

Die zahlreichen Nicht-Zusammenhänge dieser Studie können auch so interpretiert werden, dass es nicht so sehr darauf ankommt, welche Arbeitsmarktpolitiken ein Land verfolgt, sondern vielmehr wie die vorhandenen Politiken und Strukturen koordiniert werden. Ein effizientes Arbeitsmarktregime ist zu erwarten, wenn die einzelnen Politiken an einem leitenden Grundsatz orientiert werden. Das wäre beispielsweise der Fall, wenn konsequent eine Politik der Deregulierung, Flexibilisierung und Dezentralisierung der Lohnverhandlungen mit einer restriktiven Fiskalpolitik und einer nichtakkommodierenden Geldpolitik kombiniert wird, wie dies ansatzweise in Großbritannien oder in den USA verfolgt wurde. Freilich setzt ein derart kohärentes Regime voraus, dass es keine oder kaum Akteure mit wirksamen Vetomöglichkeiten gegen diese Politik gibt. Das wird in Europa häufig nicht der Fall sein und deshalb wird dort die Hoffnung der Akteure auf eine verhandlungsförmig erzielte Koordination der Politiken gerichtet sein müssen. Zwar wird sich in diesem Verhandlungsprozess kein Prinzip der Arbeitsmarktsteuerung dominant durchsetzen können, aber es lässt sich hoffen, dass sich durch Kompromissbildung die Strategien der einzelnen Akteure nicht blockieren, so dass dennoch eine effiziente Gesamtpolitik resultiert. Blockade ist in jenen Fällen zu befürchten, in denen es weder zu einer kohärenten Politik durch einen dominanten Akteur noch zu einer verhandlungsförmigen Koordination kommt. Zwar gibt es auch dann Arbeitsmarktpolitiken, aber sie weisen eine beträchtliche Wahrscheinlichkeit auf, sich wechselseitig lahm zu legen.

Gibt es tatsächlich empirische Hinweise darauf, dass das Alpha und Omega der erfolgreichen Steuerung des Arbeitsmarktes die Blockadevermeidung ist? Ich habe versucht, diese Vermutung zu überprüfen, indem ich Länder jeweils einem Regime zugewiesen und die Mittelwerte für diese Ländergruppen verglichen habe. Die Klassifizierung der Länder erfolgte anhand jenem Muster der Arbeitsmarktpolitik, das in den 1990er Jahren am längsten praktiziert wurde. Die USA, das Vereinigte Königreich, Kanada und Neuseeland gelten als kohärent liberale Regime, weil die Regierungen überwiegend diese ideologische Ausrichtung aufwiesen, weil die Gewerkschaften unfähig waren, ein Veto gegen diese Politik einzulegen und weil es keine herkömmliche Sozialdemokratie gab, die unter den gegebenen politischen oder institutionellen Bedingungen die liberale Politik verhindern konnte. Japan, die Schweiz, Australien, Luxemburg und Norwegen sind Länder in denen in den 1990er Jahren überwiegend eine Fortführung der bisherigen Politik der informellen Konzertierung von Staat und Arbeitsmarktparteien betrieben wurde. In der Schweiz konnte sich beispielsweise der *supply-side*-Korporatismus trotz einiger Herausforderungen halten (Armingeon 1997; Mach 2001), und Japan löste wie bisher seine Arbeitsmarktprobleme durch den Transfer älterer Arbeitnehmer in den Niedriglohnsektor (Hiwatari/Miura 2001). Während in diesen Staaten die Konzertierung eher informell erfolgte, haben die Arbeitsmarktparteien in anderen OECD-Ländern formelle Pakte abgeschlossen. Solche Pakte können als Indikator für eine paktierte Arbeitsmarktpolitik im gesamten Untersuchungszeitraum dienen. Paktierte Konzertierung liegt einer Studie von Anke Hassel (2003) zufolge für die 1990er Jahre in den Niederlanden, Irland, Italien, Dänemark und Finnland vor. Und schließlich gab es eine Reihe von Ländern, in denen Kooperation und kohärente Politik scheiterten. Für eine kohärente liberale Politik waren dort die Gewerkschaften oder die eher herkömmlich orientierte Sozialdemokratie zu stark und die Vertreter einer dezidiert liberalen Politik zu schwach. Da die Konzertierung scheiterte, wurde das Arbeitsmarktregime ineffizient. Dies könnte generell in jenen Ländern der Fall sein, in denen die liberale Route nicht beschritten werden konnte und in denen der korporatistische Pakt zwar angestrebt wurde, aber scheiterte oder instabil war. Gescheiterte oder instabile Pakte gab es in Griechenland, Spanien, Portugal, Belgien, Deutschland und Schweden (Hassel 2003). In der Tabelle 2 wurden die Länder bereits in diese vier Regime gruppiert. Wie eine Varianzanalyse zeigt, streuen die Werte innerhalb der einzelnen Gruppen noch immer beträchtlich und die Mittelwertunterschiede sind nicht signifikant. Aber es ist dennoch bemerkenswert, dass jene Länder, in denen das Arbeitsmarktregime meiner Definition zufolge nicht effizient, sondern blockiert ist, im Durchschnitt die schlechtesten Werte bei Arbeitslosigkeit und Beschäftigung aufweisen. Wenn sich diese Befunde in weiteren Studien absichern lassen könnten, so würde sich folgende Interpretation aufdrängen: Der Weg zu mehr Beschäftigung führt nicht in erster Linie über ein einziges Set von Politiken (und ein Vermeiden anderer Politiken); vielmehr ist die Voraussetzung jeder erfolgreichen Arbeitsmarktpolitik die Vermeidung einer Situation, in der die Regierung weder entscheidungs- noch handlungsfähig ist und in der es alternativ nicht gelingt, die Akteure so zu konzertieren, dass sich Arbeitsmarktpolitiken in ihren Effekten nicht mehr wechselseitig verstärken, sondern eher konterkarieren.

Literatur

Alber, Jens, 2000: Sozialstaat und Arbeitsmarkt, in: Leviathan 28, 535-569.

Alesina, Alberto/Roubini, Nouriel/Cohen, Gerald D., 1997: Political Cycles and the Macroeconomy, London.

Anderson, Liam, 2001: The Implications of Institutional Design for Macroeconomic Performance. Reassessing the Claims of Consensus Democracy, in: Comparative Political Studies 34, 429-452.

Armingeon, Klaus, 1997: Swiss Corporatism in Comparative Perspective, in: West European Politics 20, 164-179.

Armingeon, Klaus, 1999: Wirtschafts- und Finanzpolitik, in: *Ulrich Klöti/Peter Knoepfel/Hanspeter Kriesi/Wolf Linder/Yannis Papadopoulos* (Hrsg.), Handbuch der Schweizer Politik, Zürich, 725-766.

Armingeon, Klaus, 2002: The Effects of Negotiation Democracy. A Comparative Analysis, in: European Journal of Political Research 41, 81-105.

Armingeon, Klaus/Beyeler, Michelle/Menegale, Sarah, 2002: Comparative Political Data Set, 1960-2000, Bern, http://www.ipw.unibe.ch/armingeon/cpds_korrigiert.zip.

Benner, Mats/Bundgaard Vad, Torben, 2000: Sweden and Denmark. Defending the Welfare State, in: *Fritz W. Scharpf/Vivian A. Schmidt* (Hrsg.), Welfare and Work in the Open Economy. Volume II. Diverse Responses to Common Challenges, Oxford, 399-466.

Bonoli, Giuliano/Mach, André, 2000: Switzerland: Adjustment Politics within Institutional Constraints, in: *Fritz W. Scharpf/Vivian A. Schmidt* (Hrsg.), Welfare and Work in the Open Economy. Volume II. Diverse Responses to Common Challenges, Oxford, 131-174.
Castles, Francis G., 1999: Comparative Public Policy. Patterns of Post-war Transformation, Cheltenham/Northampton.
Colomer, Josep M. (Hrsg.), 1996: Political Institutions in Europe, London, New York.
Daly, Mary, 2000: A Fine Balance. Women's Labor Market Participation in International Comparison, in: *Fritz W. Scharpf/Vivian A. Schmidt* (Hrsg.), Welfare and Work in the Open Economy. Vol. II. Diverse Responses to Common Challenges, Oxford, 467-510.
Ebbinghaus, Bernhard, 2001: When labour and capital collude. The political economy of early retirement in Europe, Japan and the USA, in: *Bernhard Ebbinghaus/Philip Manow* (Hrsg.), Comparing Welfare Capitalism, London/New York, 76-101.
Ebbinghaus, Bernhard/Visser, Jelle, 2000: Trade Unions in Western Europe since 1945 (The Societies of Europe), New York, Basingstoke, Oxford.
Esping-Andersen, Gøsta, 1990: The Three Worlds of Welfare Capitalism, Princeton.
Esping-Andersen, Gøsta, 1996: Welfare States without Work: the Impasse of Labour Shedding and Familialism in Continental European Social Policy, in: *Gøsta Esping-Andersen* (Hrsg.), Welfare States in Transition. National Adaptions in Global Economies, London, 66-87.
Esping-Andersen, Gøsta, 1999: Social Foundations of Postindustrial Economies, Oxford.
Franz, Wolfgang, 1999: Arbeitsmarktökonomik, 4.Auflage, Berlin, Heidelberg, New York.
Franz, Wolfgang, 2000: Arbeitslosigkeit ist keine Lotterie. Über die Ursachen sind sich die Ökonomen einig – Probleme bereitet die Therapie, in: Neue Zürcher Zeitung vom 29./30. Januar 2000, 101.
Freitag, Markus, 2000: Soziales Kapital und Arbeitslosigkeit. Eine empirische Analyse zu den Schweizer Kantonen, in: Zeitschrift für Soziologie 29, 186-201.
Freitag, Markus, 2001: Das soziale Kapital der Schweiz: vergleichende Einschätzungen zu Aspekten des Vertrauens und der sozialen Einbindung, in: Revue suisse de science politique 7, 87-117.
Gabriel, Oskar W./Brettschneider, Frank (Hrsg.), 1994: Die EU-Staaten im Vergleich. Strukturen, Prozesse, Politikinhalte, Opladen.
Hall, Peter A./Franzese, Robert J., 1998: Mixed Signals: Central Bank Independence, Coordinated Wage Bargaining, and European Monetary Union, in: International Organization 52, 505-535.
Hassel, Anke, 2003: Die Politik sozialer Pakte, in *Sven Jochem/Nico Siegel* (Hrsg.), Konzertierung in Deutschland und Europa - Das Modell Deutschland im Vergleich, Opladen, i.E.
Hibbs, Douglas A., 1977: Political Parties and Macroeconomic Policy, in: American Political Science Review 71 (4), 1467-1487.
Hiwatari, Nobuhiro/Miura, Mari, 2001: Export Sector-led Adjustment in Trouble? Unemployment, Fiscal Reconstruction and Welfare Reform in Germany and Japan, Paper prepared for the 2001 Annual Meeting of the American Political Science Association, San Francisco, August 30-September 2, 2001.
ILO, 1997: World Labour Report. Industrial relations, democracy, and social stability. 1997-98, Geneva.
Iversen, Torben, 1999: Contested economic institutions: The politics of macroeconomics and wage bargaining in advanced democracies, Cambridge.
Iversen, Torben, 2000: Decentralization, Monetarism, and the Social Democratic Welfare State, in: *Torben Iversen/Jonas Pontusson/David Soskice* (Hrsg.), Unions, employers, and central banks: Macroeconomic coordination and institutional change in social market economies, Cambridge, 205-232.
Janoski, Thomas, 1994: Direct state intervention in the labor market: the explanation of active labor market policy from 1950 to 1988 in social democratic, conservative and liberal regimes, in: *Thomas Janoski/Alexander M. Hicks* (Hrsg.), The comparative political economy of the welfare state, Cambrige, New York, Melbourne, 54-92.
Janoski, Thomas, 1996: Explaining State Intervention to Prevent Unemployment: The Impact of Institutions on Active Labour Market Policy Expenditures in 18 Countries, in: *Günther*

Schmid/Jacqueline O'Reilly/Klaus Schömann (Hrsg.), International Handbook of Labour Market Policy and Evaluation, Cheltenham /Brookfield, 697-724.
Jochem, Sven/Siegel, Nico A., 2000: Wohlfahrtskapitalismen und Beschäftigungsperformanz – Das „Modell Deutschland" im Vergleich, in: Zeitschrift für Sozialreform 46, 38-64.
Kenworthy, Lane, 2000: Quantitative Indicators of Corporatism: A Survey and Assessment, MPIfG Discussion Paper 00/4.
Korpi, Walter, 1991: Political and Economic Explanations for Unemployment: A Cross-National and Long-Term Analysis, in: British Journal of Political Science 21, 315-348.
Lehmbruch, Gerhard, 1979: Liberal Corporatism and Party Government, in: *Philippe C. Schmitter/Gerhard Lehmbruch* (Hrsg.), Trends Toward Corporatist Intermediation, Beverly Hills/London, 147-183.
Lehmbruch, Gerhard/Schmitter, Philippe C. (Hrsg.), 1982: Patterns of Corporatist Policy Making, London/Beverly Hills.
Lijphart, Arend, 1999: Patterns of Democracy: Government Form and Performance in Thirty-Six Countries, New Haven.
Mach, André, 2001: La Suisse entre internationalisation et changements politiques internes. La legislation sur les cartels et les relations industrielles dans les années 1990, Lausanne.
Newton, Kenneth, 1999: Social and Political Trust in Established Democracies, in: *Norris Pippa* (Hrsg.), Critical Citizens. Global Support for Democratic Governance, Oxford, 169-187.
Nickell, Stephen/Layard, Richard, 1999: Labor Market Institutions and Economic Performance, in: *Orely Ashenfelter/David Card* (Hrsg.), Handbook of Labor Economics. Vol. 3, Amsterdam, 3029-3084.
OECD, Organisation for Economic Co-Operation and Development, 1994a: The OECD Jobs Study. Evidence and Explanations. Part I, Paris.
OECD, Organisation for Economic Co-Operation and Development, 1994b: The OECD Jobs Study. Evidence and Explanations. Part II, Paris.
OECD, Organisation for Economic Co-Operation and Development, 1994c: Employment Outlook. July 1994, Paris.
OECD, Organisation for Economic Co-Operation and Development, 1996: Social Expenditure Statistics, Paris.
OECD, Organisation for Economic Co-Operation and Development, 1997: Employment Outlook. July 1997, Paris.
OECD, Organisation for Economic Co-operation and Development, 1999a: Employment Outlook. June 1999, Paris.
OECD, Organisation for Economic Co-Operation and Development, 1999b: Benefit Systems and Work Incentives, Paris.
OECD, Organisation for Economic Co-Operation and Development (verschiedene Jahre): Employment Outlook, Paris.
Olson, Mancur, 1982: The Rise and Decline of Nations. Economic Growth, Stagflation and Social Rigidities, New Haven/London.
Persson, Torsten/Tabellini, Guido, 2000: Political Economics. Explaining Economic Policy, Cambridge/London.
Putnam, Robert A., 1993: Making Democracy Work. Civic Traditions in Modern Italy, Princeton.
Putnam, Robert D., 2000: Bowling Alone. The collapse and revival of American community, New York, London, Toronto, Sydney, Singapore.
Scharpf, Fritz W., 1987: Sozialdemokratische Krisenpolitik in Europa, Frankfurt a. M./New York.
Scharpf, Fritz W., 1999: Regieren in Europa. Effektiv und demokratisch?, Frankfurt a. M./New York.
Scharpf, Fritz W., 2000: Economic Changes, Vulnerabilities, and Institutional Capabilities, in: *Fritz W. Scharpf/Vivian A. Schmidt* (Hrsg.), Welfare and Work in the Open Economy. Volume I. From Vulnerability to Competitiveness, Oxford, 21-124.
Scharpf, Fritz W., 2001: Employment and the welfare state: a continental dilemma?, in: *Bernhard Ebbinghaus/Philip Manow* (Hrsg.), Comparing Welfare Capitalism, London/New York, 270-283.

Schmid, Günther, 1994: Übergänge in die Vollbeschäftigung. Perspektiven einer zukunftsgerechten Arbeitsmarktpolitik, in: Aus Politik und Zeitgeschichte B 12-13/94, 9-23.

Schmid, Günther, 1997: Beschäftigungswunder Niederlande? Ein Vergleich der Beschäftigungssysteme in den Niederlanden und in Deutschland, in: Leviathan 25, 302-337.

Schmid, Günther/O'Reilly, Jacqueline/Schömann, Klaus (Hrsg.), 1996: International Handbook of Labour Market Policy and Evaluation, Cheltenham.

Schmidt, Manfred G., 1982a: Does Corporatism Matter? Economic Crisis, Politics and Rates of Unemployment in Capitalist Democracies in the 1970s, in: *Gerhard Lehmbruch/Philippe C. Schmitter* (Hrsg.), Patterns of Corporatist Policy-Making, London/Beverly Hills, 237-258.

Schmidt, Manfred G., 1982b: Wohlfahrtsstaatliche Politik unter bürgerlichen und sozialdemokratischen Regierungen. Ein internationaler Vergleich, Frankfurt a.M./New York.

Schmidt, Manfred G., 1988: The Politics of Labour Market Policy. Structural and Political Determinants of Rates of Unemployment in Industrial Nation, in: *Francis G. Castles/Franz Lehner/Manfred G. Schmidt* (Hrsg.), Managing Mixed Economies (The Future of Party Government. Vol. 3), Berlin/New York, 4-53.

Schmidt, Manfred G., 1995: Vollbeschäftigung und Arbeitslosigkeit in der Schweiz. Vom Sonderweg zum Normalfall, in: Politische Vierteljahresschrift 36, 35-48.

Siaroff, Alan, 1999: Corporatism in 24 industrial democracies: Meaning and Measurement, in: European Journal of Political Research 36, 175-205.

Streeck, Wolfgang, 1981: Gewerkschaftliche Organisationsprobleme in der sozialstaatlichen Demokratie, Königstein/Ts.

Traxler, Franz, 1994: Collective Bargaining: Levels and Coverage, in: *OECD* (Hrsg.), Employment Outlook. July 1994, Paris, 167-194.

Traxler, Franz/Blaschke, Sabine/Kittel, Bernhard, 2001: National Labour Relations in Internationalized Markets, Oxford.

Visser, Jelle/Hemerijck, Anton, 1997: A Dutch Miracle. Job Growth, Welfare Reform, and Corporatism in the Netherlands, Amsterdam.

Andreas Busch

Kapitel 6
Die politische Ökonomie der Inflation

1. Einleitung

Das Problem der Inflation[1] erscheint zu Beginn des 21. Jahrhunderts in den westlichen Industrieländern nicht mehr von zentraler wirtschaftspolitischer Bedeutung: Wie Abbildung 1 zeigt, bewegen sich hier schon seit einem guten Jahrzehnt die jahresdurchschnittlichen Preissteigerungsraten im niedrigen einstelligen Prozentbereich. Statt um zu rasche Geldentwertung sorgt sich die Wirtschaftspolitik heute eher um zu niedrige Wachstumsraten und zu hohe Arbeitslosenquoten.

Noch in den 1970er und frühen 1980er Jahren war das ganz anders. Damals erreichte die Inflationsrate im Durchschnitt der OECD-Länder Werte von 13,3% (1974) und 11,1% (1981), und in einigen Industrieländern wurden selbst diese bereits hohen Werte noch weit übertroffen: etwa in Japan (1974: 24,5%), Großbritannien (1975: 24,2%) oder Italien (1981: 21,2%). Im Extremfall können Inflationsprozesse doch auch diese Zahlen winzig aussehen lassen. Die Inflation in Deutschland nach dem Ersten Weltkrieg erreichte ihren Höhepunkt im Jahr 1923 mit einer Preissteigerungsrate von 2 Billionen Prozent – das ist eine Zahl mit 12 Nullen! Dieser „Hyperinflation" genannte Prozess entstand jedoch nicht plötzlich, vielmehr bildete er das Ende einer beinahe zehnjährigen Entwicklung in Deutschland:

> „Es dauerte seit Beginn des Krieges ungefähr fünfeinhalb Jahre, bis die Mark auf etwa ein Zehntel ihres Vorkriegswertes gesunken war; zum nächsten Verfall auf ein weiteres Zehntel kam es innerhalb von bloß zweieinhalb Jahren, zum wiederum nächsten dann in nur 108 Tagen und im Oktober 1923 sackte die Mark alle 8 bis 11 Tage auf ein Zehntel ihres vorherigen Wertes ab." (Hardach 1980: 54f.)

Man kann sich vorstellen, dass dieser dramatische Prozess tiefgreifende Folgen für das wirtschaftliche Leben hatte – schon aus rein praktischen Gründen: Oft waren Schubkarren zur Auszahlung von Löhnen und Körbe zur Aufbewahrung des persönlichen Bargeldes nötig. Das ganze Land ertrank geradezu in einer Flut von Papiergeld, das 2000 rund um die Uhr arbeitende Druckerpressen ausspuckten.

---

1 Unter Inflation versteht man einen andauernden Anstieg des allgemeinen Preisniveaus in einer Volkswirtschaft. Daraus ergibt sich, dass weder einmalige Preiserhöhungen noch Preissteigerungen lediglich bestimmter Güter an und für sich Inflation darstellen. Auf Indikatoren zur Messung des Preisniveaus sowie die mit diesen Indikatoren verbundenen Probleme wird weiter unten in diesem Beitrag eingegangen.

Abb. 1: Durchschnittliche Inflationsrate in 18 OECD-Ländern (in Prozent), 1965-2000

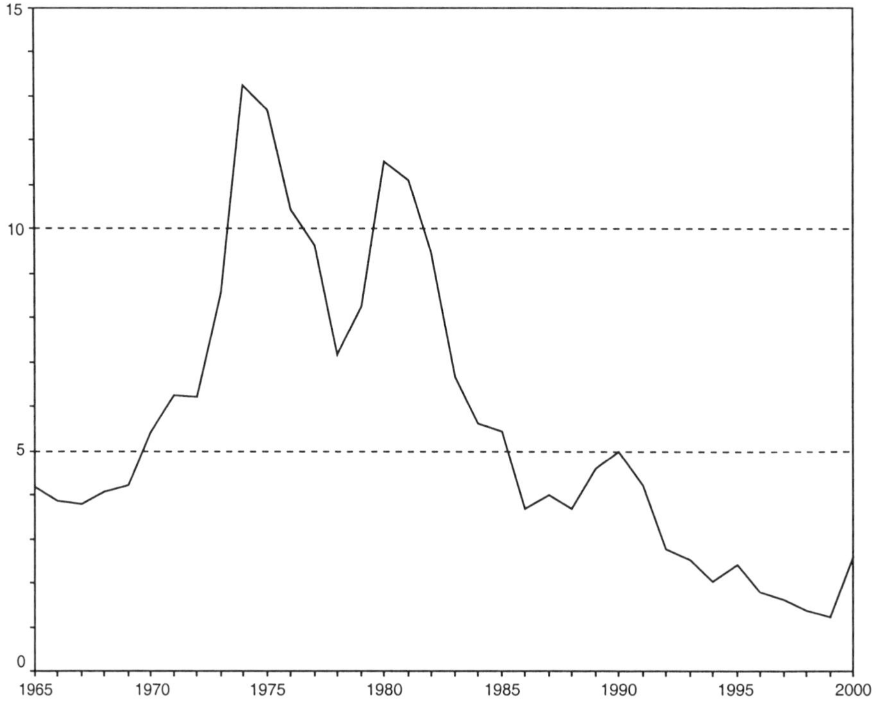

Quelle: OECD Economic Outlook (verschiedene Jahrgänge).

Die deutsche Hyperinflation der 1920er Jahre hatte dramatische Folgen, in wirtschaftlicher, mehr aber noch in politischer Hinsicht – sie wurde oft mit dem Aufstieg des Nationalsozialismus in Verbindung gebracht (siehe dazu weiter unten). Völlige Preisstabilität, d.h. eine Inflationsrate von null Prozent, gibt es andererseits in keinem Land über längere Zeit. Ab wann aber ist es wahrscheinlich, dass eine Inflation zerstörerische Wirkungen entfaltet? Ab wann ist sie als „Hyperinflation" zu betrachten? Auf diese Fragen gibt es keine präzise Antwort, da es keine anerkannte Klassifikation von Inflationen gibt. Zwar unterscheiden Ökonomen auf sehr bildliche Weise zwischen „schleichender", „trabender" und „galoppierender" Inflation, doch ab welcher Prozentzahl eine Kategorie endet und die nächste beginnt, ist nicht präzise festgelegt.[2] Zudem ist diese Einstufung relativ und daher zeitabhängig: zu Beginn der 1970er Jahre, als hohe einstellige Inflationsraten die Norm waren, galt Inflation ab zweistelligen Raten als gefährlich. Heute, da man an niedrige einstellige Preissteigerungsraten gewöhnt ist, würden wohl schon im mittleren einstelligen Bereich Bedenken laut. Die Einschätzung der „Bedrohlichkeit" von Inflation vari-

2 Ein Vorschlag lautet, jährliche Inflationsraten bis 10 Prozent als „schleichende" Inflation zu bezeichnen, solche zwischen 10 und 50 Prozent als „trabende", über 50 Prozent als „galoppierende" und monatliche (!) Inflationsraten ab 50 Prozent als Hyperinflation (Scherf 1988; vgl. auch Feldman 1993: 7).

iert somit mit der Zeit und auch mit der nationalen Erfahrung – denn wie aus den Daten ersichtlich ist, unterscheiden sich die durchschnittlichen Inflationsraten auch über einen längeren Zeitraum zwischen den Industrieländern erheblich. Tabelle 1 fasst die Entwicklung der Inflationsraten in den Industrieländern für den Zeitraum zwischen 1965 und 2000 im Überblick zusammen.

Tabelle 1: Inflationsraten in 18 OECD-Ländern, 1965-2000

	1965-2000	Rang	1965-1972	Rang	1973-1986	Rang	1987-2000	Rang
Österreich	3,96	3	4,06	7	5,57	3	2,28	7
Australien	6,32	13	3,94	6	10,24	13	3,78	16
Belgien	4,49	6	3,92	5	7,17	7	2,14	4
Deutschland	3,24	1	3,41	1	4,26	2	2,13	3
Kanada	5,05	8	3,65	2	8,19	8	2,72	10
Schweiz	3,46	2	4,24	8	4,22	1	2,25	6
Dänemark	6,06	11	6,39	18	9,25	11	2,68	8
Finnland	6,34	14	5,27	11	10,37	14	2,92	11
Frankreich	5,61	9	4,46	9	9,71	12	2,16	5
Irland	7,58	16	6,14	17	13,27	17	2,71	9
Italien	8,16	18	3,76	3	14,55	18	4,28	18
Japan	4,27	5	5,56	15	6,77	5	1,02	1
Niederlande	4,18	4	5,42	13	5,62	4	2,01	2
Norwegen	5,92	10	5,32	12	8,80	9	3,39	13
Neuseeland	7,72	17	5,57	16	12,98	16	3,69	14
Schweden	6,14	12	5,09	10	9,16	10	3,72	15
Großbritannien	7,28	15	5,52	14	11,50	15	4,06	17
USA	4,91	7	3,81	4	7,16	6	3,29	12
Mittelwert	5,59		4,75		8,82		2,85	
Standardabweichung	1,46		0,91		2,94		0,84	
Spannweite	4,92		2,98		10,33		3,26	

Quelle: OECD Economic Outlook (verschiedene Jahrgänge).

Als Nächstes stellt sich die Frage, worin eigentlich die negative Wirkung von Inflation genau liegt. Im Zusammenhang mit der deutschen Hyperinflation der 1920er Jahre wurde auf die enormen Mengen an Papiergeld verwiesen, die das tägliche Wirtschaften erschwerten. Heißt dies nun aber, dass in einer modernen, weitgehend bargeldlos funktionierenden Wirtschaft Inflation weniger schädliche Auswirkungen hätte? In der Tat kann der Gebrauch von Kreditkarten und Schecks die Lasten selbst einer galoppierenden Inflation mindern.[3] Und viele Ökonomen gingen etwa in den 1960er Jahren davon aus, dass eine korrekt antizipierte oder vollständig indexierte Inflation keine negativen Folgen für die reale Wirtschaftstätigkeit habe – mit Ausnahme der rascheren Abnutzung der Schuhsohlen, die dadurch entstehe, dass man (wegen der höheren Alternativkosten von Bargeldhaltung) häufiger zur Bank laufen müsse (sog. *shoe leather effect*).

Diese Auffassung übersah aber zwei zentrale Dinge: zum einen, dass der Versuch, die Folgen von Inflation durch Indexierung von Preisen und Löhnen auszugleichen, die Inflation selbst perpetuierte und sogar zu beschleunigen drohte, da sie

3 Das wurde etwa in den Jahren 1984 und 1985 in Israel bei Inflationsraten zwischen 400 und 800 Prozent deutlich.

den Teilnehmern am ökonomischen Leben Anreize zu inflationsverschärfendem Verhalten – etwa in der Lohnpolitik – bot;[4] zum anderen machten spätestens die Inflationserfahrungen der 1970er Jahre klar, dass selbst Inflation weit unterhalb der Kategorie „Hyperinflation" eben nicht korrekt zu antizipieren ist: Vielmehr ist die Steigerung wirtschaftlicher *Unsicherheit* die zentrale negative Eigenschaft einer Inflation, die nicht nur soziale Verteilungsfolgen hat (da die Anpassungsfähigkeit an die veränderten Anforderungen z.B. mit Herkunft und Bildung variiert), sondern auch gravierende ökonomische Konsequenzen nach sich zieht wie sinkende Investitions- oder Konsumtätigkeit. Letztere sind darauf zurückzuführen, dass Inflation die Informations- und Lenkungsfunktion von Preisen substanziell beeinträchtigt und zu erhöhten Transaktionskosten führt.

Die Verbreitung dieser Erkenntnisse führte seit Ende der 1970er Jahre zu einem wachsenden internationalen Konsens sowohl in akademischen wie in politischen Kreisen, dass niedrige Inflation ein vorrangig anzustrebendes wirtschaftspolitisches Ziel sei. Wie Tabelle 1 zeigt, bewegen sich die Inflationsraten in den OECD-Ländern seit Mitte der 1980er Jahre nicht nur aufeinander zu, sondern auch gemeinsam auf ein niedriges Niveau hin.[5]

Wie misst man eigentlich Inflation? Wie bereits ausgeführt, ist Inflation definiert als ein anhaltendes Ansteigen des allgemeinen Preisniveaus. Da es aber unmöglich ist, tatsächlich *alle* Preise zu messen, werden verschiedene Indikatoren verwendet, um die Messung von Preissteigerung zu operationalisieren. Die gebräuchlichsten sind hierbei der Deflator des Bruttosozialprodukts, der Produzentenpreisindex und der Verbraucherpreisindex. Von Letzterem – dem auch politisch relevantesten, der z.B. bei Lohnaushandlungen zugrundegelegt und allgemein mit der Inflationsrate assoziiert wird – gibt es zudem differenzierte Ausprägungen, so etwa neben dem „Index aller privaten Haushalte" einen „Index eines 4-Personen-Haushalts von Beamten und Angestellten mit höherem Einkommen", einen „Index eines 4-Personen-Haushalts von Arbeitern und Angestellten mit mittlerem Einkommen" und einen „Index eines 2-Personen-Rentnerhaushalts mit geringem Einkommen".

Diesen Indizes liegen sog. „Warenkörbe" zugrunde, deren Zusammensetzung sich aus Untersuchungen über die unterschiedlichen Konsumgewohnheiten verschiedener Verbrauchergruppen ergeben. Sie ermöglichen es, Gewichtungen vorzunehmen und damit die tatsächliche Auswirkung von Preisveränderungen für die Verbraucher abzuschätzen. Diese Gewichtungen werden von Zeit zu Zeit an das sich wandelnde Verbraucherverhalten angepasst. In Deutschland machen zur Zeit etwa die Ausgaben für Wohnung knapp 28 Prozent des Indexgewichts aus, Ausga-

---

4 Als Beispiel kann die italienische *scala mobile* dienen, nach der Lohn- und Sozialleistungen bis in die 1980er Jahre indexiert wurden, sodass Inflationsprozesse keine realen Auswirkungen hatten. Um solchen Entwicklungen vorzubeugen, untersagte z.B. in der Bundesrepublik § 3 des Währungsgesetzes die Benutzung von Wertsicherungsklauseln im Wirtschaftsverkehr. Ausnahmen von diesem Indexierungsverbot bedurften der Genehmigung der Deutschen Bundesbank. Auch nach der Einführung des Euro gilt dieses Verbot weiter, da eine entsprechende Regelung in das (im Rahmen des Euro-Einführungsgesetzes erlassene) Preisangaben- und Preisklauselgesetz (PaPkG) aufgenommen wurde (vgl. BGBl. 1998 I: 1253).

5 Die in Tabelle 1 verwendeten deskriptiven Statistikmaße sind der arithmetische Mittelwert als Maß der zentralen Tendenz, die Standardabweichung als Streuungsmaß und die Spannweite, d.h. Abstand zwischen dem höchsten und dem niedrigsten Wert einer Messreihe.

ben für Nahrungsmittel 13 Prozent, für Bekleidung 7 Prozent, und für Freizeit, Unterhaltung und Kultur gute 10 Prozent.[6]

Die Genauigkeit der Messung von Preisveränderungen ist von großer Wichtigkeit, da die Inflationsrate eine zentrale Rolle für eine Vielzahl sowohl privater wie staatlicher wirtschaftlicher Entscheidungen spielt – von Lohn- und Preisentscheidungen bis zur Bestimmung des realen Wirtschaftswachstums und sich daraus ergebenden geld- und konjunkturpolitischen Maßnahmen. Ein großes Problem liegt hier aber darin, dass der Preisindex nur Preisveränderungen messen soll, während alle anderen ökonomischen Variablen konstant gehalten werden müssen. Diese theoretische Anforderung erweist sich in der Praxis jedoch als sehr schwierig, da viele Güter – etwa durch Innovation oder Wettbewerb – simultan ihre Eigenschaften *und* ihre Preise ändern. Beide Einflüsse sind nur sehr schwer voneinander zu trennen. Der Bericht der *Boskin Commission* in den USA kam 1996 zu dem Schluss, dass die Inflationsrate durch diese Verzerrungen um jährlich etwa 1,1 Prozent *überschätzt* wird (Advisory Commission to Study The Consumer Price Index 1996).

Je stärker sich die sinkenden Inflationsraten der Rate des Messfehlers nähern – der etwa von der Deutschen Bundesbank 1968 mit zwischen ein und zwei Prozent angegeben wurde (Deutsche Bundesbank 1968; vgl. auch Cassel 1990: 272; Feldstein 1997: 123) – und je rascher sich Produkteigenschaften im Rahmen immer kürzerer Produktzyklen (etwa im Bereich der *consumer electronics*) ändern, desto wichtiger wird es, die reine Preisveränderung korrekt zu messen. Dies stellt Ökonomen und Statistiker vor neue Herausforderungen, die die Entwicklung und Anwendung neuer Messmethoden erfordern (vgl. Kokoski u.a. 2001), aber andererseits auch Probleme hinsichtlich der internationalen Vergleichbarkeit der Resultate mit sich bringen.

2. Theorien zur Erklärung von Inflation

Inflation ist, das wurde im vorangegangenen Abschnitt deutlich, ein vielgestaltiger und sowohl über die Zeit wie zwischen Ländern unterschiedlich ablaufender Prozess. Ähnlich vielfältig sind die Versuche, sie zu erklären. Im Folgenden soll ein Überblick über die wichtigsten Ansätze zur Erklärung von Inflation gegeben werden.

2.1. Historische Erfahrungen

Der Fall Deutschland hat für viele Wissenschaftler, die über Inflation forschen, eine besondere Faszination: während es in der ersten Hälfte des 20. Jahrhunderts zweimal eine Hyperinflation erlitten hat,[7] zählt es in der zweiten Hälfte des Jahrhunderts

6 Vgl. das Jahresgutachten des Sachverständigenrats zur Begutachtung der gesamtwirtschaftlichen Entwicklung 2001/02: 446.

7 Nach dem Zweiten Weltkrieg kam es ebenfalls zu einer weitgehenden Geldentwertung, die sich zwar aufgrund von Preisstopps nicht offen zeigte, aber durch Warenknappheit und Einsatz von „Ersatzwährungen" wie Zigaretten etc. manifestierte. Sie machte ebenfalls, wie 1923, eine Währungsreform (1948) notwendig.

kontinuierlich zu den Ländern mit den niedrigsten Inflationsraten. Dies hat oft dazu geführt, einen Zusammenhang zwischen beiden Tatbeständen anzunehmen, und in der Tat enthalten die meisten empirischen Werke über Inflation eine Fallstudie über Deutschland. Die Erfahrung von Hyperinflation sowie der dadurch ausgelösten sozialen und ökonomischen Erschütterungen wird daher von vielen Forschern als Ursache für die niedrigen Inflationsraten in der Bundesrepublik nach 1950 herausgestellt (Busch 1995: 48).

Doch so überzeugend dieser Zusammenhang zunächst auch erscheinen mag, hält er doch einer systematischeren Überprüfung nicht stand. Zum einen ist er nicht verallgemeinerbar: es gibt sowohl Länder mit niedriger Inflation, die *keine* Erfahrung einer Hyperinflation gemacht haben (etwa die Schweiz), und es gibt Länder, die trotz Erfahrungen mit sehr hoher Inflation in den 1930er und 1940er Jahren auch in der zweiten Hälfte des Jahrhunderts vergleichsweise hohe Inflationsraten aufweisen (Frankreich, Italien, Griechenland). Vor allem aber bleibt durch den Verweis auf historische Erfahrungen völlig unklar, *auf welche Weise* sich die Aversion gegen Inflation in wirtschaftspolitische Praxis übersetzt. Diese Erfahrungen können durchaus einen Einfluss haben – um eine Erklärung bieten zu können, bedarf es jedoch einer genauen Darstellung der Transmissionsmechanismen dieser Erfahrung.

2.2. Ökonomische Theorien

Die Wirtschaftswissenschaft, in deren natürliches Aufgabengebiet dieses Thema fällt, hat über die Zeit eine solche Vielzahl von Ansätzen zur Erklärung von Inflation hervorgebracht, dass Fachvertreter schon feststellten: „Theorien über die Ursachen der Inflation gibt es wie Sand am Meer“ (Woll 1981: 503). Man kann diese Theorien in verschiedener Hinsicht klassifizieren: zum einen in *monetäre* und *nicht-monetäre* Theorien, zum anderen danach, ob sie die Erwartungen der Wirtschaftssubjekte in die Analyse einbeziehen oder nicht.

Monetäre Theorien stellen die Entwicklung der Geldmenge (deren Ausweitung als von der Zentralbank bestimmt angesehen wird) in den Mittelpunkt ihrer Analyse, oder sie konzentrieren sich auf Änderungen in der Umlaufgeschwindigkeit des Geldes. Sie sehen die Inflation also vor allem durch eher technisch-geldpolitische Faktoren bestimmt. Die nicht-monetären Theorien sehen die Ursache für Inflation in einer Vielzahl anderer Bereiche des Wirtschaftslebens: so etwa in plötzlich stark erhöhter Nachfrage (*demand pull*) des privaten oder des staatlichen Sektors, wie sie etwa in Kriegszeiten oder durch Wahlgeschenke stattfinden kann; oder durch Druck von der Angebotsseite (*cost push*) der Güter- und Faktormärkte, etwa durch das Preissetzungsverhalten von Unternehmen – insbesondere auf vermachteten Märkten –, durch Lohnkostendruck, oder, allgemein gesprochen, Verteilungskampf.[8]

Der Einfluss der verschiedenen Theorieansätze innerhalb der Wirtschaftswissenschaften variierte über die Zeit erheblich, und damit auch ihr Einfluss auf die Wirtschaftspolitik. In den 1960er und 1970er Jahren standen (Lohn-)Kostendrucktheorien im Vordergrund, was in vielen Ländern irgendeine Form von Lohnpolitik

8 Genauere Ausführungen zu den hier angesprochenen Theorien finden sich etwa im Überblicksartikel von Cassel (1990).

zur Folge hatte. Ab Mitte der 1970er Jahre führte die wachsende Dominanz monetaristischen Gedankenguts auch zu einem Umschwenken in der Politik: Nun wurde die Hauptursache für Inflation im übermässigen Ansteigen der Geldmenge gesehen, und die wirtschaftspolitische Antwort in der Festlegung von Geldmengenzielen oder Inflationszielen – dazu weiter unten mehr.

In den 1980er Jahren führten neue Theorieansätze die Erwartungen der Wirtschaftssubjekte in die etablierten Modelle zur Analyse von Inflation ein (vgl. die Überblicksdarstellung bei Frisch 1984). Sie machten klar, dass die bis dahin angenommene relativ stabile Austauschbeziehung zwischen Inflation und Arbeitslosigkeit, die sogenannte „Phillips-Kurve“, so nicht existierte. Inflation, die bis dahin von einigen Wirtschaftspolitikern als Mittel zur Senkung von Arbeitslosigkeit betrachtet worden war, wurde dadurch aller positiven Aspekte beraubt, und es bildete sich ein Konsens, dass sie unter allen Umständen zu vermeiden sei. Dennoch herrscht in der Wirtschaftswissenschaft auch heute keine Übereinstimmung hinsichtlich der Erklärung von Inflation (Parkin 1992).[9]

2.3. Soziologische Theorien

In der Tat wird an den ökonomischen Erklärungen von Inflation aus der Sicht anderer akademischer Disziplinen erhebliche Kritik geübt. Aus soziologischer Perspektive wird kritisiert, dass – insbesondere die monetaristische Theorie – völlig von kollektiven Akteuren wie Gewerkschaften und Arbeitgeberverbänden abstrahiere und keine Rücksicht auf den Einfluss von Marktmacht nehme, wenn sie die Ursache für Inflation ausschließlich im Handeln geldpolitischer Akteure sehe. Demgegenüber stellen soziologische Analysen Auseinandersetzungen und Verteilungskonflikte zwischen sozialen Gruppen in den Mittelpunkt ihrer Erklärung der Ursachen von Inflation.[10] Autoren wie Charles Maier oder John Goldthorpe beschäftigen sich mit den „schleichenden“ Inflationen der Nachkriegszeit und betrachten sie – funktional – als „soziales Schmiermittel“, mit dem das Ausbleiben realer Wachstumserwartungen überdeckt und den Konsens der „Wachstumskoalition“ sozialer Gruppen aufrechterhalten werden könne, oder als Ausdruck von Veränderungen der sozialen Schichtung, die zu einer Intensivierung von Konflikten durch die „Reifung der Arbeiterklasse“ führe.

Während diese Erklärungsansätze einen interessanten Kontrast zu den meisten ökonomischen Inflationstheorien bieten (sich dafür allerdings von jenen Vorwürfe wie den der „Pseudo-Gelehrsamkeit“ gefallen lassen müssen, vgl. Woll 1979: 133) und den allgemeinen *Anstieg* der durchschnittlichen Inflation erklären konnten, boten sie freilich keine Ansätze, die erheblichen *Unterschiede* in diesem Anstieg zu erklären.

---

9 Auch ökonometrische Überprüfungen der verschiedenen Modelle kommen nicht zu eindeutigen Ergebnissen. Vgl. die Nachweise bei Busch (1995: 28f.).

10 Vgl. die zentralen Sammelbände von Hirsch/Goldthorpe (1978) und Lindberg/Maier (1985).

2.4. Politikwissenschaftliche Theorien

Zur Erklärung dieser Unterschiede erscheint eine weitere Gruppe von Ansätzen am besten geeignet, die vor allem in der Politikwissenschaft entstanden sind und sich auf Inflation als Ergebnis politischen Handelns konzentriert.

Hier ist zunächst der Ansatz von Douglas Hibbs zu nennen, der Unterschiede in den Inflationsraten mit Differenzen in der parteipolitischen Zusammensetzung von Regierungen und den verschiedenen Prioritäten bürgerlicher und sozialdemokratischer Parteien hinsichtlich makroökonomischer Ergebnisse zu erklären sucht (Hibbs 1977). Dabei geht Hibbs von der Existenz der bereits erwähnten „Phillips-Kurve", also einem stabilen Austauschverhältnis zwischen Inflation und Arbeitslosigkeit aus und argumentiert, dass sozialen Gruppen mit niedrigem Einkommen und geringem beruflichen Status am ehesten mit niedriger Arbeitslosigkeit gedient sei, während den Interessen von Beziehern höherer Einkommen und Inhabern höheren beruflichen Status am ehesten mit niedriger Inflation gedient sei. Demnach seien sozialdemokratische Parteien, zu deren Klientel die erstere Gruppe gehöre, am ehesten an niedriger Arbeitslosigkeit, bürgerliche Parteien hingegen, deren Unterstützung sich politisch aus der letzteren Gruppe speise, vor allem an niedriger Inflation interessiert (ebd.: 1467).

Neben dem Handeln von Regierungen wurde auch das Funktionieren von Lohnaushandlungssystemen mit der Neigung eines Landes zu Inflation in Verbindung gebracht. Nach Untersuchungen von Colin Crouch sind in Ländern mit zentralisierten und koordinierten Lohnaushandlungssystemen (sog. *neokorporatistischen* Systemen) eher in der Lage, niedrige Inflationsraten zu erzielen als Länder ohne solche Systeme (*liberale* Systeme). Hochorganisierte Interessen seien demzufolge eher in der Lage, die Stabilitätserfordernisse einer Marktwirtschaft auch in Bezug auf das Preisniveau zu erfüllen (Crouch 1985).[11]

Neben der Struktur des Lohnaushandlungssystems ist von Politikwissenschaftlern auch der Einfluss einer weiteren Institution zur Erklärung von Inflation und Inflationsunterschieden herangezogen worden, nämlich der der staatlichen Zentralbank (Woolley 1985). Woolley vergleicht sechs Industrieländer in Bezug auf die Organisationsmerkmale ihrer Zentralbanken. Dabei zeigt sich, dass es hier signifikante Unterschiede gibt, und dass diese offenbar Auswirkungen auf das geldpolitische Handeln haben. Zentralbanken sind daher neben Regierungen als durchaus eigenständige Akteure anzusehen, und haben neben diesen eigene Einflussmöglichkeiten auf die Inflationsrate.

3. Zusammenfassung des Forschungsstandes

Wie kann man, in der Zusammenfassung der im vorangegangenen Abschnitt präsentierten verschiedenen Ansätze zur Erklärung von Inflation, den Forschungsstand nun charakterisieren?

Die ökonomischen Ansätze weisen auf die Wichtigkeit einer Reihe von Variablen für die Inflationsentwicklung hin: etwa der Geldmengenentwicklung, der Ent-

11 Vgl. auch die ähnlichen Ergebnisse bei Schmidt (1982: 213).

wicklung der aggregierten Nachfrage oder der (Lohn-)Kosten, und sie weisen auf die Wichtigkeit von Erwartungen der Wirtschaftssubjekte hin. Allerdings stehen die verschiedenen Ansätze unverbunden nebeneinander: weder ist eine Integration aller relevant erscheinenden Variablen in ein Modell unternommen worden, noch hat sich, wie bereits erwähnt, bisher eine Theorie als allgemein anerkannt gegenüber den anderen durchgesetzt (Parkin 1992). Alle Ansätze sind zudem so ausgerichtet, dass sie eine allgemeine Erklärung der Inflation beabsichtigen, was jedoch bedeutet, dass die (weiter oben dargelegten) erheblichen *Unterschiede* in der Inflationsperformanz der Industrieländer durch sie nicht erklärt werden können. Institutionelle Faktoren, die zwischen den Ländern variieren und eine hochplausible Ursache für diese Differenzen darstellen könnten, gehen in die ökonomische Analyse nur unzureichend ein.[12] Ein Grund dafür ist wahrscheinlich, dass ökonomische Theorie sich kaum des Instruments systematischen internationalen Vergleichs bedient, sondern sich eher auf allgemeine Gesetzmäßigkeiten konzentriert, für die dann überall gleiche (oder zumindest sehr ähnliche) Ergebnisse erwartet werden. Während es also eine Menge klarer theoretischer Modelle gibt, sind die empirischen Befunde weitaus weniger klar, und sowohl die Ursprünge wie auch die genauen Ausbreitungsmechanismen inflationärer Impulse bleiben unsicher (Parkin 1992: 399). Ökonomen selbst haben diesen Zustand kritisch kommentiert: ihre Theorien könnten erklären, *wie* Inflation zustandekomme, aber nicht *warum* (Hirsch 1978: 263). Oder, in der schönen Formulierung von Mancur Olson: „[T]hey trace the water in the rivers to the streams and lakes from which it comes, but they do not explain the rain." (Olson 1982: 4).

Die außerökonomischen Ansätze zur Erklärung von Inflation weisen auf weitere potenzielle Erklärungfaktoren hin: generell das Ausmaß an Konflikt in einer Gesellschaft als Quelle von Inflation; parteipolitische Präferenzen in der Wahl zwischen makroökonomischen Ergebnissen; und institutionelle Charakteristika von Lohnaushandlungs- und Zentralbanksystemen. Allerdings haben diese Ansätze ein gemeinsames Problem: auch hier sind jeweils nur einzelne Hypothesen getestet worden und kein kombiniertes Modell; zudem variieren die Ländersamples in der dargestellten Literatur erheblich, und die Untersuchungszeiträume unterscheiden sich ebenfalls.

Der Einfluss einer Erklärungsvariablen kann aber über die Zeit erheblich variieren, wenn sich die Rahmenbedingungen ändern. Das wird deutlich an der Überprüfung von Douglas Hibbs parteipolitischer Hypothese, derzufolge rechte Parteien eher Preisstabilität anstreben, linke Parteien jedoch Vollbeschäftigung und dafür im

12 Eine Ausnahme hiervon bildet die von Anhängern der „Theorie politischer Konjunkturzyklen" versuchte Erweiterung ökonomischer Erklärungen durch Zuhilfenahme politischer Variablen, die explizit auf die Unterschiede zwischen Ländern abstellt (z.B. Alesina 1989). Hier wird ein Zusammenhang zwischen „politischer Stabilität" eines Landes und seiner Neigung zur Inflation postuliert. Doch trotz eines anhand von empirischen Daten demonstrierten Zusammenhangs zwischen beiden Variablen bleibt dieser Ansatz unbefriedigend: zum einen erscheint der Index politischer Stabilität höchst arbiträr zusammengesetzt und seine Datenqualität fragwürdig, zum anderen bleibt die Richtung der Kausalität unklar, die potenziell in beide Richtungen wirken kann. Vor allem aber führt der Autor nicht aus, auf welche Weise hier eine Beeinflussung zustandkommen soll, sodass im eigentlichen Sinne nicht von einer Erklärung gesprochen werden kann, sondern höchstens von einer Kovarianz. Ebensogut könnten daher beide Variablen von einer dritten, nicht im Modell enthaltenen Einflussgröße abhängen.

Gegenzug Inflation in Kauf nehmen. Hibbs überprüfte diese Hypothese anhand von 12 OECD-Ländern für den Zeitraum 1960-1969 und fand eine starke Korrelation (r = 0,74) zwischen der Höhe der Inflationsrate und der Regierungsbeteiligung von sozialistischen Parteien (Hibbs 1977: 1473). Doch schon die Änderung des Ländersamples auf 21 OECD-Länder, wie sie aus Gründen der Verallgemeinerbarkeit der Ergebnisse geboten scheint, führte bei identischem Untersuchungszeitraum zu einer drastischen Verminderung in der Stärke des Zusammenhangs (r = 0,31, vgl. Schmidt 1982: 109). Nimmt man als Untersuchungszeitraum die Zeitspanne, in der die Inflationsraten in den Industrieländern besonders hoch waren und eine Erklärung besonders dringlich erscheint (1974-1988), so lautet das Ergebnis der Überprüfung für die 18 in Tabelle 1 aufgeführten Industrieländer: r = 0,01 für Linksparteien und r = –0.02 für Rechtsparteien (Busch 1995: 61). Es besteht also *überhaupt kein* Zusammenhang zwischen der „Farbe“ der Regierungspartei und der Höhe der Inflationsrate – ein Ergebnis, das sowohl mit den unklaren Verteilungsfolgen einer „schleichenden“ Inflation als auch mit Fortschritten in der ökonomischen Erkenntnis über die generell nachteiligen Folgen von Inflation gut erklärt werden kann (siehe dazu ausführlicher Busch 1995: 63f.).

Zusammenfassend kann man sagen, dass die bisher aufgeführten Variablen aus den ökonomischen, soziologischen und politikwissenschaftlichen Erklärungsansätzen zur Inflation durchaus vielversprechend sind, jedoch für eine systematische Erklärung anhand eines theoretisch fundierten internationalen Vergleichs, der mehrere dieser Variablen kombiniert und testet, auf ihre jeweilige Erklärungskraft untersucht werden müssen. Das soll im nächsten Abschnitt geschehen.

4. Ein politisch-institutionelles Erklärungsmodell

Das Ansteigen der Inflationsraten in den Industrieländern nach 1973, wie es aus Grafik 1 und Tabelle 1 hervorgeht, hat zweifellos mit den außenwirtschaftlichen Schocks zu tun, denen diese Länder damals ausgesetzt waren – den Ölpreiserhöhungen 1973 und 1979 und dem Zusammenbruch des Wechselkurssystems von Bretton Woods im Jahr 1973. Während erstere Kostenschocks auslösten, änderte letzterer die Rahmenbedingungen für nationale Geldpolitik grundlegend: unter dem System fester Wechselkurse bis 1973 waren die Teilnehmerländern (zu denen alle hier betrachteten Industrieländer gehörten) dazu verpflichtet gewesen, die im System festgelegten Wechselkurse gegenüber dem US-Dollar durch geldpolitische Maßnahmen zu stützen. Durch diesen Transmissionsmechanismus ähnelte sich die Geldpolitik und mit ihr die Inflationsraten in den Industrieländern erheblich (Salant 1977). Dies wird auch durch einen Blick in Tabelle 1 anhand der niedrigen Streuungsmaße für den Zeitraum 1965 bis 1973 deutlich.

4.1. Die Rolle der Zentralbank

Nach 1973 änderte sich die Situation grundlegend: in einem System freier Wechselkurse konnte nun jedes Land selbst bestimmen, welchen geldpolitischen Kurs es fahren wollte. Ob eher eine restriktive Geldpolitik verfolgt werden sollte, um die Inflation zu minimieren, oder eine eher großzügige, um die Konjunktur anzukurbeln, war nun in das Benehmen der nationalen Zentralbanken gestellt. Durch die Festsetzung von Zentralbankzinssätzen beeinflussen sie die Kosten und die Erhältlichkeit von Krediten sowie die Entwicklung der Geldmenge und üben somit Einfluss auf einige der wichtigsten makroökonomischen Parameter aus. Ob sie freilich als genuin eigenständige wirtschaftspolitische Akteure anzusehen sind, hängt davon ab, in welchem Ausmaß sie gegebenenfalls eine von der Regierung unabhängige Politik betreiben können.

In der Tat gibt es erhebliche Unterschiede in der Art und Weise, in der Zentralbanken im Zeitraum nach 1973 institutionalisiert sind.[13] Während in einigen Ländern die geldpolitischen Parameter wie Zinsentscheidungen von den Lenkungsgremien der Zentralbank alleine und ohne Absprache mit der Regierung (bzw. zumeist dem Finanzminister) gesetzt werden können und somit ein erhebliches Maß an geldpolitischer Unabhängigkeit der Zentralbank besteht, haben in anderen Ländern die Regierungen diese Hebel fest in der Hand, und der autonome Entscheidungsspielraum der Zentralbank tendiert gegen Null – sie sind lediglich ausführendes Organ für Beschlüsse, die tatsächlich aber im Kabinett oder im Finanzministerium – also im politischen Raum – gefällt werden.

Politiker können jedoch bisweilen ein gewisses Interesse an zumindest leichter Inflation haben. Ansätze in der Tradition der Politischen Ökonomie haben argumentiert, dass Inflation dazu dienen kann, angesichts von Nominallohnrigiditäten Reallöhne zu senken, um damit die Wirtschaftstätigkeit (etwa vor einer Wahl) anzukurbeln, oder um Seignorage-Gewinne (Gewinne aus Geldausgabe) zu machen (siehe dazu Cuckierman 1992: 16-22; sowie Alesina 1989 und Woolley 1992). Obwohl Politiker generell an hoher Preisstabilität interessiert sind, kann es nach diesem Modell zu bestimmten Zeitpunkten dennoch ein Interesse an Inflation geben. Dieses unter den Stichworten „dynamic“ bzw. „time inconsistency“ bekannte Verhalten kann nur durch die Etablierung fester Regeln für die Geldpolitik vermieden werden – durch die Kappung des Einflusses (partei-)politischer Erwägungen in diesem Bereich. Ein Mittel, solche festen Regeln einzuführen, liegt in der Errichtung einer unabhängigen Zentralbank.

In einem demokratischen Staat ist die Übertragung von Entscheidungsmacht – insbesondere in so wichtigen Bereichen wie der Wirtschaftspolitik – an demokratisch nicht verantwortliche Akteure natürlich ein Problem. Es gibt eine Reihe von Argumenten, die sowohl *für* wie auch *gegen* eine unabhängige Zentralbank vorgebracht werden können. Auf sie kann hier aus Platzgründen nicht weiter eingegangen werden.[14] Betont werden soll jedoch, dass es hierfür keine einzige „beste“ Antwort gibt – vielmehr ist dies eine Frage, bei der normative Einschätzungen und politische Prioritäten eine wichtige Rolle spielen. Demzufolge haben sich auch in verschiedenen Ländern unterschiedliche Lösungen durchgesetzt, und das Ausmaß

---

13 In diesem Bereich hat es im Lauf der dargestellten Zeit, v.a. seit Anfang der 1990er Jahre im Zusammenhang mit dem Prozess der europäischen Einigung, erhebliche institutionelle Änderungen gegeben, auf die weiter unten im Text noch genauer eingegangen wird. Hier wird die Situation nach 1973 geschildert.

14 Die beste Zusammenfassung der Argumente findet sich bei Caesar (1980).

der politischen Unabhängigkeit der Zentralbank variierte nach 1973 erheblich zwischen den Industrieländern.[15]

Die wichtigsten Faktoren in diesem Bereich sind

- die *rechtliche* Unabhängigkeit (Vetomacht anderer Institutionen bei geldpolitischen Entscheidungen; etwaige Konsultationspflichten),
- die *persönliche* Unabhängigkeit der Mitglieder der Lenkungsgremien (Aus- und Wiederwahlprozeduren; Entfernbarkeit aus dem Amt), und
- die *ökonomische* Unabhängigkeit (Pflicht der Zentralbank zum Kauf von Staatsschuldtiteln oder Verbot desselben).

Fasst man die bisher gemachten Überlegungen zusammen, so ergibt sich die Hypothese, dass in Ländern mit unabhängigen Zentralbanken die Inflationsrate niedriger sein sollte, da in diesen Ländern kein direkter politischer Einfluss auf geldpolitische Entscheidungen besteht und diese folglich restriktiver gehandhabt werden.

Eine empirische Überprüfung anhand eines Indikators für Zentralbankunabhängigkeit für die 18 in Tabelle 1 aufgeführten Länder für den Zeitraum 1973 bis 1986 bestätigt diese Hypothese.[16] Je politisch unabhängiger die Zentralbank in einem Land ist, desto niedriger ist die Inflationsrate (r = –0,80).

Damit ist eine der oben genannten zentralen ökonomischen Hypothesen (die von der Wichtigkeit monetärer Einflussfaktoren) im Rahmen einer politisch-institutionellen Umsetzung berücksichtigt worden. Falls Regierungen tatsächlich - wie die ökonomische Theorie der Politik unterstellt – auf Inflation aus sind, so treffen sie in unabhängigen Zentralbanken auf mächtige Gegenspieler. Zentralbanken unter starkem politischem Einfluss können sich hingegen offenbar nicht so gut gegen politische Manipulationen wehren und sind deshalb schwächer bei der Bekämpfung der Inflation. Dies gilt jedoch nur unter der Randbedingung eines Systems flexibler Wechselkurse, da nur hier Geldpolitik wirklich den Spielraum hat, nationale Prioritäten umzusetzen.

4.2. Streiktätigkeit

Weitere wichtige Variablen aus dem zu Beginn dieses Beitrages aufgefächerten Theorienrepertoire waren der Verteilungskampf zwischen sozialen Gruppen, auf den sowohl ökonomische wie auch soziologische Ansätze Bezug nahmen, und der Kostendruck. Auf beide soll im folgenden Abschnitt mit einer Operationalisierung eingegangen werden.

Diese Operationalisierung erfolgt durch das Ausmaß an Streiktätigkeit in einem Land. Streiktätigkeit kann zum einen als Näherungsmaß für sozialen Dissens verstanden werden,[17] zum anderen ist hohe Streiktätigkeit auch mit hohen Lohnsteigerungen verbunden und kann daher als Kostendruckfaktor verstanden werden, der

15 Ausführliche Daten zur historischen Entwicklung und den Bestimmungen vieler Zentralbanken finden sich in Goodhart (1988).

16 Zu Details des verwendeten Indikators siehe die Diskussion bei Busch (1995: 105-111).

17 Zu einem ähnlichen Vorgehen siehe etwa McCallum (1983).

den inflationären Druck erhöht.[18] In Ländern mit hoher Streiktätigkeit sollte demzufolge die Inflationsrate höher sein als in Ländern mit ausgeprägtem Arbeitsfrieden und wenig Streiks.

Zur Messung der Streiktätigkeit gibt es einen in der Literatur gewöhnlich verwendeten Indikator: die Zahl der jährlich durch Streik verlorengegangenen Arbeitstage pro 1000 Beschäftigte in den nicht-landwirtschaftlichen Sektoren der Volkswirtschaft (siehe Cameron 1984; Armingeon 1992). Diesem Indikator zufolge variiert das Ausmaß von Streiktätigkeit in den Industrieländern erheblich: die wenigsten Arbeitskämpfe gibt es in der Schweiz, wo zwischen 1973 und 1986 im Jahresdurchschnitt lediglich 1,44 Arbeitstage pro Tausend Beschäftigte verlorengingen, während der Streikkoeffizient in Italien mit einem Wert von 958,63 um mehr als den Faktor 600 darüberlag. Im Mittel der hier betrachteten 18 Länder lag er bei 296.

Eine empirische Überprüfung der oben dargelegten Hypothese ergibt Unterstützung für einen positiven Zusammenhang zwischen Streikkoeffizient und Inflationsrate: der Korrelationskoeffizient beträgt $r = 0{,}78$, d.h. dass ein höheres Ausmaß von Arbeitskämpfen deutlich mit einer höheren Inflationsrate assoziiert ist.

Bei diesem Zusammenhang stellt sich freilich noch die Frage nach der Kausalität: es könnte ja sein, dass höhere Streikraten lediglich *Ergebnis* von höherer Inflation sind (um Realeinkommen zu halten) und nicht deren Auslöser. Genauere Untersuchungen der Daten zeigen jedoch, dass dem nicht so ist (vgl. Busch 1995: 85-91). Vielmehr wird klar, dass das Ausmaß an Streiktätigkeit in einzelnen Ländern relativ unabhängig von der Höhe der Inflationsrate ist. Sie scheint damit eher von organisatorisch-institutionellen Variablen bestimmt, wie das auch Ergebnisse der Gewerkschaftsforschung nahelegen (vgl. als Überblick Cameron 1984; Armingeon 1992). Demnach ist die Neigung zu Arbeitskämpfen weniger durch kurzfristige ökonomische Schwankungen bestimmt als vor allem durch Faktoren wie den Zentralisierungsgrad des Gewerkschaftssystems, das Ausmaß ideologischer Differenzen zwischen den Teilgewerkschaften und dic Struktur des Lohnaushandlungssystems – was auch die Verwendung der Streiktätigkeit als gewissermaßen abgeleiteter Variablen im Rahmen eines institutionellen Modells rechtfertigt.

4.3. Fiskalpolitik und Inflation

Als letzter Faktor soll nun noch die staatliche Fiskalpolitik berücksichtigt werden, die im Rahmen ökonomischer Ansätze (theoretisch entweder via *demand pull* oder über die monetären Konsequenzen von *deficit spending*) eine wichtige Rolle spielt. Expansive staatliche Fiskalpolitik, wie sie etwa zur Dämpfung einer Rezession betrieben werden kann, kann demnach inflationäre Folgen haben. Ihr Einsatz hängt von einer Vielzahl von Faktoren ab – etwa zugrundeliegenden wirtschaftspolitischen Konzeptionen und Doktrinen („Keynesianismus" sei hier nur als Beispiel genannt) oder parteipolitischen Präferenzen.

18 Siehe zum Zusammenhang zwischen Streiktätigkeit und Lohnsteigerungen Länderdaten etwa bei Salvati (1985) für Italien, oder (für Daten im internationalen Vergleich) Allsopp (1982) und Cameron (1984).

Doch auch institutionelle Faktoren spielen hier eine Rolle. Denn die „politische Schwierigkeit", expansive Fiskalpolitik zu betreiben, hängt in erheblichem Teil von Faktoren des Staatsaufbaus ab. Der Hauptgrund dafür ist, dass sie – aus Effizienzgründen – Aufgabe des Zentralstaats ist. Sie ist daher umso leichter durchzuführen, je höher das Maß an fiskalischer Zentralisierung in einem Staat ist. Diese ist z.B. in einem Einheitsstaat wahrscheinlich weitaus höher als in einem Föderalstaat, in dem neben dem Zentralstaat auch die Gliedstaaten über eigenständige Haushalte verfügen. Da die Wirksamkeit eines fiskalpolitischen Impulses abhängt von der Menge der eingesetzten Mittel in Relation zum Bruttoinlandsprodukt (BIP), kann man folgern, dass die „politische Schwierigkeit" expansiver Fiskalpolitik umso größer ist, je stärker das Zentralstaatsbudget erhöht werden muss, um einen Impuls von gegebener Größe (etwa 1 Prozent des BIP) auszulösen. Daneben hat natürlich auch die Höhe der Staatsquote (Staatsanteil am Bruttoinlandsprodukt) einen Einfluss, denn je höher sie ist, desto weniger muss sie gesteigert werden, um einen entsprechenden Impuls auszulösen.

Es geht also letztlich um den Anteil des Zentralstaatshaushalts am BIP. Wie die bisher angeführten institutionellen Faktoren variiert auch dieser erheblich unter den OECD-Ländern: Während er zwischen 1973 und 1986 in der Schweiz bei unter 10 Prozent liegt, beträgt er in Dänemark über 35 Prozent – eine erhebliche Spannbreite. Daraus ergibt sich, dass das Zentralstaatsbudget in Dänemark lediglich um 2,7% erhöht werden müsste, um einen Impuls von 1 Prozent des BIP auszulösen, während die entsprechende Steigerungsrate in der Schweiz 10,8% beträgt – das Vierfache also.

Entsprechend variiert, nach dem oben Ausgeführten, die „politische Schwierigkeit" expansiver Fiskalpolitik. Wo erstere niedriger ist, sollte letztere – unter sonst gleichen Umständen – eher eingesetzt werden, sodass sich ein negativer Zusammenhang zwischen „Schwierigkeitsgrad" und der Inflationsrate ergeben sollte. Damit ist nicht gesagt, dass der Einsatz expansiver Fiskalpolitik ausschließlich hiervon abhängt – schließlich ändert sich der „fiskalische Schwierigkeitsgrad" im Lauf der Zeit aufgrund seiner weitgehend institutionellen Bestimmungsgründe nur wenig (vgl. dazu die Grafik bei Busch 1995: 121), während in einigen Ländern das Ausmaß der Nutzung expansiver Fiskalpolitik (etwa aufgrund parteipolitischer Präferenzen) erheblichen Schwankungen unterliegt. Dennoch soll hier argumentiert werden, dass dieser institutionelle Faktor langfristig und im internationalen Vergleich Wirkung zeigt. Tatsächlich ergibt eine empirische Überprüfung für den Zeitraum 1973 bis 1986 einen Korrelationskoeffizienten von r = – 0,60: höhere „Schwierigkeitsgrade" sind tatsächlich mit niedrigeren Inflationsraten assoziiert.

Fiskalisch dezentralisierte (und das heißt zumeist: föderale) politische Systeme legen also, so kann man zusammenfassen, Regierungen, die expansive Fiskalpolitik betreiben wollen, erhebliche Hürden in den Weg. Dies ist einmal der Fall in Bezug auf die ihnen zur Verfügung stehenden (geringeren) Mittel, andererseits aufgrund der hohen politischen Kosten, die eine zeitgerechte und zielgerichtete Stimulierung der gesamtwirtschaftlichen Aktivität erfordert. Doch wenn diese als Konsequenz gering ausfällt, so gilt dies auch für die (unerwünschte) Nebenwirkung Inflation: sie ist in diesen Ländern durchwegs niedriger als in den fiskalisch hochzentralisierten Staaten.

4.4. Zusammenfassung

Die bisher nur einzeln betrachteten Erklärungsvariablen sollen im Folgenden zu einem Modell zusammengefasst werden, das dann auf seine Erklärungskraft hinsichtlich der Inflationsraten in den in Tabelle 1 angegebenen OECD-Ländern getestet werden soll.

Dieser Test kann mittels einer Regressionsanalyse durchgeführt werden. Berechnet man eine solche multiple Regression für die angegebenen Variablen,[19] so ergibt sich eine erklärte Varianz von 0,73 (N = 17, t-Statistik in Klammer).

Infl.73-86 =	10,27	- 0,63 Zbkunabh	+ 0,0058 Streik	- 0,38 Fiskal
	(6,36)	(0,87)	(3,61)	(- 1,54)

Das bedeutet, dass die aufgeführten Variablen Unabhängigkeit der Zentralbank, Ausmaß der Streiktätigkeit und Höhe des fiskalpolitischen Schwierigkeitskoeffizienten gemeinsam etwa *drei Viertel* der Varianz der Inflationsrate zwischen 1973 und 1986 erklären können.[20]

Politisch-institutionelle Variablen, so wird daraus deutlich, können einen wichtigen Beitrag zur Erklärung von Inflation leisten. Inflation ist demnach *ceteris paribus* in solchen Ländern niedrig, in denen ein niedriges Konfliktniveau zwischen Kapital und Arbeit (gemessen an der Streiktätigkeit) übermäßige, die Preisstabilität gefährdende Lohnsteigerungen verhindert; in denen eine von politischer Einflussnahme unabhängige Zentralbank die Geldpolitik so handhaben kann, dass Preissteigerungstendenzen entgegengewirkt werden kann; und in denen einer starken fiskalpolitischen Expansion, die zur Stimulierung von Wachstum und Beschäftigung auch inflationäre Impulse in Kauf nehmen würde, hohe institutionelle Barrieren entgegenstehen. Hingegen können höhere Inflationsraten dort erwartet werden, wo unstrukturierte Konfrontation zwischen Kapital und Arbeit zu einem hohen Maß an Streiktätigkeit führt und sich in hohen Lohn- und Kostensteigerungen niederschlägt; wo eine Zentralbank in ihrer Geldpolitik nur die Anordnungen der Regierung ausführt, deren Interesse an Preisstabilität kurzfristig eventuell anderen Erwägungen untergeordnet wird; und wo Regierungen, ohne auf große Hindernisse zu stoßen, wirtschaftliche Aktivität durch expansive Fiskalpolitik ankurbeln können, auch wenn dies inflationäre Folgen haben könnte.

---

19 In der folgenden Regressionsgleichung bedeutet „Infl.73-86" die durchschnittliche Inflationsrate zwischen 1973 und 1986, „Zbkunabh" die politische Unabhängigkeit der Zentralbank, „Streik" die Höhe des Streikkoeffizienten und „Fiskal" das Ausmaß an fiskalpolitischer Schwierigkeit.

20 Die vergleichsweise niedrigen Signifikanzwerte zweier Variablen (Zbkunabh und Fiskal) deuten auf statistische Probleme im Datenmaterial, genauer: auf die Existenz von Multikollinearität hin. Diese entsteht bei einem hohen Grad von Korrelation zwischen den unabhängigen Variablen. Da die Korrelation zwischen beiden Variablen sehr hoch ist (r = 0,70), ist dies hier anzunehmen. Durch Anwendung weiterer Testverfahren (u.a. Verwendung gepoolter Daten) kann im vorliegenden Fall gezeigt werden, dass dennoch alle drei erklärenden Variablen statistisch signifikant sind. Aus Platzgründen wird hier auf eine eingehende Darstellung des Verfahrens verzichtet – vgl. dazu Busch (1995: 139-142).

5. Entwicklung zur niedrigen Inflation seit 1985

Die Einschränkung des Zeitraums in der oben vorgelegten Analyse auf die Jahre 1973 bis 1986 mag unbefriedigend erscheinen, doch gibt es für sie einen guten Grund: ebenso wie sich 1973 die Rahmenbedingungen durch das Ende des Wechselkurssystems von Bretton Woods änderte, gab es nach 1986 wiederum grundlegende Änderungen, wenn auch diesmal nur in der faktischen Handhabung der Wechselkurspolitik. Sie hängen zentral zusammen mit dem politischen Projekt der europäischen Einigung und den engen wirtschaftlichen Beziehungen zwischen den europäischen Ländern. Daneben gab es aber auch Änderungen in den wirtschaftspolitischen Leitvorstellungen in den OECD-Ländern, oder, genauer gesagt, eine Konvergenz auf ein Leitbild, das niedrige Inflation in das Zentrum der Wirtschaftspolitik stellte. Beide Entwicklungen, die etwa ab Mitte der 1980er Jahre eine Phase niedriger Inflationsraten in den Industrieländern einleiteten, sollen im Folgenden ausführlicher dargestellt werden.

5.1. Auswirkungen der europäischen Integration

Obwohl alle Industrieländer durch enge Handelsbeziehungen miteinander verflochten sind, haben die Länder der Europäischen Union (EU) hier ein besonders hohes Maß erreicht.[21] Während die EU als Ganze einen ähnlichen Grad wirtschaftlicher Offenheit aufweist wie die USA oder Japan (nämlich 12,3% gegenüber 10,1% bzw. 11,4%),[22] ist die Integration *zwischen* den Mitgliedsländern der EU wesentlich höher: sie beträgt zum Beispiel über 75% in Belgien, etwa 60% in Irland und den Niederlanden, und zwischen 25 und 30% in der Bundesrepublik, Frankreich und Großbritannien.

Aufgrund dieser besonders engen wirtschaftlichen Integration ist die Herstellung stabiler Währungsrelationen zwischen ihren Volkswirtschaften für die europäischen Länder von besonders großer Bedeutung. Schon kleine Schwankungen stellen bei dieser engen ökonomischen Verflechtung Schocks dar, die erhebliche negative Auswirkungen auf die wirtschaftliche Wohlfahrt der Länder der EU haben.

Die Aufrechterhaltung von Wechselkursstabilität gehörte deshalb von jeher zu den vorrangigen wirtschaftspolitischen Zielen in der EU, vom Europäischen Währungsabkommen (1958) über die „Schlange“ (1973) bis zum Europäischen Währungssystem (EWS) von 1979 und führte schließlich zur Europäischen Währungsunion (EWU), die 1999 durch die Einführung einer einheitlichen Währung das Wechselkursrisiko für immer abschaffte (vgl. als Überblick Deutsche Bundesbank 1992).

Doch lange vor der Verwirklichung der EWU hatten diese Entwicklungen bereits einen erheblichen Einfluss auf die Inflationsrate. Zwar war das EWS als Sy-

21 Die Europäische Union wurde erst durch den Vertrag von Maastricht (1992) gegründet. Zuvor war die korrekte Bezeichnung Europäische Gemeinschaft, doch wird hier aus Gründen der sprachlichen Vereinfachung von Europäischer Union auch für die Zeit vor 1992 gesprochen.

22 Die Zahlen beziehen sich auf die Importe als Anteil am BIP. Bezugsjahr ist 1987 und die Zahlen entstammen (Giavazzi/Giovannini 1989: 3) bzw. eigenen Berechnungen nach Statistiken der OECD.

stem zur Begrenzung von Wechselkursschwankungen konzipiert worden, doch musste eine Stabilisierung des Außenwertes der Währungen auch Auswirkungen auf den Binnenwert der Währungen haben. Und das System, das ursprünglich als eines von festen, aber anpassbaren Wechselkursen konzipiert worden war, wurde ab Mitte der 1980er Jahre von den beteiligten Ländern immer stärker wie ein Festkurssystem gehandhabt. Ab Januar 1987 kam es für mehr als fünf Jahre zu keinen Anpassungen der Leitkurse mehr. Dies war jedoch das Resultat politischer Entscheidungen und nicht etwa weitgehender ökonomischer Konvergenz: Im Vorfeld der Vollendung des Binnenmarktes (1992) wollte kein Land seine Währung gegenüber anderen EU-Währungen abwerten, was als politische Niederlage betrachtet worden wäre. Das EWS verhielt sich dadurch so, als ob es schon eine Währungsunion zwischen den beteiligten Ländern gäbe.

Die generellen Auswirkungen dieses Verhaltens können hier nicht weiter diskutiert werden (siehe dazu etwa Busch 1994b). In Bezug auf die Inflationsrate führte es allerdings zu einer Angleichung, und zwar auf einem relativ niedrigen Niveau: In dem Maße, in dem die Teilnehmerländer des EWS faktisch die Ankerrolle der D-Mark akzeptierten, kam es zu einer geldpolitischen Führung des gesamten EWS durch die Deutsche Bundesbank. Die anderen Länder tauschten gewissermaßen die – über die Jahrzehnte erworbene – antiinflationäre Glaubwürdigkeit der Bundesbank gegen eine verringerte geldpolitische Souveränität und profitierten u.a. durch niedrigere Zinssätze und Inflationsraten. Es kam, wie Wayne Sandholtz es formuliert hat, zu einer „Bekehrung zur makroökonomischen Disziplin“ (Sandholtz 1993).

Im Rahmen des oben vorgestellten Modells bedeutet dies, dass die EWS-Länder die Zentralbank-Charakteristika der Bundesbank „importierten“, da sie ihre Geldpolitik nach deren Führung ausrichteten. Das bedeutet gleichzeitig, dass die nationalen geldpolitischen Charakteristika (im allgemeinen eine geringere politische Unabhängigkeit der Zentralbank) für die Dauer dieses Verhaltens keine Rolle mehr spielten und damit die Erklärungskraft des Modells zurückgeht, sofern man die Daten weiter auf nationaler Ebene erhebt: Denn auch in Ländern mit politisch abhängigen Zentralbanken wurde nun so Geldpolitik betrieben, als ob man eine unabhängige Zentralbank habe. Dies gilt jedenfalls für die Mitgliedsländer des EWS, und somit für nicht weniger als acht von 18 hier untersuchten Ländern.

5.2. Geänderte wirtschaftspolitische Leitvorstellungen

In den übrigen Ländern zeigt sich eine unverändert hohe Erklärungskraft des institutionellen Modells auch für den Zeitraum nach 1986 (Busch 1996: 314). Doch ergeben sich auch hier ab Mitte der 1980er Jahre signifikante Veränderungen, die in der Konsequenz – wie in den EU-Staaten – zu niedrigeren Inflationsraten führen.

Hier sind vor allem Änderungen in den wirtschaftspolitischen Leitvorstellungen zu nennen. Aufbauend auf einem sich seit den 1970er Jahren bildenden Konsens in der Wirtschaftswissenschaft über die negativen Konsequenzen von Inflation sowie deren monetäre Hauptursachen, wurden sie befördert durch die Rezeption monetaristischen Gedankenguts in konservativen Parteien, die in den 1980er Jahren in vielen Industrieländern an die politische Macht kamen. Am prominentesten war der wirtschaftspolitische Strategiewechsel wohl in Großbritannien, wo eine auf keynesianischen Prinzipien aufbauende Wirtschaftspolitik durch ein offenes Bekenntnis zum Monetarismus abgelöst wurde (Busch 1989; Hall 1993). Auch wenn dieser Kurswechsel nicht in allen Ländern so dezidiert von statten ging, so kam es doch zu einer Konvergenz wirtschaftspolitischer Vorstellungen, in deren Mittelpunkt die Überzeugung stand, niedrige Inflation sei die Voraussetzung für gute wirtschaftliche Leistungen, von Wirtschaftswachstum bis zu einer niedrigen Arbeitslosenquote. Dies wich deutlich ab von Vorstellungen über Wahlmöglichkeiten zwischen Arbeitslosigkeit und Inflation, wie sie unter dem Leitbild der „Phillips-Kurve" die (keynesianisch geprägten) wirtschaftspolitischen Vorstellungen der 1960er und 1970er Jahre dominiert hatten.

Die deutliche Disinflation der Jahre nach 1986 kann jedoch direkter auch im Rahmen des oben dargestellten Modells erklärt werden, nämlich durch einen starken Rückgang in der Streiktätigkeit in den OECD-Ländern. So sank im Zeitraum von 1986 bis 1993 der Streikkoeffizient auf 103 verlorene Arbeitstage pro Tausend Beschäftigte – ein drastischer Rückgang gegenüber der Periode 1973 bis 1986, in der er noch 296 betragen hatte. Ob der Rückgang des Streikkoeffizienten auf nahezu ein Drittel auf eine anti-gewerkschaftliche Politik konservativer Regierungen, auf sinkende Macht der Gewerkschaften durch anhaltend hohe Arbeitslosigkeit oder durch andere Faktoren erklärt werden kann, muss an dieser Stelle offen bleiben.

Ab den 1990er Jahren kam – wiederum hauptsächlich in der EU, aber auch in anderen Ländern – eine weitere Veränderung hinzu: eine Konvergenz hin auf ein Modell unabhängiger Zentralbanken. Die theoretischen Begründungen der Ökonomie, die sich von einer unabhängigen Zentralbank eine Verminderung der generellen Inflationsneigung demokratischer Politik sowie eine Verringerung wahltaktischer Manipulationen von Geldpolitik erhofften (vgl. etwa Alesina 1988), waren in der Politik auf offene Ohren gestoßen. Auch die seit den 1970er Jahren gestiegene Staatsverschuldung spielte eine – wenn auch indirekte – Rolle: Länder mit unabhängigen Zentralbanken wurden von den Kapitalmärkten (wegen erwarteter niedrigerer Inflationsraten) als zuverlässigere Schuldner gesehen. Dies schlug sich in einer niedrigeren „Risikoprämie" für Staatsschuldanleihen dieser Länder nieder, was wiederum geringere Zinssätze, einen niedrigeren Schuldendienst und bessere Rahmenbedingungen für Investitionen und Wirtschaftswachstum bedeutete.

Aus diesen Gründen entließen die meisten EU-Länder ihre Zentralbanken bereits vor dem in den Verhandlungen über die Europäische Währungsunion festgelegten Zeitpunkt freiwillig in die Unabhängigkeit.[23] Außerhalb Europas verwundert es nicht, dass gerade Länder mit sehr schlechter Inflationsbilanz das Mittel einer unabhängigen Zentralbank zur Verbesserung der Lage wählten, wie dies etwa in Neuseeland im Jahr 1989 geschah (Swinburne/Castello-Branco 1991). Und selbst Großbritannien, das nach seinem Verfassungssystem die größten Schwierigkeiten mit einer unabhängigen Zentralbank haben sollte, entschied sich im Jahr 1997 für dieses Modell.[24]

---

23 Genauer zu diesem Prozess mit weiteren Nachweisen: Busch (1994a).

24 Bisweilen ist argumentiert worden, dass die Bekehrung zu einem „neo-liberalen Konsens" in den 1980er Jahren die relative Wichtigkeit einer unabhängigen Zentralbank für die Preisstabilität verringert habe (Kaltenthaler/Anderson 2000). Ein solcher Ansatz vermag jedoch nicht zu erklären, warum dann just in diesem Zeitraum so viele Länder ihre Zentralbanken in die Unabhängigkeit entließen.

5.3. Inflationsvarianz in der Währungsunion

Der weiter oben angesprochene „Import“ fremder institutioneller Charakteristika ist demnach in den 1990er Jahren durch institutionelle Änderungen in den EU-Ländern beendet worden. Doch schon gegen Ende des Jahrzehnts kam es mit dem Übergang zur Europäischen Währungsunion zu einer weiteren, fundamentalen Änderung, nämlich dem Verzicht von zwölf Staaten auf eine souveräne Geldpolitik und die Unterordnung unter die diesbezüglichen Entscheidungen der Europäischen Zentralbank.

Abb. 2: Inflationsvarianz in der EWU im Vergleich mit den Vereinigten Staaten

Quelle: Sachverständigenrat, Jahresgutachten 2001/02: „Für Stetigkeit – gegen Aktionismus“: Grafik 50, S. 267.

Bereits seit Mitte der 1990er Jahre war es zu einer deutlichen Verringerung der Streuung der Inflationsraten der späteren Mitgliedsländer gekommen – ein absichtlicher und angestrebter Prozess der Konvergenz makroökonomischer Indikatoren, der die bereits weiter oben angesprochene informelle Entwicklung der 1980er und frühen 1990er Jahre fortgeführt hatte. Dennoch bleibt die (verglichen mit den „alten“ Währungsgebieten) erhöhte Heterogenität des neuen europäischen Währungsraumes auch in Bezug auf die Inflation eine Herausforderung, die sich etwa in Problemen der Messung von Inflation niederschlägt. Die Europäische Zentralbank hat hierfür eine Reihe neuer Indikatoren entwickelt, um die Einhaltung ihres Zieles hinsichtlich der Preisstabilität zu kontrollieren (Europäische Zentralbank 2001).[25]

25 Der Rat der Europäischen Zentralbank (EZB) hat im Oktober 1998 die im EU-Vertrag festgelegte vorrangige Aufgabe der EZB zur Erhaltung der Preisstabilität als Anstieg des „Har-

Trotz der erheblichen Konvergenz gibt es im Euro-Währungsraum auch weiterhin unterschiedliche Inflationsraten in den verschiedenen Teilnehmerländern. Eine regionale Variation der Inflationsrate ist jedoch nichts ungewöhnliches – wie Abbildung 2 zeigt, bewegen sich die Unterschiede im Euro-Raum bereits auf ähnlichem Gebiet wie die Unterschiede der Inflationsraten im Währungsgebiet der Vereinigten Staaten von Amerika, obwohl der dortige Währungsraum bereits seit wesentlich längerer Zeit integriert ist.

6. Ausblick

Inflation, so wurde schon am Anfang dieses Artikels festgestellt, ist zu Beginn des 21. Jahrhunderts in den Industrieländern kein großes wirtschaftspolitisches Problem mehr. Die heutigen diesbezüglichen Herausforderungen befinden sich in anderen Gebieten – hauptsächlich denen des Wirtschaftswachstums und der Performanz des Arbeitsmarktes.

Ist dies „das Ende der Inflation", wie schon gelegentlich festgestellt wurde? Einige Beobachter sind dieser Meinung (siehe z.B. Bootle 1997). Eine ganze Reihe von Gründen wird dafür angeführt. So führe beispielsweise beschleunigter technologischer Wandel ebenso wie gestiegene internationale ökonomische Integration zu einer Verschärfung des Wettbewerbs auf vielen Märkten, der inflationären Druck eindämme. Zudem wird auf den Konsens verwiesen, der sich in den letzten zwei Jahrzehnten in der Wirtschaftswissenschaft hinsichtlich der Ursachen von Inflation entwickelt hat – nämlich, dass diese vor allem auf geldpolitischer Fehlsteuerung beruhe. Als Folge dieses Konsenses hätten Zentralbanken in der ganzen Welt die Strategie übernommen, sich Inflationsziele zu setzen, und dies sei sehr erfolgreich gewesen (Mishkin/Schmidt-Hebbel 2001). Kritisch muss hierzu jedoch angemerkt werden, dass diese Strategie des *inflation targeting* bisher durch keine substanziellen Schocks getestet wurde – ob sie auch Herausforderungen von der Art der Ölpreisschocks der 1970er Jahre überstehen würde, kann man nicht beantworten.

Zudem erscheint eine ausschließliche Konzentration auf geldpolitische Faktoren, so wichtig diese auch sein mögen, zu einseitig: Denn auch hinsichtlich des Kostendrucks, wie er in dem hier vorgestellten Modell operationalisiert worden ist, haben sich starke Änderungen ergeben. Der Streikkoeffizient, der in den 1970er Jahren noch bei 448 jährlich verlorenen Arbeitstagen pro 1000 Beschäftigten lag und der in den 1980er Jahren auf 183 sank, ging in den 1990er Jahren weiter auf lediglich 59 zurück.[26] Neben einer Schwächung der gewerkschaftlichen Schlagkraft durch sinkenden Organisationsgrad werden hierfür auch Folgen des wirtschaftlichen Strukturwandels verantwortlich gemacht, da im wachsenden Dienstleistungssektor seltener gestreikt wird als im schrumpfenden Verarbeitenden Gewerbe. Jedoch ist auch hier ein Fragezeichen angebracht: Der wirtschaftliche Strukturwandel führt – mit konzentrierten Lieferantenbeziehungen, Abbau von Lagerhaltung und Schwerpunkt auf „just in time delivery" – zu erhöhter Verwundbarkeit bei vielen Unternehmen, die daher Arbeits-

---

monisierten Verbraucherpreisindex" für das Euro-Währungsgebiet von unter 2% gegenüber dem Vorjahr quantifiziert.

26 Durchschnitt von 22 OECD-Ländern, Daten nach Institut der deutschen Wirtschaft (2001: 4).

kämpfe scheuen. Lohnsteigerungen und Kostendruck könnten so eventuell auch entstehen ohne sich zuerst in entsprechender Streiktätigkeit niederzuschlagen.

Neben einem Trend zu fester Geldpolitik und niedrigen Streikraten scheint auch von staatlicher Seite, angesichts des allgemeinen Trends zu Budgetkonsolidierung, gegenwärtig in den OECD-Ländern keine inflationäre Gefahr auszugehen. Alle drei Faktoren des hier vorgestellten politisch-institutionellen Modells zur Inflationserklärung deuten daher für die Gegenwart auf einen niedrigen Inflationsdruck hin. Dennoch soll zum Schluss nicht in den Chorus über das „Ende der Inflation" eingestimmt werden – aus zwei Gründen: zum einen ist in vielen Ländern außerhalb der Gruppe der Industrieländer Inflation noch immer gegenwärtig (zum Teil mit jährlichen Raten von über 100 Prozent), weshalb man nicht von einem gelösten Problem sprechen kann;[27] zum anderen ist, worauf Fed-Chairman Alan Greenspan einmal hingewiesen hat, die Wirtschaftsgeschichte übersät von voreilig propagierten „neuen Zeitaltern", die sich im nachhinein als Trugbild herausstellten. Ob die Vorstellung von einer inflationsfreien Zukunft sich als real erweist oder ebenfalls als Wunschvorstellung, wird sich erst in den kommenden Jahren zeigen.

Literatur

Advisory Commission to Study The Consumer Price Index, 1996: Toward A More Accurate Measure Of The Cost Of Living. Final report to the Senate Finance Committee, Washington D.C.: Government Printing Office.

Alesina, Alberto, 1988: Macroeconomics and Politics, in: *Stanley Fischer* (Hrsg.), National Bureau of Economic Research Macroeconomics Annual 1988, Cambridge MA: MIT Press, 13-52.

Alesina, Alberto, 1989: Politics and business cycles in industrial democracies, in: Economic Policy 8, 55-98.

Allsopp, Christopher, 1982: Inflation, in: *Andrea Boltho* (Hrsg.), The European Economy. Growth and Crisis, Oxford: Oxford University Press, 72-103.

Armingeon, Klaus, 1992: Streiks, in: *Manfred G. Schmidt* (Hrsg.), Lexikon der Politik, Band 3: Die westlichen Länder, München: Beck, 431-435.

Bootle, Roger P., 1997: Das Ende der Inflation: worauf sich Unternehmen und Anleger in der Ära stabiler Preise einstellen müssen, Frankfurt am Main.

Busch, Andreas, 1989: Neokonservative Wirtschaftspolitik in Großbritannien: Vorgeschichte, Problemdiagnose, Ziele und Ergebnisse des „Thatcherismus", Frankfurt am Main.

---

27 Für diese Länder werden wahrscheinlich zur Erklärung von Inflation teilweise andere Variablen als für die Industrieländer in Betracht gezogen werden müssen. Denn man kann nicht davon ausgehen, dass politische Systeme in beiden Ländergruppen auf dieselbe Weise funktionieren. Diese grundsätzliche Erkenntnis vergleichender Forschung – dass man nämlich zur Erklärung von Unterschieden nur sehr ähnliche Systeme miteinander vergleichen sollte, um sicherstellen zu können, dass die wenigen spezifizierten Variablen wirklich Erklärungskraft haben und alle Differenzen zwischen den betrachteten Ländern erfassen – wird leider in der Wirtschaftswissenschaft oft nicht beachtet. Ein jüngeres Beispiel dafür ist die Studie von Campillo/Miron (1997), in der 62 Länder miteinander verglichen werden. Das Sample wird allein durch das Vorliegen von Daten für Zentralbankunabhängigkeit definiert. Angesichts der ausgeprägten Heterogenität der Vergleichsgruppe und der mutigen Missachtung aller Regeln für den Vergleich von Ländern verwundert es auch nicht, dass die Autoren dann zu einem Ergebnis kommen, das vielen Ergebnissen in der Literatur widerspricht: dass nämlich das Ausmaß an Zentralbankunabhängigkeit keine wichtige Rolle für die Höhe der Inflationsrate spielt. Ob man diesen Ergebnissen vertraut, ist wohl nicht zuletzt eine Frage des eigenen Methodenbewusstseins...

Busch, Andreas, 1994a: Central Bank Independence and the Westminster Model, in: West European Politics 17, 53-72.
Busch, Andreas, 1994b: The Crisis in the EMS, in: Government and Opposition 29, 80-96.
Busch, Andreas, 1995: Preisstabilitätspolitik. Politik und Inflationsraten im internationalen Vergleich, Bd. 8 der Reihe *Gesellschaftspolitik und Staatstätigkeit*, Opladen: Leske + Budrich.
Busch, Andreas, 1996: Inflation in Industrieländern: Der Einfluß politisch-institutioneller Faktoren auf die Preisstabilität, in: Politische Vierteljahresschrift 37, 298-318.
Caesar, Rolf, 1980: Die Unabhängigkeit der Notenbank im demokratischen Staat. Argumente und Gegenargumente, in: Zeitschrift für Politik 27, 347-377.
Cameron, David, 1984: Social Democracy, Corporatism, Labour Quiescence, and the Representation of Economic Interest in Advanced Capitalist Society, in: *John H. Goldthorpe* (Hrsg.), Order and Conflict in Contemporary Capitalism. Studies in the Political Economy of Western European Nations, Oxford, 143-178.
Campillo, Marta/Miron, Jeffrey A., 1997: Why Does Inflation Differ across Countries?, in: *Romer, Christina D./Romer, David H.* (Hrsg.), 1997: Reducing Inflation. Motivation and Strategy, Chicago, 335-357.
Cassel, Dieter, 1990: Inflation, in: *Dieter Bender et al.* (Hrsg.), Vahlen's Kompendium der Wirtschaftstheorie und Wirtschaftspolitik, Band 1, München: Vahlen, 4. Auflage, 265-321.
Crouch, Colin, 1985: Conditions for Trade Union Wage Restraint, in: *Leon N. Lindberg/Charles S. Maier* (Hrsg.), 1985: The Politics of Inflation and Economic Stagnation. Theoretical Approaches and International Case Studies, Washington D.C., 105-139.
Cukierman, Alex, 1992: Central Bank Strategy, Credibility, and Independence: Theory and Evidence, Cambridge.
Deutsche Bundesbank, 1968: Das Ausmaß der Geldentwertung seit 1950 und die weitere Entwicklung des Geldwertes, in: Monatsberichte der Deutschen Bundesbank 24, 3-19.
Deutsche Bundesbank, 1992: Internationale Organisationen und Abkommen im Bereich von Währung und Wirtschaft, Bd. 3 der Reihe *Sonderdrucke der Deutschen Bundesbank*, Frankfurt am Main.
Europäische Zentralbank, 2001: Indizes zur Messung der Kerninflation im Euro-Währungsgebiet, in: Monatsbericht Juli 2001, 55-66.
Feldman, Gerald D., 1993: The Great Disorder. Politics, Economics, and Society in the German Inflation, 1914-1924, New York, Oxford.
Feldstein, Martin, 1997: The Costs and Benefits of Going from Low Inflation to Price Stability, in: *Christina D. Romer/David H. Romer* (Hrsg.), Reducing Inflation. Motivation and Strategy, Chicago, 123-156.
Frisch, Helmut, 1984: Theories of Inflation, Cambridge.
Giavazzi, Francesco/Giovannini, Alberto (Hrsg.), 1989: Limiting Exchange Rate Flexibility: The European Monetary System, Cambridge MA.
Goodhart, Charles, 1988: The Evolution of Central Banks, Cambridge MA.
Hall, Peter A., 1993: Policy Paradigms, Social Learning, and the State: the Case of Economic Policymaking in Britain, in: Comparative Politics 25, 275-296.
Hardach, Karl, 1980: Deutschland 1914-1970, in: *Carlo M. Cipolla/Knut Borchardt* (Hrsg.), Die europäischen Volkswirtschaften im zwanzigsten Jahrhundert, Stuttgart, New York, Bd. 5 der Reihe *Europäische Wirtschaftsgeschichte*, 47-99.
Hibbs, Douglas A., 1977: Political Parties and Macroeconomic Policy, in: American Political Science Review 71, 1467-1487.
Hirsch, Fred, 1978: The Ideological Underlay of Inflation, in: *Fred Hirsch/John H. Goldthorpe* (Hrsg.), 1978: The Political Economy of Inflation, Cambridge MA, 263-284.
Hirsch, Fred/Goldthorpe, John H. (Hrsg.), 1978: The Political Economy of Inflation, Cambridge MA.
Institut der deutschen Wirtschaft, 2001: Arbeitskämpfe international: Den Rückzug angetreten, in: Informationsdienst des Instituts der deutschen Wirtschaft 27, 4-5.
Kaltenthaler, Karl C./Anderson, Christopher J., 2000: The Changing Political Economy of Inflation, in: Journal of Public Policy 20, 109-131.
Kokoski, Mary/Waehrer, Keith/Rozaklis, Patricia, 2001: Using Hedonic Methods for Quality Adjustment in the CPI: The Consumer Audio Products Component, Bd. 344 der Reihe *BLS Working Papers*, Washington D.C.

Lindberg, Leon N./Maier, Charles S. (Hrsg.), 1985: The Politics of Inflation and Economic Stagnation. Theoretical Approaches and International Case Studies, Washington D.C.

McCallum, John, 1983: Inflation and Social Consensus in the Seventies, in: The Economic Journal 93, 784-805.

Mishkin, Frederic/Schmidt-Hebbel, Klaus, 2001: One Decade of Inflation Targeting in the World, Cambridge MA.

Olson, Mancur, 1982: The Rise and Decline of Nations. Economic Growth, Stagflation, and Social Rigidities, New Haven.

Parkin, Michael, 1992: Inflation, in: *Peter Newman/Murray Milgate/John Eatwell* (Hrsg.), The New Palgrave Dictionary of Money & Finance, London, 394-400.

Romer, Christina D./Romer, David H. (Hrsg.), 1997: Reducing Inflation. Motivation and Strategy, Chicago.

Salant, Walter S., 1977: International Transmission of Inflation, in: *Walter S. Salant/Lawrence Krause* (Hrsg.), Worldwide Inflation. Theory and Recent Experience, Washington D.C., 167-242.

Salvati, Michele, 1985: The Italian Inflation, in: *Leon N. Lindberg/ Charles S. Maier* (Hrsg.), 1985: The Politics of Inflation and Economic Stagnation. Theoretical Approaches and International Case Studies, Washington D.C., 509-563.

Sandholtz, Wayne, 1993: Choosing Union: Monetary Politics and Maastricht, in: International Organization 47, 1-39.

Scherf, Harald, 1988: Inflation, in: Handwörterbuch der Wirtschaftswissenschaft, Band 4, Stuttgart: Fischer, 159-184.

Schmidt, Manfred G., 1982: Wohlfahrtsstaatliche Politik unter bürgerlichen und sozialdemokratischen Regierungen. Ein internationaler Vergleich, Frankfurt am Main.

Swinburne, Mark/Castello-Branco, Marta, 1991: Central Bank Independence: Issues and Experience, Washington D.C.

Woll, Artur (Hrsg.), 1979: Inflation. Definitionen, Ursachen, Wirkungen und Bekämpfungsmöglichkeiten, München.

Woll, Artur, [7]1981: Volkswirtschaftslehre, München.

Woolley, John T., 1985: Central Banks and Inflation, in: *Leon N. Lindberg/ Charles S. Maier* (Hrsg.), 1985: The Politics of Inflation and Economic Stagnation. Theoretical Approaches and International Case Studies, Washington D.C., 318-348.

Woolley, John T., 1992: Policy Credibility and European Monetary Institutions, in: *Alberta M. Sbragia* (Hrsg.), Euro-politics: Institutions and Policy-Making in the „New" European Community, Washington D.C., 157-190.

Markus Freitag

Kapitel 7
Politik und Währung

Politisch-institutionelle Weichenstellungen der Währungsentwicklung im internationalen Vergleich

1. Forschungsgegenstand

Der Wechselkurs ist der Preis nationaler Währungen. Er definiert sich aus dem Verhältnis zwischen In- und Auslandswährung und gibt damit an, wie viele Einheiten der heimischen Währung für eine ausländische Währungseinheit aufzubringen sind. Von allen Fachdisziplinen schenken die Wirtschaftswissenschaften – und hier insbesondere die monetäre Außenwirtschaftstheorie – der Wechselkursbildung zweifelsfrei die größte Aufmerksamkeit. Die Schöpfung des Europäischen Währungssystems, die ungleiche Verwundbarkeit von Nationalökonomien bei Finanz- und Währungskrisen im Zuge der Globalisierung und die Einführung einer einheitlichen Europäischen Währung lancierten aber auch in den Nachbardisziplinen die Diskussion über die möglichen Ursachen der Stärke oder Schwäche einer Währung (vgl. Freeman u.a. 2000; Freitag 1999a, b, 2000; Leblang/Bernhard 2000; Simmons 1997). Relevant erscheint eine politikwissenschaftliche Betrachtungsweise des Phänomens der Währungsentwicklung somit zumindest aus drei Gründen:

- Zum Ersten erhält eine politikwissenschaftliche Analyse ökonomischer Entwicklungen durch Olsons (1982: 4) Beurteilung der wirtschaftswissenschaftlichen Forschungsmethode theoretischen Rückenwind. Diese beschäftige sich mehr mit den ökonomischen Quellen als mit den tieferen politischen und sozialen Ursachen ökonomischer Vorgänge (vgl. auch Whiteley 1986: 85). Eine Erweiterung des ökonomischen Analyserasters um derlei Faktoren kann aber durchaus zu neuen Erkenntnissen führen, da ökonomische Entwicklungen immer von ihrem sozialen, politischen, kulturellen und technologischen Umfeld abhängig sind. Sie verändern sich, wenn sich diese Umstände verändern. Dergestalt bemisst sich auch der Wert einer Währung nicht nur an „harten" ökonomischen Kriterien. Vielmehr sind auch die Erwartungen internationaler Anleger – und mit diesen die Kapitalströme – von zentraler Bedeutung, die zu einem erheblichen Teil von politischen Entwicklungen beeinflusst werden (Bernhard/Leblang 2001; Eichengreen u.a. 1995; Freemann u.a. 2000; Mauser/Fitzsimmons 1991: 233).
- Zum Zweiten stellen die verschiedenen Ansätze der international vergleichenden Staatstätigkeitsforschung ein Bündel an politischen Einflussfaktoren bereit, die den Zusammenhang zwischen staatlicher Politik und ökonomischer Entwicklung erfassen. Dabei offenbart sich die Relevanz einer politikwissenschaftlichen Analyse der Wechselkursbildung in der Auslotung der Rolle politischer

Institutionen in besonderer Weise. Die Ausgestaltung des politischen Rahmenwerkes liefert Hinweise auf den diskretionären Spielraum von Regierungen und die Glaubwürdigkeit von geld-, fiskal- oder lohnpolitischen Strategien.[1] Auf diesem Wege strukturieren die institutionellen Weichenstellungen die Erwartungshaltungen auf den internationalen Finanzmärkten und beeinflussen in hohem Maße politisch-ökonomische Ergebnisse (Alesina/Tabellini 1988: 542; Freitag 1999a, b, c, 2001; Iversen 1998).

- Zum Dritten sollte das kräftige Anwachsen der Kapitalströme in der OECD-Welt seit den 1970er Jahren den Einfluss institutioneller Bedingungen als Koordinaten der Erwartungssicherheit herausschälen, wenn einerseits Anlageentscheidungen und Kapitalbewegungen immer mehr von Erwartungen geprägt werden und andererseits die westlichen Industrieländer seit Mitte der 1980er Jahre einem beispiellosen Wettbewerb der Glaubwürdigkeit folgen (Leblang/Bernhard 2000; Thompson 1997: 105).[2]

Aus ökonomischer Perspektive ist die Frage nach den Bestimmungsgrößen des Wechselkurses von Bedeutung, da der Wert der Währung neben dem Lohn als der wichtigste Preis in einer Volkswirtschaft gilt (Willms 1995). Je nach wirtschaftspolitischer Grundanschauung werden verschiedene Folgen mit einer Auf- und Abwertung verbunden. Gemäß einer nachfrageorientierten Betrachtung führt eine Aufwertung der inländischen Währung zu einer Verschlechterung der internationalen Wettbewerbsfähigkeit, da der inländische Preis für Exportgüter steigt und sich diese Güter für das Ausland verteuern. Die dadurch sinkende Exportnachfrage zieht einen Rückgang des Volkseinkommens und ceteris paribus der Beschäftigung nach sich. Vor dem Hintergrund der realwirtschaftlichen Relevanz von Wechselkursänderungen konkurriert zu dieser nachfrageseitigen Hypothese auch eine angebotsseitige Annahme: Ihr zufolge schafft eine harte Währung Arbeitsplätze. Regierungen und Zentralbanken verfolgen eine Hartwährungspolitik, da diese die Einfuhr von Rohstoffen und Vorprodukten verbillige, damit für eine niedrige Preissteigerung sorge und Kapitalzuflüsse aus dem Ausland bewirke. Damit könnten Investitionen finanziert und Arbeitslosigkeit abgebaut werden. Darüber hinaus unterscheiden sich die Präferenzen sozioökonomischer Akteure hinsichtlich des Währungswertes. Während beispielsweise international operierende Vermögenshändler und institutionelle Anleger eine Wertsteigerung der heimischen Währung im Hinblick auf ihre Auslandsinvestitionen begrüßen, fürchten die Exporteure handelbarer Güter um die Konkurrenzfähigkeit und Absatzchancen ihrer Produkte auf dem Weltmarkt.

Der vorliegende Beitrag beschäftigt sich mit den Determinanten der Wechselkursbildung im allgemeinen und beantwortet die Frage nach den politischen und in-

---

1 Unter einer diskretionären Wirtschaftspolitik wird im weiteren die Möglichkeit politischer Entscheidungsträger verstanden, konjunkturelle Entwicklungen durch Ermessensentscheidungen in Gestalt des fallweisen Einsatz wirtschaftspolitischer Instrumente zu steuern und damit die Inflationsrate zu beeinflussen.

2 Zu Beginn der 1970er Jahre belief sich der tägliche Umsatz des Welthandels noch auf ein Siebtel des Umsatzes von Finanzanlagen an den Devisenmärkten. Mitte der 1990er Jahre sind die Dollar-Umsätze von Finanzanlagen an den Devisenbörsen mit 1190 Milliarden Dollar mehr als vierzig mal so groß wie die durchschnittlichen Umsätze des Welthandels pro Tag. Diese Zahlen verdeutlichen, dass „most foreign exchange transactions must have been driven by international capital flows in the wake of liberalisation“ (Turner 1991: 10).

stitutionellen Ursachen der Währungsstärke im besonderen. Die zu erklärende Größe dieser Arbeit sind folglich die unterschiedlichen Auf- bzw. Abwertungsraten inländischer Währungen. Als Indikator der Währungsentwicklungen stellt der effektive nominale Wechselkurs des *Internationalen Währungsfonds* die empirische Grundlage dar (vgl. IMF 2000). Als multilateraler Kurs angelegt, misst er den Wert einer Währung gegenüber einem Bündel anderer Währungen, die mit ihrer Wichtigkeit im Außenhandel des Inlandes gewichtet sind. Er repräsentiert somit den Preis eines ausgewählten Korbes ausländischer Währungen. Im Gegensatz zum bilateralen Kurs (Inlandswährung/Auslandswährung) informiert er über die gesamten Austauschbeziehungen eines Landes mit seinen Handelspartnern und zeigt die Bewertung der Inlandswährung gegenüber denjenigen der Partnerstaaten an (Scharpf 1987: 130; Willms 1995). Darüber hinaus sprechen noch andere Gründe für die Verwendung des *nominalen* Wechselkurses:

- Er zeigt eine starke Abhängigkeit von Kapitalbewegungen. Diese haben in den vergangenen 25 Jahren mit zunehmender Liberalisierung der Finanzmärkte für den Wechselkursverlauf ständig an Bedeutung gewonnen (Reszat 1985: 27).
- Die Entwicklung des nominalen Kurses steht im Zentrum des Interesses nationaler Regierungen. Davon zeugen nicht nur die Vielzahl institutioneller Vereinbarungen zur Sicherung der Wechselkursstabilität seit Beginn des Jahrhunderts, sondern auch verschiedene internationale Übereinkünfte. So stand beispielsweise im *Louvre-Accord* (1987) der G7 zur Stabilisierung des Yen-Dollar- und DM-Dollar-Austausches die nominale Entwicklung dieser Währungen im Zentrum des Interesses (Iida 1993: 330).
- Die Entwicklung des realen Wechselkurses zeigt sich hochgradig abhängig vom nominalen Kurs (Willms 1995). Jede Veränderung des realen Wertes wiederum hat nachhaltige Veränderungen auf den in- und ausländischen Faktormärkten.

Die Entwicklungen der nationalen Währungen in Form der durchschnittlichen Auf- bzw. Abwertungsraten sind für 21 OECD-Länder in Tabelle 1 abgebildet.[3] Der angeführte Zeitraum bemisst sich auf die Jahre zwischen 1979, dem Beginn des Europäischen Währungssystems (EWS), und 1998, dem letzten Jahr vor Beginn der Europäischen Wirtschafts- und Währungsunion (EWU). Der Nationenvergleich dokumentiert, dass nicht alle Staaten über das „Gütesiegel" einer harten Währung verfügen. Vielmehr zeigt sich eine starke Varianz zwischen den Industrieländern und es reihen sich Länder mit stark aufwertenden Währungen neben Nationen, die sich über die Jahre mit dem Wertverlust ihrer Währung konfrontiert sehen. Länder wie Deutschland, die Niederlande, Japan, Österreich oder die Schweiz haben seit 1979 eine beständige Aufwertung ihrer Währung erlebt. Auf der anderen Seite zeugen die Entwicklungen in Griechenland, Italien, Neuseeland, Portugal oder Spanien von einem fortlaufenden Niedergang des heimischen Geldwertes. Darüber hinaus dokumentie-

---

3 Wenn im Folgenden von der Entwicklung einer Währung gesprochen wird, dann wird die Veränderung des Austauschverhältnisses zwischen der inländischen und einer ausländischen Währung oder gegenüber einem Bündel anderer Währungen verstanden. Sofern die ausländische Währung oder ein Währungskorb – gemessen in inländischer Währung – teurer wird, spreche ich von einer Abwertung oder Wechselkursverschlechterung der inländischen Währung, im umgekehrten Fall von einer Aufwertung oder Wechselkursverbesserung der inländischen Währung.

ren die Daten aber auch eine markante Wende zur Hartwährungspolitik in einigen aufgeführten Nationen seit Mitte der 1980er Jahre. Beispiele geben Belgien, Dänemark, Frankreich oder Irland (vgl. auch Weber 1991). Bis auf Finnland, Großbritannien, Norwegen und die Vereinigten Staaten halten die übrigen Länder ihre währungspolitische Performanz im Gleichgewicht oder verzeichnen zwischen 1986 und 1998 eine leichte Aufwertung ihrer Währung im Vergleich mit der Vorperiode.

Tabelle 1: Durchschnittliche jährliche Ab- bzw. Aufwertungsraten nationaler Währungen in 21 Ländern, 1979-1998

Land	jährliche Ab- bzw. Aufwertungsrate der nationalen Währung 1979-1998 (Ø)	jährliche Ab- bzw. Aufwertungsrate der nationalen Währung 1979-1985 (Ø)	jährliche Ab- bzw. Aufwertungsrate der nationalen Währung 1986-1998 (Ø)
Australien	+0,46	+0,73	+0,31
Belgien	-0,14	-2.29	+1,02
Dänemark	-0,20	-2,66	+1,13
Deutschland	+1,68	+1,69	+1,67
Finnland	-0,32	+0,85	-0,96
Frankreich	-0,55	-3,00	+0,78
Griechenland	-8,05	-9,99	-6,00
Großbritannien	+0,02	+0,68	-0,33
Irland	-0,87	-2,56	+0,04
Italien	-2,99	-5,02	-1,90
Japan	+3.27	+1,67	+4,13
Kanada	-1,26	-1,56	-1,10
Neuseeland	-1,80	-4,15	-0,53
Niederlande	+0,99	+0,50	+1,26
Norwegen	-0,94	-0,40	-1,23
Österreich	+1,04	+1,37	+0,87
Portugal	-5,12	-9,89	-2,55
Schweden	-2,08	-2,91	-1,64
Schweiz	+1,60	+1,93	+1,42
Spanien	-2,25	-3,67	-1,48
Vereinigte Staaten	+0,28	+4,71	-2,11

Anmerkungen: Ein Minus steht für eine durchschnittliche Abwertung, ein Plus für eine durchschnittliche Aufwertung der Währung. Alle Angaben sind auf der Basis nominaler effektiver Wechselkurs-Indizes des *Internationalen Währungsfonds* erstellt worden (IMF 2000).

Die Suche nach den Bedingungen für die aufgezeigten unterschiedlichen währungspolitischen Leistungsprofile der Industrieländer steht im Mittelpunkt des analytischen Interesses des vorliegenden Beitrages. Ausgeblendet bleibt somit die Betrachtung der Konsequenzen einer dauerhaft stabilen oder instabilen Währung sowie der Wirkungen einer beständigen Ab- oder Aufwertung. Im weiteren Verlauf werden zunächst die wichtigsten Theorien und Ansätze zur Erklärung der Währungsentwicklung skizziert. Insbesondere soll herausgearbeitet werden, welche Rolle politisch-institutionelle Einflussfaktoren im bestehenden Theorienkanon beigemessen wird. Im dritten Abschnitt wird der Forschungsstand zum Thema der Wechselkursbildung vorgestellt und diskutiert. Im vierten Teil werden eigene empirische Ergebnisse präsentiert und dem Forschungsstand gegenübergestellt. Eine Zusammenfassung der zentralen Befunde und eine Bewertung der Erkenntnisse beschließen die Arbeit.

2. Theorien und Hypothesen zum Einfluss ökonomischer und politischer Größen auf die Entwicklung einer Währung

Der Preis einer Währung richtet sich nach dem Devisenzu- oder -abfluss. Kapitalimporte und Exporte von Waren und Dienstleistungen führen zu einem Devisenzufluss ins Inland und damit zu einer Wechselkursverbesserung der heimischen Währung. Kapitalexporte und Importe von Waren und Dienstleistungen erhöhen die Nachfrage nach Devisen im Inland und ziehen eine Verschlechterung des inländischen Wechselkurses nach sich. Freilich beantwortet der Verweis auf das Spiel zwischen Devisenangebot und Devisennachfrage die Frage nach der Entwicklung des Währungswertes nur unzureichend, da von herausragendem Interesse ist, welche vorgelagerten Bedingungen die Devisenströme in Gang setzen (Rose 1978: 581).

Die wirtschaftswissenschaftliche Forschung lenkt hierbei das Augenmerk vor allem auf ökonomische Bestimmungsgründe. Aus der Vielfalt diskutierter Einflussgrößen kristallisieren sich im Anschluss an Mussel/Pätzold (1995: 183f) und Rose (1978) vier maßgebliche Ursachen der Wechselkursentwicklung heraus: (1) die Höhe und Entwicklung des realen Volkseinkommens, (2) das internationale Zinsgefälle, (3) das internationale Preisgefälle und seine monetären Bestimmungsgründe sowie (4) die Wechselkurserwartungen.[4] Je nach Ansatz der Außenwirtschaftstheorie werden die Erklärungsfaktoren unterschiedlich akzentuiert, wobei die internationalen Kapitalbewegungen als Bestimmungsgröße in der wirtschaftswissenschaftlichen Literatur erst nach der Bretton-Woods Ära zureichend berücksichtigt und systematisch in die Modelle integriert wurden (vgl. Baltensperger 1992):

- Im Zentrum der *keynesianischen Wechselkurstheorie* steht die Wirkung der Leistungsbilanz auf den Wechselkurs. Die Richtung der Güter- und Handelsströme wird durch die Veränderung des *realen Volkseinkommens* vorgegeben. Steigt dieses – etwa als Folge einer expansiven Fiskal- oder Geldpolitik – führt dies zu einem Leistungsbilanzdefizit angesichts einer erhöhten Importnachfrage. Verstärkte Güterimporte führen zu Devisenabflüssen ins Ausland und zu einer Abwertung der inländischen Währung. Umgekehrt zieht eine Verminderung des realen Einkommens eine Aufwertung der heimischen Währung nach sich.
- Gemäß der *Kaufkraftparitätentheorie* wird die Veränderung des nominalen Wechselkurses langfristig durch das Verhältnis zwischen der inländischen und ausländischen *Inflationsrate* bestimmt. Liegt die Inflationsrate des Inlands über der des Auslands, tritt eine Abwertung der heimischen Währung ein. Die ökonomische Begründung liegt darin, dass bei einer höheren Inflationsrate im Inland die Importe relativ attraktiver werden und damit ihre Nachfrage steigt. Ein Anstieg

4 In der einschlägigen Literatur finden sich weitere ökonomische Bedingungen wie das Haushaltsdefizit, das Ausmaß der Staatsverschuldung, die Veränderung der Währungsreserven, das Wachstum inländischer Kredite, die Spar- oder Arbeitslosenquote, die Lohnstückkosten, der Anteil hochqualifizierter Erwerbstätiger oder der private Verbrauch und die Investitionsquote. Im vorliegenden Beitrag wird das Augenmerk aber vornehmlich auf jene ökonomischen Einflussgrößen gelenkt, die sich als fundamentale Determinanten der Wechselkursbildung herauskristallisiert haben und derer sich ökonomische Erklärungsversuche in ihren jeweiligen Wirkungsketten mit obig genannten Faktoren bedienen müssen.

der Importe erhöht die Nachfrage nach Devisen, wodurch der Wert der inländischen Währung sinkt.

- Der auf der Kaufkraftparitätentheorie aufbauende *monetäre Wechselkursansatz* überträgt im Kern quantitätstheoretische Vorstellungen auf die offene Volkswirtschaft: eine Veränderung der *Geldmenge* hat eine gleichgerichtete proportionale Veränderung des Wechselkurses zur Folge. So bedeutet etwa eine Erhöhung des Geldmengenwachstums eine Erhöhung der Inflationsrate und eine Tendenz zur Abwertung der inländischen Währung.
- Die einfachste und bekannteste Form des *Finanzmarktansatzes* stellt die Zinsdifferenzen zwischen In- und Ausland sowie die erwarteten Wechselkursänderungen in den Mittelpunkt der Erklärung internationaler Kapitalbewegungen und Wechselkursentwicklungen. Ein erwarteter Wertverlust der inländischen Währung kann Spekulanten veranlassen, ihr Vermögen aus der entsprechenden Anlage abzuziehen. Mithin führt dieser Kapitalexport in der laufenden Periode zu einer tatsächlichen Wechselkursverschlechterung in der folgenden Periode. Eine erwartete Aufwertung in der laufenden Periode hingegen führt umgekehrt zu vermehrten Kapitalimporten, da internationale Spekulanten an den zu erwartenden Währungsgewinnen in der Folgeperiode teilhaben möchten. Zum Einfluss des Zinsniveaus auf den Wechselkurs konkurrieren zwei Hypothesen: Zum einen führt ein Anstieg des inländischen *Zinsniveaus* über Kapitalimporte zu einer Aufwertung der inländischen Währung.[5] Zum anderen fassen neuere ökonomische Erklärungsmodelle das Zinsniveau als endogene Größe auf, die sich simultan zum Wechselkurs entwickelt. So könnten staatliche Entscheidungsträger einer Kapitalflucht mit einer Erhöhung des inländischen Zinsniveaus begegnen. Hohe Zinsen wären in diesem Fall als Risiko- und Inflationsprämie für Glaubwürdigkeitsdefizite des politischen und wirtschaftlichen Systems zu verstehen, die zur Stabilisierung schwacher Währungen geleistet werden müssen.[6] Ebenso könnten Kapitalimporte mit einer Aufwertung und gleichzeitigen Zinssenkungen zusammenfallen, will man den Aufwertungsdruck auf die eigene Währung abschwächen.

Neben dem Einfluss ökonomischer Größen auf die Wechselkursbildung werden die Erwartungshaltungen der Wirtschaftssubjekte als Bedingungen von Veränderungen des Währungswertes gehandelt (vgl. Leblang/Bernhard 2000: 292). Im Zentrum des analytischen Interesses dieser „zweiten Generation“ von Ansätzen zur Wechselkursbestimmung stehen Modelle, in denen die ökonomischen Fundamentaldaten zunächst keine Wechselkurskorrektur erfordern würden, aber aus verschiedensten Gründen trotzdem die Erwartung entsteht, dass eine Wechselkursänderung bevorsteht. Sich selbst verstärkende Erwartungen als erklärende Größe von Wechselkursänderungen sind hierbei hauptsächlich die Folge von Glaubwürdigkeitsproblemen, die im Hinblick auf die Beibehaltung einer angekündigten Wirtschaftspolitik zur Sicherung der Preisstabilität auftreten können (Krugman 1997; Simmons 1997).

---

5 Ein Anstieg des ausländischen Zinsniveaus hat indes eine Abwertung der inländischen Währung als Konsequenz einsetzender Kapitalexporte zur Folge.

6 Diese Zusammenhänge werden zum Beispiel durch die Vorgänge in Schweden im April 1999 illustriert: Durch den Rücktritt des Finanzministers, der als Garant fiskalpolitischer Disziplin galt, verlor die Krone gegenüber dem Euro an Wert – gleichzeitig stiegen aber die Renditen für 10-jährige Staatsanleihen deutlich an (vgl. Neue Zürcher Zeitung, 13. April 1999).

Bestehen bei den Wirtschaftssubjekten Erwartungen über eine unglaubwürdige Wirtschaftspolitik mit den Folgen einer hohen Inflationsrate und einer abwertungsverdächtigen Währung, so kann dies zur Flucht aus der jeweiligen Währung führen. Aus dieser Perspektive führen Erwartungen über einen Wertverlust der jeweiligen Währung zu einer tatsächlichen Wertminderung (Iversen 1998: 43).[7]

Die Betonung von Glaubwürdigkeitsaspekten ist eng an die Überlegungen zum Konzept der Zeitinkonsistenz geknüpft. Wirtschaftspolitik – und insbesondere Geldpolitik – gilt als zeitinkonsistent, wenn mit fortschreitender Zeit für die Entscheidungsträger ein Anreiz besteht, die am Anfang des Planungszeitraumes festgelegte Politik zu ändern (Barro/Gordon 1983a). Wirtschaftspolitische Glaubwürdigkeit wiederum meint, dass die Wirtschaftssubjekte die tatsächliche Durchführung der wirtschaftspolitischen Maßnahmen erwarten können, die explizit oder implizit von den wirtschaftspolitischen Instanzen angekündigt wurden (Theurl 1997: 388). Konkret beharrt eine glaubwürdige Wirtschaftspolitik beispielsweise auch dann auf einer angekündigten Strategie der Preisstabilität, wenn die wirtschaftspolitischen Instanzen begründeten Anreizen einer stabilitätswidrigen Politik ausgesetzt sind (Freitag 1999a: 66-82; Simmons 1997).

Mögliche Anreize politischer Entscheidungsträger zu (partei-)politisch motivierten Manipulationen des Geldwertes begründet die Theorie vom Politischen Konjunkturzyklus damit, dass staatliche Entscheidungsträger (Regierungsmitglieder, Parlamentarier, Funktionäre und Geldpolitiker) makroökonomische Größen (zum Beispiel die Arbeitslosigkeit oder die Inflationsrate) bewusst steuern, um eigene Interessen und Zielsetzungen zu verfolgen, wie etwa ein hohes Einkommen, Prestige und Macht. Da die Verwirklichung dieser Ziele wiederum mit der (Wieder-)Wahl einer Partei in die Regierung verbunden ist, wird einer wettbewerbsorientierten Demokratie unterstellt, dass ein beträchtlicher Teil der Regierungs- und Wirtschaftspolitik unter dem Gesichtspunkt der Stimmenmaximierung durchgeführt wird (Kirchgässner 1996; Gärtner 1989: 603).[8] Eine Inflationspolitik verhilft zwar entlang der Phillips-Kurve zu kurzfristigen arbeitsmarktpolitischen Erfolgen und steigert so das stimmenträchtige Prestige und Ansehen der Entscheidungsträger. Die Kehrseite dieser Errungenschaft liegt aber im Vertrauensverlust in die Preisstabilitätspolitik. Möglichkeiten dieser „inflationären Schlagseite demokratischer Marktwirtschaften“ (Gärtner 1989: 607) zu begegnen, erstrecken sich nun insbesondere auf Regelbindungen oder institutionelle Restriktionen des diskretionären Spielraumes maßgebender wirtschaftspolitischer Instanzen (vgl. Clark Roberts u.a. 1998).

Die Einbeziehung politisch-institutioneller Rahmenbedingungen reicht in seiner Bedeutung über die Analyse des Handelns geldpolitischer Akteure hinaus und bietet Aufschlüsse über zwei Kausalmechanismen der Entwicklung des Währungswertes:

---

7 Das Herdenverhalten internationaler Vermögens- und Devisenhändler verstärkt zusätzlich die am Markt einmal eingeschlagene Richtung. Fondsmanager werden oft danach beurteilt, wie sie im Vergleich zu anderen abschneiden. Dann wäre es mit weniger Risiko behaftet, mit allen in die falsche Richtung zu rennen, als alleine in eine nicht garantiert richtige. Ebenso ließe sich ein eventueller Vermögensverlust leichter ertragen, sofern alle anderen ebenfalls davon betroffen sind (Krugman 1997: 6).

8 Unterstellt man den Wirtschaftssubjekten eine rationale Erwartungsbildung, so sind Manipulationen der wirtschaftlichen Vorgänge nur mit einer Strategie der Inflationsüberraschung – und damit eines zeitinkonsistenten Mitteleinsatzes – zu bewerkstelligen.

Erstens dienen die politisch-institutionellen Bedingungen als Gradmesser wahrscheinlicher oder zu erwartender Kontinuitätsbrüche der Regierungstätigkeit hinsichtlich der Preisstabilität und geben damit ebenso Aufschlüsse über die Entwicklung des Wertes einer Währung. *Zweitens* bieten die institutionellen Hindernisse möglicher zeitinkonsistenter Strategien einer Geldmengen-, Inflations-, oder Wechselkurspolitik hilfreiche Koordinaten in den Situationsdeutungen und Erwartungshaltungen internationaler Devisen- und Vermögenshändler und bestimmen so die Richtung der zunehmend relevanteren Kapitalströme. Mit anderen Worten: die Anlageentscheidung für einen Kapitaltransfer in eine bestimmte Währung hängt wesentlich von der Einschätzung der Entwicklung des entsprechenden Geldwertes und Wechselkurses ab. Somit sind die Bedingungen, die über die Glaubwürdigkeit entscheiden, verbunden mit den Bedingungen, die die Richtung der Kapitalströme und letztlich die Wechselkursentwicklung bestimmen. Für politische Systeme, deren politisch-institutionelle Struktur einen hohen Grad an Glaubwürdigkeit verspricht, lassen sich Kapitalimporte und damit an Wert gewinnende Währungen erwarten. Weisen die institutionellen Bedingungen auf die Gefahr zeitinkonsistenter Strategien hin, exportieren internationale Devisen- und Vermögenshändler bei inflationären Tendenzen ihr Kapital aus abwertungsverdächtigen Währungen, um möglichen Vermögensverlusten vorzubeugen. Schließlich ermöglicht der Rückgriff auf politische Institutionen die Erfassung internationaler Variationen des Glaubwürdigkeitsprofils: „Ultimately, the characteristics of a society and its political institutions are related to constraints on the commitment ability of its policymakers and induce restrictions on the set of implementable policies. By analyzing the connections between political institutions and economic performance, one may come to a better understanding of why some countries cope very well with time-consistency problems, others very poorly" (Lohmann 1992: 282).

Während die ökonomische Literatur vor allem die unabhängige Stellung der Zentralbank und die Anbindung an feste Wechselkurssysteme als zentrale Kriterien der wirtschaftspolitischen Glaubwürdigkeit identifiziert, drängen einzelne Studien in jüngster Zeit auf die Erweiterung des Glaubwürdigkeitskonzeptes um den politisch-institutionellen Kontext eines Landes und beziehen sich dabei implizit oder explizit auf Erklärungsgrößen der vergleichenden Staatstätigkeitstheorien (vgl. Freitag 1999a, b, 2000; Freeman u.a. 2000; Leblang/Bernhard 2000; Simmons 1997). Für die Industrieländer rücken dabei hauptsächlich die Demokratieform, die Regulierung der Arbeitsbeziehungen, die Regelbindungen der Fiskalpolitik, die Regierungsstabilität, die staatliche Regulierung des Kapitalverkehrs und schließlich die ideologische Färbung der Regierung als Koordinaten einer glaubwürdigen Geld-, Fiskal-, und Lohnpolitik in den Mittelpunkt des analytischen Interesses.

Unabhängigkeit der Zentralbank. Unter den glaubwürdigen Regelbindungen der geldpolitischen Akteure zur Erreichung von Preisstabilität kommt der Stellung der nationalen Zentralbank eine herausragende Bedeutung zu. Unabhängige Zentralbanken werden gemeinhin als institutionelle Voraussetzung von Preisstabilität und damit als wesentliche Koordinate der Glaubwürdigkeit betrachtet (Busch 1995; Cukierman 1994; Grilli u.a. 1991). Von Weisungen der Regierung unabhängige Notenbanken können wahlstrategisch nicht instrumentalisiert werden und daher das Ziel der Preisstabilität verfolgen, ohne sich gleichzeitig und unmittelbar mit den Folgen dieser Zielausrichtung konfrontiert zu sehen. Auf diese Weise wird der Aufgabenbereich der Geldpolitik dem diskretionären Einfluss der Tagespolitik entzogen: Veränderungen der Präferenzen von Regierungen bleiben ohne direkte Wirkung auf die Entwicklung des Geldwertes: „If the politicians currently in office do not have direct control over monetary policy, they cannot engage in partisan or electoral policymaking“ (Alesina 1988: 39). Die strikte Geldpolitik einer von wahltaktischen Überlegungen nicht weiter ferngesteuerten Zentralbank führt vielmehr zu Preisniveaustabilität und damit zu einer starken Währung.

Währungssystem. Eine große Bedeutung hinsichtlich institutioneller Vorkehrungen einer glaubwürdigen Preisstabilitätspolitik kommt der Frage nach der Mitgliedschaft eines Landes in einem Wechselkursregime zu. Hierbei wird die Anschauung vertreten, dass ein auftretendes Glaubwürdigkeitsproblem behoben werden kann, indem sich das Land einem Währungsregime fixer Wechselkurse anschließt (Iversen 1998: 41ff; Sandholtz 1993). Die Bindung an ein Fixkurssystem, in welchem dasjenige Land die Ankerwährung bildet, das bei einem *floating* die niedrigste Inflationsrate erreichen würde, ermöglicht Ländern mit Glaubwürdigkeitsproblemen den „Import“ institutioneller Disziplinierungsinstrumente, die die Inflationsneigung beschränken und somit die wirtschaftspolitische Glaubwürdigkeit fördern (Baltensperger 1992: 552). Dementsprechend sollten Länder in fixen Wechselkurssystemen stärkere Währungen aufweisen, als Länder, die Währungssystemen mit flexiblen Wechselkursen angehören.

Demokratietypus. Für eine verlässliche und glaubwürdige Wirtschaftspolitik sind ferner institutionelle Beschränkungen von Mehrheitsentscheidungen relevant (Moser 1997: 9). Einen besonderen Rang nehmen hier die Konsensdemokratien ein. Die Grundregel dieser Systeme besagt, dass von Mehrheitsentscheidungen als politischem Entscheidungsmodus so weit als möglich abzusehen ist. Darüber hinaus gestattet die typische Machtdiffusion dieser Demokratieform keine eindeutige parteiliche Zuordnung einer Popularitäts- und Wahlvorteile bringenden expansiven Wirtschaftspolitik. Insofern besteht ein relativ geringer Anreiz, wirtschaftliche Entwicklungen politisch zu manipulieren und damit höhere Inflationsraten zu erzeugen. Die damit einhergehende Langfristigkeit konsensualer Regierungstätigkeit legt darüber hinaus den Grundstein für die Vorhersagbarkeit und Zuverlässigkeit der Politik und ihrer ökonomischen Ergebnisse. Diese inhärente Kontinuität staatlicher Politik bleibt nicht ohne Auswirkungen auf den internationalen Handels- und Devisenmärkten: „Policy continuity in itself is not an instrument of exchange-rate management, strictly speaking. However, it indicates the degree of importance authorities attach to sending consistent price and policy signals to private actors engaged in international trade and investment“ (Henning 1994: 10). Empirische Befunde der vergleichenden Staatstätigkeitsforschung unterstreichen zudem die Inflationstendenz von Wettbewerbsdemokratien: Konsensdemokratien sind erfolgreicher in der Preisstabilitätspolitik (Crepaz 1996; Lijphart 1999: 265). Konsensdemokratien stellen damit Koordinaten bereit, welche bei den Marktteilnehmern die Einschätzung einer glaubwürdigen und preisstabilen Wirtschaftspolitik entstehen lassen. Kapitalimporte in einen derartig sicheren Währungshafen verstärken zusätzlich den Trend einer kontinuierlich aufwertenden Währung.

Regierungsstabilität. Instabile Regierungen sind kein Garant für eine glaubwürdige und stabilitätsorientierte Wirtschaftspolitik. Zum einen ist ihre Überlebenswahrscheinlichkeit gering und die politischen Akteure verfolgen das Ziel der Wiederwahl mit besonderem Interesse. Sie legen ein größeres Gewicht auf wirtschaftspolitische Maßnahmen mit kurzfristigen – meist inflationären – Erfolgen, da sie nicht erwarten können, von einer langfristig angelegten Wachstumspolitik zu profitieren, und sie außerdem kurzfristige Kosten in Form von Beschäftigungseinbußen in Kauf nehmen müssen. Zum anderen bietet sich instabilen Regierungen die Inflationssteuer als oftmals einzige Einnahmequelle für den Staatshaushalt, da sie über zu wenig Durchsetzungsvermögen zur Implementierung langfristiger und kostspieliger fiskalischer Reformen verfügen.[9] Die Inflationsneigung kurzlebiger Regierungen führt damit zu einer in der Tendenz eher abwertenden Inlandswährung. Ferner werden inländische Vermögenstitel durch ausländische substituiert: Angesichts zu erwartender inflationsbedingter Verluste wird Kapital exportiert und der Abwertungsdruck verstärkt.

Parteipolitische Zusammensetzung der Regierung. In der Parteienherrschaftstheorie wird die These vertreten, dass der Zielkonflikt zwischen Preisstabilität und Vollbeschäftigung in Zusammenhang mit der parteipolitischen Färbung von Regierungen stehe (Cusack 2001; Hibbs 1977): Bürgerliche Regierungen bevorzugen Preisstabilität auf Kosten von Arbeitslosigkeit, während sozialdemokratische Regierungen das Ziel der Vollbeschäftigung auf Kosten der Preisstabilität verfolgen. Die Wirtschaftssubjekte erwarten deshalb bei linken Regierungen eine inflationäre, beschäftigungsorientierte Wirtschaftspolitik zugunsten der eigenen Anhängerschaft. Damit ist das Glaubwürdigkeitsproblem hinsichtlich der Preisniveaustabilität für linke Parteien größer als für rechte Parteien (vgl. Barro/Grodon 1983b). Übernimmt eine linke Partei die Regierung, dann exportieren die Investoren ihr Kapital, um drohende Vermögensverluste zu vermeiden. Somit sinkt der Wert der inländischen Währung unter sozialistischen oder sozialdemokratischen Regierungen.

Konfliktträchtigkeit der Arbeitsbeziehungen. Ursachen inflationärer Tendenzen finden sich aber nicht allein in der stimmenmaximierenden Regierungstätigkeit. Zusätzliche Inflationsgefahren gehen von den Regelungen der Arbeitsbeziehungen aus. Zum einen verursacht eine umfangreiche Streiktätigkeit sowohl Produktionsausfälle als auch tendenziell übermäßige Lohnsteigerungen und ist damit ein Kostenfaktor, der den inflationären Druck erhöht (Freitag 1999a: 136). Zum anderen stellt der Grad an sozialem Dissens eine beschäftigungspolitische Rahmenbedingung der Regierungstätigkeit dar. Will eine Regierung kurzfristig die Beschäftigung erhöhen, so muss ihre expansive Strategie die durch Streiktätigkeit und daraus folgenden Lohnzuwächsen wachsende Inflation überkompensieren. Mit anderen Worten: Wollen die politischen Entscheidungsträger kurzfristige reale Effekte erzielen, um ihre Popularitäts- oder Wahlchancen zu sichern, so erfordern konfliktträchtige Arbeitsbeziehungen eine noch expansivere Geldpolitik. Die Folgen wären Preissteigerungen und eine Abwertung der Währung.

Fiskalpolitischer Schwierigkeitsgrad. Weiterhin ließe sich argumentieren, dass der Grad an Inflation oder die Neigung zu Inflationsüberraschungen in einem Land an das Ausmaß des (unerwarteten) Einsatzes expansiver Fiskalpolitik gekoppelt ist. Im Anschluss an die Überlegungen von Scharpf (1987: 261ff.) gibt der unterschiedliche Zentralisierungsgrad nationalstaatlicher Finanzverfassungen einen institutionellen Möglichkeitsrahmen für die fiskalpolitische Handlungsfähigkeit der

9 Die Inflationssteuer bezeichnet eine Situation, in der die Steuerzahler wegen nominell steigender Löhne in höhere Besteuerungsstufen rutschen, auch wenn sie real betrachtet kein höheres Einkommen erzielen. Infolge dieser geräuschlosen Steuererhöhung (auch „kalte Progression“) steigen die Staatseinnahmen.

zentralstaatlichen Entscheidungsträger vor. Fiskalisch dezentralisierte politische Systeme (oder ein kleiner Zentralstaatshaushalt) schränken dabei den effizienten und raschen zentralstaatlichen Einsatz diskretionärer Fiskalpolitik angesichts hoher Durchsetzungskosten ein. Der monetäre Nebeneffekt dieser besonders in föderalen Systemen verankerten Schwierigkeit fiskalischer Expansion ist ein geringer inflationärer Druck von Seiten des Zentralstaates.[10] Damit trägt die Struktur des Staates zum Glaubwürdigkeitspotential eines Landes bei. Eine föderale Finanzverfassung ist einer Preisstabilitätspolitik dienlich und erleichtert damit letztlich die Aufwertung der inländischen Währung.

Staatlicher Regulierungsgrad des Kapitalverkehrs. Eine weitere Beschränkung des fallweisen Einsatzes wirtschaftlicher Instrumente zur Stimulierung der Konjunktur liegt im Grad der Offenheit eines Landes. Geschlossene Volkswirtschaften verschaffen sich durch ihre Abschottung einen Spielraum für den Einsatz diskretionärer wirtschaftspolitischer Instrumente und somit auch einen potentiellen Anreiz zur Inflationsüberraschung. Dagegen wird ein Land ohne staatliche Kontrollen des Kapitalverkehrs für seine diskretionäre, inflationsfördernde Wirtschaftspolitik in einem Umfeld deregulierter Finanzmärkte von den internationalen Anlegern angesichts wahrscheinlicher Vermögensverluste durch eine einsetzende Kapitalausfuhr bestraft. In diesem Fall sind die nationalen Bedingungen einem laufenden Urteil der Märkte ausgesetzt. Zugespitzt formuliert bewerten nicht mehr alleine die nationalen Wählerschaften die Leistungen einer demokratischen Regierung, sondern zusätzlich auch die internationalen Investoren (Simmons 1999: 64). Eine Liberalisierung des Kapitalverkehrs sollte somit zur makroökonomischen Disziplinierung und zur Preisniveaustabilität führen, um dem „(weg-)laufenden" Urteil der Märkte zu entgehen. Eine direkte Folge dieser erzwungenen Preisstabilitätspolitik wäre eine starke Währung bei offenen Volkswirtschaften.

3. Forschungsstand

Trotz der einleitend dargelegten Relevanz halten sich politikwissenschaftliche Forschungsbeiträge zur Erklärung von Wechselkursbildungen in einem überschaubaren Rahmen. Die einzelnen bisherigen Studien zum Einfluss politischer oder institutioneller Größen auf die Entwicklung einer Währung können aber zumindest entlang den Ansätzen der vergleichenden Policy-Forschung verortet werden. Hier ist zunächst festzuhalten, dass die Erklärungskraft der *parteipolitischen Hypothese* für die Währungspolitik seit dem Ende des Regimes von Bretton-Woods im Jahre 1973 als gering einzustufen ist. So decken die empirischen Analysen weder einen systematischen Zusammenhang zwischen der Stärke einer Währung und der parteipolitischen Färbung der Regierung auf, noch lässt sich eine Beziehung zwischen einer sozialdemokratischen Regierungsbeteiligung und einer strategischen Abwertungspolitik im Nationenvergleich nachweisen (Freitag 1999a, 2000; Stephan 1994). Hingegen treten konkurrierende Befunde für die Zwischenkriegsperiode auf: Wäh-

10 Für die These einer Zurückbindung inflationärer Staatsaktivität durch föderale Strukturen sprechen indes auch die Erkenntnisse der public choice-Literatur (vgl. Brennan/Buchanan 1988: 234).

rend Eichengreen (1993) für den Zeitraum zwischen 1921 bis 1926 einen positiven Zusammenhang zwischen dem Anteil linker Parteien in nationalen Parlamenten und der Aufwertung der heimischen Währung aufdeckt, dokumentieren die Untersuchungen von Simmons (1997) das Gegenteil: Sich in der Tendenz verschlechternde Währungen zeigen sich zwischen 1923 und 1939 vor allem in Staaten mit sozialdemokratischen oder linken Regierungsmehrheiten.

Sofern sich der Ansatz der *Machtressourcen organisierter Interessen* durch die Intensität des Verteilungskonfliktes zwischen Kapital und Arbeit nachzeichnen lässt, wird dieser in den bisherigen Forschungsbeiträgen zumeist bestätigt. Je höher der Konfliktgrad zwischen Kapital und Arbeit ist, desto wahrscheinlicher verliert die heimische Währung an Wert. Auf der anderen Seite sind starke Währungen in Ländern mit friedlichen Arbeitsbeziehungen wahrscheinlicher. Dies gilt sowohl für die Jahre zwischen 1923 und 1939 (Simmons 1997) als auch für die Nachkriegsphase (Reszat 1985) und die Zeit nach Bretton-Woods (Freitag 1999b).[11]

Die noch junge Forschungsrichtung der *internationalen Verflechtungstheorie* betont die zunehmende Relevanz von supranationalen Organisationen und globalen wirtschaftlichen Verflechtungen auf die Handlungschancen und -barrieren nationalstaatlicher Politik. Bezogen auf die Währungspolitik zeigen die bisherigen Resultate aber ein eher diffuses Muster an empirischer Evidenz. So sind starke Währungen sowohl in Systemen mit festen als auch flexiblen Wechselkursen möglich (Freitag 1999a). Die Zugehörigkeit zum Europäischen Währungssystem (EWS) ging für die Teilnehmerländer erst ab Mitte der 1980er Jahre mit einer Verbesserung des Währungswertes einher. Davor machte die Mitgliedschaft im EWS eine Abwertung der heimischen Währung wahrscheinlicher (Freitag 1999a). Weiterhin zeigt der Vergleich von OECD-Ländern zwischen 1973 und 1995, dass eine zunehmende Liberalisierung des Kapitalverkehrs keine systematischen Auswirkungen auf die Entwicklung des Währungswertes hat (Freitag 1999b; Leblang/Bernhard 2000).

Ansätze, die sich auf *institutionelle Bedingungen* stützen, erweisen sich hingegen als besonders ertragreich in der Erforschung von Glaubwürdigkeitsprofilen und Währungsentwicklungen (vgl. Eichengreen 1993; Freeman u.a. 2000; Freitag 1999, 2001; Simmons 1997). Als nahezu gesichert gilt hier die Erkenntnis, dass die politische Weisungsunabhängigkeit der Zentralbank eine wesentliche institutionelle Voraussetzung der wirtschaftspolitischen Glaubwürdigkeit und einer starken Währung ist. Empirische Tests offenbaren diese Zusammenhänge sowohl für die Zwischenkriegsphase als auch für die Periode nach Bretton-Woods.[12] Eine starke Währung ist des Weiteren um so wahrscheinlicher, wenn eine Regelung zum Ausgleich kon-

---

11 Die theoretischen Abhandlungen von Frieden (1991) verknüpfen die Entwicklungen einer Währung mit den national dominanten gesellschaftlichen Interessenlagen. Demnach haben die verschiedenen sozioökonomischen Akteure eines Landes unterschiedliche Präferenzen bezüglich des Wertes einer Währung. Produzenten nicht handelbarer Güter und internationale Vermögenshalter und Investoren präferieren eine starke Währung, während die Produzenten international handelbarer Güter und inländisch orientierte Investoren einer tendenziell schwachen Währung den Vorzug geben. Eine systematisch vergleichende empirische Überprüfung dieser Überlegungen steht m. E. noch aus.

12 Einzig Freeman u.a. (2000) und Leblang/Bernhard (2000: 316) finden keinen systematischen Zusammenhang zwischen der Unabhängigkeit der Zentralbank und der Währungsentwicklung in ausgewählten OECD-Ländern.

fligierender Interessen zwischen politischen Akteuren im Sinne konsensualer Praktiken vorherrscht, wenn Regierungen durch einen hohen Grad an Stabilität gekennzeichnet sind und wenn institutionalisierte Hürden in Gestalt einer föderalen Finanzverfassung einer fiskalpolitischen Stimulation der Volkswirtschaft entgegenstehen.[13]

Obwohl die einzelnen Befunde eine gewisse Sensibilität gegenüber der Wahl der Untersuchungsmethode, dem Forschungsdesign (Querschnitt- oder Längsschnittschätzungen), der jeweiligen Operationalisierung der Einflussfaktoren und auch gegenüber den analysierten Perioden und Untersuchungseinheiten offenbaren, lassen die bisherigen Resultate erkennen, dass gerade Argumente und Variablen des politischen-institutionellen Ansatzes einen erheblichen Erklärungsbeitrag hinsichtlich der Varianz des Währungswertes in wirtschaftlich entwickelten Demokratien liefern können.

4. Empirische Befunde

4.1. Daten und Methode

In diesem Abschnitt sollen die Hypothesen zum Einfluss der acht aufgezeigten politisch-institutionellen Determinanten einer systematischen empirischen Überprüfung unterzogen werden. Um einen möglichst genauen Befund über die möglichen Bestimmungsgründe der Währungsentwicklung im Nationenvergleich zu erhalten, sollten statt aller verfügbarer besser möglichst vergleichbare Fälle in die Untersuchung aufgenommen werden. Die Studie beruht deshalb auf einem Vergleich von 21 Ländern der *Organisation for Economic Co-Operation and Development* (OECD) – Australien, Belgien, Dänemark, Deutschland, Finnland, Frankreich, Griechenland, Großbritannien, Irland, Italien, Japan, Kanada, Neuseeland, die Niederlande, Norwegen, Österreich, Portugal, Schweden, die Schweiz, Spanien und die USA. Der zeitliche Analyserahmen beschränkt sich auf die Periode zwischen 1979, dem Jahr der Einführung des Europäischen Währungssystems, und 1998, dem letzten Jahr vor der Gründung der Europäischen Wirtschafts- und Währungsunion (EWU). Für einen systematischen empirischen Vergleich bieten sich die erwähnten Länder an, da sie nach dem *most similar cases design* (Przeworski/Teune 1970) eine große Ähnlichkeit hinsichtlich politischer Strukturelemente aufweisen. Somit können wichtige Rahmenbedingungen als konstant angesehen werden: Eine kontinuierlich demokratische und verbandspluralistische politische Ordnung und – am Vorabend des Europäischen Währungssystems – eine ähnliche ökonomische Ausgangslage. Die Periode ist ferner von der zunehmenden wirtschaftlichen Internationalisierung und damit von der zunehmenden Bedeutung des Wechselkurses für die wirtschaftliche Leistungsfähigkeit gekennzeichnet.[14]

13 Ferner führen Freeman u.a. (2000) an, dass Proporzwahlsysteme im Gegensatz zu Mehrheitswahlsystemen einen positiven Einfluss auf die Währungsentwicklung haben. Hier nicht weiter dokumentierte Querschnittanalysen können diese These für die aufgeführten 21 Nationen zwischen 1979 und 1998 nicht bestätigen. Jedoch zeigt das Vorzeichen der Koeffizienten in die von den Autoren postulierte Richtung.

14 Gemäß dem „magischen Dreieck" der Außenwirtschaftspolitik schränkt eine zunehmende Internationalisierung das wirtschaftspolitische Steuerungspotenzial eines Landes unter den Bedingungen fester Wechselkurse ein (open economy trilemma): Bei festen Wechselkursen

Tabelle 2: Politische und institutionelle Bestimmungsgründe starker und schwacher Währungen im Nationenvergleich in 21 Ländern, 1979-1998 (bivariate Analyse)

Unabhängige Variablen	1979-1998	1979-1985	1986-1998
Weisungsabhängigkeit der Zentralbank	-0,52***	-0,51***	-0,47**
Demokratietypus	0,23	-0,12	0,46**
Regierungsstabilität	-0,55***	-0,52***	-0,39**
Anteil bürgerlicher Parteien in der Regierung	0,11	-0,01	0,23
Anteil liberaler Parteien in der Regierung	0,23	0,21	0,11
Anteil linker Parteien in der Regierung	-0,26	-0,17	-0,27
Konfliktträchtigkeit der Arbeitsbeziehungen	-0,79***	-0,33	-0,81***
Fiskalpolitischer Schwierigkeitsgrad	0,21	0,21	0,16
Staatliche Regulierung des Kapitalverkehrs	0,32**	0,45***	0,19
Währungsregime fester Wechselkurse	0,06	-0,04	0,30
N	21	21	21

Anmerkungen: abhängige Variable: durchschnittliche jährliche Auf- bzw. Abwertungsrate der heimischen Währung (siehe Tabelle 1); ** = signifikant auf dem 5% Niveau (zweiseitig); *** = signifikant auf dem 1% Niveau (zweiseitig). Korrelationskoeffizienten nach Pearson mit Ausnahme der Weisungsabhängigkeit der Zentralbank, der Regierungsstabilität, der staatlichen Regulierung des Kapitalverkehrs (jeweils Kendalls Tau-b) und des Währungsregimes fester Wechselkurse (Eta-Koeffizient).

Die Überprüfung der Hypothesen geschieht im Sinne einer Methodentriangulation anhand einer Serie komplementärer Testmethoden (vgl. Tabellen 2 und 3). Diese reichen von bivariaten Querschnittanalysen, basierend auf der Mittelwertbildung der einzelnen Größen bis zu kombinierten Zeitreihen-Querschnittdesigns (auch Panel-Regressionen).[15] Dabei sollen Vermutungen auf der Basis der ersten Methode durch die Befunde einer zweiten Methode abgesichert werden. Ein weiterer empirischer „Härtetest" besteht in der Aufnahme theoriegeleiteter ökonomischer Einflussgrößen in die multivariaten Schätzungen, um *Scheinkorrelationen* mit politischen Einflussfaktoren aufzudecken und möglichen *Fehlspezifikationen* zu entgegnen. Dabei werden in einem mehrstufigen Verfahren zunächst Effekte der ökonomischen Einflussfaktoren analysiert. In einem zweiten, erweiterten Modell werden dann die signifikanten politischen und ökonomischen Faktoren zusammen in die Schätzung aufgenommen. Schließlich wird die Untersuchungsperiode unterteilt. Diese *Periodenteilung* entspricht zwei Überlegungen: Zum einen soll festgestellt werden, ob der Effekt politisch-institutioneller Faktoren im Wandel der Zeit konstant bleibt. Zum anderen sollte der Einfluss institutioneller Bedingungen – als Koordinaten der Erwartungssicherheit – mit dem Anwachsen internationaler Kapitalströme steigen, wenn einerseits Anlageentscheidungen, Kapitalbewegungen und

und einer vollständigen Kapitalmobilität kann ein Land keine unabhängige Geldpolitik mehr betreiben, da die heimischen Zinssätze nicht dauerhaft von den Weltmarktzinsen abweichen können. Jeder Versuch einer unabhängigen Geldpolitik führt zu Kapitalströmen und der Notwendigkeit zur Intervention am Devisenmarkt, um das eingegangene Wechselkursarrangement aufrechtzuerhalten. Diese Intervention dauert so lange an, bis die Zinssätze wieder zurück auf das Weltmarktniveau gebracht sind.

15 Die methodischen Fallstricke dieses Designs werden mit Beck/Katz (1995, 1996) und Kittel (1999) wie folgt behandelt: Zur Vermeidung der kontemporären Autokorrelation und der Heteroskedastizität im Querschnitt wird die White-Methode der panel corrected standard errors (PCSE) angewandt. Zur Kontrolle der seriellen Autokorrelation ergänzt eine zeitverzögerte abhängige Variable die erklärenden Variablen.

Währungsrelationen immer mehr von Erwartungen geprägt werden und andererseits die westlichen Industrieländer seit Mitte der 1980er Jahre einen beispiellosen Wettbewerb der Glaubwürdigkeit verfolgten (Thompson 1997: 105). Die Befunde von Simmons (1999) bieten 1985 als Abgrenzungsjahr des vorliegenden Untersuchungszeitraumes an, da von diesem Zeitpunkt an ein kräftiges Anwachsen der relevanten Kapitalströme in der Form von Direkt- und Portfolioinvestitionen in der OECD-Welt zu beobachten sei und damit seit Mitte der 1980er Jahre dezidiert von einer Internationalisierung der Finanzmärkte gesprochen werden kann.[16]

Tabelle 3: Kombinierte Zeitreihen-Querschnittmodelle zur Erklärung unterschiedlicher Ab- bzw. Aufwertungsraten nationaler Währungen in 21 Ländern, 1979-1998

	%Δ nomineller Wechselkurs			
Unabhängige Variablen	Modell 1 1979-1985	Modell 2 1979-1985	Modell 3 1986-1998	Modell 4 1986-1998
Konstante	0,00 (0,02)	0,03 (0,41)	0,03 (0,48)	-0,00 (-0,04)
Weisungsabhängigkeit der Zentralbank	–	-0,03 (-0,27)	–	-0,09 (-1,89)*
Demokratietypus	–	–	–	0,11 (1,69)*
Konfliktträchtigkeit der Arbeitsbeziehungen	–	–	–	-0,06 (-2,48)***
Regierungsstabilität$_{t-1}$	–	-0,01 (-0,11)	-	-0,13 (-2,59)***
Regulierung des Kapitalverkehrs	–	0,04 (0,38)	–	–
Inflationsdifferenz$_{t-1}$	-0,31 (-3,62)***	-0,33 (-4,08)***	-0,13 (-1,47)	–
Geldmengendifferenz$_{t-1}$	-0,07 (-1,07)	–	-0,07 (-1,05)	–
Δ nominale Zinsdifferenz	-0,30 (-4,91)***	-0,30 (-4,77)***	-0,16 (-1,90)**	-0,10 (-1,77)*
Δ reale Zinsdifferenz$_{t-1}$	-0,23 (-3,37)***	-0,22 (-3,29)***	-0,13 (-2,26)***	-0,11 (-2,13)**
Δ reales BIP$_{t-1}$	-0,01 (-0,11)		0,16 (2,74)***	0,18 (3,22)***
Ab- bzw. Aufwertungsrate$_{t-1}$	0,24 (2,38)**	0,23 (2,25)**	0,30 (5,04)***	0,28 (4,76)***
Lagrange-Multiplier Statistik	1,03	1,03	1,47	2,73
R^2	0,48	0,48	0,20	0,23
N	147	147	273	273

Anmerkungen: abhängige Variable: jährliche Ab- bzw. Aufwertungsrate einer nationalen Währung; abgebildet sind die standardisierten Regressionskoeffizienten; * = signifikant auf dem 10% Niveau (zweiseitig); ** = signifikant auf dem 5% Niveau (zweiseitig); *** = signifikant auf dem 1% Niveau (zweiseitig); t-Werte in Klammern. Statt der für diese Schätzmodelle untauglichen Durbin-Watson Teststatistik wurde zur Überprüfung der Autokorrelation ein alternatives Verfahren herangezogen: Die Werte des Lagrange-Multiplier Testverfahrens liegen für jedes Modell unterhalb des kritischen Wertes (Chi-Quadrat verteilt, 3,84 bei einem Freiheitsgrad), so dass die Annahme verbleibender Autokorrelation verworfen werden kann.

16 Eine Beschreibung der abhängigen und der unabhängigen Variablen findet sich im Anhang. Dort sind ebenfalls die entsprechenden Quellenangaben zu den einzelnen Größen aufgeführt.

4.2. Ergebnisse

(1) Je unabhängiger eine Zentralbank ist, desto stärker ist die Währung: Die bivariaten Analysen in Tabelle 2 unterstützen die Hypothese und stehen im Einklang zu anderen Studien (Busch 1995: 115; Eichengreen 1993; Freitag 1999a, b; Simmons 1997). In der Tendenz abwertende Währungen sind zwischen 1979 und 1998 in Ländern weniger wahrscheinlich, die über eine unabhängige Zentralbank verfügen.[17] Jedoch nuancieren die multivariaten Schätzungen und die Aufnahme kontrollierender ökonomischer Größen das Bild (siehe Tabelle 3). Es wird deutlich, dass die nationalen Zentralbanken erst ab der zweiten Hälfte der 1980er Jahre, sprich in der „Globalisierungsperiode“, einen statistisch signifikanten Einfluss auf die Währungsentwicklung im Nationenvergleich ausüben und als zentrale Komponente das Glaubwürdigkeitsprofil eines Landes prägen.

(2) Je stärker ein politisches System von konsensdemokratischen Merkmalen geprägt ist, desto wahrscheinlicher weist es eine starke Währung auf. Während Eichengreen (1993) keine Hinweise für einen Einfluss des Demokratietypus auf die Währung findet, bestätigen die vorliegenden statistischen Befunde der Tabellen 2 und 3 diese Hypothese. Jedoch erweist sich der Demokratietypus erst in der Periode zwischen 1986 und 1998 als Koordinate eines sicheren Währungshafens (vgl. auch Freeman u.a. 2000; Freitag 1999a). Der Blick auf die einzelnen Länder streicht dabei die Beziehung noch deutlicher heraus, finden sich doch unter den sechs Ländern mit den durchschnittlich am stärksten aufwertenden Währungen zwischen 1986 und 1998 mit Belgien, den Niederlanden, Österreich und der Schweiz vier Staaten, die dem Idealtypus der Konsensdemokratie am ehesten entsprechen. Griechenland, Kanada, Norwegen, Portugal, Schweden, Spanien und die USA weisen starke Züge der Mehrheitsdemokratie auf (Schmidt 2000: 330). Diese Staaten verzeichnen zwischen 1986 und 1998 durchschnittlich abwertende Währungen.

(3) *Je stabiler eine Regierung ist, desto stärker ist die jeweilige Währung.* Während die Querschnittanalysen über alle Perioden hinweg diese Hypothese stützen, machen die multivariaten Schätzungen einen Unterschied: Wie beim Demokratietypus schält sich der Einfluss der Regierungsstabilität auf die Entwicklung einer Währung erst ab Mitte der 1980er Jahre heraus. Dieses Ergebnis korrespondiert mit Befunden anderer Studien (vgl. Freitag 1999a; Leblang/Bernhard 2000).[18] Die in der Globalisierungsperiode auftretende statistisch signifikante Beziehung wird wie-

---

17 In den 1990er Jahren unterlag der Status der Zentralbanken in einer Reihe von Ländern substantiellen Änderungen, die vor allem in den Mitgliedstaaten der Europäischen Union im Zuge des Vertrages von Maastricht (Art. 108) vollzogen wurden. Diese resultierten generell in einer erhöhten Unabhängigkeit, Transparenz und Rechenschaftspflicht sowie in der Spezifikation der Preisstabilität als Hauptaufgabe der Zentralbanken. Reformen wurden durchgeführt in Belgien (1993), Finnland (1993), Frankreich (1993), Griechenland (1994), Großbritannien (1992, 1993, 1994, 1997), Italien (1992, 1994), Irland (1998), Japan (1997), Kanada (1991), Neuseeland (1989), Portugal (1990, 1993, 1995), Schweden (1989, 1993, 1998) und Spanien (1994). Zum Inhalt und Umfang der einzelnen Reformen siehe Cotarelli/Giannini (1997), Freitag (2000) und Schich/Seitz (2000).

18 Der Befund von Leblang/Bernhard (2000), wonach vor allem erwartete Wechsel zu linken Regierungen von Währungsspekulationen begleitet werden, wird in hier nicht weiter dokumentierten Schätzungen indes nicht belegt.

derum durch ausgewählte Länderbeispiele bestätigt. Norwegen mit sieben Wechseln in der Regierungszusammensetzung zwischen 1986 und 1998, Griechenland und Italien mit jeweils fünf sowie Schweden mit vier Änderungen zeigen in dieser Periode auch die schwächsten Währungen im Nationenvergleich. Hingegen zahlt sich die vergleichsweise hohe Stabilität in der Zusammensetzung der Regierung vor allem in der Schweiz, in Deutschland, den Niederlanden, Österreich und in Japan aus: Diese Länder verzeichnen alle starke Währungen zwischen 1986 und 1998 im Vergleich der 21 Nationen.

(4) *Je stärker die Regierungsbeteiligung von Linksparteien ausfällt, desto schwächer ist eine Währung.* Diese Hypothese zum Einfluss der parteipolitischen Färbung der Regierung auf die Entwicklung einer Währung findet keine Bestätigung im Nationenvergleich zwischen 1979 und 1998. Weder fallen liberale Regierungen systematisch mit starken Währungen zusammen, noch finden sich statistisch signifikante Hinweise für einen Zusammenhang zwischen linken Regierungen und schwachen Währungen. Allein die Vorzeichen der Koeffizienten in Tabelle 2 deuten auf diese Beziehungen hin. Dieser Befund lässt zu sich zu einem großen Teil durch den Paradigmawechsel in der wirtschaftspolitischen Konzeption bei den sozialdemokratischen Parteien erklären und steht in Einklang mit den Resultaten vergleichbarer Studien (Freitag 1999a, b; 2000; Leblang/Bernhard 2000: 316). In nahezu allen Industrieländern begannen sich sozialdemokratische Parteien seit Mitte der 1980er Jahre an monetaristischen und angebotstheoretischen Entwürfen mit dem Grundwert der Geldwertstabilität zu orientieren (Kaltenthaler/Anderson 2000: 116-118). Die französischen Sozialisten schwenkten bereits 1982/83 auf den Pfad der Haushaltskonsolidierung ein (Merkel 1993: 323ff.). Die wirtschaftspolitische Wende in Neuseeland zu Preis- und Währungsstabilität, tiefgreifenden Sanierungsprogrammen und der Deregulierung der Wirtschaft erfolgte unter der Obhut der 1984 ins Amt gewählten Labour Party (Castles u.a. 1996). In Finnland wurde Mitte der 1980er Jahre unter sozialdemokratischer Regierungsbeteiligung der traditionelle devaluation cycle durchbrochen. Das Hauptaugenmerk der Wirtschaftspolitik galt von da an der Sicherung der Preisstabilität und des Währungswertes (Jochem 1998: 98). In Norwegen – einem Vorzeigefall sozialdemokratischer Abwertungspolitik in den 1970er und 1980er Jahren – gingen die Sozialdemokraten 1987 die Selbstverpflichtung ein, dass von nun an eine Hartwährungspolitik nach dänischem Vorbild zu verfolgen sei (Jochem 1998: 108). Schweden wandte sich nach der letzten Abwertung vom Oktober 1982 unter sozialdemokratischer Führung ebenfalls einer Hartwährungspolitik zu. Als gegen Ende der 1980er Jahre beispielsweise vom Gewerkschaftsdachverband LO eine Abwertung zur Exportstimulation gefordert wurde, lehnte die sozialdemokratische Regierung dies ab. Die Stabilität der Währung sollte gewahrt werden (Jochem 1998: 138). Spätestens gegen Ende der 1980er Jahre erfasste die neoliberale Doktrin in Form der Budgetkonsolidierung, flexibler Löhne und Preise, Deregulierung und attraktiver Standortvorteile auch die österreichischen Sozialdemokraten (Unger 1999: 173-174). In den 1990er Jahren verfestigte sich diese Grundanschauung bei der europäischen Linken im sogenannten „Dritten Weg“ mit dem ökonomischen Zielkatalog der Haushaltssanierung und Preisstabilität (vgl. Merkel 2000).

(5) *Je konfliktträchtiger die Arbeitsbeziehungen sind, desto schwächer ist die Währung.* Die Hypothese vom Einfluss der Streiktätigkeit auf die Währungsentwicklung wird sowohl durch die bivariaten als auch durch die multivariaten Analy-

sen bestätigt. Allerdings schält sich auch hier der Zusammenhang erst ab Mitte der 1980er Jahre heraus und ist statistisch signifikant. So verzeichnen Länder mit einer vergleichsweise hohen Konfliktträchtigkeit der Arbeitsbeziehungen (Finnland, Griechenland, Kanada und Spanien) auch eine durchschnittliche Abwertung der Währung zwischen 1986 und 1998. Länder mit friedlichen Arbeitsbeziehungen – allen voran Deutschland, Japan, die Niederlande, Österreich oder die Schweiz – offenbaren auf der anderen Seite mit die stärksten Währungen im internationalen Vergleich in diesem Zeitraum.

(6) *Je zentralisierter die Finanzverfassung eines Landes ist, desto schwächer ist die Währung.* Keine der durchgeführten Analysen bestätigt diese Hypothese. Allenfalls das Vorzeichen der Koeffizienten in Tabelle 2 spricht für den Zusammenhang zwischen dem Schwierigkeitsgrad fiskalpolitischer Steuerung und der Entwicklung einer nationalen Währung.

(7) *Je offener eine Volkswirtschaft ist, desto stärker ist die Währung.* Die bivariaten Analysen bestätigen diese Beziehung zunächst für die Periode zwischen 1979 und 1985. Der Befund einer systematischen Beziehung zwischen der Wechselkursentwicklung und dem Grad staatlicher Regulierung des Kapitalverkehrs wird jedoch durch die multivariaten Schätzungen relativiert. Dies entspricht den Resultaten von Leblang/Bernhard (2000: 315).

(8) *Die Zugehörigkeit zu einem Regime fixer Wechselkurse führt zu einer starken Währung.* Die empirische Überprüfung verwirft eine systematische Beziehung zwischen diesen beiden Größen im Nationenvergleich, wenngleich das Vorzeichen des Koeffizienten aus Tabelle 2 zumindest in der Globalisierungsperiode in die erwartete Richtung zeigt (vgl. auch Leblang/Bernhard 2000: 315). Der Blick in die einzelnen Länder unterstützt zudem die Einschätzung, dass die Wahl des Währungssystems kein zwingender Bestimmungsgrund der Wechselkursentwicklung ist. Ebenso wie Japan und die Schweiz verfügen beispielsweise auch Kanada und die USA über ein System völlig flexibler Wechselkurse. Während aber die Währungen der amerikanischen Staaten zwischen 1986 und 1998 tendenziell abgewertet wurden, verzeichnen Japan und die Schweiz die stärksten Währungen im Nationenvergleich. Auf der anderen Seite zeigt sich in einer dauerhaft gewählten Anbindung an ein System fester Wechselkurse keine zentrale Bedingung einer starken Währung, wie dies die unterschiedlichen Entwicklungen der Währungen innerhalb des Europäischen Währungssystems deutlich machen. Vielmehr können auch in einem System fixer Wechselkurse alternative währungspolitische Strategien verfolgt werden (vgl. Weber 1991). So funktionierte das Europäische Währungssystem zunächst als ein bipolares System mit den Optionen der Hartwährungspolitik (Deutschland) oder einer „Politik des leichten Geldes“ (Frankreich). Während etwa die Niederlande die erste Option wählten, verfolgten Belgien, Dänemark und Irland in den ersten Jahren des EWS die Strategie einer weichen Währung. Erst Mitte der 1980er Jahre kam es zur sukzessiven Auflösung des „Weichwährungsblocks“ innerhalb des EWS.

Mit Blick auf die ökonomischen Erklärungsmodelle führen die empirischen Analysen zu folgenden Befunden: Die Grundaussage der Kaufkraftparitätentheorie, wonach eine im Vergleich zum Ausland höhere Inflationsrate zur Abwertung der heimischen Währung führt, wird von den Schätzungen nur für die Periode zwischen 1979 bis 1985 empirisch erhärtet. Das Wachstum der inländischen Geldmenge bleibt im gesamten Untersuchungszeitraum ohne statistisch nachweisbaren Einfluss auf die Währungsentwicklungen. Der Zusammenhang zwischen den internationalen Zinsdifferenzen und der Wechselkursentwicklung ist für die nominalen wie realen Größen in allen Perioden statistisch signifikant. Die Vorzeichen der Koeffizienten stützen dabei die Hypothese der simultanen Entwicklung der beiden ökonomischen Größen: Eine Erhöhung der Zinsdifferenz zugunsten des Inlandes fällt mit einer Abwertung der heimischen Währung zusammen, eine Verminderung des inländischen Zinsniveaus im Vergleich zum Ausland geht mit einer Aufwertung einher. Entgegen dem Postulat der keynesianischen Wechselkurstheorie fällt das Wachstum des realen Volkseinkommens zwischen 1986 und 1998 mit einer Aufwertung der inländischen Währung zusammen.[19] Schließlich bestätigt sich die Hypothese zum Einfluss der Wechselkurserwartungen für die gesamte Periode: Eine Wechselkursverschlechterung der Vorperiode führt zu einer fortschreitenden Abwertung in der Folgeperiode. Eine Verbesserung der Währung in der Vorperiode führt zu einer gleichgerichteten Veränderung des Wechselkurses in der nachfolgenden Periode.

Vergleichen wir schließlich die jeweilige Bedeutung der verschiedenen Einflussgrößen für die beiden Zeitperioden, ergeben sich folgende Befunde:[20]

- Für die Periode zwischen 1979 und 1985 sind die Inflations- und nominalen Zinsdifferenzen die Variablen mit der größten anteiligen Erklärungskraft. In der Rangfolge ihrer Bedeutung – gemessen an der Stärke des Koeffizienten – folgen die Wechselkurserwartungen und die realen Zinsdifferenzen.
- In der Globalisierungsperiode ab 1986 weisen die Wechselkurserwartungen in beiden Modellen die größte anteilige Erklärungskraft auf. Auf den nachfolgenden Plätzen rangieren die Veränderungen des Volkseinkommens, das Ausmaß an Regierungsstabilität, der Grad an Konsensdemokratie, die Veränderungen der realen und nominalen Zinsdifferenzen, die Weisungsabhängigkeit der Zentralbank und die Konfliktträchtigkeit der Arbeitsbeziehungen.
- Im Vergleich der politischen Faktoren ist erwähnenswert, dass der Unabhängigkeitsgrad der Zentralbank nicht von alleiniger und erstrangiger Bedeutung für die Währungsentwicklung ist. Dieses Resultat rechtfertigt nicht zuletzt die vorgenommene Analyse zusätzlicher institutioneller Voraussetzungen der Glaubwürdigkeit und bietet weitergehende Einsichten in politische Bedingungen der Währungsentwicklung über die Frage nach der Ausgestaltung der nationalen Notenbank hinaus.

Wie verteilen sich aber die vier statistisch signifikanten politisch-institutionellen Weichenstellungen einer starken Währung auf die untersuchten Länder? Überführt man die vier Bedingungen in einen *Index politisch-institutioneller Weichenstellun-*

---

19 Mit der Zunahme des Volkseinkommens steigt der Wunsch der Wirtschaftssubjekte nach Kassenhaltung. Infolge dessen sinkt die Güter- und Wertpapiernachfrage, und die dadurch bedingten Angebotsüberschüsse auf dem Güter- und Kapitalmarkt drängen als Export- und Kapitalbilanzüberschüsse ins Ausland. Der Kurs der eigenen Währung steigt, d.h. die Währung unterliegt einer Aufwertung (Rose 1978: 582).

20 Die standardisierten Regressionskoeffizienten (Betas) geben in Relation zu den anderen unabhängigen Variablen an, welche Variablen besonders wichtig und welche weniger wichtig sind. Dabei gilt: Je höher die Beta-Gewichte, desto wichtiger ist die Variable. Ferner ist zu beachten, dass die Betas nur innerhalb einer Schätzung vergleichbar sind. Vergleiche der Betas zwischen verschiedenen Regressionsschätzungen sind unzulässig.

gen, offenbart sich zum einen eine beträchtliche Variation zwischen den Industrieländern.[21] Zum anderen lässt sich ein sehr starker Zusammenhang (r = 0,77) zwischen dieser Größe und den durchschnittlichen prozentualen Ab- bzw. Aufwertungsraten zwischen 1986 und 1998 feststellen: Je höhere Werte der Index aufweist, desto stärker ist die jeweilige Währung im Industrieländervergleich. So verzeichnen Griechenland, Italien, Norwegen, Portugal, Spanien und Schweden tendenziell abwertende Währungen. Dies sind auch Länder die keine, oder nur wenige politisch-institutionelle Koordinaten aufweisen. Auf der anderen Seite offenbaren die Niederlande, Österreich und die Schweiz zusammen mit Deutschland und Japan eine einzigartige Häufung politisch-institutioneller Weichenstellungen, was sich in einer relativ starken Währung im Vergleich der Nationen zwischen 1986 und 1998 niederschlägt.

5. Zusammenfassung und Ausblick

Dieser Beitrag hat sich mit der Frage beschäftigt, welche Einflussfaktoren die Entwicklung einer Währung bestimmen. Während eine erste Generation von ökonomischen Theorien zur Wechselkursbildung vor allem wirtschaftliche Fundamentaldaten (Zinsen, Inflation, Volkseinkommen, Geldmenge) als erklärende Größen anbietet, sehen Erklärungsansätze einer zweiten Generation das Ausmaß der Glaubwürdigkeit im Hinblick auf die Beibehaltung einer angekündigten Wirtschaftspolitik und der Preisstabilität sowie daraus abzuleitende Erwartungen der Wirtschaftssubjekte als Ursache der Entwicklung des Währungswertes. Im Mittelpunkt dieses Beitrages stand die Ausleuchtung politisch-institutioneller Voraussetzungen der wirtschaftspolitischen Glaubwürdigkeit als Bedingungen unterschiedlich verlaufender Wechselkursentwicklungen.

Die empirische Analyse berücksichtigte neben der Unabhängigkeit der Zentralbank den Typus der Demokratie, die Stabilität von Regierungen, die parteipolitische Zusammensetzung der Regierung, die Konfliktträchtigkeit der Arbeitsbeziehungen, den Schwierigkeitsgrad einer fiskalischen Steuerung, den staatlichen Regulierungsgrad des Kapitalverkehrs und die Mitgliedschaft zu einem System fixer Wechselkurse. Zusammenfassend können drei zentrale Ergebnisse festgehalten werden: Erstens erweisen sich vier der acht politisch-institutionellen Bedingungen als statistisch signifikante Determinanten der Entwicklung einer Währung. Eine unabhängige Zentralbank, konsensuale Konfliktregelungsmuster zwischen den politi-

21 Der additive und ungewichtete Index setzt sich aus Variablen zusammen, die sich im Forschungsverlauf für die Periode 1986 bis 1998 als statistisch signifikant erwiesen haben. Zur Erstellung dieser Maßzahl wurden die durchschnittlichen Werte der vier zentralen Variablen an ihrem jeweiligen Median dichotomisiert. Damit entstehen pro Variable zwei Gruppen von Ländern, eine mit dem Wert „1", eine andere mit dem Wert „0". Das Ausmaß des Indizes pro Land richtet sich nach der Zugehörigkeit zu einer dieser Gruppen beziehungsweise nach der Anzahl der politisch-institutionellen Weichenstellungen (0 bis 4), die es erfüllt. Der Index verteilt sich wie folgt auf die Untersuchungsländer: Australien (1), Belgien (3), Dänemark (3), Deutschland (4), Finnland (1), Frankreich (2), Griechenland (0), Großbritannien (1), Irland (1), Italien (1), Japan (4), Kanada (2), Neuseeland (2), Niederlande (4), Norwegen (0), Österreich (4), Portugal (1), Schweden (0), Schweiz (4), Spanien (0) und die Vereinigten Staaten (3).

schen Akteuren, eine hohe Stabilität von Regierungen und friedliche Arbeitsbeziehungen zeigen sich als glaubwürdige Koordinaten eines sicheren Währungshafens und machen eine starke Währung wahrscheinlicher. Schwache, in der Tendenz abwertende Währungen können auf weisungsabhängige Zentralbanken, eher kompetitiv ausgerichtete Mehrheitsdemokratien, Regierungsinstabilität und eine hohe Militanz zwischen Kapital und Arbeit zurückgeführt werden. Zweitens bleiben diese politischen und institutionellen Fundamente bis Mitte der 1980er Jahre ohne statistisch signifikante Wirkung und entwickeln ihre Prägekraft erst im Zeitalter der Verflechtung internationaler Kapitalmärkte. Drittens bleiben diese Einflüsse auch unter der Einbeziehung ökonomischer Kerngrößen der Wechselkursentwicklung robust.

Welche Erkenntnisse liefern die vorliegenden Befunde mit Blick auf die unterschiedliche Verwundbarkeit der Nationalstaaten bei Finanz- und Währungskrisen? Die Turbulenzen an den internationalen Finanzmärkten in den 1990er Jahren, die zu Krisen des Europäischen Währungssystems 1992 und 1995/96 geführt haben und am Ende der 1990er Jahre die Devisenmärkte in Südostasien, Russland und Lateinamerika erschütterten, haben eine intensive Debatte über die Konsequenzen eines ungezügelten Kapitalverkehrs und die Fundamente glaubwürdiger Wirtschaftspolitik ausgelöst (vgl. Obstfeld 1998). Die vorliegenden Erkenntnisse liefern zumindest Einsichten in die institutionellen Voraussetzungen einer glaubwürdigen Wirtschafts- und Währungspolitik für die OECD-Staatenwelt. Hierbei kann behauptet werden, dass Staaten mit Glaubwürdigkeitsdefiziten mehr zur Zielscheibe spekulativer Attacken werden sollten als Länder, in denen ein Abgehen von Ankündigungen und Kontinuitätsbrüche institutionell beschränkt und damit unwahrscheinlicher sind. So liegen die Gründe für die sicheren Währungshäfen Deutschland und Schweiz nicht zuletzt auch in den politischen Rahmenbedingungen dieser Länder. Beide verfügen über die unabhängigsten Zentralbanken im Nationenvergleich, beide weisen stabile Regierungen auf und genügen den Kriterien der Konsensdemokratien mehr (Schweiz) oder etwas weniger (Deutschland). Dazu verfügen beide Länder im internationalen Vergleich über überdurchschnittlich friedliche Arbeitsbeziehungen. Das Fehlen dieser Koordinaten vermag auch einer Suche nach den Ursachen der Spekulation gegen das britische Pfund und die italienische Lira im Jahre 1992 dienlich sein. Eine Erforschung und Diskussion über die Ursachen von Währungskrisen sollte deshalb auch die politisch-institutionellen Konstellationen in die Therapievorschläge mit einbeziehen und dabei der Frage nachgehen, welche Institutionen sich am besten zur Bewältigung politischer, gesellschaftlicher und wirtschaftlicher Probleme eignen. Eine etwaige Liberalisierung des Kapitalverkehrs in den aufstrebenden Volkswirtschaften sollte sich auf jeden Fall auf bestimmte, wohldefinierte institutionelle Voraussetzungen gründen – etwa auf solche, wie sie diese Studie offengelegt hat.

Ferner gewinnt der Aspekt der Glaubwürdigkeit in der facettenreichen Euro-Diskussion zunehmend an Bedeutung, wenn über die künftige Entwicklung der Europäischen Währung spekuliert wird (Theurl 1997). Wie steht es um die institutionellen Voraussetzungen einer glaubwürdigen Währungspolitik im Euro-Land vor dem Hintergrund der vorliegenden Erkenntnisse? Welche Hinweise geben die europäischen politischen Rahmenbedingungen hinsichtlich der zu erwartenden Entwicklung des Außenwertes des Euro? Es bleibt hier festzuhalten, dass die institutionellen Regelungen der Europäischen Wirtschafts- und Währungsunion bestimmte Politikoptionen erleichtern und andere erschweren, jedoch keinesfalls determinieren. Somit hängt der Erfolg der gemeinsamen Währung nicht zuletzt vom Willen und Geschick der beteiligten Akteure ab. Die institutionellen Fundamente der künftigen Währungsunion für sich allein stellen jedoch die Weichen auf eine glaubwürdige Geld-, Fiskal-, und Lohnpolitik und lassen langfristig auf ein Vertrauen der Finanzmärkte in die Europäische Währung schließen. Im Einzelnen wird dies gewährleistet durch:

- die Ausgestaltung der Europäischen Zentralbank (EZB), die durch ihre Unabhängigkeit als Bewahrerin einer konsistenten Wirtschaftspolitik gewertet werden kann (Scharpf 1998: 139). Neben der Kodifizierung der Preisstabilität[22] als vorrangigem Ziel im EG-Vertrag (EGV) (Art. 105 Abs. 1) verfügt die EZB ebenfalls über Koordinaten der personellen, finanziellen, funktionellen und instrumentellen Unabhängigkeit, die nach vorherrschenden politisch-ökonomischen Erkenntnissen die Weichen in Richtung Glaubwürdigkeit stellen (vgl. Freitag 2000). Die Folge der Institutionalisierung einer derart weisungsunabhängigen Zentralbank sind Preisniveaustabilität, die schließlich eine starke europäische Währung erwarten lassen.
- die Entwicklungen im Bereich kollektiver Arbeitsbeziehungen angesichts zahlreicher Vereinbarungen zwischen Regierungen, Arbeitgeberverbänden und Gewerkschaften auf der Ebene der Mitgliedstaaten in den 1990er Jahren (vgl. Hassel 2000). Diese sozialen Pakte setzen eine wettbewerbliche Tarifpolitik in Gang, befrieden insgesamt die Arbeitsbeziehungen und nehmen in der Summe den Lohnkosten- und Inflationsdruck vom Euro.[23] Dieses sichere Umfeld sollte Kapital aus dem Ausland anziehen und den Euro in der langen Frist ebenfalls stabilisieren.
- die konsensdemokratischen Elemente in der europolitischen Arena, die den typischen Entscheidungsfindungsprozess in der Europäischen Union auch als „Konsensmaschinerie“ charakterisieren (Engel 1995: 283). Diese Einschätzung sowie weitere institutionelle Eigenheiten konsensual geprägter Herrschaftsformen (Kommission als breite internationale Regierungskoalition, zunehmendes Gleichgewicht zwischen Exekutive und Legislative, Zweikammersystem, Vielparteiensystem, starke Verfassungsgerichtsbarkeit, Unabhängigkeit der Notenbank, föderale Staatsstruktur, hoher Schwierigkeitsgrad einer Verfassungsänderung) enthüllen den Demokratietypus der Europäischen Union letztlich als konsensdemokratisches Modell (Lijphart 1999: 47; vgl. auch Schmidt 2000: 428-430). In dieser Form und vor dem Hintergrund der vorliegenden Befunde kann damit eine weitere Rahmenbedingung der Glaubwürdigkeit und eines starken Euro identifiziert werden.

---

22 Laut EZB wird Preisstabilität definiert „als Anstieg des Harmonisierten Verbraucherpreisindex (HVPI) für das Euro-Währungsgebiet von unter 2% gegenüber dem Vorjahr“ (Mundschenk u.a. 1999: 52).

23 So sind in nahezu allen europäischen Ländern die Lohnstückkosten in den 1990er Jahren im Durchschnitt weniger stark gestiegen als noch im vorangegangenen Jahrzehnt (Freitag 2000: 988-989). Darüber hinaus kann in den Teilnehmerstaaten der EWU für die 1990er Jahre ein genereller Trend einer abnehmenden Streikhäufigkeit und damit des Lohn- und Inflationsdruckes beobachtet werden: Nur in zwei von zehn Ländern ist das durchschnittliche Streikniveau in den 1990er Jahren im Vergleich zu den extrem niedrigen Werten im Jahrzehnt davor leicht angestiegen (Niederlande und Österreich) (Freitag 2000: 989).

- die verfassungsmäßigen Regelbindungen und institutionellen Hürden der Fiskalpolitik, die einer möglichen diskretionären, keynesianischen Beschäftigungspolitik seitens der staatlichen Entscheidungsträger institutionelle Schranken entgegenstehen.[24] Die föderale Struktur der Europäischen Union erhöht darüber hinaus den Schwierigkeitsgrad einer koordinierten fiskalischen Expansion und induziert damit Preisniveaustabilität und Kapitalimporte, welche ihrerseits dem Euro den Rücken stärken sollten.

Literatur

Alesina, Alberto, 1989: Politics and Business Cycles in Industrial Democracies, in: Economic Policy 8, 55-98.

Alesina, Alberto/Tabellini, Guido, 1988: Credibility and Politics, in: European Economic Review 32, 542-550.

Baltensperger, Ernst, 1992: Monetäre Aussenwirtschaftstheorie, in: Zeitschrift für Wirtschafts- und Sozialwissenschaften 112, 505-541.

Barro, Robert J./Gordon, David B., 1983a: Rules, Discretion and Reputation in a Model of Monetary Policy, in: Journal of Monetary Economics 12, 101-121.

Barro, Robert J./Gordon, David B., 1983b: A Positive Theory of Monetary Policy in a Natural Rate Model, in: Journal of Political Economy 91, 589-610.

Beck, Nathaniel/Katz, Jonathan N., 1995: What to do (and not to do) with time series cross section data, in: American Political Science Review 89, 634-647.

Beck, Nathaniel/Katz, Jonathan N., 1996: Nuisance vs. Substance: Specifying and Estimating Time-Series-Cross-Section Models, in: Political Analysis 6, 1-36.

Bernhard, William/Leblang, David, 2001: Polls and Pounds: Public Opinion and Exchange Rate Volatility in Britain. Paper prepared for the Annual Meeting of the American Political Science Association, San Francisco, August 30 – September 2, 2001.

Brennan, Geoffrey/Buchanan, James M., 1988: Besteuerung der Staatsgewalt. Analytische Grundlagen einer Finanzverfassung, Hamburg.

Busch, Andreas, 1995: Preisstabilitätspolitik. Politik und Inflationsraten im internationalen Vergleich, Opladen.

Busch, Andreas, 1996: Inflation in Industrieländern: der Einfluss politisch-institutioneller Faktoren auf die Preisstabilität, in: Politische Vierteljahreschrift 37, 298-318.

Castles, Francis G./Gerritsen, Rolf/Vowles, Jack, 1996: The Great Experiment. Labour Parties and Public Policy Transformation in Australia and New Zealand, St. Leonards.

Clark Roberts, William/Reichert Nair, Usha/Lomas Lynn, Sandra/Parker, Kevin L., 1998: International and Domestic Constraints on Political Business Cycles in OECD Economies, in: International Organization 52, 87-120.

Cotarelli, Carlo/Giannini, Curzio, 1997: Credibility without rules? Monetary Frameworks in the Post Bretton-Woods Era. IMF Occasional Paper 154, Washington D.C.

---

24 Zum einen ist hier auf den Wachstums- und Stabilitätspakt hinzuweisen. Dieser konkretisiert und strafft dabei das bereits durch den Maastricht-Vertrag (dort: Art. 104c EGV) vereinbarte Verfahren zur Gewährleistung der Haushaltsdisziplin in der Europäischen Währungsunion. Seine Philosophie besteht darin, die Preis- und Währungsstabilität Europas vor finanzpolitischem Fehlverhalten zu bewahren, indem ein rechtsverbindlicher Sanktionsmechanismus mit einem abschreckenden und glaubwürdigen Strafmaß geschaffen wird. Zum anderen sieht Art. 103 EGV eine weitere festgeschriebene Beschränkung der Haushaltsautonomie vor. Jedes Land ist für seine Finanzen und Zahlungsfähigkeit allein verantwortlich und kein Mitgliedsland oder die Gemeinschaft springt im Falle eines Staatsbankrottes für ein anderes EU-Land ein. Mit diesem no-bail-out Grundsatz reglementiert der Artikel im Kern das in der Neuen Institutionenökonomie bekannte moral hazard Problem.

Crepaz, Markus M. L., 1996: Consensus Versus Majoritarian Democracy. Political Institutions and their Impact on Macroeconomic Performance and Industrial Disputes, in: Comparative Political Studies 29, 4-26.

Cukierman, Alex, 1994: Central Bank Strategy, credibility, and independence: Theory and Evidence, Cambridge/London.

Cusack, Thomas R., 2001: Partisanship in the setting and co-ordination of fiscal and monetary policies, in: European Journal of Political Research 40, 93-115.

Eichengreen, Barry, 1993: The Endogeneity of Exchange Rate Regimes,: Working Paper No. 4361, National Bureau of Economic Research, Cambridge.

Eichengreen, Barry/Rose, Andrew K./Wyplosz, Charles, 1995: Exchange Market Mayhem. The Antecedents and Aftermath of Speculative Attacks, in: Economic Policy 21, 251-312.

Engel, Christian, 1995: Rat der Europäischen Union, in: *Werner Weidenfeld/Wolfgang Wessels* (Hrsg.), Europa von A-Z. Bonn, 279-284.

Freeman, John R./Hays, Jude C./Stix, Helmut, 2000: Democracy and Markets: The Case of Exchange Rates, in: American Journal of Political Science 44, 449-468.

Freitag, Markus 1999a: Politik und Währung. Ein internationaler Vergleich, Bern.

Freitag, Markus, 1999b: Politisch-institutionelle Ursachen unterschiedlicher Währungsentwicklungen im internationalen Vergleich, in: Politische Vierteljahresschrift 40, 93-115.

Freitag, Markus, 1999c: Institutionelle Voraussetzungen der Glaubwürdigkeit als Vorboten einer starken Währung, in: Aussenwirtschaft 54, 179-208.

Freitag, Markus, 2000: Die politischen Rahmenbedingungen des Euro: Glaubwürdige Weichenstellungen oder Gefahr möglicher Entgleisungen?, in: Zeitschrift für Politikwissenschaft 10, 967-997.

Freitag, Markus, 2001: Politische Grundlagen glaubwürdiger Wirtschaftspolitik. Österreich und die Schweiz im internationalen Vergleich, in: Österreichische Zeitschrift für Politikwissenschaft 30, 275-290.

Freitag, Markus/Sciarini, Pascal, 2001: The Political Economy of Budget Deficits in the European Union. The Role of International Constraints and Domestic Structure, in: European Union Politics 2, 163-189.

Frieden, Jeffry A., 1991: Invested interests: the politics in a world of global finance, in: International Organization 45, 425-451.

Gärtner, Manfred, 1989: Makroökonomik bei endogenem Regierungsverhalten. Vom politischen Konjunkturzyklus zur zeitlichen Inkonsistenz optimaler Pläne, in: Wirtschaftswissenschaftliches Studium 18, 602-608.

Grilli, Vittorio/Masciandaro, Donato/Tabellini, Guido, 1991: Political and monetary institutions and the public financial in the industrial countries, in: Economic Policy 13, 342-392.

Hassel, Anke, 2000: Bündnisse für Arbeit: Nationale Handlungsfähigkeit im europäischen Regimewettbewerb, in: Politische Vierteljahresschrift 41, 498-524.

Hibbs, Douglas A., 1977: Political Parties and Macroeconomic Policy, in: American Political Science Review 71, 1467-1487.

Henning, Randall C., 1994: Currencies and Politics in the United States, Germany, and Japan. Washington DC.

Iida, Keisuke, 1993: The Political Economy of the Exchange-Rate Policy: U.S. and Japanese Intervention Policies 1977-90, in: Journal of Public Policy 13, 327-349.

International Monetary Fund (IMF), 2000: International Financial Statistics Yearbook, Washington DC.

Iversen, Torben, 1998: Wage bargaining, Hard Money and Economic Performance: Theory and Evidence for Organized Market Economies, in: British Journal of Political Science 28, 31-46.

Jochem, Sven, 1998: Die skandinavischen Wege in die Arbeitslosigkeit. Kontinuität und Wandel der nordischen Beschäftigungspolitik im internationalen Vergleich, Opladen.

Kaltenthaler, Karl C./Anderson, Christopher J., 2000: The Changing Political Economy of Inflation, in: Journal of Public Policy 20, 109-131.

Kirchgässner, Gebhard, 1996: Bewusst erzeugte und duldend hingenommene Arbeitslosigkeit. Zum Problem der Arbeitslosigkeit aus der Sicht der Neuen Politischen Ökonomie, in: *Bernhard Gahlen/Helmut Hesse/Hans Jürgen Ramser* (Hrsg.), Arbeitslosigkeit und Möglichkeiten ihrer Überwindung, Tübingen, 395-432.

Kittel, Bernhard, 1999: Sense and Sensitivity in Pooled Analysis of Political Data, in: European Journal of Political Research 35, 225-253.
Krugman, Paul, 1997: Currency crises, http://web.mit.edu/krugman/www./crises.html
Leblang, David/Bernhard, William, 2000: The Politics of Speculative Attacks in Industrial Democracies, in: International Organization 54, 291-324.
Lijphart, Arend, 1999: Patterns of Democracy. Government Forms and Performance in Thirty-Six Countries. New Haven/London.
Lohmann, Susanne, 1992: Optimal Commitment in Monetary Policy: Credibility versus Flexibility, in: American Economic Review 82, 273-286.
Mackie, Thomas T./Rose, Richard, 1991: The International Almanach of Electoral History, London.
Mauser, Gary A./Fitzsimmons, Craig, 1991: The Short-Term Effect of Election Polls on Foreign Exchange Rates: The 1988 Canadian Federal Election, in: Public Opinion Quarterly 55, 232-240.
Merkel, Wolfgang, 1993: Ende der Sozialdemokratie? Machtressourcen und Regierungspolitik im westeuropäischen Vergleich. Frankfurt/New York.
Merkel, Wolfgang, 2000: Die dritten Wege der Sozialdemokratie ins 21. Jahrhundert, in: Berliner Journal für Soziologie 10, 99-124.
Moser, Peter, 1997: Glaubwürdige Wirtschaftspolitik in einer Demokratie. St. Gallen.
Mundschenk, Susanne/Schwarzer, Daniela/Collignon, Stefan, 1999: Die Währungsunion – Chance für Europa: Handbuch zur Europäischen Währungsunion. Bonn.
Mussel, Gerhard/Pätzold, Jürgen, 1995: Grundfragen der Wirtschaftspolitik. München.
Obstfeld, Maurice, 1998: The Global Capital Market: Benefactor or Menace, in: Journal of Economic Perspectives 12, 9-30.
Olson, Mancur, 1982: The Rise and Decline of Nations. Economic Growth, Stagflation, and Social Rigidities, New Haven.
Przeworski, Adam/Teune, Henry, 1970: The Logic of Comparative Social Inquiry. New York.
Quinn, Dennis P./Inclan, Carla, 1997: The Origins of Financial Openness: A Study of Current and Capital Account Liberalisation, in: American Journal of Political Science 41, 771-813.
Reszat, Beate, 1985: Einflussfaktoren realer Wechselkurse, Hamburg.
Rose, Klaus, 1978: Theorie des Wechselkurses, in: *Willi Alber/Karl Erich Born u.a.* (Hrsg), Handwörterbuch der Wirtschaftswissenschaft, Band 8, Stuttgart/New York, 581-605.
Sandholtz, Wayne, 1993: Choosing Union: monetary politics and Maastricht, in: International Organization 47, 1-39.
Scharpf, Fritz W., 1987: Sozialdemokratische Krisenpolitik in Europa. Frankfurt/New York.
Scharpf, Fritz W., 1998: Die Problemlösungsfähigkeit der Mehrebenenpolitik in Europa in: *Beate Kohler-Koch* (Hrsg.), Regieren in entgrenzten Räumen. Opladen, 121-144.
Schich, Sebastian/Seitz, Franz, 2000: Overcoming the Inflationary Bias through Institutional Changes – Experiences of selected OECD Central Banks, in: Schmollers Jahrbuch. Zeitschrift für Wirtschafts- und Sozialwissenschaften 120, 1-24.
Schmidt, Manfred G., 2000: Demokratietheorien, Opladen.
Simmons, Beth A., 1997: Who adjusts? Domestic sources of foreign economic policy during the interwar years 1924-1939. Princeton.
Simmons, Beth A., 1999: The Internationalization of Capital in Change and Continuity, in: *John Stephens/Herbert Kitschelt/Peter Lange/Gary Marks* (Hrsg.): Change and Continuity in Contemporary Capitalism, New York, 36-69.
Stephan, Joerg, 1994: A Political-Economic Analysis of Exchange Rate Movements, Konstanz.
Theurl, Theresia, 1997: Europäische Währungsunion: Determinanten der monetären Glaubwürdigkeit, in: Aussenwirtschaft 52, 387-407.
Thompson, Helen, 1997: The Nation-State and International Capital Flows in Historical Perspective, in: Government and Opposition 32, 84-113.
Turner, Philip, 1991: Capital Flows in the 1980s: A Survey of major Trends. Basel.
Unger, Brigitte, 1999: Österreichische Wirtschaftspolitik: Vom Austro-Keynesianismus zum Austro-Liberalismus, in: *Ferdinand Karlhofer/Emmerich Tálos* (Hrsg.): Zukunft der Sozialpartnerschaft. Veränderungsdynamik und Reformbedarf, Wien, 165-190.
Weber, Axel, 1991: EMS Credibility, in: Economic Policy 17, 57-102.

Whiteley, Paul, 1986: Political Control of the Macroeconomy. The Political Economy of Public Policy Making. London u.a..
Willms, Manfred, 1995: Internationale Währungspolitik, München.
Woldendorp, Jaap/Keman, Hans/Budge, Ian, 2000: Party Government in 48 Democracies (1945-1998). Composition – Duration – Personnel, Dordrecht u.a.

Anhang

Datenbeschreibung

Variable	Beschreibung	Quelle
Entwicklung der Währung	jährliche prozentuale Auf- bzw. Abwertung einer Währung auf der Basis effektiver nominaler Wechselkurse	Internationaler Währungsfonds (IMF) (2000): International Financial Statistics Yearbook.
Unabhängigkeit der Zentralbank	Index der Unabhängigkeit mit Werten zwischen 1 = Unabhängigkeit und 3 = maximale Abhängigkeit	Freitag (1999a, 2000); Freitag/Sciarini (2001).
Demokratietypus	Index der Konsensdemokratie (Rae-Index × 100 nach Freitag (1999b: 106)).	Eigene Berechnungen auf Grundlage von Mackie/Rose (1991) und European Journal of Political Research: verschiedene Jahre.
Konfliktträchtigkeit der Arbeitsbeziehungen	Streikkoeffizient (Ausgefallene Arbeitstage pro 1000 ziviler Erwerbspersonen)	Eigene Berechnungen auf der Grundlage von ILO: Yearbook of Labour Statistics, verschiedene Jahre und OECD: Labour Force Statistics, verschiedene Jahre.
Fiskalpolitischer Schwierigkeitsgrad	Index fiskalpolitischer Schwierigkeit nach Scharpf (1987): ((BIP/100)/Ausgaben des Zentralstaates) × 100	Eigene Berechnungen auf der Grundlage des IMF: International Financial Statistics Yearbook, verschiedene Jahre und OECD: National Accounts, verschiedene Jahre.
Anteil von linken, rechten und bürgerlichen Parteien in der Regierung	Kabinettssitzanteile der entsprechenden Parteien	Eigene Berechnungen auf der Basis von Woldendorp u.a. (2000) und eigener Fortschreibungen basierend auf European Journal of Political Research: verschiedene Jahre.
Regierungsinstabilität	Dummy-Variable, codiert mit 1 für Änderungen der parteipolitischen Regierungszusammensetzung	Eigene Berechnungen auf der Grundlage der parteipolitischen Regierungszusammensetzung (siehe oben).
Staatliche Regulierung des Kapitalverkehrs	Index der Kapitalverkehrskontrollen (von 1 bis 4, mit 4 = völlig freier Kapitalverkehr)	Quinn/Inclan (1997) und eigene Fortschreibungen.
Währungsregime fixer Wechselkurse	Dummy-Variable: 1 = gemeinschaftliche Fixkurssysteme (z.B. EWS); 0 = alle übrigen Währungssysteme (flexible Wechselkurse, *managed floating*, Bindung an Währungskorb etc.)	Eigene Berechnungen basierend auf IMF: Exchange Rate Arrangements and Exchange Restrictions, verschiedene Jahre.
Inflationsdifferenz	Jährliche Differenz zwischen dem inländischen Konsumentenpreisindex und dem durchschnittlichen Index der Industrieländer	Internationaler Währungsfonds (IMF) (2000): International Financial Statistics Yearbook.
Geldmengendifferenz	jährliche Differenz zwischen dem Wachstum der inländischen Geldmenge (M2 und M3) und der Geldmenge aller OECD-Länder	OECD: Historical Statistics: verschiedene Jahre.

Variable	Beschreibung	Quelle
nominale Zinsdifferenz	jährliche Veränderung der jährlichen Differenz zwischen dem jeweiligen inländischen Zinsniveau (Diskontsätze) und dem Zinsniveau der Vereinigten Staaten (für die Vereinigten Staaten wurden entsprechend die Werte von Deutschland eingesetzt).	Internationaler Währungsfonds (IMF) (2000): International Financial Statistics Yearbook.
reale Zinsdifferenz	siehe nominale Zinsdifferenzen mit entsprechender Gewichtung durch Konsumentenpreisindex	Internationaler Währungsfonds (IMF) (2000): International Financial Statistics Yearbook.
Wachstum reales BIP	jährliche prozentuale Veränderung des realen Bruttoinlandproduktes	OECD: Historical Statistics: verschiedene Jahre.

Christian W. Martin

Kapitel 8
Außenwirtschaft und Weltwirtschaft

Politisch-institutionelle Determinanten der Außenwirtschaftsorientierung in Entwicklungsländern

1. Einleitung

Noch vor wenigen Jahren musste in Europa mit Fragen, gar Durchsuchungen rechnen, wer von einem Staat in den anderen wechselte. Die Grenze war deutlich spürbar, und das Interesse der Grenzbeamten richtete sich nicht nur auf die Einreise unerwünschter Personen, sondern mehr noch auf die illegale Einfuhr von Gütern, für die der jeweilige Staat einen Zoll zu erheben für angemessen erachtete. Mit der Verwirklichung des Europäischen Binnenmarktes und der Unterzeichung des Schengener Abkommens fielen diese Grenzen zwischen den meisten Staaten der Europäischen Union. Doch genügt eine Reise in die Schweiz, um eventuell mit der Frage konfrontiert zu werden, ob man deklarationspflichtige Waren mit sich führe. Und wer gar versucht, einen Koffer mit Bargeld über die Grenze nach Liechtenstein zu bringen, dem ist das Interesse der Zoll- und Steuerbehörden des Ausreiselandes sicher.

Staatsgrenzen stellen nach wie vor zwischen der weit überwiegenden Mehrzahl der Länder nicht nur eine gedachte Linie dar, sondern Barrieren, die die Kosten des Austausches von Waren, Dienstleistungen und Kapital erhöhen. Staaten regulieren ihre Ökonomien nicht nur im Inneren; ihre regulative Tätigkeit erstreckt sich auch auf die Beziehungen zwischen Akteuren der einheimischen Volkswirtschaft und Angehörigen ausländischer Ökonomien. In einem Zeitalter, in dem so viel von Globalisierung die Rede ist, vom Zusammenwachsen der Märkte und der wachsenden Bedeutung des internationalen Handels und Kapitalverkehrs, mag dies überraschen, doch genügt ein Blick auf das Etikett einer Thunfischdose im Supermarktregal, um dort die Nummer der Einfuhrlizenz zu finden, die die Europäische Union an den Importeur der thailändischen oder ecuadorianischen Ware vergeben hat. Den wenigsten Käufern dürfte die Bedeutung dieser Nummer klar sein; vielleicht wären sie sensibler, wenn sie wüssten, dass sie ihren Thunfisch ohne eine solche staatliche Regulierung des Importes zu einem geringeren Preis erhalten könnten.

Die Beschränkung des Thunfischimportes in die Europäische Union und die Erinnerung an den Skiurlaub in der Schweiz macht beispielhaft deutlich, was den Gegenstand der Außenwirtschaftspolitik darstellt: die staatliche Regulierung grenzüberschreitender ökonomischer Aktivitäten. Staaten regulieren – d.h.: beschränken und lenken – den Austausch von Waren, Dienstleistungen, ausländischen Direktinvestitionen und Finanzkapital, aber auch den Export und Import des Produktionsfaktors Arbeit, dessen freie Bewegung durch die Regulierung der Arbeitsmigration eingeschränkt ist. Die Instrumente, deren der Staat sich dabei bedient, reichen von

Zöllen über Quoten bis hin zu Exportsubventionen, sie umfassen simple Einfuhrverbote ebenso wie komplexe zwischenstaatliche Abkommen zur freiwilligen Exportbeschränkung bestimmter Güter. Staaten erlassen Gesetze zur Mindestbeteiligung inländischer Akteure an ausländischen Direktinvestitionen, sie besteuern den Kapitaltransfer und beschränken die Repatriierung von Kapitalerträgen.

Derartige staatliche Maßnahmen – von der Literatur meist zum Politikfeld der „Außenwirtschaftspolitik" zusammengefasst – sind aus normativer Perspektive seit langem umstritten (Irwin 1996a: 75-78). Unter Wohlfahrtsgesichtspunkten stellt die Einmischung des Staates in den grenzüberschreitenden Handel und Kapitalverkehr nämlich – unter der weit überwiegenden Zahl der Umstände – eine Verschlechterung gegenüber dem Zustand eines unregulierten Verkehrs dar. Die meisten Ökonomen sind sich einig, dass Freihandel zu einer effizienteren Allokation von Ressourcen führt und dass deshalb eine Mehrzahl von Akteuren vom freien Handel profitiert. Dieser Konsens gilt – in etwas beschränkterem Maße – auch für Fragen der Kapitalverkehrsfreiheit. Adam Smith formulierte in einem seiner Briefe:

„[Trade regulations] may, I think, be demonstrated in every case a complete piece of dupery, by which the interests of the state and the nation is constantly sacrificed to that of some particular class of traders." (Smith 1987: 272)

Smith argumentiert hier vor dem Hintergrund seiner Einsicht in die wohlfahrtssteigernde Wirkung des Freihandels. Er gibt aber auch einen Hinweis auf die Gründe, aus denen Staaten von der Optimallösung eines unregulierten Handelsverkehrs abweichen: Handelsrestriktionen befördern die Partikularinteressen bestimmter Akteure. Smith geht damit einen ersten Schritt auf dem Weg zu einer politisch-ökonomischen Analyse, die den regulierenden Staat nicht als wohlfahrtsmaximierenden Sozialplaner betrachtet, sondern jene, die über Regulierungen zu entscheiden haben – ebenso wie andere Akteure – mit eigenen Interessen ausgestattet und bestimmten Anreizen ausgesetzt sieht. Wenn Regierungen unterstellt wird, dass sie eigene Ziele verfolgen, die nicht notwendigerweise mit denen einer Mehrheit der Gesellschaft zusammenfallen müssen, erschließt dies ein Instrumentarium der Analyse, dessen Verwendung zu einer Fülle von interessanten Ergebnissen führen kann und das überdies erlaubt, Phänomene zu erklären, die ansonsten unverstanden bleiben müssten.

Seit etwa Mitte der 1980er Jahre haben zahlreiche Autoren verstärkt einen solchen politisch-ökonomischen Zugang gewählt, um Außenwirtschaftspolitik zu analysieren und zu erklären. Die Fragen, die dabei untersucht wurden, richten sich beispielsweise auf die Struktur protektionistischer Maßnahmen über Sektoren hinweg (Grossman/Helpman 1994; Goldberg/Maggi 1999; Gawande/Bandyopadhyay 2000), auf die Auswirkung regionaler Integrationsräume auf die Außenwirtschaftsorientierung von Staaten (Ito/Krueger 1997; Mansfield/Milner 1997), die Determinanten der Wahl bestimmter Politikinstrumente bei der Regulierung der außenwirtschaftlichen Beziehungen (z.B.: Cassing/Hillman 1985) oder die Folgen bestimmter Strategien zur Reform der Außenwirtschaftspolitik (Wei 1998).

Die Gründe für die Dominanz der politisch-ökonomischen Forschung in diesem Bereich liegen zum einen in den Fragestellungen, die sich bei politikwissenschaftlich orientierten Beiträgen eher mit den Folgen als mit den Ursachen einer bestimmten Außenwirtschaftsorientierung befassen. So untersucht beispielsweise Ronald Rogowski (1987) den Einfluss der Entwicklung des internationalen Handels auf die Konstellation einheimischer Akteure in unterschiedlichen Ländern. In jüngerer Zeit richtet sich das Interesse der Politikwissenschaft vor allem auf die Implikationen einer zunehmenden weltwirtschaftlichen Integration, die zumeist unter dem Stichwort „Globalisierung“ behandelt wird. Dabei wird unter anderem untersucht, welche Folgen von der Zunahme der internationalen Handels- und Kapitaltransaktionen für die Handlungsfähigkeit des Nationalstaates zu erwarten sind (Scharpf 1991). Die Übergänge zwischen politikwissenschaftlicher, ökonomischer und politisch-ökonomischer Forschung sind dabei fließend und häufig wenig trennscharf: Die Politikwissenschaft des einen ist die Wirtschaftswissenschaft des anderen. Der vorliegende Beitrag gibt sich agnostisch gegenüber Fragen, die sich auf Zuordnungsmöglichkeiten einzelner Arbeiten beziehen. Ausgestattet mit dem Handwerkszeug eines jeden Sozialwissenschaftlers, einer jeden Sozialwissenschaftlerin, untersucht er zum einen die Determinanten der Außenwirtschaftsorientierung, d.h. die Frage nach unterschiedlichen Graden der weltwirtschaftlichen Integration. Zum anderen sollen Bestimmungsfaktoren einer außenwirtschaftlichen Öffnung analysiert werden, also einer *Veränderung* der Außenwirtschaftsorientierung. Beide Themenbereiche sind eng miteinander verknüpft, sie werden deshalb gemeinsam untersucht und in ihren theoretischen Rahmen eingebunden. Dabei liegt der Schwerpunkt auf einer Analyse der Liberalisierung der Handelsbeziehungen. Mindestens zwei Gründe legen ein solches Vorgehen nahe: Erstens erlaubt die Untersuchung der Veränderung des außenwirtschaftlichen Regulierungsniveaus auch Aussagen über die Determinanten der Außenwirtschaftsorientierung in statischer Betrachtung. Zweitens stellt die Bewegung hin zu einer liberaleren Orientierung der Außenwirtschaftsbeziehungen ein erklärungsbedürftiges Phänomen dar, das weit über das analysierte Politikfeld hinausreicht. Eine Veränderung der außenwirtschaftlichen Orientierung repräsentiert aus dieser Perspektive lediglich ein Beispiel für eine ganze Klasse von Phänomenen, die mit dem zu entwickelnden Instrumentarium analytisch erfasst werden können. Dies wird für alle Bereiche der Politik gelten, in denen Veränderungen eines *Status quo* nur im Wechselspiel gegenläufiger Interessen durchgesetzt werden können. Eine Re-Orientierung der Außenwirtschaftspolitik kann damit als repräsentativ für die Veränderung regulativer staatlicher Politiken mit Verteilungswirkung angesehen werden.

Auf der empirischen Seite steht die Beobachtung einer zunehmenden Integration der Volkswirtschaften. Während 1970 der Anteil der Summe aus Importen und Exporten von Gütern und Dienstleistungen am Weltprodukt bei etwa 25% lag, hatte sie sich bis 1997 beinahe verdoppelt. Ein noch dynamischeres Bild zeigt sich beim Kapitalverkehr: zwischen 1970 und 1997 wuchs der Anteil der ausländischen Direktinvestitionen am Weltprodukt von 0,5% auf 2,5%; für internationale Portfolioinvestitionen liegen diese Zahlen bei 0,5% (1970) und 5% (1997) (Garrett 2000: 946-47). Ein guter Teil dieser Entwicklung geht auf das Konto der so genannten „Dritten Welt“: Seit Mitte der 1980er Jahre und verstärkt seit dem Ende des Kalten Krieges haben sich zahlreiche Entwicklungsländer von einer Strategie der Importsubstitution und der außenwirtschaftlichen Abschottung abgewendet. Begleitet war dieser Politikwechsel in vielen Fällen von breiteren Reformmaßnahmen, die auf eine Reduzierung staatlicher Interventionen und damit auf ein generell freieres Spiel der Marktkräfte abzielten. Viele Länder der so genannten „Dritten Welt“ suchen heute ihre Chance auf wirtschaftliche Entwicklung in einer Weltwirtschaft, an der sie teilzunehmen wünschen. Deshalb konzentriert sich der vorliegende Beitrag empirisch auf diese Staatengruppe. An einem Sample von 90 Entwicklungsländern wird überprüft, wie und warum sich ihre Außenwirtschaftspolitik über die Zeit verändert hat und welche Gründe für eine Öffnung vieler Staaten gegenüber der internationalen Ökonomie identifiziert werden können.

Als die beiden zentralen abhängigen Variablen, deren Determinanten in diesem Kapitel untersucht werden sollen, sind damit Offenheit einerseits und Öffnung andererseits identifiziert. Während als „Offenheit" die Weltmarktintegration im Bereich des Handels mit Gütern und Dienstleistungen gelten soll, wird „Öffnung" als die Liberalisierung der Handelsbeziehungen definiert. Als Folie, gegen die die Ausprägung beider Variablen zu bewerten ist, wird ein Idealtyp von Wirtschaftsbeziehungen angenommen, in dem private Akteure verschiedener Länder unbehindert von staatlichen Eingriffen, die über das notwendige Maß zur Aufrechterhaltung der Voraussetzungen eines freien Marktes hinausgehen, ihre jeweiligen Interessen im Handel mit Gütern und Dienstleistung verfolgen.

Die Beschränkung auf „Güter und Dienstleistungen" stellt eine bewusste Vernachlässigung des Bereiches des Kapitalverkehrs dar. Diese Beschränkung ist einerseits notwendig, um den vorgegebenen Rahmen nicht zu sprengen, andererseits aber auch insofern sinnvoll, als die wohlfahrtstheoretischen Implikationen einer Kapitalverkehrsliberalisierung theoretisch weniger eindeutig zu erfassen sind als jene einer Handelsliberalisierung. Im Interesse des hier verfolgten Ansatzes – Handelsoffenheit und Handelsliberalisierung als beispielhafter Bereich für die Veränderung staatlicher Regulierungspolitiken – erscheint ein solches Vorgehen wegen seiner Eindeutigkeit bei der Identifikation der Präferenzen einzelner Akteursgruppen angezeigt.

Als unabhängige Variablen werden vier Themenbereiche behandelt, die in der Literatur unterschiedlich breit diskutiert werden. Erstens wird gefragt, welchen Einfluss organisierte Partikularinteressen auf die Höhe und die Veränderung protektionistischer Maßnahmen nehmen. Zweitens wird der Einfluss makroökonomischer Krisen auf die Wahrscheinlichkeit einer außenwirtschaftlichen Öffnung diskutiert. Als dritter Bestimmungsfaktor der Außenwirtschaftsorientierung und ihrer Veränderung wird der Einfluss internationaler Finanzinstitutionen auf eine Außenwirtschaftsliberalisierung erörtert. Schließlich behandelt das vorliegende Kapitel die Auswirkung der institutionellen Ausgestaltung des staatlichen Entscheidungssystems, namentlich verschiedener Grade demokratischer Beteiligungsrechte.

Die genannten Einflussgrößen werden in Abschnitt 4 einer empirischen Überprüfung unterzogen. Dabei wird untersucht, welche Wirkung den einzelnen Faktoren auf die regulative Ausgestaltung des Handelsregimes sowie auf die Wahrscheinlichkeit einer außenwirtschaftlichen Öffnung in den Entwicklungsländern zugemessen werden kann. Abschnitt 5 resümiert.

2. Determinanten der Außenwirtschaftsorientierung

2.1. Die Verteilungswirkung der Außenwirtschaftspolitik

Unter Wohlfahrtsökonomen herrscht ein annähernd universaler Konsens über die wohlfahrtssteigernde Wirkung einer liberalen Ausgestaltung der Handelspolitik. Freihandel führt zu einer effizienteren Allokation knapper Ressourcen, erlaubt den

Konsum einer größeren Bandbreite von Gütern zu geringeren Preisen und fördert die Verbreitung effizienzsteigernder Technologien. Diese Wirkungen erhöhen die aggregierte gesellschaftliche Wohlfahrt, das Gesamtprodukt steigt. Dennoch weichen oder wichen praktisch alle Staaten vom freihändlerischen Idealtyp ab und begeben sich damit potenzieller Wohlfahrtsgewinne. Eine Erklärung für diese Diskrepanz zwischen theoretischer Erwartung und praktischer Politik liegt in der distributiven Wirkung der Außenwirtschaftspolitik begründet. So produziert eine restriktive Handelspolitik – wiewohl wohlfahrtsmindernd im Aggregat – auch Gewinner in Teilen der Gesellschaft. Diese Gewinner werden versuchen, die politischen Entscheidungsträger so zu beeinflussen, dass ihre Interessen gefördert werden. Bestimmte Akteure werden sich also für bestimmte Handelspolitiken einsetzen. Dagegen stößt die Veränderung einer außenwirtschaftlichen Orientierung, die von diesen Akteuren als optimal angesehen wird, auf deren Widerstand. Ob ein Akteur zu den Gewinnern oder Verlierern einer gegebenen Handelspolitik zählt, hängt je nach theoretischer Perspektive von unterschiedlichen Faktoren ab. Im Folgenden werden drei Modelle skizziert, aus denen sich die distributive Wirkung unterschiedlicher Außenwirtschaftsorientierungen ableiten lässt.

Im ersten Modell, einer Wohlfahrtsanalyse nach Arnold Harberger (1964), verschiebt eine Liberalisierung der Handelspolitik Renten von den Produzenten der importkonkurrierenden Industrie hin zu den Konsumenten. Inländische Konsumenten profitieren, weil die Nachfrage nach einem liberalisierten Gut nach einer Öffnung des Marktes zum Weltmarktpreis befriedigt werden kann. Dagegen verlieren die Produzenten des importkonkurrierenden Gutes durch eine Marktöffnung, weil sie entweder den Preis ihres Gutes dem Weltmarktpreis nach unten anpassen müssen, oder weil sie Marktanteile verlieren, wenn sie zu einer solchen Preissenkung aufgrund ihrer geringeren Produktivität im Vergleich zur ausländischen Konkurrenz nicht in der Lage sind.

Zweitens ergibt sich die distributive Wirkung einer Handelsliberalisierung aus einer intersektoralen Verschiebung produktiver Ressourcen. Nach einer Marktöffnung konkurrieren einheimische Produzenten mit den Gütern, die auf dem Weltmarkt gehandelt werden. In diesem Ricardo-Viner-Modell des internationalen Handels spezialisieren sich Länder auf die Produktion jener Güter, für die sie einen komparativen Vorteil besitzen. Unter Autarkiebedingungen, d.h. einer Abschottung des einheimischen Marktes gegenüber dem Weltmarkt, werden nicht jene Güter produziert, die relativ am günstigsten herzustellen sind, sondern jene, für die die Rentengewinne möglichst hoch ausfallen. Wegen des Wegfalls dieser Renten nach einer Marköffnung werden produktive Ressourcen in solche Sektoren verlagert, in denen das Land einen komparativen Vorteil besitzt. Weil durch die Verlagerung von Ressourcen Transaktionskosten entstehen, wird auch in einem solchen Szenario eine Liberalisierung der Handelspolitik Gewinner und Verlierer produzieren. Verlieren werden Kapitaleigner und Beschäftigte jener Industrien, die keinen komparativen Vorteil gegenüber der ausländischen Konkurrenz aufweisen: Zwar eröffnet sich ihnen mittelfristig ein produktiverer Einsatz ihrer Ressourcen in anderen Sektoren, doch die Verlagerung von Ressourcen verursacht Kosten, die in der kurzen Frist in einem negativen Netto-Nutzen resultieren können. Andererseits gewinnen jene Sektoren, die über komparative Vorteile verfügen.

Schließlich wirkt eine Liberalisierung der Handelsbeziehungen unterschiedlich auf die Produktionsfaktoren. Gemäß dem Stolper-Samuelson-Theorem begünstigt

Freihandel jenen Faktor, über den das Land relativ reichlich verfügt. Andererseits nützen Handelsrestriktionen dem relativ knappen Faktor, weil dessen Entlohnung sinkt (Stolper/Samuelson 1941). Wolfgang Stolper und Paul Samuelson entwickeln ihre Theorie der Verteilungswirkung des internationalen Handels vor dem Hintergrund eines Heckscher-Ohlin-Modells. In einem solchen Rahmen spezialisieren sich Länder nach einer Liberalisierung des Handels auf jene Produkte, in die der im Land relativ reichlich (im Vergleich zu anderen Ländern) vorhandene Produktionsfaktor relativ stark eingeht. Diese Spezialisierung wirkt sich auf die Nachfrage nach den Faktoren aus: Der relativ reichlich vorhandene Faktor wird verstärkt nachgefragt, die Nachfrage nach dem relativ knappen Faktor sinkt. Dadurch verändern sich auch die Preise der Faktoren, d.h. ihre Entlohnung. In einem Land, das relativ reichlich (knapp) mit Arbeit ausgestattet ist, steigen (sinken) durch eine Handelsöffnung die Arbeitslöhne, die Rendite des Kapitaleinsatzes nimmt dagegen ab (zu).

Tabelle 1: Gewinner und Verlierer einer Handelsliberalisierung

Theoretische Perspektive	Gewinner einer Handelsliberalisierung	Verlierer einer Handesliberalisierung
Sektoral (Ricardo-Viner)	Sektoren mit komparativem Vorteil	Sektoren ohne komparativen Vorteil
Produktionsfaktoren (Heckscher-Ohlin)	Relativ reichlich vorhandener Faktor	Relativ knapp vorhandener Faktor
Verteilung von Renten (Harberger)	Konsumenten, Exportsektor	Importkonkurrierende Industrie

Zusammenfassend lassen sich demnach drei distributive Wirkungen einer Liberalisierung des internationalen Handels festhalten: Erstens werden Renteneinkommen weg von importkonkurrierenden Sektoren hin zu den Konsumenten verteilt. Zweitens verlieren zumindest kurzfristig jene Sektoren, die nicht über einen komparativen Vorteil gegenüber dem Ausland verfügen, während jene Sektoren gewinnen, die über diesen komparativen Vorteil verfügen. Und drittens gewinnt (verliert) durch eine Handelsöffnung der relativ reichlich (knapp) vorhandene Faktor. Tabelle 1 gibt einen Überblick über die distributiven Wirkungen einer Handelsöffnung gegenüber dem Weltmarkt.

Die unterschiedlichen theoretischen Modelle finden in der Literatur eine uneinheitliche empirische Bestätigung. Während manche Autoren Belege für eine Verteilungswirkung entlang der Faktorgrenzen vortragen, sprechen andere empirische Arbeiten für eine Trennung von Gewinnern und Verlierern entlang sektoraler Grenzen. Schließlich finden sich empirische Untersuchungen, die eine Bestätigung für beide Sichtweisen der Welt des internationalen Handels finden. Tabelle 2 gibt einen Überblick über empirische Arbeiten mit unterschiedlichen Befunden.

Unabhängig davon, welchem Modell der Verteilungswirkung des internationalen Handels die größere empirische Relevanz zugemessen wird, ergeben sich deutliche Aussagen über die Existenz solcher distributiver Effekte. Dass Verteilungswirkungen festzustellen sind, bedeutet allerdings nicht, dass eine Liberalisierung des internationalen Handels als Nullsummenspiel aufzufassen wäre, in dem die einen nur gewinnen können, was die anderen verlieren. Eine Verteilungswirkung ist im Gegenteil mit einem Effizienzgewinn im Aggregat vereinbar. Distributionseffekte liefern aber Aufschluss über die Konfliktlinien, die sich aus unterschiedlichen

Außenwirtschaftsorientierungen ergeben. Darüber hinaus lassen sich Aussagen ableiten, welche Akteure eine Veränderung des Handelsregimes befürworten werden und welche Akteure einer solchen Veränderung ablehnend gegenüberstehen. Die Identifikation von Präferenzen auf der Grundlage einer Verteilungswirkung des internationalen Handels ermöglicht also Prognosen über die zu erwartende Einflussnahme auf den politischen Prozess. Der folgende Abschnitt zeigt unterschiedlich komplexe Arten der Modellierung einer solchen Einflussnahme auf.

Tabelle 2: Empirische Arbeiten zur Verteilungswirkung des internationalen Handels

Heckscher-Ohlin (Faktorlinien)	Ricardo-Viner (sektorspezifisch)	Beide Perspektiven
Rogowski (1987, 1989)	Magee (1978)	Baldwin/Magee (1998)
Midford (1993)	Irwin (1996b)	Beaulieu (2000)
Balistreri (1997)		
Scheve/Slaughter (2001)		

2.2. Medianwähler-Ansatz und Außenwirtschaftsorientierung

Wenn eine freihändlerische Ausgestaltung der Außenwirtschaftspolitik zu einem Wohlfahrtsgewinn im Aggregat führt, dann ist kaum einsichtig, weshalb protektionistische Politiken Bestand haben sollten. Schließlich könnten – Transaktionskostenfreiheit vorausgesetzt – die Verlierer einer Handelsliberalisierung von den Gewinnern kompensiert werden, was alle Akteure besser stellen würde. Zwischen den Präferenzen der Akteure und einer bestimmten Politik stehen aber stets Institutionen und Regeln, in deren Rahmen die Präferenzen aggregiert und in Politik umgesetzt werden.

Im einfachsten Modell der Präferenzaggregation entscheidet eine einfache Mehrheit über die Politik. Wolfgang Mayer (1984) nimmt ein direktdemokratisches System mit Abstimmungen über Einzelfragen an, um die Außenwirtschaftsorientierung von Staaten zu modellieren. In seiner Heckscher-Ohlin-Ökonomie hängt die Restriktivität des Handelsregimes von der Faktorausstattung der Individuen ab. Verfügt eine Mehrheit der Individuen über den knappen Faktor, so sollte daraus eine restriktivere Handelspolitik resultieren als wenn eine Mehrheit über den relativ reichlichen Faktor verfügt. Eine Veränderung kommt entweder durch Veränderungen in der Faktorausstattung der Individuen zustande oder aber durch eine Veränderung der Entscheidungsregeln. Werden beispielsweise jene Individuen von der Entscheidung ausgeschlossen, die über den relativ reichlich vorhandenen Faktor verfügen, so sollte dies im Vergleich zu einem System, in dem die Eigner aller Faktoren zur Abstimmung zugelassen sind, in einem höheren Protektionsniveau resultieren. So argumentieren Hall, Kao und Nelson (1998), dass in den Vereinigten Staaten die Ausdehnung des allgemeinen Wahlrechtes auf den weiblichen Teil der Bevölkerung im Jahr 1920 zu einer liberaleren Ausrichtung des Handelsregimes geführt hat. Hall, Kao und Nelson führen den liberalisierenden Effekt der veränderten institutionellen Entscheidungsregeln auf die Freihandelspräferenz von Frauen in ihrer Rolle als Konsumentinnen zurück.

In einem Medianwählermodell kommen Abweichungen von der Freihandelslösung demnach – vollständige Information vorausgesetzt – unter zwei Bedingungen zustande: Erstens kann eine Beschränkung der Entscheidungsbefugnis auf Akteure mit bestimmten Interessen (sei es aufgrund ihrer Faktorausstattung oder ihrer sektoralen Stellung) eine protektionistische Außenwirtschaftspolitik hervorbringen. Zum zweiten kann auch unter vollständiger Beteiligung der gesamten Bevölkerung eine restriktive Außenwirtschaftspolitik gewählt werden, wenn eine Mehrheit der Bevölkerung über den relativ knappen Faktor verfügt.

Unklar bleibt in derartigen Modellen, weshalb kapitalreiche Staaten im Vergleich zu Staaten, die relativ reichlich mit dem Faktor Arbeit ausgestattet sind, bei gleichem Niveau der politischen Beteiligungsrechte im Durchschnitt offener sind, wie dies ein Vergleich der Außenwirtschaftspolitiken westlicher Industriestaaten mit jenen von Entwicklungsländern nahe legt. Vor dem Hintergrund eines Stolper-Samuelson-Modells der distributiven Effekte der Handelspolitik sollte für kapitalreiche Länder nämlich das genaue Gegenteil erwartet werden. Es erscheint also anzeigt, andere Modelle der Präferenzaggregation zu wählen, um die Erklärungskraft zu steigern. Dabei bietet sich ein Modell an, das keine direkte Abstimmung über Einzelfragen der Politik annimmt, sondern statt dessen die Existenz und das Wirken von Regierungen zulässt. Ihre realweltliche Entsprechung findet eine solche Modellannahme in einem System der repräsentativen Demokratie, wo Entscheidungen von den Wählern an eine Regierung bzw. an ein Parlament delegiert werden.

2.3. Repräsentative Demokratie und Regierungshandeln

Mit der Annahme einer Regierung im Politikprozess erscheint ein neuer Akteur auf der Bühne, der ebenso wie andere Handelnde mit Präferenzen ausgestattet ist und eigene Ziele verfolgt. Dies ist eine Abkehr von der Modellierung der Regierung als wohlfahrtsmaximierende, benevolente Sozialplanerin. Wenn Regierungen eine eigene Zielfunktion unterstellt wird und überdies die Kontrolle über das Regierungshandeln nicht perfekt ist, ergeben sich für die Regierung Anreize und Gelegenheiten, politische Programme zu verwirklichen, die zwar ihre eigene Zielfunktion optimieren, einen Teil oder eine Mehrheit der Wähler aber schlechter stellen als dies unter einer Politik der Fall wäre, die nach wohlfahrtsmaximierenden Gesichtspunkten implementiert wird.

Eine freihändlerische Politik stellt die *ökonomisch* effizienteste Lösung dar. Aus Sicht der Regierung aber ist diese Lösung nicht notwendigerweise auch die *politisch* effizienteste Lösung. Wenn der Regierung beispielsweise unterstellt wird, dass sie die Wahrscheinlichkeit ihres Amtserhalts maximieren will, so ist dieses Ziel unter Umständen eher durch eine wohlfahrtsmindernde Politik zu erreichen als durch die Implementierung der wohlfahrtsoptimalen Lösung. Gleichzeitig muss die Regierung aber Rücksicht auf die Interessen jener nehmen, die durch protektionistische Praktiken an Realeinkommen und Kaufkraft verlieren. Die Regierung steht damit vor einem Optimierungsproblem, innerhalb dessen sie ein Protektionsniveau wählt, das ihre Zielfunktion maximiert. Konkret wird eine Regierung sich für jenes Protektionsniveau entscheiden, bei dem der marginale Unterstützungsgewinn durch jene, die von Protektion profitieren gleich dem Grenzverlust an politischer Unterstützung durch Protektionsverlierer ist. Dieses Gleichgewicht kann aber nur dann zustande kommen, wenn eine Reihe von zusätzlichen Annahmen getroffen wird.

Eine unmittelbare Implikation ist, dass die politische Unterstützung durch die Verlierer mit dem Protektionsniveau langsamer sinkt als der Gewinn an Unterstützung durch Profiteure einer restriktiveren Politik steigt. Dies kann dadurch zustande kommen, dass Gewinner und Verlierer unterschiedlich gut über die Ursachen ihres Nutzengewinns bzw. -verlustes informiert sind. Wäre der Medianwähler in der Lage, die Quelle seines Nutzenverlustes eindeutig zu identifizieren, so würde er auf protektionistische Praktiken mit dem Entzug politischer Unterstützung reagieren, deren Stärke in jedem Fall den Unterstützungsgewinn durch Protektionsbefürworter überstiege.

Wie kann eine solche asymmetrische Verteilung der Information zustande kommen? Will man es vermeiden, den einzelnen Akteuren unterschiedliche Rationalitäten zu unterstellen, so bietet sich eine Variante des *paradox of voting* nach Anthony Downs (1957) als Erklärung an. Downs zufolge lohnt es sich für den individuellen Wähler nicht, eine informierte Wahl zu treffen, weil die Wahrscheinlichkeit, dass die Stimme des einzelnen Wählers über den Wahlausgang entscheidet, sehr gering ist. Deshalb übersteigen die Kosten, die für eine informierte Wahl aufgewendet werden müssen, den Nutzen aus einer informierten Entscheidung. Wendet man dieses Modell auf Entscheidungen über die Außenwirtschaftsorientierung in der Handelspolitik an, so ergibt sich für die Masse der Protektionsverlierer (Konsumenten) ein Kosten-Nutzen-Kalkül, das für das Individuum in einer Präferenz für Nicht-Information resultiert: Weil die Kosten protektionistischer Maßnahmen auf viele Individuen verteilt sind und für das einzelne Individuum damit klein ausfallen, übersteigen die Kosten, die aufzuwenden sind, um zu Informationen über die Quelle des Nutzenverlustes zu gelangen, den Nutzen, der für das Individuum daraus entstehen könnte, eine Regierung, die protektionistische Maßnahmen implementiert, an der Wahlurne zu bestrafen. Demgegenüber fallen die Gewinne aus Handelsrestriktionen konzentriert bei bestimmten Industrien an. Der individuelle Nutzen für jeden einzelnen Gewinner ist deshalb größer und resultiert in einem Nettonutzen für eine informierte Wahlentscheidung.

Mit einem ähnlichen Argument lässt sich auch begründen, weshalb die Gewinner einer bestimmten Handelspolitik eher als die Verlierer in der Lage sind, sich zu Interessengruppen zusammenzuschließen und ihre Interessen in den Politikprozess einzubringen. Solches Lobbying nimmt in der Literatur einen prominenten Platz bei der Erklärung protektionistischer Handelspolitiken ein. Meist wird dabei jedoch nicht in Frage gestellt, warum Lobbying nur in einer Richtung, nämlich hin auf protektionistische Politiken gerichtet ist. Wenn angenommen wird, dass eine durch Lobbytätigkeit erreichte Politik ein öffentliches Gut darstellt, so ergeben sich bei der Bereitstellung der Ressourcen, die für Lobbying aufgewendet werden müssen, Kollektivhandlungsprobleme durch die Existenz von Trittbrettfahrern (Olson 1965). Diese Probleme sind für kleine Gruppen leichter zu lösen als für größere Gruppen, unter anderem deshalb, weil individuelle Gewinne konzentrierter anfallen und die Überwachung von Trittbrettfahrern in kleinen Gruppen leichter fällt. Unterstellt man, dass von restriktiven Handelspolitiken vor allem die große Gruppe der Konsumenten verliert, die Gewinne aber konzentriert bestimmten Sektoren der Industrie zu Gute kommen, so ergibt sich daraus, dass die Gewinner protektionistischer Maßnahmen ihre Kollektivhandlungsprobleme leichter überwinden können als die Verlierer und sich deshalb eher als die Verlierer in Interessengruppen organisieren können.

Ein zweiter Grund, weshalb die Befürworter einer protektionistischen Handelspolitik eher als die Befürworter liberalerer Praktiken in der Lage sein sollten, die Regierung in ihrem Sinne zu beeinflussen ist in den unterschiedlichen Erwartungssicherheiten über die Effekte beider Orientierungen zu suchen. Betrachtet man die Handelspolitik einzelner Staaten seit 1945 über die Zeit, so lässt sich festhalten, dass die allermeisten Länder ihre Handelspolitik in Richtung einer Liberalisierung verändert haben. Von den 63 Staaten, für die der Offenheitsdatensatz von Jeffrey Sachs und Andrew Warner (1995) Daten enthält, wurden 47 als „geschlossen", 16 als „offen" klassifiziert. Obwohl die Zahl der beobachteten Länder über die Zeit variiert, liefert der von 25% (1950) auf 63% gestiegene Anteil einen deutlichen Hinweis darauf, dass die meisten Staaten auf eine Tradition der restriktiven Handelspolitik zurückblicken und diese protektionistischen Maßnahmen erst im Laufe der Zeit abzubauen begannen.[1]

Tabelle 3: Außenwirtschaftsorientierung von Staaten über die Zeit

Jahr	Offen	Geschlossen	N	Anteil offen
1950	16	47	63	0,25
1960	32	54	86	0,37
1970	34	72	106	0,32
1980	36	74	110	0,33
1990	56	54	110	0,51
1992	69	41	110	0,63

Protektion ist demnach in der Regel der Ausgangspunkt der Handelspolitik; Interessengruppen, die für eine restriktive Handelspolitik eintreten, setzen sich also für einen Erhalt des *Status quo* ein. Demgegenüber verfolgen Liberalisierungsbefürworter das Ziel einer *Veränderung* der Handelspolitik. Dies bedeutet, dass die Gewinner protektionistischer Maßnahmen aufgrund ihrer Beobachtung der Gegenwart wissen, was sie gewinnen, während die Befürworter einer Veränderung einer Unsicherheit über die Entwicklung in der Zukunft unterliegen.

Damit sind die Elemente versammelt, die benötigt werden, um Entscheidungen über die Handelspolitik in einem repräsentativ-demokratischen System zu modellieren: eine opportunistische Regierung, unterschiedlich organisationsfähige Interessen, sowie eine unvollständig informierte Wählerschaft. Der folgende Abschnitt greift zwei der wichtigsten Interessengruppenmodelle auf, die in der Literatur diskutiert werden und untersucht ihren Beitrag zu Erklärung unterschiedlicher Außenwirtschaftspolitiken.

1 Rodrik (1995: 1478) nennt als Grund für die ursprünglich protektionistische Ausrichtung der Handelspolitik zahlreicher Staaten Motive der Einnahmengenerierung: „Revenue-hungry rulers in countries with poor administrative capabilities know that trade is an excellent tax handle." Mit der Entwicklung des Staatsapparates können andere Quellen für Staatseinnahmen erschlossen werden.

2.4. Interessengruppen und Außenwirtschaftsorientierung

Der Einfluss von Interessengruppen stellt den wohl am häufigsten diskutierten Faktor zur Erklärung protektionistischer Praktiken dar. Interessengruppen, so die grundsätzliche Logik des Argumentes, nehmen Einfluss auf Regierungen und/oder Wahlen, um ihre Partikularinteressen, die der Gesamtwohlfahrt abträglich sind, in den Politikprozess einzubringen und dort durchzusetzen. Opportunistische Politiker „verkaufen" schädliche Politiken an Interessengruppen im Austausch für politische Unterstützung, die meist in Form von Ressourcentransfers modelliert wird.

Dabei lassen sich zwei Gruppen von Modellen unterscheiden. Die erste Gruppe nimmt an, dass Interessengruppen ihren Einfluss vor einer Wahl ausüben und jene Kandidaten unterstützen, die ihren Präferenzen am nächsten kommen. Durch die Unterstützung erhöht sich die Wahrscheinlichkeit, dass Politiker ins Amt gelangen, deren implementierte Politik den Wünschen der Interessengruppe entspricht oder ihr zumindest nahe kommt. Die zweite Modellgruppe dagegen nimmt an, dass Interessengruppen versuchen, direkten Einfluss auf das Regierungshandeln zu nehmen, d.h. die Politik einer gewählten Regierung mit ihren Präferenzen in Einklang zu bringen.

Der wohl prominenteste Vertreter des ersten Ansatzes findet sich in der Arbeit von Stephen Magee, William Brock und Leslie Young (1989). In ihrem Modell konkurrieren zwei Parteien, A und B, in einem Wahlkampf um die Regierungsmacht. Die Parteien unterscheiden sich durch ihre Orientierung: Während A protektionistische Positionen vertritt, präferiert B eine Pro-Export-Politik. Die Faktoren Kapital und Arbeit bilden jeweils eine Interessengruppe und versuchen, durch Beiträge zum Wahlkampf die Wahrscheinlichkeit zu erhöhen, dass jene Partei, die ihre Interessen vertritt, an die Regierung gelangt. In relativ kapitalreichen (kapitalarmen) Ländern lobbyiert der Faktor Kapital für eine Exportsubvention (Importzoll), während der Faktor Arbeit einen Importzoll (Exportsubvention) präferiert. Die Wahrscheinlichkeit, dass eine Partei die Mehrheit der Stimmen gewinnt, steigt mit der Höhe der Interessengruppen-Zahlungen, sinkt aber durch das Ausmaß von Störungen, die eine an Partikularinteressen orientierte Politik für die Volkswirtschaft bringt. Vor der Wahl kündigen die Parteien ihre handelspolitische Plattform an; diese Ankündigung ist für die Zeit nach der Wahl bindend. Die Interessengruppen richten die Höhe ihrer Unterstützung nach dem handelspolitischen Programm der Parteien. Die Wähler werden als „*rational ignorant*" (Downs 1957) modelliert: Weil die Wahrscheinlichkeit, dass eine einzelne Stimme die Wahl entscheidet, sehr gering ist, lohnt es sich für einen rationalen Wähler nicht, Informationen über die handelspolitische Plattform der Parteien zu erwerben und eine informierte Wahl zu treffen. Die Parteien verwenden die Gelder, die ihnen von Interessengruppen bereitgestellt werden, um die unvollständig informierten Wähler in ihrem Sinne zu überzeugen. Magee, Brock und Young formulieren auf der Grundlage des skizzierten Modell unter anderem die eindrückliche Hypothese, dass potenziell fast das gesamte Sozialprodukt von Lobbying-Aktivitäten verschlungen werden kann: „Under certain circumstances, *nearly 100% of the economy can be devoted to lobbying in equilibrium.*" (Magee u.a. 1989: 28. Hervorhebung im Original).

Gleichzeitig liegt bei diesem „schwarzen Loch" der politischen Aktivität von Interessengruppen das Gleichgewicht für Zölle und Exportsubventionen nahe null.

Das empirisch vermutlich relevantere Ergebnis dürfte die Vorhersage sein, dass die Höhe der Zölle in einem Land von seiner Ausstattung mit dem Faktor Kapital relativ zum Faktor Arbeit abhängen. Aus dem Modell von Magee, Brock und Young folgt ein umgekehrt u-förmiger Zusammenhang zwischen dem Kapital-Arbeit-Verhältnis und der Höhe der Protektion. In Ländern, in denen das Verhältnis nahe 1 liegt, sollten die höchsten Protektionsniveaus zu beobachten sein, während die Protektion umso stärker abnehmen sollte, je stärker das Verhältnis von Kapital zu Arbeit in beide Richtungen von 1 abweicht.

Magee, Brock und Young testen diese Modellimplikation mit Daten für 58 Länder und Zolldaten für die Mitte der 1970er Jahre. Für die entwickelten Länder liefert das Modell empirisch passende Vorhersagen, während für die Entwicklungsländer die Implikation fallender Zölle mit einer Verringerung des Kapital-Arbeit-Verhältnisses nicht bestätigt wird. Möglicherweise ist dieses Ergebnis darauf zurückzuführen, dass gerade in Entwicklungsländern neben Zöllen vielfältige nichttarifäre Handelshemmnisse existieren, die vor dem Hintergrund einer polit-ökonomischen Argumentation als Zolläquivalent dienen können.

Das Modell von Magee, Brock und Young wurde vielfach kritisiert, unter anderem wegen der unzureichenden Mikrofundierung individueller Präferenzen (Austen-Smith 1991; Mayer/Li 1994) und wegen der restriktiven Trennung zwischen Pro-Export- und Anti-Import-Parteien (Austen-Smith 1991). Andere Anwendungen des Wahlkampfansatzes im Rahmen der Außenwirtschaftspolitik finden sich bei Arye Hillmann und Heiner Ursprung (1988) zur Frage nach der Wahl des handelspolitischen Instrumentes (Zölle *versus* freiwillige Exportbeschränkungen) und bei Gould/Woodbridge (1998) zur Dynamik von Protektion und Handelskriegen.

Eines der Probleme der Modellannahmen des Wahlkampfansatzes liegt in der Fragwürdigkeit der Bestimmung der Handelspolitik über Wahlplattformen. In Wahlen werden üblicherweise ganze Bündel von Fragen von den Parteien präsentiert; die Handelspolitik spielt dabei – wenn überhaupt – nur eine untergeordnete Rolle. Eine Möglichkeit, dieses Problem zu lösen, besteht in der Annahme, dass Interessengruppen nicht versuchen, die Wahlwahrscheinlichkeit der von ihnen präferierten Partei zu erhöhen, sondern statt dessen Einfluss auf die Regierung nehmen, bestimmte Handelspolitiken zu implementieren. Dabei wird eine Regierung angenommen, die versucht, eine politische Unterstützungsfunktion zu maximieren.

So nehmen beispielsweise Gene Grossman und Elhanan Helpman (1994) eine opportunistische Regierung an, die versucht, eine politische Unterstützungsfunktion und damit die Wahrscheinlichkeit ihres Amtserhalts zu maximieren. In die Funktion gehen Zahlungen von Interessengruppen und die Gesamtwohlfahrt ein. Ein sektorspezifischer Zoll senkt die aggregierte Wohlfahrt durch die Preiserhöhung des zollbelasteten Gutes gegenüber dem Weltmarkt, steigert aber die Wohlfahrt der Interessengruppe im protektionierten Sektor. Jede organisierte Interessengruppe präsentiert der Regierung ein Angebot an Zahlungen für jeden Zoll (oder Exportsubvention) in ihrem Sektor. Jede Interessengruppe berücksichtigt bei ihrem Angebot sowohl die Angebote der anderen Interessengruppen als auch die Tatsache, dass die Regierung ihrerseits jenen Zollvektor über alle Sektoren wählen wird, der ihre eigene Zielfunktion maximiert.

Der provozierende Titel des Aufsatzes von Grossman und Helpman hat eine Reihe von empirischen Arbeiten inspiriert, die herauszufinden versuchen, ob Handelspolitik tatsächlich zum Verkauf steht. Pinelopi Goldberg und Giovanni Maggi (1999) untersuchen für die USA die Struktur der Protektion über Sektoren hinweg mit Daten für 1983. Ihr Ergebnis zeigt, dass sich Regierungen in der Restriktivität ihrer Außenwirtschaftsorientierung von Interessengruppen beeinflussen lassen und dass die sektorale Struktur protektionistischer Maßnahmen mit den Vorhersagen des Grossman-Helpman-Modells konsistent ist. Kishore Gawande und Usree Bandyopadhyay (2000) verwenden Daten zu nicht-tarifären Handelshemmnissen für eine Querschnittsanalyse der Handelspolitik der Vereinigten Staaten gegenüber anderen Ländern. Auch ihre Resultate lehnen die von Grossman und Helpman (1994) formulierten Hypothesen nicht ab. Die Struktur der nicht-tarifären Protektion entspricht den Modellvorhersagen.[2]

Die genannten Modelle beantworten auf unterschiedliche Weise die Frage, weshalb protektionistische Maßnahmen ergriffen werden, obwohl Freihandel die gesamtgesellschaftliche Wohlfahrt steigern würde. Im Wahlkampfansatz „verkaufen" konkurrierende Parteien handelspolitische Zusagen vor einer Wahl und werden im Austausch von Interessengruppen mit Zahlungen unterstützt. In Modellen, die der Regierung die Maximierung einer politischen Unterstützungsfunktion unterstellen, erfolgen diese Zahlungen direkt an eine Regierung, ohne dass die Konkurrenz auf dem politischen Markt explizit berücksichtigt würde. Tabelle 4 fasst die Aussagen beider Modelle und des Medianwähleransatzes zusammen.

Tabelle 4: Erklärungsmodelle zur Außenwirtschaftsorientierung

Ansatz	Beispiele	Zentrale Annahmen
Medianwähleransatz	Mayer (1984) Mayer/Riezman (1987) Hall u.a. (1998)	Medianwähler entscheidet über Außenwirtschaftsorientierung
Wahlkampfansatz	Magee u.a. (1989) Hillmann/Ursprung (1988) Gould/Woodbridge (1998)	Interessengruppen beeinflussen die Wahlwahrscheinlichkeit der von ihnen bevorzugten Partei
Politische Unterstützungsfunktion	Stigler (1971), Hillman (1982), Grossman/Helpman (1994)	Interessengruppen beeinflussen eine Regierung, die versucht, ihre politische Unterstützung zu maximieren.

Wahlkampfansatz und der Ansatz einer politischen Unterstützungsfunktion sind immanent statisch: Sie machen keine Aussagen über Determinanten einer Veränderung. Sie können jedoch als Ausgangspunkt für eine Analyse solcher Einflussgrößen verwendet werden. In der Literatur werden als Quelle von Veränderungen der Außenwirtschaftspolitik vor allem drei Faktoren diskutiert: Demokratisierung, makroökonomische Krisen und der Einfluss internationaler Finanzorganisationen. Diese drei Themenkreise werden im folgenden Abschnitt behandelt.

2 Ein interessanter Unterschied zwischen den Arbeiten von Goldberg/Maggi (1999) und Gawande/Bandyopadhyay (2000) liegt in ihrer unterschiedlichen Schätzung des Gewichtungsparameters der Regierung für Interessengruppenzahlungen im Verhältnis zur Gesamtwohlfahrt: Während Gawande/Bandyopadhyay (2000) für Interessengruppenzahlungen und Gesamtwohlfahrt einen Wert von jeweils etwa 0,5 berechnen, schätzen Goldberg/Maggi (1999) die Bedeutung, die die Regierung der Gesamtwohlfahrt beimisst, um ein Vielfaches höher ein.

3. Die Politische Ökonomie der außenwirtschaftlichen Öffnung

Die Analyse der Determinanten einer Liberalisierung der Außenwirtschaftspolitik eines Staates zwingt zu einer Abkehr von einer statischen Betrachtungsweise und macht es notwendig, den Öffnungsprozess dynamisch zu erfassen. Wenn Regierungen eine Politik verändern, die sie früher offenbar für angebracht hielten, stellt sich die Frage, welche Einflussfaktoren diese Veränderung hervorgebracht haben könnten. Gesucht sind also Variablen, die einen Einfluss auf die Außenwirtschaftsorientierung eines Staates nehmen und sich zeitlich vor einer Öffnung verändert haben.

3.1. Krise und Öffnung

Seit der Schuldenkrise der Entwicklungsländer in den 1980er Jahren, die 1982 mit der Ankündigung Mexikos begann, seine ausländischen Verbindlichkeiten nicht länger zu bedienen, wird die Wirkung exogener Schocks in Form einer krisenhaften Verschlechterung der Wirtschaftslage auf die Wahrscheinlichkeit einer Politikreform breit diskutiert. Makroökonomische Krisen, die durch hohe Inflationsraten, eine hohe Auslandsverschuldung und/oder große Zahlungsbilanzungleichgewichte gekennzeichnet sind, werden in dieser Argumentation als reformfördernd angesehen.

Obgleich das Krisenargument in den meisten Fällen im Kontext einer Diskussion über breiter angelegte Reformen anzutreffen ist, kann auch eine Liberalisierung der Außenwirtschaftsbeziehungen auf eine Krise zurückgeführt werden. Theoretisch ist dies möglich, weil eine Liberalisierung der Außenwirtschaftspolitik ebenso wie makroökonomische Reformen (z.B. Inflationsbekämpfung, Reduzierung des Staatsdefizits, Preisliberalisierung, Privatisierung von Staatsbetrieben), eine Verteilungswirkung aufweist. Diese distributiven Effekte lassen politische Konflikte, die jenen für breiter angelegte Reformpakete zumindest ähnlich sind, auch für eine Handelsöffnung erwarten. Tatsächlich hängen Handelsliberalisierung und makroökonomische Strukturanpassung häufig zusammen: In dem Maßnahmenbündel, das Entwicklungsländern zur Verbesserung ihrer ökonomischen Situation von den Internationalen Finanzinstitutionen IWF und Weltbank empfohlen wird, findet sich neben makroökonomischen Reformen auch eine Öffnung gegenüber der internationalen Ökonomie.

Theoretisch stellt das Krisenargument in seiner einfachsten Variante darauf ab, dass makroökonomische Schocks Regierungen als Signal über die Unhaltbarkeit einer verfehlte Politik dienen können. Eine Krise kann aus dieser Perspektive Veränderungen der Sichtweise darüber bewirken, welche Politiken der Gesamtwohlfahrt zuträglich sind und welche nicht. Arnold Harberger (1993) argumentiert, dass Krisen zu „bayesianischem Lernen" führen können, also zu einer Neubewertung einer Situation aufgrund der Verfügbarkeit neuer Informationen. Allan Drazen (2000: 447) schlägt vor, ein Modell zur Erklärung des Einflusses von Krisen auf die Reformwahrscheinlichkeit zu verwenden, in dem Krisen die Kommunikation über die „Richtigkeit" bestimmter Politiken verbessern. Wenn Wählern und Politikern durch eine Krise klar gemacht wird, dass die bislang verfolgte Politik nicht länger haltbar ist, so kann dies zur Überwindung ideologischer Reformblockaden führen.

Die genannten Ansätze nehmen unvollständige Information und/oder irrationale (im Sinne auf parteipolitische Präferenzen festgelegte) Akteure an. Eine zweite Linie der Argumentation macht geltend, dass Krisen auf den Einfluss von Interessengruppen wirken können. Diesem Mechanismus liegt eine Schwächung der Einflussmöglichkeiten protektionistischer Interessen zu Grunde. Demnach ermöglicht es eine Krise, den Widerstand einflussreicher Interessengruppen zu überwinden, die sich zuvor erfolgreich gegen Reformen gestellt haben. Eine Krise bricht Verteilungskoalitionen (Olson 1982) auf und eröffnet Regierungen dadurch einen größeren Freiraum, ihre Politik in einer wohlfahrtssteigernden Weise zu verändern. Besonders drastisch formuliert dies Albert Hirschman:

„In the advanced industrial countries income taxation, and big spurts in taxation generally, have become possible only under the impact of major emergency and crisis, mostly in wartime. In a number of developing countries inflation has acted as an equivalent of war in setting the stage for more forceful taxation." (Hirschman 1985: 76)

Aus seiner Perspektive kam den wiederkehrenden Inflationskrisen in Entwicklungsländern die gleiche Funktion zu wie Kriegen in avancierten Industriestaaten: Sie zerstörten etablierte Verteilungskoalitionen und machten dadurch den Weg zu effizienzsteigernden wirtschaftspolitischen Reformen frei. Ähnlich argumentieren Allan Drazen und Vittorio Grilli (1993). Sie verwenden eine modifizierte Form des *war-of-attrition*-Modells von Alesina/Drazen (1991), um zu zeigen, dass Reformen *ceteris paribus* umso früher implementiert werden, je schwerer die makroökonomische Krise ist. Interessengruppen, die versuchen, einen möglichst großen Teil der Reformkosten auf die jeweils andere Gruppe abzuwälzen, finden sich umso früher bereit, einzulenken, je höher die prospektiven Kosten aus einer weiteren Verzögerung von Reformmaßnahmen ausfallen. Auch hier fördern Krisen also die Auflösung von Politikblockaden durch Interessengruppen. Allerdings bemerkt Stephen Haggard zum Beitrag von Krisen auf die Haltung von Interessengruppen gegenüber Reformen:

„If the explanation of reform is simply that groups change their policy preferences, then the puzzle that the 'delayed stabilization' sets out to solve may be less than puzzling. [...] Is it really that surprising that high or hyperinflation would generate widespread support for stabilization even among those who had benefited from fiscal and monetary profligacy in the past?" (Haggard 2000: 26)

Aus dieser Perspektive erscheinen die „Tales of Crisis that Beget Reforms" (Bruno/Easterly 1996) als triviale Erzählungen, deren Erklärungsbeitrag sich auf das Tautologische beschränkt. Während Haggard Krisen als Erklärungsansatz für die Präferenzen von Interessengruppen verwirft, kritisiert Dani Rodrik (1992) das Argument auf der Grundlage seiner zweifelhaften Auswirkungen auf die Konstellation von Interessengruppen. Sollte das Argument Gültigkeit beanspruchen wollen, so müsste es möglich sein zu zeigen, meint Rodrik, dass jene Interessengruppen, die von einer Reform am stärksten negativ betroffen sind, durch eine Krise überproportional geschwächt werden:

„Perhaps the powerful interests that benefited from protection and had successfully blocked reform were weakened by the debt crisis of the 1980s [...]. But the argument would require a demonstration that import-competing interests, the ones most severely hit by the reform, were weakened disproportionately." (Rodrik 1992: 29)

Rodrik impliziert damit, dass der Einfluss von Interessengruppen eine Funktion ihrer Ressourcenbasis ist. Die Reduktion dieser Ressourcen durch die Auswirkungen einer makroökonomischen Krise verringert die Einflussmöglichkeiten organisierter

Interessengruppen. Fraglich ist, ob die Fähigkeiten zum Lobbying gegensätzlicher Gruppen absolut oder relativ zueinander betrachtet werden sollen. Sollte letzteres zutreffen, so setzt das Argument eine Konkurrenz von Interessengruppen voraus, innerhalb derer sich durch eine Krise die Kräfteverhältnisse zu Gunsten der freihändlerischen Kräfte verschieben. Bei einer absoluten Betrachtung dagegen wäre Rodriks Einwand nicht gerechtfertigt: Wenn Krisen protektionistischen Interessengruppen die Ressourcenbasis für Lobbying-Anstrengungen entziehen, so wäre dies für eine opportunistische Regierung Anreiz genug, ihre Außenwirtschaftspolitik zu liberalisieren, weil die Gesamtwohlfahrt relativ ein größeres Gewicht erhält. Andererseits bleibt in der Tat fraglich, wie sich Krisen auf anti-protektionistische Kräfte auswirken, deren ökonomisches Umfeld so massiv gestört ist, wie dies in zahlreichen Entwicklungsländern der Fall ist. So ist beispielsweise durchaus vorstellbar, dass Konsumenten, die eigentlich von einer Liberalisierung profitieren würden, durch die notwendigen Anpassungsmaßnahmen (z.B. Reduktion von Subventionen und Sozialleistungen) stärker in ihren Interessen gestört werden als die Bezieher von Renteneinkommen aus protektionistischen Maßnahmen. Überdies bleibt unklar, welchen Einfluss eine Krise auf die Organisationsfähigkeit von Interessen hat. Ob das Kollektivhandlungsproblem, dem sich Gruppen bei der Organisation ihrer Interessen gegenübersehen (Olson 1965), durch eine Krise geringer wird, muss zumindest zweifelhaft bleiben. Es wäre durchaus plausibel, dass eine Krise, die die Ressourcenbasis aller Interessengruppen gleichermaßen negativ beeinflusst, die Organisationsfähigkeit jener Interessengruppen weniger stark reduziert, die bereits über funktionierende Strukturen verfügen und überdies aufgrund ihrer höheren *sunk costs* ein größeres Interesse am Erhalt ihres Einflusses als Gruppe haben.

Das vielleicht schwerwiegendste Defizit der „Krisenhypothese" liegt in ihrer unzureichenden empirischen Überprüfung. Alan Drazen bemerkt hierzu:

> „For such a widely accepted argument, it is striking how little formal empirical testing there has been of the view that crisis is necessary for significant policy change." (Drazen 2000: 449)

Der Grund hierfür dürften in erster Linie in den Schwierigkeiten bei einer Definition und Operationalisierung des Begriffes „Krise" zu suchen sein: Was konstituiert eine Krise? Um wie viel muss sich ein Indikator, wie z.B. die Inflationsrate, verschlechtern, um eine Krise auszumachen? Dabei wird auch die unter Umständen tautologische Natur der Krisenhypothese offenbar: wenn Krisen nur dann als Krisen gelten, wenn sie zu einer Reform geführt haben, dann lassen sich Krisen leicht als hinreichende Bedingung für Reformen identifizieren, weil eine Verschlechterung von Indikatoren, auf die keine Reform folgt, aufgrund der Definition nicht als Krise angesehen wird. Ein möglicher Ausweg aus diesem Messproblem könnte darin liegen, Fälle zu identifizieren, bei denen auf eine Verschlechterung bestimmter Indikatoren eine Reform folgte, um anschließend mit den geschätzten Parametern für die Einflussstärke der Krisenindikatoren zu einem Anhaltspunkt dafür zu gelangen, was eine Krise ausmacht. Ein solches Vorgehen erlaubt selbstverständlich nicht, ein theoretisch unterfüttertes Modell für die notwendige Stärke einer Krise, die zu Reformen führt, abzuleiten, würde aber doch auf induktivem Wege eine bessere Operationalisierung der Variable „Krise" ermöglichen.

3.2. Der Einfluss internationaler Finanzinstitutionen

Der Einfluss internationaler Finanzinstitutionen ist das zweite große Thema, das die Literatur über Determinanten der außenwirtschaftlichen Öffnung dominiert. Theoretisch wird hierbei vor allem darauf verwiesen, dass Kredite, die von IMF und Weltbank zum Zweck einer makroökonomischen Reform vergeben werden, Politikern dabei helfen, interne Widerstände zu überwinden, die bis zu diesem Zeitpunkt eine Reform verhindert haben. Empirisch wird dieses Argument vor dem Hintergrund der gescheiterten makroökonomischen Politik zahlreicher Entwicklungsländer diskutiert. Anne Krueger (1992) nennt eine Reihe von idealtypischen Merkmalen, die sich in unterschiedlicher Mischung in der Wirtschaftspolitik vieler Entwicklungsländer finden. Dazu gehören im Bereich der Außenwirtschaftspolitik eine Abschottung gegenüber dem Weltmarkt durch hohe Zölle, quantitative Restriktionen, sowie staatliche Import- und Exportmonopole. Im Bereich der Finanzpolitik finden sich Devisenrationierungen, überbewertete Wechselkurse und eine Politik des „leichten Geldes“, die zu hohen Inflationsraten führt. Hinzu kommt ein hoher Anteil von Staatsbetrieben an der ökonomischen Aktivität sowie eine hohe Staatsverschuldung bei in- und ausländischen Gläubigern. Insgesamt lassen sich bei vielen Entwicklungsländern zahlreiche staatliche Eingriffe in das Spiel der Marktkräfte finden, die zu einer Störung der Preisbildung und damit zu falschen Signalen an die ökonomischen Akteure führen. Die internationalen Finanzinstitutionen, vor allem der Internationale Währungsfonds und die Weltbank, versuchen seit langem, Entwicklungsländer bei einer Abkehr von dieser Politik zu unterstützen und Reformprogramme zu fördern. So vergab alleine die Weltbank zwischen 1980 und 1995 272 *adjustment loans* an Entwicklungsländer. Teil der umfassenden Reformpakete, deren Inhalt nach dem Sitz der wichtigsten Geberinstitutionen als *Washington consensus* (Williamson 1994) bekannt geworden sind, bildet die Öffnung gegenüber dem Weltmarkt. Als Mittel, den Einfluss gegenüber den Empfängerländern zu erhöhen, setzen die Geberinstitutionen seit Mitte der 1980er Jahre verstärkt das Mittel der „Konditionalität“ ein. Dabei werden die Kredite unter der Bedingung vergeben, dass das Empfängerland bestimmte Reformschritte unternimmt.

Zwei miteinander eng verknüpfte Probleme treten in diesem Zusammenhang auf: Zum einen erhalten die Empfängerländer die Kredite, bevor Reformmaßnahmen implementiert werden, weil die Kredite genau jene Reformen unterstützen sollen, die als Bedingung der Kreditvergabe vereinbart wurden. Staaten haben also einen Anreiz, Bedingungen zu akzeptieren und sie nach der Auszahlung der Kredite nicht zu erfüllen. Diesem Dilemma zu Grunde liegt aber ein zweites Problem: Ein souveräner Staat kann nicht zu Einhaltung von Bedingungen gezwungen werden. Den Geberinstitutionen fehlen demnach wirksame Instrumente des *enforcement*, mittels derer sie die vereinbarten Reformen einfordern könnten. Dem entgegen steht allerdings die mögliche Furcht der Empfängerländer vor negativen Reputationseffekten, wenn sie sich nicht an vereinbarte Bedingungen halten. Ein solches Verhalten könnte dazu führen, dass ihre Kreditwürdigkeit weiter sinkt. Indes scheint fraglich, ob die „internationale Gemeinschaft“ wirklich das Risiko einer Störung der Weltfinanz- und Kapitalmärkte akzeptieren würde, wenn ein großes Entwicklungsland in eine finanzielle Schieflage gerät. Wenn IMF und Weltbank als *lender of last resort* angesehen werden, die im Notfall Gelder bereitstellen, dann sehen sich die verantwortlichen

Politiker in den Entwicklungsländern dem Anreiz gegenüber, *moral hazard* zu praktizieren, d.h. eine unvorsichtigere Wirtschaftspolitik zu betreiben als sie dies tun würden, wenn es keine Auffangmaßnahmen für den Notfall gäbe (Svensson 2000). Überdies sehen sich die Geberinstitutionen einem Interessenkonflikt gegenüber: Einerseits soll ein langfristiger Politikwechsel angestoßen und unterstützt werden, andererseits besteht häufig die Notwendigkeit, Gelder rasch bereitzustellen, um eine drohende Zahlungsunfähigkeit abzuwenden.

Als Ursache für einen trotz der genannten Probleme möglicherweise reformfördernden Einfluss internationaler Finanzinstitutionen wird angeführt, dass die an die Kreditvergabe geknüpften Konditionalitäten von Politikern als *commitment technology* verwendet werden können. Durch die Bindung an bestimmte Bedingungen sei es für reformwillige Regierungen leichter, innerstaatliche Widerstände zu überwinden. David Dollar und Jakob Svensson schreiben hierzu:

> „It should be pointed out upfront that, even if reform depends primarily on domestic factors, policy-based aid may still be useful. In this case one should view conditional aid primarily as a commitment technology: it provides an opportunity for reformers to tie their own hands, in the same way that membership in the World Trade Organization commits governments to good policy and insulates them from special-interest politics." (Dollar/Svensson 2000: 894-895)

Regierungen finden in den Konditionalitäten eine Gelegenheit, die Verantwortung für unpopuläre Reformmaßnahmen vor den Wählern auf die internationalen Finanzinstitutionen abzuwälzen. Voraussetzung hierfür ist allerdings, dass Regierungen an Reformen überhaupt interessiert sind. Ohne ihre Bereitschaft, Reformen durchzuführen, können auch Kredite internationaler Geberorganisationen keine Veränderung einer gesamtwirtschaftlich schädlichen Politik bewirken.

Diese theoretische Erwartung spiegelt sich in den Ergebnissen empirischer Untersuchungen zu den Effekten von Krediten wider, die an Bedingungen geknüpft waren. Mosley u.a. (1995) kommen zu dem Ergebnis, dass die konditionale Weltbank-Hilfe die Politik in den Empfängerländern „a little, but not as much as the Bank has hoped" beeinflusst hat. Collier (1997) spricht den mit Konditionalitäten verknüpften Zahlungen jeden Effekt ab. Ob eine Regierung Reformen durchführe oder nicht, hänge nicht von der Art der Hilfe ab. Collier resümiert deshalb: „Conditionality has failed." Ähnlich pessimistisch sehen Burnside/Dollar (1997) die Auswirkungen von Konditionalitäten. Sie finden keinen Zusammenhang zwischen Indikatoren makroökonomischer Politik (Handelsoffenheit, Budgetdefizit, Inflation) und der an Bedingungen geknüpften Entwicklungshilfe. Die Kreditvergabe, so ihr Fazit, hänge nicht von „guter Politik" ab.

Makroquantitative Studien, die den Zusammenhang zwischen Kreditvergabe durch internationale Finanzinstitutionen und Reformimplementierung untersuchen, finden eine Reihe von zusätzlichen Einflussfaktoren, die auf die Wahrscheinlichkeit einer Politikreform wirken. Tabelle 5 zeigt verschiedene Bedingungen auf, die die Wirksamkeit von Strukturanpassungskrediten begünstigen oder behindern.

Tabelle 5: Determinanten des „Erfolgs" der Kreditvergabe

Persson/Svensson (1989) Tabellini/Alesina (1991) Svensson (1998)	Politische Stabilität
Alezina/Drazen (1991) Labán/Sturzenegger (1994) Velasco (1993)	Polarisierung und soziale Teilung
Tommasi/Velasco (1995) Cukierman/Liviatan (1992)	Länge der Amtszeit der Regierung
Drazen/Grilli (1993) Velasco (1993) Rodrik (1994)	Ausmaß der Krise vor der Reform
Haggard/Webb (1994)	Demokratie
Dollar/Svensson (2000)	Demokratie Ethnische Fraktionalisierung (nichtlinear invers u-förmig) Länge der Amtszeit der Regierung Politische Stabilität

Die genannten Arbeiten legen die Schlussfolgerung nahe, dass eine an Konditionalitäten geknüpfte Kreditvergabe nur unter bestimmten Bedingungen positiv auf die Wahrscheinlichkeit einer Politikreform zu wirken in der Lage sind. Internationale Finanzinstitutionen können einen reformfördernden Einfluss ausüben, jedoch nur dann, wenn in den Empfängerländern die Möglichkeit und der Wille zu einer Reform gegeben ist.

3.3. Demokratisierung und Öffnung

Der enge zeitliche Zusammenhang, in dem die ökonomischen Liberalisierungsbemühungen vieler Entwicklungsländern mit der dritten Demokratisierungswelle (Huntington 1991) stehen, hat eine Reihe von Arbeiten hervorgebracht, die versuchen, einen auch kausalen Zusammenhang zwischen beiden Phänomenen zu etablieren. So untersuchen Helen Milner und Keiko Kubota (2000) den gleichzeitigen Trend zur Demokratisierung und außenwirtschaftlichen Öffnung in den Entwicklungsländern und stellen die Hypothese auf, dass die Handelsliberalisierung in den Entwicklungsländern auf deren Demokratisierung zurückzuführen sei. Milner und Kubota verwenden ein Heckscher-Ohlin-Modell des internationalen Handels, um unterschiedliche Interessen zu identifizieren und ihren möglichen Einfluss auf die Handelspolitik eines Staates zu erfassen. Von einer Handelsliberalisierung profitiert nach dem Stolper-Samuelson-Theorem der reichlich vorhandene Faktor, während der knappe Faktor verliert. Milner und Kubota argumentieren, dass durch die Demokratisierung in den Entwicklungsländern die Interessen des reichlich vorhandenen Faktors – Arbeit – an Einfluss gewonnen haben. Politiker, die sich unter demokratischen Bedingungen einem erweiterten Selektorat im Vergleich zur Situation in einer Autokratie gegenüber sehen, müssen die Interessen des Faktors Arbeit stärker berücksichtigen, um politische Unterstützung zu erzeugen. Diese stärkere Gewichtung – so Kubota und Milner – führe zur außenwirtschaftlichen Öffnung. Dieses Argument mag für die Entwicklungsländer schlüssig sein, seine Anwendung auf Industriestaaten aber lässt es fragwürdig erscheinen: In diesen Staaten stellt Arbeit den relativ knappen Faktor dar. Weil dieser Faktor durch eine offene Außenwirtschaftspolitik verliert, sollten relativ kapitalreiche demokratische Länder zu einer protektionistischeren Politik neigen als Länder, die reichlich mit dem Faktor Arbeit ausgestattet sind. Ein Vergleich der (offenen) Handelspolitik der westlichen demokratischen Industrienationen mit den protektionistischen Praktiken auch demokratischer Entwicklungsländer zeigt die Fragwürdigkeit des theoretischen Argumentes von Kuboto und Milner. Zwar vermag es die Liberalisierung der Außenwirtschaftsbeziehungen in den Entwicklungsländern schlüssig mit der Demokratisierung dieser Staaten in einen kausalen Zusammenhang zu bringen; seine Nicht-Anwendbarkeit auf kapitalreiche Länder aber verdeutlicht seine modellimmanent begrenzte Erklärungskraft.

Eines der grundlegenden Probleme von Argumenten, die einen kausalen Zusammenhang zwischen Demokratie und außenwirtschaftlicher Öffnung postulieren, ist ihre quasi-deterministische Natur. Wenn sich die institutionellen Rahmenbedingungen so verändern, dass Akteure mit einer Präferenz für Freihandel, die zuvor von politischen Entscheidungen ausgeschlossen waren, durch die Demokratisierung eine Stimme erlangen, dann sollte eine Demokratisierung in jedem Fall zu einer Handelsöffnung führen, wenn diese freihändlerisch orientierten Akteure nach einer Erweiterung der politischen Beteiligungsrechte die Mehrheit der Abstimmenden stellen. Dies sollte – je nach theoretischer Perspektive über die Verteilungswirkung des internationalen Handels – entweder für alle Länder oder aber mindestens für Entwicklungsländer gelten, wo Arbeit den reichlich vorhandenen Faktor darstellt. Ein Blick auf Tabelle 6 zeigt jedoch, dass in einer 2×2-Matrix, in der demokratische undemokratischen und offene Länder geschlossenen für das Jahr 1998 gegenübergestellt werden, alle vier Felder besetzt sind.[3] Demnach kann ein hohes Ausmaß politischer Beteiligungsrechte weder als notwendige noch als hinreichende Bedingung für außenwirtschaftliche Offenheit angesehen werden.

Tabelle 6: Demokratie und außenwirtschaftliche Offenheit 1998

	Offen	Geschlossen
Demokratisch	Bolivien	Papua Neu Guinea
	Panama	Brasilien
	Uruguay	Südafrika
	Botswana	Namibia
	Jamaika	
	Guatemala	
	Madagaskar	
Nicht-demokratisch	Oman	Syrien
	Saudi Arabien	Libyen
		China
		Vietnam
		Sudan

3 Die Klassifizierung demokratisch/undemokratisch richtet sich nach dem POLITY-Datensatz in seiner neuesten Version IV (Jaggers/Gurr 1995). Die Einteilung offen/geschlossen erfolgt auf der Grundlage der IWF-Publikation *Annual Report on Exchange Arrangements and Exchange Restrictions* (siehe Abschnitt 4).

Dennoch erscheint eine auch kausale Interpretation des Zusammenhangs zwischen Demokratisierung und außenwirtschaftlicher Offenheit möglich, wenn von einer deterministischen Sichtweise abrückt wird und statt dessen eine probabilistische und konditionale Formulierung gewählt wird. Danach erhöht ein hohes Maß an politischen Beteiligungsrechten unter bestimmten Bedingungen die Wahrscheinlichkeit, dass sich außenwirtschaftliche Offenheit beobachten lässt. Dynamisch interpretiert öffnen sich Staaten nach einer Demokratisierung mit einer höheren Wahrscheinlichkeit als Staaten, in denen keine Demokratisierung stattfindet. Eine Beobachtung über die Zeit legt außerdem nahe, dass „Demokratie" als Einflussfaktor erst seit einigen Jahren zum Tragen kommt. So nimmt der Korrelationskoeffizient zwischen Demokratie und Öffnung erst seit 1989 einen stabil positiven Wert an. Ein Grund für diesen vom Beobachtungszeitpunkt abhängigen positiven Zusammenhang zwischen Demokratie und außenwirtschaftlicher Offenheit ist in der unterschiedlichen Responsivität demokratisch bzw. undemokratisch verfasster Staaten zu suchen. In Demokratien reagieren Regierungen sensibler auf den Nutzen einer Mehrheit der Bevölkerung. In einer politischen Unterstützungsfunktion ausgedrückt: Demokratisch gewählte Regierungen gewichten die aggregierte Wohlfahrt stärker als nichtdemokratische Regierungen, weil ihr politisches Überleben stärker vom Willen einer Mehrheit der Bevölkerung abhängt als dies für Autokratien der Fall ist. Wähler „bestrafen" eine Regierung aber nur dann, wenn sie (a) einen Nutzenverlust beobachten, (b) die Quelle dieses Nutzenverlustes identifizieren können und (c) konkurrierende Politiker ihnen Alternativen anbieten, die diesen Nutzenverlust zu beheben versprechen. Bedingung (a) ist erfüllt, wenn rationale Akteure angenommen werden, die in der Lage sind, ein Kosten-Nutzen-Kalkül anzustellen. Dagegen hängen die Wahrheitswerte der Bedingungen (b) und (c) zum einen vom Ausmaß politischer Beteiligungsrechte, zum anderen von der historischen Zeit ab, zu der eine politische Entscheidung zu fällen ist. Wenn der Konsens über Importsubstitution und Staatsinterventionismus als geeignetes Modell einer nachholenden Entwicklung für die „Dritte Welt" erst in der zweiten Hälfte des 1980er Jahre aufzubrechen begann, dann sollte ein Staat umso wahrscheinlicher auf diese Entwicklung reagieren, je ausgeprägter seine Demokratie ist. Demokratische Bedingungen erhöhen für Regierungen den Anreiz, eine Wirtschaftspolitik zu verändern, die von einer Mehrheit der Bevölkerung als verfehlt erkannt wird. Für dieses „Lernen" der Bevölkerung und damit für den Einfluss der historischen Zeit auf die Wahrscheinlichkeit einer außenwirtschaftlichen Öffnung sind vor allem drei Faktoren zu nennen: Die Schuldenkrise der Entwicklungsländer seit 1982, der Entwicklungserfolg der südostasiatischen Ökonomien, die seit Anfang der 1960er Jahre begonnen hatten, sich gegenüber der Weltwirtschaft zu öffnen, sowie der Zusammenbruch der Staatswirtschaften Osteuropas und der Sowjetunion, der auch das Ende eines „alternativen" Entwicklungspfades markierte und die Marktwirtschaft als Orientierungsmodell an die Spitze der entwicklungspolitischen Agenda setzte.

4. Empirische Evidenz

In den vorangegangenen Abschnitten wurde ausgeführt, welche Determinanten der Außenwirtschaftsorientierung in der Literatur diskutiert werden und welche Wirkungsfaktoren für eine Veränderung der Restriktivität dieser Regulierungsart genannt werden. Die Außenwirtschaftsorientierung eines Landes und die Wahrscheinlichkeit einer Liberalisierung restriktiver Außenwirtschaftspolitiken hängen demnach vor allem von drei Einflüssen ab: Makroökonomische Krisen, Kredite internationaler Finanzinstitutionen und – in Abhängigkeit von der historischen Zeit – das Ausmaß demokratischer Beteiligungsrechte.

Die Wirkung dieser Faktoren wird anhand zweier abhängiger Variablen mit unterschiedlichen Testverfahren überprüft. Die Modelle 1 bis 4 (Tabelle 7) untersuchen an einem Sample von 83 Entwicklungsländern[4] Determinanten der Außenhandelsregulierung aus statischer Perspektive. Die dort verwendete abhängige Variable (TRADE) misst den Grad der Handelsrestriktivität eines Landes; höhere Werte bezeichnen dabei restriktivere Praktiken.[5] Als unabhängige Variablen gehen in alle Modelle die Höhe des durchschnittlichen Pro-Kopf-Bruttoinlandprodukts, die Einwohnerzahl,[6] der Anteil der Entwicklungshilfe am BIP, der Anteil der Weltbank- und IWF-Kredite am BIP, sowie der Anteil des Staatskonsums am BIP ein. Dabei dient das durchschnittliche BIP pro Kopf als Maß für den allgemeinen Entwicklungsstand eines Landes und kontrolliert damit unter anderem für die Effizienz des Steuersystems, von der ein negativer Effekt auf die Restriktivität der außenwirtschaftlichen Regulierung zu erwarten ist (Rodrik 1995: 1478). Von der Einwohnerzahl eines Landes steht dagegen ein positiver Effekt zu erwarten: Die Wohlfahrtsverluste durch protektionistische Maßnahmen fallen bei einem großen einheimischen Markt geringer aus als dies für Länder der Fall ist, die nur wenig inländischen Handel zu treiben in der Lage sind. Die Opportunitätskosten für eine Nicht-Teilnahme am Welthandel sind damit für größere Länder geringer als für kleinere Länder. Zudem sind größere Länder durch Handelsrestriktionen eher in der Lage, die *terms of trade* zu ihren Gunsten zu beeinflussen (so zuerst Torrens 1821, 1833, 1844. Vgl. auch Irwin 1996a: 101-115.). Die Variablen, die den Anteil der Entwicklungshilfe am BIP und den Anteil der Kredite von IWF und Weltbank am BIP messen, werden zur Überprüfung der Hypothese aufgenommen, wonach der Einfluss internationaler Finanzinstitutionen und ausländischer Geber zu einer Reduzierung der Außenhandelsregulierung beiträgt. Der Anteil des Staatskonsums am BIP schließlich geht als Indikator für den Grad an staatlicher Intervention in die Ökonomie in die Schätzung ein. Um für die zu erwartende serielle Autokorrelation zu kontrollieren, wurde zusätzlich zu den inhaltlichen Kovariaten in alle Schätzungen die abhängige Variable der Vorperiode mit aufgenommen.[7]

---

4 Angaben zum Sample finden sich in Anhang B. Die Klassifikation als „Entwicklungsland" folgt den Kriterien der Weltbank, die als Entwicklungsland jedes Land bezeichnet, das 1997 ein durchschnittliches Pro-Kopf-Bruttoinlandsprodukt von 9750 US$ oder weniger aufwies.

5 Diese Daten wurden auf der Grundlage der Publikation des Internationalen Währungsfonds *Annual Report on Exchange Arrangements and Exchange Restrictions* (IWF, versch. Jahrgänge) für eine Zeitreihe von 1978 bis 1999 erhoben. Die Variable TRADE spiegelt auf einer Skala von 0 (sehr liberal) bis 7 (sehr restriktiv) vor allem die administrativ-institutionelle Dimension der Handelsregulierung wider. Sie setzt sich aus Angaben zur Zollhöhe, zu nicht-tarifären Handelshemmnissen sowie zu Restriktionen gegenüber dem Handel mit Dienstleistungen zusammen.

6 Um die Interpretation der Koeffizienten zu erleichtern, wurde das Bruttoinlandsprodukt durch 1000, die Bevölkerungsgröße durch 1.000.000.000 geteilt.

7 Obwohl aufgrund des Autoregressionskoeffizienten nahe 1,0 Nichtstationarität nicht ausgeschlossen werden kann, weisen alternative Spezifikationen der Schätzung auf die Robust-

Modell 1 schätzt ein Basismodell für die Determinanten der Handelsrestriktivität in Entwicklungsländern. Dabei zeigt sich für die abhängige Variable der Vorperiode ein positiver und hoch signifikanter Einfluss auf die Restriktivität der Handelsregulierung zum Beobachtungszeitpunkt. Dies spricht für eine geringe Volatilität dieser Regulierungsart: Handelspolitik erweist sich als über die Zeit stabil. Von den übrigen Variablen werden lediglich der Anteil der IWF- und Weltbankkredite am BIP sowie der Anteil des Staatskonsums am BIP signifikant geschätzt. Beide Variablen zeigen das theoretisch erwartete Vorzeichen: Ein hohes Maß an staatlichem Interventionismus in die Ökonomie schlägt sich auch in einer restriktiveren Regulierung der Handelsbeziehungen nieder. Dagegen senkt ein hoher Anteil von IWF- und Weltbankkrediten die Restriktivität der Außenhandelspolitik. Dies deutete auf einen reformfördernden Einfluss Internationaler Finanzinstitutionen hin. Bei den übrigen Variablen weisen zwar die Vorzeichen in die theoretisch erwartete Richtung; sie werden jedoch auf insignifikanten Niveaus geschätzt.

Tabelle 7: OLS-Schätzungen für Restriktivität der Handelsregulierung

	Modell 1	Modell 2	Modell 3	Modell 4
Handelsrestriktivität	0,982***	0,994***	0,994***	0,964***
Vorperiode	(168,44)	(126,28)	(126,88)	(93,36)
Durchschnittliches	-0,013	-0,0003	-0,0003	-0,007
Pro-Kopf-Einkommen	(-1,31)	(-0,03)	(-0,03)	(-0,63)
Einwohnerzahl	0,102	0,136	0,130	0,103
	(1,16)	(1,53)	(1,48)	(1,17)
Anteil der Entwicklungshilfe	-0,00007	-0,0001	-0,0004	-0,0007
am BIP	(-0,04)	(-0,06)	(-0,27)	(-0,42)
Anteil der Weltbank- und	-0,191*	-0,070	-0,058	-0,089
IWF-Kredite am BIP	(-1,75)	(-0,58)	(-0,48)	(-0,75)
Anteil des Staatskonsums am BIP	0,005**	0,006***	0,006***	0,003*
	(2,47)	(2,91)	(2,95)	(1,82)
Laufzeit		-0,004**	-0,003*	0,004*
		(-2,34)	(-1,88)	(1,75)
Demokratie			-0,001	0,038***
			(-0,65)	(4,14)
Demokratie × Laufzeit				-0,001***
				(-4,43)
N	1262	1262	1254	1254
Anzahl der Länder	83	83	83	83
Beobachtungszeitraum	1978-1998	1978-1998	1978-1998	1978-1998
Angepasstes R^2	0,9926	0,9926	0,9928	0,9929
F-Statistik	28136,82***	24203,65***	21545,96***	19440,43***

Abhängige Variable ist Restriktivität der Handelsregulierung; OLS-Schätzungen mit t-Statistiken in Klammern.
* signifikant auf 10%-Niveau, ** signifikant auf 5%-Niveau, *** signifikant auf 1%-Niveau
Sample siehe Appendix B

Modell 2 repliziert die Schätzungen von Modell 1 unter Hinzunahme einer Trendvariablen. Diese Variable zeigt einen negativen und signifikanten Einfluss. In Modell 3 wird mit Hilfe einer zusätzlich aufgenommen Demokratievariable die Hypo-

heit der hier vorgetragenen Ergebnisse hin. Die Resultate von Querschnittsregressionen und eines Schätzansatzes, der erste Differenzen verwendet, sind vom Autor erhältlich.

these getestet, wonach demokratischere Staaten außenwirtschaftlich offener sind. Es zeigt sich, dass das Ausmaß demokratischer Beteiligungsrechte keinen Einfluss auf die Wahrscheinlichkeit außenwirtschaftlicher Offenheit ausübt. Dieses Ergebnis spricht gegen einen unkonditionalen Einfluss von Demokratie und legt einen Test der Hypothese nahe, die eine Interaktion zwischen Zeit und Demokratie als positive Determinante der außenwirtschaftlichen Offenheit postuliert. Dieser Interaktionseffekt wird in Modell 4 überprüft. In diesem Modell zeigen sowohl die Interaktionsvariable als auch ihre Bestandteile einen signifikanten Effekt. Abbildung 1 illustriert diesen Interaktionseffekt zwischen Demokratie und Laufzeit. Um die Interpretation zu erleichtern, sind die Werte der Laufzeit-Variable als Jahreszahlen wiedergegeben.

Die Abbildung zeigt, dass der negative Effekt höherer demokratischer Beteiligungsrechte auf die Restriktivität der Außenhandelsregulierung über die Zeit zugenommen hat. Zu Beginn des Beobachtungszeitraumes erweisen sich demokratische Staaten im Schnitt sogar geschlossener als autokratische Systeme. Dagegen wirkt sich eine autokratische Staatsform in jüngerer Zeit eher offenheitshinderlich als -fördernd aus.

Abb. 1: Der konditionale Einfluss von Demokratie auf die Restriktivität der Außenhandelsregierung

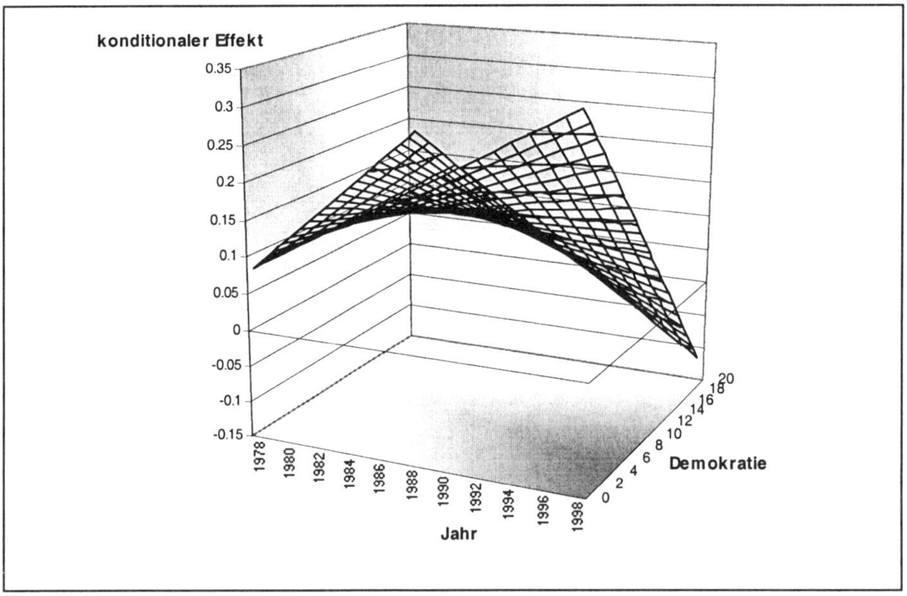

Die zweite abhängige Variable, an der die theoretisch formulierten Einflüsse empirisch getestet werden, misst die außenwirtschaftliche *Öffnung* eines Landes, also eine Liberalisierung des Außenhandelregimes. Diese Dummy-Variable ist als 1 kodiert, wenn ein Land seine Handelsbeziehungen so weit geöffnet hat, dass die oben verwendete Restriktivität der Handelsregulierung auf einen Wert von unter fünf gesunken ist. Nach diesem Maß ereigneten sich im Beobachtungszeitraum 1978 bis 1999 39 Öffnungsepisoden in 33 verschiedenen Staaten. Tabelle 8 zeigt die Schätzergebnisse für Determinanten einer außenwirtschaftlichen Öffnung. Die unabhängigen Variablen sind jene aus den Offenheitsmodellen, die mit ihrem Vorperiodenwert in die Schätzung aufgenommen werden. Zusätzlich wurde die Inflationsrate der Vorperiode mit aufgenommen, um die Hypothese zu überprüfen, wonach Krisen zu einer außenwirtschaftlichen Öffnung führen.

Tabelle 8: Logit-Schätzungen für Handelsöffnung

	Modell 5	Modell 6	Modell 7	Modell 8
Durchschnittliches Pro-Kopf-Einkommen	-0,003	0,134	0,102	0,108
(Vorperiode)	(-0,02)	(0,96)	(0,67)	(0,76)
Einwohnerzahl	-26,929***	-19,534**	-18,652**	-10,535
	(-3,15)	(-2,29)	(-2,16)	(-1,35)
Anteil der Entwicklungshilfe	-0,042	-0,036	-0,030	-0,020
am Bruttoinlandsprodukt (Vorperiode)	(-1,63)	(-1,51)	(-1,25)	(-0,88)
Anteil der Weltbank- und	2,870**	3,906***	3,752**	3,148**
IWF-Kredite am Bruttoinlandsprodukt (Vorperiode)	(2,01)	(2,74)	(2,55)	(2,20)
Anteil des Staatskonsums am	-0,269***	-0,206***	-0,209***	-0,097**
Bruttoinlandsprodukt (Vorperiode)	(-8,64)	(-5,16)	(-5,08)	(-2,33)
Inflationsrate (Vorperiode)	0,00002	0,00004	0,00004	0,00007
	(0,26)	(0,51)	(0,54)	(0,85)
Laufzeit		-0,041**	-0,054**	-0,115***
		(-2,18)	(-2,51)	(-4,41)
Demokratie (Vorperiode)			0,037	-0,493***
			(1,25)	(-3,76)
Demokratie (Vorperiode)*Laufzeit				0,017***
				(4,62)
N	1269	1269	1262	1262
Anzahl der Länder	82	82	82	82
Beobachtungszeitraum	1978-1998	1978-1998	1978-1998	1978-1998

Abhängige Variable ist Öffnung des Handelsregimes; Logit-Schätzungen mit z-Statistiken in Klammern.
* signifikant auf 10%-Niveau, ** signifikant auf 5%-Niveau, *** signifikant auf 1%-Niveau

Sample siehe Appendix B

In keinem der Modelle zeigt sich ein signifikanter Einfluss des Pro-Kopf-Einkommens. Für die Wahrscheinlichkeit einer außenwirtschaftlichen Öffnung macht es offenbar keinen Unterschied, ob ein Entwicklungsland arm oder relativ reich ist. Dagegen wirkt die Einwohnerzahl in den Modellen 5 bis 7 signifikant negativ, verliert aber ihre Signifikanz in Modell 8, in dem der konditionale Einfluss des Ausmaßes demokratischer Beteiligungsrechte überprüft wird. Die Höhe der Entwicklungshilfe ist in keinem der Modelle signifikant. Dagegen zeigt sich ein deutlicher reformfördernder Einfluss der Höhe von Weltbank- und IWF-Krediten. Zumindest für die Reform des Außenwirtschaftsregimes scheint den internationalen Finanzinstitutionen ein höherer Einfluss zuzukommen als dies in einem Großteil der Literatur diskutiert wird. Demgegenüber wird die Krisenhypothese mit den hier verwendeten Methoden und Daten zurückgewiesen: Die Inflation in der Vorperiode wirkt in keinem der Modelle signifikant auf die Wahrscheinlichkeit einer außenwirtschaftlichen Öffnung. Die Höhe des Staatskonsums zeigt dagegen eine reformhemmende Wirkung: Der Effekt dieser Variable wird in allen Modellen negativ geschätzt. Für den Einfluss der Demokratievariable zeigen sich Ergebnisse, die den Schätzungen für die Restriktivität der Handelsregulierungen aus den Modellen 1 bis 4 vergleichbar sind. Ein hohes Maß an Demokratie für sich allein zeitigt keinen öffnenden Effekt. Erst in jüngerer Zeit erhöht eine demokratische Staatsorganisation die Wahrscheinlichkeit einer außenwirtschaftlichen Öffnung. Dieser Interaktionseffekt aus historischer Zeit und Demokratie wird in Abbildung 2 grafisch dargestellt.

Abb. 2: Der konditionale Einfluss von Demokratie auf die Wahrscheinichkeit einer außenwirtschaftlichen Öffnung

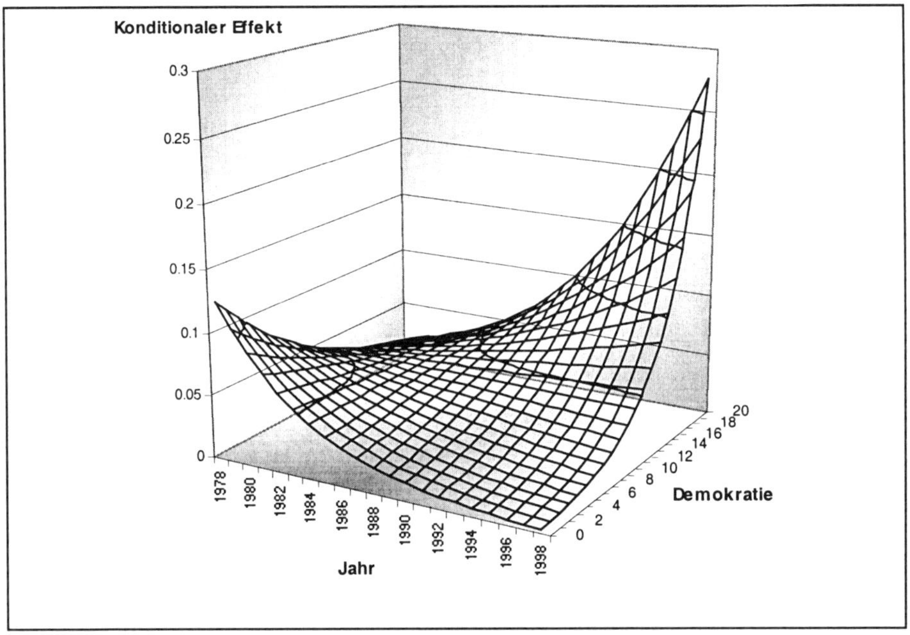

5. Fazit

Regierungen greifen aktiv in den grenzüberschreitenden Austausch von Gütern und Dienstleistungen ein. Sie verfolgen dabei Ziele, die in ihrem eigenen Interesse liegen. Diese Ziele können der Wohlfahrtssteigerung entgegenlaufen. Beeinflusst werden Regierungen bei ihrem Handeln von organisierten Interessengruppen und jenem Teil der Bevölkerung, der über den Verbleib der Regierung im Amt zu befinden hat. Diese politisch-ökonomische Perspektive auf die Bestimmungsfaktoren der Außenwirtschaftsorientierung erlaubt auch eine Analyse der Determinanten außenwirtschaftlicher Öffnung. Regierungen werden ihre Außenwirtschaftspolitik dann verändern, wenn sie sich aus der Liberalisierungsmaßnahme eine Erhöhung der Wahrscheinlichkeit ihres Amtserhalts versprechen. Dabei können aus theoretischer Perspektive makroökonomische Krisen, der Einfluss internationaler Finanzorganisationen oder eine Veränderung der institutionellen Rahmenbedingungen innerhalb derer Politik formuliert und implementiert wird, einen Einfluss ausüben, der Regierungen dazu bringt, die Außenwirtschaftspolitik „ihres" Landes zu liberalisieren.

Zu einer Erklärung des Trends zu einer außenwirtschaftlichen Öffnung in Entwicklungsländern, wie er sich seit etwa Mitte der 1980er Jahre beobachten lässt, tragen der hier vorgelegten empirischen Evidenz zufolge vor allem zwei Faktoren bei: Der Einfluss, den Weltbank und Internationaler Währungsfonds durch ihre Kreditvergabe auf Politikreformen nehmen, sowie ein hohes Maß demokratischer Beteiligungsrechte. Der Einfluss demokratisch verfasster Systeme auf die Wahrscheinlichkeit einer außenwirtschaftlichen Öffnung, bzw. eine liberale Außenwirtschaftsorientierung ist aber konditional. Vielmehr wirkt ein hohes Maß an Demokratie erst in jüngerer Zeit auf die Außenwirtschaftspolitik. Dagegen fand die empirische Überprüfung der Hypothese, wonach makroökonomischen Krisen eine reformfördernde Wirkung zukomme, keine Bestätigung. Alternative Spezifikationen des Krisenindikators und der ökonometrischen Modelle werden zeigen müssen, inwieweit sich dieses Ergebnis als stabil erweist.

Aus politikwissenschaftlicher Perspektive scheinen für zukünftige Forschungen vor allem jene Fragestellungen theoretisch und empirisch vielversprechend, die sich auf mögliche Interaktionseffekte zwischen Interessengruppen, Demokratie, makroökonomischen Krisen und internationalen Finanzinstitutionen richten und den Einfluss dieser Effekte auf die Außenwirtschaftspolitik von Staaten untersuchen. Derartige Untersuchungen könnten zu einem Abkehr von einem Determinismus beitragen, der jeweils *einen* Einflussfaktor für erklärungsmächtig genug hält, um die Weltmarktorientierung eines Staates zu bestimmen.

Literatur

Alesina, Alberto/Drazen, Allan, 1991: Why are Stabilizations Delayed?, in: American Economic Review 81, 1170-88.

Austen-Smith, David, 1991: Rational Consumers and Irrational Voters: A Review Essay on Black Hole Tariffs and Endogenous Protection by Stephen Magee, William Brock and Leslie Young, Cambridge University Press 1989 in: Economics and Politics 3, 73-92.

Baldwin, Robert Edward/Baldwin, Richard Edward, 1996: Alternate Approaches to the Political Economy of Endogenous Trade Liberalization, in: European Economic Review 40, 775-82.

Baldwin, Robert E./Magee, Christopher S., 1998: Is Trade Policy for Sale? Congressional Voting on Recent Trade Bills, in: National Bureau of Economic Research Working Paper Series 6376, Cambridge (MA).

Balistreri, Edward J., 1997: The Performance of the Heckscher-Ohlin-Vanek Model in Predicting Endogenous Policy Forces at the Individual Level, in: Canadian Journal of Economics 30, 1-17.

Banks, Jeffrey S./Sundaram, Rangarajan K., 1993: Adverse Selection and Moral Hazard in a Repeated Elections Model, in: *William A. Barnett/Melvin J. Hinich/Norman J. Schofield* (Hrsg.), Political Economy: Institutions, Competition, and Representation: Proceedings of the Seventh International Symposium in Economic Theory and Econometrics, Cambridge, 295-311.

Beaulieu, Eugene, 2000: The Canada-U.S. Free Trade Agreement and Labour Market Adjustment in Canada, in: Canadian Journal of Economics 33, 540-63.

Bordo, Michael D./Eichengreen, Barry/Irwin, Douglas A., 1999: Is Globalization Today Really Different than Globalization a Hundred Years Ago?, in: National Bureau of Economic Research Working Paper Series 7195, Cambridge (MA).

Braun, Dietmar/Keman, Hans, 1986: Politikstrategien und Konfliktregulierung in den Niederlanden, in: Politische Vierteljahresschrift 27, 78-99.

Bruno, Michael/Easterly, William, 1996: Tales of Crisis that Beget Reforms, in: National Bureau of Economic Research Working Paper Series 5452, Cambridge (MA).
Burnside, Craig/Dollar David, 1997: Aid, Policies and Growth, in: World Bank Policy Research Working Paper 1777, Washington DC.
Cassing, James H./Hillman, Arye L., 1985: Political Influence Motives and the Choice Between Tariffs and Quotas, in: Journal of International Economics 19, 279-90.
Collier, Paul, 1997: The Failure of Conditionality, in: Catherine Gwin und Elliot Berg (Hrsg.), Perspectives on Aid and Development, Washington, DC.
Dollar, David/Svensson, Jakob, 2000: What Explains the Success or Failure of Structural Adjustment Programmes?, in: The Economic Journal 110, 894-917.
Downs, Anthony, 1957: An Economic Theory of Democracy, New York.
Drazen, Alan, 2000: Political Economy in Macroeconomics, Princeton.
Drazen, Allan/Grilli, Vittorio, 1993: The Benefit of Crisis for Economic Reforms, in: American Economic Review 83, 598-607.
Fernandez, Raquel/Rodrik, Dani, 1991: Resistance to Reform: Status Quo Bias in the Presence of Individual-Specific Uncertainty in: American Economic Review 81, 1146-55.
Garrett, Geoffrey, 2000: The Causes of Globalization, in: Comparative Political Studies 33, 941-991.
Gawande, Kishore/Bandyopadhyay, Usree, 2000: Is Protection for Sale? Evidence on the Grossman-Helpman Theory of Endogenous Protection, in: Review of Economics and Statistics 82, 139-52.
Goldberg, Pinelopi K./Maggi, Giovanni, 1999: Protection for Sale: An Empirical Investigation, in: American Economic Review 89, 1135-55.
Gould, David M./Woodbridge, Graeme L., 1998: The Political Economy of Retaliation, Liberalization and Trade Wars, in: European Journal of Political Economy 14, 115-37.
Grossman, Gene M./Helpman, Elhanan, 1994: Protection for Sale, in: American Economic Review 84, 833-50.
Haggard, Stephen, 2000: Interests, Institutions, and Policy Reform, in: *Anne O. Krueger* (Hrsg.), Economic Policy Reform. The Second Stage, Chicago, 21-57.
Haggard, Stephan/Webb, Steven B. (Hrsg.), 1994: Voting for Reform: Democracy, Political Liberalization, and Economic Adjustment, New York.
Hall, H. Keith/Kao, Chihwa/Nelson, Douglas, 1998: Women and Tariffs: Testing the Gender Gap Hypothesis in a Downs-Mayer Political Economy Model, in: Economic Inquiry 36, 320-32.
Harberger, Arnold C., 1993: The Search for Relevance in Economics, in: American Economic Review Papers and Proceedings 83, 1-17.
Harberger, Arnold C., 1964: The Measurement of Waste, in: American Economic Review 54, 58-76.
Hillmann, Arye L., 1982: Declining Industries and Political-Support Protectionist Motives, in: American Economic Review 72, 1180-87.
Hillman, Arye/Ursprung, Heinrich, 1988: Domestic Politics, Foreign Interests, and International Trade Policy, in: American Economic Review 78, 729-45.
Hirschman, Albert O., 1985: Reflections on the Latin America Experience, in: *Leon N. Lindberg/Charles S. Maier* (Hrsg.), The Politics of Inflation and Economic Stagnation. Theoretical Approaches and International Case Studies, Washington DC, 53-77.
Huntington, Samuel P., 1991: The Third Wave: Democratization in the Late Twentieth Century, Norman.
Irwin, Douglas A., 1996a: Against the Tide. An Intellectual History of Free Trade, Princeton.
Irwin, Douglas A., 1996b: Industry or Class Cleavages over Trade Policy? Evidence from the British General Elections of 1923, in: *Robert C. Feenstra/Gene M. Grossman/Douglas A. Irwin* (Hrsg.), The Political Economy of Trade Policy: Papers in Honor of Jagdish Bhagwati, Cambridge, 53-75.
Ito, Takatoshi/Krueger, Anne O. (Hrsg.), 1997: Regionalism versus Multilateral Trade Arrangements, Chicago.
IWF, verschiedene Jahrgänge: Report on Exchange Arrangements and Exchange Restrictions, Washington DC.

Jaggers, Keith/Gurr Ted., 1995: Tracking Democracys Third Wave with Polity III Data, in: Journal of Peace Research 32, 469-82.

Krueger, Anne O., 1992: Economic Policy Reform in Developing Countries, Oxford.

Labán, Raul/Sturzenegger Federico, 1994: Distributional Conflict, Financial Adaption and Delayed Stabilization, in: Economics and Politics 6, 257-76.

Linz, Juan J.,1967: Cleavage and Consensus in West German Politics: The Early Fifties, in: *Seymour M. Lipset/Stein Rokkan* (Hrsg.), Party Systems and Voter Alignments: Cross-National Perspectives, NewYork, 283-321.

Lutz, James M., 2000: Import Propensities of Industrialized Countries. Protectionism Revealed, New York.

Magee, Stephen P., 1978: Three Simple Tests of the Stolper-Samuelson Theorem, in: *Peter Oppenheimer* (Hrsg.), Issues in International Economics, Stockfield.

Magee, Stephen P./Brock, William A./Young, Leslie, 1989: Black Hole Tariffs And Endogenous Policy Theory. Political Economy in General Equilibrium, Cambridge MA.

Mansfield, Edward D./Milner, Helen V. (Hrsg.), 1997: The Political Economy of Regionalism, New York.

Mayer, Wolfgang, 1984: Endogenous Tariff Formation, in: American Economic Review 74, 970-85.

Mayer, Wolfgang/Li, Jun, 1994: Interest Groups, Electoral Competition, and Probabilistic Voting for Trade Policies, in: Economics and Politics 6, 59-77.

Mayer, Wolfgang/Riezman, R., 1987: Endogenous Choice of Trade Policy Instruments, in: Journal of International Economics 23, 377-81.

Midford, Paul, 1993: International Trade and Domestic Politics: Improving on Rogowskis Model of Political Alignments, in: International Organization 47, 535-64.

Milner; Helen/Kubota , Keiko, 2000: Why the Rush to Free Trade? Democracy and Trade Liberalization in the LDCs, unveröffentlichtes Manuskript, Columbia University.

Mosley, Paul/Harrington, Jane/Toye, John, 1995: Aid and Power: The World Bank and Policy-Based Lending, Vol. 1, Zweite Auflage, London.

Nelson, Douglas, 1988: Endogenous Tariff Theory: A Critical Survey, in: American Journal of Political Science 32, 796-837.

Olson, Mancur, 1982: The Rise and Decline of Nations, New Haven.

Olson, Mancur, 1965: The Logic of Collective Action, Cambridge MA.

Persson, Torsten/Svensson, Lars E. O., 1989: Why a Stubborn Conservative Would Run a Deficit: Policy with Time-Inconsistent Preferences, in: Quarterly Journal of Economics 104, 325-45.

Potters, Jan/Sloof, Randolph, 1996: Interest Groups: A Survey of Empirical Models that Try to Assess their Influence, in: European Journal of Political Economy 12, 403-42.

Rodrik, Dani, 1992: The Rush to Free Trade in the Developing World: Why So Late? Why Now? Will It Last?, NBER Working Paper No. 3947, Cambridge, MA, National Bureau of Economic Research.

Rodrik, Dani, 1995: Political Economy of Trade Policy, in: *Gene Grossman/Kenneth Rogoff* (Hrsg.), Handbook of International Economics, Vol. III., Amsterdam, 1457-94.

Rogowski, Ronald, 1987: Political Cleavages and Changing Exposure to Trade, in: American Political Science Review 81, 1121-37.

Rogowski, Ronald, 1989: Commerce and Coalitions: How Trade Affects Domestic Political Alignments, Princeton.

Sachs, Jeffrey/Warner, Andrew, 1995: Economic Reform and the Process of Global Integration, in: Brookings Papers on Economic Activity 1, 1-118.

Scharpf, Fritz W., 1991: Die Handlungsfähigkeit des Staates am Ende des 20. Jahrhunderts, in: Politische Vierteljahresschrift 32, 621-34.

Scheve, Kenneth F./Slaughter, Matthew J., 2001: What Determines Individual Trade-Policy Preferences?, in: Journal of International Economics 54, 267-92.

Sloof, Randolph, 1998: Game-Theoretic Models for the Political Influence of Interest Groups, Boston.

Smith, Adam, 1987: The Correspondence of Adam Smith, in: *Ernest C. Mossner/Ian S. Ross* (Hrsg.), The Glasgow Edition of the Works and Correspondence of Adam Smith, 2nd edition, Oxford.

Stigler, George J., 1971: The Theory of Economic Regulation, in: Bell Journal of Economics 2, 3-21.
Stolper, Wolfgang F./Samuelson Paul A., 1941: Protection and Real Wages, in: Review of Economic Studies 9, 58-73.
Svensson, Jakob, 1998: Investment, Property Rights and Political Instability: Theory and Evidence, in: European Economic Review 42, 1317-41.
Svensson, Jakob, 2000: When is Foreign Aid Policy Credible? Aid Dependence and Conditionality, in: Journal of Development Economics 61, 61-84.
Tabellini, Guido/Alesina, Alberto, 1990: Voting on the Budget Deficit, in: American Economic Review 80, 37-49.
Wei, Shang-Jin, 1998: Gradualism versus Big Bang: Speed and Sustainability of Reforms, in, *Federico Sturzenegger/Mariano Tommasi* (Hrsg.), The Political Economy of Reform, Cambridge, 269-84.
Weltbank 2001: World Development Indicators 2000, Washington DC.
Williamson, John, 1994 (Hrsg.), The Political Economy of Economic Reform, Washington, DC.
Zevin, Robert, 1992: Are World Financial Markets More Open? If so, Why and With What Effect?, in: *Tariq Banuri/Juliet B. Schor* (Hrsg.), Financial Openness and National Autonomy, Oxford, 43-83.

Anhang A:

Deskriptive Statistiken

Variable	N	Arithmetisches Mittel	Standard-abweichung
Restriktivität der Handelsregulierung (TRADE)	1635	5,46	1,39
Außenwirtschaftliche Öffnung (OPENING)	1617	0,02	0,15
Demokratie (DEMAUT)	1887	8,97	6,83
Durchschnittliches Pro-Kopf-Einkommen (GNPPCCONUS)	1668	1394,69	1643,02
Einwohnerzahl (POP)	1808	4,19 E^7	1,44 E^8
Anteil der Entwicklungshilfe am Bruttoinlandsprodukt (AIDGNP)	1689	8,40	11,04
Inflationsrate (INFGPDDEFL)	1723	75,25	775,26
Anteil des Staatskonsums am Bruttoinlandsprodukt (GOVCONGDP)	1671	14,56	6,90
Anteil der Weltbank- und IWF-Kredite am Bruttoinlandsprodukt (IMFWBGNP)	1662	0,14	0,15

Anhang B:

Länder-Sample

1. Ägypten, Arab. Rep.
2. Algerien
3. Angola
4. Argentinien
5. Äthiopien
6. Bangladesh
7. Benin
8. Bhutan
9. Bolivien
10. Botswana
11. Brasilien
12. Burkina Faso
13. Burundi
14. Chile
15. China
16. Costa Rica
17. Cote d'Ivoire
18. Dominikanische Republik
19. Ecuador
20. El Salvador
21. Gabun
22. Gambia
23. Ghana
24. Guatemala
25. Guinea
26. Guinea-Bissau
27. Haiti
28. Honduras
29. Indien
30. Indonesien
31. Iran, Islamische Rep.
32. Jamaika
33. Jemen, Rep.
34. Jordanien
35. Kambodscha
36. Kamerun
37. Kenia
38. Kolumbien
39. Kongo, Dem. Rep.
40. Kongo, Rep.
41. Laos PDR
42. Lesotho
43. Madagaskar
44. Malawi
45. Malaysia
46. Mali
47. Marokko
48. Mauretanien
49. Mauritius
50. Mexiko
51. Mozambique
52. Nepal
53. Nicaragua
54. Niger
55. Nigeria
56. Oman
57. Pakistan
58. Panama
59. Papua Neu Guinea
60. Paraguay
61. Peru
62. Philippinen
63. Ruanda
64. Sambia
65. Senegal
66. Sierra Leone
67. Sri Lanka
68. Südafrika
69. Sudan
70. Syrien
71. Tansania
72. Thailand
73. Togo
74. Trinidad und Tobago
75. Tschad
76. Tunesien
77. Türkei
78. Uganda
79. Uruguay
80. Venezuela
81. Vietnam
82. Zentralafrikanische Repu-blik
83. Zimbabwe

Uwe Wagschal

Kapitel 9
Die Politische Ökonomie der Besteuerung

„The constitution of the United States is a protection of the rich from taxes imposed by the poor."
(Charles Beard, amerikanischer Ökonom 1935, zitiert nach Hansen 1983: 252)

1. Einleitung

Die Politische Ökonomie beschäftigte sich lange Zeit lieber mit den Staatsausgaben als mit den Staatseinnahmen – offensichtlich herrschte auch implizit in der Wissenschaft die Vorstellung, dass die Einnahmen den Ausgabenwünschen der Politiker zu folgen haben. Dieses Defizit verringerte sich mit verschiedenen politikwissenschaftlich orientierten (Rose/Karran 1987; Peters 1991; Steinmo 1993) und wirtschaftswissenschaftlichen (Mann 1987; Franke 1993; Findling 1995) Publikationen, die die Steuerpolitik demokratisch gewählter Regierungen untersuchten. Dieser eher politisch-institutionelle Strang verzichtete allerdings auf die Stringenz und Rigidität mathematischer Modelle, wie sie seitens eines Teils der Wirtschaftswissenschaften verwendet werden (z.B. Hettich/Winer 1999; Haufler 2001). Dieser Beitrag will sowohl der politikwissenschaftlichen als auch der ökonomischen Richtung der Politischen Ökonomie Rechnung tragen.

Zunächst wird jedoch in dieser Einleitung der Untersuchungsgegenstand definiert und abgegrenzt. Außerdem wird das deutsche Steuersystem näher erläutert und die Entwicklung im internationalen Vergleich vorgestellt. Der zweite Abschnitt beschäftigt sich mit der Politischen Ökonomie der Besteuerung und fokussiert vor allem auf bestehende Theorien. Der Forschungsstand und wichtige Befunde werden im dritten Abschnitt diskutiert, bevor anschließend eigene Resultate vorgestellt werden.

„Steuern sind Geldleistungen, die nicht eine Gegenleistung für eine besondere Leistung darstellen und von einem öffentlich-rechtlichen Gemeinwesen zur Erzielung von Einnahmen allen auferlegt werden, bei denen der Tatbestand zutrifft, an den das Gesetz die Leistungspflicht knüpft; die Erzielung von Einnahmen kann Nebenzweck sein. Zölle und Abschöpfungen sind Steuern im Sinne dieses Gesetzes." So werden Steuern im deutschen Steuerrecht in § 3 (1) der Abgabenordnung definiert. Steuern sind also Zwangsabgaben ohne einen Anspruch auf Gegenleistung, was bedeutet, dass Gebühren und Beiträge rein definitorisch keine Steuern sind, da ihnen eine Leistung gegenübersteht. Gebühren und vor allem Beiträge haben aber Steuercharakter, da Kaufkraft entzogen wird und der Zwangscharakter oft ebenfalls besteht. Die Gesamtabgaben kann man in spezielle Abgaben (Gebühren und Beiträge) sowie in generelle Abgaben (Steuern, Zölle und Abschöpfungen) unterteilen. Die historische Unterscheidung zwischen direkten und indirekten Steuern ist in der Finanzwissenschaft nur noch von untergeordneter Bedeutung. Bei direkten Steuern (z.B. Einkommen- und Körperschaftsteuer) trägt der Steuerpflichtige die Belastung selbst und führt sie i.d.R. über den Veranlagungsweg direkt an das Finanzamt ab, während bei indirekten Steuern (z.B. Umsatz- und Verbrauchsteuer) der Steuerzahler und der Steuerträger auseinander fallen, da die Steuern überwälzt werden können. Im Jahr 2000 betrug in Deutschland der Anteil der direkten Steuern am Gesamtsteueraufkommen 51,8% und jener der indirekten Steuern 48,2%. Über die Jahre kann eine Verschiebung hin zu den indirekten Steuern beobachtet werden.

Abgaben können über zwei Besteuerungsgrundsätze begründet werden. Nach dem Äquivalenzprinzip *(benefit principle)* gibt es eine direkte Beziehung zwischen den gezahlten Steuern und den vom Staat empfangenen Leistungen (z.B. bei Gebühren und Beiträgen). Bei dem Leistungsfähigkeitsprinzip *(ability to pay principle)* bestimmt sich die Steuerlast nach der individuellen wirtschaftlichen Leistungsfähigkeit (z.B. Einkommensteuer).

Vier Hauptfunktionen von Steuern können unterschieden werden. Die fiskalisch-administrative Funktion von Steuern zielt auf die Beschaffung ausreichender Finanzmittel zur Finanzierung der Staatstätigkeit ab, also der Bereitstellung öffentlicher Güter (z.B. Straßen, Landesverteidigung, Bildung). Die ökonomisch-allokative Funktion zielt auf eine Änderung von Marktpreisen (Lenkungssteuern) ab, z.B. zur Verringerung der Umweltbelastung durch Ökosteuern. Die redistributive, sozialpolitische Funktion von Steuern dient zur Abschöpfung von Markteinkommen zur Umverteilung, damit sozial schwache Bevölkerungsgruppen abgesichert werden. Die allgemein-politische Funktion besteht in der Information über die Höhe des Staatsanteils, damit der Wähler im politischen Wettbewerb über die Staatstätigkeit entscheiden kann.

Das Steuersystem in Deutschland ist – wie übrigens schon seit der Reichsgründung 1871 – im Wesentlichen durch das Verhältnis der öffentlichen Gebietskörperschaften (Bund, Länder und Gemeinden) zueinander und in jüngerer Zeit noch durch die Europäische Union mitbestimmt. Dabei ist zwischen der Gesetzgebungs-, der Ertrags- und der Verwaltungskompetenz der einzelnen Ebenen zu unterscheiden. Die Gesetzgebungskompetenz ist das Recht, Steuergesetze zu erlassen (Art. 105 GG). Die Steuerertragskompetenz (Art. 106) weist den Gebietskörperschaften die Steuern nach einem Trenn- und Verbundsystem zu. Dem Bund stehen beispielsweise ausschließlich die Mineralölsteuer, die Tabaksteuer und die Versicherungssteuer zu. Die Zölle (seit 1975) und Agrarabgaben (seit 1971) fließen voll, abzüglich eines Anteils für die Erhebungskosten, der EU zu. Die Kraftfahrzeugsteuer, die Biersteuer sowie die Wettsteuern stehen ausschließlich den Ländern zu. Bis zur Abschaffung der Vermögensteuer (1996) standen die Erträge aus dieser Steuer ebenfalls den Ländern zu. Den Gemeinden stehen vor allem die Grundsteuer und die Gewerbeertragsteuer zu. Vom Umfang her bedeutender sind die Verbundsteuern (gemeinschaftliche Steuern), vor allem die Lohn- und die veranlagte Einkommensteuer mit einem Aufkommen (1998) von rund 270 Mrd. DM (Verteilungsschlüssel im Jahr 2000: Bund 42,5%, Länder 42,5%, Gemeinden 15%), sowie die Umsatz- und die Einfuhrumsatzsteuer mit zusammen rund 250 Mrd. DM. Ferner ist noch die Körperschaftsteuer mit rund 36 Mrd. DM, deren Ertrag jeweils hälftig auf Bund und Länder verteilt wird, relevant. Das gesamte Steueraufkommen betrug 1998 rund 833 Mrd. DM, wobei die Steuerquote bei rund 22% des BIP lag. Die ertragreichsten Steuern sind die Lohn- und Einkommensteuern, die Umsatzsteuer und die Mineralölsteuer. Die Abgabenquote – also Steuern sowie Gebühren und Sozialbeiträge – lag 1998 bei 40,1% des BIP (in der Abgrenzung des Bundesfinanzministeriums).

Die Verteilung der Umsatzsteuer ist komplizierter, da sie im Finanzausgleichssystem eine wichtige Rolle spielt. Die Verteilung wird jedes Jahr neu bestimmt. Nach einer Vorabverteilung eines Teils der Umsatzsteuer, deren Ziel die Anhebung finanzschwacher Länder auf 92% der länderdurchschnittlichen Finanzkraft ist, stehen dem Bund im Jahr 2000 52%, den Ländern 45,9% und den Gemeinden 2,1% der Umsatzsteuer zu. Den Finanztransfer an die EU, der im Jahr 2000 rund 45,3 Mrd. DM betrug, trägt ausschließlich der Bund. Neben den Zöllen und Agrarabgaben erhält die EU noch so genannte Mehrwertsteuer-Eigenmittel (aus dem Bundesanteil der Umsatzsteuer) sowie Bruttosozialprodukt-Eigenmittel. Im Zeitablauf seit 1970 ging der Anteil des Bundes am Gesamtsteueraufkommen kontinuierlich zurück. Im Jahr 2000 hat der Bund einen Anteil von 42,5%, die Länder haben 40,3%, die Gemeinden 12,3% und die EU 4,9% am Gesamtsteueraufkommen.

Neben den Steuereinnahmen und der Nettokreditaufnahme sind die sonstigen Einnahmen die dritte große Einnahmenkategorie. Zu den sonstigen Einnahmen des Bundes zählen Verwaltungseinnahmen (z.B. Gebühren und Entgelte), die Einnahmen aus wirtschaftlicher Tätigkeit und Vermögen (z.B. die Gewinnabführung der Bundesbank) und die Erlöse aus Vermögensveräußerung (z.B. Privatisierung der Telekom AG, der Lufthansa AG und der Volkswagen AG, aber auch die Versteigerung von Telefonlizenzen). Diese sonstigen Einnahmen werden immer wichtiger und machten 1999 immerhin 60,5 Mrd. DM aus, d.h. rund 12,4% der Gesamteinnahmen. Ihr Anstieg entlastet die Erfordernis zur Nettokreditaufnahme und gibt möglicherweise auch Spielraum für Steuersenkungen.

Beim Vergleich sämtlicher Steuern und Abgaben im Verhältnis zum BIP liegt Deutschland im Mittelfeld von 21 untersuchten OECD-Ländern (Daten für 1997), wobei die Gesamtabgabenquote (nach der Abgrenzung der OECD) mit rund 37% des BIP knapp unterhalb des OECD-Durchschnittes (38,8%) liegt. Die Hochsteuerländer sind – nach dieser Schlüsselgröße zur Messung des Umfanges des Steuerstaates – vor allem die skandinavischen Länder (Schweden, Dänemark und Finnland), während Japan, die USA sowie Australien die Länder mit den geringsten Steuern und Sozialabgaben sind. Die Veränderung der Gesamtabgabenquote zwischen 1965 und 1997 verdeutlicht, dass Deutschland sich in diesem Zeitraum keineswegs auf den Marsch in einen übergroßen „Steuerstaat" befand. Der Zuwachs der Gesamtabgabenlast ist der drittniedrigste in der OECD-Ländergruppe und beträgt weniger als die Hälfte des OECD-Durchschnittswertes (vgl. Tabelle 1) – dies trotz des Abgabenanstiegs in Folge der deutschen Einheit.

Die Schätzung der Gesamtabgabenquote ist – neben statistischen Abgrenzungs- und Doppelzählungsproblematiken – von einer fundamentalen Kritik betroffen. Welche sozialen Sicherungssysteme zählen überhaupt zu den staatlich induzierten Sozialleistungen? Willem Adema (1997) hat hier Bemerkenswertes zu Tage gefördert: Zählt man staatlich veranlasste, eigentlich aber privatwirtschaftlich organisierte Sozialversicherungsprogramme zu den jeweiligen Ausgaben und Einnahmen hinzu, dann vergrößert sich – gerade in liberalen Wohlfahrtsstaaten wie etwa den USA oder der Schweiz – der Umfang der Staatstätigkeit bedeutend. Andererseits gibt es durch das Steuersystem wiederum einen Effekt in die entgegengesetzte

Richtung: In vielen Ländern werden die Sozialtransfers besteuert. Außerdem gibt es Steuererleichterungen, z.B. im Bereich der Krankenversicherung und der Alterssicherung, die eigentlich ebenfalls den sozialpolitischen Maßnahmen zuzurechnen sind. Diese Zusammenhänge haben weitreichende Implikationen, denn die Steuer- und Abgabenquoten sagen noch nichts darüber aus, wer belastet wird und wie die Anreizmechanismen auf dem Arbeitsmarkt oder für Unternehmen wirken.

Tabelle 1: Gesamtabgaben- und Steuerbelastung im Ländervergleich

	Gesamtabgabenquote 1997	Veränderung der Abgabenquote zwischen 1965 und 1997	Steuerquote 1997
Schweden	51,9	16,9	36,7
Dänemark	49,5	19,6	47,9
Finnland	46,5	16,2	34,8
Belgien	46,0	14,8	31,4
Frankreich	45,1	10,6	26,8
Italien	44,4	18,9	29,6
Österreich	44,3	9,6	29,1
Norwegen	42,6	9,3	33,1
Niederlande	41,9	9,2	24,7
Deutschland	37,2	5,6	21,7
Kanada	36,8	10,9	31,9
Neuseeland	36,4	11,7	36,4
Großbritannien	35,4	5,0	29,3
Portugal	34,2	18,0	25,3
Schweiz	33,8	13,1	21,3
Spanien	33,7	19,0	21,9
Griechenland	33,7	11,7	23,1
Irland	32,8	6,9	28,6
Australien	29,8	6,6	29,8
USA	29,7	5,4	22,5
Japan	28,8	10,5	18,2
Durchschnitt	38,8	11,9	28,8

Quelle: OECD Revenue Statistics (verschiedene Ausgaben), die Tabelle ist nach den Gesamtabgaben sortiert.

Klammert man die Sozialabgaben aus der Berechnung aus und analysiert nur die reine Steuerquote, dann ist diese in Deutschland zwischen 1965 und 1997 von 23,1% auf 21,7% gesunken. Deutschland ist das einzige Land mit einer schrumpfenden Steuerquote (lediglich in den USA blieb diese annähernd konstant). Während Deutschland 1965 eine überdurchschnittlich hohe Steuerquote aufwies, lag sie 1997 deutlich unterhalb des OECD-Durchschnittes. Der Zuwachs der Abgabenlast in Deutschland ist daher im Wesentlichen auf die gestiegenen Sozialabgaben und somit auf die Erhöhung der Beitragssätze für die Kranken-, Renten- und Arbeitslosenversicherung sowie auf die Einführung eines neuen Versicherungszweiges, der Pflegeversicherung (1995), zurückzuführen. Dies wird auch an der Entwicklung der Steuerstruktur in Deutschland deutlich, bei der die Sozialversicherungsabgaben die Einnahmen aus der Besteuerung von Einkommen und Gewinnen sowie aus den Verbrauchsteuern überholt haben. Wie der internationale Vergleich zeigt, unterliegt auch die Entwicklung der Abgabenstruktur in Deutschland einer stärkeren Veränderung, als dies im OECD-Durchschnitt der Fall ist.

Gibt es Ähnlichkeiten zwischen den einzelnen Ländern, und kristallisieren sich homogene Ländergruppen in einem Vergleich heraus? Auf Basis verschiedener Indikatoren, die die Steuerbelastung, die Steuerstruktur und die Steuersystemeigenschaften messen, kann man innerhalb der OECD-Welt vier Besteuerungswelten *(families of taxation)* identifizieren (Peters 1991; Wagschal 2001): ein liberal-konservatives (z.B. USA, Kanada, Japan), ein christdemokratisches (z.B. Deutschland, Österreich, Frankreich), ein sozialdemokratisch-skandinavisches (z.B. Schweden, Dänemark, Finnland) sowie ein peripher-residualer Besteuerungscluster (z.B. Italien, Spanien, Griechenland). Diese Besteuerungsfamilien sind vor allem durch ihre parteipolitische und konfessionelle Zusammensetzung determiniert und folgen – zumindest in der Tendenz – unterschiedlichen Besteuerungslogiken: dem Leistungsfähigkeitsprinzip (in der liberal-konservativen und in der sozialdemokratischen Besteuerungsfamilie) und dem Äquivalenzprinzip (in der christdemokratischen und in der peripher-residualen Familie). Ferner unterscheidet sich die Höhe der Besteuerung, wobei in der sozial- und christdemokratischen Besteuerungsfamilie die Abgabenquoten hoch und in den anderen beiden niedrig sind. Dieser deskriptive Befund weist einerseits auf politische Einflussgrößen und andererseits auf eine beachtliche Variation zwischen den Ländern hin.

2. Die Politische Ökonomie der Besteuerung

Da die Politische Ökonomie danach fragt, wie politische Entscheidungen die Wahlhandlungen der Entscheidungsträger bzw. einzelner Akteure (Politiker, Wähler, Bürokraten, Interessenverbände) sowie die Ergebnisse dieser Entscheidungen *(outcomes)* beeinflussen, liegt es nahe, besonders politisch-institutionelle Größen näher zu beleuchten. Jedoch ist dieser Ansatz, der im Mittelpunkt dieses Kapitels steht, nicht die einzige Schule, die sich mit den Bestimmungsgründen der Besteuerung beschäftigt: Die Finanzwissenschaft und die Politikwissenschaft liefern ebenfalls Hypothesen.

2.1. Finanzwissenschaftliche Ansätze

Die Finanzwissenschaft, insbesondere der Zweig, der sich mit „Optimalsteuertheorien" beschäftigt (Rose 1981), untersucht, wie die Besteuerung ohne politische Friktionen und Interventionen auszusehen hat. Diese finanzwissenschaftliche Schule geht der Frage nach, wie Steuerpolitik im Hinblick auf vorher festgelegte Kriterien (z.B. Erfüllung des Pareto-Kriteriums, Investitionsneutralität, Nutzenmaximierung) gestaltet sein soll. Ein Ergebnis lautet, dass die beste Form der Besteuerung – die so genannte *first best solution* – die Pauschalbesteuerung oder Kopfbesteuerung wäre, d.h., jede Person wird mit einem einheitlichen Steuerbetrag belastet. Historisch gesehen ist dies eine der ältesten Formen der Besteuerung, in der Neuzeit gilt sie jedoch als wenig praktikabel und politisch zudem hochbrisant, wie Margaret Thatcher 1991 als Premierministerin erfahren musste. 1990 führte sie mit der *poll tax* eine Kopfsteuer ein, die im Durchschnitt ca. 200 £ für jeden Erwachsenen (Kay/

King 1997: 138) betragen sollte.[1] Diese Steuer führte zu einem bis dahin unbekannten Steuerprotest in England, dessen Bürgern der Ruf vorauseilt, die steuerehrlichsten Europäer zu sein. Selbst ein Spitzensteuersatz von 98% Anfang der 1970er Jahre (Dilnot/Stears 1998: 373) wurde klaglos hingenommen. Die Proteste rund um die *poll tax* trugen jedoch wesentlich zum Rücktritt von Margaret Thatcher 1991 bei.

Auch andere – formal abgeleitete – Optimalsteuerregeln (vgl. Mann 1987) sind politisch problematisch, wie etwa die Ramsey-Regel. Diese besagt, dass diejenigen Güter am höchsten zu besteuern sind, die die niedrigsten Preiselastizitäten der Nachfrage (z.B. Grundnahrungsmittel) besitzen. Die sozialpolitischen Rückkoppelungen und die politischen Wirkungen einer solchen Ausgestaltung des Steuersystems können durch diese wohlfahrtsökonomisch korrekten Modelle jedoch nicht gefasst werden.

2.2. Politisch-ökonomische Ansätze

Das Gedankenkonstrukt eines altruistischen Wohlfahrtsmaximierers, wie es die traditionelle Wohlfahrtsökonomie verwendet, wird in der Politischen Ökonomie abgelehnt. Regierungen sind Stimmenmaximierer (Downs 1968). Brennan und Buchanan (1988) gehen sogar noch weiter, indem sie dem Staat unterstellen, er sei ein budgetmaximierender Leviathan, der nur am Ausbau der Staatstätigkeit interessiert sei. Dieses Leviathan-Modell geht in seiner einfachsten Variante von einer unbeschränkten Einnahmenmaximierung durch die Regierung aus. Der Staat maximiert das Steueraufkommen und verwendet es für verschwenderische Zwecke – ein überaus pessimistisches Bild der Politiker, das positive allokative und distributive Wirkungen der Staatstätigkeit ausblendet. Brennan und Buchanan plädieren deshalb aus verschiedenen Gründen für die Begrenzung der Besteuerungsgewalt durch Regeln und Institutionen. Ihre Folgerungen leiten sie – ähnlich wie bei Rawls (1979) „Schleier des Nichtwissens" – durch den Rückgriff auf einen Urzustand ab, in dem ein konstitutioneller Kontrakt geschlossen wird. Risikoaverse Individuen – und dies ist die Mehrheit der Menschen – würden sich für verbindliche Restriktionen des Steuerstaates entscheiden, um ihren Nutzen zu maximieren. Außerdem werden alle realisierbaren Steuermaßnahmen grundsätzlich Mehrbelastungen darstellen (Brennan/Buchanan 1988: 42), was das Zentralargument für Besteuerungsgrenzen sei. Schließlich muss die Macht der Politiker beziehungsweise des Staates eingedämmt werden, weil diese Machtpositionen ein *rent seeking* (durch ihr Herrschaftsmonopol können die Eliten Renten abschöpfen) ermöglichen.

Politisch-ökonomische Modelle, vor allem in der Tradition von Downs (1968, 1969, 1974), unterscheiden zwischen direkter und repräsentativer Demokratie. Beide – idealtypisch analysierten – Entscheidungsmodi können verschiedene Ergebnisse für die Steuerpolitik hervorrufen. Im einfachsten Fall der Direktdemokratie kann die Abstimmung über ein Budget – und damit über die Steuerbelastung – mit dem Medianwählermodell erklärt werden. Die Wähler werden in diesem Modell sowohl als Konsumenten als auch als Steuerzahler betrachtet. Das Entscheidungsverfahren ist die einfache Mehrheitsregel. Jeder Wähler weist bestimmte Präferenzen hin-

1 Allerdings gab es Variationsmöglichkeiten bei der Steuerhöhe auf Gemeindeebene.

sichtlich der Versorgung mit öffentlichen und privaten Gütern auf, wobei diese Präferenzen durch die individuellen Zahlungsbereitschaften gemessen werden. In einem interaktiven Abstimmungsprozess, so die Theorie, erreichen die Individuen eine Übereinstimmung in der Medianwählerposition (Bernholz/Breyer 1984: 66; Blankart 1994: 109). Durch Verhandlungen gelingt es nämlich dem Medianwähler, die Kontrahenten auf sein Niveau zu fixieren, indem er dem jeweiligen anderen Verhandlungspartner signalisiert, dass der andere Kontrahent bereit ist, sich weiter auf sein Angebot hinzuzubewegen. Im Endeffekt bestimmen die Präferenzen des Medianwählers die Höhe der öffentlichen Ausgaben und Einnahmen. Nimmt man realistischerweise an, dass eine linkssteile Einkommensverteilung vorliegt, dann liegt das Medianwählereinkommen unterhalb des Durchschnittseinkommens einer Gesellschaft. Unterstellt man ferner, dass der Medianwähler auch das Medianeinkommen aufweist und dass ein Steuersystem mit proportionalen oder progressiven Steuersätzen vorliegt, so führt dies zu einer Einkommensumverteilung.

Dieses theoretische Ergebnis basiert auf ziemlich rigiden Annahmen. Erstens ist die Annahme unimodaler Präferenzen zu restriktiv. Der Zwang zur Entscheidung zwischen einem privaten und einem öffentlichen Güterbündel ist in theoretischen *public choice*-Modellen insofern einfach zu behandeln, als diese lediglich eine binäre Struktur aufweisen. Realiter sind Präferenzen weitaus stärker differenziert und hängen zudem von temporären Vorlieben sowie dem jeweiligen Niveau des Einkommens und Vermögens ab. Zudem können Entscheidungen sequenziell sein, wodurch die Präferenzordnung konditional sein kann. Das Medianwählermodell führt also nicht notwendigerweise zu eindeutigen Ergebnissen, vor allem dann nicht, wenn eine paarweise Abstimmung der Alternativen vorgenommen wird. Unter diesen Bedingungen ist es nicht möglich, eine transitive kollektive Präferenzordnung festzulegen (Condorcet-Paradox). Zweitens kann das Auftreten des Trittbrettfahrerproblems nicht ausgeschlossen werden. Die Steuerbürger enthüllen nicht immer ihre wahren Präferenzen hinsichtlich der Güterversorgung, sondern neigen eher dazu, diese zu verschleiern, um ihren Anteil an den Kosten zu minimieren. Hierdurch wird ein öffentliches Gut nicht oder nur in ungenügendem Ausmaß bereitgestellt. Ein drittes Problem ist die strategische Bildung von Wählerkoalitionen, so genannter *minimum winning coalitions*, die zu unerwünschten Verteilungswirkungen führen können (Riker 1962). Über *logrolling* – also Stimmentausch in Abstimmungspaketen – können Politikblockaden aufgelöst werden. Dies setzt natürlich eine zeitliche Abfolge (Sequenz) von Entscheidungen voraus, bei denen jeder einzelne Verhandlungspartner zur Entscheidungsfindung notwendig ist.

In der repräsentativen Demokratie sind die Budgetmodelle der *public choice*-Literatur komplizierter. Das einfachste Modell eines Zweiparteiensystems mit einer Links- und einer Rechtspartei, einem privaten und einem öffentlichen Gut, Mehrheitswahl, Gleichverteilung der Wähler entlang der Links-Rechts-Achse, vollständiger Information und keinen anderen Beschränkungen führt zu dem Ergebnis, dass beide Parteien in einem politischen Gleichgewicht dasselbe Programm mit dem gleichen Umfang an öffentlichen Gütern anbieten. Die Begründung dieses Resultats liefert die Stimmenmaximierungsstrategie beider Parteien. Derselbe Befund stellt sich ein, wenn wir eine Normalverteilung der Wähler mit dem Modus in der Mitte der Links-Rechts-Skala unterstellen. Das daraus resultierende politische Gleichgewicht repräsentiert die Präferenzen des Medianwählers. Dies ist überraschend, wenn man die unterschiedlichen politischen Ziele der Links- und der Rechtspartei berücksichtigt.

Lockert man diese Annahmen, erhält man unterschiedliche Ergebnisse. Beispielsweise können loyale Wähler auf der anderen Seite des ideologischen Spektrums oder Restriktionen durch politisch gebundene Stammwähler sowie durch finanzielle Geldgeber zu anderen Ergebnissen als denen des Medianwählerprogramms führen. Das Gleiche gilt für eine andere Wählerverteilung entlang des Links-Rechts-Schemas. Veränderungen der institutionellen Struktur dieses einfachen Modells, beispielsweise die Änderung des Wahlmodus hin zu einem Verhältniswahlsystem, können das Ergebnis ebenfalls beeinflussen. Beispielsweise würden Stammwähler den monopolistischen Handlungsspielraum von Regierungen erhöhen und somit auch die Fähigkeit, mehr Steuern zu vereinnahmen.

Ferner unterliegt die politische Entscheidungsfindung sowohl in der direkten als auch in der repräsentativen Demokratie den von den Modellen oft ausgeblendeten Einflussmöglichkeiten von Interessengruppen und der Bürokratie. Studien von Niskanen (1971) und Olson (1968) haben die Bedeutung dieser Akteure analysiert und sie für das Anwachsen der Staatsausgaben verantwortlich gemacht. Darüber hinaus ist es notwendig, die Regierungsebene zu betrachten. Koalitionsregierungen, die politischen Eliten, die Dynamik von Koalitionsverhandlungen, die Größe von Koalitionen und *logrolling* können den Zwang zur Erhöhung der Staatseinnahmen ebenfalls ausweiten.

Es lässt sich theoretisch gut begründen, dass die Direkte Demokratie eher bremsend im Hinblick auf Steuererhöhungen wirkt (Wagschal 1997). Ungeachtet dessen wohnt der Demokratie per se eine expansive Tendenz inne. Dies ist der so genannte Robin-Hood-Effekt der Demokratie (Downs 1968: 291). Dass es aber keine ungebremste Ausweitung der Steuerlast gibt, wie von Brennan und Buchanan postuliert und befürchtet, hat mit verschiedenen Gründen zu tun. Zunächst einmal gewichten Wähler nicht nur die Steuern, sondern auch die Ausgaben: Ökonomisch ist das optimale Steuerausgabenprogramm dort, wo die Grenzkosten einer zusätzlichen Besteuerungseinheit gleich dem Grenznutzen einer zusätzlichen Ausgabeneinheit sind. Wähler erwarten nicht nur ein gewisses Angebot öffentlicher Güter wie Infrastruktur, Schulen und öffentliche Sicherheit, sondern wollen auch wenig Steuern zahlen. Ein zweiter Faktor, der gegen die ungebremste Ausweitung des Staatssektors wirkt, ist das Erfordernis der Regierung, sich in zyklischen Abständen der Wahl zu stellen. Dies erschwert das *rent seeking,* macht es aber nicht unmöglich. Zudem können Institutionen und spezifische Entscheidungsmechanismen wirksame Barrieren bedeuten, wie z.B. der Föderalismus, ein starker Bikameralismus, ein unabhängiges Verfassungsgericht, eine unabhängige Notenbank, verfassungsrechtliche Abgabengrenzen oder qualifizierte Mehrheiten zur Entscheidungsfindung.

Die Down'schen Budgetmodelle (vgl. den Beitrag zur Staatsverschuldung i.d.B.) unterscheiden zusätzlich nach dem Grad der Information auf Seiten der Wähler. Franke (1993) diskutiert die Steuerpolitik in dieser Tradition unter der Bedingung unterschiedlicher Informationszustände. Liegt vollständige Information – also Gewissheit – vor, dann kann „Steuerpolitik als differenzierter und zielgerichteter Einsatz verschiedener Instrumente zur Erreichung wirtschafts- und gesellschaftspolitischer Ziele gar nicht stattfinden“ (Franke 1993: 305). Grund hierfür ist, dass in dem zugrunde liegenden räumlichen Politikmodell immer eine andere Lösung existiert, die einer Partei die Mehrheit der Wählerstimmen sichert. Das Problem zyklischer Mehrheiten (Condorcet- bzw. Arrow-Paradox) hebelt demnach eine stabile Lösung aus. Diejenige Partei, die zuerst ihr Wahl- und damit Steuerprogramm offeriert, verliert.

Vollständige Information ist ein theoretischer Sonderfall, dessen Aufgabe als Annahme zu belastbaren Aussagen im Hinblick auf die Steuerpolitik in der Demokratie führt. Franke kombiniert dies in seiner Analyse mit der so genannten Wählerbeweglichkeit, die die Steuerpolitik mitbestimmt. Die Wählerbeweglichkeit hängt von der Intensität parteipolitischer Präferenzen, dem Homogenitätsgrad parteipolitischer Alternativen sowie den Einkommenserwartungen ab (Franke 1993: 349). Letztlich sind es also diese Wechselwähler, die eine Wahl – und damit ein steuerpolitisches Ergebnis – determinieren. Regierungen werden nun ein fundamentales Interesse haben, den Anteil dieser Wechselwähler möglichst klein zu halten (Franke unterstellt hier implizit eine Wanderung in die „entgegengesetzte" Richtung), während Oppositionsparteien diese Wählervolatilität vergrößern wollen. Die Steuerpolitik dient dabei vor allem als Signal an die Wähler, um ihnen – bei gegebener beschränkter Information – die relevanten Informationen zur Entscheidungsfindung zukommen zu lassen.

Findling (1995) postuliert ebenfalls in der Tradition der Neuen Politischen Ökonomie verschiedene Wirkungsmechanismen von Akteuren und Institutionen. Auch in ihrer Argumentation ist der Informationsstand eine wichtige Variable. Für Wähler ist es rational, sich nicht zu informieren. Der Einfluss ihrer Stimmen geht bei der Wahlentscheidung gegen null, weshalb es eigentlich sogar wahrscheinlich wäre, dass sie sich bei der Wahl der Stimme enthalten (*paradox of voting*). Durch diese „rationale Ignoranz" auf Seiten der Wähler erhalten die Politiker eine gewisse Gestaltungsmacht, indem sie nur selektive Informationen zur Steuerpolitik veröffentlichen. Außerdem ist es für Regierungen rational, möglichst viele Wähler unmerklich zu besteuern, was in der Tendenz für ein Anwachsen der indirekten Steuern sprechen würde. Interessengruppen werden ihre Ziele in der Steuerpolitik besonders erfolgreich durchsetzen können, wenn sie gut organisierbar sind, über eine gute Ressourcenausstattung und Informationsvorteile verfügen (Findling 1995: 61). In Bezug auf die Bürokratie argumentiert Findling ferner, dass es diesen Akteuren gelingt, wesentlichen Einfluss auf die Steuergesetzgebung zu erhalten. Allerdings stehen umfassende Steuerreformen entgegen den Interessen der Bürokratie, weshalb inkrementalistische Reformen wahrscheinlicher werden (Findling 1995: 68).

Das wohl umfangreichste Material an Hypothesen aus der *public choice*-Tradition liefern Hettich und Winer (1999). Zudem geben sie eine detaillierte Übersicht über verschiedene *public choice*-Strömungen und ihre Erklärungsansätze der Steuerpolitik. Hettich und Winer verwenden zur Analyse der Steuerpolitik das Modell des probabilistischen Wählens (vgl. Thurner 1998). Grundlegende Annahmen dieses Modell sind regelmäßige Wahlen, eine Stimme pro Wähler sowie keine Eintrittshürden für neue Parteien. Die Wähler entscheiden sich auf Basis der angekündigten Wahlprogramme. Im Gegensatz zum Medianwählermodell, das deterministisches Wählen entlang der Links-Rechts-Skala als Basisannahme verwendet, wissen die Parteien beim probabilistischen Wählen nicht genau, wie die Stimmen abgegeben werden (Hettich/Winer 1999: 18). Lediglich mit einer gewissen Wahrscheinlichkeit werden die Wähler eine Partei wählen, und zwar dann, wenn der Nutzen der Wahl von Partei A den Nutzen der Wahl von Partei B plus den etwaigen ideologischen Bias für Partei B übersteigt. Für das *outcome* zählen die Präferenzen aller Wähler – auch dies ist ein Unterschied zum Medianwählermodell. Diese werden von den Parteien entsprechend ihrer Responsivität für Politikänderungen gewichtet. Als Ergebnis erhält man – nach Ableitung durch ein formales Modell –, dass jeder Wähler mit einem eigenen, ganz spezifischen Steuersatz (!) besteuert wird. Die Anpassung der Steuersätze zwischen den Wählern findet so lange statt, bis die politischen Grenzkosten, also der Verlust an erwarteten Stimmen, gleich dem politischen Grenznutzen, d.h. dem Wert einer zusätzlichen Einheit an Staatsausgaben, sind (Hettich/Winer 1999: 46). Formal ist das Basismodell von Hettich und Winer interessant und mathematisch elegant, es verzichtet aber auf weitere soziökonomische, politische und institutionelle Faktoren.

Einen verwandten, wenn auch mathematisch nicht so ausgefeilten Ansatz wählt Gillespie (1991). Sein Modell verwendet analog zu Hettich und Winer eine äquivalente Optimalregel und baut auf deren früheren Arbeiten auf. Regierungen maximieren ihren Wahlerfolg, indem sie die Staatsausgaben durch Steuereinnahmen und Haushaltsdefizite so finanzieren, dass die politischen Kosten der Steuereinnahmen minimiert werden. Sprich: die politischen Grenzkosten müssen gleich dem politischen Grenznutzen sein. Insgesamt entwickelt Gillespie 14 Hypothesen, die seines Erachtens die politischen Kosten bestimmen. Hierzu gehören Hypothesen wie: (H1) Die gesamten politischen Kosten steigen mit anwachsenden Steuersätzen, und die politischen Grenzkosten steigen, wenn die Regierung die Grenzsteuersätze erhöht (Gillespie 1991: 21). Eine zweite Hypothese lautet: (H6) Die politischen Kosten der Staatsverschuldung sind mit niedrigeren Zinssätzen geringer als mit hohen Zinssätzen (Gillespie 1991: 26). Solche Hypothesen sind nicht weit von Trivialitäten entfernt. Die Einfachheit solcher Modelle aus der *public choice*-Tradition trägt nicht viel zur Differenzierung des Untersuchungsgegenstandes bei. Parteipolitische Faktoren spielen bei der Formulierung der Hypothesen keine, Institutionen (z.B. Verfassungsschranken und Föderalismus) nur eine untergeordnete Rolle. Es wird zudem auf die Frage fokussiert, wie Steuerreformen durchzuführen seien, und weniger, was die Ursache von Steuerreformen ist (z.B. Globalisierung, schlechte ökonomische Performanz).[2]

Ohne politische Variablen kommt auch Haufler (2001) in seiner überwiegend theoretischen Analyse des internationalen Steuerwettbewerbs aus. Dabei differenziert er nach Faktorbesteuerung (z.B. Arbeit und Kapital) sowie nach der Besteuerung von Waren. Ein Ergebnis ist dabei, dass kleine Länder bei vollkommener Kapitalmobilität die Kapitalsteuersätze auf null festsetzen und dafür verstärkt den Faktor Arbeit besteuern. Dies gilt insbesondere für kleine Länder mit einem großen Nachbarland. Tendenziell wird also die Kapitalbesteuerung sinken, wodurch die Kapitalimporte in das kleine Land zunehmen. Im Hinblick auf eine Koordinierung der Steuerpolitik werden kleine Länder eine solche Vereinheitlichung ablehnen. Generell plädiert Haufler auf Basis seiner Analysen für eine Steuerharmonisierung, die ein „höheres Wohlstandsniveau“ bringen würde (Nebenbemerkung: aber auch generell höhere Steuern). Auch im Bereich der indirekten Warenbesteuerung durch

2 Der Vorzug von Gillespie liegt dafür vor allem bei der detaillierten Darstellung der kanadischen Steuerpolitik über mehr als ein Jahrhundert hinweg.

eine Umsatzsteuer plädiert er für eine weitgehende Harmonisierung in der Europäischen Union, trotz möglicher Nachteile für die nationale Steuerautonomie.

Der Steuerwettbewerb wurde in den 1950er und 1960er Jahren erstmals diskutiert, vor allem im Gefolge von Arbeiten zum Fiskalföderalismus (Tiebout 1956; Oates 1972). Gegenwärtig werden die Wirkungen des Steuerwettbewerbs zumeist negativ bewertet – selbst die OECD spricht von einem schädlichen Steuerwettbewerb und stellt einzelne Länder, wie die Schweiz oder Liechtenstein, an den Pranger (OECD 1998). Deswegen wird im Folgenden dieser – gegenwärtig dominierende – Strang der Steuerpolitik näher analysiert.

Bis Mitte der 1970er Jahre mussten Nationalstaaten kaum Rücksicht auf die Steuerpolitik im Ausland nehmen, weil die nationalen Volkswirtschaften weitgehend abgeschottet und die Wechselkurse fest waren. Mit der Globalisierung, der zunehmenden europäischen Integration, der Liberalisierung des Welthandels sowie der Intensivierung des Kapitalverkehrs veränderten sich die Rahmenbedingungen für eine eigenständige nationale Wirtschafts- und Steuerpolitik. Den Ländern mit relativ höheren Steuern drohte die Abwanderung von Kapital und Steuersubstrat. Die These, wonach der Steuerwettbewerb zu einem *race to the bottom* (vgl. auch Peterson 1995) führten und das Ende des Wohlfahrtsstaates einläuten würde, war geboren.

Ähnlich wie die Abwertungswettläufe Anfang der 1930er und der 1970er Jahre besteht beim Steuerwettbewerb die Hauptmotivation der Länder darin, ihren Wirtschaften einen komparativen Vorteil gegenüber ihren Konkurrenten zu verschaffen, indem ein Land vorzugsweise die Steuern auf mobiles Steuersubstrat (Kapital) senkt. Die konkurrenzierte Gebietskörperschaft, sei es ein Nationalstaat oder ein Gliedstaat in einem föderativen System, wird dadurch gezwungen nachzuziehen. Durch das geringere Steueraufkommen, so die durchaus einleuchtende These, sinkt die Staatstätigkeit, weil die Staatsausgaben eingeschränkt werden müssen. Bemerkenswert ist, dass diese Wettläufe durch das Verhalten jeweils eines Landes in Gang gesetzt werden. Die nationalstaatliche Rationalität eines solchen Verhaltens ist für ein einzelnes Land dann gegeben, wenn andere Länder sich diesem Anpassungs- und Standortwettlauf nicht stellen. Es ist dann „Trittbrettfahrer" und kann die anderen „ausbeuten". Allerdings ist ein solcher Steuerwettlauf kontraproduktiv, wenn sich alle Länder daran beteiligen und sich die relativen Positionen nicht ändern (Sinn 1997: 26): „Alle Länder zusammen können sich schwerlich besser stellen, wenn sich eine Steuersenkungsspirale ergibt, die zur Erosion des Sozialstaates führt und dem Staat die Erfüllung seiner unabweislichen Aufgaben erschwert."

Die *race to the bottom*-These ist prima vista einleuchtend, allerdings ist die empirische Bestätigung bisher nicht gelungen. Weder auf internationaler noch (bei föderativen Ländern mit eigener Steuerautonomie) auf nationaler Ebene kann ein Nachweis für diesen „Abwärtswettlauf" erbracht werden (siehe Abschnitt 3 und 4). Trotz des in der Tat existierenden und harten Steuerwettbewerbs haben die Steuerquoten in den letzten Dekaden stetig zugenommen, es gibt dementsprechend keine Evidenz eines *ruinösen* Steuerwettbewerbs. Dies ist erklärungsbedürftig.

Ein theoretischer Einwand gegen die *race to the bottom*-These liegt in der Verwendung eines unzureichenden politisch-ökonomischen Modells begründet. Die Popularitätsfunktion von Regierungen bestimmt sich nicht nur durch eine niedrige Steuerbelastung der Wähler. Auf dem Wählerstimmenmarkt werden nämlich auch die öffentlichen Leistungen und Ausgaben bewertet: Funktioniert das Schulsystem, ist die Infrastruktur in Ordnung, ist die Kriminalität niedrig, wurde die Arbeitslosigkeit gesenkt? Für die Veränderung solcher *outcome*-Indikatoren benötigt man Finanzmittel, die über Steuern eingehoben werden müssen. Ökonomisch wäre das Optimum dort, wo die Grenzkosten einer zusätzlichen Besteuerungseinheit gleich dem Grenznutzen einer zusätzlichen Ausgabeneinheit sind. Durch Staatsverschuldung kann die Regierung diesen Handlungsspielraum zwar kurzfristig vergrößern, sie verliert aber langfristig Spielraum, wodurch die Optionen nachfolgender Regierungen eingeschränkt werden.

Die überwiegend negative Bewertung des Steuerwettbewerbs (so etwa auch Scharpf 1998: 62) ist aus einer ökonomischen Perspektive nicht begründbar. Aus theoretischer Sicht führt ein Steuerwettbewerb zu Effizienzvorteilen, da er Gebietskörperschaften zwingt, kosteneffizient zu arbeiten und die öffentlichen Leistungen auf einem von den Bürgern gewünschten Niveau bereitzustellen. Einwände gegen dieses Argument werden mit dem Distributionsziel begründet: Die Abwanderung von vermögenden Personen oder Kapital in Gebietskörperschaften mit einer geringen Steuerbelastung und die gegenläufige Wanderung von sozial Schwachen in Orte mit hohen Sozialtransfers führt zu grösseren Ungleichheiten und erhöht die regionalen Disparitäten. Gerade die EU-Osterweiterung stellt deshalb nach Hans-Werner Sinn (2000) eine Gefährdung für den deutschen Sozialstaat dar, der er mit dem „Heimatlandprinzip" in Bezug auf den Empfang von Sozialleistungen begegnen will.

Bei der Diskussion des Steuerwettbewerbs werden zudem indirekte Wirkungen gar nicht berücksichtigt: In der Schweiz weisen beispielsweise Kantone mit niedrigen Steuern sehr viel höhere Mieten und Grundstückspreise auf, die Lebenshaltung ist überdies teurer. Insofern ist der Nettoeffekt weit weniger dramatisch, als die Kritiker glauben. Was wären die Alternativen zum Steuerwettbewerb? Ziel jeder Gebietskörperschaft ist (sollte) die Gewinnung von Arbeitsplätzen und/oder von Steuersubstrat (sein). Scheidet der Steuerwettbewerb aus, dann findet die Attrahierung von Unternehmen durch einen Subventionswettlauf statt, der weitaus negativer zu beurteilen ist als der Steuerwettbewerb. Gegen die vermeintliche Abwärtsspirale sprechen überdies noch andere gewichtige Gründe: Standortentscheidungen sowohl von Individuen und Unternehmen hängen nicht vollständig von der Steuerbelastung ab. Die Arbeitsproduktivität, die Verfügbarkeit von Arbeitskräften, die Marktgröße, die rechtlichen Rahmenbedingungen (z.B. um Kapital exportieren zu können) oder das kulturelle Angebot sind ebenfalls wichtige Faktoren. Bei der Diskussion des Steuerwettbewerbs muss man zudem unterscheiden, welche Steuern besonders dem Wettbewerb ausgesetzt sind (Hohaus 1996; Haufler 2001). Gerade durch die Globalisierung wird Kapital immer mobiler: So legte das Weltsozialprodukt zwischen 1985 und 1997 nominal um 95% zu, während die Warenexporte dagegen um etwa 180% stiegen.

2.3. Politikwissenschaftliche Ansätze

Eine gegenwärtig in der Politikwissenschaft intensiv diskutierte Theorie (Ganghof 1999; Hallerberg 1999; Wagschal 1999b) zur Erklärung von Steuerpolitik und Steuerreformen ist die Anwendung der Vetospielertheorie von Tsebelis (1995; 2002). Diese Theorie rückt die Interaktionen der Akteure innerhalb der Regierung und des Parlamentes in den Mittelpunkt der Analyse, wobei im Zentrum der Überlegungen die Erklärung der Stabilität des Status quo steht. Dabei werden Vetospieler wie folgt definiert: Ein Vetospieler ist ein individueller oder kollektiver Akteur, dessen Zustimmung für eine Policy-Entscheidung notwendig ist (Tsebelis 1995: 293). Tsebelis bestimmt also einen Vetospieler über die Zustimmung. Diese Begriffsbestimmung orientiert sich somit am herkömmlichen Gebrauch des Begriffs Veto, der das Recht darstellt, durch Einspruch das Zustandekommen eines Beschlusses zu verhindern. Die Stabilität der Staatstätigkeit und damit des Status quo hängt von drei Faktoren ab: der Zahl der Vetospieler, ihrer Kongruenz (d.h. von der ideologischen Distanz zwischen den Vetospielern) sowie ihrer Kohäsion (also dem internen Zusammenhalt der Vetospieler). Die Hypothese lautet: Je mehr Vetospieler, je größer die ideologische Distanz und je größer die interne Kohäsion, desto geringer wird die Wahrscheinlichkeit für die Änderung des Status quo, im vorliegenden Fall also für eine geringe Steuerreformaktivität. Im Hinblick auf das Besteuerungsniveau ist es plausibel anzunehmen, dass viele Vetospieler in der Vergangenheit einen Ausbau des Steuerstaates bremsten. Tsebelis verwendet in seinen ursprünglichen Analysen nur drei Vetospieler: einen starken Präsidenten, die Zahl der Regierungsparteien und eine starke zweite Kammer mit einer von der ersten Kammer differierenden Mehrheit. Dieser ursprüngliche Ansatz kann erweitert werden, indem zwischen kompetitiven und konsensualen Vetospielern (Birchfeld/Crepaz 1998; Wagschal 1999a) unterschieden wird und außerdem noch weitere Institutionen (bzw. handelnde Akteure) hinzugefügt werden, die nachweislich die Steuerpolitik beeinflussen, wie etwa ein starkes Verfassungsgericht, die Europäische Union, eine unabhängige Nationalbank oder auch die Direktdemokratie. Gerade der supranationale Einfluss der Europäischen Union wird in jüngerer Zeit verstärkt diskutiert (z.B. Hohaus 1996; Genschel 2000), wenn auch nicht im Kontext der Vetospielertheorie.

Die Parteiendifferenztheorie (Hibbs 1977; Schmidt 1982; Tufte 1978; Castles 1982) bildet eine der politikwissenschaftlichen Schlüsseltheorien zur Erklärung von Staatstätigkeiten. Parteien unterschiedlicher Couleur – so die Basisannahme – rufen einen unterschiedlichen *output* in der Staatstätigkeit, hier also der Steuerpolitik, hervor. Linke Parteien neigen zu einem eher umfangreichen Steuerstaat, während konservative Parteien diesen begrenzen werden. Eine maßgebliche Forschungsfrage lautet daher: Wie wird die Steuerstruktur und die Steuerquote durch die einzelnen Parteien beeinflusst? Die Alternativhypothese, dass sich kein parteipolitischer Effekt bei den Steuervariablen zeigt, ließe sich durch Otto Kirchheimers These von den „Allerweltsparteien“ (Kirchheimer 1965) begründen, nach der sich die großen Volksparteien in ihrer Programmatik kaum unterscheiden. Eine detaillierte Analyse des Einflusses nach unterschiedlichen Parteienfamilien lässt beispielsweise auch spezielle Effekte von christdemokratischen Parteien (z.B. bei der Familienbesteuerung) und der Regierungsbeteiligung grüner Parteien (z.B. Ökosteuern) erwarten. Im Zielkanon von Parteien tauchen unterschiedliche Ziele, wie etwa ideologische Ziele oder das Machterhaltsziel, das Wiederwahlziel oder das Ziel der Maximierung öffentlicher Ämter und Positionen (Patronage), auf. Trotzdem verhalten sich Parteien – entgegen landläufiger Auffassung und auch entgegen der ursprünglichen Annahmen des *public choice*-Ansatzes – weitgehend entsprechend ihren Parteiprogrammen und damit ihren postulierten Zielen (Klingemann u.a. 1994; Stimson 1999). Dies ist eine Voraussetzung für die Gültigkeit der Parteiendifferenztheorie. Ferner sind weitere konstitutive Elemente dieser Schule, dass die Parteien responsiv gegenüber den Präferenzen und Einstellungen ihrer Wählerbasis reagieren und es hinreichend große Unterschiede in den Präferenzen bzw. den Ideologie- bzw. Politikzielen der unterschiedlichen Parteien gibt. Erst wenn diese Voraussetzungen erfüllt sind, lassen sich Unterschiede in der Staatstätigkeit identifizieren.

Die These vom *Displacement*-Effekt (Peacock/Wiseman 1967) bezieht sich zwar primär auf Ausgabensteigerungen nach großen ökonomischen Schocks (insbesondere nach Kriegen), sie ist jedoch auch auf die Einnahmenseite übertragbar, da zur Finanzierung der höheren Ausgaben mehr Steuern notwendig sind. Demzufolge kommt es nach großen gesellschaftlichen Umwälzungen *(social disturbances)* – wie zum Beispiel der deutschen Einheit – zu massiven Steuererhöhungen, die im Zeitablauf nicht mehr zurückgeführt werden.

Eine weiterer Bestimmungsfaktor der Steuerpolitik kann aus der Theorie der Politik-Erblast abgeleitet werden. Diese weist darauf hin, dass der Handlungsspielraum der Regierungen durch die Erblasten aus der Vergangenheit stark eingeschränkt ist (Rose/Davies 1994). Durch Gesetze, Programmentscheidungen und die Staatstätigkeit aus früheren Zeiten (z.B. Staatsverschuldung) sinken mit fortschreitender Zeit die Wahlmöglichkeiten der Politik. Zu untersuchen ist also die Frage, wie und in welchem Ausmaß sich die Steuersysteme verändert haben. Diese Sichtweise wurde von Rose und Karran (1987) schon früh für die Steuerpolitik vertreten. Steuersysteme weisen ein großes Beharrungsvermögen auf und sind nur schwer zu ändern. Aus dieser Trägheitsthese leitet Richard Rose die Annahme ab, dass Politiker die bestehenden Steuersysteme nicht ändern, sondern nur entsprechend ihrer ideologischen Absichten einsetzen, um die politischen Kosten der Besteuerung zu vermindern (Rose 1985). Insofern wären die heute existierenden Steuersysteme zu einem großen Ausmaß historisch bestimmt. Allerdings kann Rose damit nicht die Steuerreformen in den OECD-Ländern seit Mitte der 1980er Jahre erklären.

3. Forschungsstand

Wie kann die Steuerpolitik demokratisch verfasster Industrieländer erklärt werden? Was sagt der Forschungsstand über wirkungsmächtige Faktoren und über solche Einflussgrößen, denen zwar aus theoretischer Sicht ein Effekt zugeschrieben wird, die aber in der Realität keine Wirkung aufweisen? Fokussiert wird dabei in diesem Abschnitt auf folgende Themenfelder: die Globalisierung, den Steuerwettbewerb, den Einfluss von Parteien, die Europäische Union sowie auf institutionelle Größen.

Kann die Globalisierung die Steuerpolitik und die Steuerreformtätigkeit hinreichend erklären? Ein großer Teil des Schrifttums sieht hierin einen der wichtigsten Bestimmungsfaktoren (OECD 1998b; Tanzi 1995; Janeba 1998; Sinn 1997). Droht den Nationalstaaten ein Verlust an staatlicher Steuerungskapazität (Scharpf 1998; Reinicke 1998), oder – was sich nicht ausschließt – ist Globalisierung als Motor für Reformen zu begreifen?

Gegen die erste Annahme, wonach die Globalisierung die Staatstätigkeit und damit den Steuerstaat dämpft, sprechen verschiedene Studien, die einen solchen Effekt nicht bestätigen können (Garrett 1998: 90; Garrett 2000; Swank 1998; Quinn 1997). Rettungsversuche des vermeintlich negativen Einflusses der Globalisierung in Gestalt von Argumenten, dass Arbeitslosigkeit oder nachlassendes Wirtschaftswachstum es dem Steuerwettbewerb unmöglich gemacht hätten, voll zu wirken (Ganghof 2001), gehen am Kern vorbei. Die einseitige Betrachtung der Einnahmeseite greift nämlich zu kurz, denn es sind die Präferenzen für öffentliche Ausgaben (z.B. Umverteilung und Infrastruktur), die simultan mit zu betrachten sind und die gegen eine Senkung der Abgabenlast wirken.

Bernauer (2000) formuliert in seiner Globalisierungsstudie verschiedene Hypothesen, die empirisch für die Steuerpolitik überprüft werden können. Die erste These lautet: Je offener ein Staat gegenüber der Weltwirtschaft ist, desto kleiner sei sein öffentlicher Sektor. Zugrunde liegen hier die Effizienzüberlegungen, nach der Wettbewerbsstaaten weniger Staatseinnahmen erheben können und es so zu einem Schrumpfen des öffentlichen Sektors kommt. Die zweite (Gegen-)These besagt, dass je offener ein Staat gegenüber der Weltwirtschaft ist, desto größer sein öffentlicher Sektor ist. Diese Gegenthese basiert auf dem Kompensationsargument von Rodrik (1997, siehe auch Cameron 1978), nach der ein vergleichsweise großer öffentlicher Sektor als Kompensation (Preis) für die Einbindung in die Weltwirtschaft dient. Die dritte Hypothese bezieht sich auf die Konvergenz der öffentlichen Sektoren: Je größer die weltwirtschaftliche Integration ist, desto stärker sei die Konvergenz der Nationalstaaten. Die vierte Hypothese Bernauers besagt, dass die negativen Auswirkungen der Globalisierung am stärksten diejenigen Bereiche des öffentlichen Sektors treffen, die für die internationale Wettbewerbsfähigkeit am wenigsten bedeutsam sind, beispielsweise die redistributiven Aktivitäten des Staates (z.B. Sozialtransfers oder Sozialhilfe). Die empirischen Befunde, die Bernauer für die ersten beiden Hypothesen präsentiert, sprechen für die Gültigkeit der zweiten Hypothese. Ebenso wird die Konvergenz der Staatsquoten (und damit letztlich auch der Steuerquoten) abgelehnt (dritte Hypothese). Auch ist ein Abschmelzen der Sozialleistungen nicht beobachtbar, weshalb insgesamt betrachtet von Bernauer die „negative" Wirkung der Globalisierung nicht nachgewiesen werden kann.

Die Globalisierung kann sicherlich als eine Antriebsmaschine für die Steuerreformtätigkeit interpretiert werden. Insbesondere die US-amerikanischen Steuerreformen von 1981 und 1986 markieren die Initialzündung, die diesen Wettbewerbsprozess in Gang setzten (Bach 1997; Janeba 1997). Hervorstechende Charakteristika waren, neben der Beseitigung von Abschreibe- und Abzugsmöglichkeiten, die Senkung der Steuersätze für Unternehmen von 46% auf 34% sowie der Einkommensteuer von 50% auf 28%, wodurch sich überaus positive Auswirkungen auf die US-Ökonomie ergaben (Selmrod 1990). Dieser *first move* der Vereinigten Staaten führte zu einem außergewöhnlichen Anstieg ausländischer Direktinvestitionen (FDI) in den USA, bei gleichzeitigem Rückgang der US-Investitionen im Ausland. Obwohl dies nicht zu den eigentlichen Reformintentionen gehörte, bewirkte diese Reform *spill over*-Effekte in den anderen OECD-Ökonomien, die sich, auch durch entsprechende Bewertungen seitens der OECD und des IMF, genötigt sahen nachzuziehen. Im Gefolge der Globalisierung wirkten zudem die bestehenden Differenzen in den Steuersätzen verschärfend auf den internationalen Steuerwettbewerb (Tanzi 1995). Dass die Einnahmen bestimmter Steuern, vor allem auf mobile Faktoren, nicht erodierten, hängt aber mit der gleichzeitigen Verbreiterung der Steuerbemessungsgrundlagen im Zuge der Reformen zusammen.

Die Frage, ob der Steuerwettbewerb schädlich ist, wie es vor allem von der EU und der OECD (1998b) – mit politischen Absichten (Radaelli 1999) – postuliert wird, ist letztlich eine empirische Frage. Hier kann die Schweiz als „Laborbeispiel" dienen, da die 26 Kantone eine weitgehende Steuerautonomie aufweisen. Lars P. Feld (2000) hat in einer breit angelegten Studie verschiedene Hypothesen anhand des Schweizer Falls überprüft: erstens die Mobilitätsthese, nach der niedrige Steuern und/oder ein hohes Niveau öffentlicher Leistungen mobile Produktionsfaktoren anziehen. Zweitens die Strategiethese, nach der Gebietskörperschaften ihre Steuersätze so einsetzen, dass sie mobile Faktoren aus anderen Gebietskörperschaften anziehen. Drittens die Effizienzthese, nach der bei mobilen Produktionsfaktoren ein fiskalischer Wettbewerb dazu führt, dass die öffentlichen Leistungen eher den Wünschen der Bürger entsprechen. Viertens die Umverteilungsthese, nach welcher fiskalischer Wettbewerb Umverteilung unmöglich macht, und schließlich fünftens die Divergenzthese, nach der ein fiskalischer Wettbewerb zu einer unterschiedlichen wirtschaftlichen Entwicklung von Gebietskörperschaften führt.

Die empirische Überprüfung der Hypothesen zeigt, dass die Mobilitäts-, die Strategie-, die Effizienz- und die Divergenzthese nicht verworfen werden können. Eindeutig wird die Umverteilungsthese verworfen, d.h., Umverteilung findet trotz Steuerwettbewerb statt. Trotz des etwas heterogenen Bildes beim stringenten empirischen Test dieser Hypothesen kann man festhalten, dass es zu Wanderungsbewegungen, zum strategischen Einsatz der Besteuerung und zu Effizienzsteigerungen durch den Steuerwettbewerb kommt. Alles in allem, so Feld, ist der Steuerwettbewerb in der Schweiz eher vorteilhaft als schädlich.

Ökonomisch lassen sich weitere positive Aspekte des Steuerwettbewerbs ausmachen: „Empirische Untersuchungen zeigen nämlich, dass sich rasch wachsende Wirtschaftsräume durch eine niedrige Steuerbelastung auszeichnen. Niedrige Steuern schaffen Leistungsanreize, begünstigen die Kapitalbildung und erhöhen die Effizienz des eingesetzten Kapitals. Zudem besteht für die Wirtschaftssubjekte keine steuerlich motivierte Veranlassung, ihre wirtschaftlichen Aktivitäten in andere Wirtschaftsräume zu verlagern" (Schiltknecht 2002: 2).

Die steuerpolitischen Kompetenzen der Europäischen Union differieren stark, je nachdem, ob es sich um indirekte oder direkte Steuern handelt. Im Vertrag von Amsterdam (Art. 93) ist geregelt, dass nur einstimmige Entscheidungen des Europäischen Rates zur Harmonisierung von Umsatzsteuern, Verbrauchsabgaben sowie sonstigen indirekten Steuern möglich sind. Direkte Steuern werden an keiner Stelle im Unionsvertrag erwähnt. Aus der Konstruktionslogik der Europäischen Union wird daher auch klar, in welchen Bereichen die Europäische Union einen bedeutenden Einfluss auf die Besteuerung ausübt. Zuallererst war dies der Bereich der Zölle. Im Zuge des Integrationsprozesses der Europäischen Union bildete die Schaffung einer Zollunion, die zwei Elemente beinhaltete, einen wichtigen Schritt: zum einen den Wegfall der Binnenzölle und zum andern die Schaffung einheitlicher Außenhandelszollregime gegenüber Drittstaaten, was u.a. wegen der Vergemeinschaftung verschiedener Politiken (v.a. Agrarpolitik sowie Montanunion) notwendig war. Außerdem gibt es ein Verbot neuer Zölle und Abgaben mit ähnlicher Wirkung im Binnenmarkt. Am deutlichsten sichtbar ist die Harmonisierung der indirekten Steuern. Mitte der 1960er Jahre hatte bis auf Frankreich und Finnland kein Land eine Konsumbesteuerung (*value added tax*, VAT). Mittlerweile (2002) haben alle EU-Staaten (wie auch alle OECD-Länder bis auf Australien und die USA) eine Konsumbesteuerung nach dem VAT-System, obwohl zum Zeitpunkt des Reformbeginns mit insgesamt fünf verschiedenen Konsumbesteuerungssystemen im OECD-Raum eine große Heterogenität zwischen den einzelnen Ländern herrschte. Die Reformen zur Einführung dieses Systems der Umsatzbesteuerung sind ohne die aktive Rolle der Europäischen Union nicht zu verstehen, zumal das nationale Umsatzsteuerecht wesentlich durch das Gemeinschaftsrecht beeinflusst wird (Bovenberg/Horne 1992; OECD 1995). Dies zeigt sich auch anhand der engen statistischen Beziehung zwischen dem Zeitpunkt der Einführung der VAT-Besteuerung und der EU-Mitgliedschaft (Wagschal 1999a).

Insgesamt wird der EU „fiskalpolitische Impotenz" (Genschel 2000: 5) zugeschrieben. Dies wird auch ähnlich von der EU-Kommission (European Union 1997: 3) gesehen: „In comparison with many other areas of European integration, tax policy is clearly lagging behind. In tax policy terms Europe is a patchwork. As a result of erosion of fiscal bases, especially the more mobile ones, professed attempts to defend tax sovereignty have in fact had the opposite effect, a gradual real loss of tax sovereignty for all the Member States. More and more Member States are poaching other Member States' taxpayers, particularly in the field of business." Die Ursache für diese Integrationsresistenz – zumindest bei direkten Steuern – sieht Genschel im Fehlen eigener Steuerkompetenzen der EU begründet (Genschel 2000).

Die unterschiedlichen Steuerpräferenzen der Parteien werden durch zahlreiche Fallstudien (Cameron 1978; Webber/Wildavsky 1986; Steinmo 1995; Wildavsky/Caiden 1997) sowie durch vergleichende Studien (Castles 1999) bestätigt. Sven Steinmo gibt in seiner historischen Untersuchung der Steuerpolitik in den USA zahlreiche Beispiele für parteipolitisch unterschiedliche Interessenlagen: „The politics of taxation in the US at the turn of the 20th century was both a politics of class and a politics of region" (Steinmo 1995: 309). Evelyne Huber u.a. stellen beispielsweise fest: „Social democracy was the most important explanatory variable for government revenue" (Huber u.a. 1993: 740). Spiegelbildlich wirken konservative Regierungen bremsend auf das Abgabenniveau (Castles 1999: 124). Auch die Analyse von Boix (1998) zur Wirtschaftspolitik sozialdemokratischer und konservativer Regierungen zeigt für die Steuerpolitik eindeutige Ergebnisse: Die Progressivität der Steuersysteme ist unter Linksregierungen deutlich höher. Auch in Zeiten der Globalisierung bleibt der Effekt erhalten. So hält Boix (1998: 95) fest: „The ideological sign of the government has a striking impact on the evolution of tax rates." Ebenfalls stellt Garrett (1998) für seine (kombinierte) unabhängige Variable „Stärke der Linken" sowohl für die Abgabenhöhe als auch für die Progressivität des Steuersystems eindeutig signifikante Befunde fest: Von starken Gewerkschaften unterstützte Linksregierungen führen zu einer höheren Besteuerung und zu einer starken Progressivität der Besteuerung. Für das Niveau der Besteuerung lassen sich überdies keine Studien identifizieren, die für die Nullhypothese „kein Einfluss parteipolitischer Variablen" sprechen.

Aus dem Blickwinkel des Machtressourcenansatzes sind Politikergebnisse primär eine Funktion der Machtverteilung zwischen gesellschaftlichen Interessengruppen und ihren jeweiligen Machtpositionen. Vergleichende quantitative Studien haben verschiedentlich einen Einfluss korporatistischer Arrangements auf die Steuerpolitik nachgewiesen und gezeigt, dass diese sowohl eine höhere Steuerbelastung generieren als auch die Steuerstruktur beeinflussen (Steinmo/Tolbert 1998; Garrett 1998). Bemerkenswerterweise gibt es aber für die korporatistischen Länder Skandinaviens Befunde, die quer zur vermuteten Wirkungsrichtung liegen. So sind die sozialdemokratisch-skandinavischen Steuersysteme aufgrund ihrer Betonung der Einkommensteuer und der Konsumbesteuerung besonders regressiv, was niedrige Einkommensschichten überproportional belastet. Die Lösung dieses Widerspruchs liegt darin, dass gerade diese Schichten von einem starken Steuerstaat profitieren und diese Politik beispielsweise in Schweden die Zustimmung der Gewerkschaften gefunden hat (Steinmo 1993: 125ff.). Eine solche Politik von linken Regierungen war nur mit eher umfassenden *(encompassing)* Gewerkschaften durchzusetzen, die eher am „Gemeinwohl" orientiert sind, als mit kleinen, partikularistischen Gewerkschaften (vgl. Kittel i.d.B.).

Im Hinblick auf den Effekt von Vetospielern auf die Besteuerung gibt es zwei unterschiedliche Positionen: Während Hallerberg und Basinger (1998; 1999) sowie Wagschal (1999a; 1999b) hier einen bedeutenden Faktor identifizieren, verneint Ganghof (1999) einen solchen Effekt von Vetospielern. Im nächsten Abschnitt 4 werden hierzu verschiedene empirische Ergebnisse präsentiert, die einen Vetospielereffekt stützen. Die Ergebnisse anderer Studien, wie etwa von Castles (1998: 103), sprechen ebenfalls für einen Vetospielereinfluss: So ist zwischen 1960 und Anfang der 1990er Jahre der Vetospielerindikator von Schmidt (1996) die erklärungskräftigste Größe für die Veränderung der Steuerquote.

Steinmo und Tolbert (1998) weisen außerdem nach, dass in Ländern mit einer großen Mehrheit einer Partei die Besteuerung niedriger ist als in fraktionalisierten politischen Systemen (vgl. auch Abschnitt 4). Allerdings sind die Besteuerungsniveaus besonders hoch für dominante Parteien, die über einen Stimmenanteil von knapp unter 50% verfügen. Auch neuere Analysen von Gould (2000) stützen diesen Befund, demzufolge es vor allem vergleichsweise große Parteien in Ländern mit Verhältniswahlrecht sind, die die Besteuerung nach oben treiben.

4. Empirische Ergebnisse

In diesem Abschnitt werden eigene empirische Befunde zu verschiedenen Theorien und vermuteten Einflussrichtungen einzelner Variablen vorgestellt. Neben einfacher deskriptiver Statistik, vor allem zur Analyse des internationalen Steuerwettbewerbs, werden dabei Befunde zu zwei zentralen abhängigen Variablen vorgestellt: dem Niveau der Besteuerung sowie der Steuerreformaktivität.

Im Hinblick auf den internationalen Steuerwettbewerb lautete eine Hypothese, dass der Anteil direkter Steuern, insbesondere auf Kapital, zurückgehen und die indirekte Besteuerung zunehmen müsste. Abbildung 1 widerspricht dieser Tendenz. Der Anteil der direkten Steuern hat tendenziell gerade auch während der letzten beiden Dekaden zugenommen, während der Anteil der indirekten Steuern am Gesamtsteueraufkommen abgenommen hat. Ebenfalls ausgedehnt hat sich der Anteil der Sozialversicherungsabgaben.

Abb. 1: Der Anteil direkter und indirekter Steuern sowie von Sozialversicherungsabgaben am Gesamtsteueraufkommen in 21 OECD-Ländern (1960-1999)

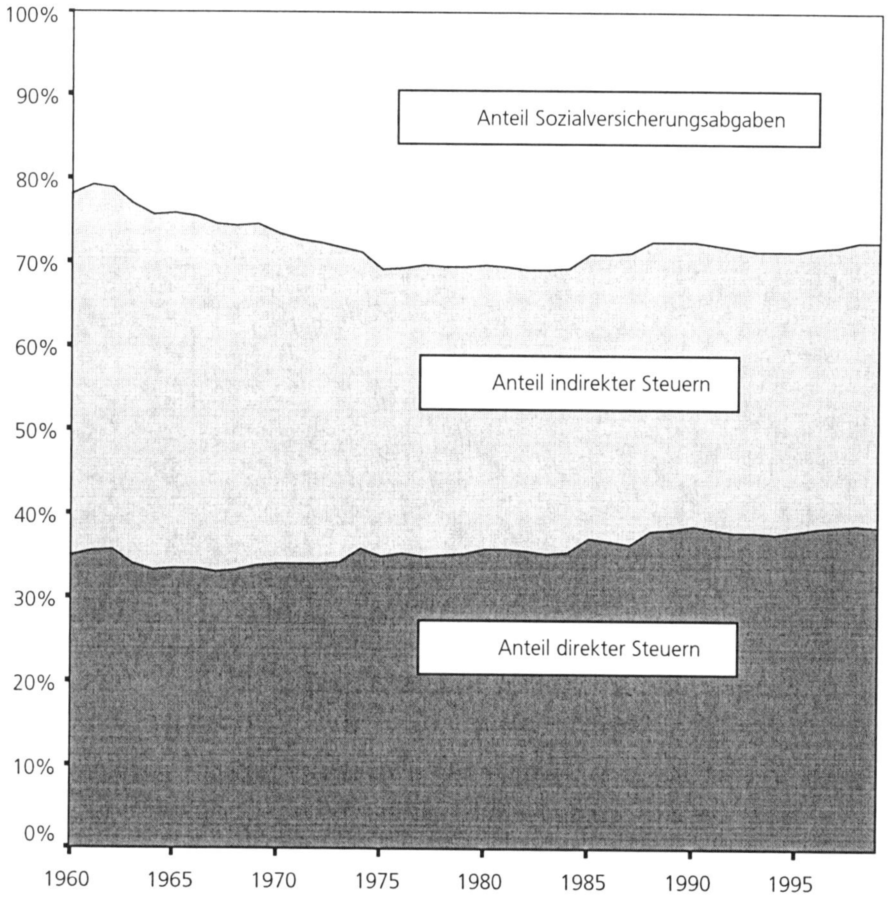

Quelle: OECD (2000b).

Desgleichen findet die Hypothese eines Rückganges der Kapitalbesteuerung keine Bestätigung, sofern man den Anteil der Unternehmenssteuern am BIP sowie am Gesamtsteueraufkommen betrachtet: In der OECD-Welt (OECD 2000a) ist der Anteil der Unternehmenssteuern am BIP zwischen 1965 und 1998 von 2,2% auf 3,3% gestiegen, während der Anteil am Gesamtsteueraufkommen im selben Zeitraum konstant blieb (8,8% versus 8,9%). Bei den Vermögenssteuern ist der Anteil am BIP mit 1,9% sogar konstant geblieben, während der Anteil dieser Steuer am Gesamtaufkommen von 7,8% auf 5,4% etwas gesunken ist. Jedoch ist das Vermögen (z.B. Häuser und Betriebsanlagen) nur bedingt mobil, weshalb dieser Befund kaum als Beleg für ein *race to the bottom* gelten kann.

Tabelle 2: Veränderungen der Steuersätze für Private und Unternehmen (1980-1997)

	Spitzensteuersatz in der Einkommensteuer (1997)	Spitzensteuersatz in der Einkommensteuer (1980)	Verringerung des Spitzensteuersatzes für Private (1980-1997)	Spitzensteuersatz für Unternehmen (1997)	Spitzensteuersatz für Unternehmen (1980)	Verringerung des Spitzensteuersatzes für Unternehmen (1980-1997)
Schweden	25,0	58,0	33,0	28,0	40,0	12,0
USA	39,6	70,0	30,4	35,0	46,0	11,0
Neuseeland	33,0	60,0	27,0	33,0	50,0	17,0
Japan	50,0	75,0	25,0	37,5	40,0	2,5
Belgien	55,0	76,3	21,3	41,0	50,0	9,0
Italien	51,0	72,0	21,0	37,0	25,0	-12,0
Norwegen	28,0	48,0	20,0	0,0	27,8	27,8
UK	40,0	60,0	20,0	31,0	52,0	21,0
Griechenland	45,0	60,0	15,0	40,0	43,4	3,4
Australien	47,0	61,1	14,1	36,0	46,0	10,0
Kanada	29,0	43,0	14,0	38,0	46,0	8,0
Finnland	38,0	51,0	13,0	28,0	59,0	31,0
Irland	48,0	60,0	12,0	36,0	45,0	9,0
Niederlande	60,0	72,0	12,0	36,0	48,0	12,0
Österreich	50,0	59,5	9,5	34,0	55,0	21,0
Spanien	56,0	65,1	9,1	35,0	33,0	-2,0
Frankreich	54,0	60,0	6,0	41,7	50,0	8,3
Dänemark	60,0	63,6	3,6	34,0	40,0	6,0
Deutschland	53,0	56,0	3,0	45,0	56,0	11,0
Schweiz	11,5	11,5	0,0	9,8	9,8	0,0
Portugal	40,0	22,0	-18,0	36,0	20,0	-16,0
Insgesamt	43,5	57,3	13,9	33,0	42,0	9,0
Spannweite	48,5	64,8	51,0	45,0	49,2	47,0
CV * 100	29,1	27,8	83,2	31,3	29,9	125,2

Quelle: Coopers & Lybrand, International Tax Summaries, verschiedene Jahre.

Betrachtet man die Steuersätze, dann gibt es dagegen gewisse Indizien für einen Unterbietungswettlauf. Fast alle OECD-Länder haben seit 1980 ihre Steuersätze auf das private Einkommen sowie für Unternehmen gesenkt (Tabelle 2). Die größte Reduktion fand in Schweden bei der Einkommensteuer und in Norwegen bei der Körperschaftsteuer statt. Zu beobachten ist jedoch eine weiterhin große Divergenz bei den Steuersätzen, wie man aus der Spannweite und dem Variationskoeffizienten ablesen kann. Eine eindeutige Konvergenz lässt sich damit nicht nachweisen. Das Steueraufkommen ist im Gegensatz dazu aber nicht gesunken – im Gegenteil (vgl. auch Tabelle 1). Für das Jahr 1998, das letzte Jahr, für das Daten vorliegen, zeigt sich innerhalb der OECD-Welt sogar ein Rekordstand an Steuereinnahmen (im Durchschnitt 38% des BIP). Die Ursache hierfür liegt in der Verbreiterung der Bemessungsgrundlagen, was von den Kritikern eines Steuerwettbewerbs oft übersehen wird. Für das Steueraufkommen ist nicht nur der Steuersatz wichtig, sondern auch der Betrag, also die Bemessungsgrundlage, auf die dieser Satz zu bezahlen ist. Eine solche Politik des *tax cut cum base broadening* erzielt die Vorteile eines niedrigen Steuersatzes, ohne notwendigerweise zu Einnahmeausfällen zu führen (Slemrod 1990: 15), und ist damit eine kostengünstige Politikoption für Wählerstimmen maximierende Regierungen.

Tabelle 3: Spearman-Rangkorrelationen für Steuerreformindikatoren und Vetospieler (1980-1997)

	Kompetitive Vetospieler[b]	Umfassende Vetospieler[b]	Δ Unternehmensteuer (I)[a]	Δ Einkommensteuer (II)[a]	Summe Δ (I + II)	Zahl der Reformen (I + II)
Umfassende Vetospieler [b]	0,94**					
Δ Unternehmensteuer (I) [a]	-0,51*	-0,44				
Δ Einkommensteuer (II) [a]	-0,40	-0,50*	0,34			
Summe Δ (I + II) [c]	-0,63** (-0,53)**	-0,61** (-0,50)*	0,86** (0,62)**	0,72** (0,68)**		
Zahl der Reformen [d]	-0,59**	-0,56**	0,37	0,36	0,45* (0,38)	
Steuerreformindikator [e]	-0,62**	-0,59**	0,55**	0,58**	0,68** (0,81)**	0,82**

Anmerkungen: a = Daten siehe Tabelle 2. b = Daten siehe Wagschal (1999a), Tabelle 4. c = Summe der Veränderungen der Unternehmen- und Einkommensteuer. Werte in Klammern sind die Korrelationen für die Summe der Absolutbeträge der Steuersatzänderungen; d = Daten siehe (Wagschal 1999b) ,Tabelle 1, Spalte 4; e = Daten siehe (Wagschal 1999b), Tabelle 1, Spalte 5.

Blockieren Vetospieler tatsächlich Steuerreformen? In Tabelle 3 werden zunächst die bivariaten Befunde für verschiedene Vetospielerindikatoren vorgestellt, nämlich einen „umfassenden“ und einen „kompetitiven“ Vetospielerindex.[3] Die hier verwendeten Vetospielerindikatoren beruhen – wie in Abschnitt 2 angedeutet – auf einem weiter gefassten Verständnis des Vetospielertheorems und stehen damit in der Tradition anderer vergleichender Studien (Huber u.a. 1993; Schmidt 1996). Diese beiden Indikatoren werden mit verschiedenen Steuerreformindikatoren korreliert, und zwar mit (1) der Veränderung der höchsten Sätze bei der Unternehmenssteuer, (2) der Veränderung des Höchststeuersatzes der Einkommensteuer (vgl. Tabelle 2), (3) der Summe aus beiden Änderungen, (4) der Anzahl der durchgeführten Reformen sowie (5) einem aggregierten Steuerreformindikator. Dieser wird berechnet, indem die absoluten Veränderungen der Steuersätze addiert werden und dann aus der Summe eine Rangfolge gebildet wird. Anschließend werden die entsprechenden Rangplätze der Zahl der Steuerreformen ermittelt. Der Reformindikator ergibt sich aus dem arithmetischen Mittel beider Rangsummen. Das Ergebnis spricht eindeutig für die Hypothese. Vetospieler weisen bei sämtlichen aggregierten Steuerreformindikatoren einen signifikanten Einfluss auf: Je mehr Vetospieler das Institutionengefüge eines Landes aufweist, desto geringer ist die Steuerreformtätigkeit und desto geringer ist die Zahl der durchgeführten Steuerreformen. Im Übrigen weisen die Vetospielerindikatoren nicht nur einen signifikanten Erklärungsbeitrag bei der Variation der Steuerreformtätigkeit auf, sondern deuten auch auf einen langfristig bremsenden Effekt auf die Höhe der Steuerquote hin (vgl. auch Tabelle 4). Für die Veränderung der Steuerquote zwischen den 1960er Jahren und Ende der

3 Die ausführliche Darstellung und Operationalisierung der unabhängigen Vetospielerindikatoren findet sich bei Wagschal (1999a; 1999b).

1990er Jahre besteht für den Index nach der Operationalisierung von Huber u.a. eine Korrelation von r = –0,60 und für den Indikator von Schmidt von r = –0,40.

Was bestimmt die Höhe der Besteuerung, und welche Faktoren wirken auf die Steuerreformen ein, wenn man multivariate Querschnittregressionen schätzt? Tabelle 4 stellt zunächst wichtige Faktoren zur Erklärung des Besteuerungsniveaus dar.[4] Besonders interessieren in dieser Abbildung die langfristig wirkenden politischen Strukturvariablen, weshalb vor allem längerfristige Durchschnittswerte verwendet werden.[5] Eine hohe Senioren- und Arbeitslosenquote ruft eine – unter sonst gleichen Umständen – größere Nachfrage nach staatlichen Leistungen und damit einen hohen Finanzbedarf hervor. Dagegen entlastet das Wirtschaftswachstum – über mehr Steuereinnahmen – die Staatskasse. Diese sozioökonomischen Determinanten sind in ihrer Wirkungsweise plausibel und sind gleichsam Kernbestandteil der Modelle zur Erklärung wohlfahrtsstaatlicher Politik (Obinger/Wagschal 2000; Obinger/Kittel i.d.B.). Daneben erweisen sich aber auch politisch-institutionelle Faktoren als erklärungsmächtig.

Insbesondere die institutionellen Vetopunkte und Vetospieler, z.B. Verfassungsgerichte, die Direktdemokratie, eine unabhängige Notenbank, verfassungsrechtliche Steuergrenzen, haben eine eindeutige Prägekraft, da sie den Steuerstaat bremsen können. Die Wirkung solcher Vetospieler zeigt sich vor allem im Rahmen einer Erklärung der Steuerreformtätigkeit nach 1980: Länder mit vielen institutionellen *checks and balances* führten signifikant weniger Steuerreformen durch. In der Bundesrepublik hat gerade das Verfassungsgericht in jüngster Zeit bei seinen Entscheidungen zum steuerfreien Existenzminimum, zur Zinsbesteuerung sowie zur Vermögen- und Erbschaftsteuer die Steuerpolitik mit determiniert. Auch der Supreme Court der USA übte einen ähnlichen Einfluss aus, wie folgendes Beispiel zeigt: 1894 verabschiedete der Kongress die *Wilson Tariff Bill,* die eine auf fünf Jahre befristete Einführung der Einkommensteuer vorsah (Jurinski 2000: 90). Diese Steuer wurde von den Demokraten und den Populisten befürwortet, während die Gegner dieser Steuer diese als „sozialistisch" diskreditierten. Bereits ein Jahr später erklärte der Supreme Court in der Entscheidung *Pollock versus Farm Loan and Trust Company* die Steuer jedoch für verfassungswidrig.

---

4 Die abhängige Variable ist die durchschnittliche Gesamtabgabenquote im Zeitraum von 1990 bis 1997, damit Einflüsse von Ausreißern vermieden werden.

5 Aufgrund der Problematik der Zahl der Freiheitsgrade sowie von Multikollinearitätsproblemen können nicht alle Variablen simultan in Querschnittsregressionen mit Fallzahlen von etwas über 20 verwendet werden. Deshalb wird im Text auf Besonderheiten hingewiesen, auch wenn nicht alle berichtenswerten Ergebnisse in den Tabellen 4 und 5 dargestellt werden können.

Tabelle 4: Determinanten der Gesamtabgabenquote (Ø 1990-1997)

	(1) Gesamtabgabenquote (Ø 1990-1997)	(2) Gesamtabgabenquote (Ø 1990-1997)	(3) Veränderung der Gesamtabgabenquote (Ø 90er-Ø 60er)
Konstante	21,88	25,50	30,46
	(5,01)***	(-0,22)	(4,78)***
Konstitutionelle Strukturen	-2,69	-2,08	-1,68
(Huber et al. 1993)	(-5,09)***	(-3,72)***	(-3,77)***
Kabinettssitzanteil konservativer			-0,09
Parteien (Ø 1945-97) [a]			(-2,98)***
Kabinettssitzanteil linker	0,13		
Parteien (Ø 1945-1997) [a]	(3,06)***		
Offenheit der Ökonomie	1,84	0,98	
(Ø 1960-1993) [b]	(4,32)***	(2,23)**	
Seniorenquote		1,37	
(Ø 1960-1997)		(3,10)***	
Fraktionalisierung		26,96	
(Ø 1945-1993) [c]		(2,37)**	
Log der außenwirtschaftlichen			-4,45
Verflechtung			(-2,20)**
(Ø 1960-1995)			
Adj. R^2	0,72	0,76	0,47
N	21	21	21

Anmerkungen: Die Werte sind die unstandardisierten Regressionskoeffizienten; t-Statistik in Klammern: * = signifikant auf dem 10%-Niveau, ** = signifikant auf dem 5%-Niveau, *** = signifikant auf dem 1%-Niveau (zweiseitige Fragestellung beim Hypothesentest). a = Datenbasis: Forschungsprojekt Staatstätigkeitsforschung; b = ordinaler Indikator zum Grad der Kapitalmarktoffenheit in OECD-Ländern. Die Spannweite reicht von 0 (nicht offen) bis 14 (keine Beschränkungen). Die Daten wurden mir freundlicherweise von Dennis Quinn zur Verfügung gestellt (vgl. auch Quinn 1997); c = Maß für die Zersplitterung des Parteiensystems.

Sowohl bei bivariaten Analysen als auch im Mehrvariablenfall erweisen sich die parteipolitischen Variablen als sehr ertragreich. Für den Zusammenhang zwischen den Kabinettssitzanteilen konservativer Parteien (Ø 1945-1997) und der Gesamtabgabenquote ergibt sich ein Korrelationskoeffizient von r = –0,61, für die Kabinettssitzanteile linker Parteien (Sozialdemokraten, Kommunisten und Grüne) beträgt r = +0,57 (betrachtet man nur die Kabinettssitzanteile der Sozialdemokraten und jene von konservativen und liberalen Parteien, beträgt r = +0,51 bzw. r = –0,59). Die Kabinettssitzanteile aller bürgerlichen Parteien, d.h. Konservative, Liberale, Christdemokraten, nichtchristliche Mitte, Regional- und Agrarparteien, üben keinen signifikanten Einfluss aus, was auf die tendenziell ausgabenfreundliche Haltung der Christdemokraten zurückzuführen ist. Bemerkenswert ist zudem die steuerpolitische Privilegierung der Familie durch christdemokratische Parteien. Vergleicht man beispielsweise den Steuerkeil (OECD 1998) für Verheiratete und Singles mit einem identischen Einkommen (ohne Kinder), kann eine starke Beziehung mit dem langfristigen christdemokratischen Regierungsanteil festgestellt werden (r = –0,57), d.h., je stärker christdemokratische Parteien an der Regierung beteiligt sind, desto größer sind die steuerpolitischen Vorteile für Familien. Insbesondere sozialdemokratische und mit Abstrichen christdemokratische Parteien waren damit für den Ausbau des Steuerstaates verantwortlich. Beides sind Sozialstaatsparteien, wenngleich innerhalb der Christdemokratie in verschiedenen Ländern Faktionen existieren, die eher für eine Bremsung des Wohlfahrtsstaates votieren.

Dieser Befund für die parteipolitischen Variablen bleibt auch in den multivariaten Regressionen von Tabelle 4 erhalten. Linksparteien erhöhen die Gesamtabgabenquote, während vor allem konservative Regierungsparteien diese dämpfen. Auch in Bezug auf die Veränderung der Gesamtabgabenquote waren konservative Parteien zurückhaltender als Linksparteien (vgl. Gleichung 3 in Tabelle 4).

Überraschend weist im Querschnittsvergleich die internationale Handelsverflechtung, gemessen als Anteil der Im- und Exporte am BIP (∅ 1960-1995), als eine gebräuchliche - wenn auch nur unzureichende - Operationalisierung der Globalisierung (vgl. Martin i.d.B.) nur eine mittelstarke Korrelation mit der Gesamtabgabenquote auf (r = +0,44; n = 21). Der Zusammenhang ist überdies positiv, d.h., stark in den Weltmarkt eingebundene Länder weisen höhere Abgabenniveaus auf. Daraus aber den Schluss zu ziehen, die Internationalisierung hätte nur geringe Effekte auf die Steuerpolitik, wäre verfehlt. Denn gerade die Globalisierung, ihre Perzeption und der tatsächlich resultierende Anpassungsdruck – insbesondere seit Beginn der 1980er Jahre – haben diese Steuerreformen angestoßen. Ein weiterer Globalisierungsindikator ist der Quinn-Index als Maß für die Offenheit einer Ökonomie. Dieser setzt sich aus zwei Teilindikatoren zusammen, einem für Restriktionen bei Kapitalimporten bzw. -exporten und einem für Restriktionen des Warenverkehrs. Der langfristige Durchschnitt dieser Messgröße (∅ 1960-1993) ist in bivariaten Korrelationen mit der Gesamtabgabenquote nicht sonderlich erklärungskräftig. Er erweist sich aber in Gleichung 1 und 2 in Tabelle 4 als signifikanter Faktor mit dem schon von Cameron (1978) für die außenwirtschaftliche Verflechtung postulierten positiven Vorzeichen. Dies passt zur *Kompensationsthese* (Rodrik 1997), die eine positive Beziehung des Umfangs des Sozialstaates mit der Globalisierung behauptet. Demnach hätte ein ausgebauter Sozialstaat erst das hohe Maß an weltwirtschaftlicher Integration ermöglicht. Diese Argumentation zeugt zwar von Begründungskompetenz der Sozialstaatsverteidiger, ist aber im Lichte der Daten nicht sonderlich stichhaltig, da es eher kleine Länder sind, die einen hohen Verflechtungs- und Offenheitsgrad aufweisen. Diese wurden überwiegend von Links- und anderen Sozialstaatsparteien regiert und weisen zudem einen hohen Korporatismusgrad auf, was in letztlich entscheidendem Maße den Sozial- und Steuerstaatsausbau bewirkt hat.

Quer zu diesen Befunden stehen die Ergebnisse der Veränderung der Abgabenquoten zwischen den 1960er und 1990er Jahren (Gleichung 3 in Tabelle 4). Sie passen zu der *Effizienzthese*, nach der sich die Staaten immer mehr auf einem Weg hin zu „Wettbewerbsstaaten" befinden. In der Tat reagieren weltmarktoffene Länder flexibler auf außenwirtschaftliche Erfordernisse (Katzenstein 1985). Betrachtet man die Beziehung zwischen dem Offenheitsgrad (Quinn-Index) und der Veränderung der Gesamtabgaben, dann zeigt sich eindeutig, dass offene Ökonomien die Abgaben längst nicht so stark erhöht haben (r = –0,54; n = 21) wie weniger offene Volkswirtschaften. In den 1980er und 1990er Jahren verstärkt sich diese Tendenz. Länder, die dem internationalen Wettbewerb besonders ausgesetzt waren, bauten die Besteuerung weniger stark aus. Es kommt also genau darauf an, was man erklären möchte: das Niveau der Besteuerung oder die Veränderung der Besteuerung.

Einen gewichtigen Einfluss übt zudem eine starke Zersplitterung (Fraktionalisierung des Parteiensystems) und somit auch die Konfliktstruktur *(cleavages)* eines

Landes aus (r = 0,61; n = 21). Je größer die Zersplitterung des Parteiensystems und damit die Zahl der gesellschaftlichen Konfliktlinien ist und je mehr Partikularinteressen – gerade auch im Sinne von Mancur Olson (1968) – das politische System „belasten“, desto größer ist der Finanzbedarf. Dies hängt auch mit der Regelung gesellschaftlicher Konflikte zusammen, die oftmals erst durch die Befriedung aller maßgeblichen Gruppen geregelt werden können, wobei eine solche Schlichtung eben auch viel Geld kostet (vgl. Steinmo 1993).

Tabelle 5: Determinanten von Steuerreformen (1980-1997)

	Zahl der Steuerreformen	Zahl der Steuerreformen	Umfang Steuersatzänderungen [a]
Konstante	0,98	6,57	48,28
	(0,18)	(3,10)***	(2,24)**
Kompetitiver	-1,07	-1,42	-5,39
Vetospielerindex	(-2,48)**	(-3,46)***	(-2,60)**
Misery-Index [b]	0,26	0,19	-0,09
(∅ 80-97)	(2,41)**	(2,14)**	(-0,17)
Anteil sozialdemokratischer			-0,05
Minister (∅ 80-97) [c]			(-0,45)
Anteil bürgerlicher Minister	0,01		
(∅ 80-97) [c]	(0,42)		
Anzahl Regierungsparteien		0,73	
(∅ 80-97) [c]		(1,22)	
Abgabenquote im Jahr 1980	0,13		-0,12
	(1,46)		(-0,29)
N	23	23	23
F-Statistik	4,75***	6,21***	1,88
Adj. R^2	0,41	0,45	0,13

Anmerkungen: Die Werte sind die unstandardisierten Regressionskoeffizienten; t-Statistik in Klammern: * = Signifikanz auf dem 10%-Niveau, ** = Signifikanz auf dem 5%-Niveau; *** = Signifikanz auf dem 1%-Niveau; t-Statistik in Klammern. Die einzelnen Regressionen wurden nach der Methode der kleinsten Quadrate (OLS) geschätzt. a = Summe (Absolutbetrag) der Änderungen bei der Einkommen- und Unternehmensteuer (siehe Wagschal 1999a: 633); b = Addition aus der Arbeitslosenquote und der Inflationsrate im Untersuchungszeitraum; c = Datenbasis: Forschungsprojekt Staatstätigkeitsforschung.

Unterscheiden sich die Bestimmungsfaktoren der Steuerreformaktivitäten und jene der Höhe der Besteuerung? Hierzu wurden in Querschnittsregressionen verschiedene andere sozioökonomische und politische Variablen geprüft (Tabelle 5). Als abhängige Variablen wurden neben der Zahl der durchgeführten Reformen im Bereich der Einkommens- und Unternehmensbesteuerung auch die Absolutbeträge der Steuersatzvariationen als Indikator für das Ausmaß der Reformen verwendet, da der umfassende „Steuerreformindikator“ ordinal skaliert ist (vgl. Tabelle 3). Als Kontrollvariablen wurden unter anderem das Startniveau der aggregierten Höchststeuersätze im Jahr 1980 sowie die Abgabenquote im Jahr 1980 herangezogen. Je höher die Abgabenlast in Relation zum Bruttoinlandsprodukt ist und je höher die nominalen Steuersätze sind, desto stärker – so die Vermutung – werden die Steuern gesenkt. Jedoch weist keine der beiden Größen in den Regressionen einen signifikanten Einfluss auf. Relevant für die Steuerreformaktivität sind im Wesentlichen nur zwei Faktoren, nämlich die Zahl der Vetospieler und der ökonomische Problemdruck.

Die erklärungskräftigste Variable ist die Zahl der Vetospieler, wobei es unerheblich ist, welche der diskutierten Operationalisierungen verwendet wird (hier ist der kompetitive Vetospielerindex signifikant).[6] Der Index weist in allen Fällen das vermutete Vorzeichen auf. Sowohl die Zahl der Reformen als auch der Umfang der Reformtätigkeit wird durch eine hohe Zahl an Vetospielern begrenzt. Dieses Ergebnis stützt die Befunde der bivariaten Auswertung. Eine Interpretation der Regressionskoeffizienten verdeutlicht, dass ein zusätzlicher Vetospieler ungefähr eine Steuerreform weniger im Untersuchungszeitraum impliziert. Ferner fällt bei Erhöhung der Vetospielerzahl um eins die (absolute) Summe der Steuersatzänderungen um fünf Prozentpunkte niedriger aus, wenn alle anderen Faktoren konstant bleiben.

Neben den institutionellen Barrieren ist außerdem die wirtschaftliche Lage eines Landes von Bedeutung: Je größer der ökonomische Problemdruck ist, desto häufiger wurden Reformen durchgeführt.

Dagegen üben analog zu den Befunden von Hallerberg und Basinger (1998)[7] Globalisierungsindikatoren, wie der oben erwähnte Quinn-Index, keinen substanziellen Einfluss aus. Die Vermutung wäre gewesen, dass offene Länder stärker dem Steuerwettbewerb ausgesetzt sind als solche, die ihre Ökonomien stärker vom Weltmarkt – insbesondere von Finanztransaktionen – abschotten.

Auch die parteipolitische Zusammensetzung der Regierung erweist sich als nicht erklärungskräftig. Weder bei Differenzierung nach Steuerarten und nach einzelnen Parteifamilien noch bei Analyse der einzelnen Reformen in einem gepoolten Datendesign sind parteipolitische Variablen signifikante Erklärungsfaktoren. Dies könnte sowohl für die These des Verlustes politischer Handlungsfähigkeit durch den Globalisierungsdruck als auch für ein bewusstes Einlassen auf den Steuerwettbewerb sprechen, gleich, welche Couleur eine Regierung aufweist. Auch die Zahl der Regierungsparteien als weitere institutionelle Größe ist nicht signifikant.

5. Zusammenfassung

Für die Erklärung der Steuerpolitik können unterschiedliche theoretische Ansätze herangezogen werden. Finanzwissenschaftliche Optimalsteuertheorien, die „politikfreie“ Besteuerungsregeln angeben, können allerdings nur bedingt zur Generierung von testfähigen Hypothesen verwendet werden, da sie kaum nach den Ursachen der Steuerpolitik fragen. Ihr Ziel ist vor allem die Formulierung von Bedingungen eines optimalen Steuersystems oder – falls dies nicht realistisch ist – einer *second best*-Lösung. Dagegen beschäftigen sich die *public choice*-Ansätze hauptsächlich mit dem Zustandekommen steuerpolitischer Entscheidungen, also dem „Wie“. Räumliche Modelle, wie das Medianwählermodell, führen in ihrer einfachen Variante zum Ergebnis, dass sich die Steuerpolitik an den Präferenzen des mittleren Wählers orientiert. Erweiterungen in Gestalt von Modellen des probabilistischen Wählens formulieren für die Steuerpolitik die Entscheidungsregel, dass die politischen Grenz-

6 Problematisch ist hierbei die Insignifikanz der Regressionsgleichungen mit dem Umfang der Steuersatzänderung als abhängige Variable (vgl. F-Statistik in Tabelle 5).

7 Hallerberg/Basinger (1998) verwenden nicht den Quinn-Index, sondern einen anders konstruierten Indikator.

kosten einer zusätzlichen Besteuerungseinheit (= Verlust an Wählerstimmen) gleich dem politischen Grenznutzen sein müssen. Die Frage nach dem „Warum", also den Determinanten der Steuerpolitik, kann dagegen adäquater mit testbaren Hypothesen, die aus den Theorien der vergleichenden Politikwissenschaft abgeleitet werden, überprüft werden.

Der Forschungsstand auf Basis dieses Ansatzes weist auf gesicherte Befunde eines parteipolitischen Einflusses auf die Besteuerung hin. Dies gilt nicht nur für die Höhe der Besteuerung, sondern auch für vielfältige andere Steuerfaktoren, wie etwa die Progressivität der Besteuerung, die Verwendung bestimmter Steuern sowie die Steuerstruktur. Dabei führen vor allem Linksregierungen zu einer höheren Abgabenquote, während diese unter konservativen Regierungen eher niedrig ist. Auch die Zahl der Vetospieler wirkt dämpfend auf die Höhe der Gesamtabgaben. Das Besteuerungsniveau kann überdies durch weitere politisch-institutionelle Faktoren, wie etwa den Korporatismus, mit erklärt werden. Allerdings sind auch sozioökonomische Variablen (z.B. die Seniorenquote und die Arbeitslosenquote) als wirkungsmächtige Faktoren zu berücksichtigen.

Der internationale Steuerwettbewerb, der durch die Globalisierung verschärft wird, führt nicht zu einem *race to the bottom*. Trotz sinkender Steuersätze bei den Einkommen- und Körperschaftsteuern ging das Steueraufkommen nicht zurück, weil die Steuerbemessungsgrundlagen gleichzeitig verbreitert wurden. Das Scheitern der Hypothese von der Steuerabwärtsspirale lässt sich aus einer politisch-ökonomischen Perspektive gut erklären, da auch die Präferenzen der Wähler für öffentliche Leistungen berücksichtigt werden müssen, die oft eher auf „Mehr" als auf „Weniger" gestellt sind. Für die Schweiz, als das Land mit dem intensivsten Steuerwettbewerb auf subnationaler Ebene, kann ebenfalls keine Abwärtsspirale identifiziert werden.

Die Wirkung verschiedener Globalisierungsindikatoren auf die Besteuerung zeigt eher auch in die andere Richtung: Stärker in den Weltmarkt integrierte Länder weisen eine höhere Besteuerung auf. Es kann auch kein Rückgang der Besteuerung mobiler Faktoren beobachtet werden, und auch der Anteil der indirekten Steuern hat nicht zugenommen.

In Bezug auf die Ursachen für die unterschiedlichen Steuerreformaktivitäten ist es hauptsächlich die Zahl der Vetospieler, die Reformaktivitäten bremsen, sowie der makroökonomische Problemdruck, der unter sonst gleichen Umständen zu mehr Reformaktivitäten führt. Globalisierungsindikatoren erwiesen sich diesbezüglich als ebenso insignifikant wie parteipolitische sowie andere institutionelle Variablen.

Literatur

Adema, Willem, 1997: What Do Countries Really Spend on Social Policies? A Comparative Note, in: OECD Economic Studies 28, 153-165.

Atkinson, Anthony B., 1981: Optimale Besteuerung und die Kontroverse: direkte versus indirekte Steuern, in: *Rose, Manfred/Wenzel, Hans-Dieter/Wolfgang, Wiegard* (Hrsg.), Optimale Finanzpolitik, Stuttgart/New York, 93-115.

Bernauer, Thomas, 2000: Staaten im Weltmarkt: Zur Handlungsfähigkeit von Staaten trotz wirtschaftlicher Globalisierung, Opladen.

Boix, Carles, 1998: Political Parties, Growth and Equality. Conservative and Social Democratic Strategies in the World Economy, Cambridge.

Bovenberg, Lans A./Horne, Jocelyn, P., 1992: Taxes on Commodieties: A Survey, in: Koptis, George (Hrsg.): Tax harmonization in the European Community: policy issues and analysis, Washington D.C.

Brennan, Geoffrey/Buchanan, James M., 1988: Besteuerung und Staatsgewalt: Analytische Grundlagen einer Finanzverwaltung, Hamburg.

Bundesministerium für Finanzen, 1999: Finanzbericht 2000, Bonn.

Cameron, David R., 1978: The Expansion of the Public Economy: A Comparative Analysis, in: American Political Science Review 72, 1243-1261.

Castles, Francis G., 1982: The Impact of Parties on Public Expenditure, in: *Castles, Francis G.* (Hrsg.), The Impact of Parties, London/Beverly Hills, 21-96.

Castles, Francis G., 1999: Comparative Public Policy: Patterns of Post-war Transformation, Cheltenham.

Coopers & Lybrand, 1998: 1998 International Tax Summaries: A Guide for Planning and Decisions, New York.

Dilnot, Andrew/Stears, Gary, 1998: The United Kingdom, in: *Messere, Ken* (Hrsg.), The Tax System in Industrialized Countries, New York, 354-376.

Downs, Anthony, 1968: Ökonomische Theorie der Demokratie, Tübingen.

Downs, Anthony, 1969: Eine ökonomische Theorie des politischen Handelns in einer Demokratie (nebst Ergänzungen), in: *Recktenwald, Hans C.* (Hrsg.), Finanzpolitik, Köln/Berlin, 49-67.

Downs, Anthony, 1974: Warum das staatliche Budget in einer Demokratie zu klein ist, in: *Frey, Bruno S./Meißner, Werner* (Hrsg.), Zwei Ansätze der Politischen Ökonomie: Marxismus und ökonomische Theorie der Politik, 105-126.

European Union, 1997: The European Union Report on the Development of Tax Systems, Brüssel.

Findling, Marion, 1995: Die Politische Ökonomie der Steuerreform: Eine Untersuchung der politischen Grenzen von Steuerreformen unter besonderer Berücksichtigung der Steuerreform 1990, Aachen.

Franke, Siegfried, 1993: Steuerpolitik in der Demokratie: Das Beispiel der Bundesrepublik Deutschland, Berlin.

Fuest, Clemens/Huber, Bernd, 2001: Tax Competition and Tax Coordination in a Median Voter Model, in: Public Choice 107, 97-113.

Ganghof, Steffen, 1999: Steuerwettbewerb und Vetospieler: Stimmt die These der blockierten Anpassung?, in: Politische Vierteljahresschrift 40, 458-472.

Ganghof, Steffen, 2001: Global Markets, National Tax Systems, and Domestic Politics: Rebalancing Efficiency and Equity in Open States' Income Taxation, MPIfG Discussion Paper 01/9, Köln.

Genschel, Philipp, 2000: Steuerharmonisierung und Steuerwettbewerb in Europa: Die Steuerpolitik der Europäischen Union, Habilitationsschrift, Konstanz.

Garrett, Geoffrey, 1998: Partisan Politics in the Global Economy, Cambridge.

Garrett, Geoffrey, 2000: Capital Mobility, Exchange Rates and Fiscal Policy in the Global Economy, in: Review of International Political Economy 7, 153-170.

Gillespie, Irwin W., 1991: Tax, Borrow and Spend: Financing Federal Spending in Canada, 1867-1990, Ottawa.

Gould, Andrew G., 2000: Taxation under Democracy: An Empirical Analysis of Institutional Effects, Mimeo, Notre Dame.

Hallerberg, Mark/Basinger, Scott, 1998: Internationalization and Changes in Tax Policy in OECD Countries: The Importance of Domestic Veto Players, in: Comparative Political Studies 31, 321-352.

Hallerberg, Mark/Basinger, Scott, 1999: Globalization and Tax Reform: An Updated Case for the Importance of Veto Players, in: PVS 40, 618-627.

Haufler, Andreas, 2001: Taxation in a Global Economy, Cambridge.

Heilemann, Ulrich/Loffelholz, Hans Dietrich von/Renn, Sandra M., 2000: Are Your Taxes (Too) Set in Bejing? Einfluss der Globalisierung auf die Steuereinnahmen in Deutschland, in: Jahrbuch für Wirtschaftswissenschaften 50, 255-272.

Hettich, Walter/Winer, Stanley L., 1999: Democratic Choice and Taxation. A Theoretical and Empirical Analysis, Cambridge.

Hibbs, Douglas A., 1977: Political Parties and Macroeconomic Policy, in: American Political Science Review 71, 1467-1487.
Hohaus, Bolko, 1996: Steuerwettbewerb in Europa: Eine Analyse der Folgen unbeschränkter Güter- und Faktormobilität im Europäischen Binnenmarkt, Frankfurt a.M.
Huber, Evelyn/Ragin, Charles/Stephens, John D., 1993: Social Democracy, Christian Democracy, Constitutional Structure, and the Welfare State, in: American Journal of Sociology 99, 711-749.
Janeba, Eckhard, 1997: International Tax Competition, Tübingen.
Jurinski, James John, 2000: Tax Reform. A Reference Handbook, Santa Barbara/Denver/Oxford.
Kay, John A./King, Mervyn A., 1997: The British Tax System, 6. Auflage, Oxford.
Kirchheimer, Otto, 1965: Der Wandel des westeuropäischen Parteiensystems, in: Politische Vierteljahresschrift 6, 20-41.
Klingemann, Hans-Dieter/Hofferbert, Richard/Budge, Ian, 1994: Parties, Policies and Democracy, Boulder.
Mann, Hugo, 1987: Theorie und Politik der Steuerreform in der Demokratie, Frankfurt a.M.
Messere, Ken C., 1993: Tax Policy in OECD Countries: Choices and Conflicts, Amsterdam.
Niskanen, William A., 1971: Bureaucracy and Representative Government, Chicago.
Oates, Wallace E., 1972: Fiscal Federalism, New York.
Obinger, Herbert/Wagschal, Uwe (Hrsg.), 2000: Der gezügelte Wohlfahrtsstaat, Frankfurt a.M.
OECD, 1995: Consumption Tax Trends, Paris.
OECD, 1998a: The Tax/Benefit Position of Employees, Paris.
OECD, 1998b: Harmful Tax Competition. An Emerging Global Issue, Paris.
OECD, 2000a: Revenue Statistics 1965-1998, Paris.
OECD, 2000b: Economic Outlook, Paris.
Olson, Mancur, 1968: Die Logik des kollektiven Handelns: Kollektivgüter und die Theorie der Gruppen, Tübingen.
Peacock, Alan/Wiseman, Jack, 1967: The Growth of Public Expenditure in the United Kingdom, 2. Auflage, London.
Peters, Guy B., 1991: The Politics of Taxation: A Comparative Perspective, Cambridge.
Peterson, Paul E., 1995: The Price of Federalism, Washington, D.C.
Radaelli, Claudio M., 1999: The Power of Policy Narratives in the European Union: The Case of Tax Policy, in: *Braun, Dietmar/Busch, Andreas* (Hrsg.), Public Policy and Political Ideas, Cheltenham.
Rawls, John, 1979: Eine Theorie der Gerechtigkeit, Frankfurt a.M.
Reinicke, Wolfgang H., 1998: Global Public Policy. Governing without Government, Washington D.C.
Riker, William H., 1962: The Theory of Political Coalitions, New Haven.
Rodrik, Dani, 1997: Has Globalization Gone Too Far?, Washington D.C.
Rose, Manfred/Wenzel, Hans-Dieter/Wiegard, Wolfgang, 1981: Optimale Finanzpolitik. Ein Lehr- und Arbeitsbuch mit Problemeinführungen, Literaturauszügen und Übungsaufgaben, Stuttgart.
Rose, Richard, 1985: Maximizing Tax Revenue While Minimizing Political Costs, in: Journal of Public Policy 5, 289-320.
Rose, Richard/Davies, Phillip L., 1994: Inheritance in Public Policy: Change without Choice in Britain, New Haven.
Rose, Richard/Karran, Terence, 1987: Taxation by Political Inertia: Financing the Growth of Government in Britain, London.
Scharpf, Fritz W., 1998: Globalisierung als Beschränkung der Handlungsmöglichkeiten nationalstaatlicher Politik, in: *Schenk, Karl-Ernst/Schmidtchen, Dieter/Streit, Manfred E./Vanberg, Viktor* (Hrsg.), Jahrbuch für Neue Politische Ökonomie, Tübingen, 41-66.
Schiltknecht, Kurt, 2002: Steuerwettbewerb: Kein Auslaufmodell, Manuskript präsentiert an der Konferenz „Der Preis des Föderalismus", Zürich.
Schmidt, Manfred G., 1982a: Wohlfahrtsstaatliche Politik unter bürgerlichen und sozialdemokratischen Regierungen: ein internationaler Vergleich, Frankfurt a.M.
Schmidt, Manfred G., 1996: When Parties Matter: A Review of the Possibilities and Limits of Partisan Influence on Public Policy, in: European Journal of Political Research 30, 155-183.

Sinn, Hans-Werner, 1997: Deutschland im Steuerwettbewerb, CES Working Paper No. 132, Center for Economic Studies, Universität München.

Sinn, Hans-Werner, 2000: Die Osterweiterung der EU und die Zukunft des Sozialstaates, in: *Leibfried, Stephan/Wagschal, Uwe* (Hrsg.), Der deutsche Sozialstaat: Bilanzen – Reformen – Perspektiven, Frankfurt a. M., 474-489.

Slemrod, Joel, 1990: Tax Principles in an International Economy, in: *Boskin, Michael J./McLure Jr., Charles E.* (Hrsg.), World Tax Reform, San Fransisco, 11-23.

Steinmo, Sven, 1993: Taxation and Democracy: Swedisch, British and American Approaches to Financing the Modern State, New Haven.

Stimson, James A., 1999: Party Government and Responsiveness, in: *Przeworski, Adam/Stokes, Susan C./Manin, Bernard* (Hrsg.), Democracy, Accountability, and Representation, New York.

Thurner, Paul W., 1998: Wählen als rationale Entscheidung, München.

Tiebout, Charles M., 1956: A Pure Theory of Local Expenditures, in: Journal of Political Economy 64, 416-424.

Tsebelis, George, 1995: Decision Making in Political Systems: Veto Players in Presidentialism, Parliamentarism, Multicameralism and Multipartyism, in: British Journal of Political Science 25, 289-325.

Tsebelis, George, 2002: Veto Players: How Political Instititutions Work, Princeton.

Tufte, Edward R., 1978: Political Control of the Economy, Princeton.

Wagschal, Uwe, 1997: Direct Democracy and Public Policymaking, in: Journal of Public Policy 17, 223-245.

Wagschal, Uwe, 1999a: Schranken staatlicher Steuerungspolitik: Warum Steuerreformen scheitern können, in: *Busch, Andreas/Plümper, Thomas* (Hrsg.), Nationaler Staat und internationale Wirtschaft, Baden-Baden, 223-247.

Wagschal, Uwe, 1999b: Blockieren Vetospieler Steuerreformen?, in: Politische Vierteljahresschrift 40, 628-640.

Wagschal, Uwe, 2001: „Deutschlands Steuerstaat und die vier Welten der Besteuerung", in: *Schmidt, Manfred G.* (Hrsg.), Wohlfahrtsstaatliche Politik: Institutionen – Prozesse – Leistungsprofil, Opladen, 121-162.

Webber, Carolyn/Wildavsky, Aaron, 1986: A History of Taxation and Expenditure in the Western World, New York.

Wildavsky, Aaron/Caiden, Naomi, 1997: The New Politics of the Budgetary Process, New York.

Uwe Wagschal

Kapitel 10
Wer ist schuld an den Schulden?

Zur Politischen Ökonomie der Staatsverschuldung

1. Einleitung und Deskription

Wer ist schuld an den Schulden? Die Frage nach den Ursachen der Verschuldung ist ebenso alt wie der Gebrauch dieses Instruments staatlicher Fiskalpolitik. Aussagen zur Staatsverschuldung lassen sich bis in die Antike nachweisen. Der vorliegende Beitrag zielt darauf ab, für demokratisch regierte Industrienationen die zentralen Verschuldungsdeterminanten zu identifizieren. Im Folgenden werden zunächst wichtige Indikatoren und Kennziffern der Verschuldung vorgestellt. Anschließend werden die wichtigsten Theorien zur Staatsverschuldung präsentiert, wobei neuere politisch-ökonomische Theorien den Schwerpunkt darstellen. Darauf aufbauend wird der gegenwärtige Forschungsstand diskutiert und mit eigenen empirischen Untersuchungen angereichert.

Staatsverschuldung bezeichnet die bestehenden oder jährlich neu entstehenden Verbindlichkeiten eines Staates und ist ein Instrument der staatlichen Einnahmenerzielung. Zur Messung der Staatsverschuldung gibt es verschiedene Indikatoren (Wagschal 1996: 27), die beiden zentralen Größen sind jedoch der Schuldenstand sowie das jährliche Haushaltsdefizit (= Nettokreditaufnahme). Der Schuldenstand ist eine Bestandsgröße und gibt die Verbindlichkeiten des Staates zu einem bestimmten Zeitpunkt an. Da der nominale Schuldenstand nur bedingt aussagekräftig ist, wird in der Regel diese Größe für Vergleichszwecke und zur Messung des relativen Gewichts der Verschuldung auf das BIP bezogen. Die zweite wichtige Variable ist die Nettokreditaufnahme, die der Differenz zwischen den Staatsausgaben und den Staatseinnahmen (Steuereinnahmen und sonstige Einnahmen) entspricht. Von der Bruttokreditaufnahme, d.h. sämtlichen innerhalb eines Jahres von der öffentlichen Hand aufgenommenen Krediten, gelangt man zur Nettokreditaufnahme, indem man die Tilgungen auf früher aufgenommene Kredite von der Bruttokreditaufnahme subtrahiert. Die Bruttokreditaufnahme ist gleichsam der gesamte Kreditbedarf der öffentlichen Hand beziehungsweise der betreffenden Haushaltsebene. Beides sind Stromgrößen und beziehen sich auf einen Zeitraum, das Haushaltsjahr.

Ein weiterer Vergleichsindikator ist der Schuldenstand je Einwohner: Für den öffentlichen Gesamthaushalt bestand 1999 in Deutschland eine Pro-Kopf-Verschuldung von 28188 DM (davon für den Bund 16876 DM). In den Bundesländern variiert die Pro-Kopf-Verschuldung stark, wobei Bayern (1999) mit 5209 DM die niedrigste Verschuldung und Bremen mit 23672 DM die höchste Schuldenlast aufweist. Ein wesentlicher Teil des jüngeren Anstiegs der Staatsverschuldung ist auf die deutsche Einheit zurückzuführen (Schwinn 1997; Weltring 1997). Bei der Finanzierung der Vereinigungsfolgen griff insbesondere der Bund auf das Schuldeninstrumentarium zurück. Länder und Gemeinden beteiligten sich dagegen in weit geringerem Umfang als der Bund an den Kosten, der Schuldenanteil von Ländern und Gemeinden sank sogar nach 1990. Ein weiteres Kennzeichen war die Finanzierung über Nebenhaushalte i.e.S. (Fonds „Deutsche Einheit", ERP-Sondervermögen, Kreditabwicklungsfonds) sowie über Nebenhaushalte i.w.S. (Treuhandanstalt, Entschädigungsfonds, Förderbanken des Bundes wie etwa die Kreditanstalt für Wiederaufbau und die Deutsche Ausgleichsbank), was mitunter als „Flucht aus dem Budget" kritisiert wurde. Im Erblastentilgungsfonds wird seit 1995 der Großteil der finanziellen Verbindlichkeiten der ehemaligen DDR zusammengefasst (Kreditabwicklungsfonds, Verbindlichkeiten der Treuhandanstalt, Verbindlichkeiten der Wohnungsbauunternehmen der ehemaligen DDR sowie andere Altschulden). Anfang 1999 summierten sich diese Verbindlichkeiten auf rund 353,7 Mrd. DM. Durch das Schuldeneingliederungsgesetz vom 1. Juli 1999 übernimmt der Bund die Zins- und Tilgungsverbindlichkeiten der Sondervermögen des Erblastentilgungsfonds, des Verstromungsfonds und des Bundeseisenbahnvermögens, was zur Haushaltsklarheit beiträgt. Der Fonds „Deutsche Einheit" (160,7 Mrd. DM) wurde durch Bund (49,6 Mrd. DM), Länder (16,1 Mrd. DM) sowie eigene Kredite (95 Mrd. DM) finanziert. Über ihn wurden wesentliche Vereinigungsaufgaben zur Angleichung der Lebensverhältnisse bestritten. Der Fonds „Deutsche Einheit" soll bis 2014 vollständig getilgt werden.

Die Staatsverschuldung ist im historischen Vergleich von einem Auf und Ab gekennzeichnet, wobei Kriege, Wirtschaftskrisen und die Verschwendungssucht absolutistischer Herrscher die wesentlichen Antriebskräfte für die steigende Verschuldung bildeten. In der Zeit nach dem Zweiten Weltkrieg war zunächst ein längerer Schuldenabbau in den wichtigsten Industrienationen zu beobachten, der durch das lang anhaltende Wirtschaftswachstum der „Golden Age"-Phase bis Anfang der 1970er Jahre begünstigt wurde. Die durchschnittliche Entwicklung seit 1970 ist von einem – in Friedenszeiten – bisher nicht gekannten Verschuldungsanstieg geprägt: Bis 1996, dem Jahr des absoluten Höchststandes (74,1%) in den in Tabelle 1 dargestellten 21 OECD-Ländern, hatten sich die Schuldenquoten mehr als verdoppelt, seitdem sanken die Schuldenquoten wieder leicht und lagen 1999 im Durchschnitt bei 67,8%.

Allerdings sind die Schuldenquoten nicht in allen Ländern gestiegen, in Großbritannien, Australien, Irland, Neuseeland und Norwegen sind sie seit 1970 sogar gesunken, jedoch aus unterschiedlichen Gründen und mit unterschiedlichen Verläufen. Beispielsweise trugen länderspezifische Besonderheiten wie Erdöleinnahmen in Großbritannien und Norwegen oder Privatisierungserlöse zur Verbesserung der Haushaltslage bei. Besonders stark ist die Verschuldung seit 1970 in Japan, Griechenland, Italien, Spanien und Finnland gestiegen. Der japanische Fall ist interessant, da, ausgehend von einem vergleichsweise sehr niedrigen Niveau der Staatsausgaben, der größte Verschuldungsanstieg zu verzeichnen war. Infolge der japanischen Wirtschaftskrise Anfang der 1990er Jahre (Platzen der *Bubble Economy)* wurde verstärkt eine „konservativ-keynesianische" Fiskalpolitik durchgeführt, die soweit ging, dass der Staat 1999 Konsumgutscheine für Kinder, Jugendliche und Rentner ausgab, um die private Nachfrage anzukurbeln.

Tabelle 1: Gesamtstaatliche Verschuldung in Prozent des BIP in 21 OECD-Ländern

	1999	1990	1980	1970	Veränderung 1970-1999	Rangplatz Δ 1970-1999
Australien	26,2	22,6	25,1	41,7	-15,5	2
Norwegen	34,6	32,4	47,5	41,8	-7,2	5
Neuseeland	37,7	61,3	45,0	50,2	-12,5	4
Schweiz	51,2	31,2	45,3	40,1	11,1	6
Irland	51,9	92,6	72,7	66,8	-14,9	3
UK	53,0	39,1	54,0	77,1	-24,1	1
Dänemark	55,4	65,8	43,7	11,3	44,1	13
Portugal	58,3	65,3	32,8	19,0	39,3	11
Finnland	63,4	14,3	11,8	12,0	51,4	17
Deutschland	63,5	42,0	31,1	18,1	45,4	14
Niederlande	63,7	75,6	46,9	51,5	12,2	7
Österreich	64,9	56,8	36,6	18,9	46,0	15
Frankreich	65,0	39,5	30,9	29,4	35,6	9
USA	65,1	66,6	37,0	41,5	23,6	8
Spanien	67,6	48,5	18,3	14,4	53,2	18
Schweden	68,3	42,7	44,3	30,5	37,8	10
Kanada	93,0	74,5	43,3	52,1	40,9	12
Griechenland	104,4	89,0	22,9	17,6	86,8	20
Japan	105,3	61,5	49,6	10,9	94,4	21
Belgien	114,3	124,9	77,5	63,7	50,6	16
Italien	116,6	103,7	58,1	38,1	78,5	19
Mittelwert	67,8	59,5	41,6	35,6	32,2	

Anmerkung: Dargestellt sind die Schulden aller öffentlichen Haushalte in Prozent des BIP.

Quellen: OECD Economic Outlook (verschiedene Jahre) sowie nationale Statistiken. Δ = Veränderung. Die Tabelle ist nach der Schuldenquote des Jahres 1999 sortiert.

Im Hinblick auf das Niveau der Verschuldung lassen sich unterschiedliche Rangfolgen zu den einzelnen Zeitpunkten beobachten. Einige der Länder, die 1970 die niedrigsten Schuldenquoten aufwiesen, finden sich mittlerweile in der Gruppe der hoch verschuldeten OECD-Länder wieder (z.B. Japan und Griechenland). 1999 sind Italien, Belgien, Japan, Griechenland und Kanada am höchsten verschuldet, während in Australien, Norwegen, Neuseeland, der Schweiz und Irland die niedrigste Verschuldung vorliegt. Irland hat dabei die wohl bemerkenswerteste Verschuldungsgeschichte: Nachdem es 1987 noch die zweithöchste Schuldenquote (112,1% des BIP) aller OECD-Länder hatte, wurde diese inzwischen mehr als halbiert. Die Ursache hierfür liegt einerseits in einem weit überdurchschnittlichen Wirtschaftswachstum (knapp 7% im Jahresdurchschnitt seit 1988) und andererseits in einer rigiden Haushaltskonsolidierung. Begünstigend wirkten auch die monetären Transferzahlungen der EU sowie eine Steuerpolitik mit zahlreichen Steuerprivilegien, die zahlreiche multinationale Firmen anlockte. Als Strategien zur Haushaltssanierung sind in der OECD vor allem ausgabenseitige Maßnahmen zu beobachten, da die Steuerquote seit Anfang der 1990er Jahre – im Durchschnitt – nur noch gering angestiegen ist. Dort, wo konsolidiert wurde, erfolgte dies in mehreren Staatstätigkeitsbereichen, insbesondere aber wurden der weitere Anstieg der Sozial- und Militärausgaben sowie die Ausgaben für den öffentlichen Dienst begrenzt. In Kanada erhielten beispielsweise die öffentlich Bediensteten für sechs Jahre keine Gehaltserhöhung. Hinzu kommt ein allgemeiner Subventionsabbau und eine Privatisierung öffentlicher Aufgaben.

Die finanzwirtschaftlichen Konvergenzkriterien des Vertrages von Maastricht (3% Defizitquote, 60% Schuldenquote), der 1991 verabschiedet wurde, sollten den weiteren Schuldenanstieg bis zur Gründung der Europäischen Wirtschafts- und Währungsunion verhindern. Tatsächlich wurde damit zunächst ein rasanter Verschuldungsprozess in Gang gesetzt, der sich erst 1996 umkehrte. Seitdem liegen die Defizitquoten unter dem 3%-Kriterium, wobei sowohl für Defizit- als auch für Schuldenquote eine Konvergenz im Euroraum[1] zu beobachten ist.

Von Relevanz für die Staatsverschuldung ist die schuldenaufnehmende Gebietskörperschaft. Gerade in föderativen Ländern liegt der Anteil des Zentralstaates an der Staatsverschuldung signifikant niedriger (vgl. Abbildung 1), da die nachgeordneten Gliedstaaten, Gemeinden und Sozialversicherungsträger eigene finanzpolitische Kompetenzen besitzen. Das bedeutet aber nicht, dass der Föderalismus eine verschuldungsdämpfende Institution darstellt, zumal kein statistischer Zusammenhang zwischen der Gesamtverschuldung eines Staates und einer föderalen Staatsorganisation und nur ein schwacher Zusammenhang mit der Verschuldung des Zentralstaates (r_s = –0,32) besteht. Bemerkenswerterweise gibt es aber Länder, wie die ausgeprägt unitarischen Föderationen Belgien und Österreich, in denen der Zentralstaat fiskalisch besonders dominant ist und sich dementsprechend den größten Teil am Verschuldungskuchen reserviert. Ebenso beachtlich sind Länder wie Neuseeland, Portugal, Dänemark und Griechenland, in denen die zentralstaatliche die gesamtstaatliche Verschuldung übersteigt, was bedeutet, dass die nachgelagerten staatlichen Ebenen einen Haushaltsüberschuss erwirtschaften.

In den zahlreichen Verschuldungskrisen der letzten beiden Dekaden erwies sich die Auslandsverschuldung – insbesondere für Entwicklungs- und Schwellenländer – als Krisenverstärker und ist mitunter von Kapitalmarktakteuren bewusst genutzt worden, um gegen einzelne Länder zu spekulieren. Dabei muss in mehrerlei Hinsicht differenziert werden: Zunächst einmal ist Auslandsverschuldung nicht per se negativ, da das Ausland dem Inland Kapital zur Verfügung stellt, wodurch die inländischen Kapitalgeber weniger belastet werden. Als problematisch werden dagegen die dadurch anfallenden Zinszahlungen ans Ausland erachtet, die jedoch auf freien Vereinbarungen zwischen Kreditgeber und -nehmer beruhen. Politische Unsicherheit und Instabilität, Inflation sowie ein bestehender hoher Schuldenstand erhöhen die Risikoprämie in Form höherer Nominalzinsen. Allerdings wird keine Regierung gezwungen, sich im Ausland zu verschulden, viele Schwellenländer weisen gerade eben eine geringe Auslandsverschuldung auf, weshalb die Schuld für die hohen Schulden bei den politischen Entscheidungsträgern im Land und ihrem hemmungslosen Kreditgebaren zu suchen ist und weniger im Ausland, das sich freilich – politisch-ökonomisch verständlich *(blame avoidance)* – als Sündenbock eignet. Hinzu kommt, dass man ausländischen Kapitalgebern schlechter die Zinszahlungen verweigern kann als in-

1 Verschuldung ist allerdings nicht nur ein Problem westlicher Industrienationen, sondern auch der Entwicklungsländer. Hiervon zeugen die Schuldenkrisen in den 1980er Jahren in Lateinamerika, aber auch in den 1990er Jahren führten die Verschuldungskrisen einzelner Länder und Wirtschaftsräume (Russland, Mexiko, Asien, osteuropäische Transformationsländer) zu Spannungen auf den Weltfinanzmärkten. Die Folge waren Umschuldungsvereinbarungen und Schuldenerlasse durch die reichen Industrieländer, wie etwa im Brady-Plan von 1989, der eine stärkere Einbindung privater Gläubiger sowie des IWF und der Weltbank vorsah.

ländischen Käufern von Staatsschuldtiteln, die oftmals per Verwaltungsakt die Kosten der Verhinderung des Staatsbankrottes zu tragen haben.

Abb. 1: Anteil der zentralstaatlichen Verschuldung an der Gesamtverschuldung in 21 OECD-Ländern (1999)

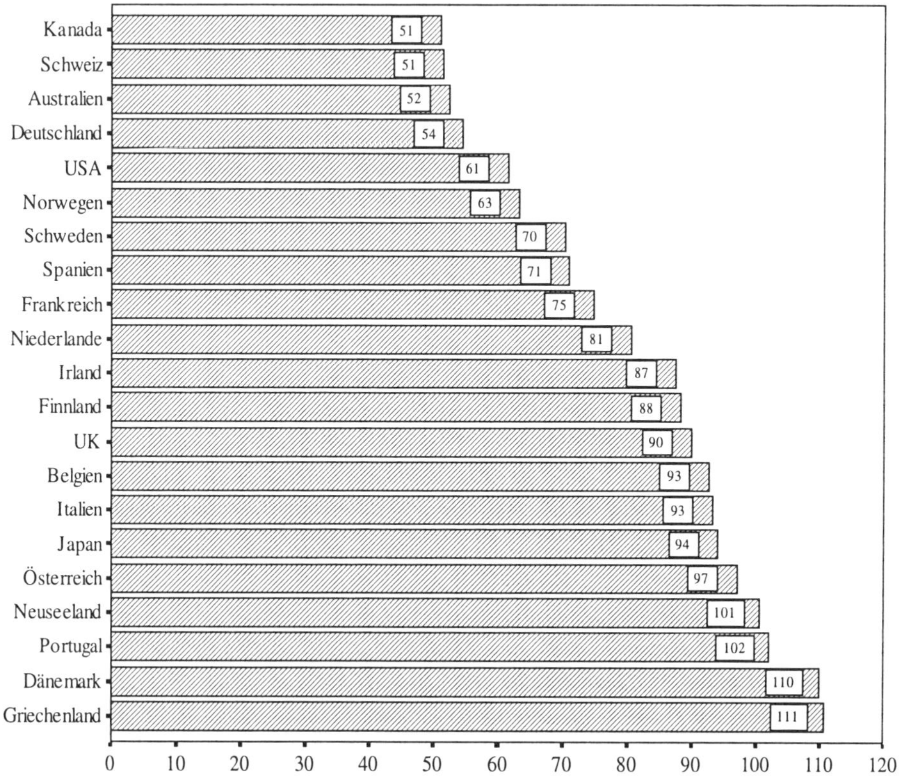

Anmerkung: Dargestellt sind die Schulden der zentralstaatlichen Ebene in Prozent der gesamten öffentlichen Schulden. Quellen: OECD Central Government Debt (2000) und OECD Economic Outlook (verschiedene Jahre).

In der OECD variiert der Anteil der Auslandsverschuldung zwischen den einzelnen Ländern relativ stark. Der einzige brauchbare Indikator, den man aus OECD-Daten berechnen kann, ist der Anteil der nichtinländischen Investoren an den marktfähigen Staatsschulden des Zentralstaates (OECD 2000). Hier liegen für 13 von 21 OECD-Länder Daten vor. Der höchste Anteil der Auslandsverschuldung des Zentralstaates findet sich für das Jahr 1999 in Finnland (56,1%), Österreich (55,9%) sowie in Neuseeland (50,1%), während Spanien (23,8%), Kanada (24,9%) sowie Frankreich (25,3%) die tiefsten Werte aufweisen.

Bei den osteuropäischen EU-Beitrittskandidaten fällt die Staatsschuldenquote (1999) nicht sonderlich aus dem Rahmen: Lediglich Bulgarien (93,6%) und Ungarn (72,7%) liegen über den Maastricht-Kriterien. In den baltischen Staaten ist die

Auslandsverschuldung wiederum beträchtlich, aber angesichts der geringen Gesamtverschuldung – Lettland (10,6%), Estland (11,0%) und Litauen (28,6%) – kein ernsthaftes Problem.

2. Theorieüberblick

Das Theorieangebot zur Erklärung der Verschuldungsursachen ist groß. Dabei lassen sich besonders bei den traditionellen politisch-ökonomischen Theorien eindeutig Befürworter und Gegner der Staatsverschuldung unterscheiden. Hingegen liegt der Fall bei den modernen politisch-ökonomischen Theorien nicht immer so eindeutig, da überwiegend positiv-empirische Herangehensweisen dominieren und die normative Position eher versteckt ist.

2.1. Gegner, Befürworter und Grenzen der Staatsverschuldung

Analysen zur Staatsverschuldung stehen seit jeher im Mittelpunkt der Politischen Ökonomie, sei es in der Antike, der „Klassik", der deutschen Finanzklassik, dem Keynesianismus, der Neoklassik, dem Monetarismus oder der Neuen Politischen Ökonomie. Inzwischen tritt immer mehr die politisch-ökonomische Analyse finanzpolitischer Prozesse im Spannungsfeld zwischen Wahlen, Parteien, Interessengruppen und Bürokratien unter der Berücksichtigung des Einflusses der Globalisierung und von Institutionen in den Mittelpunkt.

Der Einsatz der Staatsverschuldung als wirtschaftspolitisches Instrument ist äußerst umstritten. Zu ihrer Legitimation und Ablehnung konkurrieren zahlreiche wirtschaftswissenschaftliche Schulen. Betrachtet man historische Aussagen bedeutender Ökonomen zur Staatsverschuldung, so wurde diese zumeist negativ bewertet. Wie David Ricardo („die Staatsverschuldung ist eine der schrecklichsten Geißeln, die jemals zur Plage einer Nation erfunden wurden" [Ricardo 1951: 197]) kritisierte auch Adam Smith als zweiter bedeutender Vertreter der „Klassik" die Verschuldung aus verschiedenen Gründen: Staatsverschuldung führe zu Systemzusammenbrüchen, sie ermögliche den Herrschenden, das Steuerbewilligungsrecht der Parlamente zu umgehen, und erlaube es, „über die Verhältnisse" zu leben, und mindere damit die Leistungsmotivation.

Neben den meisten Repräsentanten des Public-Choice-Ansatzes (z.B. James Buchanan) lehnen auch die Monetaristen (z.B. Milton Friedman), die die Verschuldungspolitik als einen Störfaktor für das Funktionieren der Märkte sehen (*stop and go*-Politik), sowie die Neoklassiker, die ein Zurückdrängen der privaten Nachfrage identifizieren (*crowding-out*), die Staatsverschuldung ab. Aber auch neomarxistische Autoren (z.B. O'Connor) kritisieren die Verschuldung als kapitalistisches Herrschaftsinstrument, welches Regierungen ermöglicht, sich politische Legitimation zu erkaufen.

Der Staatsverschuldung werden aber auch positive Effekte zugeschrieben: Sie kann Liquiditätsschwankungen im Staatshaushalt überbrücken (Überbrückungsfunktion), sie kann konjunkturelle Zyklen ausgleichen (Stabilisierungsfunktion), und sie kann die finanzielle Last von öffentlichen Ausgaben über die Zeit verteilen (Lastverschiebungsfunktion). Letzteres hat bereits die deutsche Finanzklassik erkannt: „Ein Staat ohne Staatsschuld tut entweder zu wenig für seine Zukunft, oder er fordert zu viel von seiner Gegenwart“, so Lorenz von Stein. Die Entwicklung der westlichen Länder von Industrie- zu „Kultur- und Wohlfahrtsstaaten“ (Adolph Wagner) und die damit einhergehende Ausdehnung der Staatsaufgaben (vgl. Cusack/Fuchs i.d.B.) führte zu einer differenzierten Betrachtung der Verschuldung. Defizite werden nun gerechtfertigt, weil der Staat investive Maßnahmen vornehmen sollte. Daneben sollte sich der Staat auch in Notzeiten, z.B. im Krieg, verschulden dürfen, was allerdings auch von der klassischen Schule toleriert wurde.

Die bekannteste und populärste Rechtfertigung für eine höhere Verschuldung, vor allem in Zeiten nachlassenden wirtschaftlichen Wachstums, lieferte der Keynesianismus. Die Theorie vom *deficit spending* war für jeden Nichtökonomen leicht fassbar und eingängig, was ihren großen Erfolg begünstigte. Der Siegeszug des keynesianischen Denkens war gleichzeitig das Fanal für eine sich verstärkende Verschuldung. Dies heißt allerdings nicht, dass es ohne Keynesianismus zu keiner Verschuldung gekommen wäre, die Streitfrage ist deshalb hauptsächlich eine graduelle: Buchanan/Wagner (1977) haben bereits darauf hingewiesen, dass es ohne Keynesianismus analog zu anderen Epochen ebenso eine Staatsverschuldung, allerdings in geringerem Ausmaß, gegeben hätte.

Die positivste Sichtweise zur Staatsverschuldung findet sich in der „Funktionalen Finanzpolitik“ Abba Lerners. Die Staatsverschuldung wird dort als eine reine Instrumentenvariable betrachtet. Staatsverschuldung dient lediglich der Aufgabe, den privaten Konsumenten Kaufkraft zu entziehen und diese auf die Regierung zu übertragen.

Wo liegen aber nun die Grenzen der Verschuldung? Über schuldenarithmetische Zusammenhänge kann man zeigen, dass es ökonomische Grenzen der Verschuldung gibt. Das „Domar-Modell“ (Domar 1944; Blaas/Matzner 1981: 118ff.; Schlesinger u.a. 1993: 21ff.) ermöglicht es, den Einfluss verschiedener makroökonomischer Größen auf den Schuldenstand zu beurteilen. Die Verschuldungsquote (D/Y) tendiert (für t gegen unendlich) in einem Modell mit Inflation gegen folgenden Grenzwert:

$$\lim_{t \to \infty} \frac{D}{Y} = \frac{a}{w + p}$$

mit D = nominelle Staatsschulden, Y = nominelles Bruttosozialprodukt, a = Anteil der Kreditaufnahme am Volkseinkommen, p = Inflationsrate und w = Wirtschaftswachstum.

Je größer das Wirtschaftswachstum und die Inflationsrate in der Gleichung sind, desto geringer wird die Verschuldungsquote, je höher die Kreditaufnahme ist, desto größer wird die Verschuldungsquote. Entscheidend ist vor allem das Wirtschaftswachstum als verschuldungshemmende Determinante, da eine hohe Inflation gleichzeitig negative Auswirkungen auf die Zinsquote besitzt. Als Ergebnis ist aus dieser Gleichung ableitbar, dass ein permanentes Haushaltsdefizit keine Probleme verursacht, solange ein ausreichendes Wirtschaftswachstum vorhanden ist. Diese „einfache“ Sichtweise lässt aber Interdependenzen außer Acht, zumal es plausibel ist – und empirische Ergebnisse scheinen dies zu stützen –, dass bei einer hohen

Defizit- und Schuldenquote das Wirtschaftswachstum kleiner ausfällt, während ein expansiver Effekt einer moderaten Verschuldung nachgewiesen werden kann.

Diese „natürliche Grenze" der Staatsverschuldung ist von anderen Grenzen der Verschuldung zu unterscheiden. Solche Grenzen der Verschuldung können sein:

- juristische Grenzen, die zum Beispiel in der Verfassung festgelegt sind (s.u.).
- wirtschaftspolitische und konjunkturelle Grenzen der Verschuldung, die dann wirken, wenn es zu *crowding-out* durch verschuldungsfinanzierte Staatsausgaben kommt.
- „psychologische" Verschuldungsgrenzen, die einerseits von der Bereitschaft der Käufer von Staatsschuldtiteln abhängen und andererseits mit der Vorstellung eines „guten Hausvaters" zusammenhängen, der zufolge Verschuldung „schlecht" ist.

2.2. Neuere politisch-ökonomische Sichtweisen

Bis zum Aufkommen der Neuen Politischen Ökonomie herrschte in der Ökonomie die Vorstellung von altruistischen Regierungen, die nur das Allgemeinwohl im Auge haben. Regierungen wurden als wohlwollende („benevolente") Akteure behandelt, die den Wohlstand einer Volkswirtschaft und den Nutzen ihrer Bürger maximieren. Die Neue Politische Ökonomie hat diese Annahme aufgegeben: Regierungen sind – so die grundlegende Annahme – wie private Wirtschaftssubjekte nur an ihrem eigenen Nutzen orientiert (vgl. Plümper i.d.B.).

2.2.1. Der politische Konjunkturzyklus

Bereits in den 1940er Jahren vertraten erstmals Ökonomen wie Schumpeter und Kalecki die Auffassung, dass Regierungen makroökonomische Größen bewusst steuern. In Anlehnung an Wirtschaftszyklen prägte Kalecki den Begriff des „politischen Konjunkturzyklus" (Kalecki 1976: 190). Die Theorie des politischen Konjunkturzyklus gewann aber erst später breite Popularität (Nordhaus 1975). Seitdem hat diese Theorie vielfache Aufmerksamkeit erfahren (z.B. Tufte 1978; Alesina 1988; Alesina/Roubini 1990; Alesina u.a. 1992) und auch Eingang in Standardlehrbücher zur Neuen Politischen Ökonomie gefunden (Frey 1977: 168ff.; Blankart 1991: 104ff.; Frey/Kirchgässner 1994: 300ff.). Dabei werden unterschiedliche Modellannahmen getroffen. Nach Nordhaus orientieren sich die Regierungen per se nur an ihrer Wiederwahl und an Ämtern. Er unterstellt somit keine verschiedenen Interessenlagen von Links- oder Rechtsregierungen. Douglas Hibbs hat demgegenüber die parteipolitische Differenzhypothese eingeführt, wonach unterschiedliche ideologische Färbungen der Regierungen unterschiedliche Politikergebnisse bewirken. Regierungen begünstigen ihre Wählerklientel, woraus sich eine unterschiedliche Präferenzordnung von bürgerlichen und sozialdemokratischen Regierungen ergibt, da sich die Wählerbasis dieser Parteienfamilien unterscheidet.

Ein zweiter Unterschied bezieht sich auf die Erwartungsbildung der Wirtschaftssubjekte. Während Nordhaus und Hibbs in ihren Modellen von einer vergangenheitsbezogenen Erwartungsbildung der Wirtschaftssubjekte ausgingen, legen andere Studien (Rogoff/Sibert 1988; Alesina 1987, 1988, 1989; Gärtner 1989, 1994) rationale Erwartungsbildungen[2] zugrunde (vgl. Tabelle 2).

Tabelle 2: Politisch-ökonomische Modelle des politischen Konjunkturzyklus

	Nichtrationales Verhalten und nichtrationale Erwartungen der Bürger	Rationales Verhalten und rationale Erwartungen der Bürger
Nur an Wiederwahl orientierte Regierung (keine ideologische Differenz)	Nordhaus (1975)	Rogoff/Sibert (1988); Gärtner (1989, 1994)
Unterschiedliche parteipolitische Präferenzen der Regierung	Hibbs (1977, 1987, 1994)	Alesina (1987, 1988, 1989)

Anmerkung: in Anlehnung an Alesina (Alesina 1988: 16)

Die Ableitung des politischen Konjunkturzyklus basiert bei Nordhaus auf drei Annahmen:

- Die Regierung orientiert sich nur an ihrer Wiederwahl, sie verhält sich als Stimmenmaximierer.
- Die Regierung kann eine nichtsenkrechte Phillipskurve[3] „ausbeuten", kurzfristig kann der *trade-off* zwischen Inflation und Arbeitslosigkeit ausgenützt werden.
- Die Wähler verhalten sich „naiv" und vergangenheitsorientiert, d.h., sie vergessen gute und schlechte Leistungen der Regierung umso mehr, je weiter diese zurückliegen.[4]

Nordhaus unterstellt ein Zweiparteiensystem mit einer Partei an der Regierung und einer in der Opposition. Die Wähler orientieren sich bei ihrer Wahlentscheidung an der Arbeitslosenquote und an der Inflation. Sowohl hohe Arbeitslosigkeit als auch Inflation werden von den Wählern negativ beurteilt. Je niedriger die Inflation und die Arbeitslosenquote sind, desto höher wird der Stimmenanteil der Regierung sein. Durch die bisherigen Annahmen ergibt sich noch kein Konjunkturzyklus. Dieser wird erst durch das wahltaktische Verhalten der Regierung ausgelöst (vgl. Abbildung 2).

Zur Analyse müssen so genannte Isostimmenkurven eingeführt werden. Diese Isostimmenkurven sind Kurven gleichen Stimmenanteils, d.h., jeder Punkt auf einer Isostimmenkurve, die durch unterschiedliche Kombinationen der Inflationsrate und der Arbeitslosenquote bestimmt ist, entspricht für die Regierung einem gleichen

2 Die unterschiedlichen Erwartungsbildungen sind von Bedeutung, weil sie unterschiedliche Ergebnisse hervorrufen können.

3 Die (modifizierte) Phillipskurve unterstellt ein Austauschverhältnis zwischen Inflation und Arbeitslosigkeit. Kann eine Regierung dieses Austauschverhältnis ausnützen, hat sie die Wahl zwischen höherer Arbeitslosigkeit und niedrigerer Inflation (und vice versa). Im Gegensatz zu Nordhaus (1975: 170f.) wird im Folgenden eine langfristig senkrechte Phillipskurve in Höhe der natürlichen Arbeitslosenquote unterstellt. In der makroökonomischen Literatur gibt es eine breit angelegte Auseinandersetzung um den tatsächlichen Verlauf der kurz- und langfristigen Phillipskurven. Es wird hier der vorherrschenden Meinung gefolgt, dass die langfristige Phillipskurve eine Senkrechte ist.

4 Adaptive Erwartungsbildung bedeutet formal, dass die Wähler die gegenwärtige Erwartungsbildung mit dem früheren Erwartungsfehler korrigieren und damit aus der Vergangenheit lernen. Weiter zurückliegende Erwartungsfehler werden dabei weniger gewichtet.

Prozentsatz der Stimmen. Je näher die Isostimmenkurven beim Ursprung liegen, desto höher ist der Stimmenanteil der Regierung.

Für den Wahlerfolg der Regierung ist es notwendig, einen bestimmten Stimmenanteil zu erreichen, der im Folgenden bei 50% der Stimmen liegen soll. Erreicht sie Stimmenanteile unter 50% (zum Wahlzeitpunkt), ist ihre Wiederwahl gescheitert. Die langfristige Phillipskurve ist eine Senkrechte in Höhe der natürlichen Arbeitslosenquote u'. Die kurzfristigen Phillipskurven, die in Abbildung 2 linearisiert sind, reflektieren eine inverse Beziehung zwischen Inflation und Arbeitslosigkeit.

Abb. 2: Der politische Konjunkturzyklus

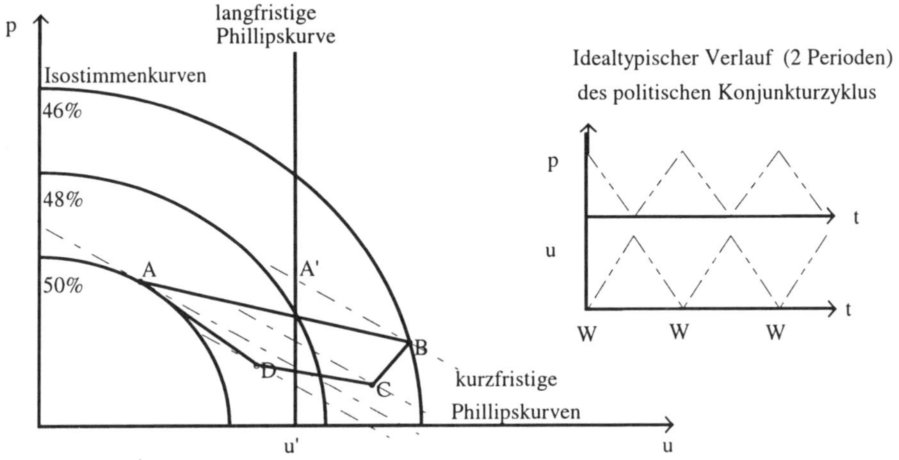

W = Wahljahr ; p = Inflationsrate; t = Zeit
u = Arbeitslosenquote; u' = natürliche Arbeitslosenquote

Quelle: In Anlehnung an Frey und Kirchgässer (1994: 302)

Im Folgenden wird eine vierjährige Wahlperiode unterstellt. Ausgangspunkt sei der Punkt A, der gleichzeitig ein Wahljahr ist. Die Regierung erreicht einen Stimmenanteil von 50 Prozent und ist wiedergewählt. Der Punkt A repräsentiert eine bestimmte Höhe der Inflationsrate und der Arbeitslosenquote, die unterhalb der natürlichen Arbeitslosigkeit liegt. Ohne Eingriffe der Politik nähert sich die Arbeitslosenquote der natürlichen Rate an. Die Wirtschaftssubjekte erwarten – wegen der adaptiven Erwartungsbildung – im ersten Jahr nach der Wahl eine Inflationsrate, die mit dem Punkt A korrespondiert. Verhielte sich die Regierung ruhig, würde sich der Punkt A' einstellen. Dieser Punkt ist, langfristig gesehen, nicht geeignet, die Wiederwahl der Regierung zu sichern. Um ihre Wiederwahlchancen zu erhöhen, muss die Regierung eine Antiinflationspolitik durchführen, damit sie wieder auf eine niedrige Phillipskurve kommt, von der aus sie die optimale Kombination von Inflationsrate und Arbeitslosenquote wählen kann. Dies bedeutet, dass die Regierung bewusst eine höhere Arbeitslosigkeit in Kauf nimmt (Punkt B), um so die Inflationserwartungen zu senken. Im zweiten Jahr wird sie weiter die Inflation senken, wobei die Arbeitslosenquote wieder etwas sinkt (Punkt C). Im dritten Jahr wählt die Regierung den Punkt D, der jedoch noch nicht zur Wiederwahl ausreicht. Die Inflation steigt langsam wieder an, und die Arbeitslosigkeit wird weiter gesenkt. Durch den Punkt D im Vorwahljahr ist, wegen der adaptiven Erwartungsbildung, die optimale Phillipskurve für die Regierung determiniert. Das Optimum liegt dort, wo die kurzfristige Phillipskurve die 50%-Isostimmenkurve tangiert. Im Wahljahr hat daher die Inflationsrate ihr höchstes und die Arbeitslosenquote ihr niedrigstes Niveau. Im rechten Teil der Abbildung 2 ist der idealtypische Verlauf der Inflationsrate und der Arbeitslosenquote bei einer Unterteilung der Legislaturperiode in zwei Subperioden dargestellt. Im Zeitablauf ergibt sich ein typisches „Sägemuster“ (Nordhaus 1975: 185; Gärtner 1989: 605). Infolge eines solchen am Wahlterminkalender ausgerichteten Verhaltens ergibt sich eine tendenziell steigende Staatsverschuldung, weil einerseits die expansive Politik vor Wahlen Geld kostet und andererseits durch dieses *stop and go* Friktionen und Transaktionskosten entstehen, die das Wirtschaftswachstum geringer werden lassen. Auch dies treibt die Verschuldung voran. Zudem werden bei der Inflationsbekämpfung die Zinsen erhöht, was direkt die Zinslasten und damit die Refinanzierung des Staates beeinträchtigt.

2.2.2. Das Budgetmodell von Downs

Anthony Downs sieht das Hauptziel von Regierungen ebenfalls in der eigenen Wiederwahl. Deshalb wird ihm zufolge eine Regierung die Staatsausgaben und Staatseinnahmen so wählen, dass ihre Wiederwahlwahrscheinlichkeit maximiert wird. In dem Analyserahmen eines Zweiparteienmodells, von dem Downs (1974) in seinem Budgetmodell ausgeht, wird jede Partei einen Staatshaushalt anbieten, vom dem sie glaubt, die Mehrheit der Wählerstimmen auf sich vereinen zu können. Auch die Wähler verhalten sich rational, indem sie für die Partei stimmen, die ihnen den größten Nutzen bringt. Downs (1974: 110) unterscheidet, ob der Staatshaushalt korrekt (d.h. genau richtig) oder unkorrekt (d.h. entweder zu groß oder zu klein) ist. Diese Situationen hängen im Wesentlichen vom Zustand der Information auf Seiten der Wähler ab. Downs unterscheidet dabei drei spezifische Situationen politischer Unwissenheit (Downs 1974: 109):

- „Null-Unwissenheit“. Es herrscht also vollkommene Information auf Seiten der Bürger. Diese kennen alle Haushaltsvorschläge der Parteien sowie jegliche Kosten und Nutzen der einzelnen Haushaltsvorschläge. Dies führt zu einem korrekten Haushalt.
- Partielle Unwissenheit. Hier kennen die Bürger alle Haushaltsvorschläge der Parteien, sie können ihnen jedoch Nutzen und Kosten nicht zuordnen. Dies – so Downs – führt aus zwei Gründen zu einem zu kleinen Staatshaushalt: Erstens ist der Nutzen aus der Regierungstätigkeit den Bürgern nicht klar ersichtlich. Diese „Entferntheit“ (Downs 1974: 117), gepaart mit Unsicherheit der Bürger, führt zu einer Tendenz im Elektorat, diese Staatstätigkeit als „überflüssig“ zu erachten, was durch den politischen Wettbewerb – also die Opposition – noch verstärkt wird.
- Überwiegende Unwissenheit. Hier kennen die Bürger weder die Haushaltsvorschläge der Parteien noch ihre Nutzen und Kosten. In diesem Falle käme ein überhöhtes Budget und damit wohl auch tendenziell eine höhere Verschuldung zustande.

Nach Downs variiert damit die Höhe des Budgets und in der Tendenz auch das Haushaltsdefizit in Abhängigkeit des Ausmaßes an Unwissenheit innerhalb der Bevölkerung.

2.2.3. Das strategische Verhalten von Regierungen

Der strategische Einsatz der Verschuldung (de Wolff 1998) steht auch bei anderen politisch-ökonomischen Modellen im Mittelpunkt. Wie verhalten sich Regierungen, wenn ihnen die Abwahl droht? Setzen sie das Verschuldungsinstrument ein, um Fakten für ihre Nachfolger zu schaffen? Zwei Ansätze haben dieses mögliche Verhalten von Regierungen genauer untersucht. Das Modell von Alesina/Tabellini (1990) postuliert, dass die öffentliche Verschuldung höher ist als ihr eigentliches Optimum. Die Argumentation beruht auf der Annahme, dass die im Amt befindliche Regierung den Handlungsspielraum der neuen Regierung so weit wie möglich einengen möchte, damit diese keine stimmenwirksamen Programme durchführen kann. Zudem werden den Parteien verschiedene Ausgabenpräferenzen unterstellt, weshalb die Regierung durch überdurchschnittliche Verschuldung ihr unliebsame Projekte verhindern möchte. Nach Alesina und Tabellini wird die Staatsverschuldung umso größer,

- je größer der Grad der Polarisierung zwischen den alternierenden Regierungen beziehungsweise konkurrierenden Parteien ist,
- je höher die Wahrscheinlichkeit ist, dass die Regierung nicht wiedergewählt wird, und
- je starrer nach unten die öffentlichen Staatsausgaben sind.

Nach Persson/Svensson (1989) setzen Regierungen ebenfalls die Staatsverschuldung als strategisches Instrument ein, um den Handlungsspielraum ihrer Nachfolger einzuengen. Insbesondere „halsstarrige" (d.h. konfliktorientierte), konservative Regierungen können so eine höhere Verschuldung hervorrufen, um eine expansive Sozialstaatspolitik linker Regierungen zu konterkarieren (Persson/Svensson 1989). Persson und Svensson betrachten ein Zweiperiodenmodell mit einer amtierenden konservativen Regierung (Regierung 1). Diese Regierung hat als Ideologieziel eine niedrige Staatsquote, während sie in der zweiten Periode durch die Regierung 2 ersetzt wird, die eine hohe Staatsquote anvisiert. Die „halsstarrige" Regierung 1 möchte in der Periode 2 trotzdem die Politik in ihrem ideologischen Sinn beeinflussen. Das einzige Instrument, das ihr hierfür zur Verfügung steht, ist die Staatsverschuldung. Während ihrer Amtszeit wird sie daher die Steuern senken und so ein Defizit hervorrufen. Dabei wird die Regierung 1 sogar eine höhere Staatsverschuldung verursachen, als es von Regierung 2 eigentlich gewünscht und benötigt wird, um ihre Ziele durchzusetzen. Durch diese Ausweitung der Verschuldung kommen in Periode 2 auf die (linke) Regierung 2 hohe Ausgaben für Zins- und Tilgungszahlungen zu, die ihren finanzpolitischen Handlungsspielraum zur Realisierung öffentlicher Leistungen beschränken.

Dieses zeitinkonsistente Verhalten ist nicht unproblematisch: Unter der Prämisse rationaler Erwartungen ist es für Regierungen sinnvoll, sich an ihre Ankündigungen und damit an ihr Ideologieziel zu halten. Bei Nichtbeachtung ihrer eigenen Ankündigungen kann man zwar die Wähler kurzfristig täuschen, doch auf lange Sicht führt dies zu einem Glaubwürdigkeitsverlust. Schon Downs hat die Bedeutung verlässlicher Politik im Sinne eines konsistenten Verhaltens erkannt (Downs 1968: 102). Wenn sich bürgerliche Parteien nicht an ihre Ziele halten, von denen ein ausgeglichenes Budget einen wichtigen Stellenwert einnimmt, dann riskieren sie einen Glaubwürdigkeitsverlust. Wie eine empirische Überprüfung der Mandatstheorie von Hofferbert/Klingemann (1990) jedoch gezeigt hat, liegt realiter weitgehend konsistentes Verhalten von Regierungsparteien vor, zumal sie ihre programmatischen Ankündigungen weitgehend in die Tat umsetzen. Somit ist zeitinkonsistentes Verhalten, wie es Persson und Svensson postulieren, als Ursache für Staatsverschuldung eher unwahrscheinlich.

2.2.4. Die „Schwäche" von Regierungen als Einflussfaktor

Ein institutionenökonomischer Ansatz zur Erklärung der Staatsverschuldung stammt von Roubini/Sachs (1988, 1989a, 1989b). Die Kernaussage lautet: Je größer und schwächer eine Regierung ist, desto größer wird die Verschuldung sein. Schwache Regierungen, die die Autoren über eine hohe Zahl der Koalitionspartner und Minderheitssituationen im Parlament definieren, bergen die Tendenz zu höherer Verschuldung. Stabile Einparteienregierungen haben dagegen diesen Verschuldungsbias nicht, da sie nicht gezwungen sind, in Koalitionsverhandlungen die Haushaltswünsche vieler Klientelen zu befriedigen. Die Begründung der Hypothese, wonach Mehrparteienregierungen und Regierungen mit kurzer Amtszeit zu einer höheren Verschuldung neigen, liegt in den unterschiedlichen Interessenlagen der verschiedenen Koalitionspartner. Gleichzeitig geht die Handlungsfähigkeit der Regierung zurück, da in Mehrparteienregierungen im Gegensatz zur Mehrheitsdemokratie britischer Provenienz die Entscheidungswege länger sind und so ein Konsens schwieriger zu erzielen ist. Schließlich ist Koalitionsregierungen eine kürzere Lebensdauer als Alleinregierungen beschieden, was sich in der Zeitpräferenz der jeweiligen Koalitionspartner niederschlägt. Da diese wissen, dass die Regierung in der Regel nicht sehr lange hält, werden sie eher geneigt sein, ihr eigenes kurzfristiges Interesse zu verfolgen.

Alesina/Drazen (1991) sowie Grilli u.a. (1991) verweisen in weiteren Studien auf die negativen Folgen eines fraktionalisierten und polarisierten Parteiensystems für die finanzpolitische Entscheidungsfindung hin. Je stärker die Fragmentierung und Polarisierung ist, desto schwieriger lassen sich Kompromisse und Einigungen in der Haushaltspolitik finden. Die Zersplitterung eines Parteiensystems geht in der Tat mit einer höheren Polarisierung einher (Wagschal 1998), die jedoch außerdem von verschiedenen anderen Faktoren abhängt, wie etwa der Zahl der Konfliktlinien, dem Wahlsystem sowie den Sperrklauseln (Lijphart 1994, 1999). Wenig überraschend äußern die Autoren die Hypothese, dass die Verhältniswahl eine höhere Verschuldung mit sich bringt (Grilli u.a. 1991; Alesina/Perotti 1994). Die Argumentation geht davon aus, dass in Ländern mit Verhältniswahlrecht mehr Parteien in das Parlament kommen. Durch diese Aufsplitterung des Parteiensystems konkurrieren die Parteien stärker um öffentliche Güter zum Nutzen ihrer jeweiligen Anhängerschaft. Das Resultat ist eine höhere Verschuldung. Es wird also implizit *logrolling* unterstellt, bei dem die verschiedenen Akteure Verhandlungspakete schnüren, wobei jeweils die Interessen der eigenen Klientel berücksichtigt werden. Ferner wird behauptet, dass diese Fragmentierung zu schwächeren Regierungen führt, die wiederum zu zaghaft und zu spät agieren würden. Umgekehrt könnte man aber auch argumentieren, dass Einparteienregierungen weitgehend unbehindert agieren können und folglich überhastet und sprunghaft handeln *(stop and go*-Politik).

2.2.5. Die parteipolitische Differenz

Machen Parteien einen Unterschied bei der Verschuldung? Gemeinhin wird angenommen, dass sich linke Regierungen stärker als rechte Regierungen verschulden, so die These von Buchanan und Wagner (1977). Auch der *common sense* geht von diesem Zusammenhang aus. Diese Vermutung trifft jedoch für die Zeit von 1960 bis Mitte der 1990er Jahre nicht zu, da es bürgerliche Regierungen waren, die sich stärker verschuldeten. Die Erklärung für dieses überraschende Ergebnis liegt in den unterschiedlichen „Ideologiezielen" der bürgerlichen Parteien, die einerseits die Steuern senken wollen und andererseits den Haushalt ausgleichen möchten. In diesem Zielkonflikt entscheiden sich bürgerlich-konservative Regierungen eher für einen Abbau der Steuerlasten als eine Reduktion des Haushaltsdefizits. Linksregierungen geben demgegenüber zwar mehr Geld aus, sorgen aber gleichzeitig für höhere Einnahmen, sodass die Verschuldung tendenziell geringer ausfällt. Die Erklärung für dieses Verhalten liefert die „parteipolitische Steuerglättungshypothese" (Wagschal 1996), die die Interessenlagen der jeweiligen Kernwählerschaft als treibende Kraft für Regierungshandeln identifiziert. Die Wählerbasis linker Parteien wird zwar auch von höheren Steuern betroffen, aber relativ geringer als die höheren Einkommensschichten, die tendenziell bürgerliche Parteien wählen. Mit der höheren Steuerquote bei Linksregierungen geht gleichzeitig ein höheres Ausgabenniveau (Umverteilungsziel) einher, sodass der Nettonutzen für die Begünstigten, also die Einkommensschwachen, eher positiv sein wird. Hierzu passt die empirische Beobachtung, dass in einigen Ländern unter linken Regierungen die Haushalte stärker konsolidiert wurden als unter bürgerlichen Regierungen (so z.B. in Australien, Neuseeland, Norwegen, Schweden, Großbritannien, Portugal, den Niederlanden, aber auch Italien).

2.2.6. Unterschiedliche Zeitpräferenzen in Lebenszyklusmodellen

Cukierman und Meltzer (1989) haben für demokratische Systeme eine Theorie der Verschuldung entwickelt, welche die individuellen Präferenzen der Bürger berücksichtigt. Entscheidend sind bei dieser Theorie das Vererbungsmotiv und der Zeithorizont der Individuen. Je geringer die Neigung zur Vererbung ist, desto höher sind die Präferenzen für einen Konsum in der Gegenwart und desto größer wird die Verschuldung sein. Ziel vieler Individuen ist es, über ihre Lebenszeit hinweg den Konsum zu maximieren. Dementsprechend wünschen sie eine weitestgehende Versorgung mit öffentlichen Gütern, deren Kosten spätere Generationen zu tragen haben. Berücksichtigt das Wirtschaftssubjekt die Kosten der expansiven Fiskalpolitik in späteren Generationen und vererbt es seinen Nachkommen ein Vermögen, das ausreicht, diese Kosten zu decken, dann wird das Defizit geringer sein. Cukierman und Meltzer geben nun eine Reihe von Bedingungen an, unter denen die Verschuldung und die Defizite ansteigen (Cukierman/Meltzer 1989: 728f.). Die wichtigsten sozioökonomischen und politischen Determinanten leiten sie mit Hilfe eines formalen Modells mathematisch ab.[5] Die Verschuldung ist umso höher:

5 Zwei Bedingungen, die sich auf die Sensitivität von Kapital- und Lohneinkommen beziehen, werden nicht aufgeführt, da sie „technische" Größen darstellen (vgl. Cukierman/Meltzer 1989: 729).

- je höher das erwartete Wirtschaftswachstum ist,
- je mehr Personen unterhalb eines bestimmten Einkommens- und Wohlstandsniveaus leben,
- je geringer der Anteil derjenigen ist, deren Haupterwerbsquelle Arbeitseinkommen sind,
- je stärker die Einkommens- und Vermögensverteilung zwischen den Individuen differiert, d.h., je größer die ökonomische Ungleichheit ist,
- je höher die Lebenserwartung ist, je länger man sich also in Rente befindet,
- je höher das Ausgangsniveau der Verschuldung ist und
- je höher die gewünschte Verschuldung des Medianwählers ist.

In die ähnliche Richtung gehen die Überlegungen von Shugart/Tollison (1986) sowie, darauf aufbauend, Stalder (1997), die alle unterschiedliche Zeitpräferenzen berücksichtigen. Im Hinblick auf die Wähler muss nach den direkten und indirekten Effekten der Defizitfinanzierung differenziert werden. Geht man davon aus, dass mit einem Defizit zusätzliche Staatsausgaben finanziert werden, muss man fragen, wem diese Staatsausgaben zugute kommen. Würden diese als allgemeine Transferzahlungen gleichermaßen an die gesamte Bevölkerung verteilt, könnte jedem Bürger ein Nutzen zugeordnet werden. In der Regel werden aber nur relativ kleine Gruppen durch diese Ausgaben privilegiert. Durch die Erhöhung der Steuerlast werden deshalb in der Zukunft viele Bürger Nutzeneinbußen zu verzeichnen haben. Je höher die Lebenserwartung und je länger der Zeithorizont des Wahlbürgers und Steuerzahlers ist, desto eher wird er deshalb für eine Ausweitung der Verschuldung plädieren. Dieser Aspekt spielt in der Neuen Politischen Ökonomie in vielen Publikationen eine Rolle und wird explizit von Shugart/Tollison (1986: 219) getestet: „In sum, our hypothesis is that the level of deficit spending is driven in part by the life expectancy of the population." Die empirischen Befunde von Shugart/Tollison (1986: 225ff.) stützen ihre Aussage. Dagegen sind im internationalen Querschnittvergleich diese Ergebnisse nicht haltbar (Wagschal 1996: 94). Für die unabhängige Variable „mittlere fernere Lebenserwartung bei der Geburt" lässt sich kein Einfluss feststellen. Allerdings werden die kommenden Analysen zeigen, dass die Altersstruktur durchaus einen wichtigen Einfluss besitzt, vermittelt vor allem über den Anteil der Bevölkerung über 65 Jahre.

2.2.7. Sonstige institutionelle Erklärungsfaktoren

Neuere institutionentheoretische Ansätze verweisen auf eine Vielzahl anderer Faktoren. Eine Schlüsselgröße ist dabei die politische Stabilität (Alesina 1989). Je geringer die politische Stabilität ist, desto höher wird tendenziell die Verschuldung sein (Grilli u.a. 1991; Alesina/Perotti 1994). Die Logik ist aus drei Gründen einleuchtend: Erstens geht in der Regel politische Instabilität mit einer schlechten ökonomischen Erfolgsbilanz einher. Zweitens erhöht eine geringe politische Stabilität die Gefahr eines Regimewechsels. Regierungen werden versuchen, einen solchen Wechsel zu vermeiden, und sie werden sich bemühen, die politische Stabilität und/oder ihre Popularität zu erhöhen. Eine Möglichkeit, ihre „Popularitätsfunktion" zu beeinflussen, wäre eine aktive Fiskalpolitik, was in der Tendenz höhere Defizite nach sich zieht. Drittens kann argumentiert werden, dass mit zunehmender politischer Instabilität die politischen Transaktionskosten eines Staates ansteigen. Umgekehrt werden bei stabilen Verhältnissen und der Akzeptanz der sozialen Ordnung („sozialer Friede") die Transaktionskosten geringer sein.

Ferner wird institutionellen Budgetregeln eine wichtige Rolle im Hinblick auf die Verschuldungsperformanz zugeschrieben. Der finanzielle Leviathan soll durch strikte Verschuldungsregeln eingedämmt werden (Buchanan 1988). Solche Verfassungsbarrieren finden sich sowohl bei der Staatsverschuldung als auch auf der Einnahmen- und Ausgabenseite. In den Vereinigten Staaten haben Budgetregeln eine lange Tradition. Die so genannten *tax and expenditure limitations* (TEL) sind keine Erfindung des 20. Jahrhunderts. Bereits im 19. Jahrhundert wurden im Gefolge einer Bankenkrise (Penner/Weisner 2001: 3) die ersten *balanced budget amendments* in einzelne Verfassungen der amerikanischen Bundesstaaten aufgenommen. Ausgehend von Buchanan (1980) kann zwischen quantitativen und prozeduralen Hürden differenziert werden. Quantitative Schranken sind ergebnisbezogen, das heißt, sie geben bestimmte Grenzwerte für Steuern, Ausgaben oder Staatsschulden vor, die verbindlich eingehalten werden müssen. Hinsichtlich der Ausgaben und Einnahmen können sich diese entweder direkt auf die Gesamtausgaben bzw. -einnahmen oder auf einzelne Ausgabenpositionen bzw. einzelne Steuern beziehen. Überdies kann danach unterschieden werden, ob eine Niveaugrenze oder nur eine Beschränkung der Zuwachsrate festgelegt wird. Für die Staatsverschuldung lassen sich entweder direkt die Defizite begrenzen oder Schuldenobergrenzen angeben. Das markanteste Beispiel hierfür sind die Konvergenzkriterien des Vertrages von Maastricht, die ein maximales Haushaltsdefizit von 3 Prozent und eine Schuldenobergrenze von 60 Prozent des Bruttoinlandsproduktes zulassen.

Die Vorschrift nach einem materiellen Haushaltsausgleich kann wiederum im Prinzip sowohl als quantitative Barriere als auch als prozedurale Hürde aufgefasst werden, da die Parlamentarier de facto darauf festgelegt werden, einen ausgeglichenen Haushalt zu verabschieden.

Mancur Olsons Analysen über die „Logik des kollektiven Handelns" (Olson 1992) und den „Aufstieg und Niedergang von Nationen" (1991) haben den Fokus der Neuen Politischen Ökonomie auf die Macht der Verbände und den Einfluss von Verteilungskoalitionen gelenkt. Eine Kernaussage der Theorie von Olson lautet, dass Verteilungskoalitionen und Sonderinteressengruppen das Wachstum von Volkswirtschaften behindern (vgl. Obinger i.d.B.). Offene Märkte und offene Gesellschaften sind dagegen einem Wachstum der Volkswirtschaften förderlich. Olson geht davon aus, dass es umso mehr Verteilungskoalitionen gibt, je länger ein Land demokratisch regiert wurde. Diese Verteilungskoalitionen machen sich im Laufe der Zeit den Staat – teilweise – zur Beute, indem sie eine Umverteilungspolitik zu ihren Gunsten betreiben. Im Endeffekt werden aus diesem Verhalten eine höhere Verschuldung und höhere Defizite resultieren.

Schließlich wurde in jüngerer Zeit auch der Effekt von Budgetinstitutionen auf die Verschuldung, wie etwa der Zentralisierung des Haushaltsprozesses (Alesina/Perotti 1999) und des Handlungsradius des Finanzministers, thematisiert. Erstaunlicherweise schneidet diesbezüglich eine zentralisierte Haushaltspolitik besser ab als eine dezentrale, auf staatliche Subebenen verteilte Haushaltspolitik (Hallerberg/von Hagen 1999). Auch wird behauptet, dass ein im Budgetprozess starker Finanzminister die Verschuldung effektiv begrenzen kann (von Hagen/Harden 1994).

3. Forschungsstand

Der Forschungsstand speist sich einerseits aus den unterschiedlichen politisch-ökonomischen Theorien zur Staatsverschuldung (siehe Abschnitt 2; Wagschal 1996; Franzese 2001), andererseits können Verschuldungsdeterminanten aus den unterschiedlichen Theorien der vergleichenden Staatstätigkeitsforschung gewonnen werden (Wagschal 1996; Freitag/Sciarini 2001). Für die westlichen Industrieländer lassen sich – auf Basis der vorliegenden Untersuchungen – Faktoren angeben, die einen Ausbau und eine Begrenzung der Staatsverschuldung bewirken.

Neben den klassischen Verschuldungsursachen wie Kriegen und Systemwechseln (z.B. die deutsche Einheit) sind es vor allem sozioökonomische Faktoren, die die Staatsverschuldung beeinflussen. Ein starkes Wirtschaftswachstum bremst über verschiedene Einflusskanäle (z.B. mehr Steuereinnahmen, weniger Arbeitslosigkeit) den Anstieg der Verschuldung. Ebenso zeigt sich ein starker Effekt der beiden Ölkrisen der 1970er Jahre, die bekanntermaßen das Wirtschaftswachstum und den Arbeitsmarkt hart trafen. Die Bedeutung der Arbeitslosigkeit als einer wichtigen – über hohe steigende Sozialausgaben für aktive und passive Arbeitsmarktpolitik vermittelte – Verschuldungsursache ist evident. Spiegelbildlich geht eine höhere Beschäftigungsquote mit einer geringeren Staatsverschuldung und niedrigeren Haushaltsdefiziten einher. Ein eher moderater Einfluss ist der Inflation zuzuschreiben, die als so genannte Inflationssteuer die Last der Verschuldung vermindern kann, was zwar theoretisch gut erklärbar ist („Domar-Modell"), doch in der statistischen Analyse nur einen mittelstarken Einfluss aufweist. Schließlich wirkt sich noch eine positive Handelsbilanz (Überschuss der Exporte über die Importe) verschuldungsbegrenzend aus, da über die Arithmetik der Volkswirtschaftlichen Gesamtrechnung ein negativer staatlicher Finanzierungssaldo (= Defizit) durch einen Importüberschuss (= negativer Außenbeitrag) gedeckt werden muss.

Verschuldungsbegrenzende politisch-institutionelle Faktoren sind eine hohe politische Stabilität und ein geringes gesellschaftliches Konfliktniveau. Politische Stabilität hängt eng mit dem Grad des sozialen Friedens in einer Gesellschaft zusammen, und es ist nicht verwunderlich, dass eine niedrige Streikaktivität sowie ein hoher Korporatismus- und Konsensgrad gleichfalls verschuldungsbegrenzend wirken. Einen eher geringen verschuldungshemmenden Einfluss übt der Grad der Unabhängigkeit von Zentralbanken aus. Wie der Fall der Schweiz und – auf desaggregierter Ebene – der amerikanischen Bundesstaaten zeigt, können auch direktdemokratische Elemente den Umfang der Staatstätigkeit und insbesondere auch der Verschuldung begrenzen.

Der Föderalismus, der lange Zeit als besonders wirksame Hürde gegen die Verschuldung angesehen wurde, ist in Wirklichkeit nur eine mäßige verschuldungsbegrenzende Barriere, zumal es mit Belgien, Kanada und Spanien hoch verschuldete föderal organisierte Länder gibt. Starke zentrifugale Kräfte, wie sie in den drei genannten Ländern zu beobachten sind, treiben in föderalen Ländern offenkundig die Verschuldung nach oben, da einerseits austrittswillige Gliedstaaten finanziell eher gefördert werden (um diese „ruhig" zu halten) und andererseits der Verteilungskampf zwischen den Gliedstaaten härter wird, sodass es zu Kompensationen seitens des Zentralstaates kommt. Eine ähnliche Wirkung entfaltet in einigen föderalistischen Ländern, wie etwa in der Schweiz, das Phänomen eines Steuerwettbewerbs zwischen den Gliedstaaten. Niedrigsteuerkantone wie etwa Zug, Schwyz und Nidwalden gelingt es,

„gutes Steuersubstrat“ anzuziehen und eine gewisse Trittbrettfahrerpolitik zu betreiben. Hochsteuerkantonen fehlt in vielen Fällen – sei es aus sozioökonomischen Gründen oder aus Haushaltsfestlegungen – die Möglichkeit, in den Wettbewerb einzutreten. Sowohl mobile Unternehmen als auch Privatpersonen weichen, zumal wenn sie vor neu zu treffenden Standortentscheidungen stehen, in die Niedrigsteuerkantone aus. Dies führt wiederum dazu, dass den Hochsteuerkantonen Steuersubstrat fehlt, sie gleichzeitig aber zahlreiche öffentliche Leistungen für andere Kantone anbieten (z.B. Bern, Basel-Stadt, Luzern), was in der Tendenz zu einer höheren Verschuldung führt.

Allerdings greift die Logik des Föderalismusarguments im Hinblick auf die Größe des zentralstaatlichen Haushalts. Je höher der Schwierigkeitsgrad der Fiskalpolitik ist (Scharpf 1988) – abzulesen am Anteil des Defizits im Haushalt des Zentralstaates, der nötig ist, um die gesamtwirtschaftliche Nachfrage um einen Prozentpunkt zu erhöhen –, desto schwieriger ist es für die Regierung, eine defizitfinanzierte, expansive Fiskalpolitik zu initiieren. In die gleiche Richtung wirkt eine Finanzautonomie der nachgelagerten öffentlichen Haushalte, deren Kleinräumigkeit die Verschuldungsneigung bremst.

Ein äußerst wirksamer Bremsklotz gegen die Verschuldung sind Verfassungs- und Gesetzeshürden (Ostheim 1998; Wagschal 2002), die auf verschiedenen staatlichen Ebenen zur Anwendung kommen und zudem unterschiedlich ausgestaltet sind. Die Erfahrungen der USA, der Schweiz und Deutschlands belegen eine eindeutige Wirkung, und auch die Maastrichter Verschuldungshürden, die quasi Verfassungsrang besitzen, beginnen inbesondere seit 1996 ihre Bremskraft auf die Verschuldung in der Eurozone auszuüben (ähnlich Freitag/Sciarini 2001). Rotte/Zimmermann (1998) identifizieren sogar einen „Maastricht-Effekt“, der bereits ab 1993 zur Geltung kommt.

Für die Vereinigten Staaten (Querschnittvergleich der Bundesstaaten) präsentieren Rowley u.a. (1986: 271ff.) empirisches Material für die Beziehung zwischen der Kreditaufnahme und Interessengruppen, das Olsons Theorie (1991; 1992) von der negativen Wirkung von Interessengruppen stützt. Sie untersuchen den Einfluss verschiedener Lobbygruppen, wie Handelsorganisationen (gemessen an deren Anzahl im jeweiligen Bundesstaat), der öffentlichen Bediensteten (gemessen als Anteil an der *labor force),* der Bauern (gemessen an der Anzahl landwirtschaftlicher Betriebe) und der Gewerksschaftsstärke (gemessen am Organisationsgrad), auf die Staatsverschuldung. Insbesondere üben Handelsorganisationen und die öffentlichen Beschäftigten einen starken positiven Einfluss auf die Verschuldung aus, während starke Gewerkschaften das Wachstum der Staatsausgaben beschleunigen.

Von der Globalisierung scheinen kaum signifikante und bedeutende Effekte auf die Verschuldung auszugehen. Plausibel wäre, wenn infolge des internationalen Steuerwettbewerbs die Handlungsfähigkeit der Nationalstaaten und damit die Fähigkeit, genügend finanzielle Ressourcen einzuheben, zurückginge. Bei einem gegebenen Ausgabenniveau müsste dann die Verschuldung steigen. Diese ist zwar in den vergangenen Jahrzehnten drastisch gestiegen, Studien zum Steuerwettbewerb zeigen aber, dass die nationale Autonomie hier noch weitgehend intakt ist. Allerdings könnte umgekehrt argumentiert werden, dass die Verschuldung durch den Druck der internationalen Finanzmärkte sinken müsste, da eine hohe Staatsschuld gleichzeitig eine größere Risikoprämie erfordert. Aber auch hier ist die Fähigkeit der westlichen Industriestaaten noch gegeben, sich selbst bei hoher Verschuldung zu relativ günstigen Konditionen am Kapitalmarkt zu verschulden.

Ein politischer Konjunkturzyklus kann ebenfalls nicht festgestellt werden, obwohl es eine umfangreiche theoretische Fundierung dieser Hypothese gibt und es quasi zum „Erfahrungsschatz der Bevölkerung" gehört, dass sich Regierungen vor Wahlen verschulden. Ein direkter Zusammenhang mit dem Wahltermin kann zwar nicht beobachtet werden, allerdings lässt sich langfristig im internationalen Querschnitt mit Hilfe eines Indikators der Wahlhäufigkeit eine Beziehung zwischen der Wahlhäufigkeit und höheren Defiziten herstellen. Ein strategischer Einsatz der Verschuldung (Alesina/Tabellini 1990; Persson/Svensson 1989), um die Handlungsoptionen der Nachfolgeregierung einzuengen, ist ebenfalls nicht auszumachen. Auch die Stärke der Regierung (siehe unten) als eine Verschuldungsbarriere hält einer empirischen Überprüfung nicht stand. Persson und Svensson führen als empirischen Beleg für ihre Theorie die Reagan-Administration an, die die Steuern unter Inkaufnahme hoher Defizite verringerte. Als weiteres Beispiel wird Schweden unter der bürgerlichen Regierung zwischen 1976 und 1982 genannt. Diese verschuldete sich stärker – bei gleichzeitiger Senkung der Steuern – als die nachfolgenden Sozialdemokraten. Besonders am Fall Schweden ist diese Politik deutlich nachzuvollziehen, die sich unter der Regierung Bildt wiederholte: die Steuern wurden gesenkt und die Defizite stiegen. Nach dem Scheitern der Regierung Bildt verringerte die Regierung unter dem Sozialdemokraten Carlsson die Defizite wieder und erhöhte die Steuern.

Im Modell von Cukierman und Meltzer werden die abgeleiteten Ursachen (s.o.) einer höheren Staatsverschuldung nicht empirisch geprüft. Die verschuldungserhöhende Wirkung einer ungleichen „Einkommensverteilung" ist jedoch kritisch zu hinterfragen. Wie Cukierman und Meltzer ausführen (1989: 713), dienen Staatsausgaben vorwiegend der Bereitstellung öffentlicher Güter und der Umverteilung von Einkommen. Dies bedeutet, dass durch Staatsausgaben und Transfers eine egalitärere Einkommensverteilung hergestellt werden soll. Geht man von der Hypothese aus, dass hohe Staatsausgaben höhere Defizite zur Folge haben, müsste man eigentlich annehmen, dass eine egalitärere Einkommensverteilung eher mit hohen Defiziten einhergeht. Betrachtet man die Pearsonkorrelationen im Querschnittvergleich zwischen der mittels Gini-Indizes gemessenen Einkommensverteilung (Daten für 18 Länder) und verschiedenen Verschuldungsindikatoren, sind keine nennenswerten und signifikanten Korrelationen festzustellen. Diese Befunde sprechen dafür, dass die Einkommensverteilung in den westlichen Industrieländern keinen Einfluss auf die Verschuldung besitzt.

In Bezug auf die Hypothese, wonach die „Stärke der Regierung" einen bremsenden Einfluss aufweist, stellt ein Blick auf die harten Daten der Wirklichkeit jedoch zentrale Elemente dieser Hypothese in Frage: Erstens beträgt die Korrelation zwischen der Zahl der Parteien an der Regierung und der durchschnittlichen Regierungsdauer für 676 ausgewertete Regierungen (Übergangsregierungen wurden ausgeschlossen) in 23 Ländern im Zeitraum von 1945 bis 2001 nur schwache r = -0,25. Zweitens „lebten" – mit einer durchschnittliche Lebenserwartung von 728 Tagen – die 269 Einparteienregierungen (von 676 untersuchten Regierungen im Zeitraum 1945-2001) kürzer als die 158 Zweiparteienregierungen, die auf eine durchschnittliche Lebenserwartung von 736 Tagen kamen (ähnlich Strom 1990).

Dieses Messkonzept beinhaltet überdies mehrere Dimensionen, sodass nicht nur die Zahl der Koalitionspartner und die Dauer der Regierung berücksichtigt werden sollte. Folgende drei Komponenten können – neben den erwähnten Indikatoren – als weitere Indikatoren für die Stärke einer Regierung dienen. Erstens kann die Zahl der Minister in der jeweiligen Regierung herangezogen werden, indem argumentiert wird, dass mit steigender Anzahl an Ministern die Stärke der Regierung abnimmt. Durch diesen Indikator kann der Bias der Schweiz teilweise beseitigt werden, der dadurch entsteht, dass in der Schweiz seit 1848 nach der Verfassung zwar nur sieben Minister zulässig sind, aber seit 1959 vier Koalitionspartner die Regierung bilden. Ein zweiter Indikator ist die Zahl der Regierungswechsel, bezogen auf die Anzahl der Wahlen. Je höher dieser Wert ist, desto größer ist die Systeminstabilität. Schließlich ist noch der parlamentarische Rückhalt einer Regierung von Bedeutung. Diesbezüglich ist von Relevanz, ob etwa eine Einparteienregierung mit absoluter Mehrheit der Sitze, eine *minimum-winning coalition* (d.h., alle Koalitionspartner sind notwendig, um die Regierung zu bilden), eine Überschuss-Koalition (d.h., es gibt mehr Koalitionspartner, als zur Bildung der Regierung notwendig sind) oder eine Minderheitsregierung vorliegt. Die Untersuchungsergebnisse für diese Variablen sprechen gegen eine Gültigkeit der postulierten Hypothese im Querschnittvergleich (Wagschal 1996). Keine der erklärenden Größen besitzt einen signifikanten Einfluss auf die Verschuldung. Auch für kombinierte Längs- und Querschnittvergleiche der untersuchten Industrieländer lassen sich keine Effekte der „Stärke der Regierung“ auf die einzelnen Verschuldungsgrößen feststellen, was im Widerspruch zu der Schlussfolgerung der Verfechter dieser Hypothese steht (Roubini/Sachs 1989a, 1989b; Grilli u.a. 1991: 358). Dieser Befund wird überdies von einer Reihe empirischer Arbeiten gestützt (Schick 1993; de Haan/Zelhorst 1993; Hahm u.a. 1995, 1996; Borrelli/Royed 1995; Wagschal 1996). Alle diese Studien zeigen, dass für die vergangenen Dekaden kein Einfluss „starker Regierungen“ auf die Haushaltsdefizite und die Staatsschulden festgestellt werden kann.

4. Empirische Ergebnisse

Die bisher diskutierten Theorien und der empirische Forschungsstand weisen auf eine Vielzahl an möglichen Einflussfaktoren der Staatsverschuldung hin. Die empirischen Befunde werden dabei durch unterschiedliche abhängige Variablen, die Wahl des Untersuchungszeitraums, die statistischen Untersuchungsmethoden zur Überprüfung der Hypothesen sowie statistische Probleme, die sich bei der Methodenwahl stellen, beeinflusst. Im Folgenden kommen Mittelwertvergleiche, Korrelationsanalysen sowie gepoolte Zeitreihenregressionen zur Anwendung. Die beiden abhängigen Variablen sind die Defizitquote sowie die Schuldenquote. Im Mittelpunkt steht zunächst die langfristige Analyse des Zeitraums zwischen 1960 und 1999. Als Subperiode wird überdies die Periode zwischen 1990 und 1999 analysiert, da gerade in den 1990er Jahre ein bemerkenswerter *policy-shift* in der Verschuldungspolitik erfolgte, da viele Länder seit langem erstmals die Verschuldung wieder reduziert haben. Ein besonderer Schwerpunkt liegt auf der Darstellung politisch-institutioneller Größen.

Der mögliche Effekt von Wahlen und insbesondere des Wahlsystems spielte in verschiedenen Hypothesen eine zentrale Rolle (Grilli u.a. 1991; Alesina/Perotti 1994). Anhand der in Tabelle 3 dargestellten Durchschnittswerte zeigt sich, dass entgegen der Vermutung Länder mit einem Verhältniswahlsystem im Durchschnitt nicht höher verschuldet sind als solche mit einem Mehrheitswahlsystem. Der gegenüber der Gesamtperiode höhere Anstieg der Defizitquoten in den 1990er Jahren, der in Ländern mit Mehrheitswahlsystem im Vergleich zu den Ländern mit Verhältniswahlsystem stärker ausfällt, bietet sogar ein Gegenbeispiel. Problematisch sind nach den Befunden aus Tabelle 3 vor allem Länder mit Mischwahlsystemen, also etwa Japan und Italien (ab 1994).

Tabelle 3: Wahlsystem und Verschuldung in 21 OECD-Demokratien

Wahlsystem		Zeitraum 1960-1999 Defizit-quote	Zeitraum 1960-1999 Staatsschulden-quote	Zeitraum 1990-1999 Defizit-quote	Zeitraum 1990-1999 Staatsschulden-quote
Mehrheitswahlsystem	Mittelwert	-1,7	50,7	-2,9	57,2
	N	209	163	56	56
Mischwahlverfahren	Mittelwert	-1,5	56,8	-2,8	93,2
	N	46	42	16	16
Verhältniswahlsystem	Mittelwert	-2,0	52,8	-2,9	72,3
	N	507	412	138	129
Insgesamt	Mittelwert	-1,9	52,5	-2,9	69,7
	N	762	617	210	201

Anmerkungen: Betrachtet wurden die jeweiligen Werte auch zwischen den Wahlen.

Als insignifikanter Einflussfaktor für das Haushaltsdefizit und die Schuldenquote erweist sich der Wahlzeitpunkt, was eindeutig gegen die Theorie vom politischen Konjunkturzyklus spricht. Dies schließt natürlich die selektive Privilegierung einzelner Wählergruppen nicht aus. Zwar ist es nicht möglich, eine direkte statistische Beziehung zwischen dem Wahlzeitpunkt und den verschiedenen Verschuldungsgrößen nachzuweisen, doch lässt sich in einer langfristigen Perspektive ein gewisser Zusammenhang zwischen Wahlen und der Staatsverschuldung konstatieren. Hierfür wurde ein „Index der Wahlhäufigkeit" berechnet, der die tatsächlichen Wahlen mit den zu erwartenden Wahlen in diesem Zeitraum in Beziehung setzt. Dieser Indikator weist eine beachtliche Korrelation mit der Defizitquote auf, was auf einen verschuldungserhöhenden Effekt hindeutet (Wagschal 1998).

Die Frage, welche Parteien sich in welchem Ausmaß verschulden, wenn sie an der Regierung sind, muss letztendlich empirisch geprüft werden. Tabelle 4 beruht auf einem fünfstufigen Indikator der parteipolitischen Zusammensetzung der Regierung. Der Befund ist – gemessen an den Erwartungen – erstaunlich: Linksregierungen weisen im Durchschnitt niedrigere Defizitquoten als bürgerliche Regierungen auf. Dies gilt sowohl für die Gesamtperiode 1960-1999 als auch für den Untersuchungszeitraum 1960 bis 1992. Lediglich für die Periode 1993/1999 trifft dieser Zusammenhang nicht mehr zu. Die Erklärung hierfür liegt vor allem im Inkrafttreten der Verschuldungshürden des Vertrages von Maastricht für die Teilnehmer an der Wirtschafts- und Währungsunion. Hoch verschuldete Länder reduzierten signifikant ihre Verschuldung, während bei den gering verschuldeten Ländern eine Konvergenz in die entgegengesetzte Richtung stattfand – eine Prämie für vergangene Sparsamkeit.

Tabelle 4: Zusammensetzung der Regierungen und gesamtstaatliche Haushaltsdefizite (in Prozent des BIP) in 21 westlichen Industrieländern (1960-1999)

Parteipolitische Färbung der Regierung	Ø Haushaltsdefizit Gesamtstaat (1960-1999)	N	Ø Haushaltsdefizit Gesamtstaat (1960-1992)	N	Ø Haushaltsdefizit Gesamtstaat (1993-1999)	N
① Hegemonie bürgerlicher Parteien	-1,80	343	-1,70	291	-2,38	52
② Dominanz bürgerlicher Parteien	-2,97	148	-2,89	119	-3,30	29
③ Patt	-2,23	134	-2,03	97	-2,75	37
④ Dominanz inker Parteien	-0,87	71	-0,85	54	-0,94	17
⑤ Hegemonie linker Parteien	-1,06	118	-0,57	93	-2,97	25
Durchschnitt/Anzahl aller Fälle	-1,89	814	-1,73	654	-2,60	160

Anmerkungen: Von Hegemonie spricht man, wenn der Kabinettssitzanteil 100% beträgt, von Dominanz, wenn der Kabinettssitzanteil zwischen 66,6% und 100% liegt, und von einem Patt, wenn die Kabinettssitzanteile der beiden Lager jeweils zwischen 33,3% und 66,6% liegen. a = gemessen in Relation zum BIP. Die Fallzahl (N) bestimmt sich nach der Zahl der Jahre und den untersuchten Ländern.

Die Begründung für dieses Ergebnis liefert die „parteipolitische Steuerglättungshypothese“ (Wagschal 1996). Linksregierungen bevorzugen langfristig höhere Steuern, was theoretisch und empirisch als gut gesichert gilt. Ihre Wählerbasis ist zwar auch von höheren Steuern betroffen, aber relativ in geringerem Ausmaß als die höheren Einkommensschichten, die tendenziell bürgerliche Parteien wählen. Mit der höheren Steuerquote bei Linksregierungen geht gleichzeitig ein höheres Ausgabenniveau einher, sodass der Nettonutzen für die Begünstigten, also die Einkommensschwachen, eher positiv sein wird. Bürgerliche Regierungen verfolgen – wie oben schon ausgeführt wurde – hingegen andere finanzpolitische Ziele: Einerseits befürworten sie einen ausgeglichenen Staatshaushalt, andererseits treten sie auch für niedrigere Steuersätze ein, die in erster Linie ihrer Wählerbasis zugute kommen. Bei einem gegebenen Staatsausgabenniveau lassen sich beide Ziele nicht simultan verwirklichen, weshalb bürgerliche Regierungen sich eher für Steuersenkungen entscheiden werden. Unterstützung findet diese Theorie dann, wenn man die Präferenzen der Wähler und der Parteien näher analysiert. Sowohl für Wähler bürgerlicher und sozialdemokratischer Parteien als auch für die Parteien selbst sind unterschiedliche Einstellungen in der Steuerpolitik festzustellen.

Dagegen kann für die deutschen Bundesländer festgestellt werden, dass sich sozialdemokratische Regierungen stärker verschulden als bürgerliche Regierungen. Dies liegt an der mangelnden Steuerautonomie der Bundesländer, welche es unmöglich macht, die Steuern adäquat dem gewünschten Ausgabenniveau anzupassen. Auf der Kommunalebene in Deutschland ist kein Parteieneffekt zu finden. Dies muss nicht unbedingt für die Hypothese sprechen, dass auf der Kommunalebene Sachpolitik dominiert. Es ist eher so, dass mächtige Faktoren gegen eine Ausweitung der Kommunalverschuldung wirken, wie etwa die Genehmigungspflicht der Haushalte durch übergeordnete Kontrollorgane, eine effiziente Rechnungskontrolle sowie ein streng reglementierter Stellenplan.

Abb. 3: Maastricht-Effekt – Spannweiten und Mittelwerte der gesamtstaatlichen Haushaltsdefizite in den Mitgliedsländern der EU (1960-1999)

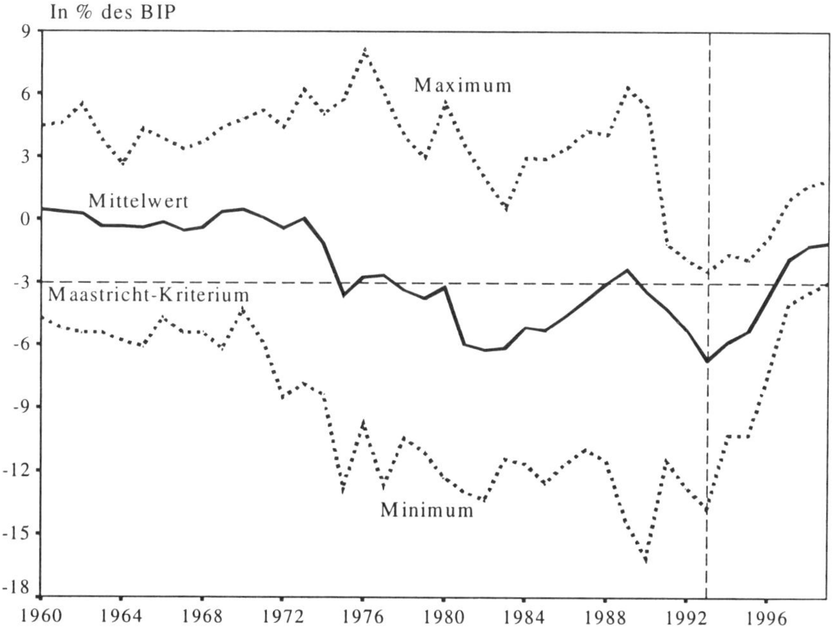

Anmerkung: Betrachtet werden die Werte von 14 Mitgliedsländern der EU (außer Luxemburg) im Zeitraum 1960-1999. Quelle: OECD Economic Outlook.

(Neo-)Institutionalisten fragen stets nach der Wirksamkeit institutioneller Determinanten. Inwieweit können Verfassungs- und Gesetzesbarrieren als effektive Hürden gegen das Anwachsen staatlicher Ausgaben, Einnahmen und der Staatsverschuldung angesehen werden? Die Vielfalt solcher quantitativer und qualitativer Hürden ist erstaunlich (Wagschal 2002). In Deutschland legt beispielsweise Art. 115 (1) GG eine prozedurale Grenze fest: „Die Aufnahme von Krediten sowie die Übernahme von Bürgschaften [...] bedürfen einer der Höhe nach bestimmten oder bestimmbaren Ermächtigung durch Bundesgesetz.“ Für den Bund enthält Art. 115 (1) eine inhaltliche Begrenzungsregel, nach der die Kredite nicht die Summe der Investitionen übersteigen dürfen. Überdies haben die Regelungen des EG-Vertrages von Maastricht im Bereich der Finanzpolitik quasi Verfassungsrang. Die Referenzwerte, die im Protokoll (Art. 1 und 2) des Maastrichter Vertrages über das Verfahren bei einem übermäßigen Defizit festgelegt sind (3% des BIP für das Defizit und 60% des BIP für den Schuldenstand der öffentlichen Gesamthaushalte), binden die Mitgliedsstaaten der EU. Zudem sind die Mitgliedsstaaten angehalten, übermäßige öffentliche Defizite zu vermeiden (Art. 104 [1] EGV). Falls ein übermäßiges Defizit festgestellt wird, so richtet der Europäische Rat an den betreffenden Mitgliedsstaat Empfehlungen, wie dieses Defizit abzubauen sei (Art. 104 [7] EGV). Zudem wird der Mitgliedsstaat aufgefordert, innerhalb von vier Monaten wirksame Maßnahmen gegen das Defizit zu ergreifen. Werden keine Maßnahmen eingeleitet, so kann der Ministerrat mit Zweidrittelmehrheit der Teilnehmerstaaten an der Endstufe der

EWU Geldbußen von bis zu 0,5 Prozent des BIP verhängen (vgl. Sturm 1997: 188). Abbildung 3 zeigt einen eindeutigen Effekt im Sinne der Verringerung der durchschnittlichen Haushaltsdefizite nach 1993. Zudem ist ein Konvergenzeffekt auszumachen, da die Spannweiten der Haushaltsdefizite zurückgegangen sind.

Die vorangegangenen Befunde beruhten auf der Untersuchung bivariater Zusammenhänge. Erklärungsmodelle mit mehreren Variablen liefern ein facettenreicheres Bild, bergen aber methodische Probleme (Wagschal 1999a) wie Autokorrelation, Multikollinearität oder Heteroskedastizität.[6] Die nachfolgenden, in den Tabellen 5 und 6 zusammengefassten Ergebnisse basieren auf gepoolten Zeitreihenregressionen.[7] Dies bedeutet, dass es für jedes der 21 Länder über die gesamte Untersuchungsperiode von 1960 bis 1999 – im Idealfall ohne fehlende Werte – 40 Datenpunkte gibt, die für alle Länder simultan in einer Datenmatrix (d.h. maximal 840 Datenpunkte) zusammengefasst sind.[8] Diese Methode besitzt den Vorteil, dass aufgrund einer ungleich höheren Zahl an Freiheitsgraden weitaus mehr unabhängige Variablen in das Modell integriert werden können. Allerdings läuft man Gefahr, sich verschiedene statistische Probleme mit dieser Methode „einzukaufen". So können verschiedene erklärende Variablen miteinander hoch korrelieren (z.B. die Arbeitslosenquote und die Sozialabgaben), wodurch die Signifikanzniveaus der einzelnen Parameter beeinflusst werden. Dies ist ein nicht zu vernachlässigendes Problem, da bei einer theoriegeleiteten Überprüfung von Einflussfaktoren manche sinnvolle „Kandidaten" bei einer simultanen Schätzgleichung ausscheiden müssen. Dieses Problem ist ein Grund für die Darstellung der empirischen Befunde in zwei Tabellen, ein zweiter ist das Autokorrelationsproblem.[9] Die Schätzung einer Regression mit einer zeitverzögerten endogenen Variablen erhöht die Erklärungskraft von Regressionsmodellen substanziell. In Gleichung 1 liefert sie den weitaus größten Erklärungsbeitrag des Determinationkoeffizienten R^2. Dies ist einerseits plausibel, da Pfadabhängigkeit und Trägheitsmomente eine wichtige Rolle spielen (das Budget des laufenden Jahres hängt weitestgehend von dem des Vorjahres ab), andererseits jedoch methodisch sehr problematisch (Achen 2000). Letztlich, so Achen, trägt diese Variable nichts Wesentliches zur Erklärung der abhängigen Variablen bei, sondern unterdrückt vor allem die Erklärungskraft der anderen erklärenden Variablen: „In the presence of heavy trending in exogenous variables and disturbances, lagged dependent variables will dominate the regression and destroy the effect of other variables whether they have any true causal power or not" (Achen 2000: 16). Gerade bei Haushaltsdaten sei dies besonders zu beobachten. Inkludiert man die zeitverzögerte abhängige Variable, so besteht dann ein massives Problem, wenn der Autokorrelationskoeffizient nahe bei 1 liegt oder der partielle Regressionskoeffizient der zeitverzögerten endogenen Variablen über 0,9 liegt. In die-

---

6 Die Heteroskedastizität (= ungleiche Varianz der Residuen) wurde in den Kontrollstatistiken berücksichtigt, indem so genannte *panel corrected standard errors* (mit dem Softwarepaket LIMDEP) berechnet wurden.

7 Die abhängige Variable ist das jährliche Haushaltsdefizit in Relation zum BIP. Für die langfristige Strukturvariable „Schuldenquote zum Zeitpunkt t" wäre es sinnvoller, einfache Querschnittsregressionen mit längerfristigen Durchschnittswerten bei den unabhängigen Variablen zu verwenden.

8 Diese Zahl wird jedoch aufgrund fehlender Werte nicht erreicht, weil etwa für die redemokratisierten Ländern Daten für viele politische Variablen fehlen.

9 Ein dritter Grund sind die verschiedenen Interaktionsterme, die aufgrund theoretischer Überlegungen in beiden Modellen geschätzt werden.

sem Fall sollte man das Modell transformieren und es in Differenzen schätzen, z.B. mit der Cochrane-Orcutt-Methode (Chatterjee/Price 1995: 163). Beide Kriterien sind im vorliegenden Fall für die Defizitquote nicht erfüllt, weshalb von dieser Transformation abgesehen wird.[10]

Allerdings gibt es bei gepoolten Analysen noch eine weitere Form von Autokorrelation, die prinzipiell zu berücksichtigen wäre, nämlich die kontemporäre (Auto-)Korrelation. Dies bedeutet, dass die Residuen einzelner Länder (Niederlande und Belgien oder USA und Kanada) aufgrund wirtschaftlicher und politischer Verflechtungen miteinander korreliert sind, sodass die Signifikanzniveaus (t-Werte) verzerrt werden.[11]

Die Modelle der Tabelle 5 und 6 (außer Gleichung 4) wurden überdies als so genannte *fixed effects*-Modelle geschätzt. In der Praxis gibt es mehrere Möglichkeiten der Panelregression mit *fixed effects* (vgl. Stimson 1985: 920; Sayrs 1989), denen unterschiedliche Annahmen zugrunde liegen. Diese Methode der *least squares with dummy variables* (LSDV) kann einerseits unterstellen, dass es signifikante Unterschiede zwischen den Querschnitteinheiten (d.h. den Ländern = *fixed country effects)* gibt. Bei dieser Methode werden für jedes Land „Länderdummyvariablen" spezifiziert, die über den betrachteten Zeitraum konstant bleiben. Andererseits kann der LSDV-Ansatz auch für feste zeitspezifische Effekte *(fixed time effects)* formuliert werden (Greene 1993: 468). Dieser Ansatz sollte verwendet werden, wenn man davon ausgeht, dass es für bestimmte Subperioden der Untersuchungsperiode unterschiedliche Achsabschnitte gibt. Im vorliegenden Fall werden Zeiteffekte für drei theoretisch gut begründbare Perioden verwendet, nämlich 1. die Periode zwischen 1960 und 1972 als die goldene Ära des Wohlfahrtsstaates mit nur moderaten Defiziten, 2. den Zeitraum 1973-1985, der durch die Ölkrisen, Stagflation und sehr hohe Defizite geprägt war, sowie 3. die Periode zwischen 1986 und 1999 mit intensivierter Globalisierung und zunächst weiter relativ hohen Defiziten, die ab den frühen 1990er Jahren jedoch sinken. Aus theoretischen Überlegungen wird auf Ländereffekte verzichtet, da diese bei korrekter Spezifikation der Modelle hinreichend erfasst sein sollten.

Das von Achen analysierte Problem in Bezug auf die zeitverzögerte endogene Variable zeigt sich deutlich in Tabelle 5, wo etwa die Seniorenquote, eine der prominentesten Erklärungsgrößen der vergleichenden Wohlfahrtsstaatsforschung, in Gleichung 1 insignifikant ist, obwohl sie bivariat signifikant mit dem Haushaltsdefizit korreliert und auch in Gleichung 2 (ohne die zeitverzögerte abhängige Variable) einen signifikanten Einfluss ausübt.

---

10 Trotzdem wurde auch mit dem Cochrane-Orcutt-Verfahren die Schätzung auf Autokorrelation kontrolliert, wobei sich zumindest für Gleichung 1 keine bedeutenden Unterschiede in den Signifikanzen ergaben. Im Gegensatz zu dem Verfahren der Bildung der ersten Differenzen geht man bei der Cochrane-Orcutt-Transformation davon aus, dass die Autokorrelation nicht wie im Fall der ersten Differenzen genau eins ist, sondern variieren kann.

11 In LIMDEP kann dies nur berücksichtigt werden, wenn die Datenmatrix voll besetzt ist, was im vorliegenden Fall – wegen fehlender Werte einzelner Variablen – nicht zutrifft. Korrigiert werden kann dies auch durch die Parks-Methode (Beck/Katz 1995).

Tabelle 5: Determinanten der Haushaltsdefizite in 21 OECD-Ländern (1960-1999)

	Gleichung 1: Gesamtstaatliches haushaltsdefizit		Gleichung 2: Gesamtstaatliches Haushaltsdefizit	
	Partieller Regressions-koeffizient	t-Statistik	Partieller Regressions-koeffizient	t-Statistik
Zeitverzögerte abhängige Variable	0,85	29,99***		
Arbeitslosenquote in t	-0,06	-2,84***	-0,52	-11,88***
Wirtschaftswachstum in t	0,24	6,96***	0,23	3,92***
Gesamtabgabenquote (inklusive Sozialversicherungsabgaben)	0,04	3,21***	0,18	6,88***
Anteil der über 65-jährigen an der Bevölkerung	-0,05	-1,24	-0,44	-5,05***
Institutionelle Begrenzer nach Schmidt (2000) („Vetospieler")	-0,21	-2,18**	-0,81	-4,38***
Maastricht-Dummy [a] (ab 1993 = 1)	0,60	2,93***	0,17	0,36
Kabinettssitzanteil bürgerlicher Minister [b]	-0,01	-2,38**	-0,03	-4,11***
Interaktionsterm (bürgerliche Minister * Vetospieler) [b]	0,003	2,41**	0,01	4,42***
Stärke der Regierung (niedrige Werte = stark; nach Lijphart) [b]	-0,01	-0,27	0,03	0,24
Periode 1960-1972	-1,07	-1,89*	2,51	1,96**
Periode 1973-1985	-1,18	-1,92*	0,77	0,57
Periode 1986-1999	-0,82	-1,33	1,85	1,25
N	664		667	
F-Statistik	343,88 ***		43,78 ***	
adj. R^2	0,86		0,41	

Anmerkungen: Panel-Regression für 21 OECD-Länder; die Werte in der ersten Spalte sind die unstandardisierten Regressionskoeffizienten; * = Signifikanz auf dem 10%-Niveau; ** = Signifikanz auf dem 5%-Niveau; *** = Signifikanz auf dem 1%-Niveau; a = Maastricht-Dummy: 1 für EU-Mitgliedsländer ab 1993 (für Schweden, Finnland und Österreich ab 1995); b = eigene Berechnungen auf Basis des Forschungsprojektes Staatstätigkeit. Die einzelnen Regressionen wurden nach der Methode der kleinsten Quadrate (OLS) geschätzt. Ein positives Vorzeichen weist auf einen defizitreduzierenden Effekt hin.

Die Ergebnisse der in Tabelle 5 (Gleichung 1 und 2) verwendeten unabhängigen sozioökonomischen Variablen entsprechen der theoretisch erwarteten kausalen Einflussrichtung: Eine hohe Arbeitslosigkeit vergrößert das Haushaltsdefizit ebenso wie eine hohe Seniorenquote, zumal in den Sozialleistungsbudgets der meisten Industrieländer die Renten den größten Ausgabenposten darstellen. Druck auf die Verschuldung wird hingegen durch eine hohe Gesamtabgabenquote genommen, die ihrerseits wieder wesentlich durch politische Variablen determiniert ist (Wagschal 2001). Ein hohes Wirtschaftswachstum wirkt ebenfalls – vermittelt über verschiedene Mechanismen – begrenzend auf das Defizit. Einerseits generiert ein hohes Wirtschaftswachstum mehr Steuereinnahmen, da es die Sozialkassen und den Arbeitsmarkt entlastet, andererseits wird – rein technisch – der Nenner der abhängigen Variablen größer.

Einige politisch-institutionelle Variablen üben ebenfalls einen signifikanten Einfluss aus, während andere in Abschnitt 2 und 3 diskutierte politische Größen, wie etwa die Zentralbankunabhängigkeit oder der Wahlzeitpunkt, insignifikant bleiben. Die Befunde für die Stärke der Regierung stehen der postulierten Hypothese entgegen: Nach Roubini/Sachs (1989a, 1989b) würde man – bei gegebener Kodierung der Variablen – ein negatives Vorzeichen erwarten. In Gleichung 1 ist diese Größe insignifikant und mit dem falschen Vorzeichen versehen, während der Koeffizient in Gleichung 2 zwar signifikant ist, jedoch das „falsche" Vorzeichen aufweist.

In Bezug auf die parteipolitische Zusammensetzung der Regierung zeigt sich ein bemerkenswertes Resultat. Es sind die Linksparteien, die sich weniger verschulden als die bürgerlichen Parteien (vgl. Tabelle 6). Umgekehrtes gilt für bürgerliche Parteien (vgl. Tabelle 5). In Tabelle 6 zeigt sich auch klar, welche Parteien innerhalb der bürgerlichen Parteienfamilie ein besonders großes Defizit produzieren: Es sind die Christdemokraten, die in der vergleichenden Wohlfahrtsstaatsforschung eindeutig als Sozialstaatsparteien klassifiziert werden. Diese Ergebnisse sprechen insgesamt für die These der parteipolitisch motivierten Steuerglättung durch bürgerliche Parteien (Wagschal 1996), die in einem Austauschprozess eher niedrige Steuersätze und ein höheres Defizit befürworten als umgekehrt.

Konträr zu den theoretischen Erwartungen weisen die „institutionellen Hürden der Staatstätigkeit" (Schmidt 2000) ein „falsches" Vorzeichen auf. Auf Basis einer einfachen, direkten Wirkungskette würde die Argumentation lauten: Je höher die Zahl der Vetospieler ist, desto schwieriger ist es für eine Regierung, sich zu verschulden. Nun gilt diese eher triviale Argumentation auch für die Staatseinnahmen, wo institutionelle Barrieren in der Tat wirkungsmächtig sind (Wagschal 2001). Bei gegebenem gleichem Ausgabenniveau muss deshalb also in Ländern mit mehr Vetospielern – unter sonst gleichen Umständen – die Defizitquote größer sein. Überdies sind Vetospieler nicht unabhängig von der parteipolitischen Färbung der amtierenden Regierung. Vetopunkte wirken nicht unabhängig, weil solche möglichen Reformblockaden strukturell selektiv sind. Die Entscheidungsträger in solchen Institutionen (z.B. die zweiten Kammern, Verfassungsgerichte, Notenbanken) sind oftmals „konservativer", was tendenziell bürgerliche Parteien begünstigt. Ähnliches gilt für direktdemokratische Entscheide.

Derartige Zusammenhänge können über Interaktionseffekte[12] (oder auch Moderatoreffekte) erfasst werden. Zu diesem Zweck wurde ein Interaktionseffekt zwischen der Stärke der bürgerlichen Parteien und den Vetopunkten (vgl. Tabelle 5) bzw. zwischen der Stärke der Linksparteien an der Regierung und der Zahl der Vetospieler geschätzt. Je mehr Vetopunkte existieren, desto unwahrscheinlicher wird eine Politikänderung, d.h., die Policy-Stabilität ist hoch. Für bürgerliche Regierungen stellt dies gleichzeitig eine Art Versicherung gegen eine zunehmende Steuerlast bei einem Machtwechsel nach links dar. In dieser Situation wird der Anreiz geringer, hohe Defizite im Austausch für niedrige Steuern zu produzieren. Tatsächlich findet dieser Interaktionsterm eine empirische Unterstützung (Tabelle 5).

Direkte institutionelle Hürden gegen eine Verschuldungspolitik wirken: In Tabelle 5 wird für die EU-Länder ein Maastricht-Dummy eingeführt (ab 1993 = 1) und in Tabelle 6 ein Indikator, der Verfassungsschranken gegen die Staatsverschuldung misst (Ostheim 1998). Die Maastricht-Variable weist zwar jeweils das richtige Vorzeichen auf, ist aber nur im Modell mit der zeitverzögerten endogenen Variablen signifikant. Je später man die Dummy-Variable hier ansetzt, desto signifikanter wird das Modell. Die Schuldenbarrieren nach Ostheim sind in Tabelle 6 dagegen in beiden

12 Bei den Interaktionsmodellen müssen alle interagierenden Variablen im Modell geschätzt werden, was allerdings Probleme für die Multikollinearität mit sich bringt.

Gleichungen, d.h. für die zwei Untersuchungsperioden, signifikant. Baut man zudem diese beiden institutionellen Variablen in das Modell ein (nicht dargestellt in Tabelle 5), dann sind beide Größen nicht nur signifikant, sondern wirken auch in die erwartete Richtung. Sowohl der vergleichsweise kurzfristige Maastricht-Effekt als auch die langfristigen konstitutionellen Verfassungshürden gegen die Staatsverschuldung bremsen die Neuverschuldung in den westlichen Industrienationen.

Tabelle 6: Erweitertes politisch-institutionelles Erklärungsmodell für die Haushaltsdefizite

	Partieller Regressions-koeffizient	t-Statistik	Partieller Regressions-koeffizient	t-Statistik
Konstante	n.d.	n.d.	2,25	1,63
Arbeitslosenquote in t	-0,39	-13,37***	-0,30	-7,13 ***
Wirtschaftswachstum in t	0,16	3,44***	0,30	3,45 ***
Handelbilanz in t (Exporte – Importe)	0,10	3,32***	0,12	3,54 ***
Langfristiger Zinssatz	-0,27	-6,69***	-0,28	-4,07 ***
Anzahl der Minister im Kabinett [a]	-0,09	-4,22***	-0,05	-1,23
Kabinettssitzanteil christdemokratischer Minister[a]	-0,04	-9,29***	-0,03	-3,26 ***
Kabinettssitzanteil sozialdemokratischer Minister[a]	0,03	4,97***	0,01	1,24
Verfassungsbarrieren gegen die Staatsverschuldung (Ostheim)	0,85	5,91***	1,11	4,20 ***
Institutionelle Begrenzer nach Schmidt (2000) („Vetospieler")	-0,36	-3,27***	-0,30	-1,27
Interaktionsterm (Vetospieler * sozialdemokratische Minister) [a]	-0,01	-4,40***	-0,001	-0,22
Periode 1960-1972	4,64	6,28***		
Periode 1973-1985	4,24	5,44***		
Periode 1986-1999	4,61	6,26***		
N	686		200	
F-Statistik	66,29***		15,37***	
adj. R^2	0,53		0,42	

Anmerkungen: Panel-Regression für 21 OECD-Länder; die Werte in der ersten Spalte sind die unstandardisierten Regressionskoeffizienten; n.d. = nicht definiert; * = Signifikanz auf dem 10%-Niveau; ** = Signifikanz auf dem 5%-Niveau; *** = Signifikanz auf dem 1%-Niveau; a = eigene Berechnungen auf Basis des Forschungsprojektes Staatstätigkeit. Die einzelnen Regressionen wurden nach der Methode der kleinsten Quadrate (OLS) geschätzt. Ein positives Vorzeichen weist auf einen defizitreduzierenden Effekt hin.

Tabelle 6 präsentiert ein nach zwei Perioden unterteiltes (1960-1999 sowie 1990-1999), erweitertes politisch-institutionelles Erklärungsmodell. Gemessen an der Zahl der Theorien und Variablen wäre eine exponentiell wachsende Zahl von Modellen möglich. Dieses bewusst gewählte Modell ist jedoch – unter Berücksichtigung der oben angesprochenen statistischen Probleme – theoretisch und methodisch gut abgesichert. Für den gesamten Untersuchungszeitraum von 1960 bis 1999 werden 53 Prozent der Varianz der abhängigen Variablen erklärt, in den 1990er Jahren sinkt die Erklärungskraft jedoch auf 42 Prozent. Insbesondere viele politische Variablen verlieren in den 1990er Jahren an Prägekraft. Dies ist ein Indiz für einen möglichen Konvergenzprozess und einen Verlust nationalstaatlichen Handlungsspielraums durch die Globalisierung.

Am robustesten und als durchgängig signifikant erweisen sich über beide Untersuchungszeiträume hinweg die sozioökonomischen Erklärungsfaktoren wie das Wirtschaftswachstum, die Arbeitslosenquote, die Handelsbilanz sowie die langfristigen Zinssätze. Zusammenhängen aus der Volkswirtschaftlichen Gesamtrechung entsprechend (Wagschal 1996: 143ff.) (s.o.), geht ein Außenhandelsdefizit (d.h. die Importe übersteigen die Exporte) mit einem Haushaltsdefizit einher *(twin deficits)*. Eine wichtige Rolle spielen außerdem die langfristigen Kapitalmarktzinsen eines Landes, die verschiedene Effekte auf das Haushaltsdefizit eines Landes ausüben. Zum einen werden die Zinsverpflichtungen mit steigenden Zinsen größer, zum anderen kann diese Größe als Proxyvariable für die politische Stabilität und die Glaubwürdigkeit der Wirtschaftspolitik eines Landes interpretiert werden (Freitag/Sciarini 2001). Je größer der *spread* ist, also die Zinsdifferenz zum internationalen Kapitalmarktzins, desto risikobehafteter wird ein Land durch den Kapitalmarkt bewertet.

Die politisch-institutionellen Variablen verlieren in den 1990er Jahren an Bedeutung. Einzig die konstitutionellen Verschuldungsbarrieren (defizitmindernd) sowie die Stärke der Christdemokraten (defiziterhöhend) sind in Gleichung 3 und 4 signifikant, wobei die institutionelle Größe an Bedeutung gewinnt, was am starken Anstieg des partiellen Regressionskoeffizienten ablesbar ist. Verteilungskoalitionen – im Sinne Olsons – können durch die Zahl der Minister im Kabinett operationalisiert werden. Je höher die Zahl der Ministerien und Minister ist und je mehr Ansprüche damit an das Budget gestellt werden, desto höher sollte das Defizit sein. Der zunehmende Sparzwang der 1990er Jahre lässt jedoch auch diese Variable insignifikant werden.

Der Interaktionsterm zwischen Vetospielern und Linksregierung ist das spiegelbildliche Pendant zum Interaktionsterm aus Tabelle 5. Langfristig bleibt Linksregierungen, die durch starke Vetopunkte an ihrem Ziel der Einnahmeerhöhung gehindert werden, nur der Weg in eine Schuldenpolitik.

5. Zusammenfassung und Forschungsausblick

Die wichtigsten Bestimmungsfaktoren der Staatsverschuldung sind sozioökonomischer Natur. Deshalb sollte die Diskussion politisch-ökonomischer Modelle sowie politisch-institutioneller Bestimmungsfaktoren den Blick auf diese Erklärungsgrößen nicht verstellen. Insbesondere sind hier die Arbeitslosigkeit, ein nachlassendes Wirtschaftswachstum sowie das Außenhandelsdefizit zu nennen. Andererseits sind diese Größen wiederum teilweise mit durch politische Faktoren bedingt.

Hinsichtlich der Diskussion der einzelnen politisch-ökonomischen Modelle bleibt nach einer empirischen Überprüfung nicht mehr allzu viel übrig:

1. Die Theorie des politischen Konjunkturzyklus, d.h. ein bewusstes Verschulden vor Wahlen, lässt sich nicht bestätigen.
2. Dem Down'schen Budgetmodell mit seinem Befund, dass in der Demokratie das Budget tendenziell zu klein ist, lässt sich angesichts von Staatsquoten von bis zu 60 Prozent ebenfalls keine besondere empirische Erklärungskraft beimessen.
3. Ebenso kann das Modell von Roubini und Sachs, das Koalitionsregierungen den schwarzen Peter zuschiebt, nicht überzeugen.
4. Überdies fällt die theoretisch interessante Hypothese des bewussten Schuldenmachens, um den Spielraum der Nachfolger zu beeinflussen, durch.
5. Dem empirischen Test halten auch die Lebenszyklusmodelle mit einer unterschiedlichen Zeitpräferenz (noch) nicht stand.

6. Zudem erweisen sich einige Institutionen, denen in der Literatur ein verschuldungshemmender Effekt zugeschrieben wird, als nicht sonderlich bremskräftig. Die gilt für den Föderalismus und die Unabhängigkeit der Zentralbank.

Was ist es dann, mag der kritische Leser fragen? Beendet das scharfe Schwert der Falsifikation nicht allen politisch-ökonomischen Theorien das Dasein? Mitnichten. Neben sozioökonomischen Faktoren sind eben doch einige politische und institutionelle Determinanten wirksam. Ein wichtiger verschuldungsbegrenzender Faktor ist die politische Stabilität und – damit zusammenhängend – eine niedrige Streikaktivität sowie ein hoher Grad an Korporatismus und Konsens (so frühere Analysen des Autors). Sodann ist die Fraktionalisierung des politischen Systems zu nennen, welche partiell auf die Verhältniswahl zurückgeführt werden kann. Zwar lässt sich kein systematischer politischer Konjunkturzyklus identifizieren, doch erweist sich eine überdurchschnittliche Wahlhäufigkeit als defiziterhöhend. Verschuldungsbremsend wirken zudem Budgetvorschriften in Verfassungen und, auf europäischer Ebene, die Maastricht-Kriterien. Entgegen den Erwartungen liegen die Ergebnisse im Hinblick auf einen Parteieneinfluss: Linke Parteien verschulden sich weniger als bürgerliche Parteien. Allerdings zeigt sich, dass Parteieneffekte in der letzten Dekade des 20. Jahrhunderts verschwinden.

In fast allen OECD-Demokratien haben die Staatsschulden seit Anfang der 1970er Jahre drastisch zugenommen. Dies kann mit einem kombinierten Modell aus sozioökonomischen, politischen und institutionellen Faktoren gut erklärt werden. Seit Mitte der 1990er Jahre gehen die Defizite und die Verschuldung jedoch wieder zurück – gerade in der EU, die bis dahin mit einem stärkeren Verschuldungswachstum als in jedem anderen Wirtschaftsraum vor allem eine Verschuldungsgemeinschaft war. Prima vista – das unterstreichen auch die hier präsentierten Ergebnisse – erscheint es plausibel, diesen Effekt den Maastricht-Kriterien zuzurechnen. Jedoch erklärt dies nicht, warum auch andere Länder zum Teil schon viel früher einen Austeritätspfad eingeschlagen haben. Ist dieser bislang wenig beleuchtete Politikwechsel nicht doch eher der Globalisierung geschuldet, da die Finanzmärkte in Sekundenschnelle Milliardenbeträge bewegen und finanzielle Instabilität und staatliche Insolidität sofort abgestraft werden? Und wird die Bewahrung eines guten Verschuldungsratings (z.B. das Triple A) zu einem – auch bewusst eingesetzten – Dogma? Oder haben wir es hier mit einem Paradigmenwechsel zu tun, der zur Ablösung der keynesianischen Doktrin geführt hat? Die Thatcher-Revolution – nicht die Reagan'sche, die als Beleg für die „parteipolitische Steuerglättungshypothese" gelten kann – mag hier als Fanal dienen. Möglicherweise war es aber auch die Erfahrung von jahrzehntelanger Verschuldungspolitik und die daraus resultierende kollektive Erkenntnis, dass der „Verschuldungsrubikon" längst überschritten ist und auf dem Wählerstimmenmarkt eine solche Politik kaum mehr positive Wirkung zeigt.

Literatur

Achen, Christopher, 2000: Why Lagged Dependent Variables can Suppress the Power of other Independent Variables, Michigan.

Alesina, Alberto, 1987: Macroeconomic Policy in a Two-Party System as a Repeated Game, in: Quarterly Journal of Economics 102, 651-678.

Alesina, Alberto, 1988: Macroeconomics and Politics, National Bureau of Economic Research (NBER): Macroeconomic Annual 1988, Cambridge Mass., 14-52.

Alesina, Alberto, 1989: Politics and Business Cycles in Industrial Democracies, in: Economic Policy 8, 57-98.

Alesina, Alberto/Tabellini, Guido, 1990: A Positive Theory of Fiscal Deficits and Government Debt, in: Review of Economic Studies 57, 403-414.

Alesina, Alberto/Perotti, Roberto, 1994: The Political Economy of Budget Deficits, NBER Working Paper, No. 4637, Cambridge Mass..

Alesina, Alberto/Tabellini, Guido, 1990: A Positive Theory of Fiscal Deficits and Government Debt, in: Review of Economic Studies 57, 403-414.

Beck, Nathaniel/Katz, Jonathan, 1995: What to do (and not to do) with Time-Series Cross Section Data, in: American Political Science Review 89, 634-647.

Borrelli, Stephen A./Royed, Terry J., 1995: Government ‚Strength' and Budget Deficits in Advanced Democracies, in: European Journal of Political Research 28, 225-260.

Buchanan, James M./Wagner, Richard E., 1977: Democracy in Deficit. The Political Legacy of Lord Keynes, New York.

Chatterjee, Samprit/Price, Bertram, 1995: Praxis der Regressionsanalyse, 2. Auflage, München.

de Haan, Jakob/Zelhorst, Dick, 1993: Positive Theories of Public Debt: Some Evidence for Germany, in: *Harrie A. Verbon/Frans A. van Winden* (Hrsg.), The Political Economy of Government Debt, Amsterdam/London, 295-306.

Downs, Anthony, 1968: Ökonomische Theorie der Demokratie, Tübingen.

Downs, Anthony, 1974: Warum das staatliche Budget in einer Demokratie zu klein ist, in: *Bruno S. Frey/Werner Meißner* (Hrsg.), Zwei Ansätze der Politischen Ökonomie: Marxismus und ökonomische Theorie der Politik, 105-126.

Franzese, Robert J., 2001: The Positive Political Economy of Public Debt: An Empirical Examination of the OECD Postwar Experience, Paper presented at the Workshop on Political Economy, Tel Aviv.

Freitag, Markus/Sciarini, Pascal, 2001: The political economy of budget deficits in the European Union: The role of international constraints and domestic structure, in: European Union Politics 2, 163-189.

Frey, Bruno S., 1977: Moderne Politische Ökonomie, München.

Gärtner, Manfred, 1989: Makroökonomik bei endogenem Regierungsverhalten. Vom politischen Konjunkturzyklus zur zeitlichen Inkonsistenz optimaler Pläne, in: Wirtschaftswissenschaftliches Studium (WiSt), 602-608.

Gärtner, Manfred, 1994: Democracy, Elections, and Macroeconomic Policy: Two Decades of Progress, in: European Journal of Political Economy 10, 85-109.

Greene, William H., 1993: Econometric Analysis, Englewood Cliffs.

Grilli, Vittorio/Masciandaro, Donato/Tabellini, Guido, 1991: Political and Monetary Institutions and Public Financial Policies in the Industrial Countries, in: Economic Policy 13, 341-392.

Hahm, Sung Deuk/Kamlet, Mark S./Mowery, David C., 1995: Influences on Deficit Spending in Industrialized Democracies, in: Journal of Public Policy 15, 183-197.

Hahm, Sung Deuk/Kamlet, Mark S./Mowery, David C., 1996: The Political Economy of Deficit Spending in Nine Industrialized Parliamentary Democracies, in: Comparative Political Studies 29, 52-77.

Hibbs, Douglas A. Jr., 1977: Political Parties and Macroeconomic Policy, in: American Political Science Review 71, 1467-1487.

Hibbs, Douglas A. Jr., 1987: The American Political Economy: Macroeconomics and Electoral Politics, Cambridge Mass./London.

Hibbs, Douglas A. Jr., 1994: The Partisan Model of Macroeconomic Cycles: More Theory and Evidence for the United States, in: Economics and Politics 6, 1-23.

Kalecki, Michael, 1976: Politische Aspekte der Vollbeschäftigung (zuerst 1943), in: *Michael Kalecki*, Werkauswahl. Rezession und Prosperität im Kapitalismus, Neuwied, 182-190.

Lerner, Abba P., 1979: Funktionale Finanzpolitik und Staatsschuld, in: *Ewald Nowotny* (Hrsg.), Öffentliche Verschuldung, Stuttgart/New York, 87-94.

Lijphart, Arend, 1994: Electoral Systems and Party Systems, A Study of Twenty-Seven Democracies, 1945-1990, New York.
Lijphart, Arend, 1999: Patterns of Democracy, New Haven/London.
Nordhaus, William D., 1975: The Political Business Cycle, in: Review of Economic Studies, 169-190.
O'Connor, James, 1974: Die Finanzkrise des Staates, Frankfurt.
Olson, Mancur, 1991: Aufstieg und Niedergang von Nationen: Ökonomisches Wachstum, Stagflation und soziale Starrheit, 2. Auflage, Tübingen.
Olson, Mancur, 1992: Die Logik des kollektiven Handelns: Kollektivgüter und die Theorie der Gruppen, 3. durchgesehene Auflage, Tübingen.
Ostheim, Tobias, 1998: Verfassungsschranken gegen Staatsverschuldung im internationalen Vergleich. Eine Analyse der schuldenbegrenzenden Wirkung von quantitativen und prozeduralen konstitutionellen Barrieren, Heidelberg, Ms.
Persson, Torsten/Svensson, Lars E., 1989: Why a Stubborn Conservative Would Run a Deficit: Policy with Time-Inconsistent Preferences, in: Quarterly Journal of Economics 104, 325-345.
Ricardo, David, 1951: The Works and Correspondence of David Ricardo, edited by *Pierro Sraffa*, Vol. IV Pamphlets and Papers 1815-1823, Cambridge.
Rogoff, Kenneth/Sibert, Anne, 1988: Elections and Macroeconomic Policy Cycles, in: Review of Economic Studies LV, 1-16.
Rotte, Ralph/Zimmermann, Klaus, 1998: Fiscal Restraint and the Political Economy of the EMU, in: Public Choice 94, 385-406.
Roubini, Nouriel/Sachs, Jeffrey, 1988: Political and Economic Determinants of Budget Deficits in the Industrial Democracies, NBER Working Paper No. 2682, Cambridge Mass.
Roubini, Nouriel/Sachs, Jeffrey, 1989a: Political and Economic Determinants of Budget Deficits in the Industrial Democracies, in: European Economic Review 33, 903-933.
Roubini, Nouriel/Sachs, Jeffrey, 1989b: Government Spending and Budget Deficits in the Industrial Countries, in: Economic Policy 8, 100-132.
Rowley, Charles K./Shugart, W.F./Tollison, Robert D., 1986: Interest Groups and Deficits, in: James M. Buchanan, Charles K. Rowley und Robert D. Tollison (Hrsg.), The Political Economy of Budget Deficits, New York, 263-280.
Sayrs, Lois W., 1989: Pooled Time Series Analysis, Beverly Hills und London.
Scharpf, Fritz W., 1988: Von Fug und Unfug institutioneller Erklärungen, in: Politische Vierteljahresschrift 29, 271-275.
Schick, Allen, 1993: Governments versus Budget Deficits, in: Kent Weaver/Bert A. Rockman (Hrsg.), Do Institutions Matter? Government Capabilities in the United States and Abroad, Washington D.C., 187-236.
Schmidt, Manfred G., 2000: Demokratietheorien, 3. Auflage, Opladen.
Schwinn, Oliver, 1997: Die Finanzierung der deutschen Einheit: eine Untersuchung aus politisch-institutionalistischer Perspektive, Opladen.
Stimson, James A., 1985: Regression in Space and Time: A Statistical Essay, in: American Journal of Political Science 29, 914-947.
Tufte, Edward R., 1978: Political Control of the Economy, Princeton.
Wagschal, Uwe, 1996: Staatsverschuldung. Ursachen im internationalen Vergleich, Opladen.
Wagschal, Uwe, 1998: Politische und institutionelle Determinanten der Staatsverschuldung, in: Zeitschrift für Wirtschaftspolitik 47, 220-243.
Wagschal, Uwe, 1999a: Statistik für Politikwissenschaftler, München.
Wagschal, Uwe, 1999b: Deutschlands Steuerstaat und die vier Welten der Besteuerung, in: *Manfred G. Schmidt* (Hrsg.), 2001, Wohlfahrtsstaatliche Politik: Institutionen – Prozesse – Leistungsprofil, Opladen, 126-162.
Wagschal, Uwe, 2002: Verfassungsbarrieren als Grenzen der Staatstätigkeit, in: Schweizerische Zeitschrift für Politische Wissenschaft, Heft 1, i.E.
Weltring, Sylvia, 1997: Staatsverschuldung als Finanzierungsinstrument des deutschen Vereinigungsprozesses, Frankfurt am Main.
Wolff, Jessica de, 1999: The Political Economy of Fiscal Decisions. The Strategic Role of Public Debt, Heidelberg.

Thomas R. Cusack, Susanne Fuchs

Kapitel 11
Parteien, Institutionen und Staatsausgaben

1. Einleitung

Dieses Kapitel[1] untersucht die politisch-institutionellen Bestimmungsfaktoren der Staatsausgaben. Wir zeigen, dass eine der dramatischsten Entwicklungen des 20. Jahrhunderts in der enormen Ausdehnung von staatlicher Kontrollmacht über ökonomische Ressourcen bestand. Obwohl es sich dabei um einen allgemeinen Trend handelt, variiert die Geschwindigkeit der Ausdehnung des öffentlichen Sektors zwischen den OECD-Ländern beträchtlich. Wir werden zeigen, dass nicht nur ökonomische, sondern auch politische Kräfte die Expansion des Staatssektors im letzten Jahrhunderts maßgeblich beeinflusst haben.

In den vergangenen zwei Dekaden haben Politikwissenschaftler und Ökonomen ihre Aufmerksamkeit auf die Frage gelenkt, wie politische Institutionen die nationalen Unterschiede im Ausgabenverhalten von Regierungen beeinflusst haben. Wir geben einen Überblick über einige dieser theoretischen Ansätze und überprüfen ihre empirische Tragfähigkeit. Aufbauend auf einen Teil der hier präsentierten Arbeiten entwickeln wir ein eigenes Modell darüber, wie die Durchsetzungschancen ideologisch motivierter Präferenzen von Regierungsparteien im Hinblick auf das Niveau der Staatsausgaben von parlamentarischen Institutionen determiniert werden. Wir unterziehen die modellspezifischen Hypothesen einem empirischen Test, wobei wir verschiedene Annahmen über institutionelles Design und Bedingungen für politische Unterstützung der Regierungsvorhaben treffen. Diese Hypothesen werden anschließend in ein komplexeres Modell über öffentliche Staatsausgaben eingebettet und einer empirischen Überprüfung unterzogen. Die Ergebnisse unserer Schätzungen stützen unser Grundmodell und bestätigen die Annahme, dass parlamentarische Institutionen den politischen Gestaltungsspielraum von Regierungen einengen oder ausweiten können.

---

1 Wir danken den anderen Autoren für hilfreiche Anregungen und insbesondere Herbert Obinger und Bernhard Kittel für die gründliche Durchsicht und Verbesserung des Manuskripts.

2. Die Entwicklung der Staatsausgaben in den OECD-Ländern im Überblick

2.1. Die Entwicklung des öffentlichen Sektors in den letzten 100 Jahren

Das 20. Jahrhundert erlebte ein rapides Wachstum des öffentlichen Sektors im Vergleich zur Entwicklung der restlichen Ökonomie. Tabelle 1 zeigt für 19 OECD-Länder die Entwicklung der Staatsausgaben (in% des Bruttoinlandsprodukts) zwischen 1870 und 1995.[2] Aufgrund der beschränkten Datenverfügbarkeit können wir insbesondere für die erste Hä
lfte des 20. Jahrhunderts allerdings nur ein unvollständiges Bild der Entwicklung zeichnen.

Trotz der problematischen Datenlage wird deutlich, dass die Staatsausgaben im späten 19. und frühen 20. Jahrhundert einen relativ geringen Anteil an der gesamten Wirtschaftsaktivität in den einzelnen Nationalökonomien ausmachten. Gegliedert nach kulturell-regionalen Gesichtspunkten lagen – abgesehen von Japan – die kontinentaleuropäischen Länder in diesem Zeitraum mit einem durchschnittlichen Anteil der Staatsausgaben von 14% des Bruttoinlandsprodukts an der Spitze. Die skandinavischen und angelsächsischen Länder hinkten hingegen mit einer durchschnittlichen Staatsquote von 10 bzw. 11% hinterher.

In der ersten Hälfte des 20. Jahrhunderts kam es zu einer dramatischen Ausweitung staatlicher Kontrollmacht über ökonomische Ressourcen. In allen elf Ländern, für die für den Beginn des 20. Jahrhunderts Daten vorliegen, hat sich (mit der Ausnahme von Japan) der öffentliche Sektor erheblich vergrößert. Die Zuwachsraten variierten dabei beträchtlich, nämlich zwischen 80% in Italien und bis zu 200% und mehr in Kanada, Frankreich, Deutschland, Norwegen, Großbritannien und den Vereinigten Staaten. Lag um 1900 der Anteil der Staatsausgaben am Bruttoinlandsprodukt im Länderdurchschnitt bei weniger als 13%, so war er 1950 bereits auf 24% angewachsen. In den 18 Ländern, für die für das Jahr 1950 Daten verfügbar sind, liegt dieser Durchschnitt mit 24,3% sogar noch ein wenig höher. Der Vergleich zwischen den regional-kulturellen Ländergruppen zeigt, dass in der Mitte des 20. Jahrhunderts die Staatsquoten näher beieinander lagen als um die Jahrhundertwende. Jetzt führen die angelsächsischen Länder mit einem Anteil des öffentlichen Sektors in Höhe von 27% des Bruttoinlandsprodukts, während die kontinentaleuropäischen und skandinavischen Länder eine Staatsquote von jeweils ca. 24% aufweisen. 1950 liegt Japan mit einem öffentlichen Sektor von weniger als 16% des Bruttoinlandsprodukts weit abgeschlagen zurück.

Trotz der historisch gesehen hohen Wachstumsraten der Nationalökonomien der OECD-Länder seit 1950 (vgl. Obinger i.d.B.) setzte sich der Siegeszug des öffentlichen Sektors in der zweiten Hälfte des 20. Jahrhunderts ungebrochen fort.[3]

---

2 Die mit 100 multiplizierte Verhältniszahl zwischen den Staatsausgaben und dem Bruttoinlandsprodukt wird auch als Staatsquote bezeichnet.

3 Die zweite Hälfte des 20. Jahrhunderts war in den OECD-Ländern durch ungewöhnlich hohe Wachstumsraten gekennzeichnet. Das galt insbesondere in den so genannten „goldenen Jahren“ zwischen 1950 und 1973. Diese Entwicklung setzte sich trotz des relativen Ein-

Der Trend relativ hoher Wachstumsraten des öffentlichen Sektors im Vergleich zur Wirtschaftsentwicklung der restlichen Volkswirtschaft hat sich weiter fortgesetzt. So hat sich 1995 der relative Anteil der Staatsausgaben wieder verdoppelt: Im Durchschnitt betrug die Staatsquote jetzt 48%. Diese Expansion verlief jedoch erneut in den einzelnen Ländern unterschiedlich. 1995 variierte in den 19 untersuchten OECD-Ländern die Größe des öffentlichen Sektors zwischen 36% des Bruttoinlandsprodukts in Japan bzw. den Vereinigten Staaten und 67% in Schweden. Die unterschiedlichen nationalen Wachstumsverläufe werden bei einem Vergleich der regional-kulturellen Ländergruppen augenscheinlich. Die angelsächsischen Länder bilden nun mit einer Staatsquote von 42% das Schlusslicht. In den kontinentaleuropäischen Ländern hat sich der Umfang des öffentlichen Sektors von 24% im Jahr 1950 auf ca. 49% im Jahr 1995 erhöht. Noch stärker war die Expansion in den skandinavischen Ländern, wo die Staatsquote von weniger als 25% im Jahr 1950 auf fast 60% im Jahr 1995 angestiegen ist.

Tabelle 1: Staatsausgaben in Prozent des Bruttoinlandsprodukts in 19 OECD-Ländern, 1870 –1995[a]

	1870	1880	1890	1900	1910	1920	1930	1938	1950	1960	1970	1980	1990	1995
Australien									23,9	22,8	26,1	33,2	37,1	37,3
Belgien								21,8	23,7	30,7	37,5	51,7	54,7	54,6
Kanada	6,2	7,0	7,8	8,7	11,3	19,0	18,9	21,6	21,9	29,1	35,8	40,6	46,5	48,1
Dänemark	9,2	8,9	10,6	10,8	12,3	15,4	13,5	16,7	19,6	25,2	39,4	55,6	58,1	61,6
Finland									25,8	26,9	30,5	37,0	42,5	59,1
Frankreich	11,0	14,6	14,3	14,5	15,1	22,4	29,4	29,4	29,3	34,0	37,7	43,3	49,6	54,1
Groß-britannien	8,7	9,1	9,2	14,9	12,7	27,4	24,7	28,6	32,0	32,1	37,8	44,3	40,4	44,2
Deutschland	9,5	9,9	12,9	14,2	16,0	25,0	29,4	36,9	29,2	32,2	36,9	46,5	44,9	47,7
Irland							20,8	32,9	30,3	27,3	37,9	52,3	42,4	40,3
Italien	14,4	13,7	18,4	16,3	17,3	30,2	22,0	29,2	23,0	29,7	31,7	44,9	51,6	51,8
Japan	8,8	9,5	12,0	17,5	24,3	19,2	26,8	29,9	15,9	17,8	18,6	32,3	31,3	36,1
Niederlande	9,1				9,0	13,5	14,0	23,2	27,1	34,6	42,3	56,5	54,0	54,2
Norwegen	5,9	6,8	7,4	9,9	9,3	12,8	19,1	20,3	24,2	31,3	41,3	48,8	54,8	49,0
Österreich	11,4	11,7	12,9	15,0	17,6	14,7	19,8	15,2	25,1	30,4	35,3	47,2	48,2	51,5
Portugal									16,4	17,8	22,0	38,0	42,8	45,3
Spanien					8,3	9,3		18,4		17,7	21,5	31,1	42,0	46,6
Schweden	5,7				10,4	12,8	19,1	20,3	26,3	31,3	42,8	60,9	61,5	67,0
Schweiz		15,8	14,3	10,6	14,0	17,0	17,4	23,9	20,8	21,0	26,7	35,0	33,4	38,4
USA	8,3	5,9	6,5	7,9	8,2	9,4	12,2	19,7	22,4	28,4	33,7	35,3	36,8	36,1

Die Quellen für die hier abgebildeten Daten sind im Anhang aufgelistet.

2.2. Die Ursachen des Wachstums des öffentlichen Sektors

Was sind die Ursachen für diese enorme Expansion staatlicher Kontrollmacht über ökonomische Ressourcen im 20. Jahrhundert? Die Antworten auf diese Frage sind Legion, so dass wir hier nur einen kurzen Überblick über die zentralen Argumente

bruchs unter dem Einfluss des Neoliberalismus in der Mehrzahl der OECD-Länder auch im letzten Quartal des 20. Jahrhunderts fort (vgl. Maddison 2001: 125-141).

und Triebkräfte dieser Entwicklung präsentieren können.[4] Sowohl politische als auch ökonomische Bestimmungsfaktoren spielen eine Rolle und wir werden uns in der Folge auf diese beiden Determinanten konzentrieren.

2.2.1. Ökonomische Determinanten

Sowohl interne ökonomische Entwicklungen der Nationalökonomien im letzten Jahrhundert als auch externe ökonomische Faktoren werden von vielen Autoren als Ursache für das Wachstum des öffentlichen Sektors angesehen. Was die internen Faktoren betrifft, so hat die Dynamik des Kapitalismus fundamentale Umwälzungen in Wirtschaft und Gesellschaft ausgelöst. Einerseits hat die Verschiebung von Produktivitäts- und Nachfragemustern zu einer Entwurzelung großer Bevölkerungsteile aus traditionellen ökonomischen Rollen und zur Erosion der sozialen Bindungen beigetragen. Zwei zentrale Veränderungen spielten im letzten Jahrhundert dabei eine wichtige Rolle, nämlich der Niedergang des Agrarsektors und die Ausweitung industrieller Produktion und in weiterer Folge der Niedergang des industriellen Sektors, der wiederum vom Aufstieg des Dienstleistungssektors begleitet wurde. Diese massiven ökonomischen Veränderungen in der Langzeitdynamik des Kapitalismus haben die Funktionsfähigkeit traditioneller familiärer und lokaler Netzwerke als soziale und ökonomische Unterstützungseinheiten ausgehöhlt. Dies führte wiederum zu einer steigenden Nachfrage nach staatlich bereitgestellten Gütern und Dienstleistungen und in weiterer Folge zu einer immensen Ausdehnung der Staatstätigkeit (Wagner 1911).

Andererseits führte die Dynamik steigender Einkommen sowie die unterschiedliche Produktivitätsentwicklung zu beträchtlichen Ungleichgewichten, die den Druck auf den Staat nach Gegensteuerung erhöhten. Mit steigendem Einkommen verändern sich auch Konsumgewohnheiten und -muster, insbesondere steigt der Konsum fremdproduzierter Güter und Dienstleistungen. Jedoch ist es gerade im Dienstleistungssektor sehr schwierig, Produktivitätssteigerungen in nennenswertem Umfang zu erzielen. Dadurch entstehen neue soziale und ökonomische Probleme, wodurch sich der Druck auf den Staat nach Abfederung der damit einhergehenden negativen Externalitäten erhöht. In der Regel führte dies zu einer öffentlichen Bereitstellung von Gütern und Dienstleistungen, die sonst traditionell nur marktförmig und damit zu Preisen angeboten würden, die nur für eine Minderheit erschwinglich wären.

Auch externe Strukturveränderungen der internationalen Ökonomie spielten in den entwickelten Demokratien eine wichtige Rolle bei der Ausformung des öffentlichen Sektors. Obwohl die Industrienationen am Ende des 19. Jahrhunderts und zu Beginn des 20. Jahrhunderts bereits in einem hohen Maße in ihren Handels- und Finanzbeziehungen miteinander verflochten waren, führten Kriege, Rezessionen und Standortwettbewerb wieder zu einer Abnahme des einst hohen Verflechtungsniveaus.[5] Nach dem Zweiten Weltkrieg intensivierte sich allmählich die ökonomische Integration zwischen den entwickelten Demokratien wieder, wobei dieser Pro-

4 Wir verweisen den Leser auf eine kleine Auswahl der reichhaltigen Literatur zum Thema: Peacock/Wiseman (1979), Larkey u.a. (1981), Taylor (1983), Lybeck (1986), Lybeck/Henrekson (1988), Pommerehne (1990) und Holsey/Borcherding (1997).

5 Zu einer interessanten und informativen Einschätzung dieser frühen „Globalisierung“ vgl. O'Rourke/Williamson (1999).

zess durch den Zusammenbruch des Bretton-Woods-Systems in den frühen 1970er Jahren noch beschleunigt wurde.[6] Ein Indiz für das nun wieder erreichte hohe Niveau gegenseitiger Verflechtung ist die Vulnerabilität großer Teile der Bevölkerung gegenüber exogen produzierten Risiken und Schocks. In den Augen vieler resultierte daraus ein großer Druck auf den Staat, die Bevölkerung und insbesondere die Erwerbstätigen vor diesen Schocks zu schützen und damit verbundene Risiken zu minimieren. Hierzu sind jedoch beträchtliche Finanzmittel erforderlich, so dass darin eine wichtige Ursache für das Wachstum des öffentlichen Sektors gesehen wird.[7]

2.2.2. Politische Determinanten

Zumindest seit de Tocqueville (1835 [1945]) haben Kommentatoren des Zeitgeschehens immer wieder darauf hingewiesen, dass die Ausweitung von Partizipationsrechten in demokratischen Staaten den Druck auf Regierungen erhöht, die Staatsausgaben auszuweiten. Ursprünglich waren diese Partizipationsrechte selbst in den alten Demokratien wie Großbritannien und den Vereinigten Staaten stark eingeschränkt, so dass sich politische Macht unweigerlich in den Händen einer kleinen und wohlhabenden Minderheit konzentrierte. Da eine Ausweitung der Staatstätigkeit zu einem Einkommensverlust dieser reichen Minderheit geführt hätte, lehnte diese Elite zwangsläufig einen (finanz-)starken Staat ab.

Im Zuge des letzten Jahrhunderts wurde jedoch das Wahlrecht in den westlichen Demokratien kontinuierlich ausgedehnt. Im Verlauf dieser Entwicklung wurde immer größeren Teilen der Bevölkerung und damit auch immer mehr einkommensschwachen Gruppen die Teilhabe am politischen Prozess eingeräumt. Folgt man wie Meltzer/Richard (1978, 1981, 1983) der Logik des Medianwählermodells, dann führt die Ausdehnung des Wahlrechts zu einer Expansion der Staatsausgaben, da sich das Elektorat nun auch aus Personen mit einem geringen bzw. Personen ohne Einkommen zusammensetzt. Diese Dynamik verschiebt die Präferenz des Medianwählers in Richtung einer deutlichen Unterstützung redistributiver Maßnahmen mit der Folge eines Anstiegs der Staatsausgaben.[8]

In der einschlägigen Literatur werden auch verschiedenste institutionelle Charakteristika demokratischer (und nicht-demokratischer) Staaten als wichtige Determinanten der Größe des öffentlichen Sektors angeführt. Einer der am häufigsten genannten Faktoren ist der Zentralisierungsgrad eines politischen Systems (Pommerehne 1990). Daraus entstand einer der wichtigsten theoretische Ansätze der *public choice*-Literatur. Die zentrale Hypothese lautet, dass mit steigender Dezentralisierung der Ausgaben- und Besteuerungshoheit der öffentliche Sektor im Zaum gehalten wird. Umgekehrt gilt, dass eine hohe fiskalische Zentralisierung mit einem

6 Für eine Untersuchung der Entwicklung des internationalen Kapitalmarktes im letzten Jahrhundert siehe Eichengreen (1996).

7 Vgl. dazu insbesondere Cameron (1978), Rodrik (1997) und Garrett (1998). Für eine Kritik und ein alternatives Modell, welches endogene Ursachen dieser Risiken und deren Effekt auf die Staatsausgaben betont, siehe Iversen/Cusack (2000).

8 Für unterschiedliche Sichtweisen zum Einfluss der Demokratie sowie ausgebauter demokratischer Partizipationsrechte auf die Größe des öffentlichen Sektors siehe Downs (1960), Stigler (1970) und Peltzman (1980).

stark ausgebauten öffentlichen Sektor korrespondiert. Die Bedeutung des fiskalischen Zentralisierungsgrades eines politischen Systems wird besonders von Brennan und Buchanan (1977, 1980) hervorgehoben, die in einer fiskalpolitischen Dezentralisierung eine wirksame Einschränkung des finanzpolitischen Handlungsspielraums politischer Entscheidungsträger sehen. Marlow (1988) begründet dies mit der Annahme, dass Budget- und Handlungsschranken gegenüber einer Regierung letztendlich auch die Staatsausgaben begrenzen. Föderale politische Systeme sind bekannt dafür, dass sie den politischen Entscheidungsträgern Fesseln auferlegen, woraus von vielen *public choice*-Theoretikern die Schlussfolgerung abgeleitet wird, dass in föderalen Staaten die Staatsausgaben stärker eingedämmt werden als dies in stärker zentralisierten politischen Systemen der Fall ist.[9]

2.2.3. Eine kurze empirische Analyse der Einflussfaktoren des Wachstums der Staatsausgaben

Wenden wir uns kurz der Frage zu, welchen Beitrag die bislang diskutierten ökonomischen und politischen Faktoren zur Erklärung der langfristigen Expansion der Staatsausgaben leisten. Um ein möglichst vollständiges Bild zu präsentieren, verwenden wir Daten über den Zeitraum zwischen 1880 und 1990. Dieser zeitliche Rahmen erlaubt es, elf Länder in die Analyse einzubeziehen.[10] Um den Effekt der relevanten Variablen auf die Entwicklung der Staatsausgaben zu schätzen, haben wir folgendes Modell entwickelt:

$$GX_{i,t} = a + b_1 GX_{i,t-1} + b_2 YC_{i,t} + b_3 O_{i,t} + b_4 EP_{i,t} + b_5 F_i + e_{i,t}$$

Wir schätzen dieses Modell als *pooled cross section-time series* Gleichung. Die abhängige Variable bilden die gesamten Staatsausgaben (abzüglich der Ausgaben für militärische Zwecke) in Prozent des Bruttoinlandsprodukts im Land (i) und zum Zeitpunkt t (=1...99).[11] Auf der rechten Seite der Gleichung haben wir die zeitverzögerte endogene Variable, $GX_{i,t-1}$, eingebaut. Dies verhilft einerseits der den Daten immanenten Dynamik zum Ausdruck und minimiert andererseits die Autokorrelationsproblematik (Beck/Katz 1996). Um den Einfluss der sozioökonomischen Umwälzungen in den untersuchten Ländern in der Langzeitperspektive erfassen zu können, haben wir die Variable $YC_{i,t}$ als Indikator für den ökonomischen Wohlstand in das Modell aufgenommen.[12] Externe Effekte auf die Staatsausgaben werden über die außenwirtschaftliche Offenheit, $O_{i,t}$, gemessen.[13] Die erste politische Variable

---

9 Für eine Position, die in scharfem Gegensatz dazu steht, siehe Oates (1972, 1985).

10 Hierbei handelt es sich um Österreich, Kanada, Dänemark, Frankreich, die Bundesrepublik Deutschland, Italien, Japan, Norwegen, Schweiz, Großbritannien und die Vereinigten Staaten. Dieses Sample stellt einen repräsentativen Querschnitt der industrialisierten Demokratien dar.

11 Die Quellen für die Gesamtausgaben sind im Anhang aufgelistet. Einschlägige Quellen für militärische Ausgaben sind z.B. das *Correlates of War National Capabilities Data Set* und SIPRI (verschiedene Jahre).

12 Diese Variable misst das reale BIP pro Kopf in 1000 US-Dollar. Quelle: Maddison (1995).

13 Wir messen diese Offenheit über die Exportquote (Exporte in Prozent des Bruttoinlandsproduktes). Die Variable gibt jeweils den Durchschnittswert für die zehn Jahre an, die dem jeweiligen Jahreswert der abhängigen Variable vorausgingen. Quelle: Maddison (1995).

misst den Ausdehnungsgrad des Wahlrechtes. Dieser wird als Dekadendurchschnitt der Wahlbeteiligung der über 20-jährigen Bevölkerung, $EP_{i,t}$, operationalisiert. Auch diese Variable geht als Durchschnittswert der letzten zehn Jahre, die dem jeweiligen Jahreswert der abhängigen Variable vorausgingen, in die Schätzung ein.[14] Die zweite politische Variable misst den Föderalismusgrad. Dabei handelt es sich um eine *dummy*-Variable, $F_{i,}$, die den Wert eins annimmt, wenn es sich um ein föderales Land handelt. Hierzu zählen Österreich, Kanada, die Bundesrepublik Deutschland, die Schweiz sowie die Vereinigten Staaten. Für alle anderen Länder nimmt diese Variable den Wert null an. Aus theoretischer Sicht erwarten wir folgende Schätzwerte für die einzelnen Parameter b_1 bis b_5: $0 < b_1 < 1$, b_2, b_3 und $b_4 > 0$ und $b_5 < 0$.

Tabelle 2 fasst die empirischen Ergebnisse der Schätzung zusammen. Der Lagrange-Multiplikatoren-Test deutet auf ein Problem entweder in Bezug auf Heteroskedastizität oder Korrelation im Querschnitt hin. Um dieses Problem zu eliminieren, haben wir das Modell unter Verwendung von panel-korrigierten Standardabweichungen (vgl. Beck/Katz 1995) neu geschätzt. Die in Tabelle 2 aufgelisteten t-Statistiken beruhen bereits auf dieser Korrektur. Die Güte des Modells ist mit einer erklärten Varianz von fast 90% sehr gut. Die Erwartungen hinsichtlich der Einflussrichtung der unabhängigen Variablen werden generell bestätigt, nur in einem Fall ist das Ergebnis nicht signifikant. Der Einfluss einer hohen außenwirtschaftlichen Öffnung auf die Staatsausgaben ist zwar wie erwartet positiv, jedoch statistisch nicht signifikant. Hingegen legt der geschätzte Koeffizient des ökonomischen Entwicklungsniveaus nahe, dass interne ökonomische Entwicklungen einen starken Einfluss auf das relative Wachstum der Staatsausgaben ausgeübt haben. Gleiches gilt für die beiden politischen Variablen: Sowohl die Ausweitung von politischen Partizipationsrechten als auch die Struktur des politischen Systems weisen den theoretisch erwarteten Einfluss auf und sind eindeutig statistisch signifikant. Die Ausweitung von Partizipationsrechten fördert die Expansion des öffentlichen Sektors, während ein föderalistisches System die Staatsausgaben im Zaum hält.

Die dynamische Interpretation einer solchen Gleichung ist wegen der zeitverzögerten abhängigen Variable nicht ohne weiteres möglich, dennoch kann man ohne Schwierigkeiten einige Implikationen des Modells und der geschätzten Parameter illustrieren. Wir werden uns dabei auf die politischen Variablen konzentrieren. Dazu ersetzen wir alle anderen Variablen auf der rechten Seite der Gleichung durch ihre jeweiligen Durchschnittswerte und untersuchen anschließend die Auswirkungen von verschiedenen Ausprägungen der politischen Variablen. In Bezug auf die Partizipationsvariable haben wir zwei Ausprägungen geprüft, indem wir sie zum einen gleich dem Durchschnitt minus einer Standardabweichung (niedriges Partizipationsniveau) und zum anderen gleich dem Durchschnitt plus einer Standardabweichung (hohes Partizipationsniveau) gesetzt haben. Diese Variationen haben wir sowohl für föderale als auch für nicht-föderale Systeme durchgeführt und die Effekte wurden für zwei Perioden simuliert. Zu berücksichtigen ist, dass der Durchschnittswert der zeitverzögerten abhängigen Variable bei ca. 19% liegt.

14 Die Daten für diese Variable stammen aus verschiedenen Quellen, unter anderem aus Flora u.a. (1983); Cook/Paxton (1975); International Institute for Democracy and Electoral Assistance (1997); Mackie/Rose (1991).

Tabelle 3 zeigt die prognostizierten Werte der abhängigen Variable (Staatsausgaben in Prozent des BIP) nach der Simulation über zwei Zeitperioden (Dekaden) in Abhängigkeit unterschiedlicher politischer Bedingungen. Dabei zeigt sich ein klares und konsistentes Muster. Erinnern wir uns daran, dass der Referenzwert, mit dem diese Zahlen verglichen werden können, ca. 19 Prozent beträgt. Unter den ungünstigsten Umständen für eine Expansion des öffentlichen Sektors, d.h. einem föderalen System mit eingeschränkten Partizipationsrechten, zeigt sich nur ein marginaler Anstieg der Staatsquote. Nach zwei Dekaden liegt die Höhe der Ausgaben immer noch unter 20% des Bruttoinlandsprodukts. Demgegenüber steigt die Staatsquote unter den günstigsten Umständen, also in einem unitarischen System mit ausgebautem Wahlrecht, von 19% auf über 29%, was ein Wachstum des öffentlichen Sektors um fast 50% darstellt. Zusammengefasst üben politische Faktoren also einen sehr starken Einfluss auf die langfristige Entwicklung des öffentlichen Sektors aus.

Tabelle 2: Modell für die Langzeitentwicklung des Wachstums von Staatsausgaben

	Koeffizient (t-Statistik)
Vorjahreswert der abhängigen Variable	0,73 (7,77)
BIP pro Kopf	0,41 (2,84)
Offenheit	0,12 (1,57)
Partizipationsrechte	0,07 (2,65)
Föderalismus	-1,54 (3,08)
Konstante	1,41 (1,02)
$\overline{R}^2$	0,88
N (Fälle = 11, Zeitpunkte = 11)	121

Die t-Statistik basiert auf panel-korrigierten Standardabweichungen. Die Schätzwerte basieren auf einer *Pooled Cross Section-Time Series Analysis.*

Tabelle 3: Schätzwerte für die Staatsquote in Abhängigkeit von unterschiedlichen politischen Rahmenbedingungen

Partizipationsniveau	Politisches System	
	Föderal	Nicht-föderal
Hoch	26,5	29,2
Gering	19,7	22,4

2.3. Aktuelle Entwicklungen in den Staatsausgaben der OECD-Länder

Bevor wir diesen Abschnitt beenden, präsentieren wir einen kurzen Überblick über die Entwicklung der Staatsausgaben der OECD-Länder in den letzten vierzig Jahren, da dieser Zeitabschnitt auch im Zentrum der folgenden Analyse stehen wird.

Es ist üblich, die Staatsausgaben in sieben Kategorien aufzuschlüsseln. Dabei handelt es sich um (1) Sozialtransfers an Haushalte und private *non-profit*-Organisationen, (2) Ausgaben für zivile Güter und Dienstleistungen, (3) Subventionen, (4) öffentliche Investitionen, (5) externe Transferzahlungen, (6) Ausgaben für militärische Zwecke und (7) Zinszahlungen auf Staatsschulden.

Wir werden uns später in erster Linie mit den ersten fünf Kategorien beschäftigen.[15] Sozialtransfers als erste Ausgabenkategorie sind eine zentrale Komponente wohlfahrtsstaatlicher Ausgaben (vgl. Obinger/Kittel i.d.B.), in die eine Reihe von sozialstaatlichen Programmen, wie z.B. die Altersversorgung und die Arbeitslosenunterstützung, einfließen. Die zweite Kategorie, Ausgaben für zivile Güter und Dienstleistungen, steht ebenfalls mit dem Wohlfahrtsstaat in einem engen Zusammenhang, obwohl diese Komponente zum Teil auch Ausgaben für klassische Hoheitsfunktionen des Staates wie öffentliche Sicherheit beinhaltet. Ein großer Teil der staatlichen Sozialausgaben resultiert nämlich nicht aus monetären Transfers, sondern aus der staatlichen Bereitstellung von Gütern und Dienstleistungen im Bereich des Gesundheits- und Erziehungssystems. Wie wir später noch zeigen werden, machen diese beiden Kategorien den Großteil der Ausgaben des öffentlichen Sektors aus.

Die restlichen drei Kategorien innerhalb der ersten fünf Ausgabenkomponenten enthalten Staatsausgaben, die verschiedenen Zwecken dienen. Die dritte Kategorie beinhaltet Subventionen für Unternehmen. Kategorie 4 reflektiert insbesondere Investitionen in die öffentliche Infrastruktur, während die fünfte Kategorie in erster Linie Transferzahlungen an internationale Organisationen und zum Teil Ausgaben für Entwicklungshilfeprogramme widerspiegelt.

Abbildung 1 gibt einen Überblick, wie sich die Ausgaben für diese Kategorien (unter Einbeziehung auch der Militärausgaben und des Schuldendienstes) im Zeitraum zwischen 1960 und 1996 entwickelt haben. Dargestellt sind die durchschnittlichen jährlichen Ausgaben für jede Kategorie in Prozent des Bruttoinlandsprodukts für jene 17 Länder, die wir auch in den folgenden Abschnitten untersuchen werden.

Wie bereits erwähnt, absorbieren Sozialausgaben (Transferleistungen plus Ausgaben für Güter und Dienstleistungen) einen sehr großen Teil der gesamten Staatsausgaben. 1960 machten diese beiden Kategorien 17,5% des BIP und damit fast 61% aller Staatsausgaben aus. Im Gegensatz zu den meisten der fünf anderen Kategorien absorbierten die Sozialausgaben im Laufe der Zeit einen immer größeren Teil des Bruttoinlandsprodukts und stiegen derart an, dass sie am Ende des Beobachtungszeitraums fast drei Viertel der Gesamtstaatsausgaben ausmachen. 1996 entfielen auf die ersten beiden Kategorien über 35% des Bruttoinlandsprodukts.

---

15 Insbesondere werden wir unsere Berechnungen sowohl auf der Basis der Summe der ersten fünf Kategorien (Gesamtausgaben abzüglich der Ausgaben für militärische Zwecke und Schuldendienst) als auch auf der Basis der ersten beiden Kategorien (Sozialtransfers und Ausgaben für zivile Güter und Dienstleistungen) durchführen.

Abb 1: Die Entwicklung öfffentlicher Ausgaben in den OECD Ländern, 1960-1996 Komponenten von Staatsausgaben als % des Bruttoinlandsprodukts (Jährliche Durchschnittswerte für 17 Länder)

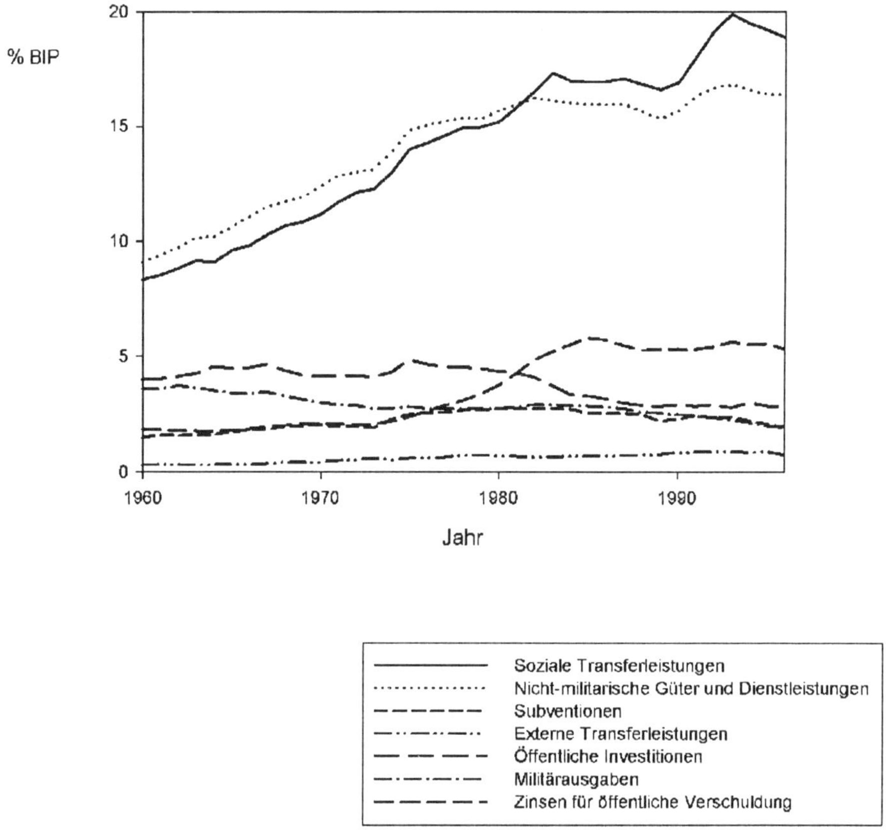

3. Das Wachstum des öffentlichen Sektors nach dem Zweiten Weltkrieg: Wichtige politisch-institutionelle Faktoren

3.1. Parteien und Ideologie

Die gängige Annahme der Parteiendifferenzthese besagt, dass Parteien sowohl an der Besetzung von Ämtern als auch an der Umsetzung ihrer politischen Vorstellungen interessiert sind (vgl. z.B. Wittman 1983; Zohlnhöfer i.d.B.). Im Allgemeinen wird letzterer Aspekt stärker betont. Parteien versuchen, die Präferenzen der jeweiligen Wählerschaft zu verwirklichen, was in Umfang und Interventionsgrad des Staates Niederschlag findet (Hibbs 1977, 1992). Linksparteien, so die Annahme, repräsentieren eher die weniger wohlhabenden Schichten, die für einen starken und aktiven Staat votieren, der vor allem einer egalitären und redistributiven Politik verpflichtet ist. Die Wählerschaft der konservativen Parteien ist in der Regel weit wohlhabender und verfolgt hinsichtlich der Größe und der Aktivität des öffentlichen Sektors genau die entgegengesetzten Ziele. Eine wichtige Variante dieser Standardperspektive postuliert, dass Zentrumsparteien, insbesondere christdemokratische Parteien, ähnliche Ziele im Hinblick auf wohlfahrtsstaatliche Politik wie Linksparteien verfolgen.

Die vorhandene Literatur bestätigt beide Positionen der Parteiendifferenztheorie. Tabelle 4 gibt einen Überblick über einige neuere empirische Untersuchungen.[16] Alle diese Arbeiten basieren auf der grundlegenden Annahme, dass die jeweiligen Regierungsparteien versuchen, eine Budgetpolitik im Einklang mit ihren ideologischen Vorstellungen zu verwirklichen. Jede Untersuchung hat die Parteiendifferenzthese in ein breiter gefasstes Modell integriert, um dem Effekt anderer potenzieller Einflussgrößen auf die Entwicklung öffentlicher Finanzen Rechnung zu tragen. Hierzu zählt z.B. das Ausmaß an Unterstützung durch wichtige ökonomische Akteure oder der Grad der außenwirtschaftlichen Vulnerabiltität.

Zusätzlich haben einige Untersuchungen auch Institutionen als erklärende Variable in ihr Modell aufgenommen. So haben z.B. Roubini/Sachs (1989a), DeHaan/Sturm (1993) und Cusack (1997) die Effekte mangelnder Kohärenz von Regierungen[17] auf die Ausgabenentwicklung untersucht. Schmidt (1996) geht noch weiter, indem er einen Index gegenmajoritärer Institutionen entwickelt hat und die Hypothese untersucht, dass diese Schranken das Wachstum der Staatsausgaben dämpfen. Sämtliche Arbeiten betrachten jedoch die parteipolitischen Präferenzen und die Institutionen getrennt und blenden Interaktionen zwischen ihnen aus.

Tabelle 4. Untersuchungen zum Einfluss von Parteien auf die öffentlichen Ausgaben

Studie	Theoretisches Argument	Untersuchungsdesign	Ergebnisse
Blais u.a. (1993)	Standardmäßige Links-Rechts-Unterscheidung. Der Erfolg der Regierungspolitik ist im Fall einer Minderheitsregierung geringer und nimmt mit steigender Amtszeit zu.	*PCSTS, 15 OECD-Länder, 1960-1987. ***Voc	Querschnitts- und individuelle Zeitreihenanalysen unterstützen das zentrale Argument kaum. Die Ergebnisse der gepoolten Analyse bestätigen das Modell. Die Parteieneffekte sind schwach solange die Regierung über keine Mehrheit verfügt und nicht längere Zeit im Amt ist.
Cusack (1997)	Standardmäßige Links-Rechts-Unterscheidung. Die parteipolitische Durchsetzung von Budgetplänen unterliegt Beschränkungen durch die ideologischen Präferenzen der Wählerschaft. Der Effekt zeigt sich selbst bei zunehmender	*PCSTS, 15 (16) OECD-Länder, 1955-1989 (1961-1989). ***Voc	Befunde unterstützen die zentrale Annahme. Parteipolitische Effekte sind nachzuweisen und die Ergebnisse legen nahe, dass Regierungsparteien besonders empfänglich für die Präferenzen ihrer Wähler sind. Während im Zuge der Globalisierung zwar

16 Ein kürzlich publizierter Überblick kommt hinsichtlich der empirischen Untersuchungen in diesem Feld zu weniger optimistischen Ergebnissen (Imbeau u.a. 2001). Allerdings ist diese Arbeit selbst problembehaftet, da z.B. Studien mit einbezogen werden, die einfache bivariate Testverfahren verwenden, unklar definieren, was als „Misserfolg" und „Erfolg" oder „Anomalie" zu verstehen ist, und überdies fragwürdige Methoden der Sample-Zusammenstellung verwenden.

17 Die „Kohärenz" von Regierungen bezieht sich auf alle relevanten parlamentarischen Institutionen, d.h. nicht nur auf das Kabinett, sondern auch auf die Mehrheitsverhältnisse in den Parlamentskammern. Hat eine Regierung nur in einem Haus oder sogar in keinem Haus eine Mehrheit, so kann man von mangelnder ideologischer Kohärenz sprechen.

	Globalisierung. Mangelnde Kohärenz von Regierungen begünstigt *logrolling*, was wiederum zu höheren Ausgaben führt.		die Wachstumsraten abgenommen haben, bleibt der Einfluss der Parteipolitik davon weitgehend unberührt. Zusätzlich erhöht ein Mangel an Kohärenz einer Regierung die Staatsausgaben.
DeHaan/ Sturm (1993)	Standardmäßige Links-Rechts-Unterscheidung. Mangelnde Kohärenz von Regierungen begünstigt *logrolling*, was wiederum zu höheren Ausgaben führt.	*PCSTS, 12 EU-Länder, 1980-1989. ***Voc	Ergebnisse unterstützen die Parteiendifferenzthese, jedoch nicht das Kohärenzargument.
DeHaan/ Sturm (1997)	Analog zu De Haan/Sturm (1993).	*PCSTS, 21 OECD-Länder, 1982-1992. ***Voc	Vorzeichen der Parteienvariablen deuten in die richtige Richtung, die Koeffizienten sind jedoch nicht signifikant. Keine Bestätigung des Kohärenzarguments.
Garrett/ Lange (1991)	Standardmäßige Links-Rechts-Unterscheidung. Regierungen verfolgen, falls sie von mächtigen Verbänden mit ähnlichen ideologischen Zielen unterstützt werden, eine Budgetpolitik im Einklang mit ihren ideologischen Präferenzen. Dies gilt selbst unter der Bedingung fortschreitender Globalisierung.	**CS, 15 OECD-Länder, jährliche Durchschnitte für 1974-1987 und Veränderungen der Jahresdurchschnitte für 1968-73 und 1982-1987. ***Voc	Ergebnisse bestätigen die zentralen Annahmen.
Garrett (1995)	Ähnlich wie Garrett/Lange (1991). Es werden jedoch zwei Hypothesen über den Effekt der Globalisierung getestet, nämlich die Kompensationsthese und die Effizienzthese.	*PCSTS, 15 OECD-Länder, 1967-1990, ***Voc	Ergebnisse unterstützen wiederum die Thesen von Garrett/Lange (1991). In Bezug auf den Einfluss der Globalisierung wird die Kompensationsthese bestätigt.
Roubini/ Sachs (1989a)	Standardmäßige Links-Rechts-Unterscheidung. Regierungen verfolgen langfristig eine Ausgabenpolitik in Übereinstimmung mit ihren ideologischen Präferenzen. Mangelnde Kohärenz von Regierungen begünstigt *logrolling* und führt damit zu höheren Ausgabenniveaus.	*PCSTS, 13 OECD-Länder, 1972-1985.	Ergebnisse bestätigen die Parteiendifferenzthese, sind jedoch ambivalent hinsichtlich der Kohärenzthese.
Schmidt (1996)	Links-Rechts-Unterscheidung nicht hinreichend, Christdemokraten unterstützen zum Teil einen großen öffentlichen Sektor. Zusätzlich wirken institutionelle Schranken maßgebend auf das Wachstum des öffentlichen Sektors.	*PCSTS, 22 OECD-Länder, 1960-1994 (Maximalperiode). ***Voc	Befunde stützen die zentralen Annahmen.
Swank (1988)	Linke und Zentrumsparteien (religiöse wie bürgerliche) unterstützen ein Wachstum des öffentlichen Sektors, rechte Parteien streben seine Zurückdrängung an.	Zwei **CS (1960-1973; 1973-1980), 17 OECD-Länder. ***Voc	Ergebnisse unterstützen die Annahme über den Schubeffekt von Zentrumsparteien, die Effekte von Links- und Rechtsparteien sind dagegen ambivalent.

* PCSTS = Kombinierte Zeitreihen-Querschnittanalyse

** CS = Querschnittanalyse

***VOC = Inklusive einer Vielzahl von Kontrollvariablen

3.2. Institutionen

Das wachsende Interesse am Einfluss von Institutionen auf Staatstätigkeit spiegelt sich in einer Reihe aktueller Untersuchungen wider, die Zusammenhänge zwischen den Strukturmerkmalen der gesetzgebenden Institutionen und der Entwicklung öffentlicher Finanzen untersuchen. Leider haben sich die meisten dieser Untersuchungen auf die Vereinigten Staaten konzentriert, so dass nur wenige vergleichende Studien vorliegen. Dies hat dazu geführt, dass ein großer Teil dieser Arbeiten von einem theoretischen Modell mit einigen Grundannahmen ausgeht, die auf andere politische Systeme nicht unbedingt zutreffen. Dies betrifft insbesondere die Annahme einer geringen Parteidisziplin oder die Struktur der Wahlkreise (Einerwahlkreise).

In dieser Literatur lassen sich zwei zentrale Ansätze unterscheiden. Der eine konzentriert sich auf ein ziemlich einfaches Strukturmerkmal, nämlich die Größe der Legislative. Diese Arbeiten basieren auf einem verteilungspolitischen Modell von Weingast u.a. (1981). In diesem Modell wird angenommen, dass das politische System in eine größere Anzahl von Wahlkreisen mit jeweils einem Abgeordneten gegliedert ist. Dies führt, zumindest bei Ausgabenprogrammen mit einem geographischen Bezugspunkt, zu höheren Ausgaben als es wohlfahrtsökonomisch effizient wäre. Eine Reihe von Gründen ist hierfür maßgeblich: Solche Programme verschaffen einer Region Gewinne, während die Kosten von der Allgemeinheit getragen werden. Dies wiederum wird auf wenig Widerstand anderer Abgeordneter stoßen, wenn ihre Zustimmung zu solchen Projekten ebenso erwidert wird. Aufgrund von *logrolling* wird daher das Regierungsbudget über dem sozialen Optimum liegen. Daraus folgt: Je größer die Anzahl der Wahlbezirke ist, desto geringer ist deren tatsächlicher Anteil an den Gesamtkosten für die regionalspezifischen Ausgaben und umso größer ist folglich die Nachfrage nach einer größeren Anzahl von Programmen und nach höheren Ausgaben („Gesetz der 1/n").

Der zweite Ansatz rückt mit dem Bikameralismus ebenfalls ein parlamentarisches Strukturmerkmal in den Mittelpunkt der Analyse. Mindestens drei Argumentationsstränge lassen sich hier unterscheiden. Der erste geht davon aus, dass im Falle gleicher Budgetkompetenzen zwischen beiden Kammern die Kosten von *logrolling* in die Höhe schnellen. Die hohen Kosten erhöhen wiederum die Wahrscheinlichkeit, dass eine Kammer erfolgreich ein Veto einlegt woraus letztendlich ein niedrigeres Budget resultiert (siehe z.B. Bradbury/Crain 2001). Heller (1997) entwickelt ein ähnliches Modell, in dem jedoch das Vetospiel höhere und nicht niedrigere Ausgaben induziert. In einer neueren Arbeit (Heller 2001) verfolgt er einen differenzierteren Ansatz, aus dem folgt, dass Zweikammersysteme mit parteipolitisch stark divergierender Zusammensetzung in der Tendenz niedrigere Budgets verabschieden. Tabelle 5 gibt einen Überblick über neuere empirische Arbeiten zum Einfluss legislativer Institutionen auf die Staatsausgaben.

Tabelle 5: Untersuchungen zum Einfluss von Institutionen auf die öffentlichen Ausgaben

Studie	Theoretisches Argument	Untersuchungsdesign	Ergebnisse
Bradbury/ Crain (2001)	„Gesetz der 1/n". Große Parlamente erhöhen das Ausgabenniveau, während symmetrische und inkongruente Zweikammersysteme diesen Effekt bremsen	*PCSTS, 35 Industrie- und Entwicklungsländer mit uni- und bikameralen Systemen. Sampleauswahl unklar, kein Zeitrahmen angegeben. ****Voc	Effekt wird nur für die erste Kammer bestätigt. Kein oder entgegengesetzter Effekt für das Oberhaus. Anhaltspunkte für einen dämpfenden Effekt auf das Ausgabenniveau durch Bikameralismus.
Bradbury/ Crain (2002)	Asymmetrie hinsichtlich der Wahlkreise zwischen beiden Kammern bremst redistributive Ausgaben und erhöht das Ausgabenniveau für öffentliche Güter.	**PA, 49 US-Bundesstaaten, 1994-1997. ****Voc	Die Autoren interpretieren ihre Ergebnisse als Bestätigung ihrer zentralen Annahmen. Da sie jedoch Modelle mit nicht-linearen Effekten verwenden und diese ignorieren, widerlegen die Befunde die theoretischen Annahmen.
Crain (1999)	Modifizierte „Gesetz der 1/n"-Annahme, bei der der Nenner durch p gewichtet wird. p misst den Grad der Heterogenität innerhalb der Wahlkreise. Je heterogener diese in sich sind, umso niedriger werden die Ausgaben ausfallen. Je stärker sich die Wahlkreise untereinander unterscheiden, umso höher wird das Ausgabenniveau liegen.	**PA, 49 US-Bundesstaaten, 1994-1997. ****Voc	Ergebnisse stützen die zentralen Annahmen.
Gilligan/ Matsusaka (1995)	„Gesetz der 1/n". Größere Parlamente erhöhen das Ausgabenniveau. Außerdem haben Parteien einen Einfluss, Linksparteien verursachen höhere Budgets als Rechtsparteien.	**PA über sechs jährliche Beobachtungspunkte (alle fünf Jahre seit 1960) für 48 US-Bundesstaaten.	„Gesetz der 1/n" nur für zweite Kammer bestätigt, Größe der ersten Kammer hat keinen Einfluss. Parteien haben nur schwachen Einfluss, obwohl es Anhaltspunkte gibt, dass es Parteieneffekte auf die Zusammensetzung des Budgets gibt.
Gilligan/ Matsusaka (2001)	„Gesetz der 1/n". Größere Parlamente erhöhen das Ausgabenniveau. Zwei Hypothesen hinsichtlich eines Parteieneffekts: Linksparteien produzieren höhere Budgets als Rechtsparteien (1), divided government blockiert logrolling und verringert damit das Ausgabenniveau (2).	**PA , 48 US-Bundesstaaten über vier ungleiche Querschnitte zwischen 1902 und 1942. ****Voc	„Gesetz der 1/n" nur für zweite Kammer bestätigt, Größe des Unterhauses hat keinen oder entgegengesetzten Einfluss. Parteieneffekte sind ambivalent.
Heller (2001)	Im Fall hoher Parteidisziplin erschweren Zweikammersysteme logrolling und credit sharing zwischen den Parteien. Je größer damit die Inkongruenz zwischen beiden Kammern ist, desto geringer sind die Staatsausgaben und das Budgetdefizit.	*PCSTS, 9 OECD-Länder, 1965-1997 (Maximum). Kriterien der Sampleauswahl unklar. ****Voc	Ergebnisse stützen die zentralen Thesen.

Studie	Theoretisches Argument	Untersuchungsdesign	Ergebnisse
Solano (1983)	In bikameralen Systemen, in denen beide Häuser ein Vetorecht besitzen und sich in der Struktur ihrer Wahlkreise stark unterscheiden, werden die Staatsausgaben niedriger sein als in unikameralen Systemen oder in bikameralen Systemen, die diese Eigenschaften nicht aufweisen. Eine linke Unterhausmehrheit erhöht das Niveau der Staatsausgaben.	***CS, 18 (16) OECD-Länder für das Jahr 1968/69. ****Voc	Befunde bestätigen den erwarteten Bremseffekt von symmetrischen und inkongruenten Zweikammersystemen. Die Parteiendifferenztheorie wird nicht bestätigt.
Thornton/ Ulrich (1999)	Je kleiner der Wahlkreis, desto größer ist die Überwachungskapazität der Wähler, je homogener die Wahlkreise sind, desto geringer ist die Wahrscheinlichkeit von logrolling und desto niedriger sind daher die Staatsausgaben. Außerdem bremst Bikameralismus die Staatsausgaben.	**PA, 49 US-Bundesstaaten, 1987-1991. ****Voc	Die Ergebnisse legen nahe, dass größere Wahlkreise, zumindest in Bezug auf die zweite Kammer, das Niveau der Staatsausgaben erhöhen. Bikameralismus bremst die Staatsausgaben.

* PCSTS = Kombinierte Zeitreihen-Querschnittanalyse
** PA = Panel-Analyse
*** CS = Querschnittanalyse
****VOC = Inklusive einer Vielzahl von Kontrollvariablen

4. Institutionen und Parteien im budgetären Entscheidungsprozess

4.1 Ein Modell des Verhandlungsprozesses über Budgets

Ausgehend von den theoretischen Arbeiten von Autoren wie z.B. Heller und Tsebelis schlagen wir ein einfaches Modell der Budgetverhandlungen vor. Die zentralen Akteure in diesem Modell sind politische Parteien, denen unterstellt wird, dass sie auf der Basis ihrer Präferenzen agieren. Im budgetären Entscheidungsprozess spiegeln ihre Präferenzen ihre ideologischen Positionen wider. Wir unterstellen Linksparteien die folgende Präferenzordnung: Ausgabensteigerung > Status quo > Ausgabensenkung. Rechtsparteien weisen eine gegenläufig strukturierte Präferenzordnung auf: Ausgabensenkung > Status quo > Ausgabensteigerung.

Im Fall von Ein-Parteien-Regierungen ist die Gleichsetzung einer Partei mit der Regierung als einzigem und homogenem Akteur in diesem Modell unproblematisch. Schwieriger ist der Umgang mit Koalitionsregierungen, da die Annahme einer einheitlichen ideologischen Basis des Kabinetts unplausibel ist. Aber wir gehen davon aus, dass die Bereitschaft, eine Koalition zu bilden, die grundsätzliche Akzeptanz der dominanten Ideologie impliziert. Die Ideologie einer Koalitionsregierung kann als Resultante aus der relativen Stärke der Parteien und ihres ideologischen Standorts betrachtet werden. Dies erlaubt es, Koalitionsregierungen für unsere Zwecke als *einen* Akteur zu behandeln.

Ein zentrales Element unserer Modellierung des Entscheidungsprozesses besteht darin, dass ein Veto der Regierung oder einer Mehrheit in den parlamentarischen Institutionen den Status quo zur Folge hat. Wird kein Veto eingelegt, wird jener Vorschlag der Regierung umgesetzt, der ihre ideologischen Präferenzen abbildet.

Es gibt drei potenzielle Entscheidungsforen für das Budget: Das erste ist das Kabinett selbst und wir können mit einiger Sicherheit davon ausgehen, dass die Regierung den ersten Schritt im Entscheidungsprozess setzt. Das Kabinett kann entscheiden, ob es im Budget Ausgabensteigerungen oder -senkungen festschreibt. Als zweites Forum betrachten wir die erste Kammer des Parlaments (z.B. der Bundestag in Deutschland oder der Nationalrat in Österreich und der Schweiz). Der entscheidende Akteur ist hier die Koalition, die die Mehrheit der Sitze hält. Wenn diese Mehrheit identisch ist mit der Regierungskoalition, können wir davon ausgehen, dass auch die Präferenzen dieser beiden Akteure übereinstimmen.[18] In diesem Fall wird die parlamentarische Mehrheit dem Regierungsvorschlag zustimmen. Wenn die Regierung keine Mehrheit in der ersten Kammer hat, dann erwarten wir, dass das Budget der Regierung abgelehnt und stattdessen ein Vorschlag präsentiert wird, der in die den ideologischen Präferenzen des Kabinetts entgegengesetzte Richtung weist. Gibt es kein drittes Forum – also eine zweite Kammer (z.B. der Bundesrat in Deutschland oder der Ständerat in der Schweiz) – mit Entscheidungskompetenzen in der Budgetpolitik, verfügt die Regierung über ein Vetorecht gegen die parlamentarische Entscheidung. Folglich entsteht eine Patt-Situation und das Budget bleibt im Status quo.

Gibt es jedoch eine zweite Kammer, dann gelten die gleichen Bedingungen. Sind die Präferenzen der Mehrheit gleich denen im Kabinett und in der ersten Kammer, wird das Budget akzeptiert. Differiert die Präferenzstruktur der Mehrheit der zweiten Kammer entweder von jener des Kabinetts oder von jener der ersten Kammer, wird sie ein Veto gegen den Vorschlag des anderen Akteurs einlegen und einen eigenen Vorschlag mit entgegengesetzten Vorzeichen präsentieren. Da sowohl die erste Kammer als auch die Regierung hier ein Vetorecht besitzen und dieses in diesem Fall auch ausüben würden, wäre das Ergebnis wieder der Status quo.

Abbildung 2 gibt in vereinfachter Form die Struktur des hier beschriebenen Entscheidungsprozesses und der möglichen Ergebnisse wieder. Wir erläutern die Wege zu den möglichen Resultaten noch einmal kurz an einem Beispiel. Gehen wir davon aus, dass die amtierende Regierung Präferenzen auf der linken Seite der Ideologieskala hat. Das Kabinett präsentiert also einen Budgetvorschlag, der eine Ausgabensteigerung bedeutet (+ in der Abbildung 2). Ist die Präferenzlage der Mehrheit in der ersten Kammer mit jener des Kabinetts identisch, so wird sie den Vorschlag akzeptieren und damit wieder die Option „Ausgabensteigerung" (+) wählen. Wenn dann auch noch die zweite Kammer eine identische Präferenzstruktur aufweist, wird auch diese dem Vorschlag zustimmen. Hat die Regierung hingegen keine Mehrheit in der zweiten Kammer, so wird die Opposition ein Veto gegen den Regierungsvorschlag einlegen und stattdessen eine Ausgabensenkung verlangen. Dieser Vorschlag wird aller-

18 Wir spielen unser Modell sowohl unter der Annahme einer strikten Mehrheitsregel – d.h. die Parteien, die die Mehrheit im Parlament haben, sind identisch mit den Regierungsparteien – als auch unter der Annahme einer weniger strikten Mehrheitsregel – d.h. ein Kabinett wird auch von Oppositionsparteien, die auf der selben Seite der Ideologieskala stehen, unterstützt – durch.

dings von der Regierung oder der ersten Kammer abgelehnt und im Ergebnis wird das Budget weder erhöht noch gesenkt.

Abb. 2: Regierung und Parlament im Prozess der Verabschiedung eines Budgets

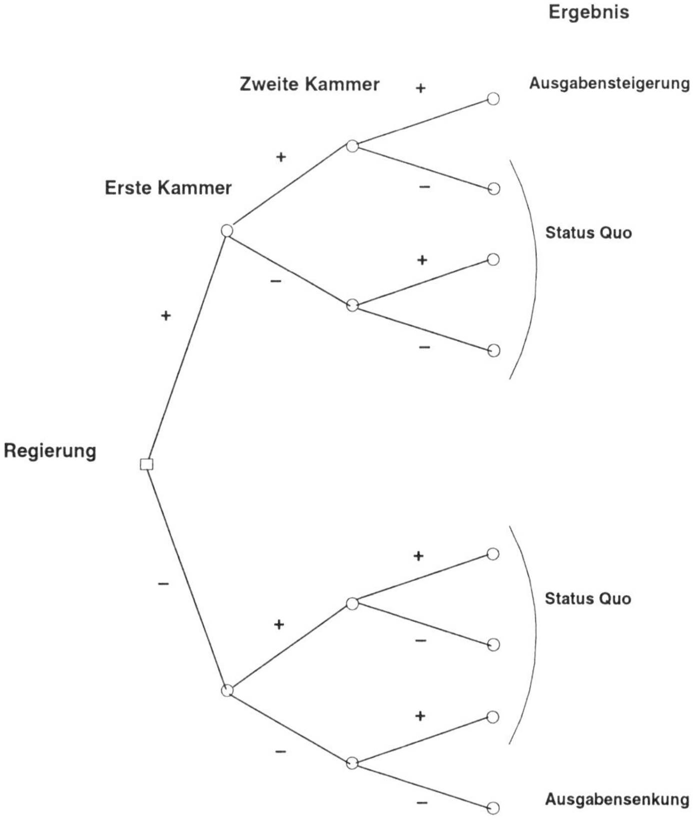

4.2. Operationalisierung und Messung von Ideologien und institutionellen Rahmenbedingungen

Zur Identifikation der ideologischen Position einer Partei verwenden wir Daten aus dem *Comparative Manifestos Project* (CMP) (Budge, u.a. 2001). Zwei Merkmale dieses Datensatzes lassen ihn für unsere Zwecke besonders geeignet erscheinen. Erstens basiert die Einschätzung der jeweiligen ideologischen Position einer Partei nicht auf Expertenmeinungen, die gelegentlich fragwürdig sein können, sondern auf den Programmen, die die Parteien selbst formuliert haben.[19] Zweitens wird bei der

19 So weist z.B. Budge (2000) auf eine Reihe von Problemen mit Experteneinschätzungen hin. Unter den schwerwiegendsten nennt er die Möglichkeit, dass in die Meinung des Fachmannes auch seine Einschätzung der zukünftigen Intentionen einer Partei im Vergleich zu ver-

Kodierung der ideologischen Position keine Konstanz über Zeit angenommen, wie das bei Experteneinschätzungen der Fall ist.

Unsere Daten zur Regierungszusammensetzung basieren auf der Publikation von Woldendorp u.a. (2000). Der jeweilige Anteil der Kabinettssitze einer Partei zeigt die relative Stärke dieser Partei in der Regierung an. Die relative Stärke einer Partei im Parlament wird durch ihren Anteil der Sitze im Parlament repräsentiert. Die Sitzverteilungen im Parlament basieren auf einem Datensatz von Andrea Volkens (2001).[20]

Die Messung der relativen Stärke der Parteien in der zweiten Kammer basiert auf derselben Logik wie in der ersten Kammer. Da die ideologische Zusammensetzung des Deutschen Bundesrats einer eigenen Logik folgt, haben wir in diesem Fall zusätzliche Datensätze über die Zusammensetzung der Länderregierungen verwendet.[21] Ein vollständiger Datensatz zur parteipolitischen Besetzung von zweiten Kammern liegt nicht vor, daher haben wir einen eigenen Datensatz auf der Basis einer Fülle von nationalen Quellen konstruiert.

Die Informationen über die ideologische Position der Parteien und ihre relative Stärke im Kabinett haben wir zu einem *Center of Gravity Index* für die jeweilige Regierung kombiniert. Der Index besteht aus der Summe des relativen Gewichts jeder Partei (d.h. ihres relativen Anteils an Kabinettsposten), multipliziert mit der ideologischen Position jeder Partei auf dem „RILE“ Index (d.h. der Position auf der Links-Rechts-Skala) des CMP.[22] Theoretisch kann dieser Index Werte von –100 (linksextrem) bis +100 (rechtsextrem) annehmen. Wir haben den Maßstab auf eine dichotome Variable reduziert, d.h. Kabinette, deren Position auf diesem Index unter 0 liegt, werden als „links“ klassifiziert und Kabinette, die über 0 liegen, als „rechts“. Tabelle 6 gibt einen Überblick über die Verteilung von Links- und Rechtsregierungen in unserer Stichprobe von 17 Ländern zwischen 1961 und 1995.[23]

---

gangenem Verhalten einfließt. Diese Daten werden dann problematisch, wenn man sie in Analysen der Effekte ideologischer Präferenzen auf tatsächliches Verhalten verwendet.

20 Wir weisen darauf hin, dass beide Datensätze, insbesondere der von Woldendorp u.a. etliche Fehler und Unklarheiten enthalten. Soweit es möglich war, haben wir Korrekturen eingefügt und uns dabei verschiedener Quellen bedient, vor allem Artikel und Jahrbücher des *European Journal of Political Research* waren hier hilfreich.

21 Die Delegierten im Deutschen Bundesrat haben keine individuellen Stimmen. Jede Delegation eines Bundeslandes agiert als Block und ist verpflichtet, die regierende Koalition des Bundeslandes zu repräsentieren. Um die Stärke der jeweiligen Bundesregierung im Bundesrat einzuschätzen, haben wir folgende Regel verwendet: Die Delegation eines Bundeslandes wird als Unterstützer der Bundesregierung behandelt, wenn (1) die Regierungskoalition auf Landesebene aus den gleichen Parteien besteht wie auf Bundesebene oder wenn (2) die Koalition zwar unterschiedlich zusammengesetzt ist, aber die größte Partei in der Bundes- und der Landesregierung dieselbe ist.

22 Der RILE-Index ist eine Zusammenfassung von 24 Kodierungen zentraler ideologischer Positionierungen einer Partei in den Kategorien des CMP-Projekts. Er zeigt an, bis zu welchem Grad Wahlprogramme einer Partei entweder linke oder rechte Positionen betonen. Eine detaillierte Beschreibung findet sich in Budge (2001) und Budge u.a. (2001). Wir haben den *Center of Gravity Index*, der auf Einschätzungen von Frank Castles und Peter Mair (1984) zurückgeht, bereits zuvor (Cusack 1997, 1999, 2001) verwendet. Die Konstruktion des Index wurde von Gross und Sigelman (1984) in einem Manuskript über die Messung verschiedener Aspekte eines Parteiensystems vorgeschlagen.

23 In manchen Ländern gab es mehr als eine Regierung pro Jahr. Wir haben jeweils die Regierung verwendet, die den größten Teil des betreffenden Jahres im Amt war.

Wir sehen in der Tabelle, dass in Bezug auf die Amtsjahre in den 17 Ländern Linksregierungen dominierten. Dies trifft insbesondere auf die nordischen Länder (Finnland, Norwegen und Schweden) zu, wo der linke Flügel des Parteienspektrums mehr als drei Viertel der 35 Jahre zwischen 1961 und 1995 regierte. Die Dominanz der Linksregierungen ist jedoch nicht gleichmäßig über die gesamte Stichprobe verteilt und in einigen Ländern ist dieses Muster sogar deutlich umgedreht, wie z.B. in Frankreich, Großbritannien, den USA und (wenn auch nur knapp) in Australien. In diesen vier Ländern war das rechte Parteienspektrum länger im Amt als Linksparteien.

Wir werden zwei verschiedene Hypothesen über die Bedingungen parlamentarischer Unterstützung der jeweiligen Regierung überprüfen. Die erste Hypothese beschreibt eine strikte Mehrheitsregel, die zweite eine weniger strikte. Die strikte Version geht davon aus, dass die parlamentarische Unterstützung in einer Kammer für die jeweilige Regierung auf jene Parlamentarier beschränkt ist, die den Regierungsparteien angehören. Wenn also eine Regierung ihr Budget durch den legislativen Entscheidungsprozess bringen will, muss sie gleichzeitig über eine Mehrheit im Parlament verfügen. Die weniger strikte Version geht davon aus, dass eine Regierung auch bei den Oppositionsparteien Unterstützung finden kann. Dies ist dann möglich, wenn es ideologische Affinitäten gibt, die jeweiligen Parteien sich also auf der selben Seite der Ideologieskala befinden. Selbst dann, wenn eine Regierung keine Mehrheit im Parlament besitzt, führt die Summe der Sitze der Regierungs- und Oppositionsparteien auf der selben Seite der Ideologieskala zu einer Mehrheit und damit zu einer Entscheidung über das Budget im Sinne der Regierung.

Tabelle 6: Politische Orientierung von Regierungen, 1961-1995

	Anzahl der Jahre im Amt	
	Linksorientierte Regierungen	Rechtsorientierte Regierungen
Australien	17	18
Belgien	19	16
Kanada	19	16
Dänemark	20	15
Finnland	27	8
Frankreich	10	24
Großbritannien	14	21
Deutschland	25	10
Irland	27	8
Italien	22	13
Japan	23	12
Niederlande	26	9
Norwegen	31	4
Österreich	24	11
Schweden	30	5
Schweiz	22	13
USA	12	23
Gesamt	368	227
(%)	61,8	38,2

Einfache Rechts-Links-Dichotomie, die auf dem CMP/Woldendorp-Datensatz basiert und mit dem *Center of Gravity Index* entweder als Links oder Rechts klassifiziert wurde.

Wir fahren unter der Annahme fort, dass alle ersten Kammern über ein Vetorecht in der Budgetpolitik verfügen. Ein Veto würde zum Status quo führen – also zu einem unveränderten Budget. Für einen Erfolg in diesem Forum bedarf die Regierung also einer Mehrheit in der ersten Kammer. Unter der Annahme einer strikten Mehrheitsregel kann ein Budget im Sinne der Regierung nur verabschiedet werden, wenn die Regierungspartei(en) über die Mehrheit der Sitze im Parlament verfügt. In einigen Ländern braucht die Regierung auch die Zustimmung der zweiten Kammer. Auch hier gilt unter der strikten Mehrheitsregel, dass sie dann auch im zweiten Haus die Mehrheit der Sitze stellen muss. Da hier die Anzahl der möglichen Vetospieler steigt, kann eine Änderung des Ausgabenvolumens noch schwieriger werden.

Tabelle 7: Existenz und Stärke von zweiten Kammern

		Bedeutung nach:	
	Existenz einer zweiten Kammer	Lijphart	Heller
Australien	Ja	Ja	Ja
Belgien	Ja	Ja	Ja
Kanada	Ja	Ja	Ja
Dänemark	Nein	--	--
Finnland	Nein	--	--
Frankreich	Ja	Ja	Nein
Großbritannien	Ja	Nein	Nein
Deutschland	Ja	Ja	Ja[1]
Irland	Ja	Nein	Nein
Italien	Ja	Ja	Ja
Japan	Ja	Ja	Nein
Niederlande	Ja	Ja	Ja
Norwegen	Nein	--	--
Österreich	Ja	Nein	Nein
Schweden	bis 1970	Ja[2]	Nein[2]
Schweiz	Ja	Ja	Ja
USA	Ja	Ja	Ja[3]

Lijpharts (1999) Kodierung der Bedeutung der zweiten Kammer basiert auf Symmetrien und Kongruenzen zwischen erster und zweiter Kammer. Hellers (1997) Kodierung basiert auf vorhandenen oder nicht vorhandenen Möglichkeiten der Einflussnahme des Oberhauses auf Budgetentscheidungen. Anmerkungen: 1: Trotz Hellers Entscheidung, den Bundesrat als unbedeutend zu kodieren, behandeln wir ihn im Sinne Lijpharts. 2: Während der Existenz der jeweiligen zweiten Kammer. 3: Heller behandelt den Senat der USA nicht.

Tabelle 7 gibt einen Überblick über die Struktur der Legislative in den 17 untersuchten Ländern. Drei der Länder (Dänemark, Finnland und Norwegen) hatten über den gesamten Untersuchungszeitraum ein unikamerales System, während Schweden die zweite Kammer im Jahr 1970 abgeschafft hat. Der Einfluss der zweiten Kammern in bikameralen System variiert. So argumentiert z.B. Lijphart (1999), dass sowohl „Symmetrie" hinsichtlich der Machtverteilung und des Grades demokratischer Legitimation als auch „Kongruenz" der Wahlverfahren wichtige Faktoren für die Einschätzung der Bedeutung zweiter Kammern im Gesetzgebungsprozess sind. Das würde implizieren, dass zweite Kammern umso wichtiger sind, je symmetrischer die Machtverteilung und je geringer die Kongruenz der Wahlverfahren der Kammern ist. Mit diesen Kriterien identifiziert Lijphart elf der Länder aus unserer Stichprobe als

Beispiele eines mindestens „mittelstarken" Bikameralismus. Nur Österreich, Irland und Großbritannien verfügen aus dieser Sicht über schwache zweite Kammern. Hellers (1997) Klassifikation der zweiten Kammern unterscheidet sich von jener Lijpharts und bezieht sich auf die Rolle, die zweite Kammern in Budgetentscheidungen spielen, wodurch die Anzahl der Länder mit einflussreichen zweiten Kammern erheblich abnimmt. Wir verwenden eine leicht modifizierte Version seiner Klassifikation.

Tabelle 8: Erwartete Ergebnisse unter der Bedingung der strikten Mehrheitsregel in unterschiedlichen institutionellen Kontexten

	Erwartete Budgetpolitik als Ergebnis der ideologischen Position der Regierung und der Mehrheitsverhältnisse in der ersten Kammer			Erwartete Budgetpolitik als Ergebnis der ideologischen Position der Regierung und der Mehrheitsverhältnisse in allen relevanten parlamentarischen Institutionen		
	Links	Status quo	Rechts	Links	Status quo	Rechts
Australien	17	0	18	6	14	15
Österreich	24	0	11	24	0	11
Belgien	19	0	16	19	3	13
Kanada	16	4	15	15	12	8
Dänemark	2	28	5	2	28	5
Finnland	26	2	7	26	2	7
Frankreich	5	8	22	5	8	22
Deutschland	25	0	10	15	13	7
Irland	26	5	4	26	5	4
Italien	22	4	9	22	4	9
Japan	23	3	9	23	3	9
Niederlande	26	0	9	26	0	9
Norwegen	31	1	3	31	1	3
Schweden	17	16	2	17	16	2
Schweiz	22	0	13	4	18	13
Großbritannien	13	1	21	13	1	21
USA	12	20	3	12	20	3
Gesamt	326	92	177	286	148	161
%	54,8	15,5	29,7	48,1	24,9	27,1

In Tabelle 8 sind die Entscheidungsergebnisse zusammengefasst, die zu erwarten sind, wenn man die strikte Mehrheitsregel anwendet. Wir untersuchen zuerst die Verhältnisse zwischen den Regierungen und den ersten Kammern. Obwohl in knapp 62% der untersuchten Jahre Linksregierungen dominierten, wiesen nur 55% der Jahre eine Sitzverteilung in der ersten Kammer auf, die eine Akzeptanz von Ausgabensteigerungen erwarten lässt. Und während in 38% des untersuchten Zeitraumes konservative bzw. rechte Parteien an der Regierung waren, wies die erste Kammer nur in 30% des Untersuchungszeitraumes eine Besetzung auf, die die Annahme von Ausgabensenkungen plausibel erscheinen lässt. In mehr als 15% des Untersuchungszeitraumes befanden sich Regierungen und erste Kammern auf unterschiedlichen Seiten der Ideologieskala, wodurch hier der Status quo als Ergebnis zu erwarten ist. Drei Länder sind diesbezüglich bemerkenswert, nämlich Dänemark, Schweden und die USA. In Dänemark waren Minderheitsregierungen die Regel: In 28 von 35 Jahren hatte die Regierung keine Mehrheit im *Folketing*. Während in Schweden Linksregierungen klar dominierten, war ihre Position in der ersten Kammer mit der Annahme der strikten

Mehrheitsregel eher schwach. In fast der Hälfte der Amtszeit von linken Regierungen hatten diese keine Mehrheit im *Riksdag*. Die USA spiegeln dieses Muster: Waren hier konservative Regierungen über fast zwei Drittel des Untersuchungszeitraumes im Amt, gab es nur drei Jahre, in denen sie über eine Mehrheit im *House of Representatives* verfügten. 20 Jahre lang hatten sie hier eine Minderheitsposition.

Die Berücksichtigung starker zweiter Kammern erhöht die Wahrscheinlichkeit der Beibehaltung des Status quo beträchtlich. Dies wird in der rechten Hälfte der Tabelle 8 deutlich. Unter diesen Umständen wäre für fast ein Viertel des Untersuchungszeitraums ein unverändertes Budget zu erwarten. Dramatische Auswirkungen hat dies für Australien, Kanada, Deutschland und die Schweiz. Insgesamt sollte es hier in weniger als der Hälfte der untersuchten Jahre zu Ausgabensteigerungen gekommen sein und in knapp mehr als einem Viertel der Jahre sollten Ausgabensenkungen durchgesetzt worden sein.

Tabelle 9 präsentiert die erwarteten *outcomes* bei gegebenen Konstellationen der ideologischen Präferenzen der Regierungen, der institutionellen Konfigurationen und der parlamentarischen Situation unter Zugrundelegung der weniger strikten Mehrheitsregel. Wie zu erwarten war, verändert diese niedrigere Hürde die Ergebnisse erheblich. Betrachtet man nur die rechte Seite der Tabelle, in der neben der ideologischen Position der jeweiligen Regierung auch die Mehrheitsverhältnisse in der ersten und – soweit sie eine Rolle in der Budgetpolitik spielt – der zweiten Kammer abgebildet sind, dann reduziert sich der Anteil der Jahre, in denen der Status quo erwartet wird, dramatisch, nämlich auf 11%.

Tabelle 9: Erwartete Ergebnisse unter der Bedingung der weniger strikten Mehrheitsregel in unterschiedlichen institutionellen Kontexten

	Erwartete Budgetpolitik als Ergebnis der ideologischen Position der Regierung und der Mehrheitsverhältnisse in der ersten Kammer			Erwartete Budgetpolitik als Ergebnis der ideologischen Position der Regierung und der Mehrheitsverhältnisse in allen relevanten parlamentarischen Institutionen		
	Links	Status quo	Rechts	Links	Status quo	Rechts
Australien	17	0	18	10	8	17
Österreich	24	0	11	24	0	11
Belgien	19	0	16	19	0	16
Kanada	19	1	15	18	9	8
Dänemark	16	11	8	16	11	8
Finnland	23	5	7	23	5	7
Frankreich	10	0	25	10	0	25
Deutschland	25	0	10	18	8	9
Irland	27	1	7	27	1	7
Italien	22	3	10	22	4	9
Japan	23	0	12	23	0	12
Niederlande	26	0	9	26	0	9
Norwegen	31	1	3	31	1	3
Schweden	30	0	5	30	0	5
Schweiz	22	0	13	22	0	13
Großbritannien	13	1	21	13	1	21
Vereinigte Staaten	12	20	3	12	20	3
Gesamt	359	43	193	344	68	183
%	60,3	7,2	32,4	57,8	11,4	30,8

4.3. Ökonometrisches Modell und Schätzwerte

Wir haben in den vorherigen Abschnitten gesehen, welche Politikerwartungen wir aus den ideologischen Positionen der Regierungen und den parlamentarischen Konstellationen, mit denen die Regierungen in den untersuchten Ländern konfrontiert sind, ableiten können. Nun werden wir diese Annahmen in ein komplexeres Modell integrieren, das zusätzliche Faktoren, die Budgetentscheidungen beeinflussen können, einbezieht. Neben den politisch-institutionellen Variablen enthält das Modell noch drei weitere Variablen. Wir gehen davon aus, dass zumindest kurzfristig ein großer Teil der Staatsausgaben mehr oder weniger „automatisch" realisiert wird, unabhängig von den aktuellen budgetpolitischen Entscheidungen. Die ersten beiden zusätzlichen Variablen operationalisieren solche „Trägheitseffekte" von Budgets sowie in vorangegangenen Jahren eingegangene Verpflichtungen. Sie erfassen damit gewissermaßen die kurzfristigen und nicht-diskretionären Elemente von Budgetvereinbarungen. Die dritte Kontrollvariable greift unvorhergesehene Konjunkturschwankungen auf. In den folgenden Abschnitten erläutern wir genauer, welche Faktoren in diese drei Zusatzvariablen einfließen.

Die erste Variable repräsentiert eine Kombination des Einflusses von (1) Veränderungen der Anzahl der Empfänger staatlicher Transferleistungen und (2) Veränderungen der Generosität der entsprechenden sozialstaatlichen Programme. Einkommenstransfers an private Haushalte stellen, wie wir bereits erwähnt haben, einen großen Teil der Staatsausgaben dar und obwohl die Zielgruppe gesetzlich festgelegt ist, sind Schwankungen in der Größe dieses Bezieherkreises durch Zu- und Abgänge schwer genau vorherzusehen. Diese Fluktuationen können die Ausgaben unabhängig von den ideologischen Präferenzen der Regierung und dem Ergebnis des budgetpolitischen Entscheidungsprozesses heben oder senken.[24] In unserem Modell ist dieser Faktor operationalisiert als Produkt aus (1) dem vorangegangenen Niveau der Generosität von Transferprogrammen (gemessen als Verhältnis des vorjährigen Niveaus der Sozialtransfers als Prozentwert des BIP zum vorjährigen Niveau der Summe von rentenberechtigten und erwerbslosen Personen als Prozentwert der Gesamtbevölkerung) und (2) Veränderungen in der relativen Größe des Kreises von rentenberechtigten und erwerbslosen Personen. Wir erwarten, dass der Koeffizient der Veränderung des Umfangs der Transferleistungen (TC) positiv ist und einen Wert nahe eins annehmen wird.

Die zweite nicht-diskretionäre Variable unseres Modells beschreibt den Einfluss des zweiten großen Postens der Staatsausgaben, nämlich zivile Güter und Dienstleistungen. Auch hier vermuten wir ein starkes Trägheitsmoment. Setzt man andere Einflüsse als konstant voraus, so werden Regierungen versuchen, im aktuellen Jahr das gleiche Niveau des Angebots von Gütern und Dienstleistungen bereitzustellen wie im Vorjahr. Da aber die Bereitstellungskosten aufgrund des Dienstleistungscharakters mit einer ungünstigen (steigenden) Tendenz variieren, müssen die Vorjahresausgaben an-

24 Die Kernstücke dieser Idee stammen aus Wilenskys (1975) Arbeit zum Wohlfahrtsstaat und einer Reihe von interessanten Studien, die von der OECD in den frühen 1980er Jahren zu den Themen Gesundheit, Bildung und Sozialstaatsausgaben publiziert wurden.

gepasst werden, um relative Preisänderungen zu berücksichtigen.[25] Auch hier gehen wir wieder davon aus, dass der Koeffizient der Veränderung der Kosten für Dienstleistungen (GC) positiv ist und einen Wert nahe eins annimmt.

Budgets sind Pläne. Ausgabenentscheidungen werden für einen zukünftigen Zeitraum auf Basis von Erwartungen über eine Vielzahl von wirtschaftlichen Gegebenheiten, darunter die Konjunkturentwicklung, getroffen. Wenn diese Erwartungen hinsichtlich der wirtschaftlichen Entwicklung zum Zeitpunkt t+1 nicht bestätigt werden, dann wird das zum Zeitpunkt t beschlossene Niveau der Staatsausgaben ein anderes relatives wirtschaftliches Gewicht haben als geplant. Um diesen zwar offensichtlichen aber dennoch wichtigen Einfluss auf die Dynamik von Regierungsbudgets zu berücksichtigen, enthält das Modell eine Variable, UG, die Diskrepanzen zwischen den Konjunkturerwartungen und der tatsächlichen Konjunkturentwicklung ausdrückt. Sie ist eine Funktion der Wachstumsrate vorangegangener Jahre in Relation zur aktuellen Wachstumsrate und wurde als durchschnittliche Wachstumsrate des BIP der drei vorhergehenden Jahre abzüglich der aktuellen Wachstumsrate operationalisiert.[26] Ein positiver (negativer) Wert zeigt an, dass das Wirtschaftswachstum niedriger (höher) ausfiel als erwartet. Unter der Bedingung niedrigerer Wachstumsraten als erwartet (UG > 0) wird der relative Anteil der Staatsausgaben am Bruttoinlandsprodukt höher ausfallen als erwartet und umgekehrt. Daher sollte der Koeffizient der unvorhergesehenen Konjunkturschwankungen (UG) einen positiven Wert annehmen.

Um diese drei Faktoren mit unseren Überlegungen zu Parteienpräferenzen und den institutionellen Rahmenbedingungen zu kombinieren, haben wir die folgende Gleichung geschätzt:

$$\Delta GX_{i,t} = a_2 + b_6 \Delta TC_{i,t} + b_7 \Delta GC_{i,t} + b_8 UG_{i,t} + b_9 POLINST_{i,t-1} + e_{2,i,t}$$

Zwei Variablen in der Gleichung müssen noch definiert werden. Die erste ist die abhängige Variable, nämlich die Veränderung im Volumen der Staatsausgaben ($\Delta GX_{i,t}$). Wir verwenden, wie bereits im zweiten Abschnitt dieses Kapitels erläutert, zwei Operationalisierungen von Staatsausgaben: Erstens die Gesamtausgaben abzüglich der Ausgaben für militärische Zwecke und den Schuldendienst, gemessen als prozentualer Anteil am BIP. Diese Variante enthält also Veränderungen des Ausgabevolumens der ersten fünf Kategorien der Staatsausgaben aus Abschnitt 2: (1) Monetäre Sozialleistungen an Haushalte und private Organisationen ohne Erwerbszweck, (2) Ausgaben für zivile Güter und Dienstleistungen, (3) Subventionen, (4) öffentliche Investitionen und (5) laufende externe Transfers. Die zweite Operationalisierung enthält nur zwei dieser fünf Elemente, nämlich monetäre Sozialleistungen an Haushalte und private Organisationen ohne Erwerbszweck und

---

25 Die klassische Formulierung dieses Arguments findet man bei Baumol (1967), sie ist gründlich von Beck (1985) untersucht worden. Unsere Operationalisierung dieser Einflussgröße sieht folgendermaßen aus:

$$\Delta GC_t = \left(\frac{RPG_t}{RPG_{t-1}} * GC_{t-1} \right) - GC_{t-1}$$

RPG repräsentiert hier das Verhältnis des Preisindex für die staatliche Anschaffung von Gütern und Dienstleistungen zum BIP-Preisindex und GC steht für die Staatsausgaben für zivile Güter und Dienstleistungen.

26 Dieser Index wurde ursprünglich von Roubini und Sachs (1989a) in ihrer Arbeit über Staatsverschuldung entwickelt.

Ausgaben für zivile Güter und Dienstleistungen, beide gemessen als Veränderung des prozentualen Anteils am BIP. Wie bereits erwähnt, stellen diese beiden Kategorien einen großen und ständig wachsenden Teil der Staatsausgaben dar. 1996 betrug dieser Anteil am BIP im Durchschnitt 35%.

Jetzt bleibt noch die politisch-institutionelle Variable zu definieren. Hier werden vier unterschiedliche Varianten durchgespielt, wobei jede eine unterschiedliche Annahme über den Effekt politisch-institutioneller Rahmenbedingungen auf das Ergebnis budgetärer Verhandlungsprozesse unterstellt. Die Annahmen unterscheiden sich nach der Bedeutung der zweiten Kammer in budgetären Entscheidungsprozessen und der Art der Unterstützung für die Regierung in einem parlamentarischen Forum.

Die erste Variante geht davon aus, dass eine Mehrheit der Regierungskoalition in der ersten Kammer ausreicht, damit sich die ideologischen Präferenzen des Kabinetts in der Entscheidung über das Budget durchsetzen und zwar unabhängig von der Existenz einer zweiten Kammer. Die zweite Möglichkeit berücksichtigt, dass in manchen politischen Systemen eine einflussreiche zweite Kammer existiert und die Regierung eine Mehrheit in beiden Kammern benötigt, um ihren Vorschlag durchzusetzen. Die dritte Variante beschreibt die Situation, in der eine Regierungsmehrheit in der ersten Kammer ausreicht und in der die Unterstützung für den Regierungsvorschlag nicht auf die Regierungsparteien beschränkt ist, sondern auch von Oppositionsparteien mit ähnlicher ideologischer Orientierung kommt. Die vierte und letzte Möglichkeit berücksichtigt wieder die Existenz von einflussreichen zweiten Kammern, das heißt, die Regierung muss in beiden Häusern über eine Mehrheit verfügen, wobei allerdings auch Oppositionsparteien, die sich auf der selben Seite der Ideologieskala befinden, den Vorschlag des Kabinetts unterstützen. Mit Blick auf die Kodierung der Ideologie (links-präferierte Ergebnisse wurden als -1 definiert, rechts-präferierte Ergebnisse als +1 und der Status quo als 0) erwarten wir, dass der Parameter bei jeder Variante unserer politisch-institutionellen Variablen einen negativen Wert annimmt.

Tabelle 10: Schätzwerte für die kombinierte Zeitreihen-Querschnittanalyse des Modells auf der Basis von Gesamtausgaben (ohne Ausgaben für militärische Zwecke und Schuldendienst)

	Strikte Mehrheitsregel		Lockere Mehrheitsregel	
	I	II	III	IV
Veränderungen im Umfang von Transferleistungen	0,684	0,687	0,681	0,679
	(5,55)	(5,56)	(5,55)	(5,53)
Veränderungen der Kosten für Dienstleistungen	1,770	1,771	1,781	1,777
	(9,92)	(9,89)	(9,96)	(9,95)
Unvorhergesehene Konjunkturschwankungen	0,220	0,221	0,219	0,219
	(10,43)	(10,40)	(10,30)	(10,31)
Kabinett und Unterhaus	-0,097		-0,103	
	(-1,99)		(2,24)	
Kabinett und alle relevanten parlamentarischen Institutionen		-0,082		-0,108
		(1,56)		(2,30)
Konstante	0,036	0,041	0,030	0,030
	(0,50)	(0,58)	(0,41)	(0,41)
$\overline{R}^2$	0,46	0,45	0,46	0,46

Die t-Statistik (in Klammern) basiert auf panel-korrigierten Standardabweichungen. Die Stichprobe umfasst 595 Beobachtungswerte, d.h. 17 Länder und 35 Jahre, 1962-1996.

Die Tabellen 10 und 11 präsentieren die Ergebnisse des Modells auf Basis einer kombinierten Zeitreihen-Querschnittanalyse. Jede Schätzung enthält 595 Beobachtungswerte, das heißt 17 Länder über den Zeitraum von 1962 bis 1996. Tabelle 10 zeigt die Ergebnisse für die breite Definition der Ausgaben des Gesamtstaates, die fünf der sieben Kategorien der Staatsausgaben enthalten. Tabelle 11 zeigt die Ergebnisse der Schätzung für die Operationalisierung von Staatsausgaben als Summe der ersten beiden Kategorien, also monetäre Sozialtransfers und Ausgaben für zivile Güter und Dienstleistungen. Die erste und die zweite Spalte beider Tabellen beziehen sich auf die Fälle, bei denen parlamentarische Institutionen eine Rolle im budgetären Entscheidungsprozess spielen und bei denen die Regierung entweder in der ersten Kammer (Spalte I) oder in beiden Kammern (Spalte II) über eine Mehrheit verfügen muss. Die Spalten III und IV beziehen sich auf die weniger strikte Mehrheitsregel, der zufolge die Regierung für den Erfolg ihres Vorschlages keine Mehrheit in den relevanten parlamentarischen Institutionen benötigt, falls Oppositionsparteien auf der selben Seite der Ideologieskala in ausreichender Stärke vertreten sind. Spalte III zeigt die Resultate für den Fall, dass nur die erste Kammer ein wichtiger Vetospieler ist, Spalte IV enthält die Ergebnisse des Modells mit einer einflussreichen zweiten Kammer.

Tabelle 11: Schätzwerte für die kombinierte Zeitreihen-Querschnittanalyse des Modells auf der Basis von Sozialtransfers und Ausgaben für zivile Güter und Dienstleistungen

	Strikte Mehrheitsregel		Lockere Mehrheitsregel	
	I	II	III	IV
Veränderungen im Umfang von	0,856	0,859	0,853	0,851
Transferleistungen	(8,61)	(8,62)	(8,68)	(8,68)
Veränderungen der Kosten für	1,238	1,236	1,243	1,239
Dienstleistungen	(8,94)	(8,91)	(9,00)	(8,99)
Unvorhergesehene Konjunktur-	0,182	0,182	0,180	0,180
schwankungen	(10,43)	(10,43)	(10,38)	(10,40)
Kabinett und Unterhaus	-0,071		-0,091	
	(-1,78)		(2,41)	
Kabinett und alle relevanten		-0,065		-0,097
parlamentarischen Institutionen		(1,54)		(2,51)
Konstante	0,095	0,099	0,087	0,087
	(1,75)	(1,81)	(1,61)	(1,62)
$\bar{R}^2$	0,49	0,49	0,50	0,50

Die t-Statistik (in Klammern) basiert auf panel-korrigierten Standardabweichungen.
Die Stichprobe umfasst 595 Beobachtungswerte, d.h. 17 Länder und 35 Jahre, 1962-1996.

Beide Tabellen zeigen, dass unser Modell sowohl zeitliche als auch sektorale Schwankungen im Ausgabenvolumen des öffentlichen Sektors gut abbildet. R^2 liegt zwischen 0,45 und 0,50 und unsere Erwartungen hinsichtlich der Schätzwerte für die Kontrollvariablen werden weitgehend erfüllt. Die beiden Trägheitsvariablen verhalten sich wie erwartet: Sowohl das Anwachsen des Empfängerkreises sozialstaatlicher Leistungen als auch Preissteigerungen von zivilen Gütern und Dienstleistungen erhöhen die Staatsausgaben. Zusätzlich verändern auch Konjunkturschwankungen den Umfang des öffentlichen Sektors in die erwartete Richtung: Er steigt bei ungünstiger Konjunkturentwicklung und sinkt bei unerwartet hohen Wachstumsraten. Die Koeffizientenschätzer der beiden Trägheitsvariablen liegen in der Schätzung für die eingeschränkte Definition von Staatsausgaben näher an unseren Erwartungen als in dem Modell für die breitere Definition. Dieses Ergebnis kommt nicht unerwartet, da diese beiden Variablen enger mit wohlfahrtsstaatlichen Ausgaben verbunden sind als mit den anderen Kategorien der Staatsausgaben.

Wir werden jetzt die Ergebnisse mit Blick auf die verschiedenen Varianten der politisch-institutionellen Variable diskutieren. So entspricht das Vorzeichen aller relevanten Koeffizienten den Erwartungen, jedoch bewegen sich die Resultate unter der Bedingung der strikten Mehrheitsregel entweder an der Grenze zur statistischen Signifikanz oder darunter. Unter der Annahme der weniger strikten Mehrheitsregel trifft dies nicht zu. Beide Varianten haben hier unabhängig von der jeweiligen Spezifikation der abhängigen Variable das erwartete Vorzeichen und sind statistisch signifikant.

Für eine kurzfristige Perspektive wird die Hypothese bestätigt, dass ideologische Präferenzen einer Regierung das Ergebnis von Budgetverhandlungen beeinflussen, falls diese im institutionellen Kontext geteilt werden. Linksregierungen, die in den relevanten parlamentarischen Institutionen über Mehrheiten mit ideologischer Affinität zu linken Positionen verfügen, können Ausgabensteigerungen durchsetzen.[27] Linksregierungen, die unter weniger günstigen Bedingungen agieren – also mit einer Oppositionsmehrheit in einer oder beiden Kammern konfrontiert sind – können nur den Status quo erreichen. Das Gleiche gilt für konservative Regierungen. Sie können Ausgabensenkungen dann durchsetzen, wenn sie sich entweder selbst auf die Mehrheit in den relevanten parlamentarischen Institutionen stützen können oder von Oppositionsparteien auf der selben Seite des ideologischen Spektrums unterstützt werden. Begünstigen die Mehrheitsverhältnisse im Parlament die Opposition, wird auch hier bestenfalls der Status quo erreicht.

Zugegebenermaßen ist die Bedeutung der politisch-institutionellen Variable in jeder unserer Schätzungen eher klein.[28] Aber das spiegelt nur den kurzfristigen Einfluss politisch-institutioneller Rahmenbedingungen auf Budgetentscheidungen wider, nicht aber langfristige Effekte der Regierungspolitik. Denn diese scheinbar kurzfristigen Effekte setzen sich im Zuge der Verhandlungen über das nächste Budget fort, das ja, wie wir gezeigt haben, auch auf Faktoren wie dem Generositätsniveau wohlfahrtsstaatlicher Programme aus dem Budget des Vorjahres oder dem Vorjahresniveau der Ausgaben für zivile Güter und Dienstleistungen aufbaut. Eine langjährige Dominanz einer Regierung der einen oder anderen ideologischen Grundfärbung wird daher einen weit größeren Einfluss auf das Niveau der Staatsausgaben haben als dies von den Modellbefunden angezeigt wird.

---

27 Entweder hält die Regierungskoalition hier selbst die Mehrheit oder Parteien der selben ideologischen Grundfärbung konstituieren eine Majorität.

28 Das mag u.a. dadurch beeinflusst sein, dass wir die ideologische Ausrichtung der Akteure als binäre Variable operationalisiert haben. Ebenso kann auch der ganze RILE-Index in Frage gestellt werden. Er enthält sehr viele Kategorien, die offenbar in keinem Zusammenhang mit der Größe des öffentlichen Sektors stehen. Es könnte hilfreich sein, mit einem verfeinerten Index zu arbeiten, der weniger Kategorien enthält, die dafür dann aber in einem direkten Zusammenhang mit öffentlichen Ausgaben stehen.

5. Schlussfolgerungen

Ein herausragendes Kennzeichen des 20. Jahrhunderts war die Stärkung der Rolle und des wirtschaftlichen Gewichts des Staates in den OECD-Ländern. Soweit sich aus diesem Entwicklungsmuster ein langfristiger Trend ableiten lässt, kann eine Verdoppelung der Staatsquote im 50-Jahre-Rhythmus beobachtet werden. Wir konnten zeigen, wie politische Faktoren die Richtung dieser Entwicklung langfristig geprägt haben. Zusätzlich haben wir uns speziell auf politisch-institutionelle Faktoren und ihren kurzfristigen Einfluss auf Budgetentscheidungen konzentriert. Dafür haben wir ein Modell präsentiert, das sowohl die ideologischen Präferenzen von Regierungsparteien als auch den institutionellen Rahmen, in dem eine Regierung agieren muss, berücksichtigt. Dieses Modell betont insbesondere die Bedeutung einer für die Regierung günstigen Situation in den relevanten parlamentarischen Institutionen für die erfolgreiche Durchsetzung ihrer Vorschläge, seien es Ausgabensteigerungen oder Ausgabenkürzungen. Ohne eine institutionelle Umgebung, die die ideologischen Präferenzen der jeweiligen Regierung teilt, können Regierungen den Status quo nicht verändern.

Literatur

Andic, Suphan/Veverka, Jindrich, 1964: The Growth of Government Expenditure in Germany since the Unification, in: Finanzarchiv 23, 169-280.

André, Cristine/Delorme, Robert, 1978: The Long-Run Growth of Public Expenditure in France, in: Public Finance 32, 42-67.

Baumol, William J., 1967: Macroeconomics of Unbalanced Growth: The Anatomy of Urban Crisis, in: American Economic Review 57, 415-426.

Beck, Morris, 1985: Public Expenditures, Relative Prices, and Resource Allocation, in: Public Finance 40, 17-34.

Beck, Nathaniel/Katz, Jonathan N., 1996: Nuisance vs. Substance: Specifying and Estimating Time-Series-Cross-Section Models, in: *John R. Freeeman* (Hrsg.), Political Analysis, Vol. 6, Ann Arbor.

Bird, Richard M., 1970: The Growth of Government Spending in Canada, Toronto.

Bird, Richard M., 1979: Financing Canadian Government: A Quantitative Overview, Toronto.

Blais, Andre/Blake, Donald/Dion, Stephane, 1993: Do Parties Make a Difference? Parties and the Size of Government in Liberal Democracies, in: American Journal of Political Science 37, 40-62.

Bradbury, John C./Crain, W. Mark, 2001: Legislative Organization and Government Spending: Cross-Country Evidence, in: Journal of Public Economics 82, 309-325.

Bradbury, John C./Crain, W. Mark, 2002: Bicameral Legislatures and Fiscal Policy, in: Southern Economic Journal 68, 646-659.

Brennan, Geoffrey/Buchanan, James M., 1977: Towards a Tax Constitution for Leviathan, in: Journal of Public Economics 8: 255-273.

Brennan, Geoffrey/Buchanan, James M., 1980: The Power to Tax: Analytical Foundations of a Fiscal Constitution, Cambridge.

Brosio, Giorgio/Marchese, Carla, 1986: The Growth of Government under Different Political Regimes in Italy: 1866-1980, Laboratorio di Economia Politica, University of Torino.

Budge, Ian, 2000: Expert Judgements of Party Policy Positions: Uses and Limitations in Political Research, in: European Journal of Political Research 37, 103-113.

Budge, Ian, 2001: Validating Party Policy Placements, in: British Journal of Political Science 31, 210-223.

Budge, Ian/Klingemann, Hans-Dieter/Volkens, Andra/Bara, Judith/Tanenbaum, Eric, 2001: Mapping Policy Preferences: Estimates for Parties, Electors, and Governments, Oxford.
Cameron, David, 1978: The Expansion of the Public Economy: A Comparative Analysis, in: American Political Science Review 72, 1243-1261.
Castles, Francis G./Mair, 1984: Left-Right Political Scales: Some 'Expert' Judgements, in: European Journal of Political Research 12:73-88.
Cook, Chris/Paxton, John, 1975: European Political Facts, 1918-1973, New York.
Correlates of War Project, 1998: National Capabilities Data File: Series on Military Personnel. Correlates of War Project, University of Michigan, Ann Arbor.
Crain, W. Mark, 1999: Districts, Diversity, and Fiscal Biases: Evidence from the American States, in: Journal of Law and Economics 42, 675-698.
Crepaz, Markus M. L., 2001: Veto Players, Globalization and the Redistributive Capacity of the State: A Panel Study of 15 OECD Countries, in: Journal of Public Policy 21, 1-22.
Cusack, Thomas R., 1997: Partisan Politics and Public Finance: Changes in Public Spending in the Industrialized Democracies, 1955-1989, in: Public Choice 91, 375-395.
Cusack, Thomas R., 1999: Partisan Politics and Fiscal Policy, in: Comparative Political Studies 32, 464-487.
Cusack, Thomas R., 2001: Partisanship in the Setting and Coordination of Fiscal and Monetary Policies, in: European Journal of Political Science 40, 93-115.
DeHaan, Jakob/Sturm, Jan-Egbert, 1993: Political and Institutional Determinants of Fiscal Policy in the European Community, in: Public Choice 80, 157-172.
DeHaan, Jakob/Sturm, Jan-Egbert, 1997: Political and Economic Determinants of OECD Budget Deficits and Government Expenditures: A Reinvestigation, in European Journal of Political Economy 13:739-750.
Downs, Anthony, 1960: Why Government is too Small in a Democracy, in World Politics 12: 541-563.
Eichengreen, Barry, 1996: Globalizing Capital: A History of the International Monetary System, Princeton.
Emi, Koichi, 1972: Government Fiscal Activity and Economic Growth in Japan, 1868-1960, Tokyo.
Flora, Peter/Alber, Jens/Eichenberg, Richard/Kohl, Jürgen/Kraus, Franz/Pfenning, Winfried/Seebohm, Kurt, 1983: State, Economy, and Society in Western Europe: Volume I, The Growth of Mass Democracies and Welfare States, Frankfurt.
Flora, Peter/Kraus, Franz/Pfenning, Winfried, 1987: State, Economy, and Society in Western Europe: Volume II, The Growth of Industrial Societies and Capitalist Economies, Frankfurt.
Garrett, Geoffrey, 1998: Partisan Politics in the Global Economy, Cambridge.
Garrett, Geoffrey, 1995: Capital Mobility, Trade, and the Domestic Politics of Economic Policy, in: International Organization 49, 657-687.
Garrett, Geoffrey/Lange, Peter, 1991: Political Responses to Interdependence: What's 'Left' for the Left?, in: International Organization 45, 538-564.
Giertz, J. Fred, 1981: Centralization and Government Budget Size, in: Publius 11, 119-128.
Gilligan, Thomas W./Matsusaka, John. G., 1995: Deviations from Constitutent Interests. The Role of Legislative Structures and Political Parties in the States, in: Economic Inquiry 33, 383-401.
Gilligan, Thomas W./Matsusaka, John G., 2001: Fiscal Policy Legislature Size and Political Parties: Evidence from State and Local Governments in the First Half of the 20th Century, in: National Tax Journal 54, 57-82.
Gross, Donald A./Sigelman, Lee, 1984: Comparing Party Systems: A Multidimensional Approach, in: Comparative Politics 16, 463-479.
Heller, William B., 1997: Bicameralism and Budget Deficits: The Effect of Parliamentary Structure on Government Spending, in: Legislative Studies Quarterly 22, 485-516.
Heller, William B., 2001: Political Denials: The Policy Effect of Intercameral Partisan Differences in Bicameral Parliamentary Systems, in: Journal of Law, Economics, and Organization 17, 34-61.
Hibbs, Douglas A., 1977: Political Parties and Macroeconomic Policy, in: American Political Science Review 71, 467-487.
Hibbs, Douglas A., 1992: Partisan Theory after Fifteen Years, in: European Journal of Political Economy 8, 361-373.

Hofferbert, Richard I./Klingemann, Hans-Dieter, 1990: The Policy Impact of Party Programmes and Government Declarations in the Federal Republic of Germany, in: European Journal of Political Research 18, 277-304.

Holsey, Cheryl M./Borcherding, Thomas E., 1997: Why Does Government's Share of National Income Grow? An Assessment of the Recent Literature on the U.S. Experience, in: *Dennis C. Mueller* (Hrsg.), Perspectives on Public Choice: A Handbook, Cambridge.

Imbeau, Louis M./Pétry, Francois/Lamari, Moktar, 2001: Left-Right Party Ideology and Government Policies: A Meta-Analysis, in: European Journal of Political Research 40, 1-29.

International Institute for Democracy and Electoral Assistance, 1997: Voter Turnout from 1945 to 1997, Stockholm.

Iversen, Torben/Cusack, Thomas R., 2000:The Causes of Welfare State Expansion: Deindustrialization or Globalization?, in: World Politics 52, 313-349.

Keech, William R., 1995: Economic Politics: The Costs of Democracy, Cambridge.

Kohl, Jürgen, 1984: Staatsausgaben in Westeuropa: Analysen zur langfristigen Entwicklung der öffentlichen Finanzen, Frankfurt.

Larkey, Patrick D./Stolp, Chandler/Winer, Mark, 1981: Theorizing About the Growth of Government: A Research Assessment, in: Journal of Public Policy 1, 157-220.

Lijphart, Arend, 1999: Patterns of Democracy: Government Forms and Performance in Thirty-Six Countries, New Haven.

Lindert, Peter H., 1994: The Rise of Social Spending, 1880-1930, in: Explorations in Economic History 31, 1-37.

Lybeck, Johan, 1986: The Growth of Government in Developed Economies, Aldershot.

Lybeck, Johan/Henrekson, Magnus (Hrsg.), 1988: Explaining the Growth of Government, Amsterdam.

Mackie, Thomas/Rose, Richard, 1991: The International Almanac of Electoral History, 3. Auflage, London.

Maddison, Angus, 1984: Origins and Impact of the Welfare State, 1883-1983, in: Banca Nazionale del Lavoro Quarterly Review 148, 55-87.

Maddison, Angus, 1995: Monitoring the World Economy, 1820-1992, Paris.

Maddison, Angus, 2001: The World Economy: A Millenial Perspective, Paris.

Mann, Michael, 1993: The Sources of Social Power: Volume II, The Rise of Classes and Nation-States, 1760-1914, Cambridge.

Marlow, Michael S., 1988: Fiscal Decentralization and Government Size, in: Public Choice 56, 259-269.

Meltzer, Allan H./Richard, Scott F., 1978: Why Government Grows (and Grows) in a Democracy, in: The Public Interest 52, 111-118.

Meltzer, Allan H./Richard, Scott F., 1981: A Rational Theory of the Size of Government, in: Journal of Political Economy 89, 914-927.

Meltzer, Allan H./Richard, Scott F., 1983: Tests of a Rational Theory of the Size of Government, in: Public Choice 41, 403-418.

Moser, Paul, 1999: The Impact of Legislative Institutions on Public Policy: A Survey, in: European Journal of Political Economy 15, 1-33.

Musgrave, Richard A./Culbertson, John, 1953: The Growth of Public Expenditures in the United States, 1890-1948, in: National Tax Journal 6: 97-115.

Neck, Reinhard/Schneider, Friedrich, 1986: The Growth of the Public Sector in Austria, Paper presented at The Conference on the Growth of Government in Developed Economies, Osnabrück.

Nutter, G. Warren, 1978: Growth of Government in the West, Washington, D.C.

Oates, Wallace E., 1972: Fiscal Federalism, New York.

Oates, Wallace E., 1985: Searching for Leviathan: An Empirical Study, in: American Economic Review 75, 748-757.

OECD, verschiedene Jahre a: National Accounts, Detailed Tables, Volume II, Paris.

OECD, verschiedene Jahre b: OECD Economic Surveys: Switzerland, Paris.

O'Rourke, Kevin H./Williamson, Jeffrey G., 1999: Globalization and History: The Evolution of a Nineteenth-Century Atlantic Economy, Cambridge.

Patterson, Samuel C./Mughan, Anthony (Hrsg.), 1999: Senates: Bicameralism in the Contemporary World, Columbus.
Peacock, Alan T./Wiseman, Jack, 1979: Approaches to the Analysis of Government Expenditure Growth, in: Public Finance Quarterly 7, 3-23.
Peltzman, Samuel, 1980: The Growth of Government, in: Journal of Law and Economics 23, 209-287.
Persson, Torsten/Roland, Gerard/Tabellini, Guido, 1997: Separation of Powers and Political Accountability, in: Quarterly Journal of Economics 112, 1163-1202.
Pommerehne, Werner W., 1990: The Empirical Relevance of Comparative Institutional Analysis, in: European Economic Review 34, 458-469.
Rodrik, Dani, 1997: Has Globalization Gone too Far?, Washington, D.C.
Romer, Christiana, 1989: The Prewar Business Cycle Reconsidered: New Estimates of Gross National Product, 1869-1908, in Journal of Political Economy 97:1-37.
Rosenfeld, Barry D., 1973: The Displacement-Effect in the Growth of Canadian Government Expenditures, in: Public Finance 28, 301-314.
Roubini, Nouriel/Sachs, Jeffrey D., 1989a: Political and Economic Determinants of Budget Deficits in the Industrial Democracies, in: European Economic Review 33, 903-938.
Roubini, Nouriel/Sachs, Jeffrey D., 1989b: Fiscal Policy, in: Economic Policy 7, 99-132.
Roubini, Nouriel/Sachs, Jeffrey D., 1989c: Government Spending and Budget Deficits in Industrial Countries, in: Economic Policy 8, 99-132.
Scharpf, Fritz W., 2000: Institutions in Comparative Policy Research, MPIfG Working Paper, Köln, sowie in: Comparative Political Studies 2000.
Schmidt, Manfred G., 1995: Demokratietheorien, Opladen.
Schmidt, Manfred G., 1996: When Parties Matter: A Review of the Possibilities and Limits of Partisan Influence on Public Policy, in: European Journal of Political Research 30, 155-183.
SIPRI, verschiedene Jahre: World Armaments and Disarmament: SIPRI Yearbook, London.
Solano, Paul L., 1983: Institutional Explanations of Public Expenditures Among High Income Democracies, in: Public Finance 38, 440-458.
Sorensen, Rune J., 1988: The Growth of Public Spending in Norway 1865-1985, in: *Johan A. Lybeck/Magnus Henrekson* (Hrsg.), Explaining the Growth of Government, New York.
Steinmo, Sven/Tolbert, Caroline J., 1998: Do Institutions Really Matter? Taxation in Industrial Democracies, in: Comparative Political Studies 31, 165-187.
Stigler, George J., 1970: Director's Law of Public Income Redistribution, in: Journal of Law and Economics 13, 1-10.
Swank, Duane H., 1988: The Political Economy of Government Domestic Expenditure in the Affluent Democracies, 1960-1980, in: American Journal of Political Science 32, 1120-1150.
Tanzi, Vito/Schuknecht, Ludger, 1995: The Growth of Government and the Reform of the State in Industrial Countries, IMF Working Paper, WP/95/130, Washington, D.C.
Tax Foundation, 1989: Facts and Figures on Government Finance, Baltimore.
Taylor, Charles (Hrsg.), 1983: Why Governments Grow, London.
Thornton, Mark/Ulrich, Marc, 1999: Constituency Size and Government Spending, in: Public Finance Review 27, 588-598.
Tocqueville, Alexis de, 1835 [1945]: Democracy in America, New York.
Tsebelis, George, 1995: Decision Making in Political Systems: Veto Players in Presidentialism, Parliamentarism, Multicameralism, and Multipartyism, in: British Journal of Political Science 25, 289-326.
Tsebelis, George, 1999: Veto Players and Law Production in Parliamentary Democracies: An Empirical Analysis, in: American Political Science Review 63, 591-608.
Tsebelis, George, 2001: Veto Players and Institutional Analysis, in: Governance 13, 441-474.
Tsebelis, George/Money, Jeannette, 1997: Bicameralism, Cambridge.
Tsebelis, George/Chang, Eric C.C., 2001: Veto Players and the Structure of Budgets in Advanced Industrialized Countries, Paper presented at the Annual Meetings of the American Political Science Association, Washington, D.C.
United Nations, verschiedene Jahre: United Nations National Accounts Statistics Yearbook, New York.
U.S. Department of Commerce, 1970: Historical Statistics of the United States, Washington, D.C.

U.S. Department of Commerce, 1986: The National Income and Product Accounts of the United States, 1929-82: Statistical Tables, Washington, D.C.
Volkens, Andrea, 2001. Quantifying the Election Programmes: Coding Procedures and Controls, in: *Ian Budge* u.a. (Hrsg,), Mapping Policy Preferences: Estimates for Parties, Electors, and Governments, Oxford, 93-110.
Wagner, Adolph, 1911: Staat (in nationalökonomischer Sicht), in: *J. Conrad/L. Elster/W. Lexis* und *E. Loening* (Hrsg.), Handwörterbuch der Staatswissenschaften, Bd. 7, Jena, 727-739.
Weingast, Barry/Shepsle, Kenneth A./Johnsen, Christopher, 1981: The Political Economy of Benefits and Costs: A Neoclassical Approach to Distributive Politics, in: Journal of Political Economy 89 (4), 642-664.
Wilensky, Harold 1975: The Welfare State and Equality: Structural and Ideological Roots of Public Expenditures, Berkeley.
Wittman, Donald, 1983: Candidate Motivation: A Synthesis of Alternative Theories, in American Political Science Review 77, 158-174.
Woldendorp, Jaap/Keman, Hans/Budge, Ian, 2000: Party Government in 48 Democracies (1945-1998): Composition-Duration-Personnel, Dordrecht.

Anhang A

Datenquellen

Die Daten für den Zeitraum ab 1950 basieren auf eigenen Berechnungen auf der Grundlage von Quellen der OECD, enthalten aber auch Zahlen aus Länderberichten und Nutter (1978).

Australien 1950: United Nations (verschiedene Jahre).

Österreich vor 1950: Neck/Schneider (1986). Die Werte vor dem Ersten Weltkrieg beziehen sich auf Cisleithanien, den österreichischen Teil der Habsburger-Monarchie, und enthalten nur aktuelle Ausgaben (Wert von 1920 eigentlich für 1924, Wert von 1938 eigentlich für 1936).

Belgien 1938: Tanzi/Schuknecht (1995).

Spanien vor 1950: Tanzi/Schuknecht (1995).

Kanada vor 1950: Rosenfeld (1973), Daten von 1870 bis 1920; Bird (1970); Daten für 1930 und 1938 eigentlich für 1937.

Dänemark vor 1950; Irland vor 1950; Norwegen vor 1950; Großbritannien vor 1950: Flora u.a. (1983).

Frankreich vor 1950: André/Delorme (1978). Der 1870er Wert ist eigentlich aus dem Jahr 1872, der 1910er Wert eigentlich aus dem Jahr 1909.

Deutschland: Flora u.a. (1983); 1910: Mann (1993); 1920: Tanzi/Schuknecht (1995).

Italien vor 1950: Brosio und Marchese (1988).

Japan vor 1950: Emi (1972, Gesamtstaatsausgaben aus Tabelle A-6); 1870: Tanzi/Schuknecht (1995)

Niederlande vor 1950: 1870, 1910 und 1920: Tanzi/Schuknecht (1995); 1930 und 1938: Flora u.a. (1983).

Portugal vor 1950: 1950: United Nations (1964 [1953]).

Schweden vor 1950: 1870: Tanzi/Schuknecht (1995); 1910 bis 1938: Flora u.a. (1983).

Schweiz vor 1950: Flora u.a. (1983). Die Basis für die Daten von 1880 bis 1900 sind das jeweilige Nettosozialprodukt, das auf das geschätzte Bruttoinlandsprodukt extrapoliert wurde.

Schweiz nach 1950: OECD (verschiedene Jahre b).

USA vor 1950: Daten basieren auf dem jeweiligen Bruttosozialprodukt, nicht auf dem Bruttoinlandsprodukt. 1850 bis 1910: Mann (1993); 1920: Musgrave/Culbertson (1953); 1930 und 1938: Tax Foundation (1989). Bruttosozialprodukt vor 1950: Romer (1989), Tax Foundation (1989).

Anhang B

Alternative Daten zu Tabelle 1

Japan: Alternative Angaben für einige Jahre aus Tabelle 1

Quelle:	1880	1890	1900	1910	1920	1930	1938
Maddison (1984)	9,0			8,2 (1913)			
Tanzi/Schuknecht (1995)				9,3 (1913)	14,8		25,4 (1937)

Auch für die Schweiz geben Tanzi und Schuknecht deutlich andere Werte in der Periode vor 1950 an:

1913	1920	1937
2.7	4.6	6.1

USA: Alternative Angaben für einige Jahre aus Tabelle 1

Quelle:	1870	1880	1890	1900	1910	1920	1930	1938
Musgrave/Culbertson (1953)			6,4	7,2	7,1			
Maddison (1984)					8,0 (1913)		10,1 (1929)	18,5 (1939)
Tanzi/Schuknecht (1995)	3,9				1,8 (1913)	7,0		8,6 (1937)

Herbert Obinger, Bernhard Kittel

Kapitel 12
Parteien, Institutionen und Wohlfahrtsstaat

Politisch-institutionelle Determinanten der Sozialpolitik in OECD-Ländern

1. Einleitung

Wohlfahrtsstaat bzw. die im deutschen Sprachraum geläufigere Bezeichnung Sozialstaat beschreibt einen allen OECD-Demokratien gemeinsamen Typus von Staatstätigkeit, der in fast allen Ländern die größte Ausgabenkomponente des öffentlichen Haushalts darstellt (Schmidt 2001b: 34; vgl. Cusack/Fuchs i.d.B.). Kennzeichen dieses Typus von Staatstätigkeit sind staatliche Interventionen in Marktprozesse mit dem Zweck einer Förderung individueller Lebens- und Teilhabechancen in den Bereichen Einkommenssicherung, Bildung, Gesundheit und Wohnen (Alber/Behrendt 2001: 580). Staatliche Sozialpolitik ist daher stets „politics against markets" (Esping-Andersen 1985). Im engeren Sinn umfasst Sozialpolitik die soziale Absicherung von Risiken und Lebenslagen wie Alter, Krankheit, Arbeitslosigkeit, Unfall oder Tod, die Absicherung von Familienarbeit sowie die Gewährleistung eines Existenzminimums. Dies geschieht typischerweise durch (Sozial-)Versicherungen und im Fall der Armutsbekämpfung durch bedürftigkeitsgeprüfte Sozialprogramme wie etwa die Sozialhilfe. Im weiteren Sinn wird zur Sozialpolitik die Wohnungs- und Gleichstellungspolitik sowie insbesondere in den angelsächsischen Ländern auch die Bildungspolitik gezählt. Zum Wohlfahrtsstaat zählt schließlich ein äußerer Schutzgürtel der Daseinsvorsorge, dessen sozialpolitische Dimension dann augenscheinlich wird, wenn der Blick auf die Entwicklungsländer gerichtet wird. Hierzu zählen die öffentliche Versorgung mit Trinkwasser, Gas oder Elektrizität aber auch die hierzulande als genuin sozialpolitisch wahrgenommenen Sozialtarife für bestimmte Empfängergruppen im Transport- und Kommunikationswesen (vgl. Leibfried 2001). Wenn im Folgenden vom Wohlfahrtsstaat die Rede ist, meinen wir die Sozialpolitik im engen Sinne. Zudem werden die Begriffe Wohlfahrts- und Sozialstaat trotz begrifflicher Differenzierungsversuche synonym verwendet.

Sozialpolitik ist jedoch keinesfalls nur Aufgabe des Staates. Vielmehr beruht Wohlfahrtsproduktion auf einem Mischungsverhältnis zwischen Staat, Markt und Familie (Esping-Andersen 1990; Kaufmann 1997). Allerdings werden diese drei Säulen in den OECD-Ländern nicht zuletzt aus politisch-ideologischen Gründen unterschiedlich gewichtet. Diese national variablen Gewichtungen spiegeln sich nicht nur in unterschiedlichen Sozialstaatsarchitekturen wider, sondern bestimmen auch den Ausbaugrad öffentlicher sozialpolitischer Intervention. Als Messlatte hierfür kann die Sozialleistungsquote, d.h. der Anteil der Ausgaben für soziale Sicherheit am Bruttoinlandsprodukt (BIP), herangezogen werden (Tabelle 1). Trotz eines fast kontinuierlichen Anstiegs der Sozialausgaben seit 1960 legen diese Daten gleichzeitig auch beträchtliche Niveauunterschiede zwischen den OECD-Demokratien offen, die von der theoretischen Literatur unter anderem auf unterschiedliche politisch-institutionelle Gegebenheiten zurückgeführt werden. Politische Faktoren werden überdies für die Erklärung der Entstehung des modernen Wohlfahrtsstaates namhaft gemacht. Der Entstehungszusammenhang kann allerdings in diesem Beitrag ebenso nur gestreift werden wie der Einfluss der Politik auf die strukturelle Konzeption des Wohlfahrtsstaates (siehe dazu z.B. Schmidt 1998; Lessenich/Ostner 1998).

Tabelle 1: Sozialausgaben in % des BIP in 21 OECD Ländern

	1960	1970	1980	1990	1997
Australien	7,9	9,0	11,67	14,97	19,25
Belgien	14,2	18,0	25,59	26,72	25,11
Dänemark	11,1	16,4	29,35	29,01	30,85
Deutschland	16,1	16,8	25,38	24,51	27,75
Finnland	9,6	13,1	18,89	25,15	29,49
Frankreich	13,9	14,6	23,47	26,91	29,64
Griechenland	–	–	11,52	21,99	22,19
Großbritannien	11,0	13,8	18,37	19,70	21,93
Irland	9,4	11,5	17,61	19,38	17,90
Italien	12,7	16,3	18,37	24,02	26,85
Japan	4,9	5,4	10,48	11,47	14,76
Kanada	8,9	13,5	13,33	17,79	16,95
Neuseeland	13,0	11,5	19,15	22,53	20,70
Niederlande	11,0	19,8	28,94	29,49	25,86
Norwegen	9,4	15,5	18,79	27,16	26,45
Österreich	14,0	18,8	23,87	25,13	26,25
Portugal	–	–	11,57	14,31	19,06
Schweden	12,4	18,8	29,78	32,18	33,67
Schweiz	7,7	10,6	16,75	19,34	27,21
Spanien	–	–	16,29	19,98	20,88
USA	6,3	9,6	13,86	14,73	16,54
Mittelwert	10,75	14,06	19,19	22,21	23,77
Standardabweichung	3,00	3,92	6,16	5,58	5,25
Standardabweichung d. Logarithmus	0,31	0,33	0,33	0,27	0,23
Spannweite	11,2	14,4	19,30	20,71	18,91
Variationskoeffizient	0,28	0,28	0,32	0,25	0,22

Quellen: 1960, 1970: ILO (div, Jahrgänge); 1980, 1990, 1997: OECD (2000a), Aufgrund der unterschiedlichen Datenquellen sind die Sozialleistungsquoten nicht kohärent. So enthalten die OECD-Daten neben den öffentlichen Sozialausgaben auch die privaten Pflichtleistungen für soziale Sicherheit.

Der Schwerpunkt dieses Beitrags, der sich mit dem Zeitraum zwischen 1960 und 1997 beschäftigt, liegt vielmehr auf dem Einfluss von politisch-institutionellen Faktoren auf die in dieser Phase erfolgte Expansion sowie auf den in jüngster Zeit verstärkt einsetzenden Um- und Rückbau des Wohlfahrtsstaates. Die diesen Dynamiken zugrunde liegenden Schub- und Bremskräfte sollen anhand einer Analyse der Sozialausgabenentwicklung offen gelegt werden. Wir beschreiben zunächst in Abschnitt 2 wichtige Entwicklungsphasen des Wohlfahrtsstaates. Abschnitt 3 ist der Frage der Typologisierung zur Abbildung der Vielfalt empirischer Ausprägungen des Wohlfahrtsstaates und dessen Einbettung in andere Bereiche gesellschaftlicher Organisation gewidmet. Anschließend folgt in Abschnitt 4 eine Darstellung der wichtigsten Theorieansätze zur Erklärung der Expansion des Wohlfahrtsstaates. Abschnitt 5 hat die Erklärungsansätze der Konsolidierung bzw. des Rückbaus des Wohlfahrtsstaates unter Austeritätsbedingungen zum Gegenstand. Abschnitt 6 präsentiert den in der quantitativ-vergleichenden Analyse der Sozialleistungsquote erreichten Forschungsstand. Dieser wird in Abschnitt 7 um einige Befunde eigener Analysen ergänzt, die die zentralen Punkte der theoretischen Diskussion aufgreifen. Abschnitt 8 präsentiert einige Schlussfolgerungen.

2. Entwicklungsphasen des Wohlfahrtsstaates

Der moderne Wohlfahrtsstaat ist ein Kind des Nationalstaates und der industriellen Revolution (Flora 1986b). Jens Alber (1987: 163-164) unterscheidet drei Phasen der wohlfahrtsstaatlichen Entwicklung in Westeuropa. Die Einführung der Sozialversicherung in Deutschland und Österreich in den 1880er Jahren und der damit verbundene sozialpolitische Pionierstatus beider Länder ist als Produkt einer Abwehrstrategie bürgerlicher Eliten gegen die politische Mobilisierung der Arbeiterschaft zu deuten. In dieser *Konstituierungsphase* ist die Arbeiterbewegung Objekt einer sozialpolitischen Regulierung von „oben“. Der Legitimationsbedarf der konservativen Eliten und nicht ein genuiner sozio-ökonomischer Problemdruck erklärt den frühen Durchbruch der Sozialversicherung im Deutschen Kaiserreich und der Österreichisch-Ungarischen Monarchie. Zwischen 1900 und 1915 ziehen die europäischen parlamentarischen Demokratien zumeist unter der Führung der Liberalen mit den autokratischen Pionierländern gleich, während in Australien die weltweit erste Labour-Regierung für die Konstituierung des Sozialstaates verantwortlich zeichnet. Die zweite Phase setzt nach dem Ersten Weltkrieg ein und ist durch den *Ausbau* des Sozialstaates durch sozialistisch-demokratische Parteien geprägt. Erst die Weltwirtschaftskrise führt in Europa zu sozialpolitischer Stagnation und vereinzelt auch zu regressiver Sozialpolitik, während in den USA im Gefolge der Großen Depression der *big bang* (de Swaan 1993: 229) amerikanischer Sozialpolitik einsetzt. Mit Blick auf Westeuropa charakterisiert Alber diese Phase als Sozialpolitik von „unten“, zumal es nun der Arbeiterbewegung infolge der Demokratisierung des Wahlrechts gelingt, gestalterisch auf die Sozialpolitik Einfluss zu nehmen. Die dritte Phase wohlfahrtsstaatlicher Entwicklung beginnt nach 1945. Die Kriegsfolgelasten bilden ebenso einen Katalysator für die Sozialpolitik wie der rapide Wirtschaftsaufschwung, welcher bis Mitte der 1970er Jahre anhält. Nun tritt der Wohlfahrtsstaat in allen OECD-Ländern seinen Siegeszug an – abzulesen an neuen Programmen, der Ausdehnung des erfassten Personenkreises sowie an Leistungsverbesserungen. Nach Alber ist die Phase nach 1945 durch eine *Entpolitisierungstendenz* gekennzeichnet, „in deren Rahmen die Expansion der Programme unter sozialistischen und nicht-sozialistischen Regierungen ähnlich verlief“ (Alber 1987: 164). Die beiden Ölpreisschocks setzen dieser raschen Expansion ein Ende. Nun beginnt eine vierte, bis in die Gegenwart andauernde Phase staatlicher Sozialpolitik, in der sich das Expansionstempo verlangsamt, während die Konsolidierungs- und Rückbauversuche vor dem Hintergrund der veränderten ökonomischen Rahmenbedingungen zunehmen *(Austeritätsphase)*.

3. Typen des Wohlfahrtsstaates

Der Ausbau staatlicher Sozialpolitik erfolgte auf unterschiedlichen, in der Konstituierungsphase geschaffenen architektonischen Fundamenten, und die Stockwerke der einzelnen wohlfahrtsstaatlichen Gebäude wurden unterschiedlich geräumig und mit verschiedenartig angelegten tragenden Wänden ausgestattet. Grundlegend für die national unterschiedlichen Entwicklungsrichtungen in der Ausgestaltung der Sozialpolitik war dabei, welches zentrale Problem mittels sozialstaatlicher Intervention gelöst werden sollte (vgl. Kaufmann 2001: 823). Stand in Deutschland die „Arbeiterfrage" im Mittelpunkt und dominierte in den englischsprachigen Ländern die Armutsbekämpfung, so war in Skandinavien der Fokus auf die Einebnung gesellschaftlicher Ungleichheit gerichtet. Diese historischen Kontingenzen bildeten zusammen mit den länderspezifischen ökonomischen, politischen und kulturellen Rahmenbedingungen Grundstock und Triebfeder für die in unterschiedlichen Bahnen verlaufende Ausdifferenzierung staatlicher Sozialpolitik. Die vergleichende Wohlfahrtsstaatsforschung versucht, diese Vielfalt an wohlfahrtsstaatlichen Arrangements durch Typenbildungen zu fassen. Am bekanntesten ist dabei die Wohlfahrtsstaatstypologie von Gøsta Esping-Andersen (1990), die ihrerseits wieder auf älteren Typologien (Titmuss 1974) aufbaut. Esping-Andersen unterscheidet zwischen (1) dem in Kontinentaleuropa vorherrschenden „konservativen" Regimetypus, (2) dem in Skandinavien beheimateten „sozialdemokratischen" Typus und (3) einem vor allem in den angelsächsischen Ländern anzutreffenden „liberalen" Regimetypus. Esping-Andersen spricht dabei von *welfare regimes* und nicht von *welfare states*. Bereits die Bezeichnung dieser drei Typen verrät, dass diese drei Welten des Wohlfahrtskapitalismus auf unterschiedlichen gesellschaftspolitischen Leitwerten gründen. Sie sind Ergebnis spezifischer gesellschaftlicher Kräftekonstellationen, die in unterschiedlichen Gewichtungen der Wohlfahrtsproduzenten Staat, Markt und Familie ihren Ausdruck finden (Esping-Andersen 1999: 74). Esping-Andersen (1990: 29) nennt – ganz im Sinne der Machtressourcentheorie (vgl. Abschnitt 4) – drei Ursachen für die Ausdifferenzierung unterschiedlicher Wohlfahrtsstaatsregime, nämlich die Form der Klassenmobilisierung, die klassenpolitischen Koalitionsstrukturen und das historische Erbe der Institutionalisierung des Wohlfahrtsregimes. Die drei von ihm identifizierten wohlfahrtsstaatlichen Regime unterscheiden sich im Hinblick auf Zugangsbedingungen zu sowie hinsichtlich des Umfangs und der Höhe der Leistungen und des dadurch abgesteckten Grades an Dekommodifizierung (d.h. der Aufhebung des Zwangs zur marktförmigen Verwertung der Arbeitskraft) wie auch im Ausmaß, in dem Ungleichheit im Erwerbsleben durch die sozialen Sicherungssysteme eingeebnet bzw. reproduziert wird (Stratifizierung). Ferner unterscheiden sich diese Regime hinsichtlich ihrer Finanzierung, der Programmorganisation und ihrer Leistungsstruktur.

Charakteristisch für das *konservative* Modell sind obligatorische, berufsgruppenspezifisch fragmentierte und aus Beiträgen finanzierte Sozialversicherungen.

Dieses Regime steht in der Tradition etatistischer Sozialpolitik von „oben“, findet sich in Ländern mit starkem Einfluss der katholischen Kirche sowie starken christdemokratischen Parteien und zielt zuallererst auf sozialen Statuserhalt durch Sicherung eines Familienlohns.

Bedürftigkeitsgeprüfte Sozialleistungen sowie freiwillige Versicherungssysteme unter privater Trägerschaft sind zentrale Strukturmerkmale des *liberalen* Modells, dessen vornehmliches Ziel die Armutsbekämpfung darstellt. Es steht in der Tradition der englischen Politischen Ökonomie des 19. Jahrhunderts mit ihrem Leitwert der individuellen Eigenverantwortung und der Vorstellung von der Überlegenheit des Marktes (Esping-Andersen 1999: 74).

Schließlich sind eine steuerfinanzierte universalistische Staatsbürgerversorgung oder Volksversicherungen typische Kennzeichen des *sozialdemokratischen* Typs. Starke Gewerkschaften und Linksparteien sowie klassenübergreifende Schulterschlüsse zwischen Arbeitern und Bauern waren hier die Triebkräfte, welche die Ausdifferenzierung universalistischer Sozialprogramme mit hoher redistributiver Wirkung und hohem staatlichen Interventionsgrad vorangetrieben haben.

Esping-Andersens Typologisierungsversuch war bahnbrechend, zog aber auch Kritik auf sich. Dies betraf die Methode, die Ausblendung von Genderfragen sowie die Zuordnung realer Wohlfahrtsstaaten zu den als idealtypisch zu verstehenden Regimetypen (vgl. Lewis 1992; Sainsbury 1994; Lessenich/Ostner 1998; Schmidt 1998; Kohl 2000; Castles 2001b; Manow 2002). Diese Kritik bildete gleichzeitig den Ausgangspunkt für die Suche nach weiteren Typen. So wurde die Existenz eines südeuropäischen Sozialstaatstypus reklamiert (Leibfried 1992; Ferrera 1996), während Castles/Mitchell (1993) in der Sozialstaatskonzeption des *wage earners' welfare state* Australiens und Neuseelands ein eigenständiges Modell sozialer Regulierung sehen. Überdies wurde ein ostasiatischer Sozialstaatstypus geortet, und auch die osteuropäischen Transformationsländer wurden als potenzieller Regimetyp in die Diskussion gebracht. Mittlerweile sind rund zehn Typologisierungsvorschläge auf dem Markt und noch weit größer ist die Zahl an empirischen Arbeiten, die diese Typologisierungsversuche mit der Falsifikationskeule verfolgen (vgl. als Überblick Gelissen 2002). Auch Esping-Andersen (1999) hat im Lichte dieser Kritik seine Typologie einer kritischen Neubewertung unterzogen, sieht aber keine Notwendigkeit, seine Regimetriade weiter aufzufächern (Esping-Andersen 1999: 90-94). Trotz wachsender Kritik an diesem *welfare modelling business* (Abrahamson 1999) liegt jedoch der Wert dieser Typologien unzweifelhaft darin, dass sie für die Vielfalt wohlfahrtsstaatlicher Arrangements sensibilisieren. Gleichzeitig muss aber auch darauf hingewiesen werden, dass diese Regime bei aller Pfadabhängigkeit im Zeitverlauf wandelbar sind (Hicks u.a. 1995; Borchert 1998). So ist insbesondere das sozialdemokratische Regime in zeitlicher Hinsicht ein Spätstarter, dessen vollständige Ausdifferenzierung erst Mitte der 1960er Jahre erfolgte (Esping-Andersen 1999: 78).

Ein neuerer Forschungsstrang, dessen Bedeutung vor dem Hintergrund der Diskussion über Existenz und Ausgestaltung eines „Europäischen Sozialmodells“ (Ebbinghaus 1999; Ferrera u.a. 2000; Aust u.a. 2000) deutlich wird, untersucht die Wechselbeziehungen zwischen Wohlfahrtsregimen, Tarifsystemen und Produktionsregimen. Dieser Zusammenhang wird in zwei Varianten analysiert. Erstens wird auf die Bedeutung der Unterstützung sozialdemokratischer Parteien durch Arbeitnehmerverbände für die Entwicklung und den Ausbau des sozialdemokratischen Wohlfahrtstypus hingewiesen (Pennings 1995; Jefferys 1995: 323-326; Esping-Andersen 1999: 20-21).

Zweitens werden „Wahlverwandtschaften“ zwischen Produktions- und Wohlfahrtsregimen unterstellt. Frühe Analysen erfolgten auf Basis der Dichotomie von Inklusion und Exklusion der Arbeitnehmer und ihrer Verbände im Hinblick auf kollektive Entscheidungen und gelangten zur Unterscheidung zwischen „korporatistischen“ und „dualistischen“ Entwicklungstendenzen in modernen Gesellschaften (Goldthorpe 1984). In der neueren Literatur wird der Schwerpunkt auf die Organisation des „Kapitals“ gelegt. In Anlehnung an Alberts (1991) Unterscheidung zwischen einer „atlantischen“ und einer „rheinischen“ Form des Kapitalismus entwickelte Soskice (1999) die Gegenüberstellung von „liberaler, unkoordinierter Marktwirtschaft“ und „koordinierter, sozialer Marktwirtschaft“ (siehe auch Hall/Soskice 2001).

In einer Verfeinerung dieser Dichotomie unterscheiden Kitschelt u.a. (1999: 429-434) vier „Kapitalismustypen“, denen sie jeweils spezifische Wohlfahrtsstaatstypen zur Seite stellen: (1) Unkoordinierte, liberale Marktwirtschaften gehen einher mit residualen („liberalen“) Wohlfahrtsstaaten, (2) gesamtstaatlich koordinierte Marktwirtschaften finden ihre Entsprechung in umfassenden, egalitären, redistributiven und dienstleistungsorientierten („sozialdemokratischen“) Wohlfahrtsstaaten, (3) sektoral koordinierte Marktwirtschaften sind mit beschäftigungs- und einkommensbezogenen, transferorientierten („christdemokratischen“) Wohlfahrtsstaaten liiert und schließlich gehen (4) die im Pazifikraum beheimateten industriegruppenkoordinierten Marktwirtschaften mit residualen, paternalistischen Wohlfahrtsstaaten einher.

Zwar sind diese Wahlverwandtschaften auf Idealtypen basierende theoretische Konstrukte, jedoch erweist sich sowohl im Hinblick auf Strukturcharakteristika als auch im Hinblick auf Performanzkriterien die Varianz innerhalb der Gruppen als ausreichend klein und die Varianz zwischen den Gruppen als ausreichend groß, um von einer empirischen Komplementärbeziehung sprechen zu können (Kitschelt u.a. 1999: 435-438).

Eine ähnliche, konzeptionell auf der Unterscheidung verschiedener Tarifsysteme basierende Parallelität mit Esping-Andersens Wohlfahrtsregimen findet Crouch (2001: 105-106). Er verknüpft (1) den „liberalen“ Wohlfahrtsstaat mit dem pluralistischen, marktbasierten Modell der Arbeitsbeziehungen, (2) den „sozialdemokratischen“ Wohlfahrtsstaat mit neokorporatistisch organisierten Arbeitsbeziehungen mit starken Arbeitnehmerverbänden, (3) den korporatistischen („christdemokratischen“) Wohlfahrtsstaat mit neokorporatistischen Arbeitbeziehungen, in denen die Arbeitgeberverbände stärker sind und (4) den „familialen“ Wohlfahrtsstaat Südeuropas mit konfliktorientierten Arbeitsbeziehungen. Crouch (2001: 106-107) erklärt diese Parallelität mit strukturbestimmenden Traditionen, die schon in der vorindustriellen Zeit angelegt waren. Zentrale Faktoren sind dabei die Kirche und die Familie sowie die Prägekraft der Gilden für den spezifischen Weg der Interessenorganisierung in der Industriegesellschaft (siehe auch Crouch 1993, 1999).

Die Bedeutung des historischen Erbes macht deutlich, wieso eine derart deutliche Verschränkung zwischen wohlfahrtsstaatlichen Arrangements und anderen Funktionsbereichen moderner Gesellschaften besteht. Im Entwicklungsprozess zu den heute bestehenden Konstellationen ist die Ausgestaltung des Wohlfahrtsstaates ebenso Reaktion auf die Ausgestaltung anderer Dimensionen der Gesellschaft wie diese sich an die spezifische Form des Wohlfahrtsstaates anpassen. Dabei werden Disparitäten, die sich durch wandelnde Umweltbedingungen und neue Herausforderungen ergeben, abgeschliffen, wodurch in sich mehr oder weniger kongruente Formen der gesellschaftlichen Organisation entstehen: „Unterschiedliche nationale Strukturen der Wohlfahrtsproduktion sind zugleich eingebettet in nationale Ausformungen des Wohlfahrtskapitalismus und tragen zu ihrer Gestaltung bei. Wohlfahrtsstaaten sind nicht bloß Schutzreaktionen gegen den modernen Kapitalismus im Sinne von Polanyi. Sie sind ein fundamentaler Bestandteil des modernen Kapitalismus“ (Pierson 2000a: 793, Ü.d.A.). Aus dieser Vernetzung von Wohlfahrtsregimen mit den nationalen Produktionsregimen resultieren je nach Regimetyp genuine Problemlagen und Herausforderungen, die wiederum im Lichte veränderter ökonomischer Rahmenbedingungen regimespezifische Handlungsoptionen und -restriktionen erzeugen (Scharpf 2000a).

4. Theorien wohlfahrtsstaatlicher Expansion

Zur Erklärung von Entstehung, Reichweite, Form und Funktion des Wohlfahrtsstaats existiert eine Vielzahl an Theorien (vgl. als Überblick Flora u.a. 1977; Cameron 1978; Alber 1987; Schmidt 1982, 1993, 2001a; Skocpol/Amenta 1986; Lessenich 2000). Diese Theoriestränge lassen sich zu vier Schulen, nämlich funktionalistischen, konflikttheoretischen, institutionellen sowie internationalen Ansätzen verdichten. Diese Schulen stehen nicht nur in einer zeitlichen Abfolge zueinander, sondern weisen in sich eine beträchtliche Vielfalt auf, die in diesem Abschnitt verkürzt dargestellt werden soll.

Der älteste Theorieansatz ist *funktionalistisch* ausgerichtet und ordnet politischen Prozessen sowie institutionellen Variablen einen gegenüber sozio-ökonomischen Bestimmungsfaktoren nachrangigen Einfluss auf die Sozialpolitik zu. Wohlfahrtsstaatliche Intervention wird als Reaktion auf neue, durch Industrialisierung und Urbanisierung geschaffene sozio-ökonomische Problemlagen gedeutet. Die industrielle Revolution führte zur Erosion und Überlastung der traditionellen familiären, kirchlichen, berufsgenossenschaftlichen sowie unternehmerisch-patronalen Sicherungssysteme und erzeugte dadurch ein soziales Vakuum, welches durch sozialpolitische Intervention des Staates aufgefüllt werden musste (Wagner 1911; Zöllner 1963; Cutright 1965). Unter weitgehender Ausklammerung des politischen Willensbildungs- und Entscheidungsprozesses werden Variationen in der Sozialstaatstätigkeit zwischen den westlichen Ländern in erster Linie auf sozio-ökonomische Niveauunterschiede und spezifische Problemlagen zurückgeführt. Iversen/Cusack (2000) haben diesen Ansatz jüngst wiederbelebt, indem sie die Expansion des Wohlfahrtsstaates als funktionale Reaktion auf Deindustrialisierungsprozesse und den dadurch ausgelösten sozialpolitischen Kompensationsbedarf interpretieren.

Die *konflikttheoretischen* Theorieströmungen rücken demgegenüber die Auseinandersetzung zwischen unterschiedlichen gesellschaftlichen Leitbildern und Ordnungsvorstellungen in den Mittelpunkt. Umfang und konkrete Ausgestaltung wohlfahrtsstaatlicher Intervention resultieren aus den außerparlamentarischen Machtverhältnissen von Arbeit und Kapital, der parteipolitischen Färbung der Regierung sowie den Legitimationsstrategien der politischen Eliten, welche über sozialpolitische Maßnahmen versuchen, Massenloyalität zu generieren. Damit zerfällt diese Schule in eine klassensoziologische, eine parteiendifferenztheoretische sowie eine elitentheoretische Richtung. Elitentheoretische Ansätze gelantgen hauptsächlich für die Erklärung der Konsolidierung des Wohlfahrtsstaates bis zum Ausbruch des Ersten Weltkriegs zur Anwendung (Rimlinger 1982). Aufgrund der damals noch weit verbreiteten Wahlrechtsbeschränkungen und den damit verbundenen Legitimationsproblemen versuchten die regierenden Eliten, mit sozialpolitischen Zugeständnissen der aufstrebenden Arbeiterbewegung entgegenzukommen, ihr Mobilisierungspotenzial zu unterlaufen und sie in den Staat einzubinden. Die Machtressourcen der Arbeiterbewegung stehen auch im Zentrum der insbesondere in Skandinavien beheimateten klassensoziologischen Richtung (Stephens 1979; Korpi 1980; Esping-Andersen 1990). Dieser Ansatz legt aus einem politisch-ökonomischen Blickwinkel heraus sein Hauptaugenmerk auf die Artikulations- und Organisationsfähigkeit von Interessen, wobei ein klassenbezogener Interessenkonflikt zwischen Arbeit und Kapital identifiziert wird, der entlang der gesellschaftlichen Macht- und Kräfteverteilungen ausgetragen und entschieden wird. Klassenübergreifende Koalitionen zwischen industriellen und agrarischen Lohnarbeitern wirken sich dabei günstig auf die Etablierung eines universalistisch-egalitären Sozialstaats aus. Neuere Forschungen nehmen auch den Einfluss der Arbeitgeber auf die nationale Sozialpolitikentwicklung verstärkt in den Blick (vgl. Pierson 2000a: 794-797). Die Vertreter der Parteiendifferenzthese (Schmidt 1982; Castles 1982) legen den Fokus hingegen auf die parlamentarischen Kräfteverhältnisse und die parteipolitische Zusammensetzung der Exekutive. Linksparteien begegnen der Nachfrage ihrer Anhängerschaft nach sozialstaatlicher Absicherung mit umfangreichen Sozialprogrammen, während bürgerliche Parteien diese im Interesse ihrer Klientel einzudämmen versuchen. Diese für frühe Arbeiten typische Links-Rechts-Dichotomie wurde jedoch dahingehend verfeinert, dass auch der sozialpolitischen Tradition christdemokratischer Parteien verstärkt Rechnung getragen wurde. Im Unterschied zu säkular konservativen Parteien werden christdemokratische Parteien wegen ihrer Nähe zur katholischen Soziallehre als Sozialstaatsparteien eingestuft, wenngleich sich ihre sozialpolitischen Ordnungsvorstellungen zum Teil erheblich von jenen der politischen Linken abheben (Wilensky 1981; van Kersbergen 1995). Ebenso wichtig – allerdings bislang wenig beachtet – sind die verschiedenen Spielarten des Protestantismus für die Entwicklungsdynamik und Ausdifferenzierung des Sozialstaates (Manow 2002).

Die *institutionelle* Theorieschule stellt eine junge Strömung im wohlfahrtsstaatlichen Theoriekanon dar, die ihrerseits wieder in verschiedene Ansätze zerfällt. Gemeinsam ist ihnen, dass Institutionen Aktionsradius, Strategien und Präferenzen politischer Akteure prägen sowie Akteurskonstellationen und Interaktionsformen maßgeblich beeinflussen. Ein Forschungsstrang legt Augenmerk auf die horizontale und vertikale Fragmentierung von politischen Systemen, die administrativen Kapazitäten sowie die fiskalische Ressourcenausstattung des Staates. Demnach ist der Ausbau des Wohlfahrtsstaates in politischen Systemen mit vielen institutionellen „Vetopunkten" schwerer durchzusetzen als in Ländern, wo der Handlungsspielraum von Regierung und Parlament nicht durch zahlreiche Vetospieler eingeengt wird (Immergut 1992; Tsebelis 2000). Als Bremsklötze wohlfahrtsstaatlicher Expansion gelten etwa der Föderalismus (Wilensky 1975; Cameron 1978; Castles 1999) oder die Direktdemokratie (Obinger 1998; Wagschal/Obinger 2000). Ein zweiter Theoriestrang des Institutionalismus verweist auf die Rückkoppelungseffekte von institutionellen Strukturen auf politische Entscheidungen. Sind wohlfahrtsstaatliche Sicherungssysteme erst einmal etabliert, erweisen sich diese Strukturen als reformträge. Im Mittelpunkt steht also die durch Politikerbe bedingte Pfadabhängigkeit der Sozialpolitik. Pfadabhängigkeit meint dabei, dass die Exitkosten sowie die Umrüstungskosten auf eine neue politische Alternativlösung im Zeitverlauf anwachsen. Das Pfadabhängigkeitsargument betont den sequenziellen Charakter von Staatstätigkeit, wobei frühere und mitunter nur kleine Entscheidungen größere Effekte zeitigen als spätere Entscheidungen (Pierson 2000b). Schwere Erschütterungen, z.B. im Zuge von Kriegen, können diese Pfadabhängigkeit allerdings aufbrechen und zu abrupten Pfadwechseln führen.

In mehreren Spielarten zeigt sich auch jene Theorieschule, die in den *inter-* und *transnationalen* Beziehungen maßgebliche Bestimmungsfaktoren von Sozialpolitik verortet. Gemäß dieser von Schmidt (1998) als „Internationale Hypothese“ bezeichneten Strömung wird Sozialpolitik nicht nur rein „nationalstaatlich“ determiniert, sondern ist aus den Wechselwirkungen zwischen „innen“ und „außen“, d.h. ökonomischen und politischen Interdependenzen zwischen Nationen heraus zu erklären. So begreift die Kompensationsthese wohlfahrtsstaatliche Intervention als Reaktion auf die außenwirtschaftliche Verwundbarkeit kleiner offener Volkswirtschaften zur Abfederung von weltmarktinduzierten spill-over-Effekten, während die Effizienzthese gerade in der fortschreitenden ökonomischen Verflechtung eine Bedrohung für hohe Sozialstandards identifiziert (vgl. Manow 1999). Politische Systemkonkurrenz wird ebenso als Triebkraft wohlfahrtsstaatlicher Intervention namhaft gemacht, wie auch die Tätigkeit internationaler Organisationen wie der ILO (Usui 1994; Senti 1998). Zu dieser Schule zählen schließlich die Rückkoppelungseffekte supranationaler Sozialpolitik auf den nationalen Wohlfahrtsstaat wie sie jüngst innerhalb der EG an Bedeutung gewonnen haben (Leibfried/Pierson 1995; Falkner 1998).

Obwohl vordergründig als konkurrierende Hypothesen erscheinend, erweisen sich all diese Theorien bei genauerem Hinsehen als komplementär und wechselseitig ergänzungsbedürftig (Schmidt 1998, 2001b). So müssen die Herausforderungen durch Veränderungen in der internationalen politischen Ökonomie innenpolitisch bearbeitet werden, Zahl und Stärke von Parteien hängen von gesellschaftlichen Cleavage-Strukturen wie Religion sowie den Institutionen des Wahlrechts ab, während der Handlungsspielraum von Regierungen durch Staatsstrukturen, das Politikerbe der Vergangenheit oder durch sozio-ökonomische Problemlagen abgesteckt wird. Kurzum: Erst die Zusammenschau und Verknüpfung dieser Theorien gibt ein Analyseraster in die Hand, welches dem facettenreichen Bild wohlfahrtsstaatlicher Politik bzw. der Vielfalt wohlfahrtsstaatlicher Ensembles Rechnung trägt.

5. Der Wohlfahrtsstaat in der Krise

In der Wohlfahrtsstaatsforschung herrscht Konsens, dass die OECD-Wohlfahrtsstaaten ihren Zenit überschritten haben und sich heute mit vielfältigen Herausforderungen konfrontiert sehen (Kaufmann 1997). In den 1990er Jahren ist eine heftige Debatte darüber entbrannt, ob die Politik vor dem Hintergrund veränderter ökonomischer Rahmenbedingungen noch gestalterisch auf die Sozialpolitik Einfluss nehmen kann und ob die im letzten Abschnitt skizzierten Theorien noch tauglich sind, aktuelle Sozialpolitik zu erklären. Letztere Debatte wurde maßgeblich von Paul Pierson (1994, 1996, 2001) angestoßen. Pierson ortet für die gegenwärtige Phase sozialstaatlicher Konsolidierungspolitik eine neue Politiklogik – die *new politics of the welfare state*. Stand die Expansionsphase des Wohlfahrtsstaates (*old politics of the welfare state*) ganz im Zeichen von *credit claiming*, indem Politiker mit dem Ausbau des Wohlfahrtsstaates ihre Wahl oder Wiederwahl sichern konnten, so bestimmt in Zeiten leerer Sozialkassen eine neue Politikstrategie das Handeln der Politiker. Da der Wohlfahrtsstaat populär ist und Wahlen kaum gegen die große Zahl an Unterstützungsempfängern und im Wohlfahrtsstaat Erwerbstätigen gewonnen werden können, hüten sich die politischen Eliten trotz aller Konsolidierungs- und Rückbaurhetorik vor drastischen Einschnitten in das soziale Netz. Werden trotzdem Kürzungen vorgenommen, erfolgen diese auf wenig sichtbare Weise durch technische Maßnahmen, um politische Verantwortung für unpopuläre Maßnahmen zu kaschieren. Diese neue Politiklogik der Vermeidung von Schuldzuweisung (*blame avoidance*) markiert einen Strategiebruch, sodass die Erklärungsfaktoren der Expansion nicht zur Erklärung der Konsolidierungsbemühungen herangezogen werden können (Pierson 2001: 2). Gleichzeitig würden die auf die Sozialstaatsexpansion zugeschnittenen Theorien für die Erklärung gegenwärtiger Sozialpolitik weitgehend versagen. Nimmt man die Strategiewechselthese (vgl. Siegel 2002) ernst, so sollte es zu keinem dramatischen Rückbau des Sozialstaates kommen und Parteieneffekte sollten verschwinden. Vielmehr wäre dann die Neuverhandlung und Restrukturierung staatlicher Sozialpolitik entlang bestehender institutioneller Strukturen zu erwarten (Pierson 2001: 14).

Eine zunehmende Verwischung der Parteiendifferenz erwarten auch jene Theoretiker, die angesichts der tiefgreifenden Veränderungen in der internationalen politischen Ökonomie – die zum *catch-all*-Begriff der Globalisierung verdichtet wurden – dem Wohlfahrtsstaat härtere Zeiten prognostizieren. Dadurch werde der Primat der Politik untergraben, sodass die Unterschiede zwischen den Politikoptionen von Regierung und Opposition verschwinden (Strange 1995: 291). Allerdings ist es hier nicht eine wahlstrategische Motivation, die wie im goldenen Zeitalter des Wohlfahrtsstaates zu einer Entpolitisierungstendenz geführt hat (Alber 1987: 164), sondern es sind die durch Transnationalisierung der Volkswirtschaften induzierten Sach- und Marktzwänge, die den Gestaltungsspielraum von Regierungen beschneiden. Deregulierung und damit verbundene Exitoptionen für mobile Faktoren (insbesondere den Faktor Kapital) führen demnach zu einem Systemwettbewerb zwischen den Nationalstaaten, der einer Konvergenz in der Sozialpolitik Vorschub leistet. Ausgehend von neoklassischen Modellen des Steuerwettbewerbs wird von einigen Ökonomen ein sozialpolitischer Unterbietungswettbewerb prognostiziert, bei dem die Marktkräfte unabhängig von politischen Faktoren ein sozialpolitisches *race to the bottom* erzwingen.

Differenzierte Analysen teilen zwar die Bedenken, dass die außenwirtschaftliche Verwundbarkeit eine Bedrohung für Sozialstandards darstellt, diese variiert jedoch in Abhängigkeit von den bestehenden wohlfahrtsstaatlichen Strukturen und den dadurch erzeugten Folgeproblemen. Als Hauptproblem des liberalen Wohlfahrtsstaatstypus gilt die wachsende Ungleichheit, die konservativen Wohlfahrtsstaaten leiden tendenziell an geringer Beschäftigungsdynamik im Dienstleistungssektor, während die Finanzierung des sozialdemokratischen Regimes an budgetäre Grenzen stößt (Esping-Andersen 1996; Pierson 2000a: 798). Aus diesem unterschiedlichen Problemdruck heraus resultieren auch national unterschiedliche Anpassungsmuster an die veränderten ökonomischen Rahmenbedingungen (Scharpf/ Schmidt 2000).

Sowohl die These vom Erklärungsverlust bestehender Theorien als auch die These von der verminderten Handlungsfähigkeit infolge zunehmender ökonomischer Verflechtung sind umstritten. Nach Meinung einer optimistischen Strömung hat die Globalisierung den Handlungsspielraum für Linksparteien nicht verringert, sondern eher noch ausgeweitet (Garrett 1998: 1; Boix 1998: 3-4). Diesen Arbeiten zufolge besitzen die alten Theorien nach wie vor Geltung. Jene Kräfte und Konstellationen, die den Auf- und Ausbau des Wohlfahrtsstaates beschleunigt haben, würden auch seinen Rück- und Umbau erklären. Im Einklang mit Esping-Andersen wird Piersons *New Politics*-These abgelehnt: „Eine Theorie, die das Wachstum des Wohlfahrtsstaates zu erklären versucht, sollte auch in der Lage sein, seinen Rückbau oder Niedergang zu verstehen" (Esping-Andersen 1990: 32, Ü.d.A.).

Ferner gibt es eine pragmatische Position, die im abnehmenden Expansionstempo bzw. in der Stagnation staatlicher Sozialpolitik in erster Linie einen Sättigungseffekt im Sinne eines Wachstums zu Grenzen (Flora 1986a) sieht. Demnach würden die westlichen Sozialstaaten zu einem nationalen Gleichgewicht konvergieren und auf diesem Niveau verharren. Nachzüglerländer hätten ungleich höhere Expansionsreserven als die Pioniernationen, die sich mit einem höheren Konsolidierungsdruck konfrontiert sehen. Hier werden catch-up-Prozesse sowie ein Nebeneinander von *old* und *new politics* erwartet.

Der jüngste Debattenbeitrag zum Einfluss politisch-institutioneller Faktoren auf die Sozialpolitik in Zeiten der Austerität lässt sich als Rollentauschthese zusammenfassen. Kitschelt (2001) argumentiert, dass die traditionelle Parteiendifferenzthese für die Erklärung gegenwärtiger Sozialpolitik nicht mehr greift. Erfolg und Misserfolg sozialstaatlicher Konsolidierungspolitik hängen nun von spezifischen Konfigurationen innerhalb des Parteiensystems ab. Es sind jetzt vor allem Mitte-Rechts-Parteien, die sich sozialstaatlichen Kürzungs- und Konsolidierungsbemühungen widersetzen (Kitschelt 2001: 269). In das gleiche Horn stoßen Ross (1997, 2000) und Armingeon u.a. (2001). Linksparteien und Konkordanzdemokratien seien in ihren Konsolidierungsbestrebungen erfolgreicher als Mitte-Rechts-Parteien und Mehrheitsdemokratien. Was hier postuliert wird, ist keine neue Politiklogik im Sinne Piersons, sondern vielmehr handfeste Parteien- und Institutioneneffekte, die sich im Vergleich zur wohlfahrtsstaatlichen Expansionsphase allerdings in ihrer Einflussrichtung unterscheiden. Linksparteien seien deshalb erfolgreicher bei der Konsolidierung des Sozialstaates, weil sie mit diesen defensiven Maßnahmen das Überleben des Wohlfahrtsstaates auf lange Sicht sichern wollen und dies auch glaubwürdiger vermitteln können. Deshalb erfahren sie auch die politische Unterstützung der Sozialstaatsklientel und der Gewerkschaften. Demgegenüber wird Rechtsparteien jede Konsolidierungsmaßnahme als Versuch ausgelegt, den Wohlfahrtsstaat dauerhaft zurückzudrängen – ein Umstand, den sich Linksparteien im Parteienwettbewerb zunutze machen, um sich auch unter veränderten Bedingungen als Sozialstaatsparteien zu profilieren. Konkordanzdemokratien sind wiederum deshalb erfolgreiche „Sozialstaatskonsolidierer", da hier breit akkordierte Reformpakete geschnürt werden können, wobei sich die Parteien weniger stark am nächsten Wahltermin orientieren müssen als dies in Mehrheitsdemokratien der Fall ist.

6. Die Expansion der Sozialausgaben: Forschungsstand

Ungeachtet der gemeinsamen Entwicklungslinien, jedoch in Abhängigkeit vom Regimetypus lassen sich hinsichtlich Ausmaß und Reichweite sozialpolitischer Intervention zwischen den Nationen beträchtliche Unterschiede feststellen (siehe Tabelle 1). Ein zentraler Indikator zur empirischen Prüfung der wohlfahrtsstaatlichen Trieb- und Bremskräfte ist die Sozialleistungsquote, d.h. die Gesamtheit der Sozialausgaben in Relation zum Bruttoinlandsprodukt. Alternativ könnte auch auf die Sozialausgaben pro Kopf zurückgegriffen werden (Schmidt 2001b). Die Sozialleistungsquote ist durch Datensammlungen von internationalen Organisationen wie der ILO und der OECD gut dokumentiert und eignet sich daher zur Überprüfung der im vierten Abschnitt dargestellten Theorien (siehe dazu Abschnitt 7). Wir konzentrieren uns dabei auf die Frage, inwiefern politisch-institutionelle Faktoren zur Erklärung der Variation der Sozialleistungsquote beitragen. Tabelle 2 fasst die Befunde von 16, in den letzten zehn Jahren publizierten empirischen Studien zum Einfluss politisch-institutioneller Faktoren auf die Sozialausgaben zusammen. Viele Untersuchungen identifizieren die parteipolitische Zusammensetzung der Regierung als wesentliche Determinante für die länderspezifischen Unterschiede in den Sozialausgabenniveaus. Insbesondere Länder mit sozialdemokratischen und christdemokratischen Regierungen wenden mehr Ressourcen für sozialpolitische Zwecke auf (Hicks/Swank 1992; Huber u.a. 1993; Hicks/Misra 1993; Schmidt 1997; Huber/Stephens 2001). Parteienwettbewerb und ideologische „Ansteckungseffekte" treiben ebenfalls die Sozialausgaben nach oben (Hicks/Swank 1992). Im Gegensatz dazu finden Garrett/Mitchell keine empirischen Anhaltspunkte, dass die parteipolitische Färbung der Exekutive kurzfristig die Sozialausgaben beeinflusst, obwohl sie einräumen, dass „ideologisch motivierte Parteipräferenzen wohl ein wichtiges historisches Element der Entwicklung von Wohlfahrtsregimen gewesen sind" (2001: 168, Ü.d.A.). Hicks/Kenworthy (1998), Iversen (2001) und Swank (2001) identifizieren lediglich schwache Einflüsse von Parteien auf die Sozialleistungsquote. Hicks/ Kenworthy (1998) und Swank (2001) betonen vielmehr die Rolle neokorporatistischer Institutionen für sozial- und wirtschaftspolitische *outcomes*. Hicks/Kenworthy resümieren, dass „die relativ starren institutionellen Unterschiede zwischen Nationen wichtigere Bestimmungsfaktoren der nationalen politisch-ökonomischen Leistungsfähigkeit sind als die relativ volatile parteipolitische Zusammensetzung der Regierung" (1998: 1660, Ü.d.A.). Garrett (1998: 82) sieht wiederum in der Interaktion zwischen Linksparteien und umfassenden Gewerkschaften sowie in freier Kapitalmobilität wesentliche Triebkräfte des Sozialausgabenwachstums. Hicks/Swank (1992) identifizieren eine hohe Wahlbeteiligung sowie den Parteienwettbewerb als Triebfedern hoher Sozialausgaben, während Iversen (2001: 68) und Huber/Stephens (2001: 68) keinen Einfluss der Wahlbeteiligung feststellen können. Eindeutiger sind die empirischen Befunde im Hinblick auf den Effekt von fragmentierten Staatsstrukturen auf die Sozialleistungsquote. Wilensky (1975: 53), Cameron (1978: 1248-

49), Castles (1999: 47-49) und Swank (2001: 222-23) zeigen, dass föderale Staatsstrukturen den Wohlfahrtsstaat eindämmen. Spiegelbildlich zeigen Hicks/Swank (1992: 666) und Hicks/Misra (1993: 690-95), dass Zentralismus und eine entwickelte bürokratische Tradition den Ausbau des Sozialstaates beschleunigen. Huber u.a. (1993), Schmidt (1997) sowie Huber/Stephens (2001) finden einen signifikanten negativen Einfluss vieler institutioneller Vetopunkte auf die Sozialleistungsquote. Auch die Anzahl der Regierungsparteien und die Demokratieform wurden als relevante Einflussgrößen wohlfahrtsstaatlicher Ausgabendynamik identifiziert. Alleinregierungen dämpfen den Ausbau des Wohlfahrtsstaates (Schmidt 1997), während Konkordanzdemokratien seinen Ausbau vorangetrieben haben (Armingeon u.a. 2001).

Der Großteil der zitierten Untersuchungen analysiert die Sozialausgabenentwicklung im „goldenen Zeitalter“ des Wohlfahrtsstaates. Nur wenige Untersuchungen richten ihr Augenmerk auf die jüngste Konsolidierungsphase staatlicher Sozialpolitik. Siegel (2001: 74, 2002: 173) bestätigt in seiner multivariaten Analyse im Großen und Ganzen, dass jene Kräfte, die die Expansion des Wohlfahrtsstaates getragen haben, weiterhin Einfluss auf die Sozialpolitik ausüben. Demnach sind es weiterhin Linksparteien und in geringerem Ausmaß auch christdemokratische Parteien, die positiv auf die Sozialleistungsquote einwirken, während Alleinregierungen und gegenmajoritäre Institutionen die Sozialausgaben eindämmen. Huber/Stephens (2001: 220) kommen hingegen zu dem Schluss, dass Parteieneffekte in den 1980er Jahren fast vollständig verschwinden, da es zu einer starken Annäherung der Parteien gekommen ist (Huber/Stephens 2001: 221). Swank findet zwar ebenfalls keine Einflüsse von Parteien, räumt aber ein, dass politische Institutionen die sozialpolitischen Reaktionen auf fiskalpolitische Schwierigkeiten und Internationalisierung beeinflussen (Swank 2001: 232). Wagschal (2000) findet weder Parteien- noch Institutioneneffekte, zeigt jedoch, dass die Fraktionalisierung des Parteiensystems die Sozialausgaben nach oben treibt. Castles (2001a) weist nach, dass weder Parteien noch korporatistische Institutionen einen signifikanten Effekt auf die Sozialleistungsquote ausüben und kommt zu dem Schluss, dass sich politische Faktoren nach wie vor im Ausgabenniveau widerspiegeln, aber wenig Einfluss auf die Entwicklungsdynamik der letzten Jahre haben (Castles 2001a: 210). Auf der Basis jährlicher Querschnittsregressionen für den Zeitraum 1985-1998 konstatieren Armingeon u.a. (2001), dass Linksparteien und Konkordanzdemokratien die Sozialausgaben eingedämmt haben, während institutionelle Vetospieler den Zuwachs der Sozialleistungsquote nicht mehr bremsen, wie dies im „goldenen Zeitalter“ von den meisten empirischen Untersuchungen konstatiert wurde.

Tabelle 2: Forschungsstand zum Einfluss politisch-institutioneller Faktoren auf die Sozialausgaben

Autor(en)	N	Periode (Design)	Abhängige Variable	Einfluss der Politik
Hicks/ Swank (1992)	18	1960-82 (Pool)	Sozialausgaben/BIP	Links- und Zentrumsparteien (+), Wahlbeteiligung (+), starke Bürokratie (+), Zentralstaatlichkeit (+) und Korporatismus (+)
Hicks/Misra (1993)	18	1960-82 (Pool)	Sozialausgaben/BIP	Links- und Zentrumsparteien (+), bürokratischer Paternalismus (+), Streiks (+), Wahlbeteiligung (+), Zentralstaatlichkeit (+) und Korporatismus (+), Parteienwettbewerb (–)
Huber u.a. (1993)		1960-89 (Pool)	Sozialausgaben/BIP	Linksparteien (+) und christdemokratische Parteien (+), institutionelle Vetopunkte (–)
Schmidt (1997)	18	1960-92 (Pool)	Sozialausgaben/BIP	Linksparteien (+), christdemokratische und liberale Parteien (+), Alter der Demokratie (+), konservative Parteien (–), institutionelle Vetopunkte und Alleinregierungen (–)
Garrett (1998)	14	1966-90 (Pool)	Einkommenstransfers	Sozialdemokratischer Korporatismus (+), außenwirtschaftliche Öffnung (+)
Hicks/ Kenworthy (1998)	18	1960-89 (Pool)	Transfers, Dekommodifizierung, aktive Arbeitsmarktpolitik (AAMP)	Transfers, Dekommodifizierung: Neokorporatismus (+), AAMP: Linksparteien (+), Transfers: Christdemokratische Parteien (+)
Castles (1999)	16-17	1960-93 (Querschnitt)	Veränderung der Sozialausgaben/BIP	Dezentralisierungsgrad (–)
Kittel u.a. (2000)	18	1960-95 (Pool, Querschnitt)	Sozialausgaben/BIP	Institutionelle Vetopunkte (–) [1960-89], periodenspezifische Parteieneffekte
Wagschal (2000)	21	1980-95 (Querschnitt)	Veränderung der Sozialausgaben/BIP	Keine Parteieneffekte, Fraktionalisierungsgrad des Parteiensystems(+)
Siegel (2001)	22	1980-95 (Pool)	Sozialausgaben/BIP	Linksparteien (+), christdemokratische Parteien (+), Alleinregierungen (–), Vetopunkte (Schmidt-Index) (–)
Swank (2001)	15	1965-95, 1979-95 (Pool)	Sozialausgaben/BIP	Korporatismus (+), *inclusive electoral institutions* (+), Föderalismus (–), Keine Parteieneffekte
Garrett/ Mitchell (2001)	18	1961-91 (Pool)	Sozialtransfers/BIP	Keine Parteieneffekte, wenn zeitverzögerte abhängige Variable und Länder- und Periodendummies mit einbezogen werden
Castles (2001a)	19	1984-97 (Querschnitt)	Veränderung der Sozialausgaben/BIP	Keine Parteieneffekte
Iversen (2001)	15	1961-93 (Pool)	Staatsquote, Transfers, Staatskonsumquote, Lohnersatzrate bei Arbeitslosigkeit	Lohnersatzrate: Linksparteien (+), Staatskonsum: Linksparteien (+), Wahlbeteiligung (+), Konzentrationsgrad der Gewerkschaften (+)
Armingeon u.a. (2001)	22	1960-98 (wiederholter Querschnitt)	Sozialausgaben/BIP	1960-84: Korporatismus (+), Konkordanzdemokratie (+), Linksparteien und Zentrumsparteien (+/–), Vetopunkte (–), 1985-1998: Linksparteien (–), Konkordanzdemokratie (–), Kein Effekt von Vetopunkten, Zentrumsparteien (+/–)
Huber/-Stephens (2001)	18	1958/61-1989/95 (Pool, Querschnitt)	Sozialleistungen/BIP	bis 1985: Linksparteien, christdemokratische Parteien (+), Vetopunkte (–), 1980er und frühe 1990er Jahre: Keine Parteieneffekte

7. Empirische Befunde

Die letzten Abschnitte haben gezeigt, dass sowohl für die Expansions- als auch für die gegenwärtige sozialpolitische Konsolidierungsphase nicht nur konkurrierende Theorien über Stärke und Einflussrichtung politisch-institutioneller Bestimmungsfaktoren existieren, sondern auch die empirische Evidenz keineswegs eindeutig ist. Zum Teil ist dies auf unterschiedliche Untersuchungsdesigns – Methode, Operationalisierung, Länderauswahl (Fälle), Untersuchungsperiode – zurückzuführen. Zum Teil sieht es danach aus, dass die Ergebnisse tatsächlich ambivalent sind, und lineare Hypothesen dem komplexen Zusammenspiel der Trieb- und Bremskräfte der Sozialausgaben nicht gerecht werden. Wir untersuchen in diesem Abschnitt die empirische Tragfähigkeit der vorgestellten Theorien, indem die Bestimmungsfaktoren der Sozialausgabenentwicklung in der Expansions- und in der Austeritätsphase erkundet werden. Dabei richten wir besonderes Augenmerk auf den Effekt von politischen Parteien und Institutionen.

Nachdem bisher kein allgemein anerkannter theoretischer Modellierungsansatz der Determination der Sozialausgaben (als zentraler Bestandteil öffentlicher Ausgaben) entwickelt worden ist (siehe dazu Mueller 1989: 320-347; Holsey/Borcherding 1997; Schmidt 2001), beruht die Variablenauswahl in der empirischen vergleichenden Wohlfahrtsstaatsforschung vorwiegend auf teils lose verknüpften, teils konkurrierenden Hypothesen. Zum Teil ist nicht einmal die erwartete Wirkrichtung oder gar die Kausalitätsrichtung eindeutig spezifizierbar.

Auch im Hinblick auf grundlegende Fragen der Spezifikation des Modells besteht wenig Einigkeit. Während etwa Huber/Stephens (2001: 35-38, 57-58) vehement für eine Analyse der Niveauunterschiede plädieren, weil die Auswirkungen politischer Unterschiede nur langfristig wirksam werden, meinen wir (Kittel/Obinger 2002), dass politische Faktoren auch kurzfristige Effekte haben. Zwar stimmt es, dass sich die großen Bereiche der Sozialausgaben – Renten- und Gesundheitsausgaben – nur sehr schwerfällig und langfristig regulieren lassen, umso mehr treffen kurzfristige budgetpolitische Maßnahmen aber jene sozialpolitischen Bereiche, die sowohl stärker dem Ermessen politischer Akteure ausgesetzt, als auch stärker Ausdruck ideologisch begründeter Gesellschaftsvorstellungen sind, z.B. Fürsorge, Familienbeihilfen, Ausgaben für die soziale Infrastruktur und Bildung.

Schließlich ist auch die Definition der zentralen abhängigen Variablen, der Sozialleistungsquote, Gegenstand von Diskussionen im Hinblick auf eine adäquate Messung. Zwar sind die OECD- und ILO-Daten aufgrund ihrer relativ umfangreichen und viele Länder abdeckenden Sammlungen sehr beliebt. Die Berücksichtigung von Störfaktoren in diesen Daten (Mess- und Abgrenzungsprobleme, unterschiedliche Datengrundlagen und systemspezifische Faktoren, wie die unterschiedliche Besteuerung von Sozialleistungen) nivelliert aber die Unterschiede zwischen Ländern beträchtlich und führt dazu, dass bei Verwendung von „Nettosozialleistungsquoten“ (Adema 2000) politische Einflussfaktoren ihre Prägekraft weitgehend verlieren (siehe Kemmerling 2001; Kittel/Obinger 2002).

Während das Validitätsproblem der großen Datensammlungen zum gegenwärtigen Zeitpunkt aufgrund der beschränkten Verfügbarkeit korrigierter Daten nicht lösbar ist, und auch die Entwicklung theoretischer Modelle lohnender Gegenstand zukünftiger Forschungen sein wird, lässt sich das Spezifikationsproblem einfach lösen, indem sowohl langfristige Niveaueffekte als auch kurzfristige Veränderungseffekte untersucht werden, ohne allerdings die genannten Probleme zu berücksichtigen.

Zudem sind der Analyse von Niveaueffekten enge methodische Grenzen gesetzt, weil das Niveau der Sozialausgaben mit den derzeit üblichen statistischen Methoden nur im Länderquerschnitt valide analysiert werden kann (Kittel/Obinger 2002; Kittel/Winner 2002).[1] Die kurzfristigen Anpassungseffekte lassen sich jedoch im Rahmen einer kombinierten Zeitreihen-Querschnittanalyse untersuchen.

Im Hinblick auf die erwarteten Parameterschätzungen orientieren wir uns an den in der Literatur genannten Hypothesen (z.B. Huber u.a. 1993; Schmidt 2001a). Pfadabhängigkeit ist dann gegeben, wenn die Sozialleistungsquote zu Beginn der Untersuchungsperiode einen signifikanten positiven Koeffizienten aufweist und die Erklärungskraft des Modells dominiert. Hinsichtlich der sozio-ökonomischen Faktoren wird angenommen, dass eine höhere Seniorenquote über Renten- und Gesundheitsausgaben und eine höhere Arbeitslosenquote zu einem höheren Ausgabenbedarf führen, der sich in einer höheren Sozialleistungsquote niederschlägt.

Eine hohe Fraktionalisierung des Parteiensystems sollte die Sozialleistungsquote steigern, weil bei Existenz einer größeren Zahl kleinerer Parteien nur selten eine absolute Mehrheit einer Partei erreicht wird, wodurch Koalitionsregierungen gebildet werden müssen. Aus politisch-ökonomischer Perspektive wird zumeist angenommen, dass sich Parteien an der Maximierung ihres Stimmenanteils orientieren. Koalitionen müssen die Interessen mehrerer, unterschiedlicher Klientele bedienen, was zu Kompromisslösungen und *logrolling* führt. Dies impliziert, dass alle Klientele bei der Gestaltung von Ausgabenprogrammen berücksichtigt werden, was entweder die Gesamtausgaben steigert oder Ausgabensenkungsprogramme erschwert.

Im Hinblick auf potenzielle Parteieneffekte gelten sowohl Linksparteien als auch christdemokratische Parteien im Vergleich zu konservativen oder liberalen Parteien als ausgabenfreudig. Linksparteien orientieren sich zum einen an den Interessen der unselbständigen Arbeitnehmer, die netto von Sozialleistungen eher profitieren, zum anderen steht die Dekommodifizierung der Arbeitskraft durch den Ausbau der staatlichen Redistribution zentral in ihrer ideologischen Fundierung. Bei christdemokratischen Parteien ist es stärker das in der christlichen Soziallehre verankerte Sozialversicherungsprinzip mit status- und familienorientierter Einkommenssicherung, das Ausgabensteigerungen zum Selbstläufer macht.

Schließlich ist zu berücksichtigen, dass Parteien auch in der Lage sein müssen, ihre ideologisch oder rational begründeten Programme durchzusetzen. Verfassungsrechtliche Strukturen des politischen Systems, insbesondere ein föderaler Aufbau des Staates und die Existenz einer vetoberechtigten zweiten Kammer im Parlament (Lijphart 1999) können dem entgegenstehen (vgl. Cusack/Fuchs i.d.B.). Das bedeutet, dass die Wirksamkeit der Parteieneffekte von der institutionellen Rigidität des politischen Systems und den dadurch abgesteckten Freiheitsgraden für politi-

1 Zum einen weisen die Datenreihen der Sozialausgaben extrem hohe serielle Korrelation auf, zum anderen zeugen sie teils von Nichtstationarität, teils von Strukturbrüchen. Ein großes Potenzial liegt daher in der methodisch äußerst anspruchsvollen Panel-Kointegrationsanalyse (siehe Baltagi 2001). Diese erfordert allerdings wesentlich ausgereiftere theoretische Modelle sowie längere und verläßlichere Datenreihen als sie derzeit verfügbar sind.

sches Handeln abhängt.[2] Dies ist die Begründung für die Modellierung eines Konditionaleffekts zwischen der parteipolitischen Zusammensetzung der Regierung und politischen Institutionen.

7.1. Langfristige Niveaueffekte

Tabelle 3 zeigt verschiedene Spezifikationen eines Querschnittmodells, das Niveauunterschiede der Sozialleistungsquote am Ende der Untersuchungsperiode mit einem Indikator der Pfadabhängigkeitshypothese (der Sozialleistungsquote zu Beginn der Untersuchungsperiode), sozio-ökonomischen Bestimmungsfaktoren (Seniorenanteil an der Bevölkerung, Arbeitslosenquote) sowie drei politisch-institutionellen Faktoren (der Fraktionalisierung des Parteiensystems im Parlament, dem Kabinettsitzanteil von „linksorientierten" und christdemokratischen Parteien sowie einem Index der „institutionellen Rigidität", der sich aus einem Föderalismus- und einem Bikameralismusindikator zusammensetzt und die institutionell vorgegebene Schwierigkeit der Änderung bestehender Gesetze anzeigt, siehe Kittel/Obinger 2002) erklärt. Die Variablendefinitionen und Quellen sind im Anhang aufgelistet. Das Modell wird für zwei Untersuchungszeiträume berechnet, die – grob eingeteilt – die Expansionsphase des Wohlfahrtsstaates (1960-1980) und die Austeritätsphase (1980-1997) abdecken. Das Ende der zweiten Untersuchungsperiode ist dabei ausschließlich Datenrestriktionen geschuldet.

Die enorme Persistenz der Niveauunterschiede zeigt sich am hochsignifikanten Effekt der Sozialleistungsquote zu Beginn der Untersuchungsperiode, die, wie die Modelle 1 und 4 zeigen, über die Hälfte der Varianz der abhängigen Variable aufgreift. Auch die Seniorenquote der Bevölkerung ist – mit zunehmender Tendenz – erklärungskräftig. Hingegen zeigt sich kein langfristiger Zusammenhang zwischen der Arbeitslosenquote und der Sozialleistungsquote. Einen deutlichen und annähernd konstanten Einfluss hat die Fraktionalisierung des Parteiensystems, wobei fragmentierte Parteiensysteme mit einer höheren Sozialleistungsquote einhergehen.

---

2 Zu berücksichtigen wäre in diesem Zusammenhang weiterhin, dass ein Widerstand von „institutionellen Vetospielern" nur dann zu erwarten ist, wenn diese nicht dieselben Interessen verfolgen wie die Regierung. Ein möglicher Indikator dafür wäre die parteipolitische Zusammensetzung solcher Vetospieler, etwa einer zweiten Kammer. Aber selbst bei diesbezüglicher Kongruenz ist aufgrund der differenzierteren Interessenlage der Mitglieder einer zweiten Kammer nicht schlichtweg anzunehmen, dass ein Gesetzesvorschlag ohne Widerstand akzeptiert wird, und eine problemadäquate Beachtung dieser Dimension würde umfangreiche Fallstudien erfordern. Daher blenden wir sie trotz ihrer Bedeutung vorläufig aus.

Tabelle 3: Parteien, Institutionen und das Niveau der Sozialleistungsquote

	Sozialleistungsquote					
	1	2	3	4	5	6
	1980	1980	1980	1997	1997	1997
Konstante	20,20***	20,28***	20,34***	23,78***	23,78***	23,78***
	(1,01)	(0,91)	(1,00)	(0,72)	(0,54)	(0,52)
Sozialleistungsquote 1960	1,46***	0,90**	0,86			
	(0,35)	(0,41)	(0,52)			
Sozialleistungsquote 1980				0,67***	0,37***	0,41***
				(0,12)	(0,12)	(0,12)
Seniorenquote (∅ 1960-80)		0,99*	0,50			
		(0,56)	(0,87)			
Seniorenquote (∅ 1980-97)					1,22***	0,88**
					(0,37)	(0,40)
Arbeitslosenquote (∅ 1960-80)			0,07			
			(0,66)			
Arbeitslosenquote (∅ 1980-97)						–0,15
						(0,15)
Fraktionalisierung (∅ 1960-80)		0,19*	0,16			
		(0,10)	(0,13)			
Fraktionalisierung (∅ 1980-97)					0,16*	0,18**
					(0,08)	(0,08)
Linksparteien (∅ 1960-80)			5,45			
			(6,75)			
Linksparteien (∅ 1980-97)						4,52
						(2,40)
Christdem. Parteien (∅ 1960-80)			1,81			
			(5,27)			
Christdem. Parteien (∅ 1980-97)						–1,52
						(3,45)
Institutionelle Rigidität			–1,00			0,01
			(1,92)			(0,96)
korr, R^2	0,50	0,62	0,54	0,60	0,78	0,73
N	18	18	18	21	21	21

Querschnittregressionen mit OLS-Standardfehlern in Klammer, erklärende Variablen als Abweichung vom Mittelwert definiert, *** $\alpha \leq 0{,}01$/ ** $\alpha \leq 0{,}05$/ * $\alpha \leq 0{,}10$

Keine signifikanten Effekte zeigen hingegen die Parteienvariablen und die institutionelle Rigidität.[3] Dennoch deuten die errechneten Koeffizienten trotz ihrer statistischen Unschärfe auf unterschiedliche Effekte in den beiden untersuchten Perioden hin: Unter Konstanthaltung des Startniveaus erfolgte der Ausbau des Wohlfahrtsstaates unter Linksparteien während der Expansionsphase am stärksten, während die Konsolidierung oder der Rückbau während der Austeritätsphase am geringsten war. Für christdemokratische Parteien ist einerseits die Stärke des Zusammenhangs geringer, andererseits gelang christdemokratischen Regierungen – abzulesen am negativen Vorzeichen – eine stärkere Konsolidierung der Sozialausgaben.

3 Wir haben auch Modelle mit Interaktionseffekten zwischen den Kabinettsitzanteilen der Parteien und dem Indikator für institutionelle Rigidität berechnet. Sie ergaben weder signifikante Koeffizienten noch substanziell ausreichende Unterschiede zwischen den Steigungskoeffizienten der Kabinettsitzanteile bei niedriger und bei hoher institutioneller Rigidität, um als relevant eingestuft zu werden.

Hierbei ist allerdings zu berücksichtigen, dass die Länderzusammensetzung der Gruppen mit starker und schwacher linker und christdemokratischer Regierungsbeteiligung deutlichen Schwankungen unterworfen ist und sich daher länderspezifische Eigendynamiken hinter diesen Befunden verbergen können.

Schließlich ist für die Ausbauphase ein nicht-signifikanter, aber wie erwartet negativer Effekt der institutionellen Rigidität zu finden, der in der Austeritätsphase verschwindet. Letzteres bedeutet aber nur, dass sowohl der weitere Ausbau als auch Konsolidierungs- beziehungsweise Rückbauversuche gegen die Mauern institutioneller Rigidität stoßen, wodurch keine eindeutige Wirkrichtung mehr zu konstatieren ist.

7.2. Kurzfristige Anpassungseffekte

Im Vergleich zur Querschnittanalyse der langfristigen Effekte kann das Modell unter (etwas exzessiver) Ausnutzung der größeren Zahl von Beobachtungspunkten (Fall-Jahr-Kombinationen) umfassender formuliert werden.[4] Die abhängige Variable ist die Prozentpunktdifferenz der Sozialleistungsquote zum Vorjahr. Um etwaige Persistenz in Ausgabensteigerungen, die sich zum Beispiel aus der Aggregierung von Budgetierungsregeln ergeben können, zu erfassen, beziehen wir die Prozentpunktdifferenz der Sozialleistungsquote des Vorjahres mit ein. Das Niveau der Sozialleistungsquote im Vorjahr dient der Analyse von Sättigungseffekten, die die *Growth to Limits*-Hypothese unterstellt. Ein negatives Vorzeichen bedeutet, dass eine höhere Sozialleistungsquote ein geringeres Wachstum zur Folge hat. Das Wirtschaftswachstum und die Veränderung der Arbeitslosenquote erfassen die kurzfristigen konjunkturellen Schwankungen. Der erhöhte Bedarf an Sozialleistungen in Rezessionszeiten, den beide Variablen erfassen, interferiert im Fall des Wirtschaftswachstums allerdings mit dem im Wagnerschen Gesetz postulierten positiven Zusammenhang zwischen ökonomischem Wohlstand und Umfang des Staatssektors. Daher ist das Vorzeichen des Koeffizienten des Wirtschaftswachstums bei der Betrachtung von kurzfristigen Dynamiken unklar. Eine höhere Seniorenquote sollte nicht nur das Niveau, sondern auch das Wachstum der Sozialleistungsquote steigern, da die Pro-Kopf-Aufwendungen steigen. Schließlich wird der Block der sozio-ökonomischen Variablen mit der Außenhandelsquote geschlossen, die den Effekt der Weltmarktoffenheit erfasst. Das Vorzeichen dieser Variable, die auch der „Internationalen Hypothese" Rechnung trägt, ist in der akademischen Diskussion heftig umstritten. Aus der Sicht der Effizienzhypothese sollte der Effekt negativ sein, weil ein ausgebauter Sozialstaat die internationale Wettbewerbsfähigkeit eines Landes verringert. Aus der Sicht der Kompensationshypothese hingegen wird der Sozialstaat zur Abfederung von Weltmarktschwankungen instrumentalisiert (siehe die Übersicht bei Schulze/Ursprung 1999; Ganghof 2001).

Vor allem für die Austeritätsperiode ist zu erwarten, dass das Wohlfahrtsregime selbst einen Einfluss auf die Reformierbarkeit und damit auf die Sozialausgabendynamik ausübt. Wir erfassen diese Variable hier nicht mit einer Operationalisierung

4 Aufgrund fehlender Werte mancher Variablen für die frühen 60er Jahre beginnt die Untersuchungsperiode dieser Analyse im Jahr 1966.

der in Abschnitt 3 diskutierten Typen, sondern verwenden als einfachere Variable den Anteil der Sozialversicherungsbeiträge am gesamten Einkommenssteueraufkommen. Allerdings lassen sich zwei sich widersprechende Hypothesen zum empirischen Zusammenhang zwischen dem sozialstaatlichen Finanzierungsmodus und der Entwicklung der Sozialleistungsquote entwickeln. Zum einen kann argumentiert werden, dass Regierungen einen Konsolidierungskurs dann leichter umsetzen können, wenn das Sozialsystem steuerfinanziert ist, weil es dann nicht durch Ansiedlung in (teil-)autonomen Kassen, die nach dem Versicherungsprinzip konstruiert sind, dem politischen Zugriff weitgehend entzogen ist. Zum anderen lässt sich die These vertreten, dass Defizite der Parafisci besser sichtbar sind, weil daraus folgende Ansprüche an den staatlichen Haushalt öffentlich formuliert werden müssen. Somit wäre der Konsolidierungsdruck in sozialversicherungsbasierten Systemen höher.

Für die politisch-institutionellen Variablen gilt das für die Niveaugleichung gesagte *mutatis mutandis*. Schließlich haben wir noch eine Dummy-Variable eingefügt, die den Effekt der Konsolidierung der Haushaltsbilanzen erfassen soll, die sich die EU-Mitgliedsstaaten im Vertrag von Maastricht auferlegt haben.

Tabelle 4 zeigt die Ergebnisse der Analyse. Das Modell wurde für vier Perioden berechnet, um Änderungen oder Schwankungen im Zeitverlauf erfassen zu können, die bei der Betrachtung des gesamten Zeitraumes nicht nur unberücksichtigt bleiben, sondern zu erheblichen Verzerrungen führen können (Kittel 1999). Die beträchtlichen Schwankungen und die generell geringe Höhe der Koeffizienten der Vorjahreswerte der Veränderung der Sozialleistungsquote lassen nicht auf eine Persistenz in der Dynamik schließen. Hingegen finden wir für die Austeritätsphase einen deutlichen Sättigungseffekt, der darauf hindeutet, dass jene Länder, die hohe Sozialleistungsquoten erreicht haben, die Ausgabenbremse stärker anziehen als die „Nachzügler“. Für das Wirtschaftswachstum lässt sich kein Effekt nachweisen, sehr wohl aber zeigt sich der erwartete starke Einfluss der Arbeitslosenquote. Der Einfluss der Seniorenquote weist zwar in die erwartete Richtung, erreicht aber nicht eine ähnlich klare Prägekraft wie im langfristigen Niveaumodell. Die Außenhandelsquote ist statistisch zwar nicht signifikant, zeigt aber ein interessantes Verhalten des Koeffizienten: während er entsprechend der Kompensationshypothese bis Anfang der 1980er Jahre positiv war, ist er in den 1980er und 1990er Jahren ganz im Sinne der Effizienzthese deutlich negativ. Dies könnte darauf hindeuten, dass zunächst versucht wurde, die Auswirkungen der Öffnung zum Weltmarkt abzufedern, diese Politik aber aufgrund steigender Ausgaben immer schwieriger zu finanzieren wurde, wodurch der Effizienzeffekt den Kompensationseffekt überlagerte. Der Effekt des Sozialversicherungsanteils schwankt in den 1970er Jahren, deutet aber eher – insbesondere in den 1980er Jahren – auf eine leichtere Konsolidierbarkeit von sozialversicherungsbasierten Systemen hin. Ein durch den Vertrag von Maastricht ausgelöster Konsolidierungsschub, der über jenen anderer Länder hinausgeht, kann nicht nachgewiesen werden.

Tabelle 4: Parteien, Institutionen und das Wachstum der Sozialleistungsquote

	ΔSozialleistungsquote			
	1966-73	1974-81	1982-89	1990-97
ΔSozialleistungsquote$_{t-1}$	−0,06	−0,40***	−0,10	0,26*
	(0,26)	(0,14)	(0,20)	(0,16)
Sozialleistungsquote$_{t-1}$	−0,06	0,02	−0,06***	−0,06***
	(0,05)	(0,03)	(0,02)	(0,02)
Wachstum BIP$_{t-1}$	−0,06*	−0,01	0,07	0,03
	(0,03)	(0,04)	(0,06)	(0,04)
ΔArbeitslosenquote	0,29**	0,19	0,32***	0,29***
	(0,13)	(0,12)	(0,10)	(0,09)
Seniorenanteil$_{t-1}$	0,09	0,01	0,14**	0,08
	(0,10)	(0,06)	(0,06)	(0,06)
Außenhandelsquote$_{t-1}$	0,09	0,05	−0,35	−0,36
	(0,60)	(0,51)	(0,26)	(0,24)
Sozialversicherungsanteil$_{t-1}$	−0,24	0,74	−0,91**	−0,36
	(1,18)	(1,24)	(0,39)	(0,67)
Fraktionalisierung$_{t-1}$	2,53*	−0,81	0,92*	1,99**
	(1,48)	(1,35)	(0,53)	(0,94)
Institutionelle Rigidität$_{t-1}$	−0,15	−0,31*	−0,22**	−0,12
	(0,14)	(0,16)	(0,10)	(0,16)
Linksregierung$_{t-1}$	−0,23	0,23	0,20	0,21
	(0,43)	(0,35)	(0,18)	(0,20)
Inst. Rig. × Linksreg.$_{t-1}$	−0,74*	0,26	−0,24	−0,23
	(0,38)	(0,42)	(0,21)	(0,32)
Christdemokrat. Reg.$_{t-1}$	0,33	0,06	0,99*	0,22
	(0,64)	(0,58)	(0,51)	(0,39)
Inst. Rig. × Chr.-dem. Reg.$_{t-1}$	−0,48	0,41	−0,49	0,24
	(0,46)	(1,75)	(0,49)	(0,53)
Maastricht				−0,20
				(0,25)
R^2	0,25	0,33	0,25	0,53
N	131	142	168	168

Panelmodelle mit fixen Zeiteffekten, Standardfehler mit Panel-Korrektur nach Beck/Katz (1995) in Klammer, *** $\alpha \leq 0{,}01$/ ** $\alpha \leq 0{,}05$/ * $\alpha \leq 0{,}10$

Obwohl sich auch der Effekt der Fraktionalisierung in den 1970er Jahren umdreht, weist er eine beachtliche Kontinuität und Ausprägung auf, die einen ausgabensteigernden Effekt einer stärker zersplitterten Parteienlandschaft im Parlament aufzeigen. Dieser Effekt ist wesentlich eindeutiger als der Effekt der meisten anderen Variablen und deutet darauf hin, dass die Notwendigkeit der Kompromissbildung einerseits eine Ausgabenpolitik fördert, andererseits eine Konsolidierungspolitik bremst.

Der unterstellte Konditionaleffekt zwischen der Stärke der „Sozialstaatsparteien" in der Regierung und den durch die institutionelle Rigidität gesetzten Durchsetzungschancen lässt sich mit Hilfe der in Tabelle 5 dokumentierten Interaktionsanalyse untersuchen. Sie zeigt, auf Basis der Modelle aus Tabelle 4, die geschätzten Steigungskoeffizienten der Parteienvariablen bei jeweils niedriger und hoher Rigidität der verfassungsmäßigen Institutionen im politischen System. Generell kann festgestellt werden, dass eine Zunahme des Kabinettsitzanteils beider Parteien dann mit einer Zunahme des Wachstums der Sozialleistungsquote einhergeht, wenn die institutionelle Rigidität niedrig ist. Hingegen ist der Steigungskoeffizient geringer, wenn die institutionelle Rigidität hoch ist, d.h. wenn zahlreiche verfassungsmäßige

Barrieren die Umsetzung der Politik bremsen. Zwei Ausnahmen dieses Befundes sind aber zu sehen, die jedoch maßgeblich von einem einzigen Land „erzeugt“ werden: Erstens dreht sich der Effekt in den 1970er Jahren um. Dies ist jedoch zum Teil ein Effekt der sozialliberalen Regierung in Deutschland, wo ansonsten durch eine einzigartige Kombination einer dominierenden christdemokratischen Partei mit hoher institutioneller Rigidität ein starker Einfluss auf die Koeffizientenschätzer festzustellen ist (s. auch Kittel/Obinger 2002). Ebenso lässt sich die zweite Ausnahme, der positive Steigungskoeffizient für die Kombination christdemokratischer Regierung mit hoher Rigidität in den 1990er Jahren bei Nulleffekt für niedrige Rigidität, auf Deutschland zurückführen. Die institutionelle Rigidität, gepaart mit den außerordentlichen Ausgaben, die durch die Wiedervereinigung bedingt sind, macht es Deutschland im Vergleich zu anderen christdemokratisch regierten Ländern besonders schwer, dem Austeritäts- und Konsolidierungskurs zu folgen.

Tabelle 5: Wachstum der Sozialleistungsquote: Extremwertanalyse des Konditionaleffekts von Parteien und Institutionen

	Institutionelle Rigidität	1966-73	1974-81	1982-89	1990-97
Linksregierung	niedrig	0,48	–0,03	0,40	0,40
		(0,42)	(0,61)	(0,30)	(0,31)
	hoch	–0,99	0,50	–0,04	–0,02
		(0,70)	(0,45)	(0,18)	(0,40)
Christdemokratische Regierung	niedrig	0,79	–0,34	1,39	0,02
		(1,00)	(1,24)	(0,82)	(0,73)
	hoch	–0,17	0,48	0,50	0,47
		(0,46)	(2,30)	(0,44)	(0,44)

Die Einträge sind die Koeffizientenschätzer (mit panel-korrigierten Standardfehlern in Klammer) des Parteieneffekts auf die Sozialleistungsquote bei Minimal- und Maximalwerten der institutionellen Rigidität.

7.3. Zusammenfassung der empirischen Befunde

Die Analyse lang- und kurzfristiger politisch-institutioneller Effekte auf die Sozialausgaben hat gezeigt, dass die Entwicklung der Sozialausgabenquote durch hohe Persistenz gekennzeichnet ist. Bei der Betrachtung der langfristigen Niveaueffekte lässt sich lediglich ein Einfluss der Seniorenquote und der Fraktionalisierung des Parteiensystems nachweisen. Kurzfristige Anpassungseffekte sind vor allem auf den „Sättigungseffekt“ und auf Konjunkturschwankungen zurückzuführen. Daneben finden wir deutliche Hinweise auf einen Einfluss des sozialstaatlichen Finanzierungsmodus und der Fraktionalisierung des Parteiensystems. Sowohl für linksorientierte als auch für christdemokratische Regierungen finden wir einen relevanten Bremseffekt institutioneller Rigidität, der gleichermaßen Ausbau- als auch Konsolidierungsmaßnahmen betrifft. Ein hoher institutioneller Pluralismus begünstigt damit insgesamt den Status quo. Diese Befunde implizieren auch, dass alle auf die ideologische Position von Parteien rekurrierenden Hypothesen nur konditional zu fassen sind und Parteieneffekte auf die Sozialausgaben in Abhängigkeit von den institutionellen Rahmenbedingungen zu suchen sind (vgl. Schmidt 1996). Zu beachten ist aber, dass diese Befunde aufgrund der mangelnden statistischen Signifikanz der Effekte nur schwach sind.

8. Resümee

Welche Bilanz lässt sich auf Basis des derzeitigen Forschungsstandes der quantitativ-vergleichenden Analyse über politische Einflussfaktoren auf Gestaltung, Generosität und Entwicklungsdynamik des Wohlfahrtsstaates ziehen? Zunächst ist zu betonen, dass der Einrichtung, dem Ausbau und der austeritätsbedingten Konsolidierung des Sozialstaates politische Entscheidungen zugrunde liegen, sodass Umfang, Architektur und Dynamik des Wohlfahrtsstaates genuin politisch bedingt sind. Im Lichte des Forschungsstandes ist es deshalb zunächst erstaunlich, dass die Befunde zum Einfluss der parteipolitischen Zusammensetzung der Regierung auf das Niveau und die Dynamik der Sozialleistungsquote so ambivalent sind und auch die in diesem Beitrag vorgenommene theorieadäquatere Modellierung in Abhängigkeit von den institutionell bedingten Durchsetzungschancen der Regierung keine signifikanten Befunde zutage fördert. Allerdings gilt es zu beachten, dass der Fokus der in diesem Beitrag präsentierten Analyse auf die Entwicklung der Sozialleistungsquote in den letzten vier Jahrzehnten gerichtet war. Damit wurde lediglich ein kleiner Ausschnitt der in einigen Ländern mehr als hundert Jahre dauernden sozialstaatlichen Entwicklung erfasst, der zeitlich das „goldene Zeitalter“ und die in den späten 1970er Jahren schrittweise einsetzende Konsolidierungsphase des Sozialstaates abdeckt. Insofern gibt es gute Gründe für das Fehlen einer eindeutigen parteipolitischen Dimension der sozialstaatlichen Entwicklung. Die von Alber (1987) für die Expansionsphase hervorgehobene Parteienkonkurrenz um Wählerstimmen, der neuerdings für die Konsolidierungsphase betonte sozialpolitische Anpassungsdruck an die Internationalisierung der Wirtschaft sowie die Strategiebruchthese Piersons sind überzeugende Faktoren, mit denen begründet werden kann, warum auf der hochaggregierten Ebene der gesamtstaatlichen Sozialausgaben Parteieneffekte nicht sichtbar sind. Im Hinblick auf die Austeritätsphase zeigt sich dabei, dass gemessen an der Entwicklung der Sozialleistungsquote die Konsolidierungserfolge eher bescheiden sind. Trotz Befürchtungen eines sozialpolitischen Unterbietungswettlaufs in einer entgrenzten Welt sind absolut und relativ betrachtet die Aufwendungen für soziale Sicherheit in der überwältigenden Zahl der OECD-Länder angestiegen. Gemäß der hier präsentierten Befunde sind es weniger ideologische Positionen der Regierung, die die Ausgabendynamik bestimmen, als vielmehr das Bestreben der Regierungen, wiedergewählt zu werden. Die Priorität der Wiederwahl und die daraus folgende Ausrichtung politischer Entscheidungen auf ihre Popularität in der Bevölkerung ist ein plausibler Erklärungsfaktor sowohl für die rasche Expansion als auch für die zögerliche Konsolidierung. Demnach werden die der Dynamik der Sozialleistungsquote zugrunde liegenden Handlungsmotivationen der politischen Eliten – *credit claiming* in der Expansionsphase und *blame avoidance* in der Konsolidierungsphase – aus derselben wahlpolitischen Rationalität gespeist (ähnlich Ross 1997). Paul Piersons *New Politics*-These findet somit – zumindest in makro-quantitativer Perspektive – Bestätigung.

Mit Blick auf die Bestimmungsfaktoren der Sozialausgabenentwicklung seit 1960 sind zwei politische Variablen von Bedeutung, die sich nahtlos in Piersons Theorierahmen einfügen lassen. Einerseits führt der bei hoher Fraktionalisierung des Parteiensystems notwendige Kompromisszwang zwischen mehreren Parteien über politische Tauschgeschäfte zu höheren und stärker steigenden Sozialausgaben, andererseits wirken institutionelle Schranken gegenüber der Durchsetzungsfähigkeit der Regierung tendenziell bremsend auf die Ausgabendynamik. Im Vergleich zu sozio-ökonomischen Faktoren tritt der Erklärungsbeitrag dieser politischen Faktoren allerdings in den Hintergrund. Sind wohlfahrtsstaatliche Sicherungssysteme einmal etabliert, entwickeln Sozialausgaben eine Dynamik, die in hohem Maße durch verschiedene sozio-ökonomische Faktoren erklärbar ist. Diesbezüglich sind die demographische Entwicklung, der Strukturwandel der Wirtschaft, konjunkturelle Einbrüche und dadurch induzierte Arbeitslosigkeit sowie der wissenschaftlich-technische Fortschritt (z.B. Verbesserung, aber auch Verteuerung des Gesundheitswesens) zu nennen (siehe dazu Kaufmann 1997).

Die politische Dimension kommt hingegen wieder stärker zum Vorschein, wenn die Konstituierung und die strukturelle Ausgestaltung des Wohlfahrtsstaates in den Blick genommen werden. Die von der Forschung zu wohlfahrtsstaatlichen Regimen verdichtete Vielfalt der bestehenden sozialstaatlichen Strukturen korrespondiert mit den nationalen parlamentarischen und außerparlamentarischen Kräftekonstellationen, den entsprechenden Ordnungsvorstellungen der Akteure und den historisch tradierten Problemlösungsroutinen. Spätestens in den 1960er Jahren war die Ausdifferenzierung in die drei Welten des Wohlfahrtsstaates abgeschlossen und damit der Grundstein für länderspezifische Differenzen in Umfang und Reichweite des Sozialstaates (im engeren Sinn) abgesteckt. Was dann folgte war ein von exzeptionellen ökonomischen Rahmenbedingungen flankierter und von wahlstrategischen Motiven geleiteter sozialstaatlicher Ausbau quer über alle Regimegrenzen hinweg. Sozialpolitisches *Catch-up* der Nachzüglernationen und Sättigungsprozesse in den Pionierländern haben seither zwar die Differenzen zwischen den Sozialleistungsquoten leicht verringert, jedoch bei weitem nicht eingeebnet. Dies korrespondiert mit der in unserer Analyse festgestellten Persistenz der Sozialausgaben und liefert zusätzliche Munition für die Pfadabhängigkeitsthese.

Die nach wie vor beträchtliche Divergenz in den Ausgabenniveaus für soziale Sicherheit, die vor allem zwischen dem sozial- und christdemokratischen Typus einerseits und den liberalen Sozialstaaten andererseits sichtbar ist, verringert sich aber erheblich, wenn die Wohlfahrtsproduktion jenseits des Staates und funktionale Äquivalente zu einer transferorientierten staatlichen Sozialpolitik berücksichtigt werden oder wenn die Schnittstelle zwischen Steuer- und Sozialpolitik genauer unter die Lupe genommen wird, wie dies etwa in der Berechnung von Nettosozialleistungsquoten (vgl. Adema 2000) zum Ausdruck kommt. Anhand dieser Nettosozialleistungsquoten lässt sich zeigen, dass sich die Ausgabenunterschiede zwischen den Ländern nicht nur deutlich verringern, sondern auch in keinem Zusammenhang mit parteipolitischen Faktoren stehen (Kittel/Obinger 2002). Die politische Dimension sozialer Sicherung manifestiert sich damit nicht primär in einem „mehr oder weniger", sondern lässt sich in erster Linie am „wie", nämlich am Design und den Gewichtungen der zentralen Wohlfahrtsproduzenten zueinander, festmachen.

Literatur

Abrahamson, Peter, 1999: The Welfare Modelling Business, in: Social Policy and Administration 33, 394-415.

Adema, Willem, 2000: Revisiting Real Social Spending Across Countries: A Brief Note, in: OECD Economic Studies No. 30, 2000/1, 191-197.

Alber, Jens, 1987: Vom Armenhaus zum Wohlfahrtsstaat. Analysen zur Entwicklung der Sozialversicherung in Westeuropa, 2. Auflage, Frankfurt a. M./New York.

Alber, Jens/Behrendt, Christina, 2001: Wohlfahrtsstaat/Sozialstaat, in: *Dieter Nohlen* (Hrsg.), Kleines Lexikon der Politik, München, 580-588.

Albert, Michel, 1991: Capitalisme contre capitalisme, Paris.

Armingeon, Klaus/Beyeler, Michelle/Menegale, Sarah, 2000: Comparative Political Data Set 1960-1998, Institut für Politikwissenschaft, Universität Bern.

Armingeon, Klaus/Beyeler, Michelle/Binnema, Harmen, 2001: The Changing Politics of the Welfare State – A Comparative Analysis of Social Security Expenditures in 22 OECD Countries, 1960-1998, unveröffentlichtes Manuskript, Institut für Politikwissenschaft, Universität Bern.

Aust, Andreas/Leitner, Sigrid/Lessenich, Stephan (Hrsg.), 2000: Sozialmodell Europa. Konturen eines Phänemens, Opladen.

Baltagi, Badi H., 2001: Econometric Analysis of Panel Data, 2nd edition, New York.

Beck, Nathaniel/Katz, Jonathan, 1995: What to Do (and Not to Do) with Time-Series Cross-Section Data, in: American Political Science Review 89, 634-647.

Boix, Carles, 1998: Political Parties, Growth and Equality, Cambridge.

Borchert, Jens, 1998: Ausgetretene Pfade? Zur Statik und Dynamik wohlfahrtsstaatlicher Regime, in: *Stephan Lessenich/Ilona Ostner* (Hrsg.), Welten des Wohlfahrtskapitalismus, Frankfurt a.M./New York, 137-176.

Cameron, David R., 1978: The Expansion of the Public Economy: A Comparative Analysis, in: American Political Science Review 72, 1243-1261.

Castles, Francis G. (Hrsg.), 1982: The Impact of Parties. Politics and Policies in Democratic Capitalist States, London.

Castles, Francis G., 1999: Decentralization and the Post-war Political Economy, in: European Journal of Political Research 36, 27-53.

Castles, Francis G., 2001a: On the Political Economy of Recent Public Sector Development, in: Journal of European Social Policy 11, 195-211.

Castles, Francis G., 2001b: Reflections on the Methodology of Comparative Type Construction: Three Worlds or Real Worlds?, in: Acta Politica 36, 140-154.

Castles, Francis/Mitchell, Deborah, 1993: Worlds of Welfare and Families of Nations, in: *Francis Castles* (Hrsg.), Families of Nations. Patterns of Public Policy in Western Europe, Aldershot, 93-128.

Crouch, Colin, 1993: Industrial Relations and European State Traditions, Oxford.

Crouch, Colin, 1999: Social Change in Western Europe, Oxford.

Crouch, Colin, 2001: Welfare State Regimes and Industrial Relations Systems. The Questionable Role of Path Dependency, in: *Bernhard Ebbinghaus/Philip Manow* (Hrsg.), Comparing Welfare Capitalism. Social Policy and Political Economy in Europe, Japan and the USA, London, 105-124.

Cutright, Philip, 1965: Political Structure, Economic Development and National Social Security Programs, in: American Journal of Sociology 70, 539-555.

Ebbinghaus, Bernhard, 1999: Does a European Social Model Exist and Can It Survive?, in: *Gerhard Huemer, Michael Mesch* und *Franz Traxler* (Hrsg.), The Role of Employer Associations and Labour Unions in the EMU. Institutional Requirements for European Economic Policies, Aldershot, 1-26.

Esping-Andersen, Gøsta, 1985: Politics Against Markets, Princeton.

Esping-Andersen, Gøsta, 1990: The Three Worlds of Welfare Capitalism, Cambridge.

Esping-Andersen, Gøsta (Hrsg.), 1996: Welfare States in Transition. National Adaptations in Global Economies, London.

Esping-Andersen, Gøsta, 1999: Social Foundations of Postindustrial Economies, Oxford.

Falkner, Gerda, 1998: EU Social Policy in the 1990s. Towards a Corporatist Policy Community, London.

Ferrera, Maurizio, 1996: The Southern Model of Welfare in Social Europe, in: Journal of European Social Policy 6, 17-37.

Ferrera, Maurizio/Hemerijck, Anton/Rhodes, Martin, 2000: The Future of Social Europe. Recasting Work and Welfare in the New Economy, Oeiras.

Flora, Peter, 1986a: Growth to Limits. The Western European Welfare States since World War II, Berlin.

Flora, Peter, 1986b: Wachstum zu Grenzen – Stabilisierung durch Wandel. Zur historischen Lage der entwickelten Wohlfahrtsstaaten Westeuropas, in: *Max Kaase* (Hrsg.), Politische Wissenschaft und politische Ordnung, Opladen, 27-39.

Flora, Peter/Alber, Jens/Kohl, Jürgen, 1977: Zur Entwicklung der westeuropäischen Wohlfahrtsstaaten, in: Politische Vierteljahresschrift 18, 702-772.

Ganghof, Steffen, 2001: Global Markets, National Tax Systems, and Domestic Politics: Rebalancing Efficiency and Equity in Open States' Income Taxation, Köln: MPIfG Discussion Paper 9/01.

Garrett, Geoffrey, 1998: Partisan Politics in the Global Economy, Cambridge.

Garrett, Geoffrey/Mitchell, Deborah, 2001: Globalization, Government Spending and Taxation in the OECD, in: European Journal of Political Research 39, 145-177.

Gelissen, John, 2002: Three Worlds of Welfare Capitalism or More? A State of the Art Report, in: Journal of European Social Policy 12 (i. E.).

Goldthorpe, John H., 1984: The End of Convergence: Corporatist and Dualist Tendencies in Modern Western Societies, in: *John H. Goldthorpe* (Hrsg.), Order and Conflict in Contemporary Capitalism, Oxford.

Hall, Peter A./Soskice, David (Hrsg.), 2001: Varieties of Capitalism. The Institutional Foundations of Comparative Advantage, Oxford.

Hicks, Alexander M./Swank, Duane H., 1992: Politics, Institutions, and Welfare Spending in Industrialized Democracies, 1960-82, in: American Political Science Review 86, 658-674.

Hicks, Alexander/Misra, Joya, 1993: Political Resources and the Growth of Welfare in Affluent Capitalist Democracies, 1960-1982, in: American Journal of Sociology 99, 668-710.

Hicks, Alexander/Misra, Joya/Ng, Tang Nah, 1995: The Programmatic Emergence of the Welfare State, in: American Sociological Review 60, 329-349.

Hicks, Alexander/Kenworthy, Lane, 1998: Cooperation and Political Economic Performance in Affluent Democratic Capitalism, in: American Journal of Sociology 103, 1631-1672.

Holsey, Cheryl M./Borcherding, Thomas E., 1997: Why Does Government´s Share of National Income Grow? An Assessment of the Recent Literature on the U.S. Experience, in: *Dennis C. Mueller* (Hrsg.), Perspectives on Public Choice, Cambridge, 562-589.

Huber, Evelyne/Ragin, Charles/Stephens, John D., 1993: Social Democracy, Christian Democracy, Constitutional Structure, and the Welfare State, in: American Journal of Sociology 99, 711-749.

Huber, Evelyne/Stephens, John D., 2001: Development and Crisis of the Welfare State, Chicago.

ILO (International Labor Organization) (div. Jahrgänge), The Cost of Social Security, Genève.

Immergut, Ellen M., 1992: Health Politics and Institutions in Western Europe, Cambridge.

Iversen, Torben, 2001: The Dynamics of Welfare State Expansion. Trade Openness, Deindustrialization, and Partisan Politics, in: *Paul Pierson* (Hrsg.), The New Politics of the Welfare State, Oxford, 45-79.

Iversen, Torben/Cusack, Thomas R., 2000: The Causes of Welfare State Expansion. Deindustrialization or Globalization?, in: World Politics 52, 313-349.

Jefferys, Steve, 1995: European Industrial Relations and Welfare States, in: European Journal of Industrial Relations 1, 317-340.

Kaufmann, Franz-Xaver, 1997: Herausforderungen des Sozialstaates, Frankfurt a.M.

Kaufmann, Franz-Xaver, 2001: Der deutsche Sozialstaat im internationalen Vergleich, in: *BMA* (Hrsg.), Geschichte der Sozialpolitik in Deutschland seit 1945, Baden-Baden, 799-990.

Kemmerling, Achim, 2001: Die Messung des Sozialstaates. Beschäftigungspolitische Unterschiede zwischen Brutto- und Nettosozialleistungsquote, Discussion Paper FS I 01-201, Wissenschaftszentrum Berlin für Sozialforschung.

Kersbergen, Kees van, 1995: Social Capitalism. A Study of Christian Democracy and the Welfare State, London/New York.

Kitschelt, Herbert, 2001: Partisan Competition and Retrenchment, in: *Paul Pierson* (Hrsg.), The New Politics of the Welfare State, Oxford , 265-302.

Kitschelt, Herbert/Lange, Peter/Marks, Gary/Stephens, John, 1999: Convergence and Divergence in Advanced Capitalist Democracies, in: *Herbert Kitschelt/Peter Lange/Gary Marks/John Stephens* (Hrsg.), Continuity and Change in Contemporary Capitalism, Cambridge.

Kittel, Bernhard, 1999: Sense and Sensitivity in the Pooled Analysis of Political Data, in: European Journal of Political Research 35, 225-253.

Kittel, Bernhard/Obinger, Herbert/Wagschal Uwe, 2000: Die gezügelten Wohlfahrtsstaaten im internationalen Vergleich: Politisch-institutionelle Faktoren der Entstehung und Entwicklungsdynamik, in: *Herbert Obinger/Uwe Wagschal* (Hrsg.), Der gezügelte Wohlfahrtsstaat. Sozialpolitik in reichen Industrienationen, Frankfurt a.M./New York, 329-364.

Kittel, Bernhard/Obinger, Herbert, 2002: Political Parties, Institutions, and the Dynamics of Social Expenditure in Times of Austerity, MPIfG Discussion Paper 1/02, Köln: Max-Planck-Institut für Gesellschaftsforschung.

Kittel, Bernhard/Winner, Hannes, 2002: How Reliable is Pooled Analysis in Political Economy? The Globalization – Welfare State Nexus Revisited, MPIfG Discussion Paper, Köln: Max-Planck-Institut für Gesellschaftsforschung.

Kohl, Jürgen, 2000: Der Sozialstaat: Die deutsche Version des Wohlfahrtsstaates – Überlegungen zu seiner typologischen Verortung, in: *Stephan Leibfried/Uwe Wagschal* (Hrsg.), Der deutsche Sozialstaat. Bilanzen – Reformen – Perspektiven, Frankfurt a.M./New York, 115-152.

Korpi, Walter, 1980: Social Policy and Distributional Conflict in the Capitalist Democracies. A Preliminary Comparative Framework, in: West European Politics 3, 296-316.

Leibfried, Stephan, 1992: Towards a European Welfare State? Integrating Poverty Regimes into the European Community, in: *Zsuzsa Ferge/Jon Eivind Kolberg* (Hrsg.), Social Policy in a Changing Europe, Boulder, 245-279.

Leibfried, Stephan, 2001: Über die Hinfälligkeit des Staates der Daseinsvorsorge. Thesen zur Zerstörung des äußeren Verteidigungsringes des Sozialstaates, in: *Schader-Stiftung* (Hrsg.), Die Zukunft der Daseinsvorsorge. Öffentliche Unternehmen im Wettbewerb, Darmstadt, 158-166.

Leibfried, Stephan/Pierson, Paul (Hrsg.), 1995: European Social Policy. Between Fragmentation and Integration, Washington D.C.

Lessenich, Stephan, 2000: Soziologische Erklärungsansätze zu Entstehung und Funktion des Sozialstaates, in: *Jutta Allmendinger/Wolfgang Ludwig-Mayerhofer* (Hrsg.), Soziologie des Sozialstaates, Weinheim/München, 39-78.

Lessenich, Stephan/Ostner, Ilona (Hrsg.), 1998: Welten des Wohlfahrtskapitalismus, Frankfurt a.M./New York.

Lewis, Jane, 1992: Gender and the Development of Welfare Regimes, in: Journal of European Social Policy 3, 159-173.

Lijphart, Arend, 1999: Patterns of Democracy. Government Forms and Performance in Thirty-six Countries, New Haven/London.

Manow, Philip, 1999: Sozialstaatliche Kompensation außenwirtschaftlicher Öffnung?, in: *Andreas Busch/Thomas Plümper* (Hrsg.), Nationaler Staat und internationale Wirtschaft, Baden-Baden, 197-222.

Manow, Philip, 2002: The Good, the Bad and the Ugly. Esping-Andersens Sozialstaatstypologie und die konfessionellen Wurzeln des westlichen Wohlfahrtsstaates, in: Kölner Zeitschrift für Soziologie und Sozialpsychologie 54, 203-225.

Mueller, Dennis C., 1989: Public Choice II, Cambridge.

Obinger, Herbert, 1998: Federalism, Direct Democracy, and Welfare State Development in Switzerland, in: Journal of Public Policy 18, 241-263.

OECD, 2000a: Social Expenditure Database, 1980-1997, CD-ROM, Paris.

OECD, 2000b, OECD Health Database, CD-ROM, Paris.

Pennings, Paul, 1995: The Impact of Parties and Unions on Welfare Statism, in: West European Politics 18, 1-17.

Pierson, Paul, 1994: Dismantling the Welfare State? Reagan, Thatcher, and the Politics of Retrenchment, Cambridge.

Pierson, Paul, 1996: The New Politics of the Welfare State, in: World Politics 48, 143-179.

Pierson, Paul, 2000a: The Three Worlds of Welfare State Research, in: Comparative Political Studies 33, 791-821.

Pierson, Paul, 2000b: Increasing Returns, Path Dependence, and the Study of Politics, in: American Political Science Review 94, 251-267.

Pierson, Paul (Hrsg.), 2001: The New Politics of the Welfare State, Oxford.

Rimlinger, Gaston, 1982: The Emergence of Social Insurance: European Experience before 1914, in: *Peter A. Köhler/Hans F. Zacher* (Hrsg.), Beiträge zu Geschichte und aktueller Situation der Sozialversicherung, Berlin, 111-124.

Ross, Fiona, 1997: Cutting Public Expenditures in Advanced Industrial Democracies: The Importance of Avoiding Blame, in: Governance 10, 175-200.

Ross, Fiona, 2000: 'Beyond Left and Right': The New Partisan Politics of Welfare, in: Governance 13, 155-183.

Sainsbury, Diane (Hrsg.), 1994: Gendering Welfare States, London.

Scharpf, Fritz W., 1997: Games Real Actors Play, Boulder.

Scharpf, Fritz W., 2000a: The Viability of Advanced Welfare States in the International Economy: Vulnerabilities and Options, in: Journal of European Public Policy 7, 190-228.

Scharpf, Fritz W., 2000b: Economic Changes, Vulnerabilities, and Institutional Capabilities, in: *Fritz W. Scharpf/Vivien A. Schmidt* (Hrsg.), Welfare and Work in the Open Economy. Diverse Responses to Common Challenges, Oxford, Volume 1, 21-124.

Scharpf, Fritz W./Schmidt, Vivien A. (Hrsg.), 2000: Welfare and Work in the Open Economy. Diverse Responses to Common Challenges, Oxford, 2 Vol.

Schmidt, Manfred G., 1982: Wohlfahrtsstaatliche Politik unter bürgerlichen und sozialdemokratischen Regierungen. Ein internationaler Vergleich, Frankfurt a. M./New York.

Schmidt, Manfred G., 1993: Theorien in der vergleichenden Staatstätigkeitsforschung, in: *Adrienne Héritier* (Hrsg.), Policy-Analyse. Kritik und Neuorientierung, PVS-Sonderheft 24/1993, Opladen, 371-393.

Schmidt, Manfred G., 1996: When Parties Matter. A Review of the Possibilities and Limits of Partisan Influence on Public Policy, in: European Journal of Political Research 30, 155-183.

Schmidt, Manfred G., 1997: Determinants of Social Expenditure in Liberal Democracies: The Post World War II Experience, in: Acta Politica 32, 153-173.

Schmidt, Manfred G., 1998: Sozialpolitik in Deutschland. Historische Entwicklung und internationaler Vergleich, Opladen.

Schmidt, Manfred G. (Hrsg.), 2001a: Wohlfahrtsstaatliche Politik: Institutionen, Prozesse, Leistungsprofile, Opladen.

Schmidt, Manfred G., 2001b: Ursachen und Folgen wohlfahrtsstaatlicher Politik: Ein internationaler Vergleich, in: *Manfred G. Schmidt* (Hrsg.), Wohlfahrtsstaatliche Politik: Institutionen, Prozesse, Leistungsprofile, Opladen, 33-53.

Schmidt, Manfred G./Hardt, Freia/Gohr, Antonia/Jochem, Sven/Siegel, Nico/Obinger, Herbert/Wagschal, Uwe/Zohlnhöfer, Reimut, 2000: Die parteipolitische Zusammensetzung von Regierungen in 23 OECD Demokratien 1945-2000, unpublizierter Datensatz, Zentrum für Sozialpolitik, Universität Bremen.

Schulze, Günther G./Ursprung, Heinrich W., 1999: Globalisation of the Economy and the Nation State, in: The World Economy 22, 295-352.

Senti, Martin, 1998: Der Einfluss internationaler Organisationen auf nationale Sozialausgaben: Das Beispiel der Internationalen Arbeitsorganisation (ILO 1960-1989), in: Politische Vierteljahresschrift 39, 527-557.

Siegel, Nico A., 2001: Jenseits der Expansion? Sozialpolitik in westlichen Demokratien 1975-1995, in: *Manfred G. Schmidt* (Hrsg.), Wohlfahrtsstaatliche Politik: Institutionen, Prozesse, Leistungsprofile, Opladen, 54-89.

Siegel, Nico A., 2002: Baustelle Sozialpolitik: Konsolidierung und Rückbau im internationalen Vergleich, Frankfurt a. M./New York.

Skocpol, Theda/Amenta, Edwin, 1986: States and Social Policy, in: Annual Review of Sociology 12, 131-157.

Soskice, David, 1999: Divergent Production Regimes. Coordinated and Uncoordinated Market Economies in the 1980s and 1990s, in: *Herbert Kitschelt, Peter Lange, Gary Marks* und *John D. Stephens* (Hrsg.), Continuity and Change in Contemporary Capitalism, Cambridge, 101-134.

Stephens, John D., 1979: The Transition from Capitalism to Socialism, London.

Strange, Susan, 1995: The Limits of Politics, in: Government and Opposition 30, 291-311.

Swaan, Abram de, 1993: Der sorgende Staat, Frankfurt a.M./New York.

Swank, Duane, 2001: Political Institutions and Welfare State Restructuring, in: *Paul Pierson* (Hrsg.), The New Politics of the Welfare State, Oxford, 197-237.

Tálos, Emmerich (Hrsg.), 1998: Soziale Sicherung im Wandel. Österreich und seine Nachbarstaaten, Wien/Köln/Weimar.

Titmuss, Richard, 1974: Social Policy. An Introduction, London.

Tsebelis, George, 2000: Veto Players and Institutional Analysis, in: Governance 13, 441-474.

Usui, Chikako, 1994: Welfare State Development in a World System Context: Event History Analysis of First Social Insurance Legislation Among 60 Countries, 1880-1960, in: *Thomas Janoski/Alexander M. Hicks* (Hrsg.), The Comparative Political Economy of the Welfare State, Cambridge, 254-277.

Wagner, Adolph, 1911: Staat (in nationalökonomischer Sicht), in: *J. Conrad, L. Elster, W. Lexis und E. Loening* (Hrsg.), Handwörterbuch der Staatswissenschaften, Bd. 7, Jena, 727-739.

Wagschal, Uwe, 2000: Schub- und Bremskräfte sozialstaatlicher Anstrengungen, in: *Herbert Obinger/Uwe Wagschal* (Hrsg.), Der gezügelte Wohlfahrtsstaat. Sozialpolitik in reichen Industrienationen, Frankfurt a.M./New York, 73-94.

Wagschal, Uwe/Obinger Herbert, 2000: Der Einfluss der Direktdemokratie auf die Sozialpolitik, in: Politische Vierteljahresschrift 41, 466-497.

Wilensky, Harold L., 1975: The Welfare State and Equality. Structural and Ideological Roots of Public Expenditures, Berkeley.

Wilensky, Harold L., 1981: Leftism, Catholicism, and Democratic Capitalism, in: *Peter Flora/Arnold J. Heidenheimer* (Hrsg.), The Development of Welfare States in Europe and America, New Brunswick, 314-378.

Zöllner, Detlev, 1963: Öffentliche Sozialleistungen und wirtschaftliche Entwicklung. Ein zeitlicher und internationaler Vergleich, Berlin.

Anhang

Liste der Variablen

Variable	Definition	Quelle	Spannweite
Sozialleistungsquote	Gesamte öffentliche und verpflichtende private Sozialausgaben als Prozentwert des BIP (1982-1997), Öffentliche Sozialausgaben als Prozentwert des BIP (1966-81)	1966-81: ILO (div. Jahrgänge); 1982-97: OECD (2000a)	9,95-38,51
Linksregierung	Kabinettsitzanteil sozialdemokratischer, kommunistischer und grüner Parteien	Schmidt u.a. (2000)	0-1,0
Christdemokratische Regierung	Kabinettsitzanteil christdemokratischer Parteien	Schmidt u.a. (2000)	0-1,0
Außenhandelsquote	Summe von Exporten und Importen als Anteil des BIP	OECD Economic Outlook Database	0,09-2,50
Sozialversicherungsanteil	Sozialversicherungsbeiträge als Prozentwert des Steueraufkommens	OECD Revenue Statistics	0-0,48
Institutionelle Rigidität	Summe aus Bikameralismusindex und Föderalismusindex (1971-96)	Lijphart (1999: 313-314)	-0,82-1,0
Fraktionalisierung	Fraktionalisierung des Parteiensystems (Rae-Index)	Armingeon u.a. (2000)	0,48-0,90
Arbeitslosenquote	Standardisierte Arbeitslosenquote	OECD Economic Outlook Database	0,1-23,7
Wachstum BIP	Wachstum des realen BIP, in Kaufkraftparitäten	OECD Economic Outlook Database	-7,6-23,7
Seniorenquote	Bevölkerung über 65 Jahre als Prozentwert der Gesamtbevölkerung	OECD (2000b)	5,7-18
Maastricht	Dummy für EU-Mitglieder (und Beitrittswerber) ab 1993	Eigene Kodierung	0-1

Bernhard Kittel

Kapitel 13 Perspektiven und Potenziale der vergleichenden Politischen Ökonomie

1. Einleitung[1]

Die Beiträge dieses Bandes zeigen, dass der quantitative Zugang zur vergleichenden Politischen Ökonomie in den letzten zwei Jahrzehnten große Fortschritte erzielt hat. Wir wissen heute wesentlich mehr über die wirtschaftlichen Handlungsfolgen politischer Akteure und die wirtschaftlichen Auswirkungen politischer Institutionen als vor der empirisch-analytischen Wende in der vergleichenden Politikwissenschaft. Ausgehend vom erreichten Forschungsstand ist es Aufgabe dieses Aufsatzes, der als Schlusskapitel dieses Bandes dient, den Problemen und Lücken dieses Zugangs zur Politischen Ökonomie nachzugehen und den Blick auf mögliche Perspektiven und Potenziale zukünftiger Forschung zu lenken.

Die Beiträge bieten eine Bestandsaufnahme des Erreichten. Jetzt gilt es nicht, sich zufrieden zurückzulehnen, sondern das Erreichte kritisch zu sichten und nach Möglichkeiten Ausschau zu halten, wie es weitergehen könnte. Aus meiner Sicht sind zwei Fragenkomplexe ins Zentrum zu stellen: erstens die ungelösten methodologischen Probleme der quantitativen Forschung im Kontext kleiner Fallzahlen, großer Heterogenität und außerordentlicher Komplexität und zweitens das Verhältnis zwischen Theorie und Empirie in der Forschungspraxis. Ich plädiere für die Rückbesinnung auf die Notwendigkeit der Entwicklung konsistenter theoretischer Modelle, aus denen der empirischen Analyse zugängliche Hypothesen Modelle abgeleitet werden können und für die stärkere Beachtung der Charakteristika politischer Makrophänomene, die implizieren, dass der quantitative Ansatz wesentlich stärker durch qualitative Forschungszugänge ergänzt werden sollte. Doch zunächst möchte ich kurz die Befunde der Beiträge dieses Bandes resümieren.

---

1 Ich danke Ute Behning, Markus Freitag, Herbert Obinger, Hannes Winner, Uwe Wagschal und Reimut Zohlnhöfer für ihre Anmerkungen. Steffen Ganghof danke ich ganz besonders für seine kritischen Kommentare, Literaturhinweise und Diskussionsfreude. Die Verantwortung für das Gesagte liegt jedoch ausschliesslich beim Autor. Ohne die inspirierende Atmosphäre des Max-Planck-Instituts für Gesellschaftsforschung wäre dieser Aufsatz nicht entstanden.

2. Ergebnisse der vergleichenden Politischen Ökonomie: Zum Stand der Forschung

Die Beiträge zu diesem Band zeigen, dass gesamtwirtschaftliche Prozesse wesentlich von politischen Faktoren beeinflusst werden. Die parteipolitische Zusammensetzung der Regierung, die Struktur des Staates, die Institutionen des politischen Systems, der Einfluss internationaler Organisationen und das Erbe vergangener politischer Entscheidungen tragen zur Performanz und Anpassungsfähigkeit nationaler politischer Ökonomien an sich wandelnde (welt-)wirtschaftliche, gesellschaftliche und (welt-) politische Rahmenbedingungen bei. Es ist nicht gleichgültig, wie Politiker agieren und es ist nicht irrelevant, in welchem politischen Rahmen sie sich bewegen. Die Beiträge von Thomas Plümper, Reimut Zohlnhöfer und Bernhard Kittel weisen auf Schnittstellen hin, an denen politikwissenschaftliche Expertise eingesetzt werden kann, um ökonomische Prozesse und *outcomes* zu erklären. Sie machen klar, dass es gute theoretische Gründe für die Annahme gibt, dass der Parteienwettbewerb, der institutionelle Aufbau des politischen Systems und die Struktur des Verbändesystem sowie der Tarifbeziehungen wirtschaftliche Auswirkungen haben. Sie beeinflussen die Nutzenerwartungen und Anreize der wirtschaftlichen Akteure, sie beschleunigen oder verlangsamen wirtschaftliche Prozesse und sie ermöglichen oder verhindern wirtschaftspolitische Entscheidungen.

Der Einfluss der Politik auf die Wirtschaft variiert zum einen jedoch beträchtlich nach Politikfeld bzw. Wirtschaftsbereich sowie nach Zeit und Raum, zum anderen kann er nicht losgelöst von den „innerwirtschaftlichen" Zusammenhängen betrachtet werden. Mit anderen Worten: Politik verfügt nur über beschränkte Freiheitsgrade, der Wirtschaft Rahmenbedingungen zu geben, die wohlfahrtssteigernde wirtschaftliche Dynamiken in Gang setzen.

Je nach untersuchter gesamtwirtschaftlicher Leistungsdimension erweisen sich unterschiedliche politische Faktoren als besonders relevant, während andere keine Rolle spielen. Herbert Obinger findet für die OECD-Demokratien weder überzeugende theoretische Erklärungsansätze noch empirisch relevante Zusammenhänge zwischen potenziellen politisch-institutionellen Erklärungsfaktoren und dem Wirtschaftswachstum. Jedoch findet er sehr wohl Auswirkungen rechtsstaatlicher Errungenschaften und politischer Stabilität, wodurch in einem weiteren Sinne politisch induzierte Faktoren doch für das Wirtschaftswachstum relevant sind. Klaus Armingeon zeigt, dass Beschäftigung und Arbeitslosigkeit zu einem beachtlichen Teil politischen Einflüssen unterworfen sind. Zwar lässt sich kein unmittelbarer Zusammenhang zwischen einzelnen Faktoren und der Arbeitslosigkeit im Sinne einer einfachen Korrelation feststellen, aber die Schaffung eines in sich konsistenten Umfeldes durch die politischen Akteure erweist sich als beschäftigungsförderlich. Für die Preisstabilität lassen sich ebenfalls politische und institutionelle Faktoren in Ergänzung wirtschaftlicher Prozesse namhaft machen, wie Andreas Busch nachweist. Die Unabhängigkeit der Zentralbank, die Konflikthaftigkeit der Arbeitsbeziehungen und die fiskalpolitische Durchsetzungsfähigkeit des Zentralstaates erklären einen Großteil der langfristigen Unterschiede zwischen Inflationsraten im Länderquerschnitt.

Markus Freitag betont die Bedeutung von politischen Institutionen für die Glaubwürdigkeit der Wirtschaftspolitik, die Grundlage des Vertrauens der internationalen Kapitalmärkte in die Währungsstärke eines Landes ist. Im Zentrum stehen in diesem Fall die Unabhängigkeit der Zentralbank, der Demokratietypus, die Konfliktträchtigkeit der Arbeitsbeziehungen und die Stabilität der Regierung. Christian W. Martin erweitert schließlich das Spektrum der für die wirtschaftliche Leistungsfähigkeit eines Landes relevanten politischen Institutionen, indem er im Gegensatz zu allen anderen Beiträgen nicht die OECD-Länder, sondern die Entwicklungsländer zum Gegenstand seiner Analyse macht. Politische Institutionen, die in OECD-Ländern heute selbstverständlich sind – daher im Vergleich der OECD-Länder kaum Variation aufweisen – und somit nicht komparativ analysiert werden können, erweisen sich als relevante Erklärungsfaktoren der außenwirtschaftlichen Öffnung. Er findet einen deutlichen Zusammenhang zwischen dem Ausmaß demokratischer Beteiligungsrechte und der Außenhandelsöffnung. Zudem verweist er auf den Einfluss der Weltbank und des Internationalen Währungsfonds bei der Erzwingung der Öffnung der Wirtschaft eines Landes.

Auch die Frage, wie die Staatsausgaben finanziert werden, lässt sich mit politischen Faktoren beantworten. Uwe Wagschal zeigt, dass Faktoren, die mit der Parteienkonkurrenz in Zusammenhang stehen, wie der politische Konjunkturzyklus, das gegenseitige Übertrumpfen der Wahlversprechen von Parteien in Koalitionsregierungen oder die strategische Beschränkung der Freiheitsgrade zukünftiger Regierungen, zwar keinen Einfluss auf die Höhe der Staatsverschuldung ausüben, aber Institutionen des politischen Systems, wie die Existenz korporatistischer und konsensdemokratischer Foren oder die Direktdemokratie, als Bremse gegenüber defizitfinanzierten Ausgabenprogrammen wirken. Zudem zwingt der Stabilitätspakt der EU ihre Mitglieder seit Mitte der 1990er Jahre, ihren Haushalt nachhaltig zu sanieren. Die von Uwe Wagschal analysierte Steuerpolitik trägt deutliche Züge politischer Determinanten: Steuerreformaktivitäten werden durch institutionelle Vetomöglichkeiten anderer Akteure gebremst, während ökonomischer Problemdruck sie fördert. Das Niveau der Besteuerung besitzt insofern ein parteipolitisches Fundament, als linksorientierte Regierungen zu einem höheren Niveau tendieren, wobei auch in dieser Hinsicht eine grosse Zahl von Vetomöglichkeiten den Anstieg bremst.

Sowohl Thomas R. Cusack und Susanne Fuchs für die Staatsausgaben im Allgemeinen als auch Herbert Obinger und Bernhard Kittel für die Sozialausgaben im Besonderen heben hervor, dass den ideologischen Präferenzen der Regierungsparteien zwar eine gewichtige Stellung für die Erklärung des Umfanges des Staatssektors bzw. der Sozialausgaben zukommt, der Erfolg und die Wirksamkeit der Strategien aber von den institutionellen Rahmenbedingungen abhängen.

Die Untersuchungsfelder lassen sich zu zwei Gruppen zusammenfassen: Indikatoren der makroökonomischen Leistungsfähigkeit (Wachstum, Beschäftigung, Inflation, Währungsstabilität, Außenhandelsöffnung) und Indikatoren der Gestaltung der Staatsfinanzen (Steuersystem, Staatsquote, Staatsverschuldung, Sozialleistungsquote). Die Beiträge zeigen, dass in der Tendenz – wenn auch nicht ohne Lücken und Widersprüchlichkeiten – spezifische politische Faktoren zur Erklärung der zwei Indikatorengruppen besonders hervorzuheben sind. Wichtige, wenn auch nicht alle – siehe Wirtschaftswachstum – makroökonomische Leistungsindikatoren werden in beachtlichem Ausmaß von grundlegenden politischen Institutionen – dem Grad demokratischer Entwicklung, dem Demokratietypus, dem Verhältnis zwischen Regierung und Zentralbank sowie von jenem zwischen Zentralstaat und subnationalen Entscheidungsinstanzen – beeinflusst. Neben diesen grundlegenden Institutionen spielen aber auch Faktoren, die den Parteienwettbewerb gestalten (Fraktionalisierung des Parteiensystems, Föderalismus, Bikameralismus) sowie – zumindest teilweise – die Präferenzen von Parteien eine Rolle. Bei den Staatsfinanzen zeigt sich darüber hinaus recht deutlich ein konditionales Zusammenspiel von Parteipolitik und Institutionen. Die Staatsquote und der Umfang sowie die Ausgestaltung des Wohlfahrtsstaates werden wesentlich von Parteienpräferenzen beeinflusst, jedoch in Abhängigkeit vom Handlungsspielraum, den föderale und parlamentarische Institutionen der Regierung lassen, ihre Präferenzen unilateral durchzusetzen.

Die Beiträge zeugen nicht nur von beträchtlichen Variationen des politischen Einflusses auf wirtschaftliche Entwicklungen in verschiedenen wirtschaftspolitischen Handlungsfeldern. Auch der Vergleich verschiedener Zeitpunkte der letzten vier Jahrzehnte macht deutlich, dass die Unterschiede im Zeitverlauf groß sind. Je nach Untersuchungsperiode lassen sich in der Wirkungsrichtung gleichläufige oder gegenläufige, substanziell stärkere oder schwächere und statistisch signifikante oder nichtsignifikante Zusammenhänge finden. Die Trivialität, dass wirtschaftspolitische Lösungen, die einer bestimmten weltwirtschaftlichen Lage – einer bestimmten „Zeit" – angemessen sind, unter anderen Rahmenbedingungen nicht mehr zielführend sein können oder gar kontraproduktiv wirken, wird eindrucksvoll bestätigt.

Dies lässt sich geradezu paradigmatisch an den *derniers cris* der Wirtschaftspolitik und damit verbundenen *best practices* illustrieren. Bis in die 1980er Jahre galten die korporatistischen, konsensorientierten Länder mit koordinierten Marktökonomien und ausgebauten Wohlfahrtsstaaten, wie Deutschland, Österreich oder Schweden, als Vorzeigefälle kohärenter, wachstums- und wohlstandsfördernder Systeme. Im Laufe der 1980er Jahre setzte sich jedoch zum einen das „japanische Modell" als Erfolgsfall durch, zum anderen zeigten sich die pluralistischen Länder mit liberalen, unkoordinierten Marktökonomien als relativ erfolgreicher. Europa wurde zum „kranken Mann" stilisiert, dessen wirtschaftliche Prosperität durch Überregulierung, Rigidität, Reformblockaden und Versorgungsmentalität behindert würde. Gegen Ende der 1990er Jahre jedoch brach das japanische Modell im Zuge der asiatischen Wirtschaftskrise als Modellfall weitgehend zusammen. Der vor allem von den Hoffnungen auf immer währendes Wachstum der *New Economy* getragene Wirtschaftsboom in den USA endete in einer Rezession, als sich herausstellte, dass sich die Erwartungen als trügerisch erwiesen. Zur gleichen Zeit gelang es jenen europäischen Ländern, die in den 1980er Jahren begonnen hatten, Reformblockaden ihrer politischen Institutionen zu überwinden und neue wirtschaftspolitische Wege zu gehen, trotz Beibehaltung zentraler Elemente des Wohlfahrtsstaates die wirtschaftliche Dynamik anzukurbeln und das Menetekel vieler europäischer Länder – geringe Beschäftigung und hohe Arbeitslosigkeit – mit beachtlichem Erfolg zu bekämpfen. Darüber hinaus wurden die Vorzüge der Entscheidungsmuster der koordinierten Marktökonomie im Zuge der nationalstaatlichen Stabilisierungsprogramme im Vorfeld der Europäischen Währungsunion wieder entdeckt und – wenn auch mit unterschiedlichem Erfolg – als Lösungsweg aus der europäischen Krise genutzt. Somit kann innerhalb von knapp vier Dezennien der Aufstieg und Niedergang nicht nur von Nationen (Olson 1991), sondern auch von wirtschaftspolitischen Konzepten beobachtet werden (Hall 1986).

Im Hinblick auf die Relevanz verschiedener politisch-institutioneller Faktoren im Zeitverlauf lässt sich eine Parallelität der Entwicklung auf empirischer und analytischer Ebene beobachten. In der Empirie ist eine sinkende Korrelation von Variablen, die ideologische Differenzen zwischen Parteien abbilden, mit Leistungsindikatoren zu erkennen. Während Parteiendifferenzen in den 1970er Jahren teilweise recht deutliche Auswirkungen auf makroökonomische Performanzindikatoren aufweisen, schwinden diese Korrelationen im Laufe der 1980er und 1990er Jahre und werden entweder von Konditionaleffekten zwischen Parteien und Institutionen oder von institutionellen Faktoren überlagert. Diese Entwicklung findet ihre Entsprechung in der empirisch-analytischen Forschung, indem die in der Literatur zunächst im Zentrum stehenden Parteicharakteristika zunehmend durch institutionelle Variablen ergänzt wurden. Dominierten die Parteiendifferenztheorie und die Theorie des politischen Konjunkturzyklus die Diskussionen der 1970er und 1980er Jahre (z.B. Hibbs 1977; Alesina 1989), rückte in den 1990er Jahren die Durchsetzungsfähigkeit der Regierung gegenüber Interessengruppen und verfassungsmäßigen Vetomöglichkeiten ins Zentrum des Interesses (z.B. Immergut 1989; Tsebelis 1995; Schmidt 1996). Ebenso im Laufe der 1990er Jahre erfolgte eine beträchtliche Erweiterung des Forschungsfeldes auf die Performanz verschiedener Organisationsformen des Kapitalismus (z.B. Albert 1993; Kitschelt u.a. 1999; Scharpf/Schmidt 2000; Ebbinghaus/Manow 2001; Hall/Soskice 2001).

Allerdings dürfen politische Faktoren hinsichtlich ihres Stellenwerts für die Erklärung wirtschaftlicher Performanzprofile auch nicht überbewertet werden. In vielerlei Hinsicht gelingt es politischen Entscheidungsträgern nur, Rahmenbedingungen zu definieren – ein Befund, der mit dem Begriff „Kontextsteuerung" ausgedrückt wird – und eigengesetzliche wirtschaftliche Dynamiken zu verstärken oder abzuschwächen. Auch zeigen die Regressionsmodelle, dass die aus politikwissenschaftlicher Sicht lediglich als „Kontrollvariablen" eingeführten wirtschaftlichen und gesellschaftlichen Faktoren einen wesentlichen – und vielfach den größeren – Anteil an der erklärten Varianz erfassen. Politische Faktoren bestimmen die Handlungsspielräume, die den Wirtschaftsakteuren zur Verfügung stehen. Aber sowohl kurzfristige konjunkturelle Schwankungen zum einen als auch die generelle Eigendynamik der wirtschaftlichen Entwicklung zum anderen bleiben einer politischen Einflussnahme schwer zugänglich. Dies verweist die Politik vornehmlich auf die mittelfristigen Effekte. Die Beiträge haben aber deutlich gemacht, dass ein ausschließlicher Fokus auf die ökonomischen Zusammenhänge zentrale Rahmenbedingungen der wirtschaftlichen Performanz, die im politischen System gesetzt werden, außer Acht lassen würde und eine rein ökonomische Erklärung partiell bliebe.

3. Potenziale und Probleme: Die Quantifizierung und Formalisierung der Politischen Ökonomie und ihre Grenzen

Vergleicht man „große Würfe" der politisch-ökonomischen Forschung der 1960er (z.B. Shonfield 1969) und auch noch der 1980er Jahre (z.B. Hall 1986; Goldthorpe 1984), die eine politikwissenschaftliche Perspektive einnehmen, mit potenziell wichtigen Werken der jüngsten Zeit (z.B. Hall/Soskice 2001; Iversen u.a. 2000; Kitschelt u.a. 1999), so fallen zwei zentrale Unterschiede auf: Erstens steht heute die Bewährung theoretischer Argumentationen an der Empirie wesentlich stärker im Vordergrund der Analyse. Entsprechend größer ist der methodische Aufwand, mit dem die empirische Analyse betrieben wird, wobei statistischen Verfahren vielfach eine vorrangige Rolle eingeräumt wird. Zweitens ist ein Trend zur Formalisierung der Darstellung theoretischer Zusammenhänge zu beobachten. Anstelle von verbal und diskursiv-abwägend angelegten Argumentationen finden sich zunehmend mathematische Ableitungen von Hypothesen über wirtschaftliche Auswirkungen politischer Konstellationen aus Grundannahmen über individuelles Verhalten. Diese zwei Entwicklungen setzen die Standards (King u.a. 1994), an denen sich die Forschungsförderungsinstitutionen, die Besetzungskommissionen an Universitäten und Forschungseinrichtungen und vor allem viele wichtige wissenschaftliche Zeitschriften orientieren.

3.1. Probleme quantitativer Verfahren

Die Forschungsliteratur der letzten 20 Jahre dokumentiert den Siegeszug quantitativer Verfahren in der vergleichenden Politischen Ökonomie. Bis in die 1970er Jahre besaß die Politische Ökonomie stark normativen Charakter. So unterschiedlich und widersprüchlich klassische, marxistische, neoklassische, keynesianische oder auch angebotsorientierte Ansätze zur Politischen Ökonomie sind (siehe Caporaso/Levine 1992), sie alle stellen den Anspruch, aus theoretischen Überlegungen Ratschläge zur politischen Steuerung der Wirtschaft ableiten zu können. Relativ wenig Aufmerksamkeit – und wenn, dann eher mit illustrativem Anspruch – wurde der Frage geschenkt, wie realweltliche Gesellschaften tatsächlich funktionieren. Die empirisch-analytische „Wende" in den 1960er und 1970er Jahren reagierte auf diese präskriptiv angelegten Ableitungen mit der Forderung nach größerer empirischer Relevanz der Forschung: die Politikwissenschaft sollte nicht vorschreiben, wie politische Systeme zu funktionieren haben, sondern erheben, wie politische Systeme tatsächlich funktionieren. Mit diesem Anspruch erlangte auch die vergleichende Forschung ihre Berechtigung, da nur im Vergleich verschiedener politischer Systeme ausreichende Variation gefunden werden kann, um systematische Ursache-Wirkungs-Zusammenhänge erkennen zu können (Schmidt 1995).

Als gegen Ende der 1970er Jahre erste systematische quantitative Studien aufkamen, beruhten die Schlussfolgerungen auf bivariaten Korrelationsanalysen und relativ bald danach auf einfachen multivariaten Regressionen, mit denen Daten von 15 bis 20 Ländern im Querschnitt verglichen wurden. Die in einer Analyse verwendeten Indikatoren waren einfach und die Kodierung der Länder beruhte oft auf dem aus der Sekundärliteratur angelesenen Urteil des Autors. Doch für die reinen Querschnittvergleiche waren diese Mittel ausreichend und die intime Kenntnis einer kleinen Zahl von Fällen galt nach wie vor als legitime Grundlage von Inferenzschlüssen. Als Zäsur können die späten 1980er Jahre betrachtet werden (siehe Collier 1993). Heute scheint jemand, der nicht kombinierte Zeitreihen-Querschnitt-Verfahren (*pooled time-series–cross-section analysis*) – das heute dominierende ökonometrische Analyseverfahren in der vergleichenden Politischen Ökonomie – anwendet, in Argumentationsnotstand zu geraten. Aufgrund des für den Laien schillernden Scheins höherer Exaktheit der quantitativen Verfahren sehen sich gegenwärtig selbst anerkannte qualitativ orientierte Forscher gezwungen, ihre Zeit in die Erlernung dieser Verfahren zu investieren.

Notwendige Voraussetzungen dieser „quantitativen Revolution“ in der vergleichenden Politischen Ökonomie waren die Verfügbarkeit längerer Datenreihen aus den Beständen internationaler Organisationen – vor allem der UNO, ILO und OECD – und die umfassende Verbreitung immer leistungsfähigerer Personal Computer mit einfach zu erlernender Software. Dies war jedoch noch nicht hinreichend. Denn zum einen hatten Universitätsangehörige schon ab den frühen 1970er Jahren Zugang zu Großrechenanlagen, zum anderen wurden die meisten der in der vergleichenden Politischen Ökonomie verwendeten Verfahren schon ab den 1960er Jahren in der Ökonometrie entwickelt und angewendet. Als darüber hinaus hinreichende Bedingung des Siegeszuges quantitativer Verfahren kann die Implementation von Panel-Verfahren in weitverbreiteten Statistikprogrammen betrachtet werden. Sie ermöglichte es, mit einfachen Befehlssequenzen äußerst komplexe und voraussetzungsreiche Analysen durchzuführen. Dass die Annahmen der verwendeten ökonometrischen Modelle weder von den Autoren noch von den Gutachtern immer ausreichend zur Kenntnis genommen wurden, zeigen nachträgliche Errata und Korrekturen auch in namhaften Zeitschriften (Alvarez u.a. 1991; Beck u.a. 1993; Blais u.a. 1993, 1996). Auch ist bis heute keineswegs eindeutig, wie die Verfahren korrekt anzuwenden sind (siehe Kittel 1999; Kittel/Winner 2002) und die in der vergleichenden Politischen Ökonomie von manchen als Stand der Technik angesehenen Verfahren ernten (nicht nur) in der Ökonometrie oft nur verständnisloses Kopfschütteln.

Mit Hilfe quantitativer Verfahren lassen sich wichtige Schlüsse über die empirische Bewährung von Hypothesen zu Zusammenhängen zwischen politischen Faktoren und wirtschaftlichen Entwicklungen ziehen. Der quantitativen Forschung sind aber auch Grenzen gesetzt, die zu erkennen allerdings erst durch ihre Anwendung möglich geworden ist. Der Enthusiasmus, mit dem Daten gesammelt, neue Indikatoren entwickelt und erhoben wurden, Methoden gelernt und Regressionen gerechnet wurden, rührte aus der Hoffnung, endlich ähnlich den Naturwissenschaften raum- und zeitunabhängige „politische Gesetzmäßigkeiten“ erforschen zu können und damit den im Fakultätenstreit notorisch als benachteiligt empfundenen Sozialwissenschaften eine bessere Legitimation geben zu können. Die Ergebnisse der Anstrengungen erfüllten jedoch diese Hoffnungen nicht. Die Instabilität der geschätzten Parameter macht jeden Anspruch auf die Entdeckung von Gesetzmäßigkeiten zunichte. Die Koeffizienten erweisen sich als abhängig von den inkludierten Ländern, der Untersuchungsperiode, den verwendeten ökonometrischen Verfahren, der „technischen Spezifikation“ des Modells, den inkludierten Kontrollvariablen und der konkreten Operationalisierung der Variablen, so dass praktisch jede Hypothese ebenso wie ihr Gegenteil empirisch nahezu beliebig bestätigt und verworfen werden kann. Dazu muss nur an den geeigneten Schrauben gedreht werden: Man kann ein oder zwei Länder hinzufügen oder entfernen, die Untersuchungsperiode um ein paar Jahre verschieben, die Annahmen des ökonometrischen Modells verändern, eine Kontrollvariable in das Modell reklamieren oder durch eine kleine Änderung der Operationalisierung der zentralen Variablen die Reihung von zwei oder drei Ländern verändern, und schon wird ein hochsignifikanter, vermeintlich publikationswürdiger empirischer Befund irrelevant.

Der heutige Umgang mit quantitativen Verfahren deutet daher eine neuerliche Trendwende an, auch wenn die Ansichten der Autoren zu diesem Thema durchaus breit variieren. Meines Erachtens dient die Verwendung ökonometrischer Verfahren in der vergleichenden Politischen Ökonomie heute weniger dem „rigorosen" Testen von Hypothesen als der Exploration von empirischen Zusammenhängen über Zeit und Raum durch ein enges Wechselspiel zwischen Theorien, Methoden und Daten (siehe dazu auch Scharpf 2002). Bisher hat kein methodisches Verfahren das Problem kleiner Fallzahlen in der ländervergleichenden Forschung gelöst und die schlichte Multiplikation der Freiheitsgrade durch die Verwendung von Panel-Daten erzeugt mehr Probleme als sie löst. Die Ansprüche an quantitative Verfahren sind daher bescheidener zu fassen: In welchen Perioden finden sich theoretisch erwartete Zusammenhänge? Welche Länder entsprechen den erwarteten Zusammenhängen und welche nicht? Welche Folgen hat die Veränderung einer Modellannahme? Was passiert mit den Koeffizienten, wenn eine Kontrollvariable hinzugefügt oder entfernt wird? Was passiert, wenn die der Operationalisierung der Variablen zugrunde liegenden Annahmen leicht verändert werden? Neben den traditionellen Verfahren der explorativen Datenanalyse (Tukey 1977; Marsh 1988) rücken so Robustheitsanalysen (Leamer 1978) stärker in den Blick. Auch wenn der inferenzielle Nutzen der Regressionsanalyse in der Situation kleiner Fallzahlen fragwürdig ist, geben die Parameter (wie Koeffizienten und Standardfehler) interessante Aufschlüsse über zentrale Tendenzen in den Daten.

Der Umgang mit Daten ist also nicht nur skeptischer geworden, auch der Respekt vor der scheinbaren Exaktheit quantitativer Forschung schwindet. Während noch vor wenigen Jahren der Ruf „mehr und bessere Daten" als ultimative Lösung der Dilemmata der vergleichenden Forschung gegolten hat und somit das Problem faktisch an die datensammelnden Institutionen ausgelagert wurde, so kann als Lehre der letzten zwei Jahrzehnte der Slogan „mehr Fingerspitzengefühl im Umgang mit Daten" gelten. Die Parameterinstabilität wird zunehmend weniger als lästiges Problem der statistischen Analyse, das durch statistische Korrekturen in den Schätzverfahren gelöst werden kann (Beck 2001), sondern als Hinweis auf empirische Abweichungen von den theoretisch erwarteten Zusammenhängen interpretiert, die Aufschluss über interessante neue Forschungsfragen geben (Scharpf 2000a: 783). Mit der „explorativen Wende" werden die Koeffizienten selbst und ihre Reaktionen auf Veränderungen des Schätzkontextes – nicht nur ihr Vorzeichen und ihr Größenverhältnis zum jeweiligen Standardfehler – zum Gegenstand des Interesses. Diese Zurücknahme der Erwartungen an die empirische Analyse nimmt allerdings nicht das Erfordernis einer ökonometrisch korrekten Spezifikation des Modells weg.

Hinzu kommt eine zweite Entwicklung innerhalb des quantitativen Paradigmas. Die Komplexität sozialer, politischer und ökonomischer Zusammenhänge und die Abhängigkeit des Effekts einer Variable von dem Zustand anderer Variablen wird zunehmend anerkannt. Die Reaktion der vergleichenden Forschung auf diese „Entdeckung" war zum einen die Entwicklung von logischen Verfahren zur Analyse von Variablenkonstellationen (Ragin 1987), mit der Einführung von *Fuzzy Set*-Ansätzen in die Sozialwissenschaften als Erweiterung (Ragin 2000). Aufgrund tiefgreifender konzeptioneller Probleme dieses Ansatzes (King u.a. 1994: 89-90; Goldthorpe 1997) gelang es ihm bisher jedoch nicht, über wohlwollende Referenzen hinausgehende breitere Anerkennung als Alternative zu statistischen Verfahren zu erhalten. Innerhalb des quantitativen Paradigmas hat diese Herausforderung aber zum anderen zur Exploration der Modellierung von Kontingenzen durch interaktive Terme in Regressionsmodellen geführt (Friedrich 1982; Denters/Van Puienbroek

1989). Die Attraktivität solcher Modelle beruht auf der Möglichkeit, von der Annahme eines raum- und zeitinvarianten Koeffizienten abzurücken und der Variation eines Koeffizienten eine theoretisch fundierte Basis zu geben. Trotz der rasch um sich greifenden Anwendung solcher Spezifikationen (Lange/Garrett 1985; Hall/-Franzese 1998; Iversen 1999; Kittel 2000) und auch beachtlicher Erfolge bei der empirischen Analyse, stoßen diese Ansätze rasch an die Grenzen der kleinen Fallzahl. Mehr als explorativen Charakter haben diese Modelle daher nicht. Obwohl der Zahl der modellierten Interaktionen zwischen Variablen im Prinzip keine Grenzen gesetzt sind, erfordert die Modellierung einer Dreifachinteraktion sechs Koeffizienten, während es bei einer kompletten Vierfachinteraktion schon 15 sind. Aufgrund der begrenzten Zahl von OECD-Ländern ist die Schätzung einer solchen Zahl von substanziell relevanten Parametern nicht mehr ernsthaft vertretbar.

Mit der Anerkennung der Komplexität politischer Zusammenhänge, mit der Erkenntnis, dass quantitative Verfahren nicht wie erhofft in der Lage sind, das Problem kleiner Fallzahlen in der vergleichenden Analyse überzeugend in den Griff zu bekommen, und mit der „neuen Bescheidenheit" des Anspruches quantitativer Forschung gewinnen qualitative Verfahren wieder an Stellenwert (Gerring 2001; Collier/Brady 2002; siehe programmatisch auch Steinmo u.a. 1992). Die Fallstudie ist seit jeher die Methode, bei der die Berücksichtigung der Komplexität sozialer Zusammenhänge zum zentralen Gegenstand der Forschung gemacht wurde. Allerdings geht in Fallstudien, auch wenn sie vergleichend angelegt sind, sehr schnell die Verallgemeinerungsfähigkeit der Ergebnisse verloren, die jedoch Grundlage für die sozialwissenschaftliche Relevanz solcher Analysen ist (King u.a. 1994; siehe dazu Laitin 1995; Caporaso 1995; Collier 1995; Rogowski 1995; Tarrow 1995; King u.a. 1995; Bartels 1995; Brady 1995). Damit eignet sich die Fallstudie nur bei einem sehr präzise angelegten Forschungsdesign, sehr präzise formulierten Theorien und sehr kurzen Kausalketten als theorietestende Methode (Scharpf 1987; Geddes 1991), wie auch weithin von qualitativ orientierten Forschern anerkannt wird (siehe dazu Ganghof 2002a). Wenn aber nun auch die quantitative Forschung den Anspruch, Theorien rigoros überprüfen zu können, zumindest partiell zurückzieht, dann tritt die Unterscheidung zwischen quantitativen und qualitativen Verfahren in den Hintergrund. Tatsächlich sind auch quantitative Verfahren den Restriktionen der qualitativen Verfahren unterworfen und stehen daher trotz der Unterschiedlichkeit der methodischen Probleme vor denselben methodologischen Schwierigkeiten (Gerring 2001). Beide sind schlichtweg Verfahren, mit denen Daten erhoben und analysiert werden. Sie ergänzen sich, indem sie es erlauben, verschiedene Arten von Daten zu bearbeiten. Aber es kann keiner ein Vorrang oder ein spezifisches Stadium im Forschungsprozess (explorativ vs. theorietestend) zugewiesen werden. Die Verallgemeinerungsfähigkeit der Schlussfolgerungen unter Vermeidung sowohl der Übergeneralisierung als auch der vorschnellen und unbegründeten Falsifikation ist zwar in beiden Ansätzen im Prinzip angelegt, erfordert aber bei beiden wesentlich mehr als das schlichte „Abtesten" von Hypothesen, um einen kumulativen Erkenntnisfortschritt zu ermöglichen (Scharpf 2002: 228).

Die in den letzten zehn Jahren erfolgte Konzentration der methodischen Debatte auf die Differenzen zwischen quantitativen und qualitativen Verfahren überdeckt jedoch ein viel zentraleres Problem, dessen Bearbeitung für die Weiterentwicklung der Politischen Ökonomie wesentlich wichtiger ist: das Verhältnis zwischen Theorie und Methode. Es gibt kaum einen politischen Faktor, dessen Bedeutung für wirtschaftliche Entwicklungen nicht heftig umstritten ist. Vielfach werden konkurrierende und widersprüchliche Erwartungen aus unterschiedlichen Theoriekontexten gespeist. In solchen Situationen wird gerne Rekurs auf die Verlagerung des Problems auf die Datenebene genommen. Die qualitative Forschung neigt dabei eher dazu, Ergebnisse aus der historischen Situation mit einer spezifischen Konstellation von Faktoren zu erklären. Genau diese Vorgangsweise führt aber zum Vorwurf der theoretischen Unergiebigkeit von Fallstudien. Die quantitative Forschung neigt hingegen dazu, möglichst viele potenziell erklärungskräftige Variablen in einem einzigen Modell gleichzeitig zu analysieren und die Statistik entscheiden zu lassen, welche Faktoren Relevanz besitzen und wie die Zusammenhänge beschaffen sind. Diese Praxis ist weit verbreitet und ihr wird vor allem bei Befunden, die nicht mit der dominierenden Ansicht konform sind, durch die Einforderung verschiedenster Kontrollvariablen im Begutachtungsverfahren wissenschaftlicher Zeitschriften Vorschub geleistet.

Dieser Umgang mit statistischen Modellen unterschätzt die Probleme, die aus einer inadäquaten Modellspezifikation selbst entstehen. Jedem – ob explizit abgeleiteten oder mit Plausibiltitätsüberlegungen legitimierten – statistischen Modell liegt ein formales Modell zu Grunde. Das heißt, *jedes* statistische Modell ist *per definitionem* zugleich auch ein formales Modell. In der gegenwärtigen Praxis erfolgt die formale Modellierung jedoch zumeist implizit, indem sie gar nicht erfolgt. Daher ist selten klar, welche theoretischen Bezüge wie begründet sind, was von den Koeffizienten zu erwarten ist, und welche inhaltliche Bedeutung die statistische Signifikanz eines Koeffizienten hat. „‚Kitchen sink' econometrics doesn't work, since there is always another vegetable or piece of furniture that can be thrown into the sink" (Leamer 1996: 186). Daraus folgt, so Leamer (1996: 187), dass partielle Korrelationen in einem Regressionsmodell nur dann interpretierbar sind, wenn das Modell ein theoretisches Fundament hat. Diese Vorgangsweise führt nicht nur zu neuen Ambivalenzen hinsichtlich der Stabilität und der Interpretation der Koeffizienten (Lieberson 1985), sondern überzieht vielfach auch die Kapazitäten des Modells im Hinblick auf die Erhaltung der Stringenz der theoretischen Argumentation.

> „Empirical Work, the way too many political scientists do it, is indeed relatively easy. Gather the data, run the regression/MLE with the usual linear list of control variables, report the significance tests, and announce that one's pet variable ‚passed'. This dreary hypothesis-testing framework is somtimes seized upon by beginners. Being purely mechanical, it saves a great deal of thinking and anxiety, and cannot help being popular. But obviously, it has to go. Our best empirical generalizations do not derive from that kind of work" (Achen 2002: 442-443).

Achen, der dieses Argument im Kontext der Diskussion von Modellen auf der Basis großer Fallzahlen entwickelt, schlägt als Ausweg die Beschränkung auf drei Variablen (*„ART – A Rule of Three"*) vor, wenn das Modell keine mikrotheoretische Fundierung aufweist und die Spezifikation mit einer umfassenden Analyse der ihr zugrunde liegenden statistischen Annahmen begründet werden muss. Nachdem diese Annahmen bei den kleinen Fallzahlen, mit denen die vergleichende Forschung konfrontiert ist, nur selten halten und die Verwendung der Methode der kleinsten Quadrate gerne mit ihrer Robustheit bei Verletzung der Annahmen legitimiert wird, stellt sich die Frage, was *ART* für diese Art von Daten impliziert. Die einzige aufrichtige Implikation wäre meines Erachtens wohl *ARZ – A Rule of Zero*: Ohne

Theorie lassen sich bei den in der ländervergleichenden Analyse üblichen Fallzahlen aus statistischen Modellen keine sinnvollen Inferenzen ableiten.

Gegenüber dem Stand der 1980er Jahre sind in der vergleichenden Politischen Ökonomie bemerkenswerte Fortschritte erzielt worden und wir haben heute als Ergebnis der vergleichenden Analyse wesentlich fundiertere Vermutungen über die wirtschaftlichen Effekte politischen Handelns und politischer Institutionen. Aber letztlich ist es der quantitativen vergleichenden Politischen Ökonomie bisher nicht gelungen, ihre Forschungsfragen eindeutig zu beantworten. Dieser Befund deutet darauf hin, dass die empirische Datenanalyse in der Politischen Ökonomie zwar ein unabdingbares und wertvolles Element der vergleichenden Analyse ist, aber keineswegs alle Probleme löst. Zum Teil resultiert der Befund aus der notgedrungen kleinen Zahl von vergleichbaren Fällen. Relativ viel Mühe wurde in die Sammlung von Daten und die Erlernung und Entwicklung komplexer statistischer Verfahren gesteckt, entsprechend wenig wurde in die Entwicklung konsistenter und wechselseitig anschlussfähiger Theorien investiert. Daraufhin verlagerte sich die wissenschaftliche Debatte von der inhaltlichen auf die methodische Ebene. Zwei Aspekte standen dabei im Vordergrund: die Operationalisierung und Messung der Variablen und die statistischen Analyseverfahren, insbesondere kombinierte Zeitreihen-Querschnittanalysen. Beide sind eng miteinander verknüpft, denn mit der Entwicklung präziserer Indikatoren steht auch mehr Varianz in den Variablen zur Verfügung, die mit der kombinierten Zeitreihen-Querschnittanalyse analysiert werden kann. Dies wird oft als Vorteil dieses Verfahrens dargestellt (Hicks 1994; Pennings u.a. 1999: 212-217). Nicht selten sind die politisch-institutionellen Indikatoren jedoch nach wie vor zu unscharf oder zu sehr generalisiert, um ihre Variation im Zeitverlauf valide interpretieren zu können. Des Weiteren sind selbst „harte“ ökonomische Variablen wie die Wachstumsrate, die Arbeitslosenquote oder die Inflationsrate notorisch unscharf und abhängig von – auch politisch bedingten – Änderungen ihrer Definition und daher keineswegs von jener Qualität, die notwendig ist, um aus der Zeitreihendimension der kombinierten Zeitreihen-Querschnittanalyse valide Inferenzen ableiten zu können.

Hinzu kommt das Problem der begrifflichen Konzeptualisierung und Operationalisierung komplexer politischer Phänomene in verschiedenen Kontexten. An dieser Stelle muss die Bemerkung reichen, dass eine empirische Analyse von Hypothesen, die aus einer in sich konsistenten Theorie abgeleitet werden, nur dann gehaltvoll sein kann, wenn die theoretischen Begriffe klar definiert und voneinander abgegrenzt werden. Die in der vergleichenden Politikwissenschaft immer wieder auftauchende Verwässerung von theoretischen Begriffen durch *conceptual stretching* hat nicht dazu beigetragen, theoretische Rückschlüsse aus empirischen Befunden zu vereinfachen (siehe dazu am Beispiel des „Vetospieler“-Begriffs: Ganghof 2002b). Gerade im letzten Jahrzehnt war die Frage der Begriffsbildung (*concept formation*) Gegenstand einer umfangreichen und fruchtbaren Diskussion (siehe dazu Adcock/Collier 2001; Collier/Mahon 1993; Locke/Thelen 1995; van Deth 1998; Johnson 2002; siehe schon Sartori 1970, 1984). Während im Längsschnitt vorwiegend das Messproblem die quantitative Analyse behindert, sind es im Querschnitt darüber hinaus die Probleme der Vergleichbarkeit komplexer Phänomene, die sich in mehr als einer Dimension unterscheiden und daher die inhaltliche Bedeutung eines geschätzten Koeffizienten unklar werden lassen.

Außerdem hängt die Glaubwürdigkeit der Ergebnisse der statistischen Analyse kritisch von der Angemessenheit der Methode ab. Die komplexeren ökonometrischen Verfahren werden jedoch zur Zeit noch unzureichend verstanden. Daher ist die Hervorhebung der methodischen Aspekte in der Debatte eine folgerichtige Entwicklung. Sie führt jedoch in eine Sackgasse. Deutlich weniger Beachtung als die methodischen Aspekte finden in der quantitativen Analyse hingegen funktionale Äquivalente, Kontingenzen und fallspezifische Differenzierungen. Vielfach würde die Berücksichtigung solcher Komplexitäten die quantitative Analyse *ad absurdum* führen, weil bei der gegebenen Fallzahl sehr schnell nur mehr ein einziges Land eine bestimmte Konstellation von Faktoren aufweist und viele Konstellationen rein rechnerisch gar keine empirische Entsprechung haben können (Shalev 1998). Bei Anwendung eines ausgefeilten Forschungsdesigns verhindert dies oft jede Chance auf eine quantitative Analyse (Ganghof 2001).

Obwohl die korrekte Modellspezifikation unabdingbar ist, damit es sich überhaupt lohnt, über Ergebnisse der Analyse zu diskutieren, geht die theoretische Debatte vielfach dabei verloren. Letztlich lassen sich Kausalzusammenhänge nicht durch (partielle) Korrelationen beweisen – lediglich die Abwesenheit einer Korrelation kann als Hinweis auf eine Inkonsistenz zwischen einer Hypothese und den Daten gedeutet werden. Damit verbleibt die Beweislast aber auf der Ebene der Theorie. Die Potenziale einer stringenteren theoretischen Analyse müssen vor dem Griff zu den Daten wesentlich besser ausgereizt werden als dies bisher der Fall war.

Fassen wir die bisherigen Überlegungen zusammen. Die quantitative Wende in der vergleichenden Politischen Ökonomie hat dazu beigetragen, dass heute die empirische Überprüfung theoretischer Argumentationen selbstverständlich ist. Die rein normativ orientierte Politische Ökonomie ist damit zwar keineswegs gegenstandslos geworden, sie muss ihren Platz aber mit empirisch-analytischen Studien teilen. Heute entscheidet sich die Güte einer Theorie an ihrer Bewährung in der empirischen Analyse und das soll auch nicht mehr in Frage gestellt werden. Allerdings teilt die empirische Forschung mit der normativen Analyse eine zu einseitige Betonung entweder der Theorie oder der Empirie. Der Schritt zur empirischen Überprüfung aber war insofern übereilt, als die „positive" (im Sinne eines Gegenpols zur „normativen") Theorieentwicklung mit der empirischen Forschung nicht mehr mithalten konnte. Damit hat die quantitative Wende zwar wichtige Impulse zur Weiterentwicklung gesetzt, jedoch – sozusagen als „unintendierter Nebeneffekt" – wesentlich zur gegenwärtigen Orientierungskrise der vergleichenden Politischen Ökonomie beigetragen. Nachdem nun deutlich ist, dass die ökonometrische Analyse der Daten nicht die erhoffte Entscheidung über die Angemessenheit verschiedener Hypothesen gebracht hat, ist die Grundlage gelegt, in einem nächsten Schritt wieder stärker auf theoretischer Ebene weiterzuarbeiten. Dies impliziert jedoch nicht, dass die empirische Analyse – sei sie quantitativ oder qualitativ – an Bedeutung verliert. Sie bleibt ein zentraler Bestandteil der Forschung, da nur über sie der Realitätsbezug hergestellt werden kann. Ebenso bedeutet dies nicht, dass von der Nutzung quantitativer Verfahren wie der kombinierten Zeitreihen-Querschnittanalyse abzusehen ist. Sie sind nützliche Analyseinstrumente für ganz bestimmte, eng umrissene Fragestellungen und gehören neben qualitativen Verfahren in die „Werkzeugkiste" jedes vergleichenden Forschers. Vielmehr ist der Entwicklung in sich konsistenter theoretischer Aussagen wesentlich mehr Aufmerksamkeit zu schenken als dies bisher geschehen ist. Es genügt nicht, verschiedene theoretische Ansätze nebeneinander zu stellen und „gegeneinander zu testen“. Wenn die Datenanalyse keine klaren Aussagen zulässt, kann die Diskussion nur auf theoretischer Ebene erfolgen. Das heißt, letztlich entscheidet nicht die statistische Signifikanz von Koeffizienten, sondern die logische Konsistenz von Theorien über die Güte von Hypothesen. Die Daten können diese Entscheidung nur unterstützen, nicht selbstständig tragen. Die Politische Ökonomie hat ein großes Potenzial, an den gesellschaftlichen Stellenwert, den sie hatte, bevor sich die verschiedenen Fachdisziplinen ausdifferenzierten und die Ökonomie die Leitfunktion übernahm, anzuschließen, wenn es gelingt, den empirisch-analytischen Ansatz auf ein stabileres theoretisches Fundament zu stellen.

Als Folge sowohl des oftmaligen Fehlens einer klaren, theoretischen Fundierung als auch der ökonometrisch oft mangelhaften Spezifikation der Modelle bleibt die inhaltliche Diskussion also regelmäßig im Ungewissen. Wenn man weder über genaue theoretische Erwartungen noch über verlässliche Parameterschätzungen verfügt, ist es schwer, Schlüsse aus den empirischen Ergebnissen zu ziehen. Vor diesem Hintergrund ist die Vielzahl und Widersprüchlichkeit der empirischen Ergebnisse somit nicht verwunderlich.

3.2. Potenziale der Formalisierung

Das theoriebezogene Entwicklungspotenzial der vergleichenden Politischen Ökonomie wurde etwa zeitgleich mit den Möglichkeiten quantitativer Verfahren erkannt; die zwei Innovationen wurden jedoch lange relativ unabhängig voneinander weiterentwickelt. Erst in jüngster Zeit vereinigt eine neue Generation von Forschern, die ihre Ausbildung in beiden Bereichen erhalten hat, den Anspruch auf eine stringente theoretische Argumentation mit umfangreichen empirischen Analysen, bei denen sie versuchen, quantitative und qualitative Verfahren zu kombinieren (Hall/Franzese 1998; Iversen 1999). Jedoch gelingt es selbst diesen in der vergleichenden Politischen Ökonomie hoch gefeierten Analysen nicht unbedingt, die ersehnte Anerkennung durch die Wirtschaftswissenschaft (Garrett 1998: 10) zu erlangen (Goff 2000).

Die Entwicklung stringenterer Theorien fand in erster Linie durch zunehmende Formalisierung der Argumentation statt. Bis in die 1980er Jahre ist die theoretische Literatur in der vergleichenden Politischen Ökonomie eher diskursiv angelegt. Sogar in der *public choice*-Literatur und in der Makroökonomie allgemein anerkannte Werke (Olson 1998; Hirschman 1970) präsentieren ihre – an sich relativ leicht formalisierbaren – Überlegungen ausschließlich verbal. Heute hat sich das Bild gewandelt. Immer mehr – und vor allem die vielzitierten und damit richtungsweisenden – Beiträge enthalten ein formales Modell, mit dessen Hilfe Verhaltenserwartungen der Akteure mathematisch abgeleitet werden. Dies impliziert keineswegs, dass nichts anderes mehr gemacht wird. Aber je mehr Anerkennung dieser Zugang erhält, desto stärker sind diejenigen, die eine nichtformalisierte Darstellung ihres Arguments vorziehen, einem Rechtfertigungsdruck ausgesetzt.

Die Formalisierung der Politischen Ökonomie ist zum einen eine Folgewirkung des zunehmenden Interesses von Ökonomen für die politischen und institutionellen Rahmen wirtschaftlicher Prozesse. Die als unzureichend empfundene empirische

Erklärungskraft makroökonomischer Modelle sollte durch Einbeziehung politischer Faktoren verbessert werden und so lag es nahe, letztere in einer Weise zu konzeptualisieren, die ihre Inklusion in die Modelle ermöglichte. Inzwischen sind diese Ansätze so weit fortgeschritten, dass erste Versuche unternommen werden, die in spezialisierten Zeitschriften verstreuten Beiträge zu kanonisieren und in Lehrbuchform zusammenzufassen (Persson/Tabellini 2000; Drazen 2000). Für die Politikwissenschaft ist diese „Landnahme" der Makroökonomie eine zentrale Herausforderung, der sie sich heute nicht mehr wie noch vor zehn Jahren mit dem Verweis auf die mangelnde Realitätsnähe der von den Ökonomen vorgeschlagenen Modelle entziehen kann. Diese „ökonomische Wende" (Levi 2000) bietet eine Reihe von Anknüpfungspunkten für Weiterentwicklungen und Anwendungen im Sinne der theoriegeleiteten empirischen Forschung.

Zum anderen ist die Formalisierung aber auch ein Resultat eigenständiger politikwissenschaftlicher Formalisierungsbestrebungen, die unter den Stichworten *positive Politische Theorie* und *analytische Politikwissenschaft* zu finden sind (Ordeshook 1986; Hinich/Munger 1997; Austen-Smith/Banks 1998). Die Analyse politischer Entscheidungssituationen und -prozesse erfolgt auf der Grundlage von spieltheoretisch fundierten Modellen. Im Zentrum steht die Analyse von Kollektiventscheidungen – Wahlen, strategische Interaktionen in nichtkooperativen Entscheidungssituationen und Kooperationsbedingungen – und der Institutionen, die diesen Entscheidungen einen Rahmen geben. Ihre grundlegenden Theoreme bezieht dieser Ansatz ebenso wie die positive Politische Ökonomie aus der Theorie rationaler Wahlhandlungen (*rational choice [RC-] theory*) (siehe z. B. Tsebelis 1990), die neben strukturalistischen und kulturalistischen Zugängen zur Institutionenforschung einer der drei Pfeiler der modernen Theorie politischer Institutionen ist (siehe Hall/Taylor 1996; Immergut 1998; Thelen 1999).

Die Attraktivität der Theorie rationaler Wahlhandlungen rührt von der relativ einfachen Modellierbarkeit der Rationalitätsannahme her. Rationales Handeln bedeutet in diesem Zusammenhang zielbewusstes, zweckgerichtetes Handeln. Hierbei wird angenommen, dass Individuen Präferenzen zu politischen *outcomes* haben und ihr Handeln auf die Maximierung ihres Nutzens aus den *outcomes* unter den institutionell gegebenen Rahmenbedingungen ausrichten. Das Problem kollektiver Entscheidungen folgt aus der Unmöglichkeit, individuelle Präferenzen eindeutig zu kollektiven Präferenzen zu aggregieren (Condorcet-Paradoxon, Arrows Theorem). Alle Analyseansätze, die von der RC-Theorie ausgehen und in der *social choice*-Tradition stehen, wie die positive Politische Ökonomie, der *public choice*-Ansatz und die positive Politische Theorie, beschäftigen sich daher mit der Frage, wie Aggregationsmechanismen funktionieren und welche Folgen sie haben. Die Unterschiede zwischen den Ansätzen betreffen Nuancen und erschließen sich aus ihren Forschungsschwerpunkten. Die positive Politische Ökonomie ist vornehmlich an den *outcomes* interessiert und analysiert die durch die Einbeziehung politischer Faktoren induzierte Veränderung ökonomischer Gleichgewichte. Die Methode ist rein ökonomisch, wobei angenommen wird, politische Phänomene unterliegen letztlich denselben Handlungs- und Aggregationslogiken aus individuellen Präferenzen wie ökonomische Phänomene (Persson/Tabellini 2000: 2; Drazen 2000: 4). Der *public choice*-Ansatz verlagert den Schwerpunkt stärker auf die politischen Institutionen und problematisiert deren Bestandsbedingungen, behält aber die Prämisse bei, dass die ökonomische Logik ebenso in der Politik anwendbar ist. Manche ihrer Vertreter definieren sie schlicht als die Anwendung wirtschaftswissenschaftlicher Analysekonzepte auf politikwissenschaftliche Fragestellungen (Mueller 1989). Die positive Politische Theorie schließlich konzentriert sich auf die strategischen Interaktionen zwischen Akteuren und untersucht individuelle Entscheidungen unter der Bedingung der Existenz anderer, sich strategisch verhaltender Akteure. Materielle *outcomes* sind zwar relevant, stehen aber weniger stark im Zentrum der Analyse als in der positiven Politischen Ökonomie. Unter Zuhilfenahme vor allem der nichtkooperativen Spieltheorie werden die Effekte der institutionellen Ausgestaltung der Entscheidungssituation auf politische Entscheidungslogiken untersucht (Ordeshook 1986; Hinich/Munger 1997).

In der empirisch-vergleichenden Politischen Ökonomie wurden diese Entwicklungen bisher nur punktuell und marginal zur Kenntnis genommen. Zumeist wurden einzelne im Rahmen dieser Ansätze entwickelte Hypothesen aufgegriffen und daraus abgeleitete Variablen in das statistische Modell eingefügt. Nur selten wurden jedoch die theoretischen Modelle, die den Hypothesen zu Grunde liegen, und ihr Stellenwert relativ zueinander explizit berücksichtigt (Johnson 2002). Damit zieht sich die empirisch-analytische Forschung auf eine rein konsumptive Haltung gegenüber den Theorien zurück und beschränkt ihr Ziel darauf, ähnlich der Stiftung Warentest die Güte verschiedener Konkurrenzprodukte zu testen. Fragen wie das Problem der Überdetermination eines Modells oder die potenzielle wechselseitige Abhängigkeit der Erklärungsfaktoren in einem Modell bleiben dabei allerdings weitgehend ausgeblendet.

Zum Teil kann diese Zurückhaltung gegenüber formalen Modellen auf begründete Vorbehalte zurückgeführt werden. Die Annahmen der Theorie rationaler Wahlhandlungen sind einerseits sehr restriktiv, indem sie ausschließlich nutzenmaximierendes Verhalten zulassen, und andererseits überaus optimistisch, wenn es um die Messbarkeit von Präferenzen geht. Empirisch beobachtbare „offengelegte Präferenzen“ (*revealed preferences*), auf die sich diese Ansätze gerne stützen, sind jedenfalls keine solide Basis für empirische Untersuchungen, weil sie selbst schon Entscheidungen auf Basis strategischer Interaktionen sind und die Erklärung von Entscheidungen aus offengelegten Präferenzen daher tautologisch wird. Die Trivialität und mangelnde empirische Überprüfbarkeit vieler Hypothesen, die aus der Theorie rationaler Wahlhandlungen abgeleitet werden, ist für viele ein Grund, den Ansatz als Gesamtheit abzulehnen, obwohl die ursprüngliche Fassung dieser Kritik (Elster 1982: 477; Green/Shapiro 1994) darauf abzielte, seine Defizite zu benennen und diese damit durch eine intensivere Berücksichtigung der empirischen Analysierbarkeit einer Verbesserung zugänglich zu machen. Auch wenn man unzufrieden sein kann über die empirische Performanz der RC-Theorie, als Analyseansatz hat sie wenig überzeugende Konkurrenz in der gleichzeitigen Optimierung der Konsistenz von theoretischen Aussagen und von empirisch untersuchbaren Ableitungen (Friedman 1996; Cox 1999).

Eine zweite ernst zu nehmende Kritik trifft vor allem wichtige Annahmen, die der in der positiven Politischen Theorie zentralen räumlichen, zumeist euklidischen Konzeption von Präferenzen (*spatial models*) zu Grunde liegen. Dies ermöglicht es, durch die mehrdimensionale Darstellung von Präferenzordnungen analytische Lösungen für Interessenkonflikte in Akteurskonstellationen zu finden. Solche Modelle setzen zwei Annahmen voraus: induzierte Politikpräferenzen sind separierbar und unabhängig von Änderungen externer Faktoren. Beide Annahmen sind „stark“ in einem doppelten Sinn. Zum einen erleichtern sie die Analyse wesentlich, zum anderen bedeuten sie eine deutliche Einschränkung der Anwendbarkeit der Modelle. Beide Annahmen lassen sich jedoch nicht eindeutig aus mikroökonomischen Axiomen ableiten (Milyo 2000), wodurch die Schnittstelle zwischen der positiven Politischen Theorie und der ökonomischen Theorie in Frage gestellt ist. Über die Nützlichkeit solcher Modelle für rein politikwissenschaftliche Zwecke ist damit aber noch keine Aussage getroffen. Neuere Entwicklungen setzen allerdings genau bei den kritisierten Punkten an: sowohl veränderliche Rahmenbedingungen – und damit veränderliche Präferenzen – als auch nichtseparierbare Präferenzen werden heute diskutiert (Tsebelis 1990: 92-118; Hinich/Munger 1997: 166-171).

Andere haben noch fundamentalere Vorbehalte, die sich gegen die Formalisierung der Theorie selbst richten. Soweit diese Ablehnung nicht in einer unzureichenden wissenschaftlichen Grundausbildung, die weder Mathematik noch formale Logik enthält, gründet, ist sie ernst zu nehmen, weil sie eine Grundfrage des Ziels politikwissenschaftlicher Forschung berührt. Hat sich die Politikwissenschaft an den Naturwissenschaften zu orientieren und in sich konsistente und empirisch überprüfbare Aussagen über die politische Dimension der sozialen Welt zu generieren? Oder sind politische Fragestellungen grundsätzlich einem szientistischen Ansatz nicht zugänglich und die Referenz ist im kulturwissenschaftlichen Bereich zu suchen (siehe dazu u.a. Wildavsky 1992; Smelser 1992)? Für die erste Perspektive spricht, dass der Anspruch der empirisch-analytischen Politikwissenschaft in der Überprüfung der aus der Theorie abgeleiteten Hypothesen besteht. Der Unterschied zu den Naturwissenschaften liegt weniger im Anspruch und in der Methode, sondern in der ungleich höheren Komplexität des Gegenstandes: „Gott gab die einfachen Fragen der Physik“ (Bernstein u.a. 2000). Für die zweite Sichtweise spricht genau die Komplexität des Gegenstandes, die es – so könnte man behaupten – grundsätzlich unmöglich macht, der naturwissenschaftlichen Vorgehensweise der Vereinzelung von Kausalfaktoren und ihrer anschließenden empirischen Analyse zu folgen. Dies führt letztlich zu einem diskursiv-reflexiven und interpretativen Zugang, wie er zum Beispiel in den Geschichtswissenschaften üblich ist.

All diese Vorbehalte ändern jedoch nichts an der grundlegenden Forderung, empirische Analysen nicht auf Basis von *ad-hoc* Annahmen oder als Ergebnis der eklektischen Anhäufung einer Vielzahl verschiedener Hypothesen vorzunehmen, sondern vorher in sich konsistentere Theorien zu entwickeln. Insofern wurde die Forderung nach empirischer Überprüfung der Ableitungen aus der RC-Theorie zu einem Zeitpunkt gestellt, an dem die Theorieentwicklung des RC-Ansatzes noch nicht weit genug fortgeschritten war, um diesem Anspruch tatsächlich gerecht zu werden. Auch heute sind viele theoretische Ableitungen noch zu umstritten, um entscheidende empirische Befunde zu generieren, obwohl durchaus auch Erfolge vermeldet werden (Cox 1999). Allerdings sollte der Blick auf die empirischen Daten nicht fehlen, um zu vermeiden, dass sich Debatten über formale Modelle – wie es häufig der Fall ist – in von der Realität völlig abgehobene Detailverästelungen der Implikationen bestimmter Annahmen verlieren. Kritik, die sich auf die unzureichende Berücksichtigung realweltlicher Bedingungen in den – naturgemäß abstrahierenden – formalen Modellen bezieht, stellt nicht die Formalisierung als solche in

Frage, sondern ist eine Herausforderung an sie, unrealistische Annahmen zu verändern. Ebenso wie der Befund, dass die Physik Newtons die Bewegung der Himmelskörper nicht korrekt beschreibt, dazu geführt hat, dass das formale Modell realistischer gestaltet und der Geltungsbereich des bestehenden Modells eingeschränkt, aber die grundsätzliche Vorgehensweise nicht in Frage gestellt wurde, so bedeuten die genannten Vorbehalte gegenüber der RC-Theorie nicht, dass die formale Modellierung als solche falsch ist, sondern nur, dass die Abstraktion unterkomplex ist. Ob es möglich ist, menschliches Verhalten so weit durch Abstraktion einer formalen Modellierung zugänglich zu machen, dass es gelingt, empirische Erwartungen zu generieren, ist nach wie vor offen. Vielleicht ist die zwischenmenschliche Interaktion so komplex, dass es nicht gelingt, ausreichend realistische Modelle zu generieren. Wenn aber formale Modelle aus diesem Grund abgelehnt werden müssen, dann erübrigt sich zugleich das Bestreben, empirische Beobachtungen mit Hilfe statistischer Verfahren zu erklären, weil statistische Modelle nicht losgelöst von formalen theoretischen Modellen existieren können.

Es geht also um die Antwort auf die Frage, ob menschliches Verhalten für modellierbar gehalten wird oder nicht. Wenn diese Frage mit „ja" beantwortet wird, wie dies explizit die sich an der RC-Theorie orientierenden Ansätze tun, aber implizit auch *alle* Analysen, die mit Regressionsmodellen arbeiten, dann muss auch der ganze Weg über die Formulierung eines in ein breiteres Theoriegebäude eingebetteten theoretischen Modells gegangen werden. Einen direkten Weg in die „empirische Modellierung" gibt es nicht. Aus den Erfahrungen der quantitativ vorgehenden vergleichenden Forschung ist die Lehre zu ziehen, dass derjenige, der versucht, eine Abkürzung zu nehmen, schnell im Sumpf der Ambivalenzen und Widersprüchlichkeiten der empirischen Befunde aus der ökonometrischen Analyse versinkt. Die Theorie kann somit als eine Art Landkarte der *empirischen Sümpfe* betrachtet werden, die aus logischen Ableitungen erzeugte Vermutungen über gangbare Wege und unergründliches Dikkicht enthält. Obwohl die Modellierung grundsätzlich auch verbal möglich ist, hat die formale Modellierung den Vorteil, zum einen die theoretische Aussage eindeutig und kritisierbar in einer auf die wesentlichen Elemente abstrahierten Gestalt zu formulieren und zum anderen unmittelbar in ein empirisches Modell übersetzbar zu sein, das der statistischen Analyse zugänglich ist. Der *trade-off* ist allerdings klar: Je einfacher und in sich konsistenter ein formales Modell ist, desto geringer ist seine Kapazität, die Komplexität der Realität zu erfassen.

4. Perspektiven des politikwissenschaftlichen Zugangs zur Politischen Ökonomie

Die Politikwissenschaft zeichnet sich durch einen eigenen inhaltlichen Forschungskatalog aus, war bisher aber nicht in der Lage, ein allgemein anerkanntes, gemeinsames analytisches Programm zu entwickeln. Weder in Fragen der Theoriebildung noch in Zugängen zur Datenanalyse besteht Einigkeit. Dieser Pluralismus wird von vielen als befruchtend angesehen. Bis zu einem gewissen Grad ist er es auch und hat damit seine Berechtigung – ebenso wie in der Wirtschaftswissenschaft jene, die sich nicht dem theoretischen und methodischen Kanon der neoklassischen Gleichgewichtsanalyse beugen wollen, ihren Platz haben, wenn auch oft eher als Außenseiter oder marginalisiertes kritisches Gewissen der Disziplin (Klein 1996). Aber in dem Ausmaß, wie aus Pluralismus Beliebigkeit wird, sinkt die Fähigkeit einer wissenschaftlichen Disziplin zur Bildung einer nach außen wahrnehmbaren Identität, aus der die Berechtigung ihrer Existenz abgeleitet werden kann. Der heftige Einbruch der Wirtschaftswissenschaft in traditionelle Forschungsbereiche der Politikwissenschaft wie Parteienkonkurrenz und politische Institutionen erfolgt mit einem umfassenden Anspruch, der die politikwissenschaftliche Analyse dieser Gegenstände in die Defensive drängt. Dieser Anspruch muss ernst genommen werden und er erfordert eine Neubestimmung und -besinnung des politikwissenschaftlichen Beitrags zur Politischen Ökonomie.

Jedenfalls wäre es falsch, zu versuchen, die Wirtschaftswissenschaft auf ihrem eigenen Feld schlagen zu wollen. Ökonomen sind ausgebildet, um Märkte und ihre Gleichgewichte zu analysieren, und es hat keinen Sinn, als Politikwissenschaftler zu versuchen, die Ökonomen auf diesem Gebiet zu übertrumpfen. Ebenso falsch wäre es aber, die „Landnahme“ der Ökonomen zu ignorieren. Dass die Wirtschaftswissenschaft begonnen hat, politische Prozesse zu analysieren, liegt zum größten Teil am mangelnden Angebot entsprechender mit ökonomischen Fragestellungen verknüpfbarer Konzepte aus der Politikwissenschaft. Allerdings hat auch die Politikwissenschaft, vor allem im Bereich der Policy-Analyse, begonnen, bisher als ökonomisch angesehene Fragestellungen zu analysieren. Insofern steht der theoretischen und methodischen Erweiterung der Wirtschaftswissenschaft eine inhaltliche Erweiterung der Politikwissenschaft gegenüber. Dies rückt die Frage der Aufgaben der zwei die Politische Ökonomie konstituierenden Disziplinen in den Mittelpunkt.

Eine Standortbestimmung der Politikwissenschaft in der Politischen Ökonomie lässt sich mit Hilfe der Unterscheidung zwischen Wirkungs- und Ursachenforschung – oder X-zentrierter und Y-zentrierter Forschung – begründen (King u.a. 1994: 29; Gerring 2001: 137; Ganghof 2002a). Ein an den Ursachen bestimmter *outcomes* orientierter Zugang entwickelt seine Hypothesen von Y nach X und sucht nach Kausalerklärungen für die Variation des Explanandums. Allerdings gerät er dabei rasch einerseits in einen infiniten Regress und andererseits in eine nicht mehr überschaubare Expansion der Zahl der Erklärungsfaktoren (Scharpf 2000b: 56-58). Auch wenn die Politikwissenschaft – vor allem die Policy-Forschung – letztlich an den Ergebnissen politischer Entscheidungen interessiert ist, in der Politischen Ökonomie ist ihr Standort jedoch auf der Seite des Explanans: im Mittelpunkt steht ein abgegrenzter Satz von Erklärungsfaktoren wirtschaftlicher Performanz – die politisch-institutionellen Faktoren. Das heißt, die politikwissenschaftliche Perspektive auf die Politische Ökonomie geht von ganz bestimmten Erklärungsfaktoren (X) aus und blickt auf wirtschaftliche Folgewirkungen (Y). Andere Faktoren, die bei einer Y-zentrierten Blickrichtung gleichberechtigt neben den politischen Faktoren stehen, sind aus X-zentrierter Sicht externe Störfaktoren.

Aber der auf theoretischer Ebene X-zentrierte Ansatz riskiert auf der Ebene der empirischen Analyse unversehens in eine Y-zentrierte Perspektive umzuschwenken, sobald versucht wird, den Kausalzusammenhang mit Hilfe von Regressionsmodellen zu untersuchen. Denn diese sind nun einmal dazu da, die Variation einer Variablen mit Hilfe der Variation einer Gruppe von anderen Variablen zu „erklären“ – „The regression method describes how one variable depends on another“

(Freedman u.a. 1998: 158) – und damit für den Blick vom Ergebnis auf die Erklärungsfaktoren konzipiert. Denn die Parameterschätzung erfolgt auf der Basis der Minimierung der (Summe der quadrierten) Residuen, also der durch die unabhängigen Variablen nicht erklärten Varianz der abhängigen Variable. Auch wenn der Determinantionskoeffizient (R^2) heute zu Recht nicht mehr im Zentrum des Interesses steht (siehe King 1986; Luskin 1991; King 1991), basiert die Berechnung der Koeffizienten und Standardfehler auf der Annahme, dass es darum geht, die Varianz der abhängigen Variablen zu erklären. Hinzu kommt das Problem des *omitted-variable bias* in den Parameterschätzungen, sobald eine relevante Variable fehlt (King u.a. 1994: 168-175; Greene 2000: 334-337). Die einzige ökonometrisch valide Lösung des Problems ist die Inklusion der fehlenden Variablen in das Modell. Aber auch die beste bestehende Theorie kann keine Antwort auf die Frage geben, ob wirklich alle relevanten Variablen berücksichtigt worden sind. Abgesehen vom dadurch erzeugten grundsätzlichen Dilemma führt auch dieses Problem zur Konzentration auf die Erklärung der abhängigen Variablen. Das heißt, die Analyse mittels Regressionstechniken verleitet dazu, Hypothesen vom Ergebnis her zu formulieren: „Womit kann die Varianz von Y erklärt werden?" anstelle von „Welche Varianz erklärt X?". Sie bewirkt damit eine Anpassung der Fragestellungen der Politikwissenschaft an jene der Wirtschaftswissenschaft, und der politikwissenschaftlich ausgebildete Politische Ökonom befindet sich unvermittelt unter seinen ökonomisch ausgebildeten Kollegen, die seine Analysen aufgrund mangelnden ökonomischen Fundaments der Modelle entweder ignorieren oder aber heftigst kritisieren.

Die Debatte über diese Problematik hat in der vergleichenden Politischen Ökonomie in jüngster Zeit zur Suche nach neuen Perspektiven geführt. Einige Ansätze, die im Zuge der allgemeinen Debatte über den Stand der Theorieentwicklung in der vergleichenden Politikwissenschaft diskutiert werden (siehe dazu Kholi u.a. 1995), haben durchaus Potenzial, dem politikwissenschaftlichen Zugang zur Politischen Ökonomie nicht nur eine neue Orientierung zu geben, sondern darüber hinaus auch klarer zu definieren, wo die Grenzen des ökonomischen Zugangs zu politikwissenschaftlichen Fragestellungen in der Politischen Ökonomie liegen. Dazu ist es zunächst notwendig, auf abstrakter Ebene Bedingungen zu identifizieren, die ein politikwissenschaftlicher Zugang zur Politischen Ökonomie konzeptionell und methodisch erfüllen muss (siehe zu den folgenden Punkten u.a. Hall 2002; Scharpf 2000a; Thelen 1999; Pierson 2000).

- Politische Entscheidungen haben Ereignischarakter. Das heißt, *outcomes* entstehen nicht aus der *ex post* Aggregation der Summe einer Vielzahl von individuellen Entscheidungen am Markt, sondern sind Resultat einer *ex ante* Aggregation der individuellen Präferenzen, die als Optionen verschiedener Interessengruppen (Parteien, Verbände) in den politischen Prozess eingebracht werden. Damit sind sie Ergebnis eines einmaligen, kollektiven Entscheidungsvorgangs auf der Systemebene.
- Die zeitliche Abfolge politischer Ereignisse hat Auswirkungen auf die bei bestimmten Entscheidungen zur Verfügung stehenden Optionen. Frühere Entscheidungen begünstigen bestimmte Möglichkeiten und schließen andere aus. Daraus folgt, dass jeder zwischenstaatliche Vergleich von Entscheidungen den gesamten Kontext und die Historizität der Entscheidungen berücksichtigen muss.

- Die mit dem Konzept der „Pfadabhängigkeit“ erfassten Phänomene des *lock-in* und der *increasing returns* sind wesentliche Elemente der Politik. Politische Entscheidungen sind nicht einfach umkehrbar und eignen sich damit nur in jenen Bereichen, die als Markt konzipierbar sind (und auch dort eher beschränkt), für eine ökonomisch angeleitete Gleichgewichtsanalyse. Dies bedeutet, dass im Gegensatz zu ökonomischen Modellen, in denen das Auf und Ab von Variablen im Zeitverlauf unmittelbare Auswirkungen auf andere Variablen hat, nicht erwartet werden kann, dass das Auf und Ab politischer Variablen, die noch dazu selbst wesentlich weniger volatil sind als ökonomische Variablen, unmittelbare Bewegungen ökonomischer Variablen auslöst. Nicht ohne Grund konzentriert sich die ökonomische Analyse der Politik vornehmlich auf einen Bereich, in dem Gleichgewichte vorkommen: demokratische Wahlen und die Implikationen verschiedener Institutionen für Wahlergebnisse und Politikresultate.
- Der Zeithorizont politischer Entscheidungen ist nicht systematisch definiert. Während das Rationalitätspostulat gemeinsam mit der individuellen Entscheidungslogik in der Wirtschaftswissenschaft erlaubt, in dynamischen Modellen relativ konzise Annahmen über „typische“ Verzögerungseffekte in Kausalzusammenhängen zu unterstellen, steht der kollektiven Entscheidung jeder Zeithorizont offen, da der Zeitpunkt, ab dem Effekte auftreten sollen, weitgehend beliebig gewählt werden kann. Daher muss der politikwissenschaftliche Zugang zur Politischen Ökonomie die zeitliche Struktur dynamischer Anpassungsprozesse explizit mit untersuchen. Diese variieren sowohl in Zeit als auch in Raum.
- Der Effekt politischer Faktoren auf ökonomische Variablen ist kontingent und indirekt. Politische Kollektiventscheidungen bestimmen einen Teil der Rahmenbedingungen ökonomischer Individualentscheidungen. Daher wird die Suche nach eindeutigen statistischen Korrelationen mit makroökonomischen Indikatoren durch eine Vielzahl intervenierender Faktoren beeinträchtigt. Dies impliziert die Notwendigkeit, kurze Kausalketten zu formulieren und zu analysieren, wodurch generalisierten Schlussfolgerungen und allgemeinen Aussagen das analytische Fundament fehlt.

Um diesen Charakteristika der politikwissenschaftlichen Perspektive gerecht zu werden, lohnt sich ein Blick auf die Unterscheidung zwischen *problemorientierter* und *interaktionsorientierter* Policy-Forschung (Scharpf 2000b: 32-36). Sie liegt insofern quer zur Unterscheidung zwischen X- und Y-zentrierter Forschung als es hier nicht um die forschungsstrategische Ausrichtung sondern um die inhaltliche Fokussierung geht. Dennoch decken sich die zwei Unterscheidungen in der Politischen Ökonomie zu einem gewissen Grad: Der Kern der empirisch orientierten Politikwissenschaft ist die Interaktionsanalyse. Sie untersucht eine begrenzte Zahl von individuellen, kollektiven und korporativen Akteuren, die zweckgerichtet in wechselseitiger Abhängigkeit handeln, um die eigenen Ziele im Rahmen einer kollektiven Entscheidung durchzusetzen oder zumindest zu optimieren. Dies bedeutet nicht, dass das im Zentrum der Interaktionen stehende inhaltliche Problem in der politikwissenschaftlichen Analyse keine Rolle spielen dürfe, im Gegenteil: Da die interagierenden Akteure bestimmte Präferenzen und Ziele haben, ist die Analyse der *outcomes* unabdinglich. Aber in der Politischen Ökonomie sind die *outcomes* vornehmlich Gegenstand der ökonomischen Analyse und das sollte die Politikwissenschaft anerkennen und berücksichtigen, ohne sich deswegen allerdings vom Anspruch zurückzuziehen, letztlich Kausalzusammenhänge zwischen den strategischen Interaktionen und den *outcomes* herzustellen.

Neben dem Inhalt der Entscheidung sind Akteure und Institutionen die zentralen Elemente der politikwissenschaftlichen Analyse in der Politischen Ökonomie (Scharpf 2000b). Zweckorientierte Akteure mit veränderlichen Präferenzen und Ansichten (Hall 1997) interagieren in variierenden Zusammenstellungen strategisch im Rahmen von ihnen vorgegebenen Institutionen, die ihre Ziele konditionieren und ihre Optionen auf ein spezifisches Bündel einschränken. Zugleich sind Institutionen jedoch Resultat vorangegangener kollektiver Entscheidungen politischer Akteure und damit selbst Veränderungen unterworfen (Thelen 1999). Diese Charakterisierung zeigt die enorme Komplexität, mit der eine politikwissenschaftliche Analyse konfrontiert ist. Obwohl die grundsätzliche Rationalitätsannahme eine durchaus zweckmäßige Abstraktion ist, entfernen sich ihre weitergehenden Spezifikationen, die der Vereinfachung der formalen Analyse in RC-Ansätzen dienen, zunehmend von den Bedingungen, die aus politikwissenschaftlicher Sicht relevant sind. Annahmen wie Identität der Akteure im Zeitverlauf, konstante Präferenzen und Ansichten, sowie stabile Institutionen erleichtern die formale Modellierung wesentlich und werden daher üblicherweise als gegeben betrachtet. Genau dies macht die RC-Ansätze aber angreifbar. Konzepte wie *bounded rationality*, „positive Rückkoppelung“, „kritische Wendepunkte“ und „schleichender Wandel“ verweisen auf die Unzulänglichkeit einer stark vereinfachten, statischen und variablenzentrierten Modellierung und heben die Bedeutung der historischen und prozessualen Zeit und der Sequenz von Ereignissen hervor (Jones 1999; Pierson 2000; Thelen 2002).

Ein möglicherweise erfolgsversprechender, wenn auch hinsichtlich seiner Implementierbarkeit bisher kaum erforschter Zugang liegt in der expliziten Anerkennung der Relevanz aller drei in der Politikwissenschaft zentralen Perspektiven auf Institutionen (Hall/Taylor 1996; Immergut 1998). Sowohl die Rationalitätsannahmen zu den Akteuren im RC-Institutionalismus, die Betonung der Entwicklung von politischen Institutionen im historischen Institutionalismus als auch die These der Veränderlichkeit hegemonialer Ideen im kulturellen Institutionalismus haben ihre Berechtigung. Wenn Akteure bei der Definition ihrer Ziele die bestehenden Institutionen berücksichtigen und von Überzeugungen über die korrekte Handlungsweise beeinflusst werden, selbst aber in der Lage sind, Institutionen zu ändern, dann erweist sich der Vorschlag, die empirische vergleichende Politikwissenschaft als *systematische Prozessanalyse* (Hall 2002) oder als *analytic narratives* (Bates u.a. 1998; Levi 2002; siehe dazu die Diskussion zwischen Elster 2000 und Bates u.a. 2000) zu betreiben, als hilfreich. Abstrahiert lässt sich ein politischer Prozess als Wechselspiel von Interessen, Institutionen und Ideen (Hall 1997) konzipieren. Interaktionsanalytisch wäre er als Sequenz kollektiver Entscheidungssituationen von politischen Akteuren aufzufassen, bei denen die Akteure sowohl im durch Institutionen und Ideen gestalteten Rahmen inhaltliche Entscheidungen treffen, die weitere Gestaltung der Institutionen bestimmen als auch auf die in der Öffentlichkeit vorherrschenden Vorstellungen über eine „gute“ Politik Einfluss nehmen können. Alle drei Veränderungen gehen in die Rahmenbedingungen der Entscheidungssituation der Akteure in der folgenden Sequenz ein, wodurch ein dynamisches Wechselspiel zwischen der Analyse eines Interaktionszusammenhangs zwischen Akteuren und der Analyse des institutionellen und ideellen Rahmens des Interaktionszusammenhanges entsteht und daraus eine systematische Rekonstruktion eines politischen Prozesses entfaltet werden kann. Diese Rekonstruktion ist insofern Y-zentriert, als sie versucht, ein bestimmtes Ergebnis zu erklären. Aber die Analyse der strategischen Interaktionen kann darin so eingebettet werden, dass sich einzelne Entscheidungsschritte aus der X-Perspektive betrachten lassen. Damit könnte die Idee des Politikerbes und der Pfadabhängigkeit mit einem RC-inspirierten Analysekonzept verknüpft werden. Diese explizite Einbringung veränderlicher Rahmenbedingungen in spieltheoretische Konzeptionen erhöht ihre Komplexität natürlich wesentlich und viele Autoren sind skeptisch gegenüber den tatsächlichen Chancen solcher Versuche, verschiedene Perspektiven zu kombinieren (Johnson 2002). Dennoch ist es gerade dieser Aspekt, der die Anwendbarkeit der RC-Theorie für empirische Analysen wesentlich steigert. Indem er ein zentrales Argument des historischen Institutionalismus in die formale Modellierung einbringt, werden damit sowohl innerdisziplinäre Anknüpfungspunkte definiert als auch potenzielle Schnittstellen zu ökonomischen Beiträgen geschaffen.

Diese Konzeption bildet einen Analyserahmen für kollektive Entscheidungsprozesse, den die Wirtschaftswissenschaft und die Politikwissenschaft mit ihrer je spezifischen inhaltlichen Fokussierung – problemorientierte und interaktionsorientierte Forschung – jeweils von ihrer Seite der Politischen Ökonomie aus mit Inhalt füllen können. Aus der ökonomischen Perspektive lassen sich Hypothesen zum Politikergebnis ableiten, die unter der Annahme stehen, „dass alle Akteure komplett informiert sind und ausschließlich das Allgemeinwohl maximieren wollen“ (Scharpf 2000a: 783). Aus der politikwissenschaftlichen Perspektive lassen sich Hypothesen zum Politikergebnis ableiten, die unter der Annahme stehen, „dass alle Akteure komplett informiert sind, aber ausschließlich ihr Eigeninteresse maximieren wollen“ (Scharpf 2000a: 783). Hierin liegt auch die spezifische Rollenverteilung der Wirtschaftswissenschaft und der Politikwissenschaft in der Politischen Ökonomie begründet. Die beiden Erwartungen definieren somit die Grenzen des Erwartungsfeldes und erlauben die Konfrontation der Theorie mit der empirischen Evidenz sowie insbesondere mit den durch die Hypothesen nicht erklärten Fällen.

Diese Überlegungen stellen allerdings ein großes Fragezeichen hinter die Zukunft der quantitativen Analyse als Leitorientierung der vergleichenden Politischen Ökonomie. Sie hat in den letzten zwei Jahrzehnten ausgezeichnete Dienste bei der Exploration des Gegenstandsbereiches geliefert. Wenn sich jedoch nun die Aufgabe stellt, die historische Dimension durch Einbeziehung von Sequenzen, Dynamiken und Anpassungsgeschwindigkeiten ernst zu nehmen, dann wird es eng. Wesentliche Annahmen, die eine quantitative Analyse aufgrund der Modellstruktur machen muss, lassen sich nicht mit den oben skizzierten konzeptionellen Überlegungen vereinbaren. Die in der vergleichenden Politischen Ökonomie verwendeten Regressionsmodelle unterstellen in der Regel unter anderem, dass ein Koeffizient gleichermaßen Aufwärts- wie Abwärtsbewegungen der Variablen beschreibt, dass es einen Gleichgewichtszustand gibt, dass Steigung und Standardfehler der Koeffizienten sowohl im Zeitverlauf als auch im Querschnitt konstant sind, und dass zeitliche Verzögerungseffekte in dynamischen Modellen in Zeit und Raum konstant sind. Weitere Annahmen der Regressionsanalyse, wie Homogenität der Skaleneinheiten, Additivität der Effekte, Unabhängigkeit von unberücksichtigten Faktoren,

Unabhängigkeit der Fälle und Asymmetrie der kausalen Inferenz lassen sich ebenso nur schwer mit den genannten konzeptionellen Überlegungen vereinbaren. Noch grundsätzlicher bringt der Ereignischarakter politischer Entscheidungen die quantitative Analyse in Schwierigkeiten. Ökonometrische Zeitreihenmodelle dienen der Analyse von marginalen Veränderungen im Zeitverlauf, politische Entscheidungen sind jedoch aufgrund ihres Kollektivcharakters diskontinuierlich und im Effekt eher kategorial als kontinuierlich und im letzten Fall eher inkrementell als elastisch. All diese Annahmen lassen sich im Prinzip lockern und komplexere Überlegungen lassen sich statistisch modellieren. Jedoch steht dieser Lösung beim typischen Forschungsdesign der vergleichenden Politischen Ökonomie die kleine Fallzahl als vielfach prohibitiver Faktor entgegen.

Eindeutige, theoretisch aus „plausiblen“ Annahmen abgeleitete Modelle fokussieren notgedrungen auf kleine Ausschnitte der Realität. Damit geht einher, dass Kausalketten kurz gehalten werden müssen, um den Einfluss externer Störfaktoren möglichst gering zu halten (siehe z.B. Tsebelis 1999). Dieses Programm steht aber in einem latenten Widerspruch zum vernetzten Charakter moderner Gesellschaften. Nationale politische Ökonomien stellen dabei nicht nur selbst in sich kohärente Systeme der Wohlfahrtsproduktion dar, sie sind darüber hinaus über vielfältige Verknüpfungen – reichend von Handelsbeziehungen bis hin zu supranationalen Institutionen – auch voneinander abhängig. Zu den Konfigurationen moderner kapitalistischer Systeme ist in den letzten Jahren eine umfangreiche und vielgestaltige Literatur entstanden (siehe z. B. Kitschelt u.a. 1999; Iversen u.a. 2000; Hall/Soskice 2001; Pierson 2001; Scharpf/Schmidt 2000; Streeck/Yamamura 2001). Dies bedeutet, dass ein Denken in knappen Kausalketten dem Risiko unterliegt, den größeren Zusammenhang des Untersuchungsgegenstandes nicht ausreichend zu erfassen. Dies ist ein grundsätzliches Dilemma, vor dem aber auch andere Wissenschaften gestanden sind und nach wie vor stehen. Wissenschaft ist mehr den je auf Teamarbeit angewiesen, weil es einer Einzelperson gar nicht mehr gelingen kann, in allen Dimensionen der Forschung ausreichende Kapazitäten und Kenntnisse zu erlangen, um den oben angesprochenen Anforderungen gerecht zu werden. In der Hochenergiephysik und in der Molekularbiologie wurden je spezifische, dem Forschungsgegenstand sowie seinen gesellschaftlichen Rahmenbedingungen angemessene Formen der Aufgabenteilung gefunden (Knorr-Cetina 1999). Die für eine detailorientierte, aber komplexitätsbewusste Sozialwissenschaft geeignete Erkenntniskultur muss allerdings noch gefunden werden. In der Vereinzelung der Forschung liegt sie jedenfalls nicht. Ein gemeinsamer Analyserahmen kann aber dazu beitragen, dass die einzelnen Studien als Bausteine einer kumulativen Theorieentwicklung dienen können.

5. Resümee

Die politikwissenschaftliche Analyse der Politischen Ökonomie befindet sich derzeit in einer Phase der Neuorientierung. Nachdem der empirisch-analytische Zugang die normative Befassung mit Fragen des Zusammenhangs zwischen Politik und Ökonomie erfolgreich in den Hintergrund gedrängt hat, zeichnet sich nun dessen Krise ab. Diese manifestiert sich vor allem in der unzureichenden Begründung der empirischen Modelle in einer konsistenten Theorie. Die Folge ist, dass die Befunde aus den Modellen oft ambivalent, widersprüchlich, instabil und kaum interpretierbar sind. Der Erfolg der Erweiterung der Fragestellungen, mit denen sich ökonomische Beiträge zur Politischen Ökonomie befassen, auf Kerngebiete der Politikwissenschaft verschärft die Orientierungskrise und macht die Entwicklung neuer Zugänge umso dringlicher.

Eine Neuorientierung beginnt am Besten mit der Feststellung des momentanen Standortes. Die Beiträge zu diesem Band geben einen Überblick über den Stand der Forschung in der vergleichenden Politischen Ökonomie aus politikwissenschaftlicher Perspektive. Sie zeigen die Stärken und zentralen Befunde des empirisch-analytischen Zugangs, aber auch seine Schwächen, die in diesem Schlusskapitel diskutiert wurden. Der überzeugendste Weg aus der Orientierungskrise liegt meines Erachtens in der Besinnung auf die Notwendigkeit der Entwicklung eines konsistenten Theoriegerüstes. Dies ist wohl eine der ältesten Forderungen an die Wissenschaft und daher auch in der Politischen Ökonomie im Grunde nichts Neues. Wissenschaft soll konsistente Aussagen über die Realität erzeugen. Die empirisch-analytische Wende hat die Bedeutung der Realität für die Glaubwürdigkeit theoretischer Aussagen in den Mittelpunkt gestellt, aber im Zuge der damit einhergehenden Fokussierung auf die Methoden der Datengewinnung und -analyse die Bedeutung der internen Konsistenz und der externen Verknüpfbarkeit der Aussagen vernachlässigt.

Es ist nun an der Zeit, dieses Element wieder stärker in den Mittelpunkt zu stellen. Wie weit die Ableitung theoretischer Aussagen über die Realität im Rahmen einer formalen Analyse erfolgen soll oder doch besser diskursiven Verfahren zugänglich ist, wird in den nächsten Jahren weiterhin Gegenstand der Debatte sein. Hier ist Pluralismus durchaus erwünscht. Aber im Ziel der Erzeugung eines gemeinsamen Kerns des Analyserahmens sollte Einigkeit bestehen (siehe z.B. Collier 1999; Munck 2001). Ebenso ist hinsichtlich der Methoden zur Datenanalyse Pluralität geradezu gefordert, weil nur die parallele und sich wechselseitig ergänzende Verwendung verschiedener Formen der Konfrontation der theoretischen Erwartungen mit empirischen Daten eine Beurteilung der Bewährung theoretischer Aussagen an der Realität zulässt. Jeder einzelne Beitrag zu einem solchen Projekt kann nur einen Teilausschnitt bearbeiten. Die erzielbaren Aussagen sind daher bestenfalls Partialtheorien. Gerade die Notwendigkeit der Beschränkung des theoretischen Erklärungsanspruchs jeder einzelnen Studie wird aber problematisch, wenn keine konzise Einbettung in einen allgemeineren Theorierahmen erfolgt. Pluralität wird dann dezidiert vom Segen zum Fluch, denn jede Studie ist somit auf sich allein gestellt und es bleibt unklar, wie sie sich mit anderen Studien verknüpfen lässt. Dies ist wohl das stärkste Argument für einen gemeinsamen formalisierten Theorierahmen. Nur die Klarheit einer formalen Sprache erlaubt die eindeutige Erkennung von wechselseitigen Anknüpfungspunkten einzelner Beiträge. Allein dies sollte es schon wert sein, den Aufwand des Erlernens einer solchen Sprache auf sich zu nehmen.

Ein wissenschaftlicher Zugang zu einem Gegenstand erfordert die Abstraktion auf die wesentlichen Bestands- und Funktionselemente, um aus dem „weißen Rauschen“ der Beobachtungen systematische Zusammenhänge herausfiltern zu können. Theorien, Analyseraster und empirische Modelle strukturieren den Ausschnitt der Realität, den wir bei der empirischen Analyse sehen können. Um das Risiko zu minimieren, wesentliche Elemente nicht zu erkennen, muss das Analysemodell in sich konsistent und mit anderen Partialmodellen kongruent sein. Nur ein ausformuliertes Modell ist auch kritisierbar und damit der Reflexion über seine Angemessenheit zugänglich. Gerade weil die Modelle der RC-Theorie ausformuliert sind, ist es relativ einfach, sie zu kritisieren. Aber als Sozialwissenschaft darf die Politikwissenschaft nicht vergessen, dass sie nicht manipulierbare Gegenstände, sondern Menschen in ihrer historischen Entfaltung und Einzigartigkeit zum Forschungsgegenstand hat. Dies setzt dem an den Naturwissenschaften orientierten Zugang deutliche Grenzen. Wo genau diese Grenzen liegen, wissen wir nicht, aber es lohnt sich, sie zu erforschen.

Die Existenz von Grenzen weist aber zugleich darauf hin, dass das Streben nach einem in sich konsistenten Theorierahmen, der die Einzelbeiträge verknüpfbar macht, nicht zur völligen Hegemonie eines bestimmten Ansatzes führen darf. Auch wenn die Orientierung des *mainstreams* an der RC-Theorie aufgrund des weitgehend zweckorientierten Charakters politischen Handelns sinnvoll ist, zeigt die Entwicklung der Wirtschaftswissenschaft, dass darin durchaus auch die Gefahr liegt, den RC-Ansatz zur Doktrin werden zu lassen (siehe Rule 1992). Der politikwissenschaftliche Zugang zur Politischen Ökonomie bewegt sich daher auf einem schmalen Grat zwischen der durch Konsistenz- und Verknüpfbarkeitsanforderungen der Einzelbeiträge erforderlichen Fokussierung auf eine bestimmte Perspektive und der Zulassung ausreichender Vielfalt, die notwendig ist, um die Dynamik des Forschungsfeldes zu erhalten. Es ist praktisch ausgeschlossen, dass es gelingt, wesentliche ontologische Merkmale politischer Makrophänomene – Multikausalität, Prozessualität, Historizität, Komplexität und Interferenz (Mayntz 2002: 21-37) – in einem reinen RC-Analyserahmen unterzubringen. Vielmehr geht es um die Suche nach einem konstruktiven Wechselspiel zwischen der Analyse strategischer Interaktionen und dem Verständnis der Entwicklung institutioneller Konfigurationen im Zeitverlauf (Thelen 2002). Der durchaus anstrebenswerte *rational choice*-Kern muss daher in einen institutionellen Analyserahmen eingebettet werden und kann daher nicht selbst den Anspruch erheben, eine generelle Gesellschaftstheorie zu begründen (Munck 2001: 203). Wie diese Einbettung erfolgen kann, ist jedoch gegenwärtig ungelöst (Johnson 2002: 244-245).

Die Erinnerung an die Bedeutung der Theorie bedeutet jedoch keineswegs, dass die empirische Analyse deswegen irrelevant sei, im Gegenteil. Theorien sind nur anzuerkennen, wenn sie sich sowohl empirisch überprüfen lassen als auch einer solchen Überprüfung standhalten können. Auf methodischer Ebene ist die derzeit vorherrschende Fokussierung auf kombinierte Zeitreihen-Querschnittmodelle jedoch schlichtweg schädlich, nicht nur für die Identität der Politikwissenschaft als Disziplin. Darüber hinaus bedeutet sie auch eine Verengung des Blicks auf die empirische Welt. Insbesondere Fragen der Pfadabhängigkeit und der Sequentialität von Ereignissen lassen sich wesentlich einfacher mit Hilfe qualitativer Verfahren, wie sie im Bereich der Policy-Analyse üblich sind, erfassen.

Kombinierte Zeitreihen-Querschnittmodelle haben in der empirischen Analyse eine ähnliche Funktion wie die Kettensäge im Werkzeugkasten eines Gärtners. Sie leistet gute Dienste, um dem Garten eine Grundform zu geben, indem mit ihr die Bäume auf gleicher Höhe abgeschnitten werden können. Aber wenn es darum geht, den Garten zum Blühen zu bringen, dann ist ihr Nutzen fraglich und wir sollten sie besser im Werkzeugkasten lassen. Es gibt eine Vielzahl anderer Werkzeuge, die für die dazu notwendigen Arbeiten geeigneter sind. Am wichtigsten ist jedoch ein durchdachter Bepflanzungsplan.

Die Stärken des politikwissenschaftlichen Zugangs zur Politischen Ökonomie liegen in der Analyse der strategischen Interaktionen zwischen politischen Akteuren sowie in der Fokussierung auf kollektive Entscheidungen, nicht in der Analyse von Marktgleichgewichten. Sie liegen in der Konzeption der Sequentialität von Ereignissen auf Systemebene, nicht in der Aggregation von individuellen Entscheidungen am Markt. Diese Stärken sollten verstärkt in den Blick genommen werden. Die formale Modellierung, die sozialwissenschaftliche Methodologie und die Methoden der Datenanalyse sollten ebenso selbstverständlich gelehrt wie die zentralen thematischen Felder diskutiert werden. Bisher ist es üblich, politikwissenschaftliche Forschungsprojekte problemorientiert anzulegen. Das inhaltliche Forschungsthema steht im Mittelpunkt und von der Arbeit wird erwartet, dass die Gesamtheit der Erklärungsfaktoren berücksichtigt wird. Dem „Theoriekapitel" wird vielfach nur marginale Aufmerksamkeit zugestanden – oft wird es der Arbeit kurz vor der Fertigstellung vorangestellt. All diese Faktoren fördern eine Y-zentrierte Hypothesenbildung und erschweren damit die Konzentration auf die Stärken der politikwissenschaftlichen Analyse. Wenn die Interaktionsanalyse im Zentrum stehen soll, dann sollte die Fragestellung nicht auf die „abhängige Variable" ausgerichtet werden, sondern auf die „erklärenden Variablen" – auf die Interaktionen zwischen strategisch handelnden Akteuren sowie die Rahmenbedingungen ihrer Entscheidungen.

Literatur

Achen, Christopher F., 2002: Toward a New Political Methodology: Microfoundations and ART, in: Annual Review of Political Science 5: 423-450

Adcock, Robert/Collier, David, 2001: Measurement Validity: A Shared Standard for Qualitative and Quantitative Research, in: Americal Political Science Review 95, 529-546.

Albert, Michel, 1993: Capitalism vs. Capitalism, New York.

Alesina, Alberto, 1989: Politics and Business Cycles in Industrial Democracies, in: Economic Policy 8, 55-98.

Alvarez, R. Michael/Garrett, Geoffrey/Lange, Peter, 1991: Government Partisanship, Labor Organization, and Macroeconomic Performance, in: American Political Science Review 85, 539-556.

Austen-Smith, David/Banks, Jeffrey S., 1998: Social Choice Theory, Game Theory, and Positive Political Theory, in: Annual Review of Political Science 1, 259-287.

Bartels, Larry M., 1995: Symposium on Designing Social Inquiry, Part 1, in: The Political Methodologist 6, 8-11.

Bates, Robert H./Greif, Avner/Levi, Margaret/Rosenthal, Jean-Laurent/Weingast, Barry R., 1998: Analytic Narratives, Princeton.

Bates, Robert H./Greif, Avner/Levi, Margaret/Rosenthal, Jean-Laurent/Weingast, Barry R., 2000: The Analytic Narrative Project, in: Americal Political Science Review 94, 696-702.

Beck, Nathaniel, 2001: Time-series Cross-section Data: What Have We Learned in the Past Few Years?, in: Annual Review of Political Science 4, 271-293.

Beck, Nathaniel/Katz, Jonathan N./Alvarez, R. Michael/Garrett, Geoffrey/Lange, Peter, 1993: Government Partisanship, Labor Organization, and Macroeconomic Performance: a Corrigendum, in: American Political Science Review 87, 945-948.

Bernstein, Steven/Lebow, Richard Ned/Gross Stein, Janice/Weber, Steven, 2000: God Gave Physics the Easy Problems: Adapting Social Science to an Unpredicatable World, in: European Journal of International Relations 6, 43-76.

Blais, Andre/Blake, Donald/Dion, Stephane, 1993: Do Parties Make a Difference? Parties and the Size of Government in Liberal Democracies, in: American Journal of Political Science 37, 40-62.

Blais, Andre/Blake, Donald/Dion, Stephane, 1996: Do Parties Make a Difference? A Reappraisal, in: American Journal of Political Science 40, 514-520.

Brady, Henry E., 1995: Symposium on Designing Social Inquiry, Part 2, in: The Political Methodologist 6, 11-19.

Caporaso, James A., 1995: Research Design, Falsification, and the Qualitative-Quantitative Divide, in: American Political Science Review 89, 457-460.

Caporaso, James A./Levine, David P., 1992: Theories of Political Economy, Cambridge.

Collier, David, 1993: The Comparative Method, in: *Ada Finifter* (Hrsg.), Political Science: The State of the Discipline II, Washington D.C., 105-119.

Collier, David, 1995: Translating Quantitative Methods for Qualitative Researchers: The Case of Selection Bias, in: American Political Science Review 89, 461-466.

Collier, David, 1999: Building a Disciplined, Rigorous Center in Comparative Politics, in: APSA-CP: Newsletter of the APSA Organized Section in Comparative Politics 10.

Collier, David/Brady, Henry E. (Hrsg.), 2002: Rethinking Social Inquiry: Diverse Tools, Shared Standards, Boulder.

Collier, David/Mahon, James E., Jr., 1993: Conceptual ‚Stretching' Revisited: Adapting Categories in Comparative Analysis, in: American Political Science Review 87, 845-855.

Cox, Gary W., 1999: The Empirical Content of Rational Choice Theory. A Reply to Green and Shapiro, in: Journal of Theoretical Politics 11, 147-169.

Deth, Jan van, 1998: Equivalence in Comparative Political Research, in: Jan van Deth (Hrsg.), Comparative Politics: The Problem of Equivalence, New York, 1-19.

Denters, Bas/Van Puienbroek, Rob A. G., 1989: Conditional Regression Analysis. Problems, Solutions and an Application, in: Quality & Quantity 23, 83-108.

Drazen, Allan, 2000: Political Economy in Macroeconomics, Princeton.

Ebbinghaus, Bernhard/Manow, Philip, 2001: Comparing Welfare Capitalism. Social Policy and Political Economy in Europe, Japan and the USA, London.

Elster, Jon, 1982: Marxism, Functionalism and Game Theory, in: Theory and Society 11, 453-482.

Elster, Jon, 2000: Rational Choice History: A Case of Excessive Ambition, in: American Political Science Review 94, 685-695.

Freedman, David A./Pisani, Robert/Purves, Roger, 1998: Statistics (3rd edition), New York.

Friedman, Jeffrey (Hrsg.), 1996: The Rational Choice Controversy. Economic Models of Politics Reconsidered, New Haven.

Friedrich, Robert J., 1982: In Defense of Multiplicative Terms in Multiple Regression Equations, in: American Journal of Political Science 26, 797-833.

Ganghof, Steffen, 2001: Global Markets, National Tax Systems, and Domestic Politics: Rebalancing Efficiency and Equity in Open States' Income Taxation, MPIfG Discussion Paper 01/9.

Ganghof, Steffen, 2002a: Kausale Perspektiven in der vergleichenden Politikwissenschaft: X-zentrierte versus Y-zentrierte Forschungsdesigns, Manuskript, präsentiert auf der Tagung „Vergleichen in der Politikwissenschaft" der Sektion „Vergleichende Politikwissenschaft" der DVPW, Europa-Universität Viadrina, Frankfurt/Oder, 26.-27.4.2002.

Ganghof, Steffen, 2002b: Veto Points and Veto Players: A Skeptical View, Manuskript, präsentiert auf der Konferenz „The Consequences of Political Institutions in Democracy", Duke University (North Carolina), Fachbereich Politikwissenschaft, 5.–7.4.2002, http://www.mpi-fg-koeln.mpg.de/people/ga/.

Garrett, Geoffrey, 1998: Partisan Politics in the Global Economy, Cambridge.

Geddes, Barbara, 1991: A Game Theoretic Model of Reform in Latin American Countries, in: American Political Science Review 85, 371-392.

Gerring, John, 2001: Social Science Methodology. A Criterial Framework, Cambridge.

Goff, Brian, 2000: Review of ‚Contested Economic Institutions' by Torben Iversen, in: Public Choice 105, 399-402.

Goldthorpe, John H., 1997: Current Issues in Comparative Macrosociology: A Debate on Methodological Issues, in: *Lars Mjøset/Frederik Engelstad/Grete Brochmann/Ragnvald Kalleberg* und *Arnlaug Leira* (Hrsg.), Comparative Social Research: Methodological Issues in Comparative Social Science (Vol. 16), London, 1-26.

Goldthorpe, John M., 1984: Order and Conflict in Contemporary Capitalism. Studies in the Political Economy of Western European Nations, Oxford.

Green, Donald P./Shapiro, Ian, 1994: Pathologies of Rational Choice Theory. A Critique of Applications in Political Science, New Haven.
Greene, William, 2000: Econometric Analysis (4th edition), Englewood Cliffs.
Hall, Peter A., 1986: Governing the Economy: The Politics of State Intervention in Britain and France, Cambridge.
Hall, Peter A., 1997: The Role of Interests, Institutions, and Ideas in the Comparative Political Economy of the Industrialized Nations, in: *Mark Irving Lichbach/Alan S. Zuckerman* (Hrsg.), Comparative Politics. Rationality, Culture, and Structure, Cambridge, 174-207.
Hall, Peter A., 2002: Aligning Ontology and Methodology in Comparative Research, in: *James Mahoney/Dietrich Rueschemeyer* (Hrsg.), Comparative Historical Research, Cambridge, i. E.
Hall, Peter A./Taylor, Rosemary C. R., 1996: Political Science and the Three New Institutionalisms, in: Political Studies 64, 936-957.
Hall, Peter A./Franzese, Robert J., 1998: Mixed Signals. Central Bank Independence, Coordinated Wage Bargaining, and European Monetary Union, in: International Organization 52, 505-535.
Hall, Peter/Soskice, David (Hrsg.), 2001: Varieties of Capitalism. The Institutional Foundations of Comparative Advantage, Cambridge.
Hibbs, Douglas A., 1977: Political Parties and Macroeconomic Policy, in: American Political Science Review 71, 1567-87.
Hicks, Alexander M., 1994: Introduction to Pooling, in: *Alexander Hicks/Thomas Janoski* (Hrsg.), The Comparative Political Economy of the Welfare State, Cambridge, 169-188.
Hinich, Melvin J./Munger, Michael C., 1997: Analytical Politics, Cambridge.
Hirschman, Albert O., 1970: Exit, Voice, and Loyalty, Cambridge.
Immergut, Ellen M., 1989: Institutions, Veto Points, and Policy Results: A Comparative Analysis of Health Care, in: Journal of Public Policy 10, 391-416.
Immergut, Ellen M., 1998: The Theoretical Core of the New Institutionalism, in: Politics and Society 26, 5-34.
Iversen, Torben, 1999: Contested Economic Institutions. The Politics of Macroeconomics and Wage Bargaining in Advanced Democracies, Cambridge.
Iversen, Torben/Pontusson, Jonas/Soskice, David W. (Hrsg.), 2000: Unions, Employers, and Central Banks: Macroeconomic Coordination and Institutional Change in Social Market Economies, Cambridge.
Johnson, James, 2002: How Conceptual Problems Migrate: Rational Choice, Interpretation, and the Hazards of Pluralism, in: Annual Review of Political Science 5, 223-248.
Jones, Bryan D., 1999: Bounded Rationality, in: Annual Review of Political Science 2, 297-321.
Kholi, Atul/Evans, Peter/Katzenstein, Peter J./Przeworski, Adam/Hoeber Rudolph, Susanne/Scott, James C./Skocpol, Theda, 1995: The Role of Theory in Comparative Politics. A Symposium, in: World Politics 48, 1-49.
King, Gary, 1986: How Not to Lie with Statistics: Avoiding Common Mistakes in Quantitative Political Science, in: American Journal of Political Science 30, 666-687.
King, Gary, 1991: Truth is Stranger than Prediction, More Questionable than Causal Inference, in: American Journal of Political Science 35, 1047-1053.
King, Gary/Keohane, Robert/Verba, Sidney, 1994: Designing Social Inquiry. Scientific Inference in Qualitative Research, Princeton.
King, Gary/Keohane, Robert/Verba, Sidney, 1995: The Importance of Research Design in Political Science, in: American Political Science Review 89, 475-481.
Kitschelt, Herbert/Marks, Gary/Lange, Peter und *Stephens, John* (Hrsg.), 1999: Continuity and Change in Contemporary Capitalism, Cambridge.
Kittel, Bernhard, 1999: Sense and Sensitivity in the Pooled Analysis of Political Data, in: European Journal of Political Research 35, 225-253.
Kittel, Bernhard, 2000: Trade Union Bargaining Horizons in Comparative Perspective: The Effects of Encompassing Organization, Unemployment and the Monetary Regime on Wage-pushfulness, in: European Journal of Industrial Relations 6, 181-202.
Kittel, Bernhard/Winner, Hannes, 2002: How Reliable is Pooled Analysis in Political Economy? The Globalization-Welfare State Nexus Revisited, MPIfG Discussion Paper 02/3.

Klein, Philip A., 1996: How Should Economists Do Economics? A Pragmatic Perspective, in: *Steven G. Medema/Warren J. Samuels* (Hrsg.), Foundations of Research in Economics: How Do Economists Do Economics?, Cheltenham, 122-130.

Knorr-Cetina, Karin, 1999: Epistemic Cultures. How the Sciences Make Knowledge, Cambridge.

Laitin, David D., 1995: Disciplining Political Science, in: American Political Science Review 89, 454-456.

Lange, Peter/Garrett, Geoffrey, 1985: The Politics of Growth: Strategic Interaction and Economic Performance in the Advanced Industrial Democracies, 1974-1980, in: Journal of Politics 47, 792-827.

Leamer, Edward E., 1978: Specification Searches. Ad-hoc Inference with Nonexperimental Data, New York.

Leamer, Edward E., 1996: Questions, Theory and Data, in: *Steven G. Medema/Warren J. Samuels* (Hrsg.), Foundations of Research in Economics: How Do Economists Do Economics?, Cheltenham, 175-190.

Levi, Margaret, 2000: The Economic Turn in Comparative Politics, in: Comparative Political Studies 33, 822-844.

Levi, Margaret, 2002: Modeling Complex Historical Processes with Analytic Narratives, in: *Renate Mayntz* (Hrsg.), Akteure, Mechanismen, Modelle: Zur Theoriefähigkeit makro-sozialer Analysen, Frankfurt/a.M., 108-127.

Lieberson, Stanley, 1985: Making it Count: The Improvement of Social Research and Theory, Berkeley.

Locke, Richard M./Thelen, Kathleen, 1995: Apples and Oranges Revisited: Contextualized Comparisons and the Study of Comparative Labor Politics, in: Politics and Society 23, 337-367.

Luskin, Robert C., 1991: Abusus Non Tollit Usum: Standardized Coefficients, Correlations, and R2s, in: American Journal of Political Science 35, 1032-1046.

Marsh, Catherine, 1988: Exploring Data. An Introduction to Data Analysis for Social Scientists, Cambridge.

Mayntz, Renate, 2002: Zur Theoriefähigkeit makro-sozialer Analysen, in: *Renate Mayntz* (Hrsg.), Akteure, Mechanismen, Modelle: Zur Theoriefähigkeit makro-sozialer Analysen, Frankfurt/a.M., 7-43.

Milyo, Jeffrey, 2000: Logical Deficiencies in Spatial Models. A Constructive Critique, in: Public Choice 105, 273-289.

Mueller, Dennis C., 1989: Public Choice II, Cambridge.

Munck, Gerardo, 2001: Game Theory and Comparative Politics. New Perspectives and Old Concerns, in: World Politics 53, 173-204.

Olson, Mancur, 1991: Aufstieg und Niedergang von Nationen. Ökonomisches Wachstum, Stagflation und soziale Starrheit, Tübingen.

Olson, Mancur, 1998 [1965]: Die Logik des kollektiven Handelns. Kollektivgüter und die Theorie der Gruppen, Tübingen.

Ordeshook, Peter C., 1986: Game Theory and Political Theory. An Introduction, Cambridge.

Pennings, Paul/Keman, Hans/Kleinnijenhuis, Jan, 1999: Doing Research in Political Science. An Introduction to Comparative Methods and Statistics, London.

Persson, Torsten/Tabellini, Guido Enrico, 2000: Political Economics. Explaining Economic Policy, Cambridge, Mass.

Pierson, Paul, 2000: Increasing Returns, Path Dependence, and the Study of Politics, in: American Political Science Review 94, 251-67.

Pierson, Paul (Hrsg.), 2001, The New Politics of the Welfare State, Oxford.

Ragin, Charles, 1987: The Comparative Method: Moving Beyond Qualitative and Quantitative Strategies, Berkeley.

Ragin, Charles, 2000: Fuzzy-set Social Science, Chicago.

Rogowski, Ronald, 1995: The Role of Theory and Anomaly in Social-Scientific Inference, in: American Political Science Review 89, 467-470.

Rule, James B., 1992: Rational Choice and the Limits of Theoretical Generality, in: Rationality and Society 4, 451-469.

Sartori, Giovanni, 1970: Concept Misformation in Comparative Politics, in: The American Political Science Review 64, 1033-1053.
Sartori, Giovanni (Hrsg.), 1984, Social Science Concepts: A Systematic Analysis, London.
Scharpf, Fritz W., 1987: Sozialdemokratische Krisenpolitik in Europa, Frankfurt/a.M.
Scharpf, Fritz W., 2000a: Institutions in Comparative Policy Research, in: Comparative Political Studies 33, 762-790.
Scharpf, Fritz W., 2000b: Interaktionsformen. Akteurzentrierter Institutionalismus in der Politikforschung, Opladen.
Scharpf, Fritz. W., 2002: Kontingente Generalisierung in der Politikforschung, in: *Renate Mayntz* (Hrsg.), Akteure, Mechanismen, Modelle: Zur Theoriefähigkeit makro-sozialer Analysen, Frankfurt/a.M., 213-235.
Scharpf, Fritz W./Schmidt, Vivien A., 2000: Welfare and Work in the Open Economy, Oxford.
Schmidt, Manfred G., 1995: Vergleichende Politikwissenschaft mit Aggregatdaten: Inwieweit beeinflussen Parteien Regierungspolitik?, in: *Ulrich von Alemann* (Hrsg.), Politikwissenschaftliche Methoden. Grundriß für Studium und Forschung, Opladen, 327-356.
Schmidt, Manfred G., 1996: When Parties Matter: A Review of the Possibilities and Limits of Partisan Influence on Public Policy, in: European Journal of Political Research 30, 155-183.
Shalev, Michael, 1998: Limits of and Alternatives to Multiple Regression in Macro-comparative Research. Paper presented at the 2nd Conference on The Welfare State at the Crossroads, Stockholm, June 12-14, http://student.mscc.huji.ac.il/~method/Papers/Shalev_Regression.pdf
Shonfield, Andrew, 1969: Modern Capitalism. The Changing Balance of Public and Private Power, Oxford.
Smelser, Neil, 1992: The Rational Choice Perspective. A Theoretical Assessment, in: Rationality and Society 4, 381-410.
Steinmo, Sven/Thelen, Kathleen/Longstreth, Frank, 1992: Structuring Politics: Historical Institutionalism in Comparative Analysis, Cambridge.
Streeck, Wolfgang/Yamamura, Kozo, 2001: The Origins of Nonliberal Capitalism. Germany and Japan in Comparison, Ithaca.
Tarrow, Sidney, 1995: Bridging the Quantitative-Qualitative Divide in Political Science, in: American Political Science Review 89, 471-474.
Thelen, Kathleen, 1999: Historical Institutionalism in Comparative Politics, in: Annual Review of Political Science 2, 369-404.
Thelen, Kathleen, 2002: The Explanatory Power of Historical Institutionalism, in: *Renate Mayntz* (Hrsg.), Akteure, Mechanismen, Modelle: Zur Theoriefähigkeit makro-sozialer Analysen, Frankfurt/a.M., 91-107.
Tsebelis, George, 1990: Nested Games: Rational Choice in Comparative Politics, Berkeley.
Tsebelis, George, 1995: Decision Making in Political Systems: Veto Players in Presidentialism, Parliamentarism, Multicameralism and Multipartyism, in: British Journal of Political Science 25, 289-325.
Tsebelis, George, 1999: Veto Players and Law Production in Parliamentary Democracies: An Empirical Analysis, in: American Political Science Review 93, 591-608.
Tukey, John W., 1977: Exploratory Data Analysis, Reading.
Wildavsky, Aaron, 1992: Indispensible Framework or Just Another Ideology? Prisoner's Dilemma as an Antihierarchical Game, in: Rationality and Society 4, 8-23.

Glossar

Abwertung (der heimischen Währung): Sofern die ausländische Währung oder ein Währungskorb – gemessen in inländischer Währung – teurer wird (beispielsweise ein US-Dollar statt einem Euro neu zwei Euro kostet), wird von einer Abwertung oder Wechselkursverschlechterung der inländischen Währung (oder des Euros) gesprochen.

Adaptive Erwartungen: Adaptive Erwartungen bedeuten, dass die Wähler (oder andere Entscheidungsträger) ihre gegenwärtige Erwartungsbildung mit dem früher gemachten Erwartungsfehler korrigieren und damit aus der Vergangenheit lernen. Weiter zurückliegende Erwartungsfehler werden dabei immer weniger gewichtet. Es handelt sich daher um eine vergangenheitsorientierte Erwartungsbildung.

Allokation: Allokation bedeutet die Aufteilung bzw. Verwendung von Ressourcen oder Produktionsfaktoren zum Zwecke der Herstellung von Gütern. Das Steuersystem eines Landes beeinflusst die Preisbildung der Produktionsfaktoren und damit die Allokation auf den verschiedenen Märkten. Ein Steuersystem sollte demnach so ausgestaltet sein, dass eine effiziente Verteilung dieser Produktionsfaktoren stattfindet. Es besteht daher auch ein Konflikt mit dem (→) Distributionsziel, das zum Beispiel auf eine gleichmäßige Verteilung von Ressourcen auf die Konsumenten abzielt.

Äquivalenzprinzip (benefit principle): Das Äquivalenzprinzip ist ein Grundsatz zur Ausgestaltung eines Steuersystems. Es beruht auf der Vorstellung, dass die Höhe der Abgaben in einem engen Zusammenhang mit dem erwarteten Nutzen staatlicher Leistungen stehen sollen. Beim Äquivalenzprinzip sollte es daher zu einer möglichst genauen Entsprechung der Abgabenhöhe und der zu erwartenden Leistungen kommen. Insbesondere Gebühren und Sozialversicherungsabgaben entsprechen diesem Prinzip, das vom (→) Leistungsfähigkeitsprinzip abzugrenzen ist.

Arbeitsbeziehungen: Der Begriff Arbeitsbeziehungen bezieht sich auf die Akteure des Arbeitslebens sowie die Regeln ihrer Beziehungen und die daraus folgenden Handlungen der Akteure. Zu den Akteuren gehören (a) die Arbeitgeber und ihre Vertreter, (b) die Arbeitnehmer und ihre Vertreter und (c) staatliche Instanzen, die für die Arbeitswelt zuständig sind. Die Regeln betreffen Verfahrensweisen in und zwischen den beteiligten Organisationen (z.B. Gewerkschaftssatzungen, Tarifvertragsrecht, Betriebsverfassung, Streikrecht, Schlichtungsverfahren) und Regeln über materielle Leistungen (beispielsweise Höhe der Tariflöhne, Arbeitszeiten, Umfang des bezahlten Urlaubs).

Arbeitslosenquote: Prozentanteil der Zahl der erwerbssuchenden Personen, die arbeitsfähig und beim Arbeitsamt als Arbeitslose registriert sind und dem Arbeitsmarkt zur Verfügung stehen, an der Gesamtzahl der Erwerbspersonen oder an der Anzahl der abhängigen Erwerbspersonen oder an der Anzahl der Beschäftigten. In der vorliegenden Studie wurde soweit wie möglich die für internationale Vergleiche standardisierte Arbeitslosenquote der OECD benutzt. Sie wird von der OECD folgendermaßen begründet und definiert: „The OECD standardised unemployment rates are based on definitions of the 13th Conference of Labour Statisticians (generally referred to as the ILO guidelines). Under these definitions, the unemployed are persons of working age who, in the reference period, are without work, are available for work and have taken specific steps to find work. The uniform application of the definitions results in estimates that are more internationally comparable than those based on national definitions. National unemployment data in some countries only include persons registered at government labour offices. Under the ILO definition, persons without work who are seeking employment through other means can also be classified as unemployed and registrants can be excluded if they worked or were not available for work. The standardised unemployment rates shown here are calculated as the number of unemployed persons as a percentage of the civilian labour force (i.e the unemployed plus those in civilian employment). The standardised unemployment rates are seasonally adjusted“. Quelle: http://www.oecd.org/oecd/pages/home/displaygeneral/0,3380,EN-document-20-nodirectorate-no-1-28099-20,00.html

Arbeitsmarktpolitik: Im engeren Sinne die institutionellen, prozessualen und entscheidungsinhaltlichen Dimensionen des politischen Handelns, insbesondere staatlichen Handelns, das darauf gerichtet ist, Art und Umfang kompensatorischer Leistungen für Einkommensausfälle infolge von Arbeitslosigkeit („passive Arbeitsmarktpolitik“) und Art und Umfang der nach sozialen Gruppen, Regionen und Industrien differenzierten Maßnahmen zur Beeinflussung der Beziehungen zwischen dem Angebot und der Nachfrage auf und zwischen über- und innerbetrieblichen Arbeitsmärkten („aktive Arbeitsmarktpolitik“) verbindlich zu regeln. Arbeitsmarktpolitik im weiteren Sinn („Beschäftigungspolitik“) hingegen ist darauf gerichtet, das Arbeitskräfteangebot und die Arbeitskräftenachfrage sowie die Beziehungen zwischen beiden Größen gesamtwirtschaftlich zu steuern (diese Definition stammt aus *Manfred G. Schmidt,* 1995: Wörterbuch der Politik, Stuttgart, 61-62).

Aufwertung (der heimischen Währung): Sofern die ausländische Währung oder ein Währungskorb – gemessen in inländischer Währung – billiger wird (beispielsweise ein US-Dollar statt zwei Euro neu nur noch einen Euro kostet), wird von einer Aufwertung oder Wechselkursverbesserung der inländischen Währung (oder des Euros) gesprochen.

Condorcet-Paradoxon: Nach dem Marquis de Condorcet (1743-1794) benanntes Wahlparadoxon. Das Condorcet-Paradoxon illustriert das Problem zyklischer Mehrheiten, das heißt, es können sich widersprüchliche Präferenzordnungen ergeben, wenn alle Gruppenmitglieder beziehungsweise alle Gruppen rational handeln. Folgendes Beispiel soll das Problem veranschaulichen: Es gibt 3 Wähler (I, II, III) sowie drei Alternativen, die zur Entscheidung stehen (A, B, C), wobei die relative Mehrheit das Entscheidungskriterium darstellt. Wähler I hat die stärksten Präferenzen für Alternative A, geringere für B und die wenigsten für C, Wähler II hat die Präferenzrelation C, A, B und Wähler III B, C, A. Es wird eine paarweise Abstimmung über die Alternativen unterstellt. Bei einer ersten Abstimmung der Alternativen B versus C gewinnt die Alternative B mit 2 zu 1 Stimmen, denn die Wähler I und III schätzen B jeweils höher als C. Anschließend kommt es zu einer Abstimmung des Gewinners der ersten Runde, also B, gegen die Alternative A. Hier gewinnt die Alternative A, wiederum mit 2 zu 1 Stimmen (wegen Wähler I und II). Danach wird A gegen C zur Abstimmung gebracht, mit dem Ergebnis, dass C mit 2 zu 1 gewinnt. Die Präferenzordnung ist folglich nicht transitiv. Transitivität bedeutet: Wenn A mehr als B geschätzt wird und B mehr als C, dann muss auch A höher als C geschätzt werden. Es ergibt sich folgende Reihenfolge, wenn immer paarweise über die Alternativen abgestimmt wird („>“ bedeutet „gewinnt gegen“): A > B > C > A. Je nachdem an welcher Stelle man in diesem Zyklus die paarweisen Abstimmungen beginnt, erhält man ein unterschiedliches Endergebnis. Dieser Sachverhalt wird als zyklische Mehrheit bezeichnet. Dies bedeutet, dass mit Hilfe demokratischer Entscheidungen – hier des Mehrheitsentscheids – Probleme nicht immer widerspruchsfrei gelöst werden können. Für das tatsächliche Endergebnis ist entscheidend, welche Abstimmungsreihenfolge gewählt wird.

Crowding out: Crowding out bezeichnet das Zurückdrängen der privaten Nachfrage durch staatliche Wirtschaftsaktivitäten. Damit wird die expansive Wirkung eines (→) *deficit spending* abgeschwächt oder sogar gänzlich aufgehoben.

Deficit spending: Bewusster Einsatz eines Haushaltsdefizits, d.h. ein Übersteigen der Ausgaben über die Einnahmen, um einen positiven Impuls für die Wirtschaft (Beschäftigung und Wirtschaftswachstum) zu erzielen. Der Begriff entstammt der (→) keynesianischen Wirtschaftstheorie, der zufolge die Fiskalpolitik antizyklisch auf die Konjunktur zu reagieren habe. *Deficit spending* kann durch Ausgabenerhöhungen, Steuersenkungen oder einen gleichzeitigen Einsatz beider Instrumente betrieben werden.

Dekommodifizierung: Marxistisch geprägter Fachbegriff der Wohlfahrtsstaatsforschung, der das Ausmaß angibt, in dem ein Leben jenseits der marktförmigen Verwertung der Arbeitskraft möglich ist.

Diskretionäre Wirtschaftspolitik: Unter einer diskretionären Wirtschaftspolitik wird die Möglichkeit politischer Entscheidungsträger verstanden, konjunkturelle Entwicklungen durch Ermessensentscheidungen in Gestalt des fallweisen Einsatzes wirtschaftspolitischer Instrumente zu steuern.

Distribution: Distribution meint die Verteilung wirtschaftlicher Ressourcen, wie z.B. Einkommen. Bei der Gestaltung eines Steuersystems wird das Distributionsziel zur Rechtfertigung einer möglichst gerechten Einkommensverteilung verwendet. Dies begründet eine progressive Besteuerung Besserverdienender. Allerdings steht das Distributionsziel im Widerspruch zum (→) Allokationsziel.

Dummy-Variable: Eine Variable mit zwei Ausprägungen (1/0). Beispiel: Mitgliedschaft eines Staates in der Europäischen Union – JA(=1)/NEIN (=0).

Erwerbspersonen: Erwerbstätige plus Arbeitslose.

Erwerbstätige: Personen, die einem (selbständigen oder unselbständigen) Erwerb nachgehen.

Externalität: Handlungsauswirkung, bei der der Verursacher und der Betroffene nicht identisch sind. Externe Effekte treten auf, wenn ökonomisches Handeln bei Dritten Kosten (negativer externer Effekt) oder Nutzen (positiver externer Effekt) verursacht ohne dass hierfür Kompensationen geleistet werden.

First best solution: Begriff aus der so genannten Optimalsteuertheorie, die angibt, wie die Besteuerung ohne politische Friktionen und Interventionen gestaltet sein sollte. Dabei werden gewisse vorher festgelegte Kriterien (z.B. die Erfüllung der (→) Pareto-Optimalität) zur Ableitung von Besteuerungsgrundsätzen verwendet. Das Ergebnis lautet, dass die beste Form der Besteuerung eine gleiche Kopfsteuer für alle Bürger ist.

Gleichgewicht: Ein Gleichgewicht ist erreicht, wenn ein Zustand ohne Änderung der exogenen Faktoren stabil bleibt. Als einfachstes Beispiel gilt, dass Preise stabil bleiben, wenn sich weder die Angebotsbedingungen noch die Nachfragebedingungen und somit auch weder Angebot noch Nachfrage ändern. Ändert sich ein exogener Faktor, wird ein neues Gleichgewicht angestrebt. Die Wirkung des exogenen Faktors lässt sich durch komparative Statik, d.h. durch einen Vergleich der beiden Gleichgewichte, bestimmen. Eine spezielle Variante des Gleichgewichts ist das so genannte Nash-Gleichgewicht, welches die Existenz eines stabilen Interaktionsverhältnisses zwischen beliebig vielen Akteuren beschreibt. Ein Nash-Gleichgewicht ist erreicht, wenn keiner der Akteure einen Anreiz besitzt, seine Strategie (sein Verhalten) zu ändern, solange die exogenen Faktoren konstant bleiben.

Idealpunkt: In der räumlichen Modellierung einer Präferenzstruktur jener Punkt im Raum, der die Präferenzen eines Akteurs maximiert.

Isostimmenkurve: Instrument zur Analyse der Auswirkungen von Regierungsverhalten auf den Wählerstimmenmarkt. Die Isostimmenkurven sind Kurven gleichen Stimmenanteils. Alle Punkte auf einer Isostimmenkurve, die beispielsweise durch unterschiedliche Kombinationen der Inflationsrate und der Arbeitslosenquote bestimmt sein können, liefern der Regierung den gleichen Prozentsatz an Stimmen (z.B. 48%). Je näher die Isostimmenkurven beim Ursprung liegen, desto höher ist der Stimmenanteil der Regierung.

Keynesianismus: Auf die Wirtschaftstheorie von John M. Keynes zurückgehende wirtschaftspolitische Position, die davon ausgeht, dass eine dezentral organisierte Marktwirtschaft nicht in der Lage ist, ihre inhärente Tendenz zur Instabilität auszugleichen. Aus diesem Grund postuliert diese Position, dass der Staat ausgleichend eingreifen muss und in Rezessionsphasen durch Investitionen, die über in Aufschwungphasen zu kompensierende Defizite finanziert werden, zusätzliche Nachfrage schaffen muss.

Kombiniertes Zeitreihen-Querschnittmodell: Ein Regressionsmodell, mit dem ein Datensatz analysiert werden kann, der Zeitreihen (Daten für mehrere aufeinander folgende Jahre) für mehrere Länder umfasst. Zumeist werden sehr restriktive Annahmen über die Konstanz der Koeffizienten in Zeit und Raum gemacht. (auch: Panel-Modell, „gepooltes“ Modell, *pooled time-series cross-section analysis)*

Konvergenzkriterien von Maastricht: Im Vertrag von Maastricht (10. Dezember 1991) festgelegte Kriterien, die ein Land erfüllen muss, um an der Europäischen Währungsunion (3. Phase der Wirtschafts- und Währungsunion) teilzunehmen. Diese sind: (1) das Verhältnis des öffentlichen Defizits zum Bruttoinlandsprodukt darf drei Prozent nicht überschreiten; (2) das Verhältnis des öffentlichen Schuldenstands zum Bruttoinlandsprodukt darf 60 % nicht überschreiten; (3) der Grad an Preisstabilität muss anhaltend hoch sein, und die während des letzten Jahres vor der Prüfung gemessene durchschnittliche Inflationsrate darf um nicht mehr als eineinhalb Prozentpunkte über der Inflationsrate der drei Mitgliedstaaten liegen, die auf dem Gebiet der Preisstabilität das beste Ergebnis erzielt haben; (4) der durchschnittliche langfristige Nominalzinssatz darf um nicht mehr als zwei Prozentpunkte über dem entsprechenden Satz in den drei Mitgliedstaaten liegen, die auf dem Gebiet der Preisstabilität das beste Ergebnis erzielt haben; (5) die im Rahmen des Wechselkursmechanismus des Europäischen Währungssystems vorgesehenen normalen Bandbreiten müssen zumindest in den letzten zwei Jahren vor der Prüfung ohne starke Spannungen eingehalten worden sein. Quelle: http://europa.eu. int/scadplus/leg/de/cig/g4000k.htm#k12

(Neo-)Korporatismus: Idealtypische politische Kräftekonstellation, bei der die wirtschafts- und sozialpolitische Entscheidungsfindung der Regierung durch Einbindung der Dachverbände von Kapital und Arbeit erfolgt. Die „horizontale“ Dimension der Interessenvermittlung bezieht sich auf die zumeist bipartite Bearbeitung der Konflikte zwischen Kapital und Arbeit, vornehmlich im Rahmen des Tarifvertragswesens. Die „vertikale“ Dimension der Politikkonzertierung bezieht sich auf die zumeist tripartite Bearbeitung von Interessengegensätzen, die sich in der Gesetzgebung ergeben.

Leistungsfähigkeitsprinzip (ability to pay principle): Das Leistungsfähigkeitsprinzip ist wie das (→) Äquivalenzprinzip ein Grundsatz zur Ausgestaltung eines Steuersystems. Es geht auf John Stuart Mill zurück und besagt, dass die Steuerbelastung der individuellen Leistungsfähigkeit entsprechen soll. Als Indikatoren der Leistungsfähigkeit können das Einkommen, das Vermögen aber auch Konsumausgaben dienen. Dabei sollte eine „horizontale" Gerechtigkeit gewahrt werden, d.h. jeder Steuerpflichtige in gleichen Umständen und mit gleicher Leistungsfähigkeit sollte auch gleich besteuert werden. Die „vertikale" Gerechtigkeitskomponente impliziert eine progressive Besteuerung wirtschaftlich leistungsfähigerer Individuen.

Leviathan: Titel des Hauptwerkes von Thomas Hobbes (1588–1679) sowie der Name eines Ungeheuers aus dem Alten Testament. Der Leviathan ist zum Synonym für einen immer größer werdenden Staat geworden, dessen Hauptziel es ist, der Gesellschaft Ressourcen zu entziehen.

Logrolling: Logrolling bedeutet Stimmentausch im Sinne eines „Kuhhandels". Logrolling ist eine Art strategisches Wählen, bei dem nicht isoliert über einzelne Projekte, sondern über ganze Pakete abgestimmt wird. *Logrolling* bezeichnet eine Form der Kompromissbildung, bei der Reform- und Entscheidungsblockaden aufgehoben werden können. Damit können auch Minderheiten in der Demokratie einzelne Projekte durchsetzen. Außerdem kann damit das Problem zyklischer Mehrheiten, (→) Condorcet-Paradoxon, aufgelöst werden.

Medianwähler: Der Medianwähler ist in *public choice*-Modellen, die auf einem räumlichen politischen Wettbewerbsmodell beruhen, (in der Regel) der entscheidende Wähler. Der Medianwähler ist der mittlere Wähler (d.h. 50% der Wähler liegen ober- und unterhalb von ihm), an dessen Präferenzen sich die Parteien bei ihrem Politikangebot ausrichten. Seine Präferenzen bestimmen in diesen (einfachen) räumlichen Demokratiemodellen das Angebot an öffentlichen Gütern.

Minimum-winning coalition: Gibt bei einer Regierungsbildung die kleinstmögliche Gewinnerkoalition auf Basis der Sitzanteile im Parlament an. Überdimensionierte Koalitionsregierungen (*surplus coalitions*) könnten hingegen auf mindestens einen der Koalitionspartner verzichten.

Monetarismus: Wirtschaftspolitische Position, die auf der Wirtschaftstheorie von Milton Friedman gründet und den Verzicht jeder diskretionären Konjunktur- und Beschäftigungspolitik zur Maxime macht. Eine zentrale These lautet, dass die Wirtschaft am besten gedeiht, wenn alle Entscheidungen dem Markt überlassen werden. Daher wird angenommen, dass der Großteil der Arbeitslosigkeit freiwillig und Resultat von Marktstörungen ist. Großes Gewicht wird hingegen auf die Preisniveaustabilität gelegt. Die Geldmenge ist der zentrale Faktor für langfristige Veränderungen des Preisniveaus.

Nicht-tarifäre Handelshemmnisse: Behinderung des internationalen Austauschs von Gütern und Dienstleistungen, die nicht durch Zölle zustande kommen, sondern z.B. durch eine Quotierung der Menge, die von einem bestimmten Gut importiert werden darf.

Normative Theorie: Eine Theorie, die Aussagen über den Soll-Zustand macht.

Nullsummenspiel: Eine Interaktionssituation, in der die Gewinne eines Akteurs die Verluste des anderen sind.

Nutzenfunktion: Die Nutzenfunktion spezifiziert die einzelnen Quellen des Nutzens der Akteure, die Art und Weise, wie sich die einzelnen Bestandteile ergänzen (additiv oder multiplikativ) und die funktionale Form (konstanter, abnehmender oder zunehmender Grenznutzen). Additive Nutzenfunktionen sind angemessen, wenn zwei oder mehrere Güter Substitute sind. In diesem Fall gilt $u = x + y$. Sind Güter komplementär, das heißt steigt der Nutzen des einen Gutes durch bessere Verfügbarkeit des anderen Gutes, gilt $u = x \cdot y$. Verhalten sich Güter partiell komplementär kann man schreiben $u = \alpha(x + y) + (1 - \alpha)x \cdot y$, wobei $0 \leq \alpha \leq 1$ als Maß für die relative Komplementarität aufgefasst werden kann. Anders als bislang angenommen weisen Güter üblicherweise keinen konstanten Grenznutzen auf. Die Nutzendifferenz einer Steigerung des Konsums von 5 auf 6 Exemplare eines Gutes ist kleiner als die Nutzendifferenz der Steigerung des Konsums von 1 auf 2

Exemplare desselben Gutes (in der Realität kann die Grenznutzenfunktion beliebig komplex sein, es zahlt sich jedoch nicht aus, mehr als ein Polynom zweiter oder gelegentlich dritter Ordnung anzunehmen). Man kann also schreiben $u = x^{\alpha} + y^{\beta}$, wobei für alle $\alpha, \beta < 1$ ein abnehmender Grenznutzen, $\alpha, \beta = 1$ ein konstanter Grenznutzen und für $\alpha, \beta > 1$ ein zunehmender Grenznutzen angenommen wird. Das berühmteste Beispiel für eine komplementäre Nutzenfunktion mit strikt abnehmendem Grenznutzen ist die Cobb-Douglas-Nutzenfunktion $u = x^{\alpha} y^{1-\alpha}$. Das optimale Mischungsverhältnis aus x und y ergibt sich hier in Abhängigkeit von α.

Öffentliches Gut: Ein Gut, von dessen Konsum (1) niemand ausgeschlossen werden kann und bei dessen Konsum (2) zwischen den Konsumenten keine Rivalität herrscht. (2) bedeutet, dass der Konsum durch einen Akteur den Nutzen, den ein anderer Akteur aus dem Konsum eines öffentlichen Gutes ziehen kann, nicht schmälert.

Opportunitätskosten: Jene Güter, die aufgegeben werden müssen, um andere Güter zu erhalten. So bestehen die Opportunitätskosten eines Kinobesuches beispielsweise in der dafür genutzten Zeit, die nicht auf andere Dinge verwendet werden kann.

Pareto-Optimalität: Pareto-optimal ist ein Zustand beziehungsweise ein Interaktionsverhältnis immer dann, wenn keiner der Akteure besser gestellt werden kann, ohne einen anderen Akteur schlechter zu stellen.

Phillipskurve: Die nach dem Ökonomen A. Phillips benannte Kurve beschrieb ursprünglich einen inversen (d.h. negativen) Zusammenhang zwischen der Arbeitslosenquote und der durchschnittlichen Nominallohnsteigerung. Die modifizierte Version der Phillipskurve geht von einer inversen und nichtlinearen Beziehung zwischen der Inflationsrate und der Arbeitslosigkeit aus. In einer Art „wirtschaftspolitischer Menüwahl" wäre es demnach möglich, eine niedrigere Arbeitslosigkeit durch eine höhere Inflation zu erkaufen. Durch die Phillipskurve wird damit ein wirtschaftspolitischer Zielkonflikt zwischen der Höhe der Inflationsrate und jener der Arbeitslosenquote suggeriert.

Pluralismus: Idealtypische politische Kräftekonstellation, bei der die wirtschafts- und sozialpolitische Entscheidungsfindung primär durch die Regierung und das Parlament erfolgt und gesellschaftliche Partikularinteressen über Interessengruppen durch Lobbying-Aktivitäten an die Politik herangetragen werden. Interessenkonflikte sind multipolar und die Durchsetzungschancen beruhen auf mobilisierbaren Machtressourcen.

Polarisierung: Polarisierung ist ein Konzept zur Messung und Darstellung der ideologischen Distanz innerhalb des Parteiensystems eines Landes. Zur Berechnung benötigt man Links-Rechts-Werte auf einer Skala, die die räumliche Position der Partei auf diesem Kontinuum (z.B. von 1 bis 10) angibt. Je höher die Polarisierung der Parteien ist, so die gängige Hypothese, desto größer ist die ideologische Differenz zwischen den Parteien und desto eher sind Unterschiede in der Staatstätigkeit zu erwarten.

Politische Unterstützungsfunktion: Die politische Unterstützungsfunktion stellt die Nutzenfunktion einer Regierung dar, in der alle Nutzenbestandteile durch ihren Einfluss auf die Wahrscheinlichkeit des Machterhaltes der Regierung gemessen werden. Politiker werden dementsprechend als vollständig opportunistisch betrachtet. Das Alternativmodell nimmt vollständig ideologisch ausgerichtete Politiker an.

Politischer Konjunkturzyklus: Ein politischer Konjunkturzyklus bedeutet, dass Regierungen makroökonomische Größen wie die Arbeitslosenquote oder die Inflationsrate bewusst steuern, um ihre politischen Ziele zu verwirklichen. In der Regel wird ein politischer Konjunkturzyklus initiiert, um die Wiederwahl der Regierung zu ermöglichen. Plausibel wäre aber auch angesichts einer absehbaren Nichtwahl die Verhinderung von Politikoptionen für nachfolgende Regierungen. Das Modell unterstellt, dass das „Auf und Ab" der Wirtschaft, also der Konjunkturverlauf, durch den Wahltermin und das strategische Verhalten der Regierung bestimmt wird.

Portfolioinvestitionen: Investitionen in Kapitalanlagen, z.B. Aktien.

Positive Theorie: Eine Theorie, die Aussagen über den Ist-Zustand und seine Ursachen macht.

Präferenzordnung: Vollständige Beschreibung und Einordnung der Handlungsziele und der bei einer Entscheidung verfügbaren Handlungsalternativen zur Erreichung dieser Ziele in eine Rangordnung entsprechend ihrer Attraktivität für einen Akteur.

Probabilistisches Wählen: Die Parteien wissen beim probabilistischen Wählen – im Gegensatz zu den deterministischen räumlichen Demokratiemodellen – nicht genau, wie die Stimmen durch die Wähler abgegeben werden. Die Wähler wählen lediglich mit einer gewissen Wahrscheinlichkeit eine Partei, und zwar dann, wenn der Nutzen der Wahl von Partei A den Nutzen der Wahl von Partei B plus dem etwaigen ideologischen Bias für Partei B übersteigt. Für das Ergebnis in solchen Modellen zählen, im Gegensatz zum Medianwählermodell, die Präferenzen aller Wähler. Diese werden von den Parteien entsprechend ihrer Responsivität für Politikänderungen gewichtet.

Race to the bottom: Bezeichnet einen Steuer- oder Ausgabensenkungswettlauf, der zu einer Einschränkung der Staatstätigkeit führt. Begründet wird dies mit der Abwanderung von mobilen Faktoren (z.B. Kapital) oder auch Unternehmen aus Ländern mit relativ hoher Steuer- und Abgabenbelastung. Dadurch sehen sich diese Länder gezwungen, ihre Steuern oder Ausgaben zu senken, worauf andere Länder mit weiteren Steuer- und Ausgabensenkungen reagieren. Im Endeffekt – so die bisher nicht bewiesene Vermutung – würden die Steuern gegen Null gehen.

Rationale Erwartungen: Die Theorie rationaler Erwartungen geht davon aus, dass Akteure ihren Entscheidungen ein Kalkül der Konsequenzen der ihnen zur Verfügung stehenden Optionen zugrunde legen. Diese Annahme legt keineswegs vollständige Informationen zugrunde. Wenn die Akteure unvollständig informiert sind, können sie sich sehr wohl für eine Option entscheiden, die zwar ihren Erwartungsnutzen, nicht aber ihren tatsächlichen Nutzen maximiert. In diesem Fall erneuern die Akteure ihre Erwartungen entsprechend der ihnen nun zur Verfügung stehenden Informationen (*Bayesian Updating*). In der Politischen Ökonomie war die Theorie rationaler Erwartungen von entscheidender Bedeutung in der Diskussion der Geldpolitik. Während der (→) Keynesianismus davon ausging, dass Wähler der dauerhaften Illusion unterliegen, eine Steigerung der Geldmenge würde ihre Kaufkraft erhöhen, bezweifelte die Theorie rationaler Erwartungen diese Annahme.

Rationales Handeln: Auf die Realisierung subjektiver Zwecke ausgerichtetes Handeln. In der formalen Analyse beruht rationales Handeln oft auf folgenden Axiomen: (1) Präferenzen sind nicht widersprüchlich, (2) Präferenzen sind transitiv (wenn $A > B > C$, dann $A > C$) und (3) bei Unsicherheit gelten die Axiome der Wahrscheinlichkeitsrechnung.

Rent-seeking: Versuch von Politikern, Interessengruppen, Bürokraten oder sonstigen Akteuren durch Ausnutzung von (ungerechtfertigten) Vorteilen oder Absprachen dauerhafte Einkommensströme (Renten) zu erzielen, die über dem Niveau liegen, das sie bei vollständiger Konkurrenz erzielen können. Dieser Lobbyismus von Akteuren wird kritisiert, da er zu einer Umverteilung zugunsten von Gruppen mit strategischen Organisationsvorteilen führt, den Ressourcenverbrauch erhöht und damit zur Ausweitung von Staatsinterventionen und Staatstätigkeit beiträgt.

Schuldenquote: Die Schuldenquote ist das Verhältnis der Bruttostaatsschuld zum Bruttoinlandsprodukt (BIP) multipliziert mit 100. Sie ist eine Beziehungszahl um die Höhe der Verschuldung international und intertemporal vergleichbar zu machen. Die Größe gibt die Höhe der Verschuldung in Relation zur jährlichen Wirtschaftsleistung an und kann damit auch als „Lastindikator" bezeichnet werden. Verwendet man das jährliche Haushaltsdefizit anstelle des Schuldenstandes, so spricht man von der Defizitquote.

Serielle Autokorrelation: Die Abhängigkeit der Ausprägung einer Variablen zum Zeitpunkt t von ihrer Ausprägung zum Zeitpunkt t–1 (der Vorperiode).

Sozialleistungsquote: Anteil der Sozialausgaben am Bruttoinlandsprodukt.

Staatsquote: Anteil der Staatsausgaben am Bruttoinlandsprodukt.

Steuerquote: Die Steuerquote ist der Anteil der gesamten Steuern am Bruttoinlandsprodukt. Umgangssprachlich wird die Abgabenquote mitunter als Steuerquote bezeichnet, was sachlich nicht korrekt ist, da hier noch die Sozialversicherungsabgaben hinzuzurechnen sind. Die Abgabenquote ist mithin größer als die Steuerquote. Zu beachten ist die unterschiedliche Ertragskompetenz einzelner staatlicher Ebenen, sodass die Größen für die einzelnen Gebietskörperschaften (Bund, Länder, Gemeinden) variieren können.

Steuersatz: Der Steuersatz gibt das Verhältnis von Steuerbetrag zur Bemessungsgrundlage an. Er ist also ein Prozentanteil der Steuerbemessungsgrundlage, etwa des zu versteuernden Einkommens bei der Einkommensteuer.

Stimmenmaximierung: Fachbegriff aus der Politischen Ökonomie, der das Verhalten politischer Parteien, Politiker und Regierungen bezeichnet. Die Akteure kalkulieren im Zuge rationaler Wahlhandlungen ihre Handlungen nur danach, wie viel mehr an Stimmen sie erhalten können beziehungsweise wie viele Stimmen sie durch eine Aktion verlieren.

Stratifizierung: Fachbegriff der Wohlfahrtsstaatsforschung. Stratifizierung meint das Ausmaß, in dem Ungleichheiten im Erwerbsleben in Bezug auf Status, Lohn etc. durch soziale Sicherungssysteme reproduziert werden.

Substitutionselastizität: Der Begriff der Substitutionselastizität bezeichnet ein Maß für die Leichtigkeit mit der sich einzelne Faktoren austauschen lassen. Wenn die Substitutionselastizität gegen unendlich geht, sind Faktoren perfekte Substitute. Ersetzt man in diesem Fall eine Einheit eines Faktors durch eine Einheit eines anderen Faktors ändert sich die marginale Produktivität keines der beiden Faktoren.

Tarifsystem (auch Lohnverhandlungssystem): Gesamtheit der durch Gesetz, Vertrag oder Konvention geregelten Beziehungen zwischen Arbeitnehmern und Arbeitgebern.

Terms of Trade: Das Verhältnis zwischen Export- und Importgüterpreisniveau – $T = \frac{P_x}{P_m}$. Dabei sind die Terms of Trade T gleich dem Preis der Exporte P_x geteilt durch den Preis der Importe P_m. Die Terms of Trade geben damit Auskunft darüber, welchen Wert an Importen ein Land für seine Exporte erhalten kann.

Transaktionskosten: Jene Kosten, die nicht durch die Produktion eines Gutes oder einer Dienstleistung anfallen (Produktionskosten), sondern durch Informationsbeschaffung, Überwachung der Leistung, Durchsetzung von Ansprüchen gegenüber Vertragspartnern etc. entstehen.

Verschuldung: Bezeichnet zum einen den Schuldenstand (Bestandsgröße) zu einem bestimmten Zeitpunkt (meist zum Jahresende). Zum anderen meint Verschuldung umgangssprachlich auch das jährliche Haushaltsdefizit, das eine Stromgröße ist.

Verteilungskoalition: Zusammenschluss gut organisierter Interessengruppen zum Zweck von (→) rent-seeking.

Vetopunkt: Ort im politischen Entscheidungsprozess, an dem Interessengruppen ansetzen können, um Entscheidungen durch Ausübung von Macht oder Einfluss zu verhindern.

Vetospieler: Individueller oder kollektiver Akteur, dessen Einverständnis notwendig ist, um eine Veränderung des Status quo herbeizuführen. In der Originalfassung der Vetospielertheorie sind dies nur jene Akteure, die eine Entscheidung aufgrund eines aus der Verfassung ableitbaren Vetorechts verhindern können – z. B. Regierung (bzw. Koalitionsparteien in der Regierung), erste und zweite Kammer des Parlaments, Präsident.

Wechselkurs: Der Wechselkurs ist der Preis nationaler Währungen. Er definiert sich aus dem Verhältnis zwischen In- und Auslandswährung und gibt damit an, wie viele Einheiten der heimischen Währung für eine ausländische Währungseinheit aufzubringen sind.

Wirtschaftspolitische Glaubwürdigkeit: Wirtschaftspolitische Glaubwürdigkeit meint, dass die Wirtschaftssubjekte die Durchführung der wirtschaftspolitischen Maßnahmen erwarten, die explizit oder implizit von den wirtschaftspolitischen Instanzen angekündigt wurden. Konkret beharrt eine glaubwürdige Wirtschaftspolitik beispielsweise auch dann auf einer angekündigten Strategie der Preisstabilität, wenn die wirtschaftspolitischen Instanzen begründeten Anreizen einer stabilitätswidrigen Politik ausgesetzt sind.

Zahlungsbilanz: Die Zahlungsbilanz erfasst alle Transaktionen zwischen inländischen und ausländischen Wirtschaftssubjekten. Die Zahlungsbilanz setzt sich im Wesentlichen aus den beiden Teilbilanzen Leistungsbilanz (auch: Handelsbilanz) und Kapitalverkehrsbilanz zusammen. Die Summe aller Teilposten der Zahlungsbilanz beträgt per definitionem Null.

Zeitinkonsistenz der Wirtschaftspolitik: Wirtschaftspolitik – und insbesondere Geldpolitik – gilt als zeitinkonsistent, wenn mit fortschreitender Zeit für die Regierung oder die wirtschaftspolitischen Instanzen ein Anreiz besteht, die am Anfang des Planungszeitraumes festgelegte Politik im Zeitablauf zu ändern. Mit anderen Worten: Die zu Beginn der Planungsperiode verlautbarte Wirtschaftspolitik und die später tatsächlich durchgeführte Wirtschaftspolitik sind nicht deckungsgleich.

Verzeichnis der Tabellen, Abbildungen und Anhänge

Kapitel 1

Abb. 1	Politische Unterstützung und Interessengruppenpolitik	29
Anhang A.	Definition der verwendeten Parameter	45

Kapitel 2

Tabelle 1	Vetospieler in 21 OECD-Ländern (Stand: 1.1.2002)	68

Kapitel 3

Tabelle 1	Strategische Orientierung von Verbänden nach Strukturdimensionen	89
Tabelle 2	Strukturdimension der Gewerkschaft und das Wachstum der Lohnstückkosten: Schätzwerte auf Basis einer kombinierten Zeitreihen-Querschnittsanalyse 1974-1996	93
Tabelle 3	Koordinationsfähigkeit von Tarifsystemen	99
Tabelle 4	Tarifsysteme und das Wachstum der Lohnstückkosten: Schätzwerte auf Basis einer kombinierten Zeitreihen-Querschnittsanalyse 1974-1996	101
Abb. 1	Zentralisation der Koordinationsmodi, Regierbarkeit und Lohnauftrieb	101
Anhang A	Organisationsstruktur der Gewerkschaft und Tarifsystem	110
Anhang B	Modellspezifikation für Tabelle 2: Organisationsstruktur der Gewerkschaft	111

Kapitel 4

Tabelle 1	Wachstum des realen BIP pro Kopf, 1960-98	114
Tabelle 2	Forschungsstand zum Einfluss politischer Variablen auf das Wirtschaftswachstum in OECD-Ländern	127
Tabelle 3	Determinanten des Wirtschaftswachstums 1960-98	136
Tabelle 4	Determinanten des Wirtschaftswachstums 1960-75	137
Tabelle 5	Determinanten des Wirtschaftswachstums 1975-98	138
Abb. 1	Wirtschaftswachstum 1960-1998 in Abhängigkeit des BIP pro Kopf 1960 in 21 OECD-Ländern	117
Anhang	Liste der Variablen	149

Kapitel 5

Tabelle 1	Arbeitslosenquoten in OECD Ländern, 1974, 1983, 1990, 1994, 2000	155
Tabelle 2	Veränderung von Arbeitslosigkeit (dU), Arbeitsangebot (dA) und Arbeitsnachfrage (dN)	158
Tabelle 3	Korrelate der Veränderung von Arbeitslosigkeit und Beschäftigung	161
Abb. 1	Durchschnittliche Arbeitslosenquote in 22 OECD-Ländern 1960-2000	154

Kapitel 6

Tabelle 1	Inflationsraten in 18 OECD-Ländern, 1965-2000	177
Abb. 1	Durchschnittliche Inflationsrate in 18 OECD-Ländern (in Prozent), 1965-2000	176
Abb. 2	Inflationsvarianz in der EWU im Vergleich mit den Vereinigten Staaten	193

Kapitel 7

Tabelle 1	Durchschnittliche jährliche Ab- bzw. Aufwertungsraten nationaler Währungen in 21 Ländern, 1979-1998	202
Tabelle 2	Politische und institutionelle Bestimmungsgründe starker und schwacher Währungen im Nationenvergleich in 21 Ländern, 1979-1998 (bivariate Analyse)	212
Tabelle 3	Kombinierte Zeitreihen-Querschnittmodelle zur Erklärung unterschiedlicher Ab- bzw. Aufwertungsraten nationaler Währungen in 21 Ländern, 1979-1998	213
Anhang	Datenbeschreibung	225

Kapitel 8

Tabelle 1	Gewinner und Verlierer einer Handelsliberalisierung	232
Tabelle 2	Empirische Arbeiten zur Verteilungswirkung des internationalen Handels	233
Tabelle 3	Außenwirtschaftsorientierung von Staaten über die Zeit	236
Tabelle 4	Erklärungsmodelle zur Außenwirtschaftsorientierung	239
Tabelle 5	Determinanten des „Erfolgs“ der Kreditvergabe	245
Tabelle 6	Demokratie und außenwirtschaftliche Offenheit 1998	246
Tabelle 7	OLS-Schätzungen für Restriktivität der Handelsregulierung	249
Tabelle 8	Logit-Schätzungen für Handelsöffnung	251
Abb. 1	Der konditionale Einfluss von Demokratie auf die Restriktivität der Außenhandelsregulierung	250
Abb. 2	Der konditionale Einfluss von Demokratie auf die Wahrscheinlichkeit einer außenwirtschaftlichen Öffnung	252
Anhang A	Deskriptive Statistiken	257
Anhang B	Länder-Sample	258

Kapitel 9

Tabelle 1 Gesamtabgaben- und Steuerbelastung im Ländervergleich ... 262
Tabelle 2 Veränderungen der Steuersätze für Private und Unternehmen (1980-1997) ... 278
Tabelle 3 Spearman-Rangkorrelationen für Steuerreformindikatoren und Vetospieler (1980-1997) ... 279
Tabelle 4 Determinanten der Gesamtabgabenquote (Ø 1990-1997) ... 281
Tabelle 5 Determinanten von Steuerreformen (1980-1997) ... 283
Abb. 1 Der Anteil direkter und indirekter Steuern sowie von Sozialversicherungsabgaben am Gesamtsteueraufkommen in 21 OECD-Ländern (1960-1999) ... 277

Kapitel 10

Tabelle 1 Gesamtstaatliche Verschuldung in Prozent des BIP in 21 OECD-Ländern ... 291
Tabelle 2 Politisch-ökonomische Modelle des politischen Konjunkturzyklus ... 297
Tabelle 3 Wahlsystem und Verschuldung in 21 OECD-Demokratien ... 309
Tabelle 4 Zusammensetzung der Regierungen und gesamtstaatliche Haushaltsdefizite (in Prozent des BIP) in 21 westlichen Industrieländern (1960-1999) ... 310
Tabelle 5 Determinanten der Haushaltsdefizite in 21 OECD-Ländern (1960-1999) ... 314
Tabelle 6 Erweitertes politisch-institutionelles Erklärungsmodell für die Haushaltsdefizite ... 316
Abb. 1 Anteil der zentralstaatlichen Verschuldung an der Gesamtverschuldung in 21 OECD-Ländern (1999) ... 293
Abb. 2 Der politische Konjunkturzyklus ... 298
Abb. 3 Maastricht-Effekt – Spannweiten und Mittelwerte der gesamtstaatlichen Haushaltsdefizite in den Mitgliedsländern der EU (1960-1999) ... 311

Kapitel 11

Tabelle 1 Staatsausgaben in Prozent des Bruttoinlandsprodukts in 19 OECD-Ländern, 1870-1995 ... 323
Tabelle 2 Modell für die Langzeitentwicklung des Wachstums von Staatsausgaben ... 328
Tabelle 3 Schätzwerte für die Staatsquote in Abhängigkeit von unterschiedlichen politischen Rahmenbedingungen ... 328
Tabelle 4 Untersuchungen zum Einfluss von Parteien auf die öffentlichen Ausgaben ... 331
Tabelle 5 Untersuchungen zum Einfluss von Institutionen auf die öffentlichen Ausgaben ... 334
Tabelle 6 Politische Orientierung von Regierungen, 1961-1995 ... 339
Tabelle 7 Existenz und Stärke von zweiten Kammern ... 340

Tabelle 8 Erwartete Ergebnisse unter der Bedingung der strikten Mehrheitsregel in unterschiedlichen institutionellen Kontexten 341
Tabelle 9 Erwartete Ergebnisse unter der Bedingung der weniger strikten Mehrheitsregel in unterschiedlichen institutionellen Kontexten 342
Tabelle 10 Schätzwerte für die kombinierte Zeitreihen-Querschnittanalyse des Modells auf der Basis von Gesamtausgaben (ohne Ausgaben für militärische Zwecke und Schuldendienst) 345
Tabelle 11 Schätzwerte für die kombinierte Zeitreihen-Querschnittanalyse des Modells auf der Basis von Sozialtransfers und Ausgaben für zivile Güter und Dienstleistungen 346
Abb. 1 Die Entwicklung öffentlicher Ausgaben in den OECD Ländern, 1960-1996 330
Abb. 2 Regierung und Parlament im Prozess der Verabschiedung eines Budgets 337
Anhang A Datenquellen 353
Anhang B Alternative Daten zu Tabelle 1 353

Kapitel 12

Tabelle 1 Sozialausgaben in % des BIP in 21 OECD Ländern 356
Tabelle 2 Forschungsstand zum Einfluss politisch-institutioneller Faktoren auf die Sozialausgaben 368
Tabelle 3 Parteien, Institutionen und das Niveau der Sozialleistungsquote 372
Tabelle 4 Parteien, Institutionen und das Wachstum der Sozialleistungsquote 375
Tabelle 5 Wachstum der Sozialleistungsquote: Extremwertanalyse des Konditionaleffekts von Parteien und Institutionen 376
Anhang Liste der Variablen 384

Autorenverzeichnis

Armingeon, Klaus, Prof. Dr. Institut für Politikwissenschaft, Universität Bern

Busch, Andreas, PD Dr., Centre for European Politics, Economics and Society, University of Oxford

Cusack, Thomas R., PhD, Wissenschaftszentrum Berlin für Sozialforschung

Freitag, Markus, Dr., Institut für Politikwissenschaft, Universität Bern

Fuchs, Susanne, Dr., Wissenschaftszentrum Berlin für Sozialforschung

Kittel, Bernhard, Prof. Dr., Graduate School of Social Sciences, Universität Bremen

Martin, Christian W., Dr., Fakultät für Verwaltungswissenschaft, Universität Konstanz

Obinger, Herbert, Dr., Zentrum für Sozialpolitik, Universität Bremen

Plümper, Thomas, PD Dr., Fakultät für Verwaltungswissenschaft, Universität Konstanz

Wagschal, Uwe, Dr., Avenir Suisse, Zürich

Zohlnhöfer, Reimut, Dr., Institut für Politische Wissenschaft, Universität Heidelberg